Applied Econometrics using Stata

STATA를 이용한
응용계량경제학

박승록 저

박영사

머리말

본서는 경제학뿐만 아니라 경영학, 교육학, 심리학, 정치학, 행정학 등 다양한 전공분야의 독자들에게 가능한 빠른 시간 내에 쉽게 계량경제학적 방법론을 이해시키기 위한 것이다. 본서에서는 가능한 한 이론보다는 응용적인 면을 강조하여 실무적 도움이 되도록 하였다. 계량경제학의 응용을 위한 수단으로서는 Stata란 통계패키지를 활용하였다. 계량경제학 이론에 대한 이해가 부족하더라도, Stata를 통해 계량경제학 방법론을 이해할 수 있게 하여 단시간 내에 누구든지 전문가 수준의 응용능력을 갖게 하였다.

대학교 저학년 과정부터 공부하게 되는 응용통계, 계량경제학을 쉽게 이해할 수 있도록 저자의 과거 실증분석 경험을 이용하여 많은 실증사례를 활용하였다. 쉽게 서술했지만 학부수준의 계량경제학 지식뿐만 아니라 석·박사 과정의 대학원생들, 기타 연구원들에게도 도움이 될 수 있게 했다. 대부분 계량경제학 교과서와 달리 수학적 표현을 최소화하고 있지만 계량경제학의 본질과 응용능력을 익히는 데 아주 좋은 지침서가 될 것이다.

본서는 풍부한 사례를 통해 계량 경제학을 응용하는 데 중점을 두었다. 독자들은 이 책을 통해 현실에서 활용될 수 있는 생생한 계량경제학적 분석기법을 배우게 될 것이다. 또 이론으로 배운 사회과학분야의 다양한 이론들이 실제 실증연구에서 어떻게 활용되는가를 생생하게 볼 수 있는 기회가 될 것이다.

다양한 학문분야에서 계량경제학이 활용되는 것은 이제 흔한 일이 되었다. 본서를 일독한 독자들은 분명 계량경제학의 본질과 응용력을 한 단계 업그레이드했다는 것을 느낄 것이다. 자신의 생산성이 수십 배 증가하였다고 자평하게 될 것이다. 이미 계량경제학과 Stata활용법을 잘 알고 있는 독자들도 본서를 통해 자신의 생산성을 더 높일 수 있을 것이다.

필자는 30년 전쯤 비슷한 책을 출판하여 좋은 평가를 받은 적이 있다. 새로운 책을 집필해달라는 많은 사람들의 격려가 있었지만 많은 부담을 느껴왔다. 은퇴시점이 되면서 평생의 경험을 하나의 책으로 엮어서 후학들에게 남기는 것도 큰 의미가 있을 것으로 생각하여 본서를 저술했다.

본서의 저술을 위해 국내외 대부분 계량경제학 교과서, Stata관련 서적, 동영상 자료, 다양한 실증논문과 데이터베이스들을 이용하였다. 독자들이 계량경제학에 흥미를 느끼도록 소재와 내용, 서술방법을 고민하는 과정이었다. 가능한 한 필자만의 독창적인 내용의 틀을 세우기 위해 노력하였다. 여기서 배운 Stata를 이용한 계량경제학 지식은 독자 자신의 독창적 연구에 도움이 될 것이다. 본서를 통해 독자들이 자신의 생산성을 크게 높일 수 있기를 기대한다.

필자는 본서가 완성되기까지 많은 사람의 도움을 받았다. 필자는 먼저 약 30년 전 미국 노던 일리노이 대학(Northern Illinois University) 유학시절 지도교수로서 많은 지도해주신 Jene K. Kwon(한국이름, 권진균), Susan Porter-Hudak, Khan A. Mohabbat 교수에게 감사한다. 또 필자와 함께 연구하면서 많은 영감을 준 미국 플로리다 애틀랜틱 대학((Florida Atlantic University)의 윤기향 교수, 한국기술교육대학의 최두열 교수에게 감사드린다.

필자는 본서의 출판을 허락해 준 박영사 안종만 회장님과 안상준 대표님, 출판을 기획한 오치웅, 많은 양의 원고를 읽고 교정해준 전채린 과장님께 감사를 드린다. 본서를 출판하기까지 소홀했던 가족에 대한 사랑의 말도 여기에 남긴다.

2019. 12.

필자 **박승록**

본서의 활용방법

PART 01   응용계량경제학 기초

PART 04　시계열 분석

PART 05 **패널자료의 회귀분석**

PART 06 정성적, 제한적 종속변수 모형

본서의 활용방법

　본서, 『Stata를 이용한 응용계량경제학』에서는 다양한 독자들의 필요에 부응하여, 아주 기초적인 내용에서부터 전문적인 내용, 실제 연구 활동에 도움이 될 다양한 내용과 응용사례를 설명한다. 필자는 이 한권의 책을 통해 계량경제학 분야를 처음 접하게 된 독자들을 전문적 분석역량을 가진 전문가로 만들기 위해 책의 구성과 학습방법, 다양한 사례를 깊이 생각했다. 이를 위해 다른 책들과 다른 설명방법을 사용해야 하였고, 이해하기 쉬운 많은 사례를 수집하고 이용해야만 했다.

　하지만 필자의 과거 연구와 집필을 통해 축적된 많은 노하우를 한권의 책에 담기에는 지면이 부족하였다. 따라서 많은 내용들은 필자의 동영상을 통한 설명이나 본서를 위해 특별히 제작된 웹사이트를 활용하기로 하였다.

　본서를 접하는 독자들은 아래의 방법에 따라 본서를 활용해주기를 바란다. 독자들의 계량경제학 응용능력을 단시간 내에 전문가 수준으로 높이기 위한 필자의 의도를 이해하고, 공부한다면 아주 효율적인 학습과정이 될 것이다.

01　자기 수준에 맞추어 학습하자

　본서의 각부, 각장에는 초급, 중급, 고급내용과 사례분석들이 혼재되어 있다. 초보자라면 각장에서 초급에 해당하는 부분을 먼저 학습한 후, 중급, 고급, 사례분석의 순서로 학습하기 바란다. 말 그대로 초급은 초급자가, 중급은 중급자가 이해되는 부분이다. 이해되지 않으면 다음 페이지로 넘어가면 된다. 초급에 해당된 내용을 파악한 후 중급 이상에서는 각각 해당수준에 맞는 내용을 이해하려고 하면 된다.

02 숲을 먼저보고 나무를 보자

본서의 각장 앞부분에는 아주 요약된 이론이 설명된다. 다음 Stata를 이용하여 이론관련 내용들을 설명할 때는 전체 내용을 하나의 숲으로 보고 설명한다. 숲을 통해 전체 내용을 인지한 다음, 숲속의 나무를 보는 방법을 활용한다. 여기서 숲을 본다는 것은 전체 프로그램의 구성과 흐름을 보는 것이다.

따라서 전체적인 흐름을 파악하는 것이 중요하다. 해당 사례는 전체흐름을 이해한다면 추후 독자 자신들의 실증분석을 위한 하나의 템플릿(template) 역할을 하게 된다. 자신이 필요한 자료를 작성한 후 Stata로 데이터를 읽어 들이고, 변수명만을 바꿔주는 방법으로 아주 쉽게 자신의 실증분석 작업이 완성될 것이다.

03 동영상 강의를 잘 활용하자

특정 통계소프트웨어를 익숙하게 사용하는 사용자도 다른 통계 소프트웨어를 사용할 때는 통계소프트웨어의 윈도(window) 모습에 익숙해져야 한다. 가장 쉽게 해당 통계소프트웨어에 익숙해지는 방법은 아주 단순한 사례를 이용하여 몇 번 반복하면서 해당 소프트웨어 고유의 윈도에 익숙해지는 것이다. 또 Stata의 사용과 관련된 많은 동영상들이 제공되므로 이를 활용할 필요가 있다. 본서의 주요 내용은 동영상으로 제작되어 유튜브(YouTube)에서 제공되고 있다. 웹사이트에서는 실습을 위한 관련 파일과 다양한 보완자료들이 제공되고 있다. 유튜브에서 "Stata", "계량경제학" 또는 필자이름으로 검색하면 쉽게 동영상에 접근할 수 있으며, 각 동영상 하단 내용설명 부분의 url을 이용하여 웹사이트에 접근할 수 있다.

04 스스로 익히자

초보단계에서는 책이나 강의를 통해서 배우되 궁극적으로는 스스로 익히고 해결해야 한다. 이를 위해서 Help기능을 많이 활용하자. 빨리 배우는 것이 좋을 것 같지만 천천히 생각하며 배운 독자들이 오히려 독창성을 발휘한다. 다소 시간이 걸리더라도 스스로 익히고 이것들이 모여서 체계를 이룰 때 전문가의 수준에 도달한다. 처음 흥내를 내는 것으로 시작해서 스스로 익혀 체계를 세울 때 독창성이 완성된다.

05 이론과 실무를 번갈아 학습하며 업그레이드하자

계량경제학 이론과 그 응용방법을 함께 익혀야 한다. 어떤 때는 계량경제학 이론이 부족하다고 생각되지만, 응용과정을 통해서 이론에 대한 이해를 높일 수 있다. 반대로 계량경제학적 이론을 많이 습득하면서 그 응용방법의 수준을 더욱 높일 수 있다.

계량경제학의 이론과 실무적인 측면의 이해를 높이기 위해서는 두 분야가 점차적으로 업그레이드(upgrade)되는 과정을 거쳐야 한다. 두 분야의 이해도가 점차 높아질수록 서로 시너지 효과가 생긴다. 계량경제학 이론이 부족하다고 생각될 때는 이론에 대한 이해도를 높여야 한다. 이론에 대한 보다 높은 이해도를 바탕으로 다시 응용력을 키우자.

06 스스로 에러(error)를 해결하자

분석자들은 통계 소프트웨어를 다루면서 자주 프로그램 에러(error)에 직면한다. 사실 통계 소프트웨어를 이용하여 계량경제학 방법론을 제대로 이히는 것은 이런 에러를 해결해가는 과정이다. 때로는 에러를 해결하는 데 많은 시간이 걸릴 수 있다. 에러를 해결하기 위해 매뉴얼을 많이 읽게 된다. 그 원인을 찾기 위해 많은 생각을 하게 된다. 그럼으로써 내공이 쌓인다.

07 사용자 작성 프로그램을 잘 사용하자

필자가 Stata를 사용하는 이유는 소프트웨어의 가격이 저렴하고 기능도 우수하지만, 다양한 사용자작성 프로그램(users written program)을 이용할 수 있기 때문이다.

Stata개발회사에서 공식적으로 제공해주는 기능 외에 전 세계 수많은 Stata사용자(Stata users)들이 많은 시간과 노력을 투자하여 만든 사용자 작성 프로그램을 이용할 수 있기 때문이다.

통계 소프트웨어를 사용하는 사용자들은 아주 어려운 분석기법을 어떻게 처리할 수 있을까를 걱정한다. 하지만 걱정할 필요가 없다. 소프트웨어 개발회사의 천재적인 전문가들이 이를 쉽게 해결하는 방법을 만들어 놓았기 때문이다.

소프트웨어 개발회사에서 제공하지 않은 기법은 분석자가 직접 어려운 작업을 해야 된다고 생각하기 쉽다. 지구상에는 나와 비슷한 분석법을 미리 시도한 학자들이 있다. 이들이 수개월 동안 힘들게 만든 방법론을 이용하면 된다. 불과 몇 분이면 수개월 걸려야 할 작업을 끝낼 수 있다. 이것이 바로 Stata라는 통계 소프트웨어의 장점이고 필자가 이 소프트웨어를 애용하고, 이를 이용한 계량경제학 방법론 책을 쓰는 이유이다.

08 다른 범용 프로그래밍 언어를 하나라도 배우자

본서를 접하게 되는 학생들이나 대학원 학생들, 또는 실무적인 계량분석에 관심을 가진 연구자들은 아마 Stata라는 통계패키지 외에도 SAS, E-Views, Shazam, Limdef와 같은 다른 통계 소프트웨어 중 하나를 사용해본 적이 있을 것이다. 뿐만 아니라 GAUSS나 MATLAB과 같은 컴퓨터 언어에 대해서도 들어보거나 사용해본 적이 있을 것이다. 또 C++, Python, R이란 소프트웨어에 대해서도 들어본 적이 있을 것이다.

필자는 특히 독자들에게 C++, Python, R과 같은 범용언어(로우레벨 컴퓨터 언어) 중 하나 쯤은 배워보기를 권한다. 필자가 독자들에게 이를 권하는 이유는 이런 소프트웨어를 이용해서 계량경제학 방법론에 적용하라는 것이 아니라 아주 기초적인 프로그래밍 기법을 Stata 프로그램 작성에 활용하라는 의미이다. 범용언어를 익히면서 배우게 되는 프로그래밍 기법은 독자가 사용할 Stata 프로그램을 더욱 간단명료하고, 이해하기 쉽게 작성할 수 있게 해준다.

09   본서를 읽는 방법

본서는 필자가 기초부터 고급기법에 대한 내용을 한권의 책에 담았기 때문에 어떤 부분은 초보자에게 어려울 수 있다. 특히 불가피하게 수식을 이용한 필자의 설명은 피하고 싶을 것이다. 이런 독자들은 해당부분을 그냥 넘어가면 된다. 나중에 응용계량경제학 분야에 더욱 흥미를 느낀다면 다시 읽으면 된다.

필자가 확신컨대, 독자들이 이런 어려운 부분을 지나치더라도, 본서를 한 번 정도 읽으며 간단한 사례를 익힌다면 전문가 행세를 할 수 있다. 전문가들만이 만들 수 있는 아웃풋을 스스로 만들 수 있기 때문이다. 그럼에도 불구하고 뭔가 부족함을 느낄 때 처음 지나친 부분을 익히면 된다.

필자의 판단으로 본서에 보다 흥미를 느낀 독자들은 분명 어려워 보이는 수식, 기타 어려운 부분을 꼭 이해할 필요성을 느낄 때가 있을 것이다. 아마 이때쯤이면 독자 여러분들은 응용계량경제학의 전문가 반열에 오를 수 있는 기초가 완성되었다고 보면 된다. 연구자라면 독자적으로 우수한 연구를 수행할 수 있을 것이다. 박사학위 과정의 독자들이라면 보다 빨리 논문을 완성할 수 있을 것이다.

하지만 자만해서는 안 된다. 또 다른 무엇인가 있다. 다양하고 어려운 문제를 해결하여 필요한 분석결과를 얻었다고 해도 더욱 중요한 것은 이를 제대로 해석하는 것이다. 이런 문제는 많은 독서와 사고와 시행착오와 경험에서 나온다. 이는 독자 여러분들이 스스로 그 필요성을 느끼고 노력하는 가운데 얻어질 수 있다.

PART

1

응용계량경제학 기초

제1부 응용계량경제학 기초에서는 응용계량경제학 기초 방법론을 설명한다. 기초 방법론과 Stata를 사용하는 방법, 데이터 처리에 관한 것이다. 독자들은 실습부분을 스스로 수차례에 걸쳐 반복 연습함으로써 앞으로 보다 높은 수준의 학습을 위한 기초지식을 갖추어야 한다. 제1장에서는 응용계량경제학 방법론 전반에 대해 설명한다. 제2장에서는 Stata활용에 있어서 가장 기본적인 내용을 설명한다. "Stata 무조건 따라하기"를 통해 기본적인 사용법을 배운다. 제3장에서는 데이터 관리에 대해 설명한다. 제4장에서는 다양한 도표 그리기와 보다 세련된 도표작성을 위한 추가적 편집방법에 대해 설명한다.

CHAPTER
01

계량경제학의 본질

01 계량경제학의 본질

본서의 이해를 위해 먼저 계량경제학의 본질을 살펴보자. 계량경제학이란 경제변수들의 관계를 실증적으로 추정하고, 해석하여 의미를 찾고자 하는 경제학의 한 분야이다. 필자는 계량경제학을 전공분야의 하나로 공부하면서 많은 계량경제학 책을 섭렵하고, 또 계량경제학적 기법을 사용한 많은 실증분석 논문을 쓴 바 있다. 이 과정에서 계량경제학, 특히 응용계량경제학의 본질을 잘 설명한 것으로 생각되는 것은 오래된 계량경제학책의 앞부분에 나오는 다음 [그림 1]이다.[1] 지금도 학생들에게 계량경제학 분석방법론을 설명할 때 이 그림을 자주 활용한다.

[그림 1]은 계량경제학 방법론을 활용할 때 중요한 역할을 하는 세 가지 구성요인, 즉 계량경제학 모형(econometric model), 정제된 자료(refined data)와 계량경제학 기법(econometric techniques)이 서로 결합되어 있음을 보여준다. 계량경제학 모형은 근저에 경제이론을 포함하고 있다. 모든 경제현상은 데이터로 나타난다. 계량경제학 기법은 통계이론을 기반으로 한 것이다. 경제변수 간의 관계를 실증적으로 측정하고, 검증

---

1   Intriligator Michael D.(1978), *Econometric Models, Techniques & Applications*, Prentice−Hall, p.3.

하는 계량경제학 방법론은 이 세 가지 구성요소를 결합하여 완성된다.

계량경제학 모형이 되기 위해, 계량경제학 모형의 근간이 되는 이론(theory)은 이용 가능한 형태의 모형(model)으로 개발되고, 적절한 함수형태로 설정되어야 한다. 계량경제학 방법론의 이런 본질은 경제학에만 국한되는 것이 아니다. 역사학, 정치학, 사회학, 교육학, 심리학, 공공정책학, 의학 등 다양한 학문분야에도 적용될 수 있다.

계량경제학 방법론이 여러 학문분야에서 이용되기 시작하면서 비슷한 방법론을 다루는 분야를 이젠 계량경제학이라고만 부를 수 없을 정도로 다양해졌다. 통상적인 계량경제학 교과서에서 다루는 내용보다 훨씬 광범위한 분야에서 각 분야의 학문적 특성에 따라 새로운 통계적 기법들이 개발되어 발전하고 있다.

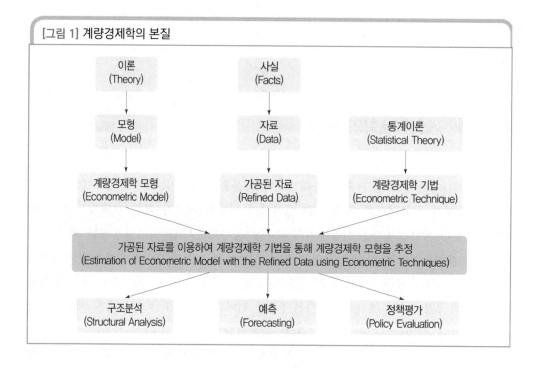

[그림 1] 계량경제학의 본질

02 계량경제학의 목표

앞의 그림은 응용계량경제학이 궁극적으로 무엇을 위해 활용될 수 있는지를 보여준다. 계량경제학은 세 가지 중요한 목표, 즉 구조분석(structural analysis), 예측(forecasting), 정책평가(policy evaluation)를 위해 사용된다. 이 세 가지 목적은 상호밀접하게 관련되어 있다.

첫째, 구조분석이란 경제변수들의 인과관계를 수량적으로 측정하고, 검증하며, 경제관계에 대한 타당성 여부를 밝혀냄으로써 우리가 살아가는 실제생활에서의 경제현상을 이해하려는 것이다. 구조분석을 통해서는 경제변수 간의 인과관계를 수량적으로 측정한 후 이를 이용하여 비교정태분석을 하거나, 탄력성이나 승수를 계산함으로써 경제현상을 이해하는 데 도움이 된다. 또 실제생활에서 일어나는 경제현상을 설명하는 다양한 이론이 있을 때 어떤 이론이 보다 현실 타당성이 있는지를 비교하는 데 사용된다.

둘째, 예측이라는 것은 추정된 계량경제모형을 통해서 모형의 추정에 사용된 관측범위 밖의 종속변수 값에 대한 추정치를 구하는 것이다. 실제 세계에서 특정 경제변수, 가령 경제성장률, 물가, 수출입과 같은 경제변수의 예측은 현실적으로 우리들의 실생활에서 매우 필요한 작업이다. 이런 예측결과는 경제정책의 실행이나 정책으로 기대되는 효과를 평가할 수 있는 기초자료를 제공해준다.

셋째, 정책평가란 어떤 정책수단을 고려하면서 그 효과를 살펴보거나, 복수의 정책수단 가운데 보다 효과적인 정책을 결정하는 목적에 사용하는 것이다. 정부의 정책결정부서가 새로운 경제정책을 실행할 때 계량경제학 모형을 통해 파악된 정보를 활용하는 것은 당연한 일이다.

03 계량경제학의 분석단계

이상에서 살펴본 응용 계량경제학의 본질과 목표는 결국 계량경제학을 현실에 응용하는 절차를 보여준다. 앞으로 본서에서 설명하게 될 개략적인 순서가 될 것이고, 독자들이 실제 연구목적을 위해 계량경제학을 활용할 때의 연구절차가 될 수 있다. 보통계량경제학은 ① 모형설정, ② 자료의 수집 및 가공, ③ 모형의 추정, ④ 모형의 평가, ⑤ 분석목적에의 활용이란 단계를 거친다.

(1) 모형의 설정(specification of model)

계량경제학에서 모형의 설정이란 경제변수들의 관계를 설명하는 경제이론을 실증적으로 추정하고, 검정할 수 있게 정의한 수학적 모형, 즉 계량경제학 모형을 만드는 과정이다. 응용 계량경제학에 있어서 가장 중요한 부분이라고 할 수 있다. 계량경제학 모형의 설정단계에서는 분석대상이 되는 경제관계뿐만 아니라 이론적으로 이를 설명하는 경제이론에 대한 이해가 필요하다. 경제 이론적 근거 없이 경제변수 간의 인과관계를 모형화 하고 추정해서는 안 된다.

계량경제학 모형을 설정할 때에는 적어도 세 가지를 염두에 두어야 한다. 첫째, 모형에 포함시켜야 할 변수를 결정하는 것이다. 경제이론에 근거해서 종속변수와 독립변수로 어떤 경제변수를 선택할 것인지, 관심대상 경제관계를 나타내는 변수 외에 추가적으로 어떤 독립변수를 선택할 것인지를 경제이론상의 경제관계, 분석목적, 자료의 수집 가능성 등을 감안하여야 한다.

둘째, 추정하려는 파라미터에 대해 경제이론에서 제시하거나, 다른 실증연구에서 제시된 파라미터의 크기와 부호에 대한 사전정보를 파악해야 한다. 이를 근거로 자신이 추정한 계량경제학 모형의 타당성을 간접적으로 평가할 수 있다. 또 추정방법이 복잡하거나 추정과정에서 수렴화의 문제가 생길 때 추정을 위한 초깃값(initial value)으로 활용할 수 있다.

셋째, 함수형태의 결정과 관련된 문제이다. 분석대상을 하나의 방정식을 이용하거나, 여러 방정식(연립방정식)을 이용하여 설명할 수 있다. 미리 연립방정식 모형을 가정하고 이로부터 분석에 필요한 하나의 방정식을 정의할 수도 있다. 자주 사용되는 함수형태는 선형모형이나 로그 선형모형이다. 또 선형으로 변환이 불가능한 비선형 함수는 직접 추정하거나, 이를 선형모형에 근사시켜 사용하기도 한다.

이처럼 모형설정단계에서 고려하는 이런 조건은 결국 분석자가 경제이론에서 제시된 경제관계를 보여줄 정확한 파라미터 추정치를 구하기 위한 것이다. 모형을 잘못 설정할 때 이를 "모형설정오류(model specification error)"라고 한다.

(2) 자료의 수집과 가공

경제이론에 바탕을 둔 계량경제학 모형이 설정되면, 다음 순서는 해당 모형에 사용될 자료를 수집하여, 추정에 사용할 수 있도록 가공하는 것이다. 실제 응용 계량경제학에서 자료의 수집과 가공은 매우 중요한 작업이다.

많은 분석자는 다양한 계량경제학 기법을 활용하는 것이 중요하다고 생각하지만, 분석과정에서 자료를 제대로 수집, 가공하는 것이 더욱 중요하다. 다양하고 복잡한 계량경제학 기법은 많은 천재학자에 의해 개발되고, 이는 또 통계 소프트웨어 개발회사에서 쉽게 활용할 수 있는 기능(명령어)을 제공해주므로, 독자들은 이를 이용하는 방법만 알면 된다. 하지만 자료의 수집과 가공은 분석자가 직접 담당하는 작업으로 많은 실수가 있을 수 있다.

최근 개발된 계량경제학 기법으로서 통계 소프트웨어 개발회사에서 제공해주지 않는 기능들이 있을 수 있다. 하지만 지구 어느 곳에선가 이를 쉽게 활용할 수 있도록 많은 시간과 비용을 들여 개발한 프로그램을 웹을 통해 제공해주는 고마운 사람들이 있다. 단지 독자 여러분들은 이를 활용하는 방법만 배우면 된다.

1) 데이터의 형태

응용 계량경제학의 분석대상이 되는 자료는 실제 수집과정에서 여러 형태로, 다양한 자료원(source)에서부터 구해진다. 따라서 일정한 기간에 대해 일관성 있게 자료를 수집하는 것은 쉬운 일이 아니다. 어떤 연구는 자료습득 여부에 달려있기도 하다.

자료에는 우선 정량적 자료(quantitative data)와 정성적 자료(qualitative data)가 있다. 정량적 자료는 양, 개수 등 숫자로 된 자료이지만, 정성적 자료는 변수의 특성을 나타내기 위해 문자, 기호, 숫자 등 명목상 척도나 서열로 나타내는 것이다. 응용 계량경제학에서 자주 사용되는 정성적 자료는 더미변수, 또는 범주형 변수(dummy variable or categorical variable)라고 한다.

둘째, 명목가격 자료(current price data)와 불변가격 자료(constant price data)가 있다. 명목가격 자료는 자료가 수집된 시점의 가격으로 측정된 자료를, 불변가격 자료는 특정 연도를 기준으로 한 가격지수로 불변화한 자료를 말한다. 응용 계량경제하 분석에서는 불변가격 자료가 자주 사용되므로 자료의 가공과정에서 적절한 가격지수가 필요하다.

셋째, 총량 자료와 일인당 자료가 있다. 분석모형에 따라서 어떤 자료는 총량자료가, 어떤 자료는 일인당 자료가 경제이론의 개념에 적절하다. 이론과 모형의 특성을 고려해서 적절한 형태의 자료를 사용해야 한다.

넷째, 저량 자료(stock data)와 유량 자료(flow data)가 있다. 가령 생산함수를 추정할 때 자본투입(자본스톡)은 과거에 이루어진 투자액이 누적된 자료이다. 이런 자료를 저량 자료라고 한다. 반면 투자, 소비와 같은 변수들은 해당연도의 자료이다. 과거로부터 축적된 자료가 아닌 해당시점의 자료이기 때문에 유량 자료라고 한다. 역시 이론과 모형의 특성을 고려해서 적절한 자료를 사용해야 한다.

다섯째, 시계열 자료(timeseries data)와 횡단면 자료(crosssection data)가 있다. 그리고 이들을 합친 풀링 자료(pooling data)나 패널 자료(panel data or longitudinal data)가 있다. 시계열자료는 시간의 변화에 따라 수집된 자료를, 횡단면 자료는 특정시점에 여러 경제주체에 대해 수집된 자료를 말한다. 풀링 자료는 시간과 경제주체의 구분없이 별개의 관측치로 수집된 자료이다. 반면 패널 자료는 시간과 경제주체의 구분을 명확히 하여 수집된 자료이다. 패널 자료에서 모든 경제주체가 동일한 연도의 자료를 가지고 있을 때 균형패널자료(balanced panel data), 그렇지 않을 때 비균형패널자료(unbalanced panel data)라고 한다. 최근 계량경제학이 발전함에 따라 패널 자료의 처리를 위한 많은 계량경제학 기법이 개발되고 있다.

여섯째, 비실험적 자료(non-experimental data)와 실험적 자료(experimental data)가 있다. 비실험적 자료는 대부분의 경제변수처럼 실제상황에서 수집됨으로써 통제되지 않은 자료이다. 실험적 자료는 실험실에서 반복재생 가능한 자료이다. 계량경제학의 분석대상은 비실험적 자료이지만 최근 계량경제학의 발전에 따라 난수를 생성하여 특정 경제상황을 가정한 실험적 자료를 만들고, 이를 이용하여 다양한 계량경제학 기법을 적용하기도 한다.

일곱째, 척도자료가 있다. 보통 측정수준은 네 가지의 형태로 구분한다. 명목형, 서열형, 등간형, 비율형의 척도가 있다. 명목형 척도는 범주 간에 존재하는 차이를, 서열척도는 범주의 순위를 나타낸다. 등간척도는 명목, 서열척도의 측정수준을 포함하여 범주간 간격의 정도를 나타낸다. 비율척도는 명목, 서열, 등간척도의 측정수준이 할 수 있는 것을 포함하며, 절대적인 영점 수준을 가지고 있다.

2) 데이터와 관련된 다양한 문제

계량경제학 모형이 설정되고 원시자료가 다양한 자료원에서 수집되었다고 해도 이를 그대로 분석목적에 사용하는 것은 문제가 있을 수 있다. 따라서 원시 데이터를 추정과정에 활용하기 위해서는 자료의 문제를 파악하고 적절한 방법으로 결측치를 채워 넣거나, 보다 정제, 조정, 변환 등의 과정, 즉 마사지(massage)단계를 거쳐야 한다.

　일반적으로 계량경제학 모형의 추정에 사용될 원시자료가 갖는 문제는 다음과 같다. 이 중 어떤 것은 모형의 추정과정을 통해 존재여부가 밝혀지기도 한다. 첫째, 자유도(degrees of freedom)의 문제이다. 계량경제학 모형으로부터 의미있는 파라미터 추정치를 구하기 위해서는 적정수의 관측치가 확보되어야 한다. 적정 관측치 수가 확보되지 않으면 모형의 추정이 불가능할 수도, 추정 가능하더라도 추정된 파라미터의 유의성이 낮아 분석목적에 활용할 수 없다. 추정치를 얻기 위해 어쩔 수 없이 특정 독립변수를 모형에서 배제한다면 모형의 유용성이 약화될 수도 있다. 어떤 추정방법에서는, 특히 대표본(large sample)을 필요로 한다.

　둘째, 다중공선성(multicollinearity)의 문제이다. 설정된 계량경제학 모형의 추정을 위해 자료를 수집하면 어떤 변수들은 다른 변수로부터 특정 식에 의해 구해지기도 한다. 또한 시계열 자료는 통계작성 기술이 발전하면서, 또 물가상승의 영향을 받아 동일한 방향으로 움직이는 경향이 있으므로 두 변수 간의 상관관계가 매우 높아질 수 있다. 바로 이런 문제를 다중공선성 문제라고 하는데 만약 상관관계가 매우 높은 독립변수를 동시에 모형의 추정에 사용한다면 파라미터 추정치를 얻을 수 없기도 하고, 추정치를 얻는다 해도 추정치의 분산이 커지는 경향이 있어서 파라미터 추정치의 유의성이 하락할 수 있다. 이런 문제의 존재여부는 아주 쉽게 검증할 수 있다. 이런 문제가 있는 데이터는 제외하거나, 특별한 추정기법을 사용해야 할 수도 있다.

　셋째, 계열상관(serial correlation)의 문제이다. 계열상관은 시계열 자료를 이용할 때 자주 발생한다. 오차항 간에 연속적인 상관관계가 존재하는 현상으로서 파라미터 추정치의 효율성에 나쁜 영향을 미치므로 이를 조정하는 추정방법을 사용해야 한다. 계열상관의 존재여부 역시 쉽게 검정 가능하다.

　넷째, 구조변화(structural change)의 문제이다. 실제 세계에는 항상 돌발적인 변화(전쟁, 경제위기)가 발생한다. 따라서 해당 상황 후에는 이전과 다른 경제상황에서 자료가 수집된다. 따라서 사용하는 데이터의 일관성에 문제가 있으므로 모형의 추정과정에서는 이를 고려하여야 한다.

　다섯째, 변수오차(error in variable)의 문제이다. 경제이론에서 제시하고 있는 변수는 실제 세계에서의 개념과 정확히 일치하는 자료가 아니다. 따라서 특정 경제변수의 개념정의와 정확히 일치하는 자료가 수집될 수 없다. 이때는 어쩔 수 없이 오차를 가지고 측정되는 자료를 사용할 수밖에 없다.

여섯째, 왜도(skewness), 첨도(kurutosis)의 문제이다. 데이터의 왜도나 첨도가 심할 경우 오차항의 분포를 왜곡시킬 수 있고, 이분산, 계열상관의 문제를 악화시킬 수 있다. 왜도와 첨도가 심한 자료는 적절한 방법을 통해 변환되기도 한다.

일곱째, 시계열의 안정성(stability)의 문제이다. 시계열 자료는 경기적 요인, 추세, 변동성의 급격한 변화로 인해 불안정한 시계열 자료가 되어 모형의 추정결과를 왜곡시킬 수 있다. 시계열의 안정성 여부를 평가하고, 불안정성을 가진다면 차분 등 적절한 방법을 동원해야 한다.

여덟째, 누락치(missing value)의 문제이다. 분석을 위한 기초 자료는 여러 자료원에서 수집된다. 시계열 자료에서는 과거, 중간, 최근의 일부 자료가 누락될 수 있다. 횡단면 자료에서는 특정 주체의 자료가 누락되거나 응답내용이 없을 수 있다. 관측치가 많아서 자유도의 문제가 심각하지 않다면 일괄적으로 삭제할 수도 있으나, 일부 자료의 누락에도 불구하고 해당 관측치는 중요한 정보이므로 누락치를 다양한 방법으로 추정하여 채워 넣기도 있다.

아홉째, 이상치 혹은 특이치(outlier)의 문제이다. 간혹 특정 자료들은 입력과정의 잘못으로 특별히 크거나 작은 숫자가 입력되어 다른 관측치와 다른 수준을 보일 수 있다. 데이터에 이상치가 있다면 반드시 제거되거나 그 존재 여부를 반영한 모형을 추정해야 한다.

3) 데이터의 가공

계량경제학 기법을 통해 모형을 추정하기 전 원시자료는 적절한 방법으로 정제되어야 한다. 이를 위해 통상적으로 이루어지는 작업은 다음과 같다. 이런 작업은 대부분 Stata를 이용하여 아주 간단하게 처리할 수 있다.

첫째, 내삽(intrapolation), 외삽(extrapolation), 접합(splicing)을 통해 자료의 관측치 수가 늘어날 수 있다. 관측치 범위 내, 범위 밖의 값을 여러 방법으로 채워 넣는 데이터의 조정이다. 접합은, 가령 물가지수가 서로 다른 기준연도를 기준으로 작성되었을 때 이를 일관성 있게 이어주는 방법이다.

둘째, 계절조정(seasonal adjustment), 필터링(filtering)은 주로 시계열 자료에서 계절적 요인, 추세적 요인 등을 분리해내는 방법이다. 다양한 방법이 사용된다.

셋째, 정규화(normalize)는 수집된 변수들의 단위의 차이가 너무 클 때 평균과 표준편차를 이용해서 조정하는 방법이다. 사용되는 자료의 변이가 크다면 특정 추정방법에서는 어려움이 있을 수 있다.

넷째, 스톡(stock)자료는 축적된 자료이다. 가령 생산함수 추정에 필요한 자본스톡과 같이 특정 기준연도의 자본량을 기준으로 투자 시계열과 감가상각 자료를 이용하여 저량 자료로 변환된다. 연구개발, 인적자본 등도 저량의 개념으로 사용된다.

다섯째, 자료변환에서는 로그변환(log transformation), 지수변환(exponential transformation), 차분(differencing), 증가율(growth rate), 혹은 퍼센드 변화(percent change)와 같이 아주 단순한 형태에서부터 특별한 함수를 이용한 자료변환 등 다양한 방법이 있다.

여섯째, 와이드 폼(wide form)과 롱폼 자료(long form)는 패널 자료의 연구에서 자주 언급되는 자료의 형태이다. 원시자료는 와이드 폼 형태가 많다. 패널 추정법 적용을 위해서는 각 경제주체에 대한 연도별 자료가 집적된 형태의 롱폼 형태로 재배열되어야 한다.

일곱째, 그 외에도 하위 경제단위의 자료를 상위 경제단위의 자료로 집계하기 위한 지수(indices)계산, 경상가격(nominal price) 자료의 불변가격(real price) 자료로의 변환, 시계열 자료의 주기(frequency)변경과 같은 데이터의 가공이 필요할 때도 있다.

(3) 모형의 추정

응용 계량경제학에서 계량경제학 모형을 추정하는 방법은 다양하다. 다음 장부터 설명하게 될 Stata활용에서 다양한 추정방법을 보게 될 것이다. 본서나 여타 표준적인 계량경제학 교과서에서 다루는 추정방법은 Stata에서 제공해주는 추정방법의 극히 일부에 불과하다.

Stata에서 많은 통계기법을 제공해준다는 의미이기도 하지만 경제학의 범주 바깥에서, 특히 교육학, 심리학, 의학 등 다른 학문 분야에서도 정교한 모형과 그 추정방법이 발전하고 있다는 것을 의미한다. 응용 계량경제학 분야에서도 다른 학문분야에서 발전하고 있는 다양한 추정기법들을 전향적으로 활용할 필요가 있다.

첫째, 표준적인 계량경제학에서 자주 접할 수 있는 모형의 추정방법에는 여러 형태가 있다. 가장 기본적인 것은 고전적(통상적) 최소자승법(Ordinary Least Squares Method: OLS or Classical Least Squares Method: CLS)이다. 고전적 최소자승법을 적용하는 데 필요한 여러 전제조건을 필요로 하지 않는 최우법(Maximum Likelihood Method: ML) 역시 자주 사용되는 계량경제학 모형의 추정방법이다.

만약 독자들이 경제변수의 인과관계를 모형화 하면서 하나의 방정식, 일명 단일방정식 모형(single equation model)을 생각하였다면 이상의 방법이 주로 활용된다. 만약 명시적으로, 혹은 개략적으로 경제변수들의 인과관계를 여러 개의 방정식, 소위 연립방정식 모형(simultaneous equation model)으로 생각하였다면 간접최소자승법(Indirect Least Squares Method: ILS), 제한정보최우법(Limited Information Maximum Likelihood Method: LIML), 가중최소자승법(Weighted Least Squares Method: WLS), 2단 최소자승법(Two−stage Least Squares Method: 2SLS), 3단 최소자승법(Three−stage Least Squares Method: 3SLS), 완전정보최우법(Full Information Maximum Likelihood Method: FIML) 등의 추정방법이 사용될 수 있다. 독자들은 이상의 많은 추정방법을 실제 사용할 기회가 많지 않다. 따라서 초·중급 수준에서 이들 추정방법에 대해서는 용어의 존재 정도만 알고 있어도 무방하다.

둘째, 고전적 최소자승법의 기본조건이 위배될 때에도 다양한 추정방법이 동원된다. 다양한 이름의 추정방법으로 불리지만 기본은 고전적 최소자승법이나 최우법을 적용하는 방법들이다. 다중공선성 문제의 해결을 위한 능형회귀(ridge regression), 자기상관문제의 해결을 위한 코크란−오컷 방법(Cochrane Orcutt method), 이분산의 문제해결을 위한 추정방법, 자기상관이나 이분산 문제를 동시에 해결할 수 있는 추정방법 등은 앞으로 독자 여러분들이 본서를 통해 배우게 될 중요한 추정방법이다.

셋째, 종속변수의 형태에 따라 다른 추정방법이 사용된다. 우리가 일반적으로 사용하게 되는 자료는 서열형 자료이지만 편의성 때문에 명목형 자료를 사용하기도 한다. 특히 명목변수를 종속변수로 사용할 때 고전적 최소자승법을 사용한다면 여러 문제가 발생한다. 이럴 때에는 로짓모형(Logit model), 토빗모형(Tobit model), 멀티로짓모형(Multi−logit model), 멀티토빗모형(Multi−tobit model) 등이 사용되고 이를 위한 별도의 추정방법이 사용된다.

넷째, 자료의 형태에 따라 추정방법이 달라질 수 있다. 분석에 사용하고 있는 자료가 횡단면 자료나 시계열 자료이냐에 따라 모형설정이 달라질 수 있고, 그에 따라 다른 추정방법이 사용될 수 있다. 횡단면 자료와 시계열 자료가 합쳐진 패널 자료에서는 또 다른 추정방법이 사용된다. 최근 계량경제학에서 다양한 추정방법의 발전이 이루어지고 있는 분야이기도 하다.

다섯째, 함수형태에 따라 추정방법이 달라질 수 있다. 주로 사용하게 되는 모형은 선형모형이다. 하지만 간혹 콥−더글라스 함수(Cobb−Douglas function)와 같은 비선형모형도 있다. 이런 함수형태는 로그변환을 통해 선형모형으로 변환이 가능하므로 추정에 어려움이 없다. 하지만 CES함수와 같이 파라미터에 대해 비선형인 함수는 선형모형의 추정방법을 사용할 수 없어서 비선형 추정방법이 사용된다.

(4) 모형의 평가

계량경제학 모형을 추정하였다면 구체적으로 어떤 기준에 따라 평가하고 이를 구조분석, 예측, 정책평가와 같은 분석에 활용할 수 있을까? 통상 아래와 같은 절차에 따라 모형을 평가한다. 이런 기준에 따라 개연성 있는 여러 모형에 대한 추정방법별 추정결과를 평가한 후 가장 바람직하다고 판단되는 모형을 선정한다.

1) 경제이론적 평가

경제 이론적 평가는 사실상 추정된 모형의 평가에서 가장 중요한 부분이다. 계량경제학 모형을 세울 때 이론적 기반이 중요하다는 것은 파라미터 값의 크기와 부호가 이론이 제시하는 바와 일치해야 한다는 것이다.

파라미터 추정치의 크기와 부호는 경제 이론적으로, 또는 다른 선행연구에 의해 이미 알려져 있다. 하지만 새로 시작하는 탐색적 연구에서는 해당 연구에서 규명해야 할 일이기도 하다. 보통 추정하려는 분석모형의 파라미터 크기나 부호가 사전적으로 알려져 있으므로 자신의 모형 추정결과를 평가할 때 이를 활용할 수 있다.

2) 통계적 평가

통계학적으로 모형의 추정결과가 신빙성이 있는지를 평가하는 것이다. 종속변수에 대한 모든 독립변수의 설명력 인정 여부와 설명력 정도를 평가하기 위해서는, 일명 전체검정(F검정)을 통해 전체 독립변수 파라미터 추정치의 유의성 여부를 평가한다. 모형의 설명력 정도는 다중결정계수라고 불리는 R^2를 이용하여 검토한다. 또 개별 파라미터의 유의성 여부는 개별검정이라 불리는 t검정을 통해 평가한다.

3) 계량경제학적 평가

계량경제학적으로 추정모형의 타당성을 평가하는 것이다. 주로 고전적 최소자승법이 전제하고 있는 가정의 타당성 여부를 평가하는 것이다. 대부분 계량경제학 교과서에서 공통적으로 설명하는 내용이다. 이 책에서도 역시 고전적 최소자승법의 전제조건 충족여부를 어떻게 탐지하고, 문제가 있다면 이를 해결하는 방법에 대해 설명할 것이다.

첫째, 오차항의 정규성(normality) 여부를 평가한다. 고전적 최소자승법 추정결과로 구해진 오차항이 정규분포를 하는지 살펴보는 것이다. 둘째, 모형설정 오류를 평가한다. 불필요한 독립변수가 포함되었는지, 꼭 필요한 독립변수가 제외되었는지, 모형의 형태가 제대로 설정되었는지를 평가한다. 셋째, 다중공선성 문제의 존재여부를 평가한다.

넷째, 자기상관 여부를 평가한다. 특히 시계열 자료에서 자주 제기되는 문제이다. 다양한 평가방법이 있다. 다섯째, 이분산의 문제를 평가한다. 특히 횡단면 자료의 분석에서 자주 제기된다. 역시 다양한 평가방법이 있다. 그 외에도 시계열 자료를 사용할 때 시계열 자료의 안정성과 인과관계의 방향을 평가하기 위해 단위근 검증, 그레인저(Granger)의 인과관계 검증을 한다.

(5) 분석목적에 활용

독자들이 설정한 계량경제학 모형을 원시자료로 부터 정제된 자료와 적절한 계량경제학 기법을 이용하여 추정하고, 추정결과를 경제 이론적, 통계학적, 계량경제학적

경제학자 소개 ① 얀 틴베르헨(Jan Tinbergen)

네덜란드 경제학자인 얀 틴베르헨(1903~1994)은 통계학, 수학을 경제이론과 결합함으로써 계량경제학의 발전에 선구적 역할을 하였다.

계량경제학 분야에서 틴베르헨의 업적은 경제이론의 수학적 수식을 통계자료와 통계기법을 결합하는 것이었다. 틴베르헨은 네덜란드와 미국경제에 대한 계량모형을 개발하였는데 이는 예측, 정책평가를 가능하게 하는 혁신적인 것이었다. 특히 모형에서 타깃(targets)과 수단(instruments)의 개념을 정립하였는데 이는 정책입안자가 목표를 달성하기 위해 어떤 수단을 사용해야 하는가에 대한 것이었다.

1951년 최초로 "계량경제학(Econometrics)"이란 책을 저술하였다. 그는 경기변동, 소득분배, 경제성장, 경제개발 등 여러 분야에서 탁월한 업적을 남겼다. 1969년 노르웨이의 프리슈(Ragnar Frisch)와 함께 첫 번째 노벨경제학상을 수상하였다.

평가기준에 따라 평가하여 최선의 모형이 선정되면, 이를 분석목적, 즉 구조분석, 예측, 정책평가에 활용한다.

현실적으로 추정된 계량경제학 모형이 항상 경제 이론적, 통계학적, 계량경제학적으로 만족스러운 결과를 보여주는 것은 아니다. 따라서 여러 개의 잠재적 가능성이 있는 모형을 추정, 평가하고 이 중 분석목적에 맞는 차선의 모형을 선정하게 된다.

이때 분석목적에 맞도록 평가기준을 차별적으로 적용할 수도 있다. 만약 구조분석이 주목적이라면 개별 파라미터 추정치의 유의성 검정을 중요시한다. 만약 예측이나 정책평가가 주목적이라면 모형의 설명력을 중요시한다. 일반적으로 시계열 자료를 이용한 거시모형에서는 모형의 설명력이 아주 양호하여 높은 결정계수를 보인다. 산업조직론의 SCP가설 등의 검정에서는 낮은 결정계수를 보인다. 이때 개별 파라미터 추정치의 유의성 여부가 중요한 평가 기준이 된다.

추정된 계량경제학 모형의 평가와 해석에서는 많은 경험이 필요하다. 따라서 초보자들은 다른 연구자들의 연구결과와 해석방법을 보여주는 논문들을 많이 읽고, 이를 모방해보는 것이 필요하다. 경험 많은 연구자나 생각을 많이 한 연구자들의 논문에서 아주 많은 것을 배울 수 있다. 같은 분석모형, 같은 추정결과라도 이를 해석하는 능력에 따라 아주 좋은 연구결과가 되기도 하고 그렇지 않기도 한다. 좋은 분석결과를 가지고도 전혀 의미없는 연구결과를 만들 수도 있다.

04 바람직한 계량경제학 모형의 조건

(1) 하비(Harvey A. C.)의 조건

응용 계량경제학의 분석대상이 되는 경제현상을 잘 설명하는 이상적인 계량경제학 모형은 어떤 조건을 갖추어야 할까? 좋은 모형의 기준은 하비(Harvey A. C.)의 연구에서 제시하는 것이 커다란 시사점을 준다.[2] 깊이 생각해 볼 가치가 있는 기준이기 때문에 여기에서 살펴본다. 바람직한 계량경제학 모형의 조건은 이미 선술한 세량경제학 모형의 평가부분에서 살펴본 내용과 거의 동일하다.

---

2 Harvey, A. C.(1990), The Econometric Analysis of Timeseries (2nd ed.), MIT.; Gujarati, Damodar(2010), *Essentials of Econometrics* (4th ed.), McGraw-Hill/Irwin, p.220.

첫째, 절제(parsimony)의 조건이다. 아무리 좋은 모형이라도 실제세계의 현실을 완벽하게 설명할 수 없다. 따라서 모형설정 과정에서 단순화와 추상화는 어쩔 수 없다. 절제의 조건은 가능한 모형이 단순해야 한다는 것이다. 수학적 형태가 단순하고, 가능하면 독립변수의 수가 지나치게 많지 않아야 한다. 여러 개의 방정식을 통해 현실세계를 설명하려는 연립방정식 모형에서도 가능한 한 방정식의 수가 적을수록 좋다.

둘째, 식별(identification)의 조건이다. 설정된 계량경제학 모형에서 추정하려는 파라미터(parameter)는 유일한 값을 가져야 한다.

셋째, 모형의 적합도(goodness of fit)가 좋아야 한다. 즉 모형에 포함된 독립변수가 종속변수의 변화를 잘 설명할 수 있어야 한다. 가장 많이 활용되고 있는 결정계수 외에도 모형의 적합도를 평가할 수 있는 다양한 기준이 있다.

넷째, 모형의 이론적 일치성(theoretical consistency)의 조건이다. 모형의 추정결과인 파라미터는 이론이 제시하는 크기(size)와 부호(sign)를 가져야 한다. 파라미터의 크기와 부호자체가 검증대상이 될 때에는 그 타당성이 이론적으로 설명 가능해야 한다. 실제 많은 경제통계는 높은 상관관계를 가진다. 이론을 무시하고 아무리 모형의 적합도와 파라미터의 유의성이 좋다고 하더라도 "이론이 없는 측정치(measurement without theory)"가 되서는 안 된다.

다섯째, 예측력(predictive power)이 좋아야 한다. 계량경제학 분석의 목적 중 하나인 예측력이 좋아야 한다는 것은 지극히 당연하다. 예측력이 좋은 모형이란 것은 또 다른 목적인 정확한 구조분석과 정책평가를 위해서도 필요하다. 프리드만(Friedman Milton)은 모형의 타당성은 경험과 관련된 예측력의 비교를 통해서 결정된다고 하였다.[3] 많은 국내외 연구기관에서 활용 중인 거시모형에서도 예측력이 강조된다.

여섯째, 파라미터 추정치의 효율성(efficiency of parameter) 조건이다. 다양한 계량경제학 기법에 의해 추정된 파라미터 추정치는 불편성, 최소분산 등의 조건을 갖추어야 한다. 이 조건은 계량경제학 모형의 목적이 구조분석에 있을 때 더욱 강조된다.

(2) 피터 케네디(Peter Kennedy)의 "계량경제학 십계명"

구약성서에는 "십계명"이란 가르침이 있다. 의과대에서는 "히포크라테스의 선서"

---

3   Friedman, Milton(1953), "The Methodology of Positive Economics," *Essays in Positive Economics*, University of Chicago Press, p.7.

를 강조한다. 계량경제학을 현실적용에 있어서도 다음과 같은 "계량경제학을 위한 십계명"이 있다. 응용계량경제학에서 바람직한 계량경제학 모형의 조건으로 음미해볼 가치가 있다.

피터 케네디(Peter Kennedy)의 저술로 부터 계량경제학의 응용에 있어서 중요한 지침을 얻을 수 있다. 계량경제학자들이 일반적으로 가장 자주 범하게 되는 잘못은 부적절한 상황설정에서 계량경제학의 규칙과 절차를 기계적으로만 적용하는 것이다.

계량경제학의 실제 적용에 있어서 아래의 규범은 각각 상이한 특징을 가지고 있지만 실무자들에게 계량경제학 기법을 기계적으로 적용하지 않도록 하는 지침을 줄 수 있다. 여기서는 개괄적인 내용을 소개한다. 보다 자세한 내용은 원전을 참고하기 바란다.[4]

- 규칙 1: 상식과 경제이론을 활용하라
  (use common sense and economic theory).
- 규칙 2: 올바른 질문을 하라(ask the right question).
- 규칙 3: 전후맥락을 이해하라(know the context).
- 규칙 4: 데이터를 검사하라(inspect the data).
- 규칙 5: 복잡함을 추구하지 말라(not worship complexity).
- 규칙 6: 자신의 분석결과를 오랫동안 열심히 바라보라(look long and hard at thy results).
- 규칙 7: 데이터 마이닝(data mining)의 비용을 감안하라(beware the costs of data mining).
- 규칙 8: 기꺼이 타협하라(be willing to compromise).
- 규칙 9: 통계적 유의성과 본질을 혼동하지마라
  (not confuse statistical significance with substance).
- 규칙 10: 민감성의 존재를 인정하라(confess in the presence of sensitivity).

---

4 Kennedy, Peter(2008), *A Guide to Econometrics* (6th ed.), Wiley-Blackwell, pp.362-368.

CHAPTER

02

Stata 활용법 기초

01 Stata 기초의 이해

여기서는 제1장에서 설명한 계량경제학의 방법론을 적용하기 위한 수단으로서 Stata라고 하는 통계 소프트웨어의 기초적 활용방법에 대해 살펴본다. Stata와 유사한 통계 소프트웨어로서 SAS, EViews, Shazam, LIMDEF 등과 같은 것들이 있으나 최근 Stata사용자가 크게 증가하고 있다. 뉴욕주립대의 최근 평가에 의하면, 많은 통계소프트웨어 가운데 "SAS만이 Stata가 제공해주는 다양한 회귀모형의 추정치를 제공하는 데 근접하고 있다"고 할 정도이다.[1]

필자는 전술한 다양한 통계 소프트웨어를 사용해본 경험이 있다. 요즘은 주로 Stata를 사용하고 있다. 다양한 추정기법을 제공해주는 것 외에도 자료처리에 있어서 매우 편리한 기능을 제공해주기 때문이다. 더욱 매력적인 것은 최근에 개발된 통계기법을 Stata 개발회사에서 제공해주지 않아도 세계 도처의 Stata 사용자들이 이를 개발해주기 때문이다. 말 그대로 Stata라는 통계 소프트웨어를 매개로 하여 지구상의 수백만 명의 사용자들이 정보를 공유하면서 다양한 통계기법을 발전시키는, 즉 "집단지성(collective intelligence)"의 힘이 작용하고 있기 때문이다. 필자는 본서를 집필하면서 Stata라는 통계 소프트웨어의 이런 기능들을 자주 사용한다.

---

1   http://www.oswego.edu/~economic/econsoftware.htm

(1) Stata의 설치, 커스터마이징, 업데이트

1) 설치(installing)

Stata의 설치는 다른 소프트웨어를 설치하는 방법과 유사하다. 설치 후 바탕화면의 아이콘을 더블클릭(double click)하면 등록번호와 활성화 코드를 요구한다. 이를 입력한 후 실행하면 Stata의 초기화면이 나타나고 여기서 4개의 윈도(window)를 확인할 수 있다.

우선 하단의 커맨드 라인 윈도(command line window)에 sysdir이란 명령어를 입력하고 엔터키(enter key)를 누르면 다음과 같이 Stata가 설치된 위치나 Stata의 작동과 관련된 여러 개의 디렉터리(directory)가 결과물 윈도(results window)에 나타난다. Stata가 제대로 설치된 것이다.

[그림 1] Stata설치와 시스템 디렉토리의 확인

```
sysdir
      STATA:   C:₩Program Files₩Stata16₩
       BASE:   C:₩Program Files₩Stata16₩ado₩base₩
       SITE:   C:₩Program Files₩Stata16₩ado₩site₩
       PLUS:   C:₩ado₩plus₩
   PERSONAL:   C:₩ado₩personal₩
  OLDPLACE:   C:₩ado₩
```

여기에서 특별히 알아두어야 할 것은 Stata를 설치하면 명령어와 관계된 파일(*.ado)은 "C:\Program Files\Stata16\ado\base\"에 설치되어 있다는 것이고, 본서에서 자주 사용되는 사용자작성 프로그램은 "C:\ado\plus\" 또는 "C:\ado\personal\"에 설치된다는 것이다.

2) 커스터마이징(customizing)

Stata의 초기화면에는 4개의 윈도가 보이는데 전체적인 화면모양이나 풀다운 메뉴(pull down menu)의 크기, 폰트의 크기나 글자체, 색상 등을 바꿀 수 있다. 인스톨 당시의 상태 그대로 사용해도 문제가 없다. 만약 자신 만의 스타일로 바꾸고 싶다면 좌측 상단의 Edit 메뉴의 하위 Preference메뉴를 선택한 후, 다시 General Preference를 선택하면 몇 가지 사항들을 수정할 수 있다. 해당 윈도에서 우측마우스를 클릭하여 간단히 이를 변경하는 방법도 있다.

중요한 것은 4개 윈도의 위치를 바꾸는 것이다. 윈도의 위치를 바꾸기 위해서는 옮기고자 하는 윈도의 상단의 그림자 부분을 클릭한 후 약간 끌게 되면 여러 군데에 사각형 이미지가 떠오른다. 위치시키고 싶은 곳으로 드래그(drag)하면 윈도의 배열을 바꿀 수 있다.

필자는 변수윈도(variable window)를 리뷰윈도(review window) 하단에 위치시킬 것을 권한다. 커맨드윈도(command window)에서 변수명을 입력할 때 변수윈도에서 해당 변수를 클릭함으로써 변수명을 입력할 수 있기 때문이다.

3) 업데이트(update)

Stata는 정기적으로 새로 개선된 기능이나 오류 등을 인터넷을 통해 자동으로 갱신(update)할 수 있게 해준다. 일정기간이 지나면 갱신여부를 묻는 메시지가 초기화면에 나타난다. 커맨드 라인 윈도에서 update all 커맨드를 수행하면 자동으로 최신 내용이 갱신된다. 새로운 상위버전이 만들어지기 전까지 사소한 수정사항들이 수시로 갱신되어 기능이 업그레이드(upgrade) 된다.

(2) Stata의 윈도의 이해

1) 메인 윈도(main windows)와 기타 윈도

Stata를 인스톨한 후 이를 실행하면 보통 아래와 같은 초기 화면이 나타난다. 다음 [그림 2]에서 보듯 화면에는 ① 커맨드라인 윈도(command line window), ② 변수윈도 (variables window), ③ 결과물윈도(results window), ④ 리뷰윈도(review window)의 4개 윈도가 있다. 이를 메인윈도(main window)라고 한다. 초기 화면에 기본적으로 나타나기 때문이다.

Stata 윈도에는 4개 메인윈도 외에 자주 사용되는 것으로 상단의 특정 아이콘을 클릭할 때 나타나는, ⑤ do파일 편집 윈도(do-file editor window)와 ⑥ 데이터 윈도 (data window)가 있다. ⑦ 또한 도움말 기능을 이용할 경우 나타나는 뷰어윈도(viewer window)가 있다. 이들은 메인윈도에 나타나는 4개의 윈도처럼 서로 결합되지 않고 단독으로 화면의 다른 부분에 나타난다.

컴퓨터 화면의 폭이 넓거(16:9)나 두 개의 모니터를 사용하는 독자들은 메인 윈도와 do파일 편집 윈도를 동시에 보면서 작업하는 것이 작업효율을 높일 수 있다. do파일 편집윈도에서 작업을 하면서 여기에서 명령어를 수행하고 결과물을 메인윈도에서 동시에 확인할 수 있기 때문이다.

2) 커맨드 라인 윈도(command line window)

[그림 2] Stata의 주요 윈도(window)

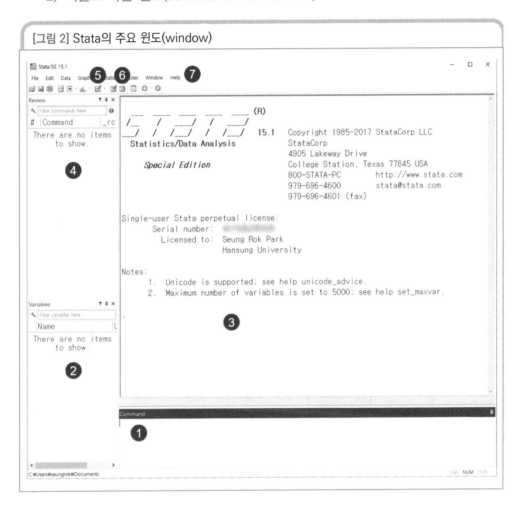

커맨드 라인 윈도에서는 보통 1줄의 Stata 명령어를 입력한나. 입력 후 엔터키를 누르면 해당 명령어가 수행된다. 이때 나머지 세 개의 윈도에 곧바로 반응이 나타난다. 우선 명령어 수행의 결과물은 결과물윈도(results window)에 나타난다. 리뷰윈도(review window)에는 방금 수행한 해당 명령어가 나타난다. 만약 명령어가 데이터 세트를 읽어

들이거나, 읽어 들인 데이터를 이용하여 새로운 변수를 계산하는 명령어라면 변수윈도 (variables window)에 해당변수의 이름이 나타난다.

나중에 알게 되겠지만, 커맨드 윈도에 입력하는 명령어는 메인윈도 상당의 풀다운 (pull down) 메뉴의 명령어를 클릭함으로써 나타나는 결과와 동일하다. 풀다운 메뉴를 이용하는 방법은 초보자들이 자주 사용하는 편리한 기능이다. 하지만 속도가 느리고, 분석자가 원하는 기능의 위치를 찾기 힘들 때가 많다. 따라서 익숙한 Stata사용자들은 do파일 에디터 윈도에서 명령어를 기록해가면서, 여기서 바로 명령어를 수행한다.

3) 변수 윈도(variables window)

데이터를 읽어 들이는 명령어가 수행되면 변수윈도에는 데이터세트에 있는 변수 명이 기록된다. 또 여기에 있는 변수를 이용하여 새로운 변수를 생성하게 되면 새로 만들어진 변수명이 나타난다. 결국 변수윈도에서 어떤 변수명의 자료가 컴퓨터의 메모 리에 존재하고 있는지 확인할 수 있다.

변수윈도에서 편리한 기능은 커맨드 윈도에서 명령어를 수행할 때 일일이 변수명 을 입력할 필요없이 변수윈도에 있는 해당 변수명을 더블 클릭하면 자동적으로 커맨드 윈도에 기록된다는 것이다. 다시 새로운 변수를 클릭하면 빈칸이 입력되면서 새로운 변수가 추가된다.

4) 결과물 윈도(results window)

결과물 윈도는 커맨드 라인 윈도에서 커맨드를 수행한 후 결과물이 나타나는 윈 도이다. 보통 점(·)다음에 수행한 커맨드가 나타나고 그 다음 결과물이 나타난다.

결과물 윈도에서 자신이 필요한 내용이 있으면 필요한 부분을 드래그하여 복사한 후 다른 곳에 붙이기를 할 수 있다. 이때 ① 단순히 복사, ② 테이블형태로 복사, ③ 특별한 명령어를 이용하여 문서화하기 좋은 형태로 재가공한 후 복사하는 방법 등이 있다.

5) 리뷰 윈도 (review window)

리뷰 윈도에는 커맨드 라인 윈도나 풀다운 메뉴를 이용하여 수행한 명령어가 순 서대로 보존된다. 나중에 우측 마우스를 클릭하여 이를 저장(save)함으로써 그동안 수 행한 일련의 명령어들이 정리된 do 파일을 만들 수 있다.

또 다른 편리한 기능은 한번 수행한 적이 있는 해당 명령어를 다시 클릭하면 해당 명령어를 커맨드 라인윈도에 위치시킬 수 있다. 만약 해당 명령어를 더블 클릭하게 되면 자동적으로 해당 명령어가 재실행되고 그 결과가 결과물 윈도에 나타난다.

6) 뷰어 윈도(viewer window)

뷰어 윈도는 도움(help)기능을 이용할 때 해당 커맨드에 대한 간단한 설명이나 자세한 내용의 매뉴얼을 보여주는 윈도이다. Stata를 사용하면서 특정 명령어의 사용법을 모를 때 이 도움기능을 이용하면 된다.

도움기능을 통해서는 Stata명령어의 사용법만 검색할 수 있는 것이 아니라 인터넷을 통해 특정 키워드(keyword)를 검색할 수도 있다. 정확한 검색용어를 입력하면 Stata에서 공식적으로 제공해주지 않지만 사용자들이 만든 매우 편리한 기능들을 이용할 수 있다. 수많은 Stata사용자들이 인터넷에 올려놓은 명령어들이다. 바로 이런 기능들이 Stata가 다른 통계 소프트웨어보다 인기가 있는 이유이다.

7) do파일 편집 윈도(do-file editor window)

do파일 편집 윈도에서는 Stata 명령어를 하나씩, 또는 묶음으로 수행할 수 있다. 작업을 하면서 에러가 발생할 때 이를 해결하여 원하는 결과를 얻으면 다음 명령어를 작성하게 된다. 이런 작업을 순차적으로 완성하면 자신의 실증분석 전체를 구성하는 일련의 명령어들이 집합된 문서파일이 만들어진다. 즉 일련의 Stata 명령어가 수행되는 순서대로 기록되어 나중에 활용할 수 있는 하나의 파일이 되는 것이다. 일단 do파일을 저장한 이후에는 해당 파일의 전체 명령어를 동시에 수행할 수도 있고, 명령어들을 하나씩 순차적으로 수행하면서 그 결과를 확인할 수도 있다.

8) 데이터 윈도(data window)

Stata작업을 하기 위해 데이터를 읽어오거나, 새로운 데이터를 생성하게 되면 데이터 윈도에서 변수명, 관측치, 누락치, 데이터의 속성 등을 확인할 수 있다. 변수 윈도에서는 변수명만을 확인할 수 있지만 데이터 윈도에서는 실제 데이터와 그 속성들을 확인할 수 있다. 계량분석 과성에서는 데이터 윈도를 직접 확인하여 입력된 자료의 이상 유무를 항상 체크해야 한다.

(3) Stata의 실행과 결과물의 활용

1) 명령어 수행방법(commands operation)

Stata 명령어를 실행하는 방법은 크게 네 가지이다. 커맨드 라인 윈도에서 명령어를 하나씩 실행하면서 대화식(interactively)으로 하는 방법, 다이얼로그 박스(dialog box)를 이용하는 방법, 셋째는 do파일을 작성하여 한꺼번에 수행하는 방법, 마지막은 do파일을 작성하면서 하나씩, 또는 몇 개의 명령어를 필요에 따라 수행하는 방법이다.

첫째, 커맨드 라인 윈도(command line window)를 이용하는 방법이다. 커맨드 라인 윈도에서 명령어를 입력하고 엔터키(Enter key)를 눌러서 그 결과를 결과물 윈도에서 곧바로 확인하는 방법이다.

커맨드 라인에서 입력한 명령어는 좌측 상단의 리뷰 윈도(review window)에 순서대로 보관된다. 만약 리뷰 윈도에 나타난 명령어를 한번 클릭하면 이 명령어는 커맨드 라인에 다시 나타난다. 수정한 후 엔터키를 누르면 해당 명령어가 다시 실행된다. 만약 리뷰 윈도에서 해당 명령어를 더블 클릭(double click)하면 커맨드 윈도에 복사된 후 곧바로 실행된다. 리뷰 윈도에 커서(curser)가 위치하고 있을 때 페이지 다운 키(page down key)나 페이지업 키(page up key)를 누르면 해당 명령어가 순차적으로 커맨드 라인에 나타난다.

결과물 윈도나 리뷰윈도에서 해당 명령어를 복사하여 커맨드 라인에 붙여넣기를 한 후 이를 실행할 수도 있다. 심지어 다른 문서 편집기(아래아 한글, 엑셀, MS워드)에서 복사한 내용도 커맨드 라인에 붙여넣기를 하여 실행할 수 있다.

Stata 작업을 위해 데이터세트를 읽어 들이면 변수 윈도(variable window)에 데이터세트에 포함된 변수명이 나타난다. 해당 변수명을 클릭하면 이 변수명이 커맨드 라인에 복사된다. 일련의 변수명을 나열할 때 직접 입력하는 것보다 빠르고 정확하게 나열할 수 있다. 이렇게 나열된 변수의 리스트를 복사하여 do파일 작성 때 사용하면 편리하다.

둘째, 대화상자, 혹은 메뉴 시스템(dialogs or menu system)을 이용하는 방법이다. 데이터를 읽어오고 필요한 계산을 하며, 회귀분석 등 다양한 분석을 위한 절차는 Stata 메인 윈도 좌측 상단의 아이콘을 클릭하여 나타나는 대화상자를 통해서도 수행될 수 있다. 대화상자를 열어서 필요한 작업과 몇 가지의 선택사항(options)을 설정한 후 실행키(submit)를 누르면 해당 작업이 수행된다. 이때 실행된 명령어와 선택된 옵션 역시 리뷰 윈도에 기록되고, 명령어 수행결과는 리절트 윈도에 나타난다.

대화상자를 이용한 방법은 초보자가 Stata를 수행하는 데 편리하기는 하지만 일반적으로 속도가 느리고, 때로는 사용법이 매우 복잡하다. 하지만 다양하고 복잡한 옵션을 가진 명령어를 수행할 때는 매우 편리한 방법이 되기도 한다. 가령 그래프를 그릴 때 매우 다양한 옵션이 사용되는데 이들의 기능을 제대로 모를 경우 대화상자를 이용하여 다양한 옵션을 실행해 본 다음 원하는 결과가 나왔을 때 결과물 윈도나 리뷰 윈도에서 해당 명령어와 옵션을 복사하여 do파일에서 사용할 수 있다. 잘 활용하면 매우 효과적으로 do파일을 작성하는 데 이용할 수 있다. 필자가 자주 사용하는 방법이다.

셋째, do파일(do file)을 이용하는 방법이다. Stata에 익숙한 사람들이 원하는 작업을 위해 필요한 일련의 명령어들을 모아서 하나의 파일(확장자가 .do)을 만들고 이를 커멘드 윈도에서 실행하는 방법이다. 아무리 Stata에 익숙하다고 하더라도 모든 명령어의 다양한 옵션을 기억하기 힘들기 때문에 다음에 설명할 네 번째 방법을 많이 사용하게 된다. 하지만 이전에 작성된 파일을 한꺼번에 실행하려면 커멘드 라인 윈도에 do mydofile.do와 같이 do 다음에 확장자를 포함한 do파일 이름을 입력하고 엔터키를 누르면 된다.

넷째, do 파일 에디터(do file editor)를 이용하는 방법이다. 필자가 주로 사용하는 방법이다. 본서를 접하게 된 독자들 역시 앞으로 이 방법을 많이 사용하게 될 것이다. Stata 메인 윈도의 상단 중간에 위치한 do 파일 에디터 아이콘을 클릭하면 일련의 Stata명령어를 한 곳에 모아놓을 수 있는 편집기가 열리게 된다. 여기에서 필요한 명령어를 하나씩 기록하면서 해당 명령어를 수행하고 에러가 없다면 다음 단계의 명령어를 지속적으로 작성, 실행하고 그 결과를 확인하면서 해당 작업이 끝날 때까지의 과정을 기록한다.

여기에서 명령어를 수행하려면 수행하고자 하는 하나의 명령어, 또는 여러 개 명령어를 블록으로 정한 다음, do 파일에디터 우측 상단에 있는 excute selection (do) 아이콘을 클릭하면 된다.

2) 결과물의 활용(handling output)

Stata명령어를 수행하면 그 결과물, 즉 아웃풋(output)이 결과물 윈도에 나타난다. 하나의 명령어 수행 결과물은 한 페이지에 모두 나타나기도 하지만, 어떤 명령어의 수행결과는 양이 많아 한 페이지 이상이 될 수도 있다. 이때 결과물 윈도 하단에 more라는 메시지가 나타나면서 더 이상 결과물을 보여주지 않는다. 이때 스페이스 바(space bar)를 누르면 한 페이지씩 순차적으로 넘어가게 된다. 만약 여러 페이지에 해당하는 모든 결과물들을 결과물 윈도에 출력되게 하려면 set more off라는 명령어를 먼저 실행한 후 해당 명령어를 실행하면 된다.

일단 해당 명령어의 수행결과물이 결과물 윈도에 출력되면 필요한 부분을 블록으로 지정한 후 직접 복사하여 필요한 목적에 활용할 수 있다. 단순히 복사하여 아래아한글이나 MS워드 또는 엑셀(Excel)에 붙여넣기를 한다면 추가적인 편집이 어려울 수 있다. 이때에는 복사하고자 하는 부분을 블록으로 지정한 후 마우스 우측을 클릭하여 table형태로 복사한 후 엑셀에 붙여넣기를 하면 숫자들은 별도의 셀(shell)로 복사된다.

두 번째 방법은 모든 명령어를 동시에 수행한 후 전체 결과물을 별도의 파일(일명 log파일)로 저장한 후 이 파일에서 필요한 부분을 복사, 편집하여 보고서나 논문 작성에 사용하는 방법이다. 첫 번째 방법과 비슷한 텍스트 형태의 파일이기 때문에 필요한 부분만 선택하는 편집과정이 불편하다.

세 번째 방법은 결과물 윈도에 더 이상 편집이 필요없는 결과물이 출력되게 한 후 이를 복사하여 붙여넣기 하는 방법이다. 논문작성에서는 모형의 추정결과를 리포트하는 독특한 리포트 방법이 있다. 이런 리포트 방법에 맞는 형태의 결과물을 출력하기 위한 사용자작성 프로그램이 개발되어 있다. 보다 자세한 내용은 본서의 다른 부분에서 설명한다.

네 번째 방법은 그래프를 리포트 하는 방법이다. 그래프를 그리기 위한 명령어를 실행하면 그래프 윈도(graph window)에 그래프가 나타나는데 이를 단순히 활용하려면 그래프를 클릭한 후 복사하여 붙여넣기를 하면 된다. 또는 작성된 그래프를 그래프 파일로 저장한 후 아래아한글이나 MS워드에서 그림 불러오기를 하는 방법도 있다. Stata에서 작성된 그래프는 그래프 윈도에서 추가적인 편집이 이루어질 수도 있다. 또한 파워포인트에서 추가적인 편집을 통해 보다 세련된 도표로 만들 수 있다. 자세한 내용은 본서의 다른 부분에서 설명한다.

(4) Stata의 도움기능

Stata를 사용하는 이용자들은 다양한 자료로부터 Stata 사용과 관련된 정보와 도움을 얻을 수 있다. [그림 3]에서 ①의 "Stata command"메뉴에서 공식적인 Stata명령어의 사용법에 대한 도움을 받을 수 있고, ②의 "Search"를 이용해서는 계량경제학 용어를 검색하여 관련 사용자작성프로그램이 있는지를 확인할 수 있다. ③에서는 공식적인 Stata명령어가 되지는 않았지만 Stata Journal에 발표되는 사용자작성 프로그램에 대한 도움을 받을 수 있다.

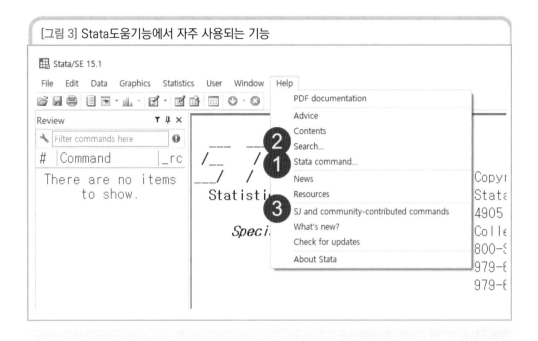

Stata의 온라인 도움기능에서 보다 자세한 매뉴얼(manuals)에도 접근할 수도 있다. 해당 명령어의 도움말에 접근한 후 도움말 상단의 링크를 통해 pdf문서로 작성된 매뉴얼에 접근할 수 있다.

(5) 에러 메시지(errors messages)

다양한 Stata 명령어를 수행하다 보면 자주 에러 메시지가 결과물 윈도에 나타난다. 통상 r(***)라는 형태의 메시지가 나타나는데 이를 클릭하면 해당 에러의 원인에 대한 답을 찾을 수 있다. 때로는 막연한 설명으로 도움이 되지 않는다.

하지만 Stata를 제대로 사용하려는 독자들은 에러 메시지를 해결하는 과정에서 많은 것을 배울 수 있다. 특히 초보자가 에러 메시지에 접하게 되면 당황스러울 수 있지만 이를 하나씩 해결하는 과정에서 매뉴얼을 읽게 되고, 생각을 많이 하게 되므로 능숙한 Stata 사용자가 될 수 있다.

Stata를 사용할 때의 에러는 다음과 같은 상황에서 많이 발생한다.

첫째, 가장 빈번한 에러는 로그파일(log file)이 열려 있을 때 두 번 연속으로 로그파일을 열려고 하기 때문이다. log close커맨드로 로그 파일을 닫고 다시 시작하든지 아니면 do 파일의 제일 앞부분에 capture log close라는 커맨드를 실행하는 방법이 있다.

필자는 이 중 로그파일과 관련된 에러를 피하기 위해 log명령어는 최종 do파일이 만들어진 후 필요한 아웃풋 파일인 log 파일을 얻고자 할 때만 사용한다. 이런 목적도 결과물 윈도 전체를 복사하여 사용하는 것과 차이가 없기 때문에 자주 사용하지 않는다.

둘째, 이미 만들어진 파일이름으로 다시 저장하려는 명령어를 수행할 때 경고의 의미로 출력하는 에러이다. 로그파일이 이미 존재할 때 같은 이름으로 로그파일을 만들려고 하거나, 특정이름의 데이터 파일이나 그래프 파일이 이미 존재할 때 같은 이름의 파일을 생성하려고 할 때 발생한다. 이때에는 replace라는 옵션을 사용하면 된다. Stata명령어 가운데 replace 옵션을 가진 명령어는 대부분 이런 에러의 가능성을 가진 명령어라고 할 수 있다.

셋째, 부정확한 Stata커맨드 네임(command name)을 사용하였을 때이다. 명령을 잘못 하달했으니 에러가 나는 것은 당연하다. 수많은 커맨드를 모두 기억할 수 없으므로 실수가 있을 수 있고, 자주 사용하는 커맨드라고 하여도 철자가 틀리거나, 약자로 명령어를 표기할 때 자주 발생한다.

넷째, 정의되지 않은 변수명(variable name)을 사용할 때 에러가 발생한다. 착오로 정의되지 않은 변수명을 사용하려고 하거나, 새로운 변수를 만들려고 이미 존재하는 변수명을 사용할 때 발생한다.

다섯째, 커맨드의 옵션을 잘못 부여할 때 자주 에러가 발생한다. 명령어마다 다양한 옵션이 선택적으로 사용되는데 실제 수많은 옵션의 사용법 모두를 이해하기 힘들기 때문에 에러가 자주 발생한다. 옵션을 부여할 때 콤마(,)를 입력하지 않을 때도 자주 에러가 발생한다.

(6) 다양한 자료원 및 동영상

Stata를 제대로 사용하기 위해서는 다양한 자료원을 활용할 수 있다. 무료로 좋은 자료들에 접근할 수 있다. 전 세계에서 Stata를 사용하는 사람들이나 주요 대학교에서는 무료로 좋은 자료를 홈페이지를 통해 개방하고 있다. 많은 계량경제학자들은 자신이 저술한 책에서 설명한 사례들에 대해 기초자료뿐만 아니라 프로그램까지 제공한다. 어떤 경제학자는 자신이 쓴 논문의 사례를 데이터, 프로그램, 논문의 원문까지 공개하고 있다.

심지어 전 세계 수많은 Stata 사용자들은 자신들이 수개월, 심지어 수년간 축적된 노하우들을 다른 Stata 사용자들에게 제공하고 있다. 이 책을 통해 Stata를 이해하고, 계량경제학을 이해한 독자들은 이런 행렬에 동참할 수 있을 것이다.

또 유튜브(YouTube)에서도 Stata와 관련된 많은 동영상 자료를 구할 수 있고, 이로부터 많은 것들을 배울 수 있다. Stata의 활용법에 익숙해지고자 하는 독자라면 인터넷을 통해 수많은 문서와 동영상 정보에 접근할 수 있다.

(7) Stata에서 사용되는 파일의 형태

Stata에는 명령어 수행과정에서 다양한 형태의 파일이 만들어진다. 일련의 Stata 명령어로 구성되어 있는 텍스트 형태의 파일은 .do나 .ado 파일형태로 저장된다. Stata 에서 그려진 그래프 파일은 .gph, Stata명령어의 수행과정에서 만들어진 Stata 데이터 세트는 .dta, Stata가 명령어를 수행한 후 그 아웃풋 또는 결과물의 파일은 .log 또는 .smcl, Stata 명령어 수행 과정에서 텍스트 형태의 데이터세트를 저장할 때에는 .out 파일이 만들어진다.

특정한 데이터세트를 읽어드릴 때 데이터의 형태(숫자, 문자)나 자릿수, 위치 등을 미리 지정해두는 파일은 .dct라는 확장자를 갖는다. Stata에서 외부 데이터세트를 읽어올 때 엑셀파일을 직접 읽어올 때에는 .xls 파일이, 엑셀에서 텍스트 형태로 변환된 파일은 .txt나 .csv파일이 된다. 복잡해 보이지만 이런 것들에 대해서는 금방 익숙해진다.

02 Stata 무조건 따라하기

여기서는 간단한 Stata 활용사례를 통해 그 사용법을 개괄적으로 이해해보자. 이 활용사례를 통해 Stata 시스템 내에 있는 데이터세트를 이용하여 몇 단계에 걸친 분석 절차와 그에 따른 Stata 윈도의 변환에 익숙해지고자 하는 것이다. 초보자는 몇 차례 반복 연습하여 특히 Stata 윈도 변화에 친숙해질 필요가 있다.

(1) 작업공간 지정

[그림 4] Stata 작업디렉터리 지정

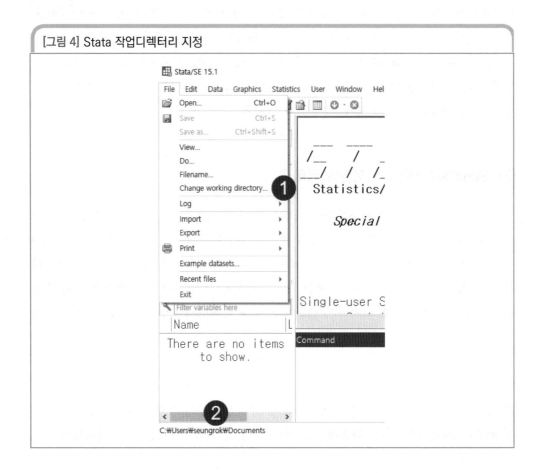

우선 자신이 작업할 공간, 즉 워킹 디렉터리(working directory)를 지정해보자. 자신의 작업공간이 되는 디렉터리를 찾아가는 것은 불편할 수 있으므로 풀－다운 메뉴의 "File → Change Working Directory"를 클릭하여 자신이 작업할 공간을 지정해준다. 초보자들은 자신이 어디에서 작업했는지, 작업한 결과가 어디에 보관되는지를 모르는 경우가 많다.

현재 자신이 작업하는 공간을 쉽게 확인하는 방법은 Stata 메인윈도의 좌측하단에서 확인할 수 있다. 일단 작업공간이 지정되면 작업하는 과정에서 저장된 파일, 그래프 등은 모두 여기에 보관된다. 다음 [그림 4]에서 ①은 풀다운메뉴를 이용하여 워킹디렉터리를 바꿀 수 있는 메뉴를, ②는 현재의 워킹디렉터리를 보여주고 있다.

(2) 시스템 내 데이터 불러오기

작업공간을 지정했으면 실습할 자료를 읽어 들인다. 시스템 내에 있는 auto라는 데이터세트이다. Stata시스템 내에는 매뉴얼의 설명에 이용되는 많은 데이터세트가 보관되어 있다. 이를 이용해서 실습을 해보는 것이다. 불러올 데이터세트 이름을 알고 있다면 커멘드 윈도에서 sysuse auto와 같이 명령어를 실행하면 된다. 그렇지 않으면 "File → Example Datasets"으로 접근하여 여러 데이터세트를 확인할 수 있다.

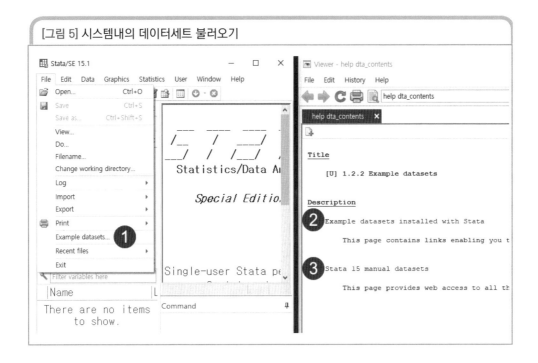

[그림 5] 시스템내의 데이터세트 불러오기

(3) 요약통계 계산

데이터를 불러오는 데 성공했으면 변수 윈도, 결과물 윈도, 리뷰 윈도에 어떤 변화가 일어나는지 확인해보자. 또한 데이터 에디터 윈도를 열어서 읽어 들인 자료를 확인해보자. 여기까지 이상이 없으면 다음의 간단한 통계분석 절차를 수행해보자.

요약통계를 계산해주는 대표적인 명령어는 summarize이다. 이 명령어 다음에 필요한 변수명을 나열해주면 된다. 커맨드 윈도에서 Stata 명령어 다음에 변수명을 나열해줄 때는 변수윈도에 있는 변수명을 더블 클릭하면 된다.

(4) 그래프 그리기

필요할 경우 분석대상 변수를 그래프로 그릴 수 있다. 여기서는 산포도(scatter plot)를 그려보자. 해당 명령어는 scatter이다. 명령어 다음에 두 개의 변수명을 나열하면 된다. 그래프가 그려지면 이는 별도의 그래프 윈도에 나타난다. 해당 도표를 복사해서 아래아 한글이나 MS워드, 파워포인트에서 붙여넣기를 할 수 있다. 또 그래프 윈도 에디터를 이용하여 도표를 좀 더 정밀하게 편집할 수도 있다.

(5) 회귀분석 수행

다음으로는 간단한 회귀분석을 해보자. 회귀분석을 위한 명령어는 regress이다. 명령어 다음에 종속변수가 될 변수를 먼저 기술하고 다음에는 독립변수가 될 변수를 나열해 준다. 결과물 윈도에는 회귀분석 결과와 이를 평가할 수 있는 다양한 지표들이 전형적인 Stata 출력물 형태로 나타난다.

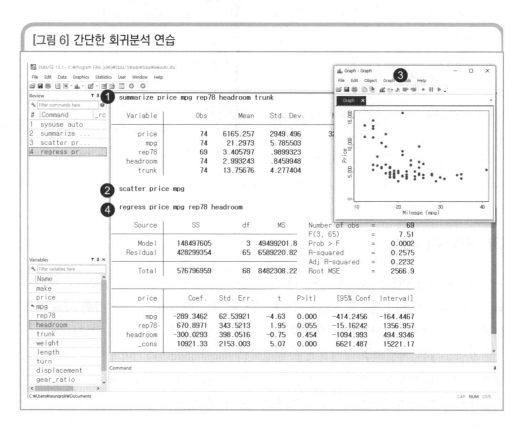

[그림 6] 간단한 회귀분석 연습

(6) Stata 명령어 도움말

수많은 Stata명령어의 활용법을 모두 기억할 수는 없다. 자주 사용하는 명령어라도 다양한 옵션의 사용법을 모두 알 수 없다. 이때 도움을 받을 수 있는 곳이 "Help → Stata Command → 명령어 검색"이다. 해당 검색어에 대한 간단한 설명을 뷰어윈도에서 확인할 수 있다. 뷰어윈도 상단의 링크를 연결하면 보다 자세한 매뉴얼에 접근할 수 있다.

Stata 명령어가 아닌 경제학 또는 계량경제학 관련 키워드를 검색하여 해당기능을 수행하는 Stata 명령어가 무엇인지를 알 수 있다. 직접 인터넷에서 검색하는 기능이다.

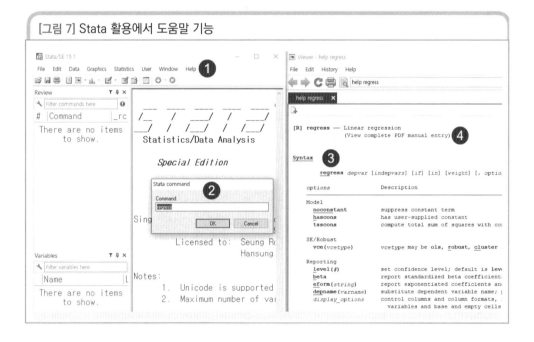

[그림 7] Stata 활용에서 도움말 기능

(7) 결과물 활용

Stata명령어가 수행된 후 아웃풋이 결과물 윈도에 출력되면 이 결과물을 저술, 논문, 리포트 작성을 위해 활용하게 된다. 가장 간단한 방법은 결과물 윈도 화면을 드래그하여 블록을 지정한 다음 이를 복사하여 아래아 한글, MS워드, 엑셀에 붙여넣기 하는 것이다. 결과물 활용을 위한 다양한 방법은 전술한 바와 같다.

[그림 8] Stata 결과물의 활용

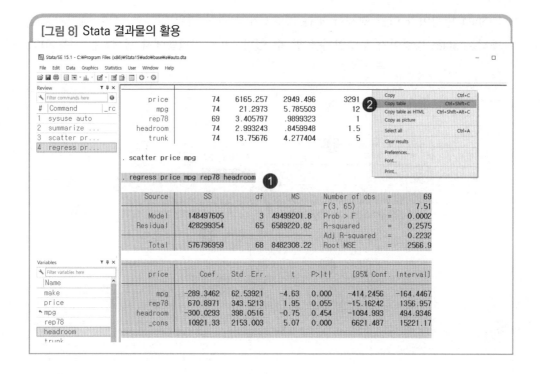

(8) Stata활용을 위한 종합정리

전술한 Stata활용에 있어서 곡 필요한 분석과정은 다음 [표 1]에 잘 요약되어 있다. 직접 Stata 명령어를 순차적으로 수행하면서 여러 윈도에서의 변화를 관찰해보자. 수차례 반복하면 Stata 활용에 대한 전반적 사항을 숙달하면 앞으로 본서의 이해에 도움이 될 것이다.

[표 1] Stata 기초 활용법 연습

수행 명령어	결과물(아웃풋)	확인할 사항
cd:\work	• 좌측하단 워킹 디렉터리 변경	• 좌측하단 현재 워킹디렉터리 확인 • 풀다운 메뉴로 같은 작업 가능
sysuse auto	• 변수윈도의 변수명 • 데이터 윈도의 자료	• 결과물 윈도, 변수 윈도변화 확인
summarize	• 결과물 윈도우에 기술통계량	• 결과물 윈도의 결과물 • 리뷰 윈도의 명령어 기록
scatter	• 산포도 그래프가 그래프 윈도에 나타남	• 그래프 상단의 메뉴 확인
regress	• 회귀분석결과 출력	• 회귀분석 결과 추정치, 평가통계
리절트 윈도에서 결과물 복사 후 아래한글/엑셀에 붙여넣기	• 회귀분석 결과 출력부분 복사	• 아래한글에서는 편집 곤란 • 엑셀에서는 하나의 셀에 입력 • 사용자 작성 프로그램 활용 편리
리뷰윈도에서 우측마우스 클릭 후 do파일로 저장하기	• 리뷰윈도의 내용 저장 • 만약 _rc를 클릭하면 에러난 명령어는 제외함	• 해당파일이 현재 워킹 디렉터리에 저장되는지 확인
풀다운 메뉴에서 도움말 regress검색	• 뷰어윈도에서 확인	• 간단한 설명 확인 • 매뉴얼 접근하여 자세한 설명 확인
clear	• 변수윈도의 변수명 사라짐	• 새로운 작업 준비 • 만약 clear하지 않고 작업한다면 에러발생
do파일 에디터로 저장된 파일을 열어 하나씩, 또는 여러 명령어 수행하기	• 위와 같은 결과물 출력	• 결과물 윈도에 출력내용이 가득 차면 ─more라는 메시지 떠오름 • 스페이스 키를 누르면 다음 화면으로 넘어감
커맨드 윈도에 do 파일명 입력 수행	• 전체내용을 실행	• 출력물 전체를 파일로 저장하려면 log명령어 사용

Stata를 사용하면서 가장 많이 사용하는 기능은 do 파일을 이용하여 다양한 명령어들을 분석순서에 따라 배열하여 수행하면서 원하는 결과를 얻어내는 과정이다. 따라서 do 파일을 잘 작성하는 것이 자신의 생산성을 높이고, 다른 연구자와 교류하는 데 도움이 될 수 있다. 이런 측면에서 효과적인 do 파일을 만드는 기준을 살펴보자.[2]

첫째, 강건성(robustness)의 조건을 갖추어야 한다. 강건성이라 함은 do파일을 작성하여 연구 프로젝트가 끝난 뒤 한참 시간이 지난 이후라도, 그리고 다른 컴퓨터에서도 동일한 결과를 산출해 낸다는 것을 말한다.

둘째, 가독성(legibility)을 가져야 한다. 가독성이란 작성된 do 파일이 과연 무엇을 하려는지 이해하기 쉬워야 하며, 이를 위해 일관되고, 적절한 형태를 갖추어야 한다는 것을 의미한다. 이런 두 조건을 갖출 때 해당 do파일은 그 결과를 정확히 복제할 수 있고, 그 내용을 정확하게 해석할 수 있게 하며, 아울러 do파일을 쉽게 작성할 수 있게 하며, 혹시 있을지 모르는 오류를 쉽게 수정(debug)할 수 있게 한다.

① 강건성을 위해서는 하나의 do 파일이 그 자체로 독립된 형태(self-contained)의 명령어 집합체가 되어야 한다. 이를 위해서는 Stata의 버전(version)이 통제되어야 한다. 자신이 사용하는 Stata 버전을 기록하는 것이 좋다. 이는 다른 Stata 사용자에게 제공될 때 필요한 기능이다.

② do파일 내에는 데이터세트가 보관된 장소나, 결과물이 보관될 장소, 그리고 그래프가 보관될 장소를 나타내는 디렉터리(directory)에 대한 정보가 포함되지 않는 것이 좋다. 때로 편리해 보이기도 하지만 나중에 해당 do파일을 사용할 경우 오히려 방해가 될 수 있다.

③ 가독성을 위해서는 do 파일에 많은 주석(comment), 즉 커멘트를 입력해 놓는 것이 좋다. 자신만의 체크 대상과 내용, 주의할 점 등에 대해 주석을 달아 놓아서 항상 주의를 환기해야 한다. 물론 모든 작업이 성공적으로 달성되었을 경우에는 불필요한 주석은 삭제하고, 꼭 필요한 내용은 나중에 재사용할 때를 대비해서 그 과정을 이해하기 쉽도록 정리해두는 것이 좋다. 주석은 세 가지의 형태, 별표(*), 슬래시와 별표(/* ...*/), 두 개의 슬래시(//)를 이용한다.

---

2   Long, J. Scott(2009), *The Workflow of Data Analysis Using Stata*, Stata Press, pp.47-82.

④ 적절하게 줄 맞춤(alignment)과 들여쓰기(indentation)를 통해 가독성을 높인다. 작성할 명령어를 한 줄에 가능한 한 짧게 작성한다. 이를 위해 긴 문장일 경우 문장연속 표시자(continuation mark)인 세 개의 슬래시(///)를 사용한다. 이것 역시 맞춤을 통해 가독성을 높인다.

⑤ 변수명 작성을 위해서 지나친 약자를 삼간다. 아울러 Stata 명령어 역시 지나친 단축형 명령어의 사용을 삼가한다.

⑥ 전체적으로 자신만의 일관성(consistency)을 가지도록 작성한다.

이상의 내용들은 초보자일 경우 무시해도 된다. 점차 익숙해지면서 자신만의 보다 긴 do파일을 작성할 때가 되면 자연스레 그 필요성을 느낄 것이다. 통계 소프트웨어를 사용하면서 특별한 생각없이 해당 명령어를 나열해서 프로그램을 작성하는 것이 일반적이지만 만약 C++, Python, R과 같은 로우레벨(low level) 컴퓨터 언어를 배워본 독자들에게 이상에서 설명한 내용은 일종의 상식이다.

만약 독자 여러분들이 젊은 학생이라면 바로 이런 언어 하나쯤 익혀두게 되면 통계 소프트웨어와 같은 하이레벨(high level) 언어를 보다 효율적으로 활용하는 데 큰 도움이 될 것이다. 특히 객체지향프로그래밍(object oriented programming)기법의 기본 개념은 통계 소프트웨어 사용에서도 큰 도움이 될 것이다.

CHAPTER
03

데이터 처리

01 ## 자료와 통계 용어

우리들이 일상생활에서 사용하는 통계라는 용어는 숫자로 표현된 사실들(facts)을 의미한다. 통계학은 자료를 수집, 분석, 표현하고 이를 해석하는 순수과학이다. 경제학을 비롯한 통계학, 경영학 등 다양한 학문분야에서 자료를 수집, 분석, 표현, 해석하면서 얻어진 정보는 경제학자, 정책결정자, 경영학자나 기업의 경영자 등 수많은 의사결정자들이 경제환경을 보다 잘 이해하고 미래를 예측하며, 다양한 의사결정을 하는 데 활용된다.

자료(data)는 다양한 설명과 해석을 위해 특별히 수집, 분석되어 요약된 사실들을 나타내는 숫자이다. 특별한 목적의 연구를 위해 수집된 자료의 모음은 자료집합, 또는 데이터세트(dataset)라고 한다.

데이터세트를 정의할 때 자주 사용하는 용어를 살펴보자. 요소(elements)는 자료가 수집되는 대상을 의미한다. 변수(variable)는 요소들이 가지고 있는 다양한 특성을 나타낸다. 특정 요소에 대해 다양한 특성을 나타내는 변수 값을 수집한 것을 측정치(measurements), 자료 또는 데이터라고 한다. 특정요소에 대한 모든 변수의 수집된 측정치를 관찰값(observation)이라고 한다.

수집된 자료는 다양한 형태의 속성을 가진다. 어떤 변수에 대해 수집된 자료가 레이블(label), 이름(name)과 같은 속성을 가질 때 명목척도(nominal scale)라고 한다. 만약 명목척도의 성격을 가지면서 동시에 순서 또는 서열로서의 의미를 가지는 자료를 서열척도(ordinal scale)라고 한다. 만약 어떤 자료가 서열척도로서의 의미를 가지면서 측정된 수치의 간격이 동일한 측정단위로 표현된다면 등간척도(interval scale)라고 한다. 만약 변수에 대한 측정치가 등간척도의 속성과 더불어 두 개 측정값의 비율의 의미를 가진다면 비율척도(ratio scale)라고 한다.

자료는 또한 정성적 자료(qualitative data)와 정량적 자료(quantitative data)로 나누기도 한다. 정성적 자료는 각 요소의 특성을 나타내는 레이블이나 이름을 사용한다. 전술한 명목척도나 서열척도 중 하나를 사용하며 문자, 기호, 숫자로 표현한다. 정량적 자료는 양, 개수를 나타내는 숫자 값을 가지게 되므로 등간척도나 비율척도가 된다. 마찬가지로 정성적 변수는 정성적 자료를 가진 변수를 의미하며, 정량적 변수는 정량적 자료를 가진 변수를 의미한다.

통계분석과정에서 정성적 변수로는 동일한 범주에 속하는 관측치의 빈도를 파악하는 등 매우 제한된 통계분석을 할 수 있다. 반면 정량적 변수로는 다양한 산술연산뿐만 아니라 다양한 통계분석에 이용할 수 있다.

자료는 또한 횡단면 자료(crosssectional data)와 시계열 자료(timeseries data) 그리고 패널자료(panel data)로 구분할 수 있다. 횡단면 자료는 동일한 시점에 여러 요소들에 대해 수집된 자료이다. 반면 시계열 자료는 특정 변수에 대해 여러 시간에 걸쳐 수집된 자료이다. 패널자료는 횡단면 자료와 시계열 자료가 결합된 형태의 자료로서 여러 요소에 대해 여러 기간에 걸쳐 수집된 자료이다. 계량경제학이 발전하면서, 특히 패널자료를 이용하는 다양한 방법이 발전되고 있다. 패널자료의 통계적 처리와 관련하여 본서에서 다룰 Stata추정방법은 다른 어떤 통계 패키지보다 다양하고 발전된 모습을 보여준다.

02 Stata와 데이터 처리

계량경제학을 이해하고, 이를 실제 경제통계 자료를 이용하여 실증분석을 하고 해석하는 과정에서는 데이터 처리가 필수적이다. 계량분석을 위해 수집한 원시형태의 자료가 실제 실증분석에 활용되기 위해서는 일정수준 가공, 정제, 재배열되는 과정을 거쳐야 한다.

경제학자나 계량분석자들은 이 과정에서 데이터를 정확하고, 능숙하게 처리할 수 있어야 한다. 유능한 경제학자나 경제 분석가는 숫자로 표시된 데이터를 숫자 자체로 이해하기보다는 경제적 의미로 읽을 줄 아는 사람들이다.

모든 경제통계는 통계자체가 가지고 있는 크기나 추세를 가지고 있다. 경제이론이 제시하는 특징을 가지게 된다. 이런 관점에서 경제통계를 바라보면 데이터가 경제적 의미를 보여주게 된다. 만약 어떤 데이터를 관찰할 때 경제적 의미와 다르다면 해당 데이터는 잘못된 데이터라고 의심해볼 필요가 있다. 데이터를 일정부분 가공한 후 얻어진 데이터 역시 경제적 의미와 다르다면 데이터 처리과정에서 오류가 있었을 것으로 의심해야 한다.

때로는 원시 데이터 자체도 데이터의 입력과정에서 잘못이 있을 수 있다. 작성기관에서 공표한 자료라고 해서 항상 정확할 수는 없다. 입력에러(typing error)가 있을 수 있는데 이로 인해 생기는 특이치, 일명 아웃라이어(outlier)는 계량분석의 결과를 크게 왜곡시킨다.

Stata를 자유롭게 활용할 수 있는 능력이 있어야 정확한 데이터 처리를 할 수 있다. 다양한 자료 원으로 부터 다양한 형태의 데이터를 수집해서 이를 마음대로 다룰 수 있는 능력을 갖게 된다는 것, 그것이 Stata 전문가가 되는 것이고, 능력있는 경제학자이자 경제 분석가가 되는 길이다.

데이터를 다루는 과정에서는 몇 가지 주의해야 할 것이 있다. 첫째는 사람의 손을 믿지 말라는 것이다. 수작업을 한 자료는 어딘가에 틀린 곳이 있다고 생각해야 한다. 항상 데이터 처리에는 경제적 의미로 읽고 해석하고, 오류의 가능성을 생각하고, 확인, 또 확인해야 한다.

둘째는 자료처리를 해주는 어느 누구도 믿지 말라는 것이다. 다른 사람이 수행한 작업을 믿지 말라는 것이다. 특히 계량분석의 초보자, 경험없는 조교나 연구원들의 작업에는 100% 오류가 있을 수 있다는 것을 인정하고 계량분석에 접근해야 한다. 유능한 경제 분석가는 반드시 연구과정에서 어떤 도우미보다 데이터 처리에 더 능숙해야한다. 본인 스스로 더 잘 알아야 다른 사람의 잘못을 찾아낼 수 있고 제대로 된 데이터 처리결과를 얻을 수 있다. 이를 무시한 데이터 처리결과를 이용한 연구는 엉터리 연구가 된다. 응용 계량경제학에서 "쓰레기를 넣으면 쓰레기가 나온다(garvage in, garvage out)"는 것은 철칙이다.

데이터 분석의 첫 번째 단계는 원시자료를 Stata에서 사용할 수 있는 형태로 바꾸는 것이다. 다음과 같은 여러 가지 방법이 있다. ① 데이터를 직접 키보드로 입력하는 방법, ② 엑셀과 같은 다른 프로그램에서 자료를 불러오는 방법, ③ 원시 데이터를 포함하고 있는 텍스트 파일을 불러오는 방법, ④ 엑셀로부터 직접 자료를 복사하여 편집기에 붙여넣기 하는 방법, ⑤ 다른 통계 소프트웨어에서 만들어진 자료를 직접 Stata 데이터세트로 변환하는 방법이 있다. 이런 방법을 통해 일단 Stata 메모리에 자료가 입력되면 Stata고유 형태의 데이터세트로 저장하여 나중에 쉽게 접근하거니, 이를 갱신할 수도 있다.

데이터 관리는 데이터세트를 만들고, 오류를 수정하고, 누락치를 식별하고, 변수명이나 변수에 대한 레이블을 기록하기 위한 첫 번째 작업이다. 그 다음에는 자신이 원하는 작업과정에서 새로운 관측치를 추가하거나 새로운 변수를 만들거나, 데이터세트를 재구성하거나, 단순화하거나, 이로부터 일부자료를 표본으로 추출할 수도 있다. 또 데이터세트를 분리, 결합, 혹은 축약(collapse)할 수도 있다.

변수의 형태를 변경시킬 수도 있고, 대수식 또는 논리연산자를 이용하여 새로운 변수를 만들 수도 있다. 데이터 처리를 반복 수행해야 할 때에는 이런 반복 작업을 자동화 할 수도 있다. Stata는 데이터처리와 관련하여 매우 분석적이고, 광범위한 처리능력을 가지고 있다.

03 Stata 활용전 자료수집과 처리

(1) 다양한 자료원

계량경제학을 이해하고, 이를 실제 경제통계 자료를 이용하여 실증분석을 하려면 다양한 데이터를 수집하여야 한다. 다양한 자료들의 출처를 많이 파악하고 있는 것도 분석자의 연구역량을 보여준다. 다른 연구자들의 논문이나 저서, 경세현상에 대한 언론보도, 사회적 관심의 대상이 되는 주제에 접하면서 연구주제가 떠오를 때, 이런 자료를 어디에서 구할 수 있다는 것을 개략적으로 알면 연구의 절반은 성공한 것이다. 때로는 좋은 자료를 접하게 되었을 때 새로운 연구주제가 떠오를 수도 있다.

본서의 다양한 Stata 활용사례를 이해한 후 독자자신의 연구역량을 높이기 위해서도 실제자료를 수집해보는 것이 중요하다. 일부 중요한 사례에서는 독자들이 직접 자료를 구해보는 경험을 해보는 것이 중요하다.

(2) 엑셀(Excel)에 익숙하기

대부분의 분석자는 Stata를 이용한 데이터 처리, 통계분석, 전문화된 계량분석을 하기 전에 보통 엑셀(Excel)을 이용하여 수집된 자료를 정리한다. 또 다양한 데이터베이스로부터 엑셀 파일 형태의 통계자료를 다운로드 받게 된다. 따라서 대부분의 실증연구에서 엑셀을 이용하여 데이터를 상당한 정도 가공한 후 Stata에서 본격적인 후속작업을 하게 된다.

대부분의 독자들은 이미 엑셀의 활용법에 대해서 잘 알고 있다. 하지만 엑셀을 이용한 자료처리에는 주의해야 할 것들이 있다. 자료가공 단계에서 주의해야 할 엑셀 사용법을 보자.

첫째, 엑셀에서 데이터 작업을 할 때에는 항상 변수 별로 소수점 자릿수를 통일하여 가공하는 것이 좋다. 이 과정에서 아웃라이어를 찾아낼 수 있다. 특이한 숫자가 관찰될 때에는 반드시 의심을 해봐야 한다. 시계열 자료라면 소수점 자리를 통일하여 관찰할 때 추세에서 벗어난 아웃라이어가 쉽게 관찰된다.

둘째, 데이터의 크기가 큰 숫자일 경우 콤마로 숫자의 단위를 표시하게 되면 편리하게 데이터의 규모를 알 수 있다. 하지만 이때 콤마로 구분된 데이터 형태의 텍스트 파일(csv)로 저장할 경우 데이터의 구분자로서 콤마와 숫자의 단위를 나타내는 콤마가 혼합되는 문제가 생기므로 주의해야 한다. 이를 방지하기 위해서는 탭(tab)으로 구분된 텍스트 파일을 만드는 것이 편리하다. 최근 버전의 Stata에서는 엑셀자료를 직접 읽어들일 수 있기 때문에 엑셀자료를 텍스트 형태의 자료로 변환할 필요성이 없다.

셋째, 엑셀에서 데이터 작업을 한다면 변수명을 Stata변수명 만들기 기준에 맞게 영문으로 작성하여야 한다. Stata 변수명은 대문자와 소문자를 서로 다르게 인식하기 때문에 가능한 한 소문자를 권하지만 대문자를 사용할 경우 일관성 있게 작성해야 한다. 여러 분석대상(가령 국가, 산업, 기업 자료)에 대한 자료라면 일련번호 등 체계적으로 구분 가능한 변수명을 부여하여 반복수행을 쉽게 할 수 있도록 한다.

04 Stata로 자료 읽어 들이기

계량경제학을 이해하고 이를 실제 경제통계 자료를 이용하여 실증 분석하는 경험이 쌓이면 경제이론이 제시하고 있는 의미와 일치하는 결과를 구할 수 있는 신기함을 경험한다. 경제이론이 실증적으로 입증되고 있다는 것을 확인하는 것이다.

해당 경제이론을 처음 개발한 학자들에 대한 존경심이 일어나지 않을 수 없다. 보다 구체적으로 Stata를 이용한 실증분석을 통해 선구자들의 업적에 근접하는 경제분석가가 되어보자.

(1) Stata에서 엑셀 파일 직접 읽어 들이기

Stata의 최근 버전부터는 엑셀파일을 직접 읽어 들일 수 있다. 아래와 같이 워킹디렉터리 내의 엑셀파일 이름을 겹따옴표(" ")로 지정한 다음, 옵션으로서 해당 엑셀 파일의 어떤 시트(sheet)를 불러올 것인가를 지정하고, 첫째 열이 변수명을 나타낸다는 firstrow 옵션을 부여하면 된다.

매우 편리한 기능이지만 자료를 읽어 들인 후에는 정확하게 인식되었는지, 숫자변수가 문자변수로 인식되지 않았는지를 반드시 확인해야 한다. 이를 위해서는 데이터 에디터 윈도(data editor window)를 열어서 확인해야 한다. 보통 붉은 글씨로 표시되면 문자변수, 검은 색으로 표시되면 숫자변수로 인식되고 있는 것이다. 보다 다양한 사용법이 있지만 아래와 같은 사례가 가장 기본적인 사용법이다.

```
import excel "D:\work\shadow.xls", sheet("data") firstrow
```

간혹 엑셀에서 일정부분 가공한 후 이를 Stata로 읽어 들이면 v01, v02, v03이라는 변수명으로 데이터 없는 변수가 만들어지는 경우가 있다. 때로는 파일의 마지막 관측치 다음에 데이터 없는 관측치가 읽혀 들어오는 경우가 있다. 따라서 자료를 읽어 들인 후에는 반드시 데이터 에디터 윈도를 통해 자료가 제대로 읽혀 들어왔는지, 숫자변수가 문자변수로 인식되지 않았는지를 확인해야 한다. 매우 중요한 과정이다.

(2) 텍스트 파일 읽어 들이기

Stata에서는 텍스트 파일을 쉽게 읽어 들일 수 있다. 수집된 자료가 엑셀 등의 스프레드시트를 통해 일정부분 가공되고 정제된 후 변수명을 Stata규칙에 맞게 만든 다음 이를 텍스트 형태의 파일로 저장하고 나중에 Stata에서 읽어 들이는 것이다. 불편한 방법이기 때문에 최근 버전부터 엑셀파일을 직접 읽어 들이는 기능이 추가되었다.

필자의 경험상 엑셀파일을 직접 읽어들일 수 있는 기능이 생기면서 텍스트 파일을 읽어 들여 작업할 필요가 없게 되었다. insheet, infile과 같은 명령어를 통해 쉽게 텍스트 파일을 읽어 들이는 방법을 이해할 수 있다. 다만 다양한 통계학, Stata매뉴얼, 계량경제학 책에서 예제로 제공해주는 자료나 다른 연구자로부터 받은 자료, 다양한 데이터베이스에서 텍스트 형태로 다운로드 받은 자료를 읽어 들일 때 사용한다.

```
insheet using auto.txt, csv clear
infile price mpg rep78 using myout
```

(3) do파일에서 자료입력하기

데이터의 양이 많지 않은 간단한 Stata작업을 할 경우 do 파일 에디터에서 직접 데이터를 입력할 수도 있다. 이때에는 input과 end를 이용하여 데이터를 입력한다. input 다음에는 입력될 데이터의 변수 명을 나열한다. 만약 문자변수가 입력된다면 문자변수명 앞에 `str**을 입력하는데 **는 문자변수의 최대자릿수를 나타낸다. 그 다음 데이터 입력이 끝나면 마지막에 end를 입력한다. 자료는 키보드를 통해 입력할 수도 있고, 엑셀 파일에서 곧바로 필요한 자료를 복사하여 붙여넣기를 할 수도 있다.

```
input id str2 name x1 x2 x3
    1 AA 10 23 21
    2 BB 15 24 19
    ...
    10 JJ 20 26 20
end
```

(4) 다른 통계패키지 데이터 읽어들이기

Stata에서는 다른 통계패키지, 가령 SAS, SPSS 등 다른 통계패키지 고유의 데이터 세트를 읽어 들여서 작업할 수 있다. 다양한 통계패키지들은 자신 고유의 데이터세트를 생성하기 때문에 상호 호환성에 문제가 있을 수 있다. Stata에서 다른 통계패키지의 자료를 읽어 들여 사용할 수 있다 해도 반드시 제대로 입력된 것인지를 검증한 후 후속작업을 진행해야만 한다.

(5) Stata 시스템 내의 데이터 읽어 들이기

Stata에서는 시스템 내에 많은 예제 데이터파일을 가지고 있다. Stata 사용법에 대한 간단한 설명이나 보다 자세한 설명인 매뉴얼에서 사용방법을 보여주기 위해 사용하는 데이터세트이다. 이런 데이터세트를 읽어오기 위해서는 sysuse라는 명령어를 사용한다. 또한 많은 Stata사용자들은 자신들이 만든 데이터세트를 웹상에서 접근할 수 있게 한다. 웹상에서 데이터를 읽어올 경우 webuse란 명령어를 사용한다.

```
sysuse auto
webuse lifeexp
```

05 변수생성(variable creation)

(1) 변수생성의 원칙

새로운 변수를 생성하기 위해서는 변수의 이름이 정해져야 한다. 그 다음 새로운 변수명이 Stata언어의 규칙에 맞도록 만들어졌는지를 확인해야 한다. 반드시 필요한 것은 아니지만 새로운 변수에는 노트(note)나 라벨(label)을 부여할 수도 있다. 새로운 변수가 생성되었음에도 불구하고 이를 만들기 위해 사용되었던 원시 데이터는 계속 데이터세트에 보존하는 것이 좋다.

(2) 변수생성과 대체 커맨드

[표 1] 연산자의 종류별 연산자

연산자의 형태	연산자	
산술연산자 (math operator)	+	addition
	−	subtraction
	*	multiplication
	/	division
	^	power
	−	negation
	+	string concatenation
논리연산자 (logical operator)	&	and
	|	or
	!	not
	~	not
관계연산자 (relational operator)	>	greater than
	<	less than
	>=	> or equal
	<=	< or equal
	==	equal
	!=	not equal
	~=	not equal

입력된 자료로부터 새로운 변수명의 자료를 만들거나, 이미 존재하는 변수명으로 자료를 대체할 때 사용되는 명령어는 generate와 replace라는 명령어이다. Stata를 사용하면서 가장 빈번하게 사용하는 명령어이다. 그 외 clonevar명령어는 기존 변수의 데이터, 속성, 레이블까지 그대로 복제하는 명령어이다.

rename명령어는 기존의 변수 명을 다른 이름으로 바꾸는 명령어이다. 이 명령어들은 보통 산술연산자와 더불어 다양한 계산식을 정의할 때 사용되며, 동시에 if명령어와 함께 논리연산자나 관계연산자가 사용되기도 한다. 새로운 변수를 생성하거나, 기존변수의 데이터 값을 대체하거나, 복제한 이후 format명령어를 사용하게 되면 데이터가 출력되는 포맷을 조정할 수 있다.

```
generate pergdp=gnp/pop
clonevar Mpg = mpg
replace gdp=gdp/100
rename inc income
format gdp %10.2f
```

(3) 함수(function)

Stata에는 로그변환에 사용되는 함수와 같은 다양한 수학적 함수(mathematical functions)가 있다. 이들 함수들은 방금 설명한 generate나 replace라는 명령어와 함께 사용된다.

Stata에서 제공되는 함수는 전술한 수학적 함수 외에도 확률분포함수와 확률밀도함수(probability distributions and density functions), 난수발생함수(random number generating functions), 날짜함수(datetime functions), 행렬처리함수(matrix functions) 등이 있다.

이들 함수들 중에서 많이 사용되는 확률분포와 확률밀도함수에 대해서는 본서의 부록 1: 기초통계학, 부록 2: 추론통계학 부분에서 자세히 설명한다. 난수발생함수는 각 단원에서 몬테칼로 실험과 관련된 고급기법의 설명에서 사용된다. 날짜함수는 제4부 시계열 분석에서 자주 사용된다. 함수에 대한 보다 자세한 내용은 도움말 기능을 통해 확인할 수 있다.

[표 2] 수학적 함수의 종류와 기능

수학적 함수	기능
abs(x)	절댓값
exp(x)	지수함수
ln(x)	자연로그 함수
int(x), trunc(x)	정수
log(x)	ln(x)와 동일
log10(x)	상용로그(로그의 밑수가 10인 로그)
max(x1,x2,...,xn)	최댓값
min(x1,x2,...,xn)	최솟값
round(x,y) or round(x)	반올림
sqrt(x)	제곱근
sum(x)	누적합

(4) 누락치(missing value)처리

계량분석을 위해 여러 자료원에서 수집된 데이터나, 설문조사 자료를 보면 데이터가 존재하지 않거나, 무응답으로 인한 자료의 누락이 있게 된다. 수집된 데이터세트에서 자료가 존재하지 않을 때 이를 누락치, 결측치라고 한다. Stata의 활용에서 결측치는 보통 "."으로 입력한다.

Stata작업을 위해 기초자료를 엑셀에서 정리할 때에도 누락치는 "."으로 입력한 후 Stata로 읽어 들이게 된다. 따라서 누락치는 "."으로 입력하는 것이 기본적인 사용법이다. 분석자에 따라서는 기존에 입력된 자료보다 아주 큰 수, 가령 99999와 같은 숫자를 입력하고 이를 누락치로 간주하기도 한다.

하지만 설문조사와 같은 방법으로 자료를 수집할 때에는 누락치가 된 여러 이유가 있을 수 있고 이를 구분해서 입력할 때가 있다. 이때에는 .a, ...z와 같은 확장된 누락치 코드(extended missing value code)를 입력할 수도 있다.

(5) 숫자변수와 문자변수 상호간 형식변환

계량분석에 사용하는 변수는 숫자 값을 가질 때 숫자변수, 문자값을 가질 때 문자변수라고 한다. Stata가 읽어 들인 자료를 데이터 에디터 윈도에서 보면 숫자변수는 검은색, 문자변수는 붉은 색으로 표시된다. 간혹 푸른색으로 표시된 문자변수를 볼 수 있다. 이런 변수를 레이블이 부가된 숫자변수(labeled numerical variable)라고 한다.

계량분석에서는 문자변수를 이처럼 숫자변수로 바꾸거나, 반대로 숫자변수를 문자변수로 바꾸는 기능이 필요한데 이때 사용되는 명령어가 encode, decode란 명령어이다. 특히 문자변수를 숫자변수로 변환하게 되면 더미변수로 활용할 수 있다.

```
encode sex, generate(gender)
decode female, generate(sex)
```

(6) egen 커맨드와 관련 함수

Stata를 사용하는 많은 사용자는 egen이란 명령어 때문에 Stata를 사용한다고 한다. 필자 역시 이 명령어 때문에 Stata를 사용하기 시작하였다. egen 명령어는 generate 명령어의 기능을 향상시킨 것으로 복잡한 자료변환을 아주 쉽게 해준다. 다른 통계 소프트웨어를 사용할 때 필요한 명령어 수의 절반 이하로 문제를 해결할 수 있다.

도움말 기능을 이용하여 egen명령어 사용법에 익숙해지길 권한다. 그 활용법에 투자한 만큼 데이터 처리능력을 향상시켜줄 것이다. 데이터세트가 크고, 변수의 수가 많을 때 변수들 간의 연산, 관측치와 관측치 간의 연산에 매우 강력한 기능을 제공한다.

가령 특정 변수의 평균과 표준오차를 계산한 후 이 자료를 표준화시키는 경우를 보자. summarize와 generate 두 명령어를 이용해야 하는 연산을 egen하나의 명령어로 처리 가능하다.

```
summarize mgp
generate mpgstd=(mpg−r(mean))/r(sd)

egen mpgstd=std(mpg)
```

여러 변수들에 포함되어 있는 데이터 가운데 데이터 값이 0인 개수를 계산한다고 하자. generate, foreach, replace을 이용하여 반복처리해야 했던 것이 egen 한 문장으로 처리 가능하다.

```
generate count=0
foreach var in x1 x2 x3 x4   {
    replace count=count+1 if `var'==0
                            }

egen count=anycount(x1 x2 x3 x4), value(0)
tabulate count, miss
```

또한 egen명령어는 다양한 함수를 사용하면서 더욱 강력한 기능을 발휘한다. 여러 변수들에 대한 연산기능을 가진 egen함수들은 앞에 row가 붙어있다. 가령 여러 변수의 합을 구하려할 때 generate와 egen함수를 이용하여 얼마나 편리한지 확인해보자.

```
generate xsum=x1+x2+x3+x4+x5

egen xsum=rowtot(x1−x5)
egen xsum=rowtot(x*)
```

egen 명령어는 다양한 통계함수들과 함께 사용된다. 다양한 통계량의 계산이나
통계적 검증에 매우 편리하다. 여기에서는 egen 함수 가운데 대표적인 것을 제시한다.
대충 보아도 무슨 기능을 하는지 짐작이 갈 것이다. Stata의 도움기능을 활용해서 그
기능을 익힌다면 분석자의 데이터 처리능력을 크게 향상시킬 것이다.

[표 3] egen명령와 함께 사용되는 함수형태

count(exp)

iqr(exp)

kurt(varname)

max(exp)

mean(exp)

median(exp)

min(exp)

mode(varname)

pctile(exp) [, p(#)]

skew(varname)

sd(exp)

rowfirst(varlist)

rowlast(varlist)

rowmax(varlist)

rowmean(varlist)

rowmedian(varlist)

rowmin(varlist)

rowmiss(varlist)

rownonmiss(varlist) [, strok]

rowpctile(varlist) [, p(#)]

rowsd(varlist)

rowtotal(varlist) [, missing]

rank(exp) [, field|track|unique]

seq() [, from(#) to(#) block(#)]

std(exp) [, mean(#) std(#)]

total(exp) [, missing]

06 더미변수의 생성

Stata에서는 범주형 변수(categorical variable), 또는 요소변수(factor variable)라는 변수가 있다. 범주형 변수는 데이터세트에서 각 요소가 속한 그룹을 나타내는 것이다. 가령 각 개인을 주거지(서울, 수도권, 지방 등), 직업(사무직, 불루컬러), 인종(황색, 백색, 흑색) 등과 같이 범주로 구분하는 변수이다. 때로는 가구당 가족수, 가구당 핸드폰 보유 댓수와 같이 수를 나타내는 변수도 해당 가구의 범주를 나타낼 수 있다.

이런 범주형 변수 가운데 특히 두 개의 그룹으로 나누어진다면(가령, 남자와 여자) 이는 지시변수(indicator variable), 혹은 더미변수(dummy variable)라고 한다. 응용 계량 경제학에서 더미변수는 매우 다양하게 사용되므로 더미변수를 쉽게 만드는 방법을 살펴보자.

첫째, 하나의 더미변수를 만드는 방법으로 generate, replace 명령어를 사용하는 방법이다. 가령 나이변수인 age가 25세 이하이면 1의 값, 그 이상이면 0의 값을 갖는 young라는 더미변수를 만들어보자.

```
generate young=0
replace  young = 1 if age<25
generate young=(age<25)
```

둘째, tabulate 명령어를 이용하여 보다 쉽게 더미변수를 만들 수 있다. tabulate 명령어에 generate( )옵션을 사용하는 방법이다. 가령 group이란 변수가 1, 2, 3의 값을 갖는 범주형 변수일 때 다음과 같은 명령어에 의해 g1, g2, g3의 세 개 더미변수가 생성된다.

횡단면자료와 시계열자료의 혼용회귀분석(pooled regression of crosssection and timeseries data)을 하면서 횡단면과 시간을 나타내는 더미변수를 쉽게 만들 수 있다. 만약 수십 개의 더미변수를 직접 만든다고 생각하면 Stata의 이런 기능이 얼마나 강력한가를 알 수 있다.

```
tabulate group, generate(g)
```

셋째, 요소변수(factor variables)를 사용하여 더미변수를 정의하는 방법이다. 둘째 방법에 비해 더욱 편리한 방법이다. 더미변수를 생성할 필요없이 더미변수를 만드는 데 사용될 범주형 변수앞에 i.을 부가한 변수를 독립변수로 사용하면 된다. 이런 기능은 실제사례에서 많이 사용될 것이다. 즉

```
regress y age tenure i.group
```

넷째, 더미변수를 만드는 과정없이 새로운 회귀분석 명령어인 areg를 사용하는 방법이다. 가령 auto.dta를 사용하여 자동차의 가격은 중량과 전장의 함수이면서 동시에 수리횟수를 나타내는 범주형 변수인 rep78의 더미변수의 함수인 회귀모형을 추정하고자 한다. 다음과 같이 areg란 명령어에 absorb(rep78)라는 옵션을 사용하면 된다. 더미변수의 수가 수십 개가 되더라도 아주 쉽게 처리할 수 있다.

```
areg price weight length, absorb(rep78)
```

07 데이터세트 합치기(merge and append)

응용계량분석 과정에서는 여러 자료원으로부터 자료를 수집하여 만들어진 다수의 데이터세트를 종 방향이나 횡 방향으로 합쳐서 분석에 필요한 데이터세트를 만들어야 한다. 이때 데이터세트를 다양하게 합치는 방법을 이해해야 한다. 데이터세트를 마음대로 다룰 수 있는 능력의 절반은 데이터세트 합치기를 할 수 있는 능력에서 온다.

데이터세트를 특정변수를 기준으로 횡 방향으로 합치기 위해서는 merge명령어를, 종 방향으로 합치기 위해서는 append명령어를 사용한다. 여기서 merge 명령어의 사용방법이 다소 복잡하기 때문에 잘 익혀두어야 한다.

(1) 수평합치기(merge)

데이터세트를 수평으로 합치는 머지(merge)는 컴퓨터 메모리에 있는 데이터세트, 즉 마스터 데이터세트에 다른 데이터세트에 있는 새로운 변수를 추가하는 것이다. 이 때 기준이 되는 변수(경제주체, 시간 등)를 기준으로 매칭해야 한다.

1) 일대일 매칭

가장 단순하고 많이 사용되는 경우는 직사각형 형태의 데이터세트가 다음 [표 4]과 같이 일대일(1:1)로 매칭되면서 새로운 변수가 추가되는 것을 말한다.

```
use file1, clear
merge 1:1 key using file2
```

하지만 다음 [표 5]와 같이 합쳐질 두 개의 데이터세트에서 매칭되는 기준변수의 값이 서로 틀릴 때는 일대일 매칭방법이 사용될 수 없다. 이때 두 데이터세트의 키 변수가 매칭되면 마스터 데이터세트에 일부 누락치가 있다면, 합쳐진 데이터세트에도 누락치가 발생한다.

```
use file3, clear
merge 1:1 key using file4
```

[표 6]과 같이 보다 복잡한 일대일 매칭은 횡단면자료와 시계열자료가 결합된 패널자료를 처리할 때이다. 두 데이터세트를 합칠 때 사용할 키변수가 두 개가 있어야 한다. 모든 경제주체와 연도에 대해 자료가 존재하는 균형패널이나, 그렇지 않은 비균형 패널자료에서도 동일한 방법이 적용된다.

```
use file5, clear
merge 1:1 key1 key2 using file6
```

[표 4] 직사각형 데이터세트의 일대일 매칭

	file1					file2	

key	var1	var2
1	A	B
2	A	B
3	A	B
4	A	B
...	A	B

↔
↔
↔
↔
↔

key	var3
1	C
2	C
3	C
4	C
...	C

key	var1	var2	var3
1	A	B	C
2	A	B	C
3	A	B	C
4	A	B	C
...	A	B	C

[표 5] 직사각형이 아닌 데이터세트의 일대일 매칭

file3

key	var1	var2
1	A	B
2	A	B
3	A	B
4	A	B
5	A	B
7	A	B
8	A	B
...	A	B

file4

key	var3
1	C
2	C
3	C
5	C
6	C
7	C
...	C

key	var1	var2	var3
1	A	B	C
2	A	B	C
3	A	B	C
4	A	B	missing
5	A	B	C
6	missing	missing	C
7	A	B	C
8	A	B	missing
...	A	B	C

[표 6] 패널 데이터세트의 일대일 매칭

file5

key1	key2	var1	var2
1	2016	A	B
1	2017	A	B
1	2018	A	B
2	2016	A	B
2	2017	A	B
2	2018	A	B
3	2016	A	B
3	2017	A	B
3	2018	A	B
...			

file6

key1	key2	var3
1	2016	C
1	2017	C
2	2016	C
2	2017	C
3	2016	C
3	2017	C
3	2018	C
...		C

⟶

key1	key2	var1	var2	var3
1	2016	A	B	C
1	2017	A	B	C
1	2018	A	B	missing
2	2016	A	B	C
2	2017	A	B	C
2	2018	A	B	missing
3	2016	A	B	C
3	2017	A	B	C
3	2018	A	B	missing
...				

2) m:1 매칭

간혹 아래와 같이 마스터 데이터세트의 키 변수가 여러 개의 값을 가지는 반면, 합쳐질 데이터세트의 키 변수는 유일한 값을 가지는 두 개 데이터세트를 합칠 때가 있다. [표 7]과 같은 형태의 데이터세트 머지방법을 m:1 매칭이라고 한다.

```
use file7, clear
merge m:1 key using file8
```

[표 7] 데이터세트의 m:1 매칭

[표 7] 데이터세트의 m:1 매칭

file7		
key	var1	var2
1	A	B
1	A	B
1	A	B
2	A	B
2	A	B
2	A	B
3	A	B
3	A	B
...		

file8	
key	var3
1	aaa
2	bbb
3	ccc
...	

→

key	var1	var2	var3
1	A	B	aaa
1	A	B	aaa
1	A	B	aaa
2	A	B	bbb
2	A	B	bbb
2	A	B	bbb
3	A	B	ccc
3	A	B	ccc
...			

3) 두 개 이상의 데이터세트 합치기

이상에서는 두 개의 데이터세트를 머지(merge)하는 방법에 관한 것이었다. 하지만 실제 연구과정에서는 보다 많은 수의 데이터세트를 머지해야 하는 상황이 있을 수 있다. 데이터세트를 머지하게 되면 키 변수를 기준으로, ① 완전매칭, ② 마스터 데이터 세트에서 누락치, ③ 사용자 데이터세트에서 누락치가 생길 수 있다. 이런 정보를 나타내기 위해 데이터세트를 머지할 때에는 _merge란 변수가 생성된다.

그런데 합쳐진 데이터세트에 또다시 다른 데이터세트를 합치면 역시 매칭정보를 알려줄 _merge란 변수를 만들려고 하는데 이미 전 단계에서 만들어진 _merge란 변수가 존재하므로 에러 메시지가 나타난다. 이를 방지하려면 merge명령어를 사용하면서 nogen이라는 옵션을 부가한다.

```
use main, clear
merge key using sub1, keep(3) nogen
```

4) 완전 매칭 관측치만 선택하기

여러 개의 데이터세트를 머지한 후 완전 매칭되는 관측치만 활용하려면 데이터세트 머지과정에서 완전매칭 정보를 가지고 있는 _merge의 값이 3인 것만 선택하면 된다. 이를 위해서는 keep(3)란 옵션을 사용하면 된다. 바로 위의 사례에서 keep(3)이란 옵션은 _merge = 3, 즉 완전 매칭되는 관측치만 선택하라는 의미이다.

(2) 수직합치기(append)

메모리에 있는 기존 데이터세트, 즉 마스터 데이터세트의 마지막에 새로운 관측치를 추가하는 것으로 생각하면 된다. append란 명령어의 사용하는데 사용법은 아주 간단하다. 만약 합쳐진 데이터세트에서 특정변수만 선택하려면 keep이란 옵션을 사용하면 된다.

```
append using mydata2
append using mydata2, keep(v1 v2 v3)
```

08 데이터세트의 형태 바꾸기(reshape)

Stata에서는 데이터세트의 형태를 롱 폼, 와이드 폼으로 상호 바꾸는 기능이 있는데 필자가 이 명령어의 기능을 처음 접했을 때 이는 다른 통계소프트웨어에서 찾을 수 없는 정말 강력한 기능이었다. 그 기능을 잘 익혀둔다면 큰 도움이 될 명령어이다.

(1) 롱 폼와 와이드 폼

데이터세트의 형태를 바꿀 수 있다는 의미에서 reshape라는 명령어를 사용한다. 특히 횡단면 자료와 시계열 자료가 결합된 패널자료를 다룰 때 매우 편리한 기능이다. 패널자료를 만들기 위해서는 전술한 merge기능과 더불어 reshape 기능을 잘 사용해야 한다.

1) 와이드 폼

id	sex	wage2016	wage2017	wage2018
1	0	100	120	200
2	1	200	250	300
3	0	70	100	50

2) 롱 폼

id	year	sex	wage
1	2016	0	100
1	2017	0	120
1	2018	0	200
2	2016	1	200
2	2017	1	250
2	2018	1	300
3	2016	0	70
3	2017	0	100
3	2018	0	50

보통 패널자료는 다음과 같은 롱 폼(long form)과 와이드 폼(wide form)의 형태가 있다. 바로 이들 형태로 상호 변경하는 명령어가 reshape이다.

```
reshape long wage, i(id) j(year)
reshape wide wage, i(id) j(year)
```

(2) 데이터세트의 축약(collapse)

분석하려는 데이터세트가 완성되면 이로부터 간단한 기술통계량이나 그래프를 그려서 자료의 특성을 파악하게 된다. 하지만 이런 작업을 하지 않고 데이터세트 자체를 여러 단순기술통계량을 가진 데이터세트로 재가공하여 축약된 데이터세트로 만들 수 있다.

필자가 Stata를 사용하면서 느낀 놀라운 기능 중의 하나이다. 기존 데이터세트를 축약한다는 의미에서 collapse란 이름을 가지고 있다. collapse 명령어에서 계산 가능한 단순기술통계는 평균, 중위수, 합계, 퍼센타일 최댓값, 최솟값 등 다양하다. 좀 더 자세한 내용에 관심있는 독자들은 도움기능을 활용하기 바란다.

```
collapse age educ income, by(state)
collapse (mean) age educ (median) income, by(state)
collapse (mean) age educ income (median) medinc=income, by(state)
collapse (p25) gpa [fw=number], by(year)
```

09 반복처리(repetition)

Stata를 비롯한 대부분의 통계소프트웨어에서는 사용할 데이터의 관리나 통계분석을 위해 동일한 작업을 반복해야 할 때가 많다. 이런 작업을 자동화(automating)하면 시간을 절약하고 프로그래밍에 있어서 오류를 줄일 수 있다.

하지만 초보자들에게 반복처리 기능은 쉽지 않고, 또 어설프게 흉내를 내었다가는 치명적인 오류를 범할 수도 있다. 경험많은 분석가들은 Stata의 반복처리 기능을 활용하여 보다 정확한 결과를, 보다 빠르게 처리한다. 따라서 초보자들은 많은 경험을 통해 반복처리 기능에 익숙해져야 한다. 초보자들이 반복처리 기능을 잘 사용하지 않는 것은 어렵기 때문이 아니라, 어렵다고 생각하여 쉽게 접근하지 않기 때문이다.

Stata에는 반복처리를 위해 보통 매크로(macros), 보관된 결과치(saved results)의 활용, 루프(loops)기능을 사용한다.

(1) 매크로의 활용

매크로는 반복적인 작업을 자동화 시키는 가장 단순한 수단이다. 매크로는 특정이름에 문자열이나 숫자를 할당한 것이다. 다음과 같은 간단한 예를 살펴보자. 만약 다음

과 같이 종속변수 y를 독립변수 x1, x2, x3, x4, x5의 5개 독립변수에 대해 회귀분석을
한다고 하자.

```
regress y x1 x2 x3 x4 x5
```

여기서 5개 독립변수의 이름을 이용하여 rhs란 매크로를 만들면 회귀분석모형은
다음과 같이 보다 간단히 나타낼 수 있다.

```
local rhs "x1 x2 x3 x4 x5"
summarize 'rhs'
correlate 'rhs'
regress y 'rhs'
```

만약 같은 독립변수를 이용하여 여러 다른 추정방법을 사용하고자 한다면 각 명
령어마다. 5개 독립변수의 이름을 반복해서 나열하는 대신 rhs라는 매크로 이름을 ' '
내에 삽입하여 보다 간단하게 변수명을 지정할 수 있다.

1) 로컬 매크로와 글로벌 매크로

Stata에는 로컬 매크로(local macros)와 글로벌 매크로(global macros)의 두 종류가
있다. 로컬 매크로는 이를 정의한 do 또는 ado파일에서만 사용되고 해당 파일을 실행
한 후 작업이 끝나면 사라진다. 반면 글로벌 매크로는 다른 do파일을 실행할 때에도
작용한다. 따라서 글로벌 매크로는 편리하게 사용할 수 있지만 의도하지 않은 결과를
가져올 수도 있다. 따라서 로컬 매크로를 사용하기를 권한다.

글로벌 매크로는 다음과 같이 정의하고 이를 활용할 때에는 앞에 $를 붙여서 인
용한다. 즉

```
global rhs "x1 x2 x3 x4 x5"
summarize $rhs
correlate $rhs
regress y $rhs
```

2) 긴 문자열의 매크로

매크로는 이상에서 설명한 사례 외에도 다양하게 사용될 수 있다. 대표적인 것은 다음 단원에서 설명할 반복처리를 위한 요소를 정의할 때이다. 문자열이 매우 길 때 문장이 연속됨을 보여주는 ///를 사용하여 긴 문자열의 매크로를 만든다면 제대로 정의도 되지 않고, 에러 메시지도 출력하지 않아 잘못된 결과를 얻을 수 있다.

```
local xx "x1 x2 x3 x4 x5"
local zz "z1 z2 z3 z4 z5"
local xxzz "`xx' `zz'"
regress y `xxzz'
```

그 외에도 회귀분석을 하거나 그래프를 그릴 때 다양한 옵션들을 부가할 필요가 있는데 이때 명령어마다 공통된 옵션을 부가하는 것은 매우 번거로운 일이기도 하고, 괜히 복잡한 do파일이 만들어질 수 있다. 이때 긴 텍스트로 구성된 옵션을 하나의 매크로로 정의하여 필요할 때마다 사용할 수도 있다.

(2) 루프(loop): foreach와 forvalues

Stata를 사용하면서 어떤 작업은 계속 반복해야 할 필요성이 있다. 어떤 작업을 반복하다보면 실수할 수도 있고, 많은 시간을 낭비하게 된다. Stata에는 반복작업을 위해 foreach와 forvalues라는 명령어가 있다. 기본적인 사용법은 동일하지만 foreach는 문자열을, forvalues는 숫자열을 다룬다.

간단한 사례를 통해 설명하는 것이 보다 이해하기 쉬울 것이다. 실증분석을 위해 Stata를 사용하다보면 일련의 변수들에 대해 다음과 같이 로그변환을 할 때가 있다.

```
generate lx1=ln(x1)
generate lx2=ln(x2)
generate lx3=ln(x3)
generate lx4=ln(x4)
generate lx5=ln(x5)
```

이런 연산을 로컬 매크로를 이용한다면 다음과 같이 보다 간단히 할 수 있다.

```
local var "x1 x2 x3 x4 x5"
foreach var in 'var' {
    generate l 'var'= ln('var')
                    }
```

만약 이상의 방법을 forvalues명령어를 사용한다면 다음과 같이 해결할 수도 있다.

```
forvalues l=1(1)5 {
    generate l x 'i ' = ln(x 'i')
                }
```

foreach와 forvalues라는 명령어를 이용한 루프는 이중으로 만들어질 수도 있다. 당연히 복잡한 작업을 쉽게 해결해줄 수 있는 방법이다. 필요한 부분에서 설명한다.

이처럼 Stata에서는 매우 편리한 반복기능이 있기 때문에 작업을 보다 효율적으로 할 수 있다. 매우 편리한 기능이기 때문에 독자 여러분들은 도움기능을 이용해서 보다 다양한 사례들을 연습해볼 것을 권한다.

(3) Stata커맨드에 의해 생성된 결과치 또는 정보

Stata가 제공해주는 대부분의 고급 명령어들은 명령어 고유의 아웃풋을 결과물 윈도에 출력해주고, 분석자는 이를 이용하여 자신이 원하는 결과를 리포트한다. 하지만 이런 고급 명령어들은 고유의 출력물에 나온 내용 외에도 더 많은 통계량을 계산하여 분석자가 필요할 때 사용하기를 기다리고 있다. 분석자가 추후 사용할 수 있도록 고급 명령어들이 분석자들에게 추가적으로 되돌려준(returned) 통계량인 것이다.

Stata에서 제공하는 많은 고급 명령어들을 수행한 후 분석자들에게 되돌려준 통계량을 확인하기 위해서는 해당 명령어를 수행하고 난 다음 return list나 ereturn list라는 명령어를 수행하면 된다. 이런 되돌려준 통계량들은 다음 단계의 분석을 위해 사용될 수 있다.

일반적인 기술통계관련 명령어가 수행된 다음에는 return이란 명령어를 통해 분석자들에게 되돌려진 값들을 확인할 수 있는데 r(**)의 이름으로 보관된다. 회귀모형의 분석결과는 ereturn이란 명령어를 통해 확인할 수 있는데 e(**)란 이름으로 보관되어 있다.

```
summarize  x1-x5
return list

regress y x1-x5
ereturn list
```

10 생성된 변수에 라벨 붙이기(labeling of variable)

Stata로 데이터를 읽어 들이면 데이터는 고유의 이름, 즉 변수명을 갖게 된다. 이 변수들로부터 새로운 변수를 생성할 때에도 역시 고유의 변수명을 가진 변수가 만들어진다. 회귀분석이후 사용되는 predict와 같은 커맨드가 수행되면 정해진 이름의 새로운 변수가 형성되기도 한다.

따라서 계량분석 과정에서는 수많은 변수들이 매우 단축된 이름을 가지게 되는데 큰 데이터세트를 처리하거나 복잡한 분석과정을 거치는 과정에서 변수에 대한 정확한 정의와 특성을 혼동할 수 있다. 또 추후에 같은 연구를 반복한다거나 주위의 다른 동료들에게 해당 작업과정을 제공할 때 정확하게 정의되지 않은 변수명은 실수의 원인이 된다. 데이터세트를 만드는 과정에서 변수들에 대한 자세한 설명을 부가하면 이런 실수를 방지할 수 있다. 이때 label이나 notes라는 명령어를 사용한다.

```
label
notes
```

generate나 egen과 같은 커맨드를 이용하여 새로운 변수를 만들 때 자신도 모르게 오류가 일어날 수 있다. 오류는 상시적으로 일어나므로 이를 모르고 분석과정이 더욱 진척되는 것이 보다 큰 문제이다. 따라서 새로운 변수를 만들면 항상 그 정확성에 대해 의문을 가져야 한다. 이런 목적을 위해서는 다음에 주의하자.

(1) 커맨드 재확인

먼저 본인이 작성한 do파일의 커맨드를 주의깊게 관찰하고, 끊임없이 의문을 가져야 한다. do파일 작성에서는 전혀 생각하지 못했던 실수가 있을 수 있다. 해당 커맨드가 원하는 작업을 정확하게 수행했는지 항상 재검토해야 한다. 정확한 분석과정이 끝나면 주석, 라벨, 노트를 작성하여 그동안의 경험과 노하우를 기록하는 것이 좋다.

(2) 변수값 리스팅(listing variables)

새로 생성된 변수의 정확성을 검토하기 위해서는 데이터 에디터 윈도를 확인하여 데이터를 직접 확인할 수도 있지만 list란 명령어를 이용, 필요한 부분을 출력하여 확인할 수도 있다. 이런 목적을 위해선 list란 명령어가 사용된다.

```
list
```

(3) 도표 그리기

새로 생성된 변수는 필요에 의해서 만들어지므로 특정한 의미를 가진다. 도표를 그려서 해당 변수의 형태를 관찰한다면 제대로 계산되었는지, 아웃라이어, 결측치 등에 대한 정보를 파악할 수 있다. 이런 목적에 자주 사용되는 명령어는 산포도, 추세, 히스토그램을 그리는 scatter, line, histogram과 같은 명령어들이다.

```
scatter
line
histogram
```

(4) 교차제표 그리기

또한 자신이 분석을 위해 만든 데이터세트로 부터는 여러 사실들을 보여줄 수 있는 교차제표를 계산할 수 있다. 이를 통해 자신이 분석하고자 하는 분석대상에 대한 정보를 파악할 수 있고 오류 가능성까지 짐작할 수 있다. 이런 목적을 위해 사용될 수 있는 편리한 명령어는 table나 tabulate와 같은 명령어들이다.

```
table
tabulate
```

12 데이터세트의 보관과 관리

Stata에서 데이터세트를 보관하려면 save라는 명령어를 사용하면 된다. 하지만 보다 전문적인 연구자라면 데이터세트의 보관 및 관리에 있어서 몇 가지 주의해야 할 점이 있다.

우선 불필요한 변수나 관측치를 데이터세트에서부터 제거하여 꼭 필요한 변수와 관측만을 보관하는 것이 좋다. 둘째, 분석에 필요한 새로운 변수가 적절히 생성되어 보관되어야 한다. 셋째, 데이터세트 내에서 변수의 순서가 적절히 재배열되어야 한다. 중요도, 또는 소스 데이터와 생성된 데이터 등의 순서에 따라 재배열된다면 나중에 사용할 때 이해하기 쉽다. 넷째, 데이터세트가 어떻게 만들어졌는가에 대한 이력을 별도의 문서로 만들어서 보관하는 것이 좋다.

다섯째, 파일크기를 최소화하기 위해 압축을 할 필요도 있다. 매우 큰 데이터세트를 만들었을 때 필요하다. 여섯째, 만들어진 데이터의 문제를 확인하기 위해 다양한 방법으로 그 정확성을 진단할 필요가 있다. 일곱째, 자료의 손상 가능성에 대비하여 데이터인증을 부가할 필요가 있다.

이런 절차들이 불필요하다고 생각하는 분석자는 데이터세트를 만들고, 분석하고, 활용한 뒤 잊어버리면 그만이다. 하지만 프로 연구자들은 후속작업을 위해, 또는 연구 결과의 갱신을 위해, 그리고 도움을 필요로 하는 다른 연구자들을 위해 이런 번거로운 작업을 마다하지 않는다.

(1) 재배열

자신이 만든 데이터세트는 다양한 형태로 그 목적에 따라 재배열될 수 있다. 이런 목적에 다양하게 사용될 수 있는 명령어들은 다음과 같다. 이 중 sort는 관측치의 순서를 재배열하는 명령어이지만 order는 변수의 순서를 재배열하는 명령어이다.

```
sort
by sort
sort
gsort
order
```

(2) 변수나 관측치 선택 또는 삭제

분석자가 개괄적인 데이터세트를 만들었다면 자신이 꼭 필요한 변수나 관측치를 선택할 수 있다. 이런 목적에 사용되는 Stata명령어는 keep, drop, delete라는 명령어들이다. 주로 if문과 함께 사용된다. 이때 "같다(equal, =)"를 사용할 때는 반드시 "==="를 사용해야 한다. 많은 에러들이 여기에서 발생한다. keep, drop, delete는 쉽게 이해할 수 있고 자주 사용하는 명령어이다.

```
keep if foreign=="Domestic"
delete if foreign!= "Domestic"
drop
keep
```

(3) 보관

　최종적으로 자신이 필요로 하는 데이터세트가 만들어졌다면 나중에 재사용하거나 다른 연구자들에게 제공하기 위해 보관하는 것이 필요하다. 이런 목적에 사용되는 Stata 명령어는 save나 outsheet와 같은 명령어이다. 이미 저장된 데이터세트와 같은 이름으로 저장할 때는 replace란 옵션을 사용한다. 특별히 작업공간을 나타내는 디렉터리를 지정하지 않으면 현재의 작업공간(present working directory)에 보관된다.

```
save
replace
outsheet
```

CHAPTER

04

자료의 시각화(그래프)

그래프의 중요성과 종류

정보와 데이터, 지식을 시각적으로 표현한 그래프는 복잡한 정보를 빠르고 분명하게 전달한다. Stata가 제공하는 그래프 기능은 매우 다양하고 질적으로 우수하다. 그래프를 그리기 위한 명령어들이 가진 다양한 옵션을 활용하면 더욱 정교한 그래프를 그릴 수 있다. 이렇게 그려진 그래프는 Stata의 그래프 윈도에서 추가적으로 수정할 수 있다. 또 특정한 형태의 파일(.emf)로 저장한 다음 파워포인트에서 보다 정교하게 편집할 수도 있다. 따라서 자신이 저술하는 책이나 논문, 보고서 내용을 시각적으로 잘 전달할 수 있는 그래프를 그릴 수 있다.

본서에서도 응용 계량분석과정에서 Stata를 이용하여 많은 도표를 그린다. 독자들은 자연스레 Stata를 이용한 그래프 그리기에 익숙해질 것이다. 기초통계학의 설명을 위해서도 많은 그래프를 그릴 것이고, 추론통계학의 이해를 위해서도 확률분포와 관련된 많은 그래프를 그릴 것이다. 앞으로 설명할 대부분의 사례분석에서도 데이터의 특성을 파악하기 위해 그래프를 그릴 것이다.

Stata를 이용하여 그릴 수 있는 그래프의 종류는 매우 다양하여 일일이 설명하기 힘들다. 가장 많이 사용되는 선그래프, 산포도, 히스토그램, 파이차트, 확률분포뿐만 아니라 이들을 다양하게 결합한 그래프도 쉽게 그릴 수 있다. 다음 [그림 1]은 Stata에서 가장 빈번하게 사용되는 그래프의 형태를 보여주고 있다.

[그림 1] Stata에서 제공되는 다양한 그래프 형태

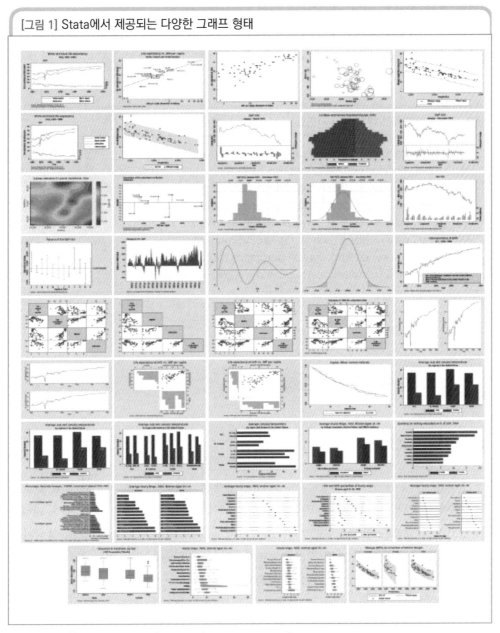

자료: https://www.stata.com/features/example-graphs/

Stata에서는 이런 그래프 외에도 다양한 그래프를 그릴 수 있도록 Stata사용자들이 만들어 배포한 프로그램이 있다. 가령 해바라기(sunflower) 그림, 소셜네트워크 그림, 벤다이어그램, 3차원 그림, 지도와 같은 것들이다. 이런 그래프 그리는 방법은 도움말 기능을 통해 웹에서 직접 검색할 수 있다.

Stata를 이용하여 그래프 그리는 방법은 [표 1]에서와 같은 여러 웹사이트에서도 제공된다. 초보자들에게 큰 도움이 될 것이다.

[표 1] 유용한 그래프 예제 제공 사이트

http://www.stata.com/support/faqs/graphics/gph/stata-graphs/
http://data.princeton.edu/stata/graphics.html
http://www.ats.ucla.edu/STAT/stata/library/GraphExamples/default.htm
http://www.ats.ucla.edu/stat/stata/faq/graph/njcplot.htm
http://www.ats.ucla.edu/stat/stata/faq/graph/atsplot.htm
http://www.survey-design.com.au/Stata%20Graphs.html
http://www.survey-design.com.au/Usergraphs.html
https://www.stata.com/features/publication-quality-graphics/

---

02 그래프 양식의 조정

(1) 다양한 그래프 양식

Stata를 이용하여 그래프를 그리게 되면 그래프 윈도에 Stata 고유의 모습을 보여주는 그래프가 나타난다. Stata 고유의 모습을 보여주는 그래프 양식 역시 매우 다양하다. 전반적인 그래프 양식을 조정하는 명령어는 set scheme s2color과 같은 형식이다. color란 용어가 들어있을 경우 컬러그래프가 그려지고, mono란 용어가 들어있다면 흑백 그래프가 그려진다. 그 외 그래프 양식에 따라 다양한 형태의 양식이 미리 정해져 있다.

Stata를 이용하여 그린 그래프를 파워포인트와 같은 발표도구에 활용하기 위해서는 컬러 그래프를 그릴 것이지만 논문이나 책을 쓰는 데 사용한다면 흑백 그래프를 그린다. 그래프 그리기 양식의 종류는 아래 [표 2]와 같다. 간단한 그래프를 먼저 그린 다음 그래프 양식을 바꾸면서 같은 그래프를 반복 그려보면 그 특징을 쉽게 파악할 수 있을 것이다.

[표 2] 다양한 그래프 그리기 양식(scheme)

```
set scheme schemename [, permanently]

graph ...  [, ...  scheme(schemename) ...]
```

schemename	Foreground	Background	Description
s2color	color	white	factory setting
s2mono	monochrome	white	s2color in monochrome
s2gcolor	color	white	used in the Stata manuals
s2manual	monochrome	white	s2gcolor in monochrome
s2gmanual	monochrome	white	previously used in the [G] manual
s1rcolor	color	black	a plain look on black background
s1color	color	white	a plain look
s1mono	monochrome	white	a plain look in monochrome
s1manual	monochrome	white	s1mono but smaller
economist	color	white	The Economist magazine
sj	monochrome	white	Stata Journal

(2) 나만의 그래프 양식

이런 다양한 그래프 양식에도 불구하고 실제 Stata 그래프를 논문이나 저술에 활용하다보면 몇 가지 불편한 점이 발견된다. 필자의 경험으로는 우선 그래프의 배경색이 출판에 적절하지 않고 이를 옵션을 통해 조정하는 것도 불편하다. 둘째는 흑백으로 그려야 할 필요가 많다. 셋째는 그래프의 글자폰트 사이즈가 작아서 논문이나 저술에 활용하려고 축소하면 글사가 너무 작아진다. 넷째, 한글폰트가 영어폰트와 잘 조화되지 못하는 경우가 있고, 이를 파워포인트에서 재편집할 때 깨지기도 한다. 이런 점을 해결하기 위해 필자는 do파일의 앞부분에 먼저 한글폰트 사용과 관련된 다음 명령어를 수행한다. 즉

```
graph set window fontface "굴림체"
```

보다 편리하고 전문적인 방법은 다음 [표 3]과 같은 내용이 입력된 파일을 C:\ado\personal 내에 위치시킨다. 이 파일의 확장자는 .scheme이다. 내용을 보면 파일이름을 써주고, 기본적으로 s1mono양식을 참조하였으며, 그림의 배경과 그리드의 색상은 흰색으로 하였다는 의미이다. 이하 gsize에 의해 해당부분의 폰트크기가 조정되었다는 것을 의미한다.

[표 3] 나만의 그래프 양식 만들기

```
* scheme-mys1mono.scheme
#include s1mono
color background white
color grid white
gsize heading                    huge
gsize subheading                 vlarge
gsize axis_title                 large
gsize body                       large
gsize small_body                 large
gsize tick_label                 medlarge
```

03   그래프 옵션 부여

Stata를 이용한 그래프는 매우 다양한 만큼 많은 옵션이 있고, 각 옵션에서 선택할 수 있는 대상 역시 다양하다. Stata그래프를 처음 접하게 될 때 초보자에게 이는 매우 혼동스러운 것이다. 일단 익숙해지고 나면 매우 복잡해보이던 다양한 옵션들이 일정한 규칙성을 가지고 있음을 이해할 것이다.

필자는 Stata를 다루면서 복잡한 그래프만은 풀-다운 메뉴를 이용하여 그린다. 복잡한 옵션과 그 내용을 모두 기억할 수 없기 때문이다. 일단 풀-다운 메뉴를 이용하여 만족스러운 그래프가 그려지면, 이 그래프를 그리기 위해 사용된 코딩내용이 결

과물 윈도에 나타난다. 그러면 이 부분을 복사해서 do파일에디터로 가져온 다음 이를
복사하여 여러 개의 그래프를 그리기 위한 프로그램을 작성한다.

이런 과정을 이해하기 위해서는 Stata 그래프에서 각 영역별 용어가 어떤 것인지
를 다음 [그림 2]을 통해 이해할 필요가 있다. plot region과 graph region 등과 관련
된 것이다.

[그림 2] Stata 그래프의 영역 이름

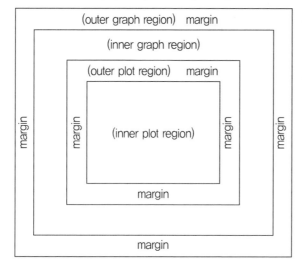

The available area, graph region, and plot region are defined

titles appear outside the borders of outer plot region

axes appear on the borders of the outer plot region

plot appear in inner plot region

Note: What are called the "graph region" and the "plot region" are sometimes the inner and sometimes the outer region.

The available area and outer graph region are almost coincident; they differ only by the width of the border.

The borders of the outer plot or graph region are sometimes called the outer borders of the plot or graph region.

보다 자세한 그래프를 그리기 위해서는 타이틀, 레이블, 주석 등을 삽입할 필요가
있다. 어떤 내용들이 어느 부분에 나타날 것인지에 대한 이해를 위해서는 [그림 2]를
참고할 필요가 있다. 제일 윗부분에 타이틀 4개 정도 부여할 수 있다. 종축에서는 왼
편, 오른편 각각 두 개씩의 레이블이 부가될 수 있다. 횡축에도 두 개의 레이블을 부여
할 수 있다. 그래프에 참조사항, 주석, 캡션 등도 부여할 수 있다. 이런 구조를 이해한
다면 Stata에서 그래프를 그리면서 접하게 되는 다양한 옵션의 사용방법을 쉽게 알 수
있다.

[그림 3] Stata 그래프 옵션의 형태

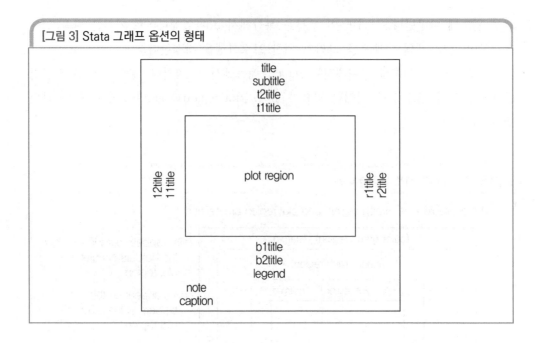

이상에서 설명한 내용을 바탕으로 그래프를 그리는 데 있어서 하나의 템플릿 역할을 할 수 있는 예제를 살펴보자. Stata 매뉴얼에서 가져온 내용인데 프로그램에서 부여된 다양한 옵션들과 이로부터 실제 그려진 그래프를 비교해보면 쉽게 이해할 수 있을 것이다. 그래프를 그릴 때에는 전체 프로그램이 길어질 때가 많아서 문장이 나누어질 때마다 연속을 나타내는 ///이 입력되어야 한다. 아니면 #delimit ; ... ; #delimit cr의 사이에 해당 명령어들이 위치해야 한다. #delimit ;부터 ;까지가 하나의 문장이란 의미이다.

[표 4] Stata 그래프 템플릿

```
* ****************************
* *** Stata 그래프 템플릿 ***
* ****************************
import excel "D:₩statapgm₩Part1₩ㅣ-4-1-GraphTEM.xlsx", sheet("data") firstrow
save ㅣ-4-1-GraphTEM, replace

use ㅣ-4-1-GraphTEM, clear
#delimit ;
twoway line Korea yea
      || line USA year
```

```
   || line Japan year
   || line China year
   ||,title("한미일중 일인당 GDP추이")
      subtitle("1953-2017년")
      ytitle("일인당 GDP(ppp)")
      ylabel(10000(20000)60000)
      xtitle("연도")
      xlabel(1950(20)2020)
      note( "자료: Penn World Table v. 9.1")
      legend(label(1 "한국") label(2 "미국") label(3 "일본") label(4 "중국"))
      ;
#delimit cr
```

[그림 4] Stata 그래프의 다양한 옵션

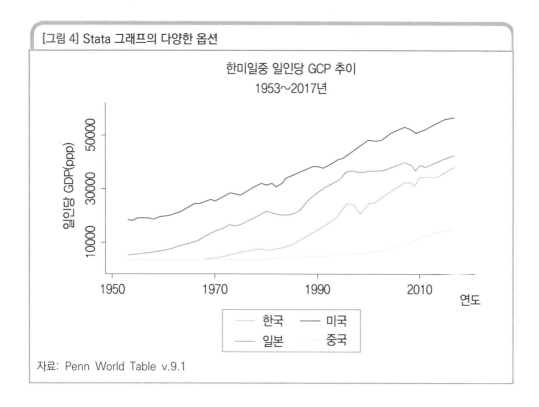

(1) 그래프 윈도에서 편집

Stata에서 그래프를 그리면 그래프는 그래프 윈도에 나타난다. 이때 그래프 윈도에서 직접 그래프를 편집할 수 있다. 그래프 윈도의 좌측상단에 있는 File→Start Graph Editor를 클릭하면 아래 그림과 같이 그래프 에디터가 열리고 우측 상단에 그래프의 각 요소별로 편집할 객체를 지정할 수 있는 선택지가 나타난다. 이 중 하나를 선택하면 선택된 객체의 외곽선이 붉게 변하고 화면 상단 메뉴바 아래에 입력란이 나타난다. 분석자의 필요에 따라 편집한 후 그래프 에디터를 닫으면 된다. 이때 편집된 그래프는 별도의 이름으로 보관해야 한다. 다음의 그래프는 1965~2007년간 미국의 임금 증가율과 실업률 자료를 그래프로 그린 필립스 곡선이다.

[그림 5] Stata 그래프 에디터 사용하기

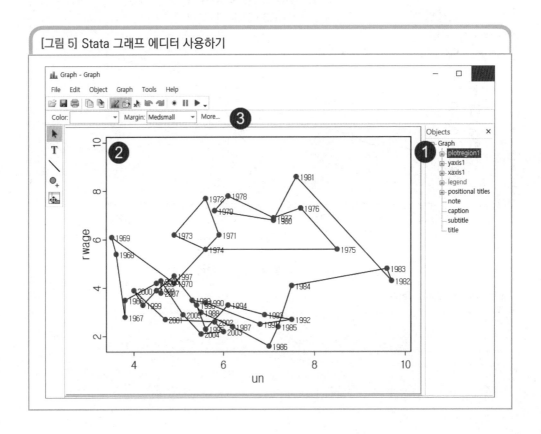

(2) 파워포인트에서 편집

Stata의 그래프 윈도에 그림이 나타나면 이를 직접 복사하여 파워포인트에 붙여넣기한 후 파워포인트의 언그루핑(ungrouping)기능을 이용하여 해당그림을 완전분해한 후 필요한 부분만 남기고, 별도의 추가할 텍스트나 다른 객체를 입력하여 보다 세련된 그래프를 만들 수 있다.

Stata그래프는 그래프 윈도에서 직접 복사하여 가져올 수도 있지만 Stata에서 직접 그래프를 파일형태로 저장한 후 이를 파워포인트에서 불러와도 된다. 파워포인트에서 해당 그래프가 언그룹핑 되기 위해서는 파일형태가 emf형태여야 한다.

파워포인트에서 언그룹핑할 때에도 2번 이상 언그룹핑이 되어야만 모든 객체들이 완전 분해된다. Stata에서 가져온 그림을 언그룹핑하면 5~6개의 필름이 겹쳐있다고 생각하고 빈 필름, 불필요한 그래프가 그려진 필름 등을 제거하고 꼭 필요한 필름만 남긴다는 생각으로 편집하면 이해하기 쉬울 것이다. 이렇게 해당 그래프가 편집된 후에

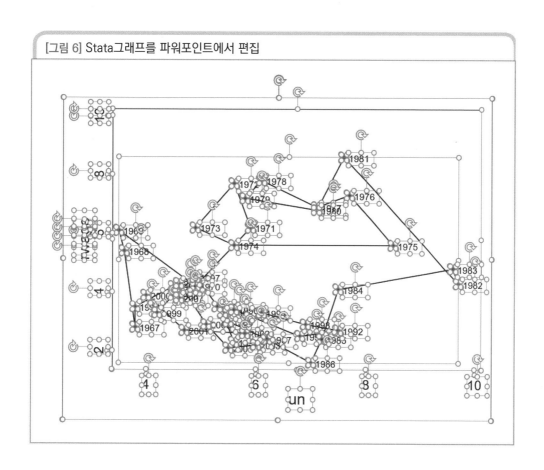

[그림 6] Stata그래프를 파워포인트에서 편집

는 자신이 원하는 텍스트나 도형을 삽입하여 보다 세련된 도표로 만들 수 있다.

이때 특히 편리한 기능은 Stata에서 그래프에 포함되어 있는 텍스트들이 불가피하게 겹쳐 있을 때 이를 미세 조정하여 재배열할 수 있다는 것이다. 가령 [그림 6]의 예에서 미국의 필립스 곡선을 그리면서 해당 점을 나타내는 연도가 겹쳐있을 경우 이를 미세하게 조정할 수 있다. 이런 작업들은 매우 사소한 것이지만 Stata에서 직접 조정하기에는 너무 어렵고 번거롭다.

PART

2

최소자승법

제2부에서는 고전적 최소자승법과 관련된 기초이론과 사례를 이용하여 Stata를 사용하는 방법을 살펴본다. 제1장에서는 최소자승법과 관련된 가우스-마코프 정리를 설명한다. 계량경제학의 가장 기초적 이론이기 때문에 비교적 상세히 설명하였다. 제2장에서는 최소자승법에 의한 추정치가 효율성을 갖기 위한 기준으로 정규성의 의미와 검정방법에 대해 설명한다. 제3장에서는 함수형태와 모형설정에 대해, 제4장에서는 더미변수의 활용에 대해 살펴본다. 제5장에서는 계량분석 결과를 이용한 보고서 작성과 관련하여 기초통계량, 최소자승법에 의한 추정결과를 쉽게 리포트하는 방법에 대해 설명한다.

CHAPTER

01

최소자승법

01 최소자승법의 이론적 배경

(1) 인과관계의 설정

계량분석의 첫째 단계는 모형설정(specification of model)단계이다. 모형설정은 관심대상에서 결과로 나타날 변수, 즉 종속변수(dependent variable, Y로 표기)와 하나 이상의 독립변수(independent variables, X_i로 표기)를 결정하고, 적절한 함수형태를 선정하는 것이다.

독립변수는 종속변수의 변화를 가져오는 요인으로서 경제이론에서 다루는 연구주제인 원인과 효과(cause and effect)를 규명하기 위한 것이다. 따라서 계량경제학 모형을 설정할 때에는 종속변수와 독립변수로서 선정된 변수들의 관계에 주의해야 한다. 선택된 독립변수에 의해 종속변수가 설명될 수 있는지는 합리성이 있어야 한다. 회귀분석에서는 또 변수들 간의 관계에서 방향(sign, + 또는 −)과 그 강도(magnitude)를 파악하는 것이 중요하다.

통계적으로 강한 관계가 있다고 해서 이를 인과관계로 보아서는 안 된다. 재미있는 사례를 보자. 이집트의 유아사망률과 미국 농부의 소득, 온두라스의 화폐공급은 어떤 관계에 있을까? 미국의 국방비 지출은 남아프리카의 인구와 어떤 관계가 있을까?

통계적으로 아주 밀접한 관계가 있지만 이론적, 논리적 근거는 전혀 없다. 이런 문제를 허구적 회귀, 혹은 가성회귀(spurious regression)의 문제라고 한다. 나중에 살펴보게 된다. 경제변수들의 인과관계는 통계적 결과로서 증명되는 것이 아니라 경제이론, 올바른 상식에 기초한 계량경제학 모형의 추정결과로서 증명되어야 한다.

경제학자 소개 프란시스 갤톤(Francis Galton)

프란시스 갤톤(1822~1911)은 회귀(regression)란 단어를 처음 사용한 영국의 인류학자이다. 찰스 다윈(Charles Robert Darwin)은 그의 사촌 형이다. 갤톤은 인류학, 특히 유전에 관심이 많았다. 1865년 갤톤은 인류의 발전을 위해서는 부적격자의 탄생률 확인과 적격자의 탄생률 증진을 위해 체계적인 노력이 필요하다고 주장하였다.

우생학(eugenics)이라는 용어를 사용하였으며 1904년 런던 대학교에서 '물리적, 정신적으로 후대의 종족의 질 향상을 위한 사회적 통제를 위한 연구'라는 이름의 우생학 연구를 지원하였다.

갤톤은 부모와 자녀의 키에 관한 연구를 하였다. 종속변수로는 성인이 된 자녀의 키, 독립변수는 부모의 평균키로 하여 회귀분석한 결과 "키가 큰 부모의 자녀는 평균적으로 부모만큼 크지는 않을 것이며, 키가 작은 부모의 자녀는 평균적으로 부모만큼 작지 않을 것"이라는 사실을 발견했다.

이런 특성을 "유전적으로 물려받은 키가 보통의 수준으로 회귀(regress)하는 현상"이라고 하였는데 오늘날 이를 "평균으로의 회귀(regression to the mean)"라고 한다. 갤톤은 계량경제학의 주요 관심대상인 다변량회귀모형에 대해서는 관심을 갖지 않았다. 자신이 회귀라는 말을 사용했음에도 불구하고 이를 확실한 인과관계로 인식하지는 않은 것 같다.

(2) 모회귀함수

회귀분석을 하기 전에, 먼저 모회귀함수(population regression function: PRF)를 정의해야 한다. 모회귀함수란 연구주제와 관련하여 관심대상에 대한 사실들을 정의하는 것이다. 종속변수와 독립변수를 결정하고, 이를 어떻게 측정할 것이며, 함수형태는 어떻게 할 것인가를 결정하는 것이다.

1) 모회귀함수의 정의

관심대상 연구주제를 정하였으면 분석자는 다음 단계에 따라 자신의 계량경제학 모형을 구축하게 된다.

① 일반적인 수학적 함수형태의 결정

일반적인 형태로 모형을 설정할 때는 종속변수와 여기에 영향을 미칠 것으로 믿을 수 있는 독립변수들을 결정한다. 이때 설정된 수학적 함수형태는 $Y = f(X_1, X_2, \cdots)$와 같다. 이때 종속변수와 독립변수 간의 인과관계는 충분한 이론적 근거가 있어야 한다. 따라서 포함되어야 할 변수임에도 불구하고, 제외된다든지, 불필요한 변수임에도 포함되는 일이 없어야 한다. 이런 문제는 함수의 형태가 잘못 정의된 것과 마찬가지로 모형설정오류라고 한다.

② 계량경제학 모형의 정의

다음 단계는 첫째 단계에서 설정된 변수들을 이용하여 계량경제학 모형으로 추정하기 위한 구체적 함수형태를 정하는 것이다. 이렇게 정의된 함수형태를 모회귀함수(Population Regression Function: PRF)라고 한다.

모회귀함수와 표본회귀함수의 개념을 정확히 구분하는 것이 필요하다. 모회귀함수는 동일한 독립변수 값에서 하나의 관측치가 아닌 여러 개 데이터의 평균값을 통과할 것으로 예상되는 가설적 관계이다. 네 개의 독립변수를 가진 선형모형을 생각해보자. 모회귀함수는 다음과 같다.

$$E(Y \mid X_1, X_2, X_3, X_4) = \beta_0 + \beta_1 X_1 + \beta_2 X_2 + \beta_3 X_3 + \beta_4 X_4$$

여기서 종속변수 Y의 조건부 기댓값, $E(Y \mid X_1, X_2, X_3, X_4)$는 독립변수의 값이 주어졌을 때 평균적으로 기대되는 독립변수와의 관계를 나타낸다. 함수의 절편을 나타내는 β_0는 상수항(constant term)이라고 하는데, 이는 모든 독립변수 X_i의 값이 영(0)일 때 Y의 기댓값(평균)이다. 특정 독립변수의 파라미터 β_i는 다른 독립변수가 일정한 값(ceteris paribus)을 가질 때 독립변수의 값의 한 단위 변화에 대한 종속변수의 변화정도를 나타내는 편기울기(partial slope), 혹은 효과(effect)를 나타낸다.

[그림 1] 모회귀함수의 도해

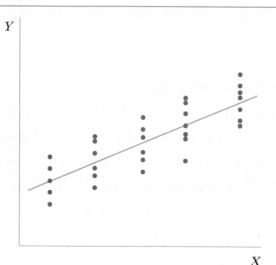

경제학자 소개 3 로돌포 베니니(Rodolfo Benini)

　　　　　　　　로돌포 베니니(1862~1956)는 경제분석에 처음으로 당시 고급 통계적 방법론이었던 다중회귀모형을 사용한 이태리 통계학자, 인구학자, 경제학자이다.

　　　　　　　　로마대학에서 통계학, 정치경제학을 강의하였다. 사회과학의 여러 분야에서 독창적인 사고를 바탕으로 창의성을 발휘했다. 몇몇 학자들과는 인구통계학(demography)을 하나의 독립된 과학으로 정립하였다. 제자인 파레토(Vilfredo Pareto)와는 재산과 소득의 분배에 대해 연구하기도 했다.

　　　　　　　　1907년경 베니니는 가격탄력성, 수요곡선, 엥겔곡선을 실증적으로 추정하기도 했다. 더 나아가 피구(A. C. Pigou) 등과는 이런 추정치의 신뢰구간을 계산하기도 하였다. 통계학과 사회과학을 결합하려는 그의 노력은 처음에 제대로 인정을 받지 못하였다.

③ **모형에 확률적 특성 반영**(오차항의 도입)

현실적으로 회귀분석을 한다는 것은 모회귀함수가 존재하는 모집단에서 일부자료를 표본추출하여 모회귀함수의 모수를 짐작하려는 것이다. 모집단에는 특정값의 독립변수에 대해 여러 개의 종속변수 값이 있으므로 특정 독립변수 값에 해당하는 종속변수의 평균값을 연결하면 모회귀선이 된다.

하지만 모집단으로부터 표본을 추출할 때 특정 독립변수 값에 대해 하나의 종속변수 값이 추출될 수도 있다. 이때 기댓값을 구하는 것은 의미가 없기 때문에 다음에 설명할 회귀분석이란 다른 기법을 이용하는 것이다.

따라서 표본으로부터 모회귀함수의 모수를 유추하려고 할 때 독립변수의 관측치마다 오차(error)가 포함된다. 따라서 함수형태는 오차항을 포함한 다음과 같은 형태가 되는데, 이를 확률적 모회귀함수(Stochastic Population Regression Function: SPRF)라고 한다.

$$Y_i = \beta_0 + \beta_1 X_{1i} + \beta_2 X_{2i} + \beta_3 X_{3i} + \beta_4 X_{4i} + u_i$$

여기서, 첨자 i는 무작위로 선택된 관측치, u_i는 해당 관측치와 관련된 확률적 오차항(stochastic or random error term)이라고 한다. 오차항은 아래와 같은 여러 원인 중 하나, 또는 몇 개의 원인에서 발생한다.

① **설명변수의 누락**(omission of explanatory variables)

설정된 모형에 사용된 독립변수 외에도 종속변수에 영향을 미치는 다른 요인이 있을 수 있다. 종속변수에 영향을 미치는 모든 변수들을 완전히 설명할 수 있는 이론적 근거가 부족하거나, 실제 활용할 자료가 존재하지 않을 수 있다.

② **변수의 집계**(aggregation of variables)

실증분석 과정에서 너무 많은 변수를 고려하는 것이 바람직하지 않을 때, 집계된 형태의 요약자료를 사용하게 된다. 집계된 자료는 오차항으로 포착될 부분을 포함하게 된다.

③ **모형설정오류**(model specification error)

모형이 구조상 잘못 설정된다면, 가령 독립변수의 시차변수 대신 현재시점의 독립변수가 사용된다면 오차항이 존재한다.

④ **함수형태의 설정오류**(functional misspecification)

종속변수와 독립변수의 관계를 나타내는 함수가 비선형임에도 불구하고 이를 선형함수로 나타낸다면 오차항이 존재하게 된다.

⑤ **측정오차**(measurement errors)

하나, 또는 그 이상의 변수가 여러 이유로 정확하게 측정되지 않을 때 종속변수와 독립변수의 관계에서 오차가 나타날 수 있다.

2) 회귀분석을 위한 자료 수집

이상의 절차에 따라 계량경제학 모형이 설정되면, 다음 단계는 회귀분석을 위해 필요한 자료를 수집하는 것이다. 사용하게 되는 자료는 이미 언급한 바와 같이 다음의 네 가지 형태 중 하나이다. 다양한 계량경제학모형의 추정방법들은 어떤 형태의 자료에도 적용 가능하지만 일부 계량경제학적 추정방법들은 자료의 속성을 감안한 특별한 기법을 사용한다.

첫째, 횡단면 자료는 특정시점에 수집된 개별경제주체들에 대한 자료로 구성되어 있다. 경제학에서 많이 언급되는 개별 경제주체에는 특정 개인, 가계, 기업, 지방정부, 도시, 국가 등이 될 수 있다. 횡단면 자료를 사용할 때 확률 회귀모형은 이상에서와 같이 첨자 i를 이용하여 나타낸다.

둘째, 시계열자료는 주어진 공간(가령, 하나의 경제주체)에서 일정한 시간의 경과(일, 주, 월, 분기, 연)에 따라 하나, 또는 그 이상의 변수에 대한 자료를 수집한 것이다. 시계열 자료를 사용할 때 확률 회귀모형은 위식에서 첨자 i 대신 첨자 t를 사용하여 나타낸다. 횡단면 자료보다 시계열 자료는 분석에 어려움이 많다. 대부분 경제통계는 시간의 경과와 관련된 시차, 추세, 계절적 변화와 관련되어 있어서 여러 분석기법이 동원되어야 한다.

셋째, 패널자료, 일명 종단자료는 횡단면 자료의 각 주체에 대해 시계열자료를 수집한 것을 말한다. 이 자료는 특정기간의 변화에 따라 특정 경제주체들의 자료를 측정한 것이므로 횡단면자료와 시계열자료의 특성을 동시에 갖는다. 횡단면 자료를 사용할 때 확률 회귀모형은 위식의 첨자 i 대신 첨자 i, t를 동시에 사용하여 나타낸다.

넷째, 만약 각기 다른 경제주체들에 대한 횡단면 자료가 시간의 경과에 따라 수집되었다면 풀링자료(pooling data)가 된다. 풀링자료는 보다 많은 관측치를 확보할 수 있어서 계량기법을 통한 파라미터 추정치의 정확도를 높일 수 있고, 정적, 동적 요소를 동시에 살펴볼 수 있다.

풀링자료는 횡단면자료와 시계열자료를 결합시킨 자료이지만 패널자료는 아니다. 풀링자료를 활용한 계량분석에서는 시간의 변화를 나타내는 변수들을 도입함으로써 데이터 작성에서의 시점의 차이를 반영할 수 있다.

(3) 통상적 최소자승법(Ordinary Least Squares Method: OLS)

전술한 바와 같이 회귀분석은 데이터를 이용하여 경제관계를 추정하는 기법이다. 가장 보편적으로 사용되는 방법은 통상적 최소자승법이라는 간단한 방법이다. 비록 최소자승법이 보편적으로 사용되는 방법이면서 계산방법이 상대적으로 단순하다고 해도 컴퓨터를 이용하지 않고 수작업으로 이를 계산하는 것은 매우 복잡한 일이다. 만약 독립변수의 개수가 좀 더 늘어난다면 수작업은 너무나 힘든 일이 된다.

다행스럽게도 최근 개인 컴퓨터의 눈부신 발전은 커다란 계량경제학의 발전을 가져오게 되었고, 과거에는 불가능했던 작업들을 불과 수초 만에 해결해주고 있다. 필자가 처음 연구생활을 시작할 때에는 개인 컴퓨터대신 메인프레임(mainframe)이라는 한국에 몇 대밖에 없는 대형컴퓨터를 사용하여 회귀분석을 하곤 했다. 이런 대형컴퓨터도 오늘날 개인 PC의 성능에 훨씬 미치지 못한다는 사실은 그동안 얼마나 컴퓨터의 계산능력이 발전하였는가를 보여준다. 컴퓨터의 발전만큼이나 계량경제학도 발전하였다.

1) 최소자승법의 정의

계량경제학기법을 적용하면서 표본회귀함수(Sample Regression Function: SRF)를 추정할 때 일반적으로 사용하는 추정기법은 통상적 최소자승법, 일명 OLS이다. 최소자승법은 말 그대로 종속변수의 실제 관측치와 표본회귀함수에 의해 적합된(fitted) 값의 차이인 잔차의 제곱을 모든 관측치에 대해 합한 것, 즉 잔차의 자승합을 최소로 하는 상수항과 기울기를 구하는 과정이다.

최소자승법은 다음과 같은 장점 때문에 많은 분석가들이 애용해왔다.

첫째, 다른 추정법보다 계산상의 편리함이 있다. 표본회귀함수의 파라미터를 추정하는 방법은 고전적 최소자승법 외에도 최우법(Maximum Likelihood Method: ML)이나 일반적률추정법(Generalized Method of Moments: GMM) 등이 있지만 컴퓨터가 발전하지 않았던 과거 다른 추정방법은 계산상 많은 어려움이 있었다. 하지만 최근에는 아무리 계산상 어려운 추정법이라도 컴퓨터의 계산능력 향상과 통계 소프트웨어의 발전에 따라 큰 어려움 없이 사용할 수 있게 되었다.

둘째, 고전적 최소자승법은 나름대로 실용성이 있다. 잔차의 자승합을 최소로 하는 방법을 사용함으로써 정(+)의 값을 가진 잔차와 부(−)의 값을 가진 잔차가 서로 상쇄되는 것을 피함으로써 관측된 자료들이 가진 분포형태와 가능한 한 밀접한 회귀선을 찾아낸다.

셋째, 최소자승법에 의한 추정결과는 바람직한 특성을 가지고 있다. ① 추정된 회귀선은 종속변수와 독립변수의 평균치를 통과한다. 즉, $\hat{Y} = \overline{Y} = \hat{\beta_0} + \hat{\beta_1}\,\overline{X_1}$. ② 잔차의 평균은 영(0)이다. 즉, $E(e) = 0$. ③ 잔차는 회귀선에 의해 적합된 종속변수와 상관되어 있지 않다. 즉 $\sum_{i=1}^{n}(Y_i - \overline{Y})e_i = 0$. ④ 잔차는 독립변수와 상관되어 있지 않다. 즉 $\sum_{i=1}^{n}X_i e_i = 0$이다. 이런 특징들에 대해서는 다음 장에서 자세히 설명하게 될 것이다.

2) 추정된 회귀함수와 잔차의 표기법

회귀함수식은 보통 수학적으로 다음과 같은 방법 중 하나로 표시된다. 본서에서는 가능한 한 수학적 표기를 자제하여 기초적인 계량경제학을 이해하는 데 필요한 정도의 수학적 표기만 사용한다. 자신의 실증분석결과를 보고서나 논문 작성에 이용할 때 이 정도의 수학적 표기는 사용해야 하기 때문이다.

지금까지 살펴보았던 모회귀함수는 다음과 같은 식으로 표시할 수 있다. 같은 수학적 표기라 하더라도 시그마($\sum$)기호를 활용하면 보다 단순화할 수 있다. 더 나아가 행렬로 표기한다면 더욱 단순화할 수 있다. 계량경제학에 익숙한 독자들이라면 행렬표기가 보다 이해하기 쉽지만 많은 독자들은 이런 표기에 익숙하지 않기 때문에 본서에서는 최소한의 설명만 한다.

모회귀함수는 다음과 같이 일반적인 형태, 합산기호를 이용한 방법, 행렬을 이용한 방법으로 표기할 수 있다. 특히 여기서 오차항은 u_i로 표기한다.

$$Y_i = \beta_0 + \beta_1 X_{1i} + \beta_2 X_{2i} + \cdots + \beta_k X_{ki} + u_i$$

$$Y_i = \beta_0 + \sum_{k=1}^{k} \beta_k X_{ki} + u_i$$

$$Y = X\beta + u$$

한편 이상의 모회귀함수가 최소자승법으로 추정되었다면 다음과 같은 식으로 표기할 수 있다. 추정된 파라미터는 해당 파라미터 윗부분에 햇($\wedge$)기호를 붙이는 것이 관례이다. 여기에서 e_i는 모회귀함수에서 오차(error)라고 불렀던 것의 추정치로서 잔차(residuals)라고 부른다. 많은 저술들에서는 오차항, 교란항, 잔차항을 무분별하게 사용하기도 하지만 본서에서는 실제 추정된 모형에서 잔차항이라고 부른다.

$$Y_i = \hat{\beta}_0 + \hat{\beta}_1 X_{1i} + \hat{\beta}_2 X_{2i} + \cdots + \hat{\beta}_k X_{ki} + e_i$$

$$Y_i = \hat{\beta}_0 + \sum_{k=1}^{k} \hat{\beta}_k X_{ki} + e_i$$

$$\hat{Y}_i = \hat{\beta}_0 + \sum_{k=1}^{k} \hat{\beta}_k X_{ki}$$

3) 회귀계수(파라미터)의 추정

① 회귀계수 추정식

통상적 최소자승법은 종속변수의 실제 관측치와 표본회귀함수에 의해 적합된 값의 차이, 즉 잔차의 제곱을 모든 관측치에 대해 합한, 잔차자승합(residual sum of squares)을 최소로 하는 상수항과 기울기를 구하는 과정이라고 한 바 있다. 이를 수학적 기호로 표기하면 다음과 같다.

$$\min \sum_{i=1}^{n} e_i^2 = \sum_{i=1}^{n} (Y_i - \hat{Y}_i)^2 = \sum_{i=1}^{n} (Y_i - \hat{\beta}_0 - \hat{\beta}_1 X_i)^2$$

여기서 $\hat{Y}_i$는 독립변수 값이 X_i일 때 회귀식으로부터 구해진 종속변수 값으로 "추정된(estimated) 값", "예측된(predicted) 값" 또는 "적합된(fitted) 값"이라고 한다. $\hat{\beta}_i$는 이상의 목적함수로부터 구하려고 하는 회귀함수의 상수항과 해당 독립변수와 종속변수의 관계를 나타내는 파라미터 추정치를 나타낸다.

② 파라미터 추정치

이상의 잔차자승합의 최소화 문제는 추정하려는 파라미터에 대해 목적함수를 미분한 식을 영(0)으로 한 식의 해를 구하는 것이다. 만약 독립변수가 하나라면 상수항과 기울기를 나타내는 파라미터에 대해 미분한 것을 영(0)으로 하는 것이기 때문에 미지수가 두 개, 방정식이 두 개인 연립방정식(정규방정식, normal equation)이 된다. 이를 풀면 기울기를 나타내는 파라미터와 상수항을 나타내는 파라미터는 다음 식이 된다.

$$\hat{\beta}_1 = \frac{\sum_{i=1}^{n}(X_i - \overline{X})(Y_i - \overline{Y})}{\sum_{i=1}^{n}(X_i - \overline{X})^2}$$

$$\hat{\beta}_0 = \overline{Y} - \hat{\beta}_1\overline{X}$$

[그림 2] 표본회귀함수의 도해

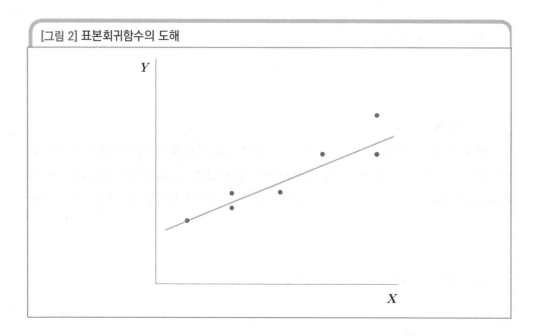

4) 추정된 회귀계수의 해석

① 회귀계수의 의미

일단 회귀방정식의 파라미터가 추정되면 그 다음 순서는 관심대상이 된 경제현상의 행태에 대한 시사점을 찾는 것이다. 회귀분석 결과의 원래 목적은 경제현상에 영향을 미치는 요인들을 식별하고 그 영향력의 강도를 파악하는 것이다.

기울기를 나타내는 파라미터는 독립변수의 종속변수에 대한 충격의 방향(±)뿐만 아니라 종속변수에 대한 독립변수 한 단위 변화의 영향력의 크기를 보여준다. 만약 독립변수의 수가 다수라면 개별 독립변수 파라미터 추정치는 다른 변수들이 일정할 때 해당 독립변수 한 단위 변화의 종속변수에 대한 영향을 나타낸다. 그런 점에서 편기울기계수(partial slope coefficient)라고 한다.

② 상수항의 해석

회귀분석결과 상수항을 나타내는 파라미터의 의미는 모든 독립변수 값들이 영(0)일 때의 종속변수의 값을 나타낸다. 실제상황에서 분석자가 설정한 모형의 모든 독립변수들의 값이 영(0)인 상황은 거의 발생하지 않는다. 그런 점에서 실증분석에서 상수항은 대체로 무시한다.

③ 표준화 회귀계수

독립변수의 수가 다수인, 일명 다중회귀분석을 할 때 종속변수를 포함하여 모든 독립변수의 값들이 같은 단위로 측정되는 것이 아니다. 측정단위는 화폐단위, 비율, 무게, 거리, 존재유무 등으로 측정되기 때문에 독립변수 한 단위 변화의 종속변수에 대한 영향력의 크기는 분석자 외에는 잘 이해하기 힘들고, 정확한 해석을 하기 힘들다.

따라서 회귀모형에 사용되는 변수가 같은 단위로 측정되지 않을 때, 서로 다른 독립변수의 파라미터 추정치를 직접 비교하는 것은 피하는 것이 좋다. 비교할 경우에는 반드시 측정단위와 관련된 의미를 생각하며 비교해야 한다. 이는 분석결과의 해석과 시사점 도출에서 주의해야 할 일이다.

추정된 회귀계수의 값을 비교하는 것은 다음과 같은 이유 때문에 여러 문제가 있을 수 있다. 첫째, 표준적인 고전적 최소자승법 추정결과로 나온 회귀계수는 가장 큰 값을 가지고 있다 해서 가장 중요한 변수가 되는 것은 아니다. 둘째, 회귀계수의 추정치의 크기는 측정단위가 변화하게 되면 변화한다. 즉 측정단위인 규모가 문제시 된다. 셋째, 심지어 비슷한 규모로 측정된 변수라 하더라도 서로 다른 변동성(variability)을 가질 수 있다.

이런 문제점을 해결하는 방법은 표준화된 회귀계수(standardized regression coefficient)를 구하는 방법이다. 그 방법에는 첫째, 각 독립변수의 Z값을 구한 후 고전적 최소자승법을 적용하는 방법이다. 둘째, 원시데이터를 이용해서 고전적 최소자승법을 통해 파라미터를 구한 후 여기에 각 독립변수의 표준편차와 종속변수 표준편차의 비율을 곱해주는 방법이다. 이런 두 가지 방법을 수식으로 나타내면 원래의 식은 다음과 같은 식으로 변환된다.

$$Y_i = \widehat{\beta}_0 + \widehat{\beta}_1 X_{1i} + \widehat{\beta}_2 X_{2i} + \cdots + \widehat{\beta}_k X_{ki} + e_i$$

$$Y_i - \overline{Y} = \widehat{\beta}_1 (X_{1i} - \overline{X_1}) + \widehat{\beta}_2 (X_{2i} - \overline{X_2}) + \cdots + \widehat{\beta}_k (X_{ki} - \overline{X_k}) + (e_i - \overline{e})$$

$$\frac{Y_i - \overline{Y}}{s_Y} = \widehat{\beta}_1 (\frac{X_{1i} - \overline{X_1}}{s_{X_1}})(\frac{s_{X_1}}{s_Y}) + \widehat{\beta}_2 (\frac{X_{2i} - \overline{X_2}}{s_{X_2}})(\frac{s_{X_2}}{s_Y}) + \cdots + \widehat{\beta}_k (\frac{X_{ki} - \overline{X_k}}{s_{X_k}})(\frac{s_{X_k}}{s_Y}) + \frac{e_i}{s_Y}$$

$$Z_Y = \widehat{b_1} Z_{X_1} + \widehat{b_2} Z_{X_2} + \cdots + \widehat{b_k} Z_{X_k} + z_i$$

$$\widehat{b_k} = \widehat{\beta}_k (\frac{s_{X_k}}{s_Y}) + \frac{e_i}{s_Y}$$

여기서 상수항은 표준화 과정에서 사라진다. 표준화된 회귀식의 추정계수는 베타계수($\beta-$coefficients)라고 불린다. 그리스 문자 β는 보통 회귀방정식의 파라미터 표기에 사용되기 때문에 혼동하기 쉽다. 이런 표준화된 회귀계수를 구하는 방법은 Stata를 비롯한 대부분의 통계 소프트웨어에서 제공된다.

　베타계수를 이용할 때에는 해석에 주의해야 한다. 고전적 최소자승법 추정계수는 다른 변수가 일정할 때 독립변수의 한 단위 변화에 대한 종속변수의 변화를 나타내지만, 베타계수는 다른 변수가 일정할 때 독립변수의 1표준편차의 변화에 대한 종속변수의 표준편차의 변화를 나타낸다. 따라서 베타계수를 이용하면 여러 개 독립변수의 종속변수에 대한 영향력의 크기를 직접 비교할 수 있다.

5) 적합도(goodness of fit)

　회귀분석이 끝나면 분석자는 회귀분석 결과가 얼마나 자료의 특성을 잘 반영하는지 평가한다. 적합도라 불리는 이 척도는 종속변수의 실제자료(actual data)와 추정된 회귀함수에 의해 적합된 값(fitted value)을 비교하는 것이다. 적합도를 측정하기 위해서는, 종속변수 값의 변이(variation)를 모형에 의해 설명된 부분(explained part)과 설명되지 않은 부분(unexplained part)으로 분해한 다음 결정계수, 또는 R^2($R-$squared)라는 지표를 계산한다. 하지만 R^2가 모형의 질(quality)을 나타내는 지표가 아니라는 것에 주의해야 한다.

① 분산분해(variance decomposition)

다음 [그림 3]을 통해 분산의 분해결과를 살펴보자. 그림에는 Y의 평균을 나타내는 수평선, 점으로 표시된 관측된 실제값, 추정된 회귀선을 보여준다.

[그림 3] 분산의 분해와 R^2의 개념 도해

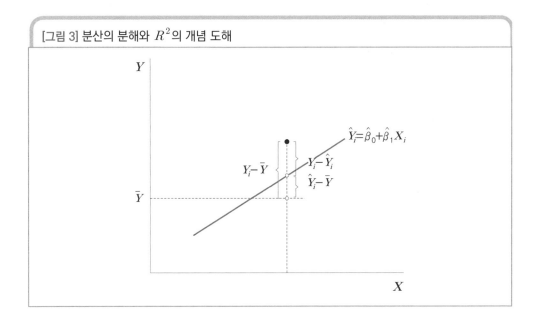

여기서 종속변수의 자신의 평균에서의 변이(관측치와 평균의 차이)가 두 부분으로 나누어짐을 볼 수 있다. 첫째, Y의 변이 가운데 회귀분석에 의해 설명되는 부분(회귀선상의 점과 평균의 차이), 둘째, 설명되지 않은 부분(관측치와 회귀선상의 점과의 차이)이 그것이다.

이를 수식으로 나타내면 다음과 같다.

$$Y_i - \overline{Y} = (Y_i - \widehat{Y}_i) + (\widehat{Y}_i - \overline{Y}) = e_i + (\widehat{Y}_i - \overline{Y})$$

이처럼 특정 관측치와 평균의 변이를 분해한 결과를 전체 자료범위로 확대하면 전반적인 적합도(measure of overall fit)를 구할 수 있다.

② 결정계수(R^2)

고전적 최소자승법과 함께 사용되는 가장 보편적인 적합도는 R^2로 알려진 결정계수(coefficient of determination)이다. R^2는 종속변수의 전체평균에서의 변이 가운데 독립변수의 변이에 의해 설명되는 종속변수의 변이가 차지하는 비중이다. 이는 비율지표이기 때문에 0과 1 사이의 값을 갖는다.

만약 이상의 식으로 R^2를 정의하면 정($+$)의 값과 부($-$)의 값이 합쳐져 상쇄되므로 양변에 제곱을 취하고 모든 관측치에 대해 합하면 다음의 식으로 표시할 수 있다.

$$\sum (Y_i - \overline{Y})^2 = \sum (\widehat{Y_i} - \overline{Y})^2 + \sum e_i^2$$

여기서 좌측은 총자승합(Total Sum of Squares: TSS), 우측은 설명된 자승합(Explained Sum of Squares: ESS), 잔차 자승합(Residual Sum of Squares: RSS)이라고 한다. 즉

$$TSS = ESS + RSS$$

그러면 R^2는 다음의 식으로 표시가능하다.

$$R^2 = \frac{ESS}{TSS} = 1 - \frac{RSS}{TSS}$$

최소자승법은 잔차자승합(RSS)을 최소로 하는 방법이기 때문에 결국 R^2를 최대화하는 회귀선을 찾은 과정이라고 할 수 있다.[1]

③ 다중회귀모형과 조정된 결정계수($\overline{R}^2$)

회귀분석에서 R^2를 높이는 확실한 방법은 많은 설명변수를 추가하는 것이다. 설명변수가 추가될수록 위 식에서 ESS가 커질 가능성이 있기 때문이다. 보통 설명변수를 추가하면 종속변수에 대한 설명력이 높아지지만, 변수를 추가한 후 종속변수에 대한 추가적 설명력이 없다면 ESS는 증가하지 않는다.

다중회귀모형에서 독립변수를 추가하는 것에는 비용이 따른다. 보다 많은 독립변수를 추가하면 자유도의 손실이 생기는 것이다. 여기서 자유도란 관측치수에서 추정해

---

1 책에 따라서는 잔차자승합을 ESS(Error Sum of Squares), 설명된 잔차자승합을 RSS (Regression Sum of Squares)로 정의하는 경우가 있기 때문에 주의가 필요하다.

야 할 파라미터의 수를 빼준 것이다. 자유도가 작아질수록 추정치에 대한 믿음이 약해진다. 바로 이런 이유 때문에 독립변수의 추가에 따른 자유도의 손실을 반영한 R^2를 정의할 수 있다. 이를 조정된 R^2(adjusted R^2)라고 한다. 단순히 다음과 같이 $\overline{R}^2$이라고 표시하기도 한다.

$$\overline{R^2} = 1 - \frac{ESS/(n-p-1)}{TSS/(n-1)} = 1 - (1-R^2)\left(\frac{n-1}{n-p-1}\right)$$

여기서 TSS는 총자승합, ESS는 설명된 자승합, n은 관측치의 수, p는 독립변수의 수를 나타낸다. 독립변수가 추가될 때 $\overline{R}^2$는 R^2가 자유도 손실을 보전할 만큼 증가하느냐에 따라 증가, 불변, 감소할 것이다.

만약 독립변수를 추가하여 자유도 손실에도 불구하고 R^2를 높일 수 있다면 $\overline{R}^2$는 증가한다. 따라서 연구자는 독립변수의 수가 서로 다른 모형을 평가할 때 R^2보다 $\overline{R}^2$를 비교하게 된다. 주의해야 할 것은 $\overline{R}^2$를 이용하여 모형을 비교할 때 종속변수와 관측치의 수가 같은 모형에서 독립변수의 수가 서로 틀린 모형을 비교해야 한다.

④ 모형의 적합도와 모형의 질
많은 분석가들은 회귀분석 결과로서 모형의 적합도가 중요하기 때문에 R^2를 회귀분석 결과의 질(quality)을 나타내는 지표로 제시하지만 여기에 지나치게 의존하는 것은 바람직하지 않다.

회귀분석 결과는 첫째, 매우 높은 결정계수를 보여줄 수 있지만 추정에 사용된 회귀방정식이 경제이론이나 일반상식에 의해 지지를 받지 못할 때는 큰 의미가 없기 때문이다. 둘째, 분석에 사용된 데이터세트의 관측치가 부족하거나 부정확한 자료를 포함하고 있을 때에는 높은 결정계수를 가짐에도 불구하고 잘못된 결과를 의미할 수 있기 때문이다. 셋째, 지나치게 결정계수에 사로잡힘으로써 중요한 계량경제학적 문제를 간과할 위험성이 있기 때문이다.

마지막으로는 분석대상이 되는 경제학 분야에 따라 결정계수의 수준에 있어서 많은 편차를 보인다는 점을 주의해야 한다. 가령 시세열자료를 이용한 소비함수나 투자함수 등은 매우 높은 결정계수를 보이지만 산업조직론 등 미시경제학 분야의 횡단면자료의 분석에서는 일반적으로 낮은 결정계수를 보이기 때문이다.

따라서 아주 높은 결정계수는 회귀분석에서 매우 중요한 여러 가정을 위반하고 있는 회귀분석에서 나타날 수 있는 현상으로, 모형의 질적 우수성을 보여준다고 해석하기보다는 모형이 가진 잘못된 점을 보여주는 것으로 판단하는 것이 필요하다. 추정된 파라미터의 부호와 적절한 크기 등과 같은 경제 이론적 평가대상이 되는 지표가 결정계수보다 중요하다는 것을 염두에 두어야 한다.

02 가우스-마코프 정리

고전적 최소자승법은 표준적인 상황에서 최적의 결과를 제공하기 때문에 가장 기본적인 회귀분석법이다. 여기서 표준적인 상황이란 고전적 최소자승법이 갖추어야 할 가장 기본적인 가정들을 충족한다는 의미이다. 최적의 결과란 표준적 상황에서 고전적 최소자승법 추정결과가 바람직한 특성을 갖는다는 것을 의미한다.

아래에서는 고전적 최소자승법이 갖추어야 할 기본가정, 추정결과의 평가, 일명 가우스-마코프 정리(Gauss-Markov Theorem)의 증명에 있어서 고전적 최소자승법의 기본가정들의 역할에 대해 살펴본다.

(1) 고전적 최소자승법의 기본가정

고전적 최소자승법 추정방법이 최상의 추정방법이 되기 위해서는 몇 가지의 전제조건이 필요하다. 이런 전제조건을 통상적 최소자승법, 또는 고전적 최소자승법의 기본가정이라고 한다.

첫째, 모형은 파라미터에 대해 선형이어야 하고, 오차항 역시 선형으로 표현할 수 있는 형태여야 한다. 둘째, 독립변수 값은 모집단으로부터 무작위로 추출된 것이어야 하고 반드시 변이가 존재해야 한다. 셋째, 독립변수들 간에 완전한 선형함수 관계가 없어야 한다. 넷째, 모형이 정확하게 설정되어야 하고, 오차항의 조건부적 평균은 영(0)이어야 한다. 다섯째, 오차항은 일정한 분산을 가져야 한다. 여섯째, 오차항은 서로 상관되지 않아야 한다.

만약 이런 기본가정 가운데 하나, 또는 그 이상이 위배된다면 고전적 최소자승법은 최선의 추정방법이 될 수 없다. 앞으로는 이런 기본가정의 위반 여부를 탐지하고, 이것이 어떤 문제를 발생시키며, 이를 해결하기 위한 추정법을 살펴보게 될 것이다.

고전적 최소자승법의 기본가정에 대한 요약표가 다음에 제시되어 있다. 우선은 초보자들에게 생소한 용어가 포함되어 있으나 조만간 익숙해질 용어들이기 때문에 염려할 필요는 없다.

[표 1] 고전적 최소자승법의 기본가정

가정	설명	수식	위배시 문제
1) 선형회귀모형	회귀모형은 모수(파라미터)에 대해 선형	$Y_i = \beta_1 + \beta_2 X_2 + \cdots + \beta_k X_k + u_i$	비선형
2) 연립방정식 편의 없음	독립변수 X는 고정된 값을 가짐. 설명변수 X는 오차항 u_i와 상관관계가 없음	$Corr(X_i, u_i) = 0$	연립방정식 편의
3) 오차항의 평균은 영(0)	X가 주어진 경우 오차항 u_i의 평균(기댓값)은 영(0)	$E(u_i \mid X_i) = 0$	절편항의 편의
4) 동분산 (homoscedasticity)	각 오차항의 분산은 일정 (constant variance)	동분산: $Var(u_i) = \sigma^2$ 이분산: $Var(u_i \mid X_i) = \sigma_i^2$	이분산 (heteroscedasticity)
5) 자기상관 (autocorrelation) 문제 없음	오차항 u_i와 u_j간에 상관관계가 없음	$Corr(u_i, u_j) = 0, \ i \neq j$	자기상관
6) 모형설정오류 (model specification error)없음	회귀모형이 정확하게 설정되어야 함(함수형태, 관련변수)		모형설정오류
7) 다중공선성 (multicollinearity)의 문제 없음	독립변수 간에 선형관계가 없어야 함	Full Rank	다중공선성
8) 오차항의 정규분포 (normality)	오차항은 평균이 0이고 분산이 일정한 정규분포	$u_i \sim N(0, \sigma^2)$	이상치 (outlier), 첨도, 왜도

(2) 가우스-마코프 정리의 증명과 최소자승법 기본가정

1) 함수의 선형성

이미 살펴본 대로 회귀모형이 파라미터에 대해 선형이고, 오차항이 선형적으로 포함되어 있을 때 모회귀함수는 다음과 같다.

$$Y_i = \beta_0 + \beta_1 X_{1i} + \beta_2 X_{2i} + \cdots + \beta_k X_{ki} + u_i$$

회귀모형에서 종속변수가 파라미터에 대해 선형이란 조건을 만족하기 위해서는 회귀모형이 반드시 선형인 형태로 그려지는 것은 아니다. 종속변수가 변수에 대해 비선형이거나 파라미터에 대해 비선형이라고 하더라도 일정한 방법으로 변환을 하면 파라미터에 대해 선형이어야 한다는 조건을 만족할 수 있다.

가령 다음과 같은 함수는 파라미터에 대해 선형이긴 하지만 변수에 대해서는 비선형인 함수형태를 보여준다. 이런 형태의 함수는 해당 독립변수를 변환시키면 선형으로의 변환이 가능하다.

$$Y_i = \beta_0 + \beta_1 X_{1i} + \beta_2 X_{1i}^2 + u_i$$

$$Y_i = \beta_0 + \beta_1 \frac{1}{X_{1i}} + u_i$$

한편 CES(Constant Elasticity of Substitution)함수나 로지스틱(logistic) 함수라고 하는 것도 있다. 이처럼 파라미터에 대해 비선형인 함수는 고전적 최소자승법으로 추정할 수 없다. 나중에 설명하겠지만 비선형추정법이나 최우법을 이용하여 추정하게 된다.

$$Y_i = (\alpha L_i^\rho + (1-\alpha) K_i^\rho)^{1/\rho}$$

$$Y_i = \frac{\gamma}{1 + \alpha e^{\beta X_i}}$$

또 다른 형태는 콥-더글라스 함수의 형태이다. 이런 함수는 파라미터에 대해 비선형이기는 하지만 로그변환을 통해 선형으로 바꿀 수 있다. 로그변환된 함수는 파라미터에 대해 선형함수가 되므로 고전적 최소자승법에 의한 추정이 가능하다.

$$Y_i = A\,L_i^{\alpha}K_i^{\beta}$$

$$\ln Y_i = \ln A + \alpha \ln L_i + \beta \ln K_i$$

2) 무작위 표본추출과 가변성

고전적 최소자승법의 가정 가운데 중요한 것은 독립변수의 값은 반복적인 무작위 표본추출에도 불구하고 고정(fixed)되어 있다는 가정이다. 이는 주어진 모집단에서 표본을 추출할 때마다 종속변수의 값은 변화하지만 독립변수의 값은 같은 값들을 포함한다는 가정이다. 보다 일반적인 가정은 독립변수의 값은 표본추출 때마다 확률적이긴 하지만 오차항과 독립적이라는 가정으로 표현한다.

하지만 독립변수 값이 고정되어 있다는 가정을 잘못 이해해서 독립변수 값이 변이 없이 일정하다고 하게 되면 회귀모형의 파라미터를 추정할 수 없다. 이는 상수항과 완전 다중공선성의 문제를 갖기 때문이다.

회귀분석 모형에 종속변수의 시차변수(lagged variable)가 독립변수의 하나로 포함된다면 이런 가정은 더 이상 성립하지 않는다. 회귀모형의 종속변수가 독립변수의 값에 영향을 미칠 때(연립방정식 모형)에도 이런 가정이 성립되지 않는다. 이런 상황 하에서 고전적 최소자승법에 의한 추정량은 적절하지 않는 추정치를 제공해준다.

3) 다중공선성의 문제

회귀분석에서 분석자들은 자신이 사용하는 두 개, 또는 그 이상 개수의 독립변수가 정(+)의 방향이건, 부(-)의 방향이건 정확하게 선형관계로 움직이는 것을 피하려고 한다. 이것을 계량경제학에서는 다중공선성(multicollinearity), 혹은 완전다중공선성(perfect multicollinearity)의 문제라고 한다. 이런 문제가 있다면 어떤 추정방법도 해당 변수의 파라미터를 추정할 수 없다. 실증분석 과정에서 많은 변수에 대한 자료를 수집, 가공하다가 특정변수 값을 다른 변수를 이용하여 계산하게 되면 이런 문제가 생길 수 있다.

또한 실증분석 과정에서는 서로 다른 단위로 측정된 독립변수들 간에도 아주 밀접한 상관관계가 있을 수 있다. 이처럼 높은 상관관계를 가지는 두 변수 역시 다중공선성의 문제를 갖게 된다. 또 어떤 변수들 간에는 완전한 선형관계는 아니더라도 속성상 밀접한 관련이 있을 수 있다. 가령 소득수준과 자산규모, 몸무게와 혈압과 같은 것들이다. 이런 문제들은 완전 다중공선성의 문제는 아니더라도 모형의 추정결과의 신뢰성을 하락시킨다. 실제 실증분석에서 자주 접하게 되는 문제는 독립변수들 간의 높은 상관관계 때문이다.

4) 오차항의 조건부적 평균이 영(0)

오차항이란 종속변수의 실제값과 모회귀함수로부터 계산된 값의 차이를 나타낸다. 그래서 특정 독립변수가 주어졌을 때 오차항의 조건부적 평균이 영(0)이라는 것은 $E(u|X_i) = 0$이라고 표시할 수 있다. 오차항의 조건부적 평균이 영(0)이라는 것은 오차항간, 오차항과 독립변수간 상관관계가 존재하지 않는다는 것이다.

고전적 최소자승법이 전제하고 있는 이 가정은 모형설정이 잘못되었거나 종속변수가 정성적 변수라면 성립하지 않는다. 이런 문제들 역시 본서의 뒷부분에서 살펴보게 될 것이다.

간혹 오차항의 조건부적 평균이 영(0)이란 가정, $E(u|X_i) = 0$은 잔차항(추정된 오차항)의 평균이 영(0)이란 사실($E(e) = 0$)과 혼동될 수 있다. 잔차항의 전체 평균이 비록 0이라 하더라도 오차항의 조건부적 평균($E(u|X_i)$은 영(0)이 아닐 수도 있기 때문이다.

5) 동분산의 가정,

고전적 최소자승법은 오차항의 분산이 일정하다는 가정을 전제로 한다. 오차항이 독립변수가 갖는 값의 크기와 관계없이 같은 분산을 갖는다는 것을 동분산(homoscedasticity)이라고 하는데 이는 수식으로 $Var(u|X_i) = \sigma_u^2, \forall i$와 같이 나타낸다. 동분산을 오차항의 그래프로 나타낸다면 오차항의 분포는 독립변수 값의 크기, 또는 모든 관측치의 범위에서 같은 모습을 보여야 한다.

만약 오차항이 이분산(heteroscedasticity)의 문제를 갖는다면 오차항의 분포는 관측치의 전 범위에 걸쳐서 그 분포양태가 변화하게 된다. 이분산의 문제는 독립변수 값의 변화에 대응하여 오차항의 분산이 변화할 때 일어난다. 이를 수학적으로 표기하면 $Var(u|X_i) = \sigma_{ui}^2, \forall i$이다. 여기서 첨자 i가 있다는 것에 유의하자.

이분산의 문제는 고전적 최소자승법을 적용할 때, 특히 횡단면 자료나 패널자료를 다룰 때 자주 접하게 되는 문제이다. 하지만 이분산의 존재여부를 사전에 확인하는 방법은 없다. 따라서 다양한 방법으로 이를 검정할 수 있는 방법과 더불어 이를 해결하기 위한 방법들이 발전해 왔다.

6) 자기상관

관측치는 무작위로 추출된다고 가정하기 때문에 오차항은 서로 독립적이어서 서로 상관되지 않아야 한다. 즉, $Cov(u_r, u_s) = 0, \forall r \neq s$. 만약 오차항이 상관되어 있다면 즉, $Cov(u_r, u_s) \neq 0, \forall r \neq s$이라면 자기상관(autocorrelation), 또는 계열상관(serial correlation)되어 있다고 한다. 이는 곧 고전적 최소자승법의 기본가정 중 하나를 위반한 것이다.

만약 Y축에 u_t를, X축에 u_{t-1}를 나타내어 오차항의 분포를 그린다고 하자. 자기상관이 없다면 영(0)축을 중심으로 무작위로 분포하겠지만, 정(+)의 상관관계($Cov(e_r, e_s) > 0$)에 있다면 X축을 따라 증가하는 분포를, 부(-)의 상관관계($Cov(e_r, e_s) < 0$)에 있다면 X축을 따라 감소하는 분포형태를 보이게 된다.

자기상관의 문제는 시간의 변화에 따른 자료, 즉 시계열 자료를 이용하는 모형의 추정에서 자주 발생한다. 왜냐하면 시간의 변화에 따라 독립변수들이 서로 독립적일 개연성이 적기 때문이다.

7) 가우스-마코프 정리

가우스 마코프 정리란 고전적 최소자승법이 전제하고 있는 이런 가정들이 충족될 경우 고전적 최소자승추정량이 최량선형불편추정치(Best Linear Unbiased Estimator: BLUE)가 된다는 정리이다.[2]

여기서는 최량, 선형, 불편에 해당되는 내용이 어떻게 유도되는지를 살펴보고자 한다. 초보자의 경우 이 부분은 자세히 이해할 필요가 없지만 중급이상의 독자라면 꼭 이해하기를 바란다.

분석의 단순화를 위해 하나의 독립변수만 있는 단순회귀모형을 통해 살펴보자. 다중 회귀모형에 대해서는 회귀모형을 행렬로 표기하고 행렬연산을 통해 이를 살펴보아야 할 것이다. 개념만을 전달하기 위해 단순회귀모형을 이용한다.

① 고전적 최소자승추정량의 선형성
종속변수가 Y, 독립변수가 X인 단순 표본회귀모형은 다음과 같이 나타낼 수 있다.

---

2 Roberto Pedace(2013), "Assumptions of OLS Estimation and the Gauss－Markov Theorem," in *Econometrics for Dummies*, John Wiley & Sons pp.93－110.; Gujarati Damodar, Dawn Porte and Sangeetha Gunasekarr(2009), "Single Equation Regression Model," in *Basic Econometrics* (5th ed.), McGraw－Hill, pp.92－96.

$$\hat{Y} = \hat{\beta}_0 + \hat{\beta}_1 X$$

여기서 독립변수가 X의 기울기와 상수항은 다음과 같은 식으로 나타낼 수 있음을 보았다. 이것은 고전적 최소자승 추정량이라고 하는데 왜 선형이라고 하는가를 보고자 하는 것이다.

$$\hat{\beta}_1 = \frac{\sum_{i=1}^{n}(X_i - \overline{X})(Y_i - \overline{Y})}{\sum_{i=1}^{n}(X_i - \overline{X})^2}$$

$$\hat{\beta}_0 = \overline{Y} - \hat{\beta}_1 \overline{X}$$

우선 기울기를 나타내는 식에서 분모와 분자 가운데 좌측부분을 상수, c_i로 나타내보자.

$$c_i = \frac{(X_i - \overline{X})}{\sum_{i=1}^{n}(X_i - \overline{X})^2}$$

그러면 기울기를 나타내는 $\hat{\beta}_1$는 다음과 같이 나타낼 수 있다.

$$\hat{\beta}_1 = c_i \sum_{i=1}^{n}(Y_i - \overline{Y}) = c_1(Y_1 - \overline{Y}) + c_2(Y_2 - \overline{Y}) + \cdots + c_n(Y_n - \overline{Y})$$

상수항에 대해서도 비슷한 방법을 적용할 수 있다.

$$\hat{\beta}_0 = \overline{Y} - \left\{ \frac{\sum_{i=1}^{n}(X_i - \overline{X})(Y_i - \overline{Y})}{\sum_{i=1}^{n}(X_i - \overline{X})^2} \right\} \overline{X} = \overline{Y} - \sum_{i=1}^{n} c_i(Y_i - \overline{Y}) \overline{X}$$

따라서 고전적 최소자승추정량 $\hat{\beta}_1, \hat{\beta}_0$ 는 관측된 Y값의 선형결합이 된다. 최소자승추정량이 관측된 Y값의 선형결합이라는 사실이 바람직한 조건이 되는 이유는 다루기 쉽다는 것이다.

② 고전적 최소자승추정량의 불편성

이상에서 살펴본 고전적 최소자승추정량을 나타내는 식에 모회귀함수식, $Y_i = \beta_0 + \beta_1 X_i + u_i$을 대입해보자.

$$\hat{\beta}_1 = \frac{\sum\limits_{i=1}^{n}(X_i - \overline{X})(\beta_0 + \beta_1 X_i + u_i - \overline{Y})}{\sum\limits_{i=1}^{n}(X_i - \overline{X})^2}$$

이 식에 약간의 조작을 가하게 되면 다음과 같은 식이 구해진다.

$$\hat{\beta}_1 = \beta_1 + \frac{\sum\limits_{i=1}^{n} u_i (X_i - \overline{X})}{\sum\limits_{i=1}^{n}(X_i - \overline{X})^2}$$

양변에 기댓값을 적용하면,

$$E(\hat{\beta}_1) = E\left[\beta_1 + \frac{\sum\limits_{i=1}^{n} u_i (X_i - \overline{X})}{\sum\limits_{i=1}^{n}(X_i - \overline{X})^2}\right] = E(\beta_1) + E\left[\frac{\sum\limits_{i=1}^{n} u_i (X_i - \overline{X})}{\sum\limits_{i=1}^{n}(X_i - \overline{X})^2}\right]$$

혹은

$$E(\hat{\beta}_1) = \beta_1 + \frac{Cov(u, X)}{Var(X)}$$

여기서 오차항의 조건부 평균이 영(0)이라는 고전적 최소자승법의 기본가정은 오차항과 독립변수가 아무런 관계가 없다는 것을 의미하기 때문에 $Cov(u, X) = 0$ 이다. 따라서 기울기를 나타내는 파라미터는 $E(\hat{\beta}_1) = \beta_1$ 이기 때문에 즉, 반복적인 표본추출에 의해 구해진 기울기 추정치의 평균은 모집단의 기울기 파라미터와 일치한다. 따라서 편의가 없다고 할 수 있다.

다음은 상수항을 나타내는 파라미터 추정지의 불편성을 검토해보자. 상수항은 $\hat{\beta}_0 = \overline{Y} - \hat{\beta}_1 \overline{X}$으로 구해짐을 이미 살펴보았는데 여기서 회귀선이 종속변수와 독립변수의 평균점을 지난다는 사실, 즉 $\overline{Y} = \beta_0 + \beta_1 \overline{X}$을 대입하면 이는 다음과 같이 나타낼 수 있다.

$$\hat{\beta}_0 = \beta_0 + \beta_1 \overline{X} - \widehat{\beta_1} \overline{X} = \beta_0 + (\beta_1 - \widehat{\beta_1}) \overline{X}$$

양변에 기댓값을 취하게 되면 다음과 같은 식이 된다.

$$E(\hat{\beta}_0) = E[\beta_0 + (\beta_1 - \widehat{\beta_1}) \overline{X}] = \beta_0 + [E(\beta_1) - E(\widehat{\beta_1})] E(\overline{X})$$

여기서 [ ] 안의 두 항은 β_1으로 동일한 것이기 때문에 결국 상수항 추정치의 기댓 값은 모회귀방정식의 상수항과 같아진다. 즉

$$E(\hat{\beta}_0) = \beta_0$$

따라서 표본회귀함수의 파라미터 추정치는 수없이 반복추정할 때 평균이 모회귀 방정식의 파라미터와 같아지기 때문에 불편성을 갖게 된다. 이는 $\hat{\beta} = \beta$라는 의미가 아니라 $E(\hat{\beta}) = \beta$ 라는 의미이다.

③ 고전적 최소자승추정량의 최소분산

이상에서 설명한 고전적 최소자승추정량이 선형임을 보여주는 설명에서의 몇 가지 수식을 활용해 고전적 최소자승추정량이 최소분산을 가진다는 것을 살펴보자.

어떤 임의의 새로운 추정량, $\widetilde{\beta_1}$을 가정하고, 이를 선형으로 나타내면 다음과 같다.

$$\widetilde{\beta_1} = \sum_{i=1}^{n} w_i (Y_i - \overline{Y})$$

여기서 w_i는 이미 살펴본 c_i와 같을 필요는 없다. 이 식에서 Y_i 대신 모회귀함수를 대입하고 양변에 분산을 취해주면 다음과 같이 나타낼 수 있다.

$$Var(\widetilde{\beta_1}) = Var\left(\sum_{i=1}^{n} w_i (Y_i - \overline{Y})\right) = Var\left(\sum_{i=1}^{n} w_i (\beta_0 + \beta_1 X_i + u_i) - \overline{Y}\right) = \sum_{i=1}^{n} w_i^2 Var(u_i)$$

여기서 고전적 최소자승법의 가정 가운데 동분산의 가정과 자기상관이 없다는 가정을 반영하면 이 식은 다음과 같이 나타낼 수 있다.

$$Var(\widetilde{\beta_1}) = \sigma_u^2 \sum_{i=1}^{n} w_i^2$$

이 식에 또 다른 대수적 조작을 하면 다음과 같다.

$$Var(\widetilde{\beta_1}) = \sigma_u^2 \sum_{i=1}^{n} \left(w_i^2 - \frac{(X_i - \overline{X})}{\sum_{i=1}^{n}(X_i - \overline{X})^2} \right)^2 + \sigma_u^2 \left(\frac{1}{\sum_{i=1}^{n}(X_i - \overline{X})^2} \right)$$

만약 여기서 w_i를 이미 살펴본 c_i와 같다고 하면 이상의 식은 다음과 같이 나타낼 수 있다.

$$Var(\widetilde{\beta_1}) = \frac{\sigma_u^2}{\sum_{i=1}^{n}(X_i - \overline{X})^2} = Var(\hat{\beta})$$

따라서 만약 $w_i \neq c_i$라면 임의의 추정치 $\widetilde{\beta_1}$는 고전적 최소자승법에 의해 추정된 $\hat{\beta_1}$와 다른 추정량이 되고, 분산은 이보다 더 커지게 된다. 즉

$$Var(\widetilde{\beta_1}) > Var(\hat{\beta})$$

따라서 표본회귀함수를 고전적 최소자승법으로 추정한 추정식의 분산은 다른 추정치의 분산에 비해 가장 작으므로 효율적(efficient), 또는 최상(best)의 추정치라고 하게 되는 것이다.

이상으로부터 고전적 최소자승법에 의한 추정치는 다음과 같은 요인들에 의해 영향을 받는다는 점을 이해할 필요가 있다. ① 오차항의 분산이 커질수록 고전적 최소자승추정량의 분산이 커진다. ② 독립변수의 분산이 커질수록 고전적 최소자승법에 의한 분산은 보다 작아진다. ③ 두 개 또는 그 이상의 독립변수의 상관관계가 점차 높아질수록 고전적 최소자승추정치의 분산은 보다 커지고, 심지어 무한대로 접근해간다.

(3) 최량선형불편추정치

고전적 최소자승법의 기본가정이 모두 충족하였을 때 고전적 최소자승 추정량은 선형불편추정량 중에서 최소의 분산을 갖는, 일명 최량선형불편추정량(Best Linear Unbiased Estimator: BLUE)이라고 한다.

첫째, 최량(best)란 모든 유사한 추정량 가운데 가장 작은 분산을 가진다는 의미이다. 둘째, 선형(linear)이란 추정량이 데이터의 선형결합으로 나타낼 수 있다는 것이다. 셋째, 불편성(unbiased)이란 추정량이 평균적으로 모집단의 파라미터와 같아진다는 것이다. 바로 이 세 가지 조건을 합칠 때 이것이 바로 가우스-마코프 정리가 된다.

분석자들은 회귀분석결과와 추정량의 좋고, 나쁨을 평가할 때 보통 추정량의 불편성 정도와 분산의 크기를 비교한다. 고전적 최소자승추정량의 특성은 중요한 기준이 되지만 만약 고전적 최소자승법의 기본가정이 위배된다면 이런 실패한 모형은 수정하거나 완전히 새로운 추정기법을 사용하여 추정해야 할 것이다.

이마저 실패할 때 계량경제학자들은 또 다른 방법을 개발하게 되었는데 이는 일치성(consistency)이라고 알려진 점근적 특성(asymptotic property)을 사용하는 것이다.[3] 추정량의 분산은 표본의 수가 점차 증가하여 무한대로 접근하게 되면 점차 작아지고, 추정량은 모집단의 파라미터 값으로 접근하게 된다는 의미이다.

[표 2] 가우스-마코프 정리의 특성 요약

OLS 추정량의 특성	설명
1) 선형추정량(linear estimator)	파라미터 추정량은 Y의 선형함수
2) 파라미터 추정량은 불편추정량 (unbiased estimator)	표본을 반복 추출하여 파라미터를 추정하면 추정된 파라미터는 평균적으로 파라미터의 참값과 일치
3) 분산 추정량은 불편추정량	표본을 반복 추출하여 오차항의 분산을 추정하면 분산의 추정치는 참값과 일치
4) 효율적 추정량 (efficient estimator)	파라미터 추정치는 선형불편추정량 가운데 최소의 분산을 가짐

---

3 Gujarati Damodar, Dawn Porte and Sangeetha Gunasekarr(2009), "Single Equation Regression Model," in *Basic Econometrics* (5th ed.), McGraw−Hill, p.96.

03   Stata를 이용한 단순회귀분석 사례

기본적인 Stata사용방법은 제1부의 기초편에서 익힌 바 있다. 여기서는 응용계량경제학 분석절차에 따라 Stata를 사용하여 경제학에서 자주 접하는 수요함수(demand function), 생산함수(production function), 오쿤의 법칙(Okun's law), 케인즈의 소비함수(Keynesian consumption function)를 추정해본다. 독자들은 직접 Stata에서 관련 파일을 실행해보면서 각 윈도에서의 변화, 결과물의 형태에 익숙해지도록 하자.

(1) 수요함수 사례

경제이론에 의하면 상품에 대한 수요는 기본적으로 해당 상품의 가격에 의해 결정(수요의 법칙)된다. 또 다른 결정요인은 해당상품의 경쟁재 가격(밀접한 대체재)이나 해당상품의 보완재 가격, 그리고 소비자의 소득이라고 할 수 있다. 이런 모든 요인들을 고려하면 다중회귀모형이 될 것이다. 보다 단순한 모형을 생각한다면 다른 조건들을 불변(ceteris paribus)이라고 가정하고 해당상품의 수요는 자신의 가격만의 함수라고 하는 단순회귀모형을 생각할 수 있을 것이다.

단순회귀모형에서 해당상품의 가격에 대한 파라미터는 부(−)의 값을 가져야 가격이 상승할 때 해당상품의 수요량이 감소한다는 수요이론을 보여주는 것이다. 만약 모형의 설명력(R^2)을 생각한다면 해당상품의 수요를 결정하는 다른 요인들이 많기 때문에 그리 높지 않을 것이라고 예상할 수 있을 것이다. 그럼에도 불구하고 높다면 무슨 문제가 있는지 고민해봐야 한다.

단순회귀모형의 추정결과를 보다 다양하게 활용한다면 해당 함수로부터 가격의 수요탄력성을 구할 수 있다. 이때에는 추정한 모형의 형태가 수준변수를 이용한 모형이면 독립변수 값의 변화에 따라 변화하는 탄력성이 정의되지만, 로그변환(log transformation)된 자료를 이용한 모형이라면 추정된 파라미터가 일정한 값을 가진 가격의 수요탄력성이 된다.

만약 해당 수요함수를 추정함에 있어서 해당상품의 가격 외에 대제재, 보완재 가격, 또는 소비자의 소득수준을 감안한 다중회귀모형이라면 더 다양한 해석이 가능할 수도 있다. 가령 대체재의 가격에 대한 파라미터는 정(+)의 값을, 보완재의 가격에 대한 파라미터는 부(−)의 값을, 소비자의 소득에 대한 파라미터는 정(+)의 값을 가질 것이라고 예상할 수 있다. 만약 대체재의 가격에 대한 파라미터를 이용하여 탄력성을 구한다면 교차가격탄력성이 될 것이고, 소비자의 소득에 대한 탄력성을 구한다면 수요의 소득탄력성이 된다.

다음은 한국의 통신비 지출(소비)함수를 추정하기 위해 통신비 지출과 가격, 대체재 가격, 경쟁재 가격, 소득수준의 관계를 추정하고자 하는 사례이다.[4] 직접 Stata를 이용하여 추정해보고 앞서 언급한 내용들을 생각하며 해석해보자.

[사례 II-1-1] 한국의 통신 소비함수 추정사례(II-1-1-DemandFunction.do)

```
* ****************************************
* *** 한국의 통신비 소비함수 추정 사례 ***
* ****************************************
use II-1-1-DemandFunction, clear
tsset year, yearly

scatter con p
scatter con gdp
line con gdp year
line p pc pe year

* 단순기술통계량
summarize con p  pc pe gdp

* 통신비 지출과 가격의 함수
regress con p

* 통신비 지출과 가격 및 소득의 함수
regress con p  gdp
regress con p  gdp, beta

* 통신비 지출과 가격, 보완재, 경쟁재의 가격의 함수
regress con p pc pe gdp
```

---

4 한국은행 경제통계시스템(https://ecos.bok.or.kr/).

(2) 생산함수 사례

경제이론에서 자주 언급되는 것은 생산함수로서 산출량과 생산요소(가령 노동과 자본)의 관계에 대한 것이다. 자주 사용하는 생산함수는 다음과 같은 콥-더글라스(Cobb-Douglas) 생산함수이다.

$$Y_t = A K_t^\alpha L_t^\beta$$

여기서 α와 β는 자본과 노동에 대한 생산의 반응정도를 나타내는 파라미터이고, A는 외부로부터 주어지는 효율성, 혹은 기술수준을 나타내는 파라미터이다. 이런 콥-더글라스 생산함수는 양변에 로그(log)를 취하면 다음과 같은 선형함수로 바꿀 수 있다. 따라서 고전적 최소자승법을 이용하여 파라미터를 추정할 수 있다.

$$\ln Y_t = \ln A + \alpha \ln K_t + \beta \ln L_t$$

콥-더글라스 생산함수를 이렇게 변환하면 파라미터 α와 β는 각각 자본과 노동의 산출탄력성이 된다. 즉 노동과 자본의 1%변화에 따른 산출량의 %변화를 나타낸다. 파라미터 α와 β의 합이 1이라고 판단할 수 있다면 규모에 대한 수확불변임을 나타낸다. 처음부터 규모에 대한 수확불변을 가정하여 일인당 생산량(Y/L)을 자본집약도(K/L)의 함수로 하여 추정할 수도 있다. 또 규모에 대한 수확불변 여부를 통계적으로 검정할 수도 있다.

아래 사례는 한국자동차 산업의 부가가치, 노동투입, 자본투입 자료를 이용하여[5] 콥-더글라스 생산함수를 추정한 것이다. 변수의 로그변환, 규모에 대한 가변수확 가정하의 생산함수 추정, 규모에 대한 수확불변 검정, 규모에 대한 수확불변 가정하의 생산함수 추정 절차를 보여주고 있다. Stata를 이용하여 직접 추정해보고 절차와 추정결과를 평가해보자.

---

5 한국생산성본부 생산성통계 DB(http://www.kpc.or.kr/Productivity/index.asp).

(3) 오쿤의 법칙

오쿤(Okun)이라는 경제학자는 1962년 GNP로 측정한 경제상황과 실업률간의 밀접한 실증적 관계를 발견하였는데 이를 "오쿤의 법칙(Okun's law)"이라고 한다. 경제성장에 따른 실업률 변화의 민감성에 대한 매우 중요한 통찰력을 제공해준다.

$$\Delta UN_t = a + b\Delta GNP_t + u_t$$

오쿤이 1947년 2분기부터 1960년 4분기까지의 자료를 이용하여 실증분석한 결과 $\hat{a}=0.3$, $\hat{b}=-0.3$로 추정되었다. 경제가 성장하지 않을 때 실업률은 0.3%씩 증가하며, 경제가 성장할 때 실업률은 감소하는데 1% 경제성장에 따라 0.3%씩 감소한다는 사실을 보여주고 있다.

다음은 한국의 소득증가율과 실업률 증가율의 관계를 추정하기 위한 사례이다.[6] 직접 Stata를 이용하여 추정해보고 오쿤의 추정결과와 비교해보자.

[사례 II-1-3] 한국에서 오쿤의 법칙 검정(II-1-3-KorOkunsLaw.do)

```
*********************************
* *** 한국에서 오쿤의 법칙 검정 사례 ***
* *********************************
use II-1-3-KorOkunsLaw, clear
tsset year, yearly

* 실업률 변화
generate grun=un-L.un

* 실업률변화와 GNP
scatter grun grgnp
regress grun grgnp
```

(4) 케인즈의 소비함수

거시경제학에서는 케인즈의 소비함수(Keynesian consumption function)가 자주 언급되는데 이는 소비와 가처분소득 간에는 정(+)의 선형관계가 있다는 것이다. 즉,

$$C_t = a + b Y_t^d$$

여기서 a는 가처분소득이 영(0)일 때의 소비량(autonomous consumption)을, b는 한계소비성향(marginal propensity to consume)을 나타낸다. 파라미터 추정결과는 $a > 0$, $0 < b < 1$의 값을 가질 것으로 기대할 수 있다.

다음은 한국의 실질 민간소비지출과 실질 가처분소득의 관계를 회귀분석한 사례이다.[7] 소비와 가처분소득의 관계를 나타내기 때문에 파라미터 추정치는 한계소비성향이다. 만약 두 변수 모두 로그를 취한 변수로 회귀분석을 하였다면 이는 소득의 소비 탄력성 추정치라고 해석할 수 있다.

6　한국은행 경제통계시스템(https://ecos.bok.or.kr/).
7　한국은행 경제통계시스템(https://ecos.bok.or.kr/).

[사례 II-1-4] 한국의 케인지안 소비함수 추정사례(II-1-4-KorConFun1.do)

```
*****************************************
* *** 한국의 케인지안 소비함수 추정 사례 ***
* *****************************************
use II-1-4-KorConFun, clear
tsset year, yearly

* 민간소비와 가처분소득 산포도 및 요약통계
scatter con gdp
summarize con  gdp

* 변수 로그 변환
generate lcon=ln(con)
generate lgdp=ln(gdp)

* 시간변수 생성
generate t=year-1969

* 케인지안 소비함수의 추정
* 선형함수
twoway (scatter con gdp) (lfit con gdp)
regress con gdp

*  로그-로그(log-log function)함수
twoway (scatter lcon lgdp) (lfit lcon lgdp)
regress lcon lgdp

* 로그-선형함수(log-linear function)
twoway (scatter lgdp t) (lfit lgdp t)
regress  lgdp t

* 선형함수의 탄력성  계산
quietly regress con gdp
generate elast=_b[gdp]*gdp/con
list year elast
```

(5) 이상의 분석절차에 대한 의미

이상에서 살펴본 네 가지 회귀분석 사례를 직접 추정해본 독자라면 제1부 제1장에서 설명한 계량경제학 방법론 전반에 대한 내용을 생각하며 다음 사항들을 스스로 점검해보자.

1) 모형설정

이상의 사례에서 계량경제학 모형은 경제이론, 선행연구에서 시도한 모형을 사용했다. 상품의 수요함수 추정사례에서는 가격, 소득, 보완재 또는 경쟁재 가격의 영향을 받는다는 경제이론에서, 생산함수 추정에서는 콥－더글러스 생산함수에서, 오쿤의 법칙 분석사례에서는 선행연구에서, 케인즈 소비함수는 케인즈 이론에서 제시하는 이론에 바탕을 두고 있다.

2) 데이터 수집, 점검과 가공

이처럼 설정된 모형을 추정하기 위해, 위의 사례에서는 소비함수추정을 위해 한국의 정보통신비 지출과 관련 가격 및 소득수준을, 생산함수추정을 위해 한국의 자동차 산업의 부가가치와 노동투입 및 자본투입액을, 오쿤의 법칙의 검증을 위해서 한국은행의 실업률과 경제성장률 자료를, 케인즈 소비함수추정을 위해서 국민계정에서 소비지출과 GDP를 수집하여 그래프, 단순기술통계량을 검토해봄으로써 데이터의 이상 유무를 확인하였다.

3) 모형의 추정

위의 사례에서 설정된 모형을 추정하기 위해 데이터가 작성되었으므로 제2부 제1장의 고전적 최소자승법을 통해 설정된 모형의 파라미터를 추정하였다. 추정결과 파라미터 추정치와 관련 평가통계량이 출력됨을 확인할 수 있을 것이다.

모형추정단계에서 독립변수의 수가 여러 개일 때에는 개연성있는 다양한 모형을 추정하기도 하였다. 콥－더글라스 생산함수나 케인즈의 소비함수 추정에서는 변수를 로그변환하여 추정하기도 하였다.

4) 추정결과의 평가

제1부 계량경제학 방법론에서 모형의 추정결과를 평가하는 방법에는 세 가지, 경제이론적 평가, 통계적 평가, 계량경제학적 평가가 있다고 하였다. 우선 이상의 사례에서 경제이론적 평가를 생각해보자.

수요함수 추정결과에서는 수요와 가격의 부(−)관계, 소득과 정(+)의 관계, 대체재 가격과 정(+)의 관계를 확인할 수 있었다. 콥-더글라스 생산함수의 추정결과는 자본에 대한 파라미터 추정치가 1보다 큰 비현실적인 추정결과를 확인할 수 있었다. 오쿤의 법칙을 추정한 사례에서는 미국보다 약간 작은 소득증가율과 실업률 변화의 부(-)의 관계를 확인할 수 있었다. 케인즈의 소비함수 추정에서는 한계소비성향의 크기가 이론이 제시하는 것과 비슷한 수준임을 확인할 수 있었다.

통계적 평가지표로서 결정계수를 확인할 수 있었다. 시계열자료를 이용한 대부분 회귀분석 결과에서는 매우 높은 결정계수를 보여주고 있다. 오쿤의 법칙을 추정한 사례에서는 매우 낮은 결정계수를 확인할 수 있다. 1~2개의 독립변수를 사용하고 있음에도 불구하고 높은 결정계수를 보이는 것을 설명력이 좋다고만 할 수 없다는 것도 생각해보자.

통계적 평가 가운데 중요한 것은 개별 파라미터 추정치의 유의성을 검정하는 것이다. 다음 단원에서 살펴보게 될 내용이지만 일단은 추정계수의 p값을 통해 검토할 수 있다. 일부 파라미터 추정치의 유의성은 낮은 수준임을 파악할 수 있었다.

추정결과를 평가하기 위한 보다 자세한 통계적 평가와 계량경제학적 평가는 다음 단원부터 살펴보게 될 내용이기 때문에 독자들은 조만간 이에 익숙해질 것이다.

5) 분석목적에의 활용

모형을 설정, 추정하고 평가하는 이유는 의도한 분석목적에 활용하기 위한 것이다. 이상의 사례에서 추정된 파라미터의 부호와 크기를 확인하는 것은 구조분석의 목적이라고 할 수 있다. 통신비 지출에서 수요의 법칙, 수요의 소득효과를 파악하거나, 자동차 산업에서 규모의 경제효과, 노동이나 자본투입의 산출탄력성을 파악하는 것, 한국에서 오쿤의 법칙이 성립하는지 여부, 케인즈 이론에서 제시하는 한계소비성향의 크기, 수요의 소득탄력성 파악과 같은 구조분석의 목표를 달성하기 위한 것이다.

만약 오쿤의 법칙이나 케인즈 소비함수에서 경기불황으로 실업률이 얼마나 증가할 것이고, 소비가 얼마나 위축될 것인가에 대한 시사점을 찾았다면 이는 예측목적을 위해 이상의 분석사례를 이용하는 것이 된다. 만약 정부가 불황을 타개하기 위해 재정지출 증가를 통해 소득수준을 높이고 이를 통해 실업률을 낮추고, 소비수준을 높이려고 할 때 오쿤의 법칙이나 케인즈 수요함수를 사용한다면 이는 정책효과의 분석에 이상의 실증분석 사례를 이용하는 것이 된다. 이러한 절차는 본서의 다른 부분에서도 그대로 적용될 응용 계량경제학 방법론이 될 것이다. 독자들은 본서의 실증분석 사례들을 살펴보면서 항상 이런 분석 방법론의 전체 그림을 염두에 두어야 할 것이다.

CHAPTER
02

최소자승법과 정규성

01 최소자승법에서 정규성

대부분의 분석자들은 고전적 최소자승법을 적용할 때 관찰할 수 없는 오차항의 정규분포 여부에 많은 관심을 가진다. 하지만 계량경제학에서 정규분포는 고전적 최소자승법의 전제조건으로서 오차항의 정규분포 검증 외에도 추정계수의 통계적 유의성 검정, 예측오차의 계산에서도 활용된다. 따라서 오차항의 정규성 여부뿐만 아니라 이와 관련된 다른 측면에 대해서도 관심을 가질 필요가 있다.

(1) 정규성의 가정

계량경제학에서 "정규성의 가정(assumption of normality)"은 주로 고전적 최소자승법과 관련한 오차항의 분포에 대한 것이다. 계량경제학의 주요내용을 구성하는 각 부문의 내용은 오차항과의 한판 싸움이라고 할 수 있다. 여기서 회귀모형에 사용된 모든 변수들이 정규분포를 해야 한다는 것을 의미하지 않는다.

고전적 최소자승법에서 정규성의 가정이라는 것은 독립변수 값이 주어졌을 때 오차항은 평균이 영(0)이고, 독립변수 값의 크기와 관계없이 동일한 분산(동분산)을 갖는

정규분포를 한다는 가정이다. 즉 $u|X \sim N(0, \sigma_u^2)$. 오차항의 이런 정규성의 가정은 신뢰구간(confidence interval)을 설정하거나, 고전적 최소자승법으로 구한 파라미터 추정치의 가설검정(hypothesis test)에도 활용된다.

원래 모회귀함수에 포함된 정규성을 가진 오차항은 종속변수에 영향을 미치는 여러 요인들의 영향을 반영하는 것으로서 모형에 포함된 독립변수들이 반영할 수 없는 부분을 모형에 반영시키기 위한 것이다. 하지만 다른 이유로서 종속변수가 제한된 범위(limited)의 값을 가지거나, 왜도(skewness)가 매우 심할 때에는 정규성의 가정에 문제가 생길 수 있다.

제한된 종속변수(limited dependent variable)는 자연적으로 제한된 값을 가질 수도 있고, 인위적 제약이 가해짐으로써 제한된 값을 가질 수도 있다. 가령 최저임금제의 실시로 임금수준의 하한 값이 제약을 받는다든지, 어떤 상품이 가격통제를 받는다면 데이터 값은 제약을 받게 된다. 또한 종속변수로서 정성적 변수가 사용된다면 오차항은 정규분포와 매우 다른 분포를 나타낼 수도 있다.

계량경제학자들은 이런 다양한 상황에 대해 여러 해결방법을 제시하고 있다. 하지만 오차항의 정규성에 대해서는 표본의 크기가 클 때 큰 문제로 인식되지 않는다. 왜냐하면 오차항이 정규성을 갖지 않더라도 고전적 최소자승추정량은 점근적으로 정규분포를 하기 때문이다.

(2) 오차항과 고전적 최소자승추정치의 표본분포

고전적 최소자승추정량은 오차항의 선형함수임을 살펴본 바 있다. 상수항은 기울기의 선형함수이기 때문에 역시 오차항의 선형함수가 된다. 따라서 고전적 최소자승추정량은 모두 오차항의 선형함수가 된다. 오차항이 정규분포를 한다는 것은 파라미터 추정치 역시 정규분포를 한다는 것을 의미한다. 이는 기초통계학에서 제시하듯 정규분포를 하는 확률변수의 선형결합 역시 정규분포를 한다는 의미이다.

특정 모집단으로부터 무작위로 추출된 표본으로부터 구해진 고전적 최소자승추정량은 매 표본마다 다른 추정치를 제공해준다. 이때 오차항이 정규분포를 한다고 가정하면 추정된 파라미터 추정치의 표본분포 역시 정규분포를 하게 된다. 즉,

$$u \sim N(0, \sigma_u^2)$$

$$\widehat{\beta_k} \sim N(\beta_k, \sigma^2_{\widehat{\beta}_k})$$

고전적 최소자승추정치인 $\widehat{\beta_k}$가 정규분포를 할 때 이를 다음과 같이 정규화하면 표준정규분포를 하게 된다.

$$Z_{\beta_k} = \frac{\widehat{\beta_k} - \beta_k}{\sigma^2_{\widehat{\beta}_k}} \sim N(0,1)$$

여기에서 추정치의 표준편차는 독립변수인 X의 변이와 오차항 분산의 함수가 된다. 표준정규분포를 고전적 최소자승추정치에 적용하려면 오차항 분산의 참값을 알아야 하는데 이는 알려져 있지 않으므로 추정해야만 한다.

(3) 오차항과 카이자승(χ^2) 분포

모집단으로부터 무작위로 표본을 추출하면 매번 다른 종속변수, Y값이 추출되므로 고전적 최소자승법에 의해 추정된 추정치 역시 확률분포를 하게 된다. 즉 추정할 때마다 각각 다른 상수항과 기울기에 대한 추정치를 얻게 된다. 전술한 바와 같이 오차항이 정규분포를 한다는 가정은 파라미터 추정치, $\widehat{\beta_k}$의 표본분포 역시 정규분포를 한다는 의미이다. 따라서 $\widehat{\beta_k} \sim N(\beta_k, \sigma^2_{\beta_k})$로 표시할 수 있다.

추정치의 분산은 표본 추출될 때마다 추정량이 얼마나 변화할 수 있는지를 보여주는 척도이다. 하나의 독립변수를 가진 모형을 가정하면 기울기와 절편의 분산은 다음과 같이 계산된다.

$$\sigma^2_{\widehat{\beta}_1} = \frac{\sigma^2_u}{\sum\limits_{i=1}^{n}(X_i - \overline{X})^2}$$

$$\sigma^2_{\widehat{\beta}_0} = \frac{\sum\limits_{i=1}^{n}X_i^2}{n\sum\limits_{i=1}^{n}(X_i - \overline{X})^2}\sigma^2_u$$

여기서 오차항의 모분산, σ_u^2은 알려져 있지 않으므로 회귀분산, 혹은 평균자승오차(MSE)를 다음과 같이 계산하여 사용한다.

$$\sigma_e^2 = \frac{\sum_{i=1}^{n} e_i^2}{n-p-1}$$

여기서 p는 독립변수의 수, $n-p-1$은 오차항의 자유도이다. 이 값의 제곱근은 회귀의 표준오차, 또는 제곱근평균자승오차($RMSE$)라고 한다.

보통 우리가 어떤 확률변수의 분산을 구할 때 자유도로 나누어 주는데 자유도란 분산을 계산할 때 사용하는 독립된 관측치의 수를 나타내므로 관측치 수에서 표본분산이 계산되기 전 계산되어야 하는 추정치의 수(파라미터의 수)를 빼주게 된다. 따라서 이상과 같이 오차항의 분산을 계산할 때에는 잔차를 계산하기 전 회귀함수를 먼저 추정해야만 한다. 이는 파라미터 추정치와 상수항의 개수($p+1$)만큼의 자유도가 상실된다는 것을 의미한다.

전술한 파라미터의 분산을 구하는데 사용된 오차항의 모분산(σ_u^2)을 추정된 잔차로부터 구한 분산(σ_e^2)으로 대체한다면 다음과 같이 고전적 최소자승법 추정계수의 분산을 얻을 수 있다.

$$s_{\hat{\beta}_1}^2 = \frac{\sigma_e^2}{\sum_{i=1}^{n} (X_i - \overline{X})^2}$$

$$s_{\hat{\beta}_0}^2 = \frac{\sum_{i=1}^{n} X_i^2}{n \sum_{i=1}^{n} (X_i - \overline{X})^2} \sigma_e^2$$

이렇게 추정된 분산의 제곱근은 추정계수의 표준오차가 된다. 오차항의 모집단의 분산 역시 모수로서 알려져 있지 않다. 따라서 평균자승오차(MSE)는 오차분산의 추정치가 된다. 이때에도 다른 추정치와 마찬가지로 표본에 따라 다른 추정치가 얻어진다.

여기서 오차항이 정규분포를 한다는 가정은 MSE와 추정계수의 분산은 정규분포의 제곱분포를 하게 된다는 것을 의미한다. 따라서 이는 자유도 $n-p-1$의 χ^2분포를 하게 된다.

(4) 고전적 최소자승추정량의 표준편차와 t분포

회귀모형에서 오차항이 정규분포를 한다고 가정하면 고전적 최소자승추정치 역시 다음과 같은 정규분포를 한다.

$$\widehat{\beta_k} \sim N(\beta_k, \, \sigma_{\widehat{\beta_k}}^2)$$

이런 고전적 최소자승추정치의 분포를 표준정규분포로 바꾸기 위해 다음과 같이 정규화된 Z변수를 구한다. 즉

$$Z = \frac{\widehat{\beta_k} - \beta_k}{\sigma_{\widehat{\beta_k}}} \sim N(0, 1)$$

보통 추정치의 모표준오차는 알려져 있지 않으므로 추정된 표준오차를 사용한다. 그러면 표준정규분포를 하는 것이 아니라 t분포를 하게 된다. 즉

$$\frac{\widehat{\beta_k} - \beta_k}{s_{\widehat{\beta_k}}} \sim t_{n-p-1}$$

이것이 t분포를 하는 이유는 분자는 여전히 정규분포를 하지만 분모의 모표준편차$(\sigma_{\widehat{\beta_k}})$가 추정된 표준편차$(s_{\widehat{\beta_k}})$로 바뀌었기 때문이다. 이 추정치는 추정된 분산, $s_{\widehat{\beta_k}}^2$의 제곱근이기 때문이 χ^2분포의 제곱근의 분포인 t분포가 된다. 이 t분포의 자유도는 분모의 표준오차 추정에 사용된 자유도이다.

02 개별 회귀계수의 유의성 검정(개별검정)

고전적 최소자승법을 통해 회귀계수의 추정치를 구했으면, 다음 분석순서는 추정결과로부터 얻을 수 있는 시사점을 찾는 것이다. 이때 경제이론에 근거하여 모형에 도

입한 독립변수의 종속변수에 대한 가설적 관계의 의미를 입증한다. 이를 위해 이런 독립변수와 종속변수의 인과관계에 대한 믿음의 정도에 대한 정보를 파악해야 한다. 즉, 추정된 개별 회귀계수에 대한 유의성 정도를 검정하게 되는 것이다.

만약 이런 인과관계를 나타내는 파라미터의 참값이 영(0)이 아니라는 증거를 제시할 수 있다면 이를 "통계적으로 유의(statistically significant)하다"고 한다. 통계적으로 유의하다는 것은 해당 결과가 우연히 일어난 것이 아니란 의미이다. 따라서 이에 대한 강한 증거를 제시하기 위해서는 검증대상이 되는 파라미터 추정치와 관련된 독립변수 X가 종속변수 Y에 대해 전혀 영향을 미치지 못한다는 사실이 일어날 개연성이 없다는 것을 보여줄 필요가 있다. 이처럼 다소 혼란스럽게 표현하는 이유는 귀무가설과 대립가설에 대한 설명에서 귀무가설을 "기각하는 데 실패하다(fail to reject)"고 표현하는 것과 관련이 있다.

고전적 최소자승법에 의한 파라미터 추정치에 대한 통계적 유의성 검정은 다음과 같은 양측검정(two-sided test)이다. 즉

$$H_0 : \beta_k = 0$$

$$H_A : \beta_k \neq 0$$

하지만 단측검정(one-sided test)할 때도 있다. 경제이론이 제시하는 특정 경제변수들의 관계가 관련 파라미터의 값이 영(0)인지 여부를 검증하는 것이 아니라 정(+)의 관계, 혹은 부(-)의 관계 여부를 검정하는 것처럼 추정계수가 특정방향의 값을 가진다는 가설을 기각하는데 관심이 있을 때이다.

예를 들면, 소비와 소득의 관계를 나타내는 소비함수의 추정에서 추정계수가 특정방향, 즉 정(+)의 방향으로 작용한다는 것에 관심이 있다. 수요와 가격의 관계를 검증하는 수요함수의 추정과 관련된 사례라면 가격과 수요의 부(-)의 관계 여부를 검증하는데 관심이 있다. 이때에는 단측검정을 한다. 즉,

$$H_0 : \beta_k \leq 0$$

$$H_A : \beta_k > 0$$

혹은

$$H_0 : \beta_k \geq 0$$

$$H_A : \beta_k < 0$$

가설검정에서 또 중요한 것은 추정결과의 통계적 유의성만으로 특정변수의 중요성, 또는 영향력의 크기를 가늠해서는 안 된다는 것이다. 매우 높은 통계적 유의성을 보임에도 불구하고 파라미터 추정치의 크기로 볼 때 미약한 영향을 미칠 수도 있다. 이때 통계적 유의성은 단지 정(+), 또는 부(−)의 효과를 가진 증거로 해석해야 한다.

아울러 회귀분석에 사용된 독립변수의 측정단위에 대해 주의해야 한다. 만약 측정단위가 서로 틀리다면 표준화된 회귀계수 추정치, 즉 베타계수(beta coefficients)를 이용하여 독립변수의 영향력의 크기를 비교할 수 있다. 특히 독립변수의 측정단위에 주의할 필요가 있는 것은 어떤 변수는 한 단위 변화 혹은 퍼센트(%) 변화일 수도 있고, 동시에 어떤 변수는 천원단위, 만원단위, 또는 10억 단위로 측정될 수 있는데 이때 단위의 크기에 따라 같은 측정단위를 사용하고 있음에도 불구하고 추정계수의 영향력의 크기는 다르게 측정되기 때문이다.

기초통계학에 의하면 모집단으로부터 무작위로 표본을 추출하여 표본평균을 계산한 다음 이를 특정 값을 갖는 모평균과 차이가 있는지를 추론하는 방법으로 신뢰구간 접근법, 임계치 접근법, p값 접근법을 사용한다. 같은 논리로서 모집단으로부터 추출된 표본으로부터 회귀모형의 파라미터를 추정한 후 추정된 회귀계수의 유의성 역시 이런 세 가지 방법으로 검정한다.

(1) 신뢰구간 접근법

신뢰구간 접근법은 정해진 유의수준하에서 파라미터 추정치의 상한 값과 하한 값을 제시함으로써 파라미터 추정치가 참값을 포함할 구간을 설정하는 것이다. 실제 실증분석에 잘 사용하지 않는 방법이기 때문에 여기에서 자세히 다루지는 않는다.

기초통계학을 이해한다면 파라미터 추정치의 유의성을 신뢰구간을 설정함으로써 평가하는 방법의 개념은 쉽게 이해할 수 있다. Stata의 회귀분석 결과에는 추정된 파라미터 추정치의 신뢰구간이 제시되고 있다.

(2) 임계치 접근법

임계치 접근법을 통해 회귀분석법에 의해 추정된 파라미터 추정치의 유의성을 검정하는 것은 계량분석에서 가장 일반적으로 사용하는 가설검정 방법이다. 추정된 개별 파라미터 추정치에 대해 t검정을 하는데 그 절차는 다음과 같다.

첫째, 파라미터 추정치와 추정치의 표준오차를 계산한다.

둘째, 파라미터 추정치를 추정치의 표준오차로 나누어 t통계량을 계산한다.

셋째, 가설검정에서 자신이 원하는 유의수준(1%, 5%, 혹은 10%)을 선정한다.

넷째, t분포표로부터 가설검정을 위한 임계치(critical values)를 찾는다. 여기서 t분포표로부터 찾게 되는 임계치란 정해진 유의수준과 자유도에 따라 결정되는 참조기준이다.

다섯째, 계산된 t값과 임계치를 비교하여 t값이 임계치 바깥 영역, 즉 기각 역에 위치하게 되면 귀무가설을 기각한다. 개략적으로 구해진 t값이 2 이상일 때 귀무가설을 기각하며, 통계적으로 유의하다고 평가한다.

Stata를 이용한 회귀분석 결과에서는 이상의 절차에 필요한 대부분의 통계량, 파라미터 추정치, 추정치의 표준오차, t값, 신뢰구간, 그리고 다음에 설명할 p값까지 제공된다. 여기에서 제시되는 t값을 구태여 통계학이나 계량경제학 책의 부록에 제시되고 있는 t분포표로부터 임계치를 구하여 비교할 필요는 없다. 그런 점에서 다음에 설명할 p값을 이용한 가설검정법이 보다 편리하다.

(3) p값 접근법

보통 가설검정에서 분석자가 임의의 유의수준을 선정한다는 것은 제 I 종 오류나 제 II 종 오류를 범할 가능성에 노출되는 것이다. 제 I 종 오류는 참(true)인 가설을 기각할 가능성을 나타내고, 제 II 종 오류는 거짓(false)인 가설을 기각하는 데 실패할 가능성(확률)을 나타낸다.

분석자는 제 I 종 오류나 제 II 종 오류를 범할 수 있는 부담을 자신의 보고서를 읽게 되는 독자들에게 다음의 두 가지 방법으로 전가할 수 있다. 즉

첫째, 회귀분석 결과의 추정계수를 제시하면서 각 변수의 추정계수 우측에 별표(*) 형태의 윗 첨자(superscript)를 표기한다. 이때 *는 10% 유의수준에서, **는 5% 유의수준에서, 그리고 ***는 1% 유의수준에서 유의하다고 가설검정 결과를 제시하는 것이다.

지금까지 가장 많이 사용되는 방법이고 대부분의 독자들에게 익숙한 리포트 방법이다. 나중에 살펴보겠지만 회귀분석 결과로부터 일일이 이런 형태의 표를 복사−붙여넣기를 반복하는 불편함 없이 Stata를 이용한다면 아주 쉬운 방법으로 해당 표를 만들 수 있다.

둘째, 회귀분석 결과의 추정계수, t값과 함께 p값을 제시하는 것이다. p값은 귀무가설이 기각될 수 있는 최저수준의 유의수준을 나타낸다. 제시된 유의수준을 이용하여 독자 나름의 유의성 수준을 선정하고 귀무가설의 기각여부를 결정할 수 있게 하는 것이다.

최근 p값을 이용하는 방법은 회귀분석 결과를 리포트하는 일반적인 방법이 되고 있다. 계량경제학의 기본개념을 이해한다면 통계 소프트웨어의 회귀분석 결과를 기계적으로 해석하면 될 정도로 통계 소프트웨어는 사용자의 필요에 부응하는 결과물을 제시한다. 독자 여러분들은 조만간 Stata아웃풋을 이용한 이런 방법에 익숙해질 것이다.

03 전반적 유의성 검정(전체검정)

회귀모형에서는 많은 독립변수들이 종속변수에 동시에 영향을 미칠 수 있으므로 이 모든 독립변수들을 완전히 관찰하여 자료를 집계하고 설명하는 것은 불가능하다. 때로는 많은 독립변수들이 관찰 불가능할 수도 있다. 이때 회귀모형에서 해당 독립변수의 종속변수에 대한 설명력은 상대적으로 낮을 수밖에 없다.

하지만 이는 분석자가 설명하려고 하는 독립변수가 중요하지 않다는 것이 아니다. 따라서 종속변수의 변이 가운데 사용한 모든 독립변수들에 의해 설명되는 부분이 무의미한 것은 아닌지를 검정하기 위한 방법이 있다. 이를 전반적 유의성 검정, 또는 전체검정이라고 한다.

(1) 정규성, 분산과 F분포

회귀분석을 하는 중요한 이유 중의 하나는 분석자의 관심대상이 되는 어떤 결과, 즉 종속변수의 변이를 설명하는 데 도움이 되기 때문이다. 몇 개의 독립변수가 포함된 회귀모형을 추정하였다면 종속변수의 변이는 회귀모형에 포함된 독립변수의 변이에 의해 설명되는 부분과 이에 의해 설명되지 않은 변이의 두 부분으로 나눌 수 있다.

정규성의 가정은 이런 변이들이 카이자승 분포(χ^2 distribution)를 한다는 것을 보여준다. 즉 회귀모형에 의해 나눠진, 설명된 변이와 설명되지 않은 변이는 종속변수 Y의 조건부적 분포가 정규분포를 한다는 가정하에서 카이자승 분포를 한다는 것이다. 여기서 Y의 조건부적 분포가 정규분포를 한다는 것은 오차항이 정규분포를 한다는 것과 동일한 것이다. 즉

$$Y|X \sim N(\beta_0 + \beta_1 X_1 + \beta_2 X_2 + \cdots + \beta_k X_k,\ \sigma_Y^2)$$

$$u\,|X \sim N(0,\ \sigma_u^2)$$

모형에 포함되는 독립변수의 종류나 그 수가 틀릴 때 모형의 변화에 따라 어떻게 종속변수의 변이가 영향을 받는가를 파악하려면 분산을 구성하는 부분들을 비교하면 된다. 이를 위해 분산의 비율을 계산하면 이는 F분포를 하게 된다. 이를 통해 각각 다른 모형이 분산의 구성에 의미있는 변화를 주는지 여부를 검정하는 것이다.

(2) 고전적 최소자승법의 F 통계량

회귀분석 결과로 구할 수 있는 R^2는 모형의 전반적인 설명력을 나타내는 지표이다. 하지만 자체로 모형에서 설명된 변이의 양이 통계적으로 유의성이 있는지를 보여주는 것은 아니다. 이는 회귀분석 결과로 구할 수 있는 파라미터 추정치만으로 그것이 통계적으로 유의성이 있는지를 알 수 없는 것과 마찬가지이다.

실제 실증분석에서 낮은 R^2에도 불구하고 설정된 모형이 종속변수 변이의 상당 부분을 설명해줄 수 있다. 반대로 높은 R^2에도 불구하고 통계적으로 유의성이 없다고 볼 수 있는 경우도 있다.

회귀모형의 전반적인 유의성을 검정하기 위한 귀무가설과 대립가설은 다음과 같다.

$$H_0 : \beta_1 = \beta_2 = \cdots = \beta_k = 0$$

$$H_A : H_0 \text{ 는 참이 아니다.}$$

여기서 모형의 전반적 유의성 검증에서는 상수항을 제외한 기울기를 나타내는 파라미터의 충격 가능성을 살펴보는 방법으로 다음과 같은 F 통계량을 이용하여 가설검정을 한다.

$$F = \frac{ESS/p}{RSS/(n-p-1)} = \frac{R^2/p}{(1-R^2)/(n-p-1)}$$

전반적인 모형의 유의성 검증과 개별 파라미터 추정치의 유의성 검증결과의 상호 연관성을 이해하는 것이 필요하다. 여러 개의 독립변수가 사용되는 회귀모형에서 몇몇 독립변수들이 개별적으로는 통계적으로 유의성이 없을 수 있다. 하지만 개별적으로 특정 독립변수들의 통계적 유의성이 없다는 사실은 모형에 사용된 독립변수들이 집단적으로는 유의성이 있을 수 있다는 가능성을 부인하는 증거가 될 수 없다. 따라서 어떤 독립변수들은 개별적으로는 인과관계의 효과가 적음에도 불구하고 다른 변수와 함께라면 매우 강한 집단적 영향력(collective influence)을 가질 수 있다.

(3) 기울기 추정치와 t 분포와 F 분포의 관계

만약 F 통계량 계산식에서 분자의 자유도가 1이라면 t 분포의 제곱은 점근적으로 F 분포에 접근해간다. 즉 $t^2_{n-p-1} = F_{1, n-p-1}$ 이 된다. 독립변수가 1개인 단순 회귀모형에서 기울기 추정치의 유의성 검정을 위한 t 검정은 전반적인 유의성 검정을 위한 F 검정과 동일해진다.

종속변수가 하나의 독립변수에 의해 설명되기 때문에 전반적인 유의성 검증을 위한 F 검정은 개별 파라미터에 대한 유의성 검정인 t 검정과 동일한 것이 된다. 이는 결국 전체검정을 위한 F 값의 p 값과 개별계수 추정치의 유의성 검정을 위한 t 값의 p 값이 같다는 것을 의미한다.

(4) 독립변수들 간의 관계에 대한 결합 유의성 검정

모형의 전반적 유의성 검정에 사용되었던 F 검정은 회귀분석 모형에서 원래의 모형이 여기에서 특정 독립변수를 제외시킨 모형과 의미있는 차이가 있는지를 평가할 때 사용된다.

원래모형의 추정결과로 구해진 잔차자승합과 특정 독립변수를 제외한 모형(제약이 가해진 모형)의 추정결과로 구해진 잔차자승합으로부터 다음과 같은 통계량을 구하여 두 모형 간에 의미있는 차이가 있는지를 검정하는 것이다.

$$F = \frac{(RSS_R - RSS_{UR})/q}{RSS_{UR}/(n-p-1)}$$

여기서 RSS_R은 제약이 가해진 모형의 잔차자승합, RSS_{UR}은 제약이 가해지지 않은 모형의 잔차자승합을 나타낸다. p는 제약이 가해지지 않은 모형의 독립변수의 수, q는 제약이 가해진 모형에서 제외된 독립변수의 수를 나타낸다. 만약 p와 q가 같다면 어떻게 될까? 제약이 가해진 모형에는 하나의 독립변수도 포함되지 않는다. 따라서 이는 전반적 유의성 검정과 동일한 것이 된다.

04 고전적 최소자승법과 예측구간

고전적 최소자승법을 이용하여 설정된 모형이 추정되었다면 이는 종속변수의 예측목적에 사용될 수 있다. 하지만 아무리 모형설정과 추정이 잘 되었다 해도 예측은 정확할 수가 없다. 따라서 예측을 할 때에는 예측의 정확성을 보여줄 수 있는 척도를 동시에 보여줄 필요가 있다.

설정된 모형을 추정하고 예측목적에 활용할 때 한국말로는 "예측"이라고 표현하지만 영어표기로는 "predict"와 "forecast"라는 말이 사용된다. 본서에서는 모형의 추정에 활용된 데이터 범위 내에서 회귀선이 지나가는 경로의 종속변수 값을 계산하는 것을 "predict"라 하고, 추정에 사용된 데이터 범위 바깥의 연장된 회귀선이 지나가는 종속변수 값을 계산하는 것을 "forecast"라고 한다.

이런 개념정의는 시계열 자료를 이용할 경우에는 명백하게 구별될 수 있지만, 횡단면 자료를 이용할 경우에는 추정에 사용된 범위 내의 중복되지 않는 독립변수 값에서도 회귀선이 지나가는 종속변수 값을 계산할 수 있기 때문에 정확하게 구분된다고 보기 힘들다.

(1) 평균의 예측과 예측오차

전술한 바와 같이 모회귀함수는 종속변수의 조건부적 평균점을 지나간다. 모회귀함수를 추정하기 위해서는 표본회귀함수를 사용하여 특정 독립변수 값에서 종속변수의 조건부적 평균값을 구하게 되는데 임의의 독립변수 값을 표본회귀함수에 대입하면 "평균 예측치(mean prediction)"가 구해진다.

고전적 최소자승법의 기본가정이 충족되면 추정된 회귀계수는 불편성을 갖게 되는데, 이때 추정된 표본회귀함수로부터 구해진 종속변수의 예측된 값은 종속변수에 대한 조건부적 평균의 참값에 대한 불편추정치가 된다. 하지만 이는 평균적으로 불편추정치가 된다는 점에서 표본회귀함수로부터 예측을 할 때에는 비록 예측오차가 평균적으로는 영(0)일지라도 예측오차(forecasting error)가 있게 된다.

(2) 평균 예측치의 예측오차

예측오차는 회귀모형의 추정에 사용된 표본의 변화에 따라 예측치가 얼마나 변화할 가능성이 있는지를 보여주는 척도이다. 만약 표본회귀함수로부터 평균을 예측할 때 예측오차가 포함되어 있다면 이런 예측오차가 적을수록 예측결과가 보다 믿을 만하다.

평균예측치의 분산을 유도하기 위해 표본회귀함수의 특정 X값인 X_0에서 종속변수 Y값 평균예측치인 Y_0의 분산을 다음과 같이 정의해보자.

$$\sigma_{\widehat{Y_0}}^2 = Var\left(\widehat{Y_0}\right) = Var(\widehat{\beta_0} + \widehat{\beta_1}X_0) = Var(\widehat{\beta_0}) + X_0^2\ Var(\widehat{\beta_1}) + 2X_0\ Cov(\widehat{\beta_0}, \widehat{\beta_1})$$

여기에 다음과 같은 $Cov(\widehat{\beta_0}, \widehat{\beta_1})$ 계산식을 대입하자.

$$Cov(\widehat{\beta_0}, \widehat{\beta_1}) = -\overline{X}\left(\frac{\sigma_u^2}{\sum_{i=1}^{n}(X_i - \overline{X})^2}\right)$$

전술한 $Var(\widehat{\beta_0})$, $Var(\widehat{\beta_1})$ 계산식을 여기에 대입하면 예측오차는 다음과 같은 식이 되고, 약간의 대수조작을 거치면 보다 간단한 식이 된다.

$$\sigma^2_{\hat{Y}_0} = \left(\frac{\sum_{i=1}^{n} X_i^2}{n \sum_{i=1}^{n} (X_i - \overline{X})^2} \right) \sigma^2_u + X_0^2 \left(\frac{1}{n \sum_{i=1}^{n} (X_i - \overline{X})^2} \right) \sigma^2_u + 2X_0 \left(\frac{-X}{\sum_{i=1}^{n} (X_i - \overline{X})^2} \right) \sigma^2_u$$

$$= \sigma^2_u \left(\frac{1}{n} + \frac{(X_i - \overline{X})^2}{\sum_{i=1}^{n} (X_i - \overline{X})^2} \right)$$

여기서 σ^2_u는 모집단 오차항의 분산으로서 참값을 확인할 수 없다. 그래서 표본회귀함수로부터 구한 잔차항의 분산, σ^2_e을 사용하여 다음과 같이 예측오차를 계산한다.

$$s^2_{\hat{Y}_0} = \sigma^2_e \left(\frac{1}{n} + \frac{(X_i - \overline{X})^2}{\sum_{i=1}^{n} (X_i - \overline{X})^2} \right)$$

여기서 예측오차의 분산은 잔차항의 분산의 커질수록, 즉 모형의 전반적인 적합도가 낮을수록 커짐을 알 수 있다. 또 독립변수의 값이 평균에서 멀어질수록 예측오차의 분산이 커짐을 알 수 있다.

(3) 예측의 신뢰구간

이상에서 살펴본 평균예측치의 분산으로부터 예측에 있어서의 신뢰구간을 다음과 같이 정의할 수 있다.

$$\hat{Y}_0 \pm (t_{\alpha/2, n-p-1})(s_{\hat{Y}_0})$$

오차항의 정규분포와 관련된 지금까지의 설명을 요약하면, 오차항이 정규분포를 한다는 가정은 고전적 최소자승법에 의한 파라미터 추정치 역시 정규분포를 하고, 종속변수 평균 예측치 역시 정규분포를 한다는 것이다. 이때 모집단 오차항의 분산이 알려져 있지 않기 때문에 잔차항의 분산을 이용하게 되고, 그에 따라 예측오차계산을 위해 t분포를 이용한다.

Stata에서는 오차항의 정규성 여부를 검정하고, 동시에 예측의 신뢰구간을 아주 간단하게 계산할 수 있기 때문에 다음의 사례부분에서 살펴보기로 한다.

05 Stata를 이용한 정규성 검정 사례

(1) 정규성 테스트 방법

회귀분석모형에서 오차항의 정규성 여부는 다양한 방법을 통해 검토할 수 있다. 우선 잔차를 직접 그래프로 그려 그 분포양태를 시각적으로 관찰함으로써 잔차항의 정규성 여부를 살펴보는 방법이다. 또 이를 히스토그램으로 그려 정규분포와 얼마나 유사한가를 살펴보는 방법도 있다.[1]

잔차의 정규성 여부를 보다 엄밀하게 평가하는 방법으로는 잘 알려진 자크−베라 검정방법(Jarque-Bera test) 등이 있다.[2] 다음 사례는 이미 살펴본 케인지안 소비함수의 추정사례를 통해 잔차의 정규성 여부를 검정하는 것이다.

[사례 II−2−1] 한국의 케인지안 소비함수 추정과 정규성 검정 사례(II−2−1−KorConFun2.do)

```
* ********************************************************
* *** 한국의 케인지안 소비함수 추정과 잔차의 정규성 검정 ***
* ********************************************************
use II−1−4−KorConFun, clear
tsset year, yearly
```

---

1 Stata에서 정규성 여부를 그래프를 이용하여 평가하는 또 다른 방법들은 독립변수와 종속변수의 선형성 여부 판단을 위한 acprplot, 잔차의 동분산 여부를 평가하기 위한 rvfplot, 데이터 가운데 특이치의 존재여부를 평가하기 위한 lvr2plot 등이 있다. 보다 자세한 설명은 도움기능을 이용하면 된다.

2 Jarque, Carlos M. and Bera, Anil K.(1980), "Efficient tests for normality, homoscedasticity and serial independence of regression residuals," *Economics Letters*, 6 (3), pp.255-259.; Shapiro, S. S. and Wilk, M. B.(1965), "An analysis of variance test for normality(complete samples)," *Biometrika*, 52 (3-4), pp.591-611.; Shapiro, S. S. and R. S. Francia(1972), "An approximate analysis of variance test for normality," *Journal of the American Statistical Association* 67, pp.215-216.

* 민간소비와 가처분소득 산포도
scatter con gdp

* 케인지안 소비함수 추정
regress con gdp

* 추정결과로부터 잔차계산
predict error, r

* ********************************
* *** 정규성 검정(Normality Test) ****
* ********************************
* 잔차 플롯
scatter error year, yline(0)

* 잔차의 히스토그램
histogram error, bin(10)

*정규확률산포도(Normal probability plot)
pnorm error

* 기타 그래프를 이용한 정규성 테스트방법
kdensity error
qnorm error
symplot error

* 자크 베라 테스트(Jarque Bera test)
ssc install http://fmwww.bc.edu/RePEc/bocode/j/jb.pkg
jb error

* Shapiro-Wilk test
swilk error

* Shapiro-Francia test
sfrancia error

* skewness and kurtosis test
sktest error

* 예측오차
twoway lfitci con gdp, stdf || scatter con gdp

(2) 회귀모형의 추정과 평가

회귀분석모형의 오차항의 정규성이 입증되었다고 하자. 위의 사례에서 자크-베라 검정결과가 오차항이 정규분포를 한다는 귀무가설을 기각하지 못하였다고 하면 이제 고전적 최소자승법에 의한 모형추정 결과를 평가해야 한다. 회귀모형의 추정결과를 평가할 때는 경제이론적 평가, 통계적 평가, 계량경제학적 평가가 이루어진다고 하였다.

다음 그림은 앞의 사례에서 추정된 회귀분석 결과이다. 이런 아웃풋 형태는 Stata에서 제공하는 대부분의 회귀분석 결과의 전형적인 모습이다. 따라서 추정된 회귀모형의 평가방법과 아웃풋의 각 부분을 연계하여 살펴보자. 그림에 있는 번호 순서대로 살펴본다. ① 파라미터 추정결과이다. ② 추정된 파라미터의 표준오차이다. ③ 파라미터 추정치를 표준오차로 나누어준 t값이다. ④ 구해진 t값의 p값이다. ⑤ 추정된 파라미터의 유의성 검정을 위한 신뢰구간이다. ⑥ 추정된 회귀모형의 전체검정을 위한 F통계량과 그 p값이다. ⑦ 모형의 추정결과로 구해진 결정계수, 즉 R^2이다. ⑧ 종속변수의 평균에서의 변이를 나타내는 총자승합(Total Sum of Squares: TSS)이다. ⑨ 설명된 자승합(Explained Sum of Squares: ESS)이다.

이 지표들을 이용하여 추정모형을 평가해보자. 첫째, 경제 이론적으로 평가해보자. 파라미터 추정치인 소비와 GDP의 인과관계를 나타내는 파라미터 추정치는 0.5552이고 부호가 정(+)의 값을 갖는다. 경제이론에서 제시하는 것과 모순되지 않는다.

[그림 1] 고전적 최소자승법 추정결과와 모형의 평가통계량

```
. regress con gdp

      Source |       SS           df       MS      Number of obs   =        48
-------------+----------------------------------   F(1, 46)        =   5213.61
       Model | 2.1123e+12          1   2.1123e+12   Prob > F        =    0.0000
    Residual | 1.8637e+10         46    405159762   R-squared       =    0.9913
-------------+----------------------------------   Adj R-squared   =    0.9911
       Total | 2.1310e+12         47   4.5340e+10   Root MSE        =     20129

------------------------------------------------------------------------------
         con |      Coef.   Std. Err.      t    P>|t|     [95% Conf. Interval]
-------------+----------------------------------------------------------------
         gdp |   .5552015   .0076892    72.2    0.000     .5397239    .5706791
       _cons |   38518.41   5048.937     7.63   0.000     28355.43    48681.39
------------------------------------------------------------------------------
```

둘째, 모형의 추정결과를 통계학적으로 평가해보자. 모형의 설명력을 나타내는 $R^2 = 0.9913$이다. 소비수준 변이의 대부분을 GDP가 설명해줄 정도로 모형의 설명력이 양호하다. 다음 모형에 포함된 모든 독립변수의 파라미터 값이 동시에 영(0)이라는 귀무가설을 검정하는 F값은 5213.6이고 그 p값은 0.0000이다. 모든 독립변수의 파라미터가 동시에 영(0)이라는 가설을 기각한다.

이번에는 개별 파라미터 추정치의 유의성을 검정하는 개별검정을 해보자. GDP와 소비수준의 인과관계를 나타내는 파라미터 추정치는 0.5552이고 그 t값은 72.2이며, 유의성 검정에 사용되는 p값은 0.000이다. 해당 파라미터 값이 영(0)이라는 귀무가설을 기각한다.

셋째, 계량경제학적으로 평가해보자. 계량경제학적 평가대상은 오차항의 정규성 여부, 자기상관 여부, 다중공선성 존재여부, 이분산 존재여부이다. 여기에서는 오차항의 정규성을 자크-베라 통계량을 통해 검정해보았다. 오차항이 정규성을 갖는다는 귀무가설을 기각하지 못한다. 오차항이 정규분포를 한다는 의미이고 그에 따라 이상의 모든 통계학적 평가가 타당하다는 의미이다. 정규성 검정 이외의 계량경제학적 검정은 다음 제3부에서 살펴보게 될 것이다.

(3) 예측의 신뢰구간 계산

이번에는 추정된 모형을 이용하여 계량경제학적 분석의 한 가지 목적인 예측을 한다고 할 때 예측의 정확성을 평가할 수 있는 예측의 신뢰구간 계산 사례를 살펴보자. 앞에서 사례로 든 한국의 케인즈 소비함수의 예측에 있어서 신뢰구간을 구하는 것이다. 모형을 추정한 후 위의 사례에서 가장 마지막 명령어를 실행하면 된다. 도표를 그리기 위해 lfitci라는 명령어가 사용되고 있음을 확인할 수 있을 것이다.

(4) 회귀모형의 몬테칼로 실험 사례

일반적으로 계량경제학의 분석대상이 되는 경제사회 현상의 실상을 보여주는 데이터는 비실험적 데이터이다. 자연과학에서와 같이 실험실에서 실험결과로서 얻어지는 실험적 데이터와 다르다. 하지만 컴퓨터와 관련이론의 발전은 사회과학 분야에서도 실험적 데이터를 만들어 가상적으로 실제현상을 재현할 수 있게 하였다.

여기에서는 사회과학분야에서 이런 실험적 연구를 가능하게 하는 기법으로서 소위 몬테칼로 실험(Monte Carlo experiment)의 단순한 사례를 살펴보려고 한다. 지금까지 배워온 고전적 최소자승법을 적용할 데이터를 인위적으로 만들어 회귀분석을 해보는 절차에 대한 것이다.

우선 반복적인 실험을 1만회 실행하려고 한다. 관측치수는 50개로 한다. 독립변수 X값은 100과 1000 사이의 균일분포(uniform distribution)를 하는 데이터를 난수로 발생시킨다. 그 다음 평균이 영(0), 표준편차 400의 정규분포 오차항 u을 만든다. 이때 set seed라는 명령어를 사용하지 않으면 이 사례를 실행할 때마다 다른 결과가 얻어진다. 이 사례에서처럼 seed를 부여하면 항상 같은 결과를 얻을 수 있다.

가설적인 관계로서 종속변수 Y와 독립변수 X는 절편이 40이고 기울기가 0.6인 선형관계에 있다고 가정하고 이미 만들어진 독립변수 X값과 오차항 u을 이용하여 그 값을 계산한다. 이렇게 만들어진 Y와 X값을 이용하여 회귀분석을 한다. 이 과정을 10,000회 실행하고 추정된 파라미터 값의 평균을 구하여 가설적인 관계에서 정해진 절편항 40과 기울기 0.6과 비교해본다.

여기에서 독자들이 검토해봐야 할 것은 반복하는 실험횟수를 점차 증가시킴에 따라 추정된 파라미터 추정치의 평균이 절편 40과 기울기 0.6에 얼마나 근접하는가를 보는 것이다.

[사례 II-2-2] 고전적 최소자승법의 몬테칼로 실험(II-2-2-MontecarloOLS.do)

```
* **********************************************
* *** 고전적 최소자승 추정량의 몬테칼로 실험 ***
* **********************************************

set seed 12345
* 추정치의 초기값 부여
scalar sumb1=0
scalar sumb2=0

* 반복실험 횟수 지정
forvalues i = 1(1)10000 {

* 관측치수 지정
quietly set obs 50

* 독립변수 x값의 발생
generate x=runiform(100, 1000)
```

* 오차항 생성
generate u`i'=rnormal(0, 400)
generate u=u`i'

* 종속변수 y값의 계산
generate y=40+0.6*x+u

* 회귀분석
quietly regress y x

* 추정결과 파라미터 추정치 보관
scalar b1=_b[_cons]
scalar b2=_b[x]

* 반복하면서 파라미터 추정치의 누적합
scalar sumb1=sumb1+b1
scalar sumb2=sumb2+b2

drop y x u*
                }

* 반복실험 후 파라미터의 평균계산
scalar meanb1=sumb1/10000
scalar meanb2=sumb2/10000
scalar list meanb1 meanb2

CHAPTER

03

모형설정과 함수형태

계량분석에 있어서 분석자는 자신이 관심을 가진 대상을 분석하기 위해 우선 경제이론에 근거하여 적절한 종속변수를 선택한다. 하지만 계량모형을 완성하기 위해서는 종속변수의 선정과 함께 이를 설명할 독립변수들의 선정, 이들의 구체적 인과관계의 형태를 나타내는 함수형태를 정해야 한다. 여기서는 모형설정(model specification)과 관련된 변수나 함수형태의 선정과 관련된 내용을 살펴본다.[1]

01 다양한 함수형태

경제이론에서 다루는 경제변수들의 관계는 선형이 아닐 수 있기 때문에 분석자는 다양한 함수형태를 활용해 보고자 한다. 선형함수(linear function)는 해석하기 쉬운 장점이 있지만, 모든 독립변수 값의 범위에 있어서 독립변수의 종속변수에 대한 효과가 항상 일정하다는 것을 전제로 한다.

만약 종속변수에 대한 효과가 독립변수 값의 범위에 따라 일정하지 않은 것을 원하면 다항식 함수(polynomial function)인 변수에 대해 비선형인 함수를 사용한다.

---

1   Roberto Pedace(2013), "Functional Form, Specification, and Structural Stability," in *Econometrics for Dummies*, John Wiley & Sons, pp.137−151.; Gujarati, Damodar(2010), "Functional Forms of Regression Models," in *Essentials of Econometrics* (4th ed.), McGraw−Hill/Irwin, pp.132−177.

경제학에서는 보통 2차 함수(quadratic function)와 3차 함수(cubic function)가 자주 사용된다.

(1) 2차 함수(quadratic function)

2차 함수의 형태는 독립변수의 종속변수에 대한 효과가 그 값의 범위에 따라 변화하는 함수형태이다. 독립변수 값이 증가함에 따라 종속변수에 대한 효과의 정도가 증가하거나 감소한다. 2차 함수의 수학적 형태는 다음과 같다.

$$Y_i = \beta_0 + \beta_1 X_i + \beta_2 X_i^2 + u_i$$

여기에서 파라미터 값의 범위에 따라 2차 함수식은 여러 형태를 보일 수 있다. 경제학과 관련하여 가장 많이 사용되는 형태는 1차 항의 계수 값이 정(+)의 값을 갖고, 2차 항의 값이 정(+), 또는 부(−)의 값을 갖는 형태이다.

만약 두 개의 파라미터 값이 모두 정(+)의 값을 갖는다면 이 함수는 경제학 교과서에서 자주 언급하는 총비용함수 또는 총 가변비용함수의 형태가 된다. 만약 1차 항의 계수 값이 정(+)의 값을 갖고 2차 항의 계수 값이 음(−)의 값을 가진다면 단기 생산함수와 같은 형태가 된다. 이때 한계생산물은 투입물 수준이 높아짐에 따라 점차 감

[그림 1] 2차 함수의 형태

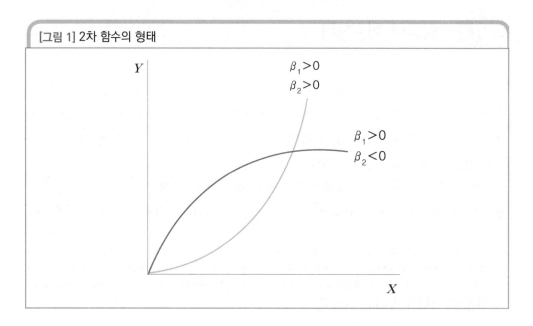

소하는, 소위 한계생산물 체감의 법칙이 작용하는 생산함수가 된다.

(2) 3차 함수(cubic function)

3차 함수 역시 2차 함수와 마찬가지로 독립변수의 변화에 따라 종속변수에 대한 효과가 변화하는 함수형태이다. 역시 파라미터 값의 범위에 따라 독립변수의 변화에 대한 종속변수의 변화는 증가 또는 감소하는 형태를 가진다. 2차 함수와 다른 점은 감소하는 효과가 증가, 또는 감소할 수 있다는 것이다. 이때 그 효과가 바뀌는 점을 변곡점(inflexion point)이라고 한다. 3차 함수식의 수학적 형태는 다음과 같이 나타낸다.

$$Y_i = \beta_0 + \beta_1 X_i + \beta_2 X_i^2 + \beta_3 X_i^3 + u_i$$

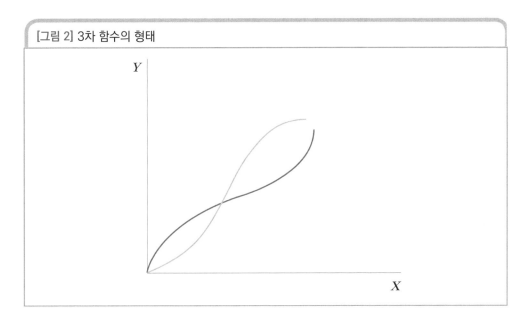

[그림 2] 3차 함수의 형태

파라미터 값의 범위에 따라 이 함수도 다양한 형태를 보일 수 있지만 경제학에서 자주 사용되는 형태는 역시 생산함수나 비용함수의 형태이다. 즉, 비용함수와 같이 독립변수 값의 변화에 따라 함수의 기울기가 감소하다가 증가하는 형태와, 생산함수와 같이 독립변수 값의 변화에 따라 함수의 기울기가 증가하다가 감소하는 형태이다. 생산함수에서는 처음 한계생산물이 증가하다가 변곡점을 지나면서 감소한다.

경제학에서 많이 언급되는 함수, 가령 콥—더글라스 함수(Cobb—Douglas function)나 고정대체탄력성(Constant Elasticity of Substitution: CES)함수와 같은 함수는 파라미터에 대해 비선형인 함수이다.

(1) 로그-로그 함수(log-log function)

함수의 종속변수와 독립변수가 모두 자연대수(natural logarithm)로 변환된 함수를 로그—로그함수(log—log function)라고 한다. 종속변수가 파라미터에 대해 비선형함수일 때 함수의 양변을 로그변환하면 파라미터에 대해 선형인 함수가 되므로 고전적 최소자승법의 기본가정인 파라미터에 대해 선형이어야 한다는 가정을 충족한다. 원칙적으로 로그변환은 자연대수를 취하거나 상용대수(common logarithm)를 취할 수도 있지만 자연대수를 취할 때 회귀계수의 의미도출이 쉽다.

다음과 같은 파라미터에 대해 비선형인 함수를 생각해보자. 경제학에서는 수요함수를 이런 형태로 나타낼 수 있다.

$$Y_i = \alpha X_i^{\beta}$$

양변에 자연대수를 취하면 다음 식으로 변환된다.

$$\ln Y_i = \ln \alpha + \beta \ln X_i = \beta_0 + \beta_1 \ln X_i$$

고전적 최소자승법을 이용하여 이 함수의 파라미터를 추정하면 그 추정치, $\hat{\beta}_1$는 독립변수의 종속변수에 대한 영향력 정도를 나타내는 지표, 즉 독립변수 X의 종속변수 Y에 대한 탄력성(elasticity)이다. 탄력성은 다음 식에서와 같이 독립변수의 퍼센트 변화(percent change)에 대한 종속변수의 퍼센트 변화의 비율이다.

$$\hat{\beta}_1 = \frac{\triangle Y / Y}{\triangle X / X}$$

따라서 로그－로그 모형에서 파라미터 추정치는 부분기울기계수(partial slope coefficient)라고는 할 수 있지만 선형모형에서와 같이 독립변수의 단위변화(unit change)에 대한 종속변수의 단위변화를 나타내는 것이 아니다.

다음과 같은 콥－더글라스 생산함수를 생각해보자. 종속변수 Y는 파라미터, α, β에 대해 비선형인 함수이다.

$$Y_i = A\,L_i^{\alpha}\,K_i^{\beta}$$

양변에 자연대수를 취하면 다음과 같은 선형함수로 변환된다.

$$\ln Y_i = \ln A + \alpha \ln L_i + \beta \ln K_i$$

이렇게 변환된 선형함수를 고전적 최소자승법을 통해 추정한다면 각 파라미터 추정치는 다음과 같이 노동과 자본투입의 산출탄력성을 나타낸다.

$$\hat{\alpha} = \frac{\triangle Y / Y}{\triangle L / L}, \quad \hat{\beta} = \frac{\triangle Y / Y}{\triangle K / K}$$

[그림 3] β_1의 범위에 따른 탄력성의 형태

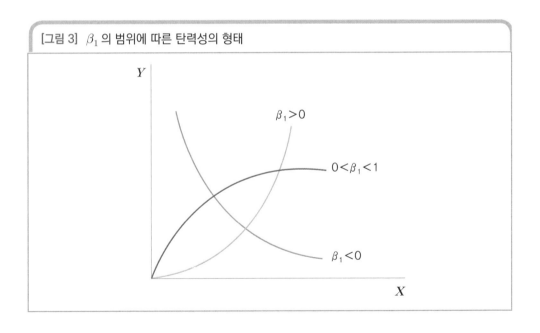

(2) 로그-선형 함수(log-linear function)

만약 함수형태가 종속변수 Y는 자연대수로 변환되었고, 독립변수 X는 로그변환이 되지 않았다면 이는 로그-선형함수가 된다. 이런 함수형태는 종속변수가 지수적 성장을 하는 변수인데 그 증가율에 관심이 있을 때 자주 사용한다. 경제학에서는 일인당 국민소득의 증가, 복리 이자율로 증가하게 되는 저축, 인적자본의 축적과 같은 사례에서 자주 사용한다.

다음과 같은 지수성장함수(exponential growth function)를 생각해보자.

$$Y = Y_0 (1+r)^X$$

이를 로그변환하게 되면 다음과 같은 로그-선형함수로 변환된다. 즉

$$\ln Y = \ln Y_0 + X \ln(1+r) = \beta_0 + \beta_1 X$$

여기에 고전적 최소자승법을 적용하게 되면 기울기를 나타내는 $\hat{\beta_1}$ 추정치는 독립변수의 종속변수에 대한 영향을 나타내지만 그 의미는 독립변수의 단위변화(unit change)에 대한 종속변수의 퍼센트 변화(percent change)를 나타낸다. 따라서 이는 순간적인 성장률(instantaneous rate of growth)을 나타낸다.

$$\hat{\beta_1} = \frac{\Delta Y / Y}{\Delta X}$$

만약 다음과 같은 복리성장함수(compounded growth function)를 생각해보자.

$$Y = Y_0 e^{rX}$$

이를 로그변환하게 되면 다음과 같은 로그-선형함수로 변환된다. 즉

$$\ln Y = \ln Y_0 + rX = \beta_0 + \beta_1 X$$

만약 고전적 최소자승법에 의해 $\hat{\beta}_1$ 추정치를 구한다면 복리이자율은 r 자체가 된다. 로그－선형함수에서도 파라미터 추정치의 값의 범위에 따라 함수는 다음과 같은 형태를 갖는다.

[그림 4] β_1 의 범위에 따른 로그–선형함수의 형태

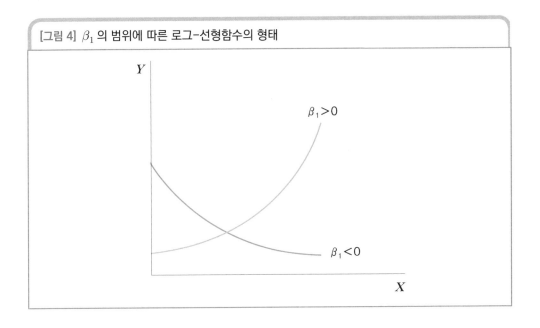

(3) 선형-로그함수(linear-log function)

만약 함수형태가 종속변수 Y는 원래의 형태로, 독립변수 X는 자연대수로 변환된 모습이라면 이는 선형－로그함수 모형이 된다. 이런 함수형태는 2차 함수와 비슷한 모습이지만 최댓값, 최솟값을 갖지 않고 지속적으로 증가 또는 감소하는 형태이다. 경제학에서는 엥겔곡선(Engel curve)의 형태를 보여주는 함수로 자주 사용된다.

또한 독립변수의 단위변화보다 종속변수의 단위변화가 작을 때, 즉 독립변수의 단위가 매우 큰 변수일 때 자주 사용한다. 간혹 실증연구에서 활용하고 있는 회귀모형의 독립변수가 다른 변수와 달리 로그 변환된 변수를 사용할 때가 있는데 이때 해당변수는 국민소득과 같이 단위가 매우 큰 변수로서 왜도가 심한 변수이다. 이런 변수는 오차 항을 정규분포하지 않게 하는 원인이 되기 때문에 로그변환한 후에 사용한다.

다음과 함수를 생각해보자.

$$e^Y = e^{\beta_0} X^{\beta_1}$$

양변에 자연대수를 취하면 다음과 같은 선형−로그함수가 된다.

$$Y = \beta_0 + \beta_1 \ln X$$

만약 이를 고전적 최소자승법으로 추정한다면 $\hat{\beta}_1$ 추정치는 독립변수의 퍼센트 변화에 대한 종속변수의 단위변화를 나타낸다. 즉

$$\hat{\beta}_1 = \frac{\triangle Y}{\triangle X / X}$$

경제학에서는 한계수익체감의 특성을 나타낼 상황이 자주 일어난다. 선형−로그함수는 이런 상황을 잘 반영할 수 있다. 즉 독립변수의 종속변수에 대한 영향은 항상 같은 부호(+, −)를 가지고 그 충격의 정도는 증가, 또는 감소한다. 부호가 정(+)의 값을 갖는다면 점차 증가하면서 한계수익이 체감하는 형태, 부호가 부(−)의 값을 갖는다면 점차 감소하면서 한계수익이 증가하는 형태가 될 것이다.

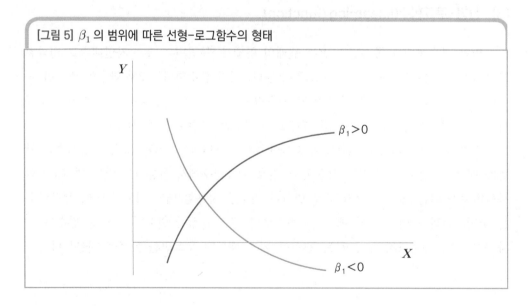

[그림 5] β_1 의 범위에 따른 선형-로그함수의 형태

03 상호작용 반영 함수

많은 선행연구의 회귀분석 사례에서 종속변수의 변이를 설명하기 위해 도입된 독립변수와 이들 독립변수의 곱으로 정의된 새로운 변수가 독립변수로 사용되고 있다. 이처럼 기존에 활용되는 독립변수의 곱을 회귀분석에 포함시킬 때 독립변수의 상호작용을 회귀분석에 반영하고 있다고 한다.

상호작용을 반영하기 위한 변수의 형태에는, ① 모형에서 기울기의 변화를 반영하기 위해 기존에 활용되던 독립변수와 더미변수의 곱으로 정의된 변수를 사용하는 사례와 ② 더미변수간의 곱, 기존의 독립변수 간의 곱으로 정의된 변수를 사용하는 사례가 있다. ③ 그 외 신축적 함수(대표적으로 초월대수함수)에서는 함수의 형태가 모형에 포함된 독립변수의 곱의 함수로 정의된다.

(1) 상호작용반영(변수의 곱)

가령 임금함수를 정의하여 임금수준(wage)은 성(female), 인종(nonwhite), 노조가입 여부(union), 교육수준(education), 경력(experience)의 함수라고 하자. 여기서 성, 인종, 노조가입 여부는 더미변수이고 교육수준과 경력은 연수로 표시된 정량적 자료이다.

우선 가장 단순한 임금함수는 다음과 같이 나타낼 수 있다. 종속변수인 임금은 로그 변환된 변수이다.

$$\ln wage = f(fem, non, uni, edu, exr)$$

만약 성별, 인종, 노조가입여부에 따라 교육수준, 경력변수의 기울기가 변화할 수 있다는 가능성을 감안하여 함수를 정의한다면 다음과 같이 나타낼 수 있다.

$$\ln wage = f(fem, non, uni, edu, exr,$$
$$fem*edu, fem*exr, non*edu, non*exr, uni*edu, uni*exr)$$

만약 성별, 인종에 따른 상호작용을 고려한다면 다음과 같은 함수형태가 될 것이다. 더미변수 간 상호작용이 있음을 나타내기 위함이다.

$$\ln wage = f(fem, non, uni, edu, exr, fem*non)$$

만약 교육수준과 경험의 상호작용을 반영한다면 다음과 같은 함수가 될 것이다. 그 의미를 이해하기 위하여 교육수준의 로그 변환된 임금에 대한 효과를 생각해보자. 교육수준 한 단위 증가가 임금수준에 미치는 영향은 독립변수인 교육수준의 파라미터 값 외에도 교육과 경험의 상호작용 항의 파라미터와 경험이 영향을 미치게 된다.

$$\ln wage = f(fem, non, uni, edu, exr, edu*exr)$$

(2) 신축적 함수(초월대수함수 등)

경제원론, 미시경제학, 산업조직론, 경제성장론 등 다양한 경제학 각론분야에서 자주 접하게 되는 생산함수는 콥－더글라스 함수와 초월대수함수이다. 특히 초월대수함수는 생산함수, 비용함수, 이윤함수 등에 적용되어 실증분석에서 매우 다양하게 활용된다.

초월대수함수의 일반적인 형태는 다음과 같다. 생산함수를 생각한다면 다음의 초월대수 생산함수는 K개의 생산요소를 가지고 있을 때 생산요소의 곱으로 정의되는 항들이 함수의 우측 3번째 항에 나타나고 있다. 생산요소간 상호작용을 나타내는 항이다. 본서의 후반부에 아주 중요한 실증분석 사례로서 제시될 것이다.

$$\ln y = \alpha_0 + \sum_{k=1}^{K} \alpha_k \ln x_k + \frac{1}{2} \sum_{i=1}^{K} \sum_{j=1}^{K} \gamma_{ij} \ln x_i \ln x_j$$

04 파라미터에 대한 비선형함수

(1) 로지스틱 함수

경제학 분야에서 자주 언급되는 함수 가운데 파라미터에 대해 비선형인 함수의 전형적인 형태는 로지스틱 함수(logistic function)이다. 어떤 상품의 라이프 사이클을 나타내는 함수로 자주 사용된다. 초기에 수요량은 완만하게 증가한다. 어느 시점에 도달하면 증가율이 매우 높다가, 수요가 어느 정도 충족되면 증가율이 완만해지는 생산함수와 유사한 형태이다. 이처럼 파라미터에 대해 비선형인 함수는 고전적 최소자승법으로 추정할 수 없다. 나중에 설명할 비선형추정법이나 최우법을 사용하여 추정해야 한다.

$$Y_i = \frac{\gamma}{1 + \alpha\, e^{\beta X_i}}$$

(2) CES함수

파라미터에 대해 비선형인 함수로서 경제학에서 자주 언급되는 함수는 CES(Constant Elasticity of Substitution) 생산함수이다. 수학적 형태는 다음과 같다. 이런 함수 역시 고전적 최소자승법으로 추정할 수 없다. 비선형추정법이나 최우법을 이용하여 추정한다.

$$Y_i = (\alpha\, L_i^\rho + (1-\alpha)\, K_i^\rho)^{1/\rho}$$

05 모형설정오류(model specification error)

계량경제학 모형의 설정에 있어서 중요한 것은 사용할 독립변수와 함수형태를 결정하는 것이다. 물론 모형에 포함되어야 할 독립변수의 선정과 구체적 함수형태의 결정은 경제이론이나 일반적으로 통용되는 상식에 의존해야 한다. 그렇지만 설정된 모형이 항상 이론적으로 완전할 수는 없다.

이런 점에서 제기되는 세 가지 문제가 있다. ① 모형에 꼭 들어가야 할 변수가 제외될 때, ② 모형에 들어갈 필요가 없는 변수를 포함시킬 때, ③ 함수의 형태가 잘못 선정되었을 때이다.

(1) 독립변수 누락(omitted variable)의 문제

만약 계량경제학모형에 포함되어야 할 변수가 추정회귀모형에서 제외되었다면 모형은 잘못 설정된 것이 되고, 파라미터 추정치는 편의(bias)를 갖는다. 즉 누락된 변수가 종속변수에 어떤 영향력을 가지고 있고, 이 누락된 변수가 적어도 회귀모형에 포함되어 있는 다른 변수들과 상관관계에 있다면 누락변수 편의(omitted variable bias)의 문제가 발생한다.

다음과 같은 간단한 수식을 통해 이를 살펴보자. 모회귀모형에는 다음과 같이 두 개의 독립변수가 있다고 가정하자. 즉

$$Y_i = \beta_0 + \beta_1 X_{1i} + \beta_2 X_{2i} + u_i$$

여기서 X_1, X_2는 종속변수 Y에 영향을 미치는 두 개의 독립변수이다. 그런데 실수, 무지, 자료의 부족 등의 원인으로 독립변수 X_2가 제외된 다음과 같은 회귀모형을 추정하였다고 하자.

$$Y_i = \alpha_0 + \alpha_1 X_{1i} + v_i$$

그러면 회귀모형에서의 기울기를 나타내는 추정치 $\widehat{\alpha_1}$의 기댓값은 다음과 같다.

$$E(\widehat{\alpha_1}) = \beta_1 + \beta_2 \delta_1$$

여기서 δ_1는 포함된 변수를 누락된 변수에 대해 회귀분석을 했을 때의 기울기를 나타낸다. 따라서 누락된 변수의 문제가 있을 때에는 파라미터 추정치가 $\beta_2 \delta_1$만큼의 편의를 갖게 되므로 가우스-마코프 정리에서 불편성이란 조건을 갖지 못한다.

실증분석에서 대부분 분석자들은 종속변수에 영향을 미친다고 판단되는 모든 변수들을 통제(control)할 수 없기 때문에 누락된 변수의 문제에 불가피하게 노출된다. 하지만 독립변수가 1개밖에 없는 단순회귀모형의 사용을 자제한다거나, 종속변수를 설명함에 있어서 반드시 통계적으로 유의할 필요는 없지만, 경제 이론적으로 매우 중요한 것으로 판단되는 변수를 반드시 독립변수로 사용함으로써 누락변수의 문제를 줄일 수 있다.

잘 설정된 모형에서 추정계수가 통계적으로 유의하지 않다고 해서 이를 다음에 설명할 관련 없는 변수가 포함된 것으로 간주해서는 안 된다. 통계적으로 유의하지는 않더라도 이는 설명된 변이의 증가에 기여함으로써 표준오차에 대한 부정적 영향을 막는 긍정적 역할을 할 수 있다.

(2) 관련없는 변수(irrelevant variable)의 포함 문제

만약 모회귀모형에 포함되어 있지 않은 독립변수가 회귀모형에 포함되어 추정되었다면 모형은 과잉설정(over-specification)된 것이다. 이처럼 관련 없는 변수가 포함된 모형에서 파라미터 추정치는 여전히 불편성을 갖는다. 하지만 파라미터 추정치의 표준오차를 증가시킴으로써 통계적 검정을 부실하게 만든다.

단순회귀모형에서 기울기를 나타내는 파라미터 추정치의 분산은 다음과 같다.

$$\sigma_{\hat{\beta}_1}^2 = \frac{\sigma_u^2}{\sum_{i=1}^{n}(X_i - \overline{X})^2}$$

만약 관련 없는 변수가 포함된 회귀모형을 추정하였다면 파라미터 추정치의 분산은 다음과 같다.

$$\sigma_{\hat{\beta}_1}^2 = \frac{\sigma_u^2}{\sum_{i=1}^{n}(X_i - \overline{X})^2(1 - R^2)}$$

여기서 R^2는 관련 없는 변수가 포함된 회귀모형의 추정결과로 구해진 결정계수이다. 결정계수 R^2는 1보다 작기 때문에 관련 없는 변수가 포함된 회귀모형의 추정치의 분산은 커지게 된다.

(3) 모형설정오류의 검정

계량경제학 모형의 설정에서는 경제이론이나 일반적인 상식이 중요하다. 하지만 경제학에서 논란이 많은 여러 이론이 존재한다면 이런 여러 관계를 모형화할 필요가 있다. 모형설정 오류의 검정은 분석자들이 설정하는 계량경제학 모형을 보다 세련되게 해주는 길잡이가 된다.

1) 램지(Ramsey)의 RESET 검정

실제 응용계량경제학에서 모형이 완벽하게 설정되지 않았다 해도 이는 해당모형이 심각한 문제를 가지고 있다는 것을 의미하지는 않는다. 모형설정오류의 문제를 엄격히 검정하는 다양한 방법이 개발되어 있다.

이중 대표적인 것은 램지(Ramsey)의 회귀방정식설정오류검정법(Regression Eguation Specification Error Test: RESET)인데 간단히 RESET이라고 한다.[2] 이는 주로 누락변수, 함수형태와 관련된 모형설정 오류를 탐지하는 검정방법이다.

검정절차는 우선 원래의 회귀모형을 추정한 후 적합된 값(fitted value)을 구하고, 이 값의 2, 3, 4제곱한 항을 추가하여 다시 회귀분석한 후 추가된 변수의 파라미터에 대한 결합 유의성 검정을 하는 방법이다.

램지의 RESET 검정은 Stata에서 회귀분석 후 estat ovtest 명령어를 사용하면 된다. 좀 더 자세한 RESET 검정을 위해서는 사용자 작성 프로그램인 reset 또는 reset2라는 명령어를 사용할 수도 있다. 보다 종합적 분석이 이루어질 다른 사례에서 이를 살펴볼 것이다.

2) 구조변화 검정(structural break test)

간혹 모형설정오류의 문제는 모형의 파라미터 추정치가 안정적이지 않아서 많은 변이를 가지고 추정될 때 일어난다. 가령 한국의 외환위기와 같이 특정시점을 중심으로 전후에 구조변화가 일어났을 때나, 분석대상 기간의 일부 특정구간에서 구조변화가 일어났다면 모형의 파라미터 추정치가 안정적이지 않다. 또 횡단면 자료라고 하더라도 인종, 소득수준, 성별에 따라 다른 파라미터 추정치를 나타낼 수 있다.

이런 구조변화의 문제는 후술할 더미변수를 활용하여 해결하기도 하는데 그 전에

---

2 Ramsey, J. B.(1969), "Tests for Specification Errors in Classical Linear Least Squares Regression Analysis," *Journal of the Royal Statistical Society*, Series B, 31 (2), pp.350-371.; Ramsey, J. B.(1974), "Classical model selection through specification error tests," In Zarembka, Paul (ed.), *Frontiers in Econometrics*, New York: Academic Press, pp.13-47.; Wooldridge, Jeffrey M.(2018), *Introductory Econometrics - A Modern Approach* (7th ed.), Cengage Learning, pp.295-298.

구조변화의 시점과 여부를 검정하는 것이 가능하다. 과거에는 차오 테스트(Chow test)라는 것이 많이 활용되었으나 요즘은 다른 보다 강력한 방법들이 이용되고 있다.

Stata에서는 구조변화의 시점이 확정되었을 때에는 estat sbknown, 구조변화의 시점을 찾아내기 위해서는 estat sbsingle, estat sbcusum이란 명령어를 이용한다. 간편하게 이를 찾고 구조변화 여부를 검정할 수 있다. 실제 사례는 다음 단원에서 살펴본다.

3) 강건성(robustness) 혹은 민감성(sensitivity)

응용 계량경제학에서 가장 빈번하게 사용하는 절차는 모형설정오류 여부를 검정하기 위해 강건성 분석(robustness analysis)을 하는 것이다. 여기서 강건성이란 모형설정을 달리하더라도 파라미터 추정치가 크게 변화하지 않는 정도를 나타내는 일종의 민감도(sensitivity)라고 할 수 있다.

강건성 분석을 위해서는 특별한 관심의 대상이 되는 독립변수를 핵심변수(core variable)로 정하고 이 핵심변수와 다른 통제변수의 여러 조합과 더불어 많은 회귀분석을 해봐야 한다. 만약 여러 번의 회귀분석 결과 핵심변수의 파라미터 추정치가 민감하게 변화하지 않으면, 즉 파라미터 추정치의 부호, 값의 상대적 크기, 유의성 수준이 크게 변화하지 않으면 해당 파라미터 추정치는 강건성을 가진다고 평가한다. 이는 결국 모형설정오류의 문제가 심각하지 않다는 것을 의미한다.

Stata에는 강건성을 검정을 위해서 사용자 작성 프로그램인 rcheck나 checkrob를 사용한다. 관심있는 독자들은 Stata의 도움기능을 이용하여 그 활용법을 쉽게 이해할 수 있을 것이다.

06 Stata를 이용한 모형설정오류 탐지

다음은 뇌졸중 위험도 증가(risk)요인으로 나이(age), 혈압(pressure), 몸무게(weight), 흡연 여부(smoker)를 추정한 후 회귀모형의 모형설정오류를 탐지하는 사례이다.[3] Stata에는 이 검정을 위해 estat ovtest란 명령어가 사용되는데 회귀분석 명령어인

---

3   Sweeney D. J., T. A. Williams and D. R. Anderson(2006), *Fundamentals of Business Statistics* (1st ed.), Cengage, 정무권, 권영훈 등 역, 한티미디어. p.696.

regress 다음에 위치시키면 된다. 그 외에서 사용자 작성프로그램으로서 reset란 명령어가 있다. 이를 설치하고 reset란 명령어 다음에 종속변수와 독립변수를 나열하면 된다.

　　여기서 귀무가설은 모형에 제외시킨 변수(omitted variables)가 없다는 것이고, 이를 위한 검정통계량은 F통계량이다. 아래 사례를 Stata에서 직접 실행해보면 $F=0.96$, $p=0.4268$로 귀무가설을 기각할 수 없다는 것을 확인할 수 있을 것이다.

[사례 II-3-1] 모형설정오류의 검정(RESET) 사례(II-3-1-RESET.do)

```
* ************************
* *** 모형설정오류 검정  ***
* ************************
use II-3-1-RESET, clear

* 단순기술 통계량
summarize risk age pressure weight smoker

* 회귀분석
regress risk age pressure smoker

* Ramsey의 회귀설정오류검정법(RESET)
estat ovtest

* 좀 더 자세한 RESET
ssc install http://fmwww.bc.edu/RePEc/bocode/r/reset.pkg
reset risk age pressure smoker
```

CHAPTER

04

더미변수의 활용

회귀분석모형에서 국민소득, 소비, 통화량, 가격 등과 같은 정량적 변수만 종속변수에 영향을 미치는 변수가 아니다. 인종, 성, 지역적 위치, 결혼여부, 노조가입 여부와 같은 정성적 변수들도 종속변수에 영향을 미치는 변수가 될 수 있다. 여기서는 계량분석에서 정성적 변수를 사용하는 방법과 정성적 변수의 파라미터 추정치를 해석하는 방법에 대해 살펴본다.[1]

01 정성적 자료의 정량화

회귀분석 모형을 추정하기 위해서는 모형에 사용되는 모든 정보가 수량화되어야 하므로 정성적 자료도 숫자화 되어야 한다. 따라서 정성적 자료를 숫자화하기 위한 추가 작업이 필요하다.

---

1 Gujarati, Damodar(2015), "Qualititive Explanatory Variables Regression Models," in *Econometrics by Example* (2nd ed.), Palgrave, pp.53−77.; Roberto Pedace(2013), "Regression with Dummy Explanatory Variables," in *Econometrics for Dummies*, John Wiley & Sons, pp.153−172.

(1) 두 가지 특성변수

보통 정성적 변수는 그룹, 범주와 같은 두 가지 특성을 가진다. 이때 정성적 특징은 두 개의 그룹이지만 하나의 더미변수(dummy variable)로 정의된다. 더미변수는 지표변수(indicator variable), 범주변수(categorical variable), 질적 변수(qualitative variable)라고도 한다.

더미변수는 두 개의 특징 가운데 하나가 나타나면 1의 값을, 다른 특징이 나타나면 0의 값을 갖는다. 이때 0의 값을 부여받은 정성적 변수의 특징을 준거, 또는 기본그룹(reference or base group)이라고 한다. 계량모형의 추정결과는 어떤 그룹을 0으로 지정했느냐에 따라 그 의미가 영향을 받지 않는다.

(2) 복수의 특성 변수

어떤 정성적 변수는 두 개 이상의 범주로 나눌 수 있다. 이때 특성의 개수보다 하나 적은 수의 더미변수를 만들 수 있다. 어떤 특성을 가지면 1, 그렇지 않으면 0의 값이 부여된다. 더미변수로 정의되지 않은 특성을 가진 그룹이 기본그룹이 된다.

복수의 특성을 반영하는 더미변수를 정의할 때 모든 가능성을 나타내는 더미변수를 만들고 이를 회귀분석모형의 독립변수로 사용하게 되면 모든 더미변수의 합은 1이되고, 이것은 결국 상수항의 값과 같아지는 소위, 더미변수 함정(dummy variable trap)이란 완전다중공선성(perfect multicollinearity)의 문제에 직면한다. 따라서 모형에 절편항을 포함하지 않는다면 모든 특성을 반영하는 더미변수를 모형의 추정에 활용할 수 있지만 상수항을 포함한다면 모든 특성을 나타내는 더미변수의 개수보다 하나 적은 수의 더미변수를 사용해야 한다.

02 더미변수와 절편 및 기울기

회귀분석에서는 정성적 정보와 정량적 정보를 동시에 사용할 수 있다. 만약 회귀분석에서 독립변수로 사용하고자 하는 정성적 변수가 단지 두 가지 특성만을 가진다면 하나의 더미변수가 다른 정량적 변수와 함께 사용된다.

(1) 더미변수와 절편

다음과 같은 하나의 더미변수와 하나의 정량적 변수가 사용되는 회귀모형을 생각해보자.

$$Y_i = \beta_0 + \beta_1 D_i + \beta_2 X_i + u_i$$

여기서 만약 특정 정성적 변수의 특성이 나타나면 $D_i = 1$이고 그렇지 않으면 $D_i = 0$이다. X_i는 통상적으로 사용되는 정량적 변수를 나타낸다.

하나의 정량적 변수와 하나의 더미변수를 가진 회귀모형의 추정결과는 일반적으로 $\hat{Y}_i = \hat{\beta}_0 + \hat{\beta}_1 D_i + \hat{\beta}_2 X_i$ 로 나타낼 수 있는데 더미변수가 취하는 값에 따라 서로 다른 절편을 갖는 함수로 나타난다. 즉 만약 $D_i = 0$이면 $\hat{Y}_i = \hat{\beta}_0 + \hat{\beta}_2 X_i$ 가 되고, 만약 $D_i = 1$이면 $\hat{Y}_i = (\hat{\beta}_0 + \hat{\beta}_1) + \hat{\beta}_2 X_i$ 가 된다. 따라서 더미변수의 파라미터는 $\hat{\beta}_1$ 값이 정(+)의 값이나 부(−)의 값이냐에 따라 회귀함수를 위 또는 아래로 이동시킨다.

[그림 1] 더미변수와 절편

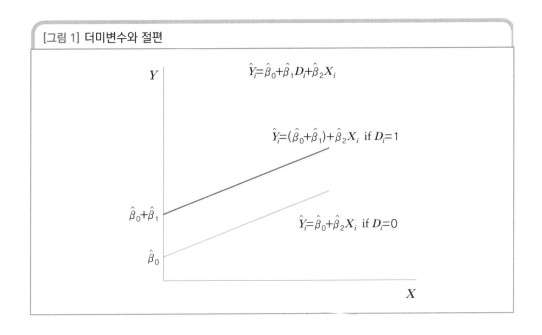

(2) 더미변수와 기울기

만약 더미변수를 정량적 변수와 상호작용할 수 있는 모형으로 활용한다면 회귀함수의 유연성을 높일 수 있다. 더미변수와 정량적 변수의 곱으로 정의되는 상호작용항(interaction term)을 회귀함수식에 도입하면 다음과 같은 회귀모형이 된다. 즉

$$Y_i = \beta_0 + \beta_1 D_i + \beta_2 X_i + \beta_3 D_i X_i + u_i$$

이 모형의 추정결과는 $\hat{Y}_i = \hat{\beta}_0 + \hat{\beta}_1 D_i + \hat{\beta}_2 X_i + \hat{\beta}_3 D_i X_i$ 로 나타낼 수 있는데, 더미변수의 값이 0이냐 1이냐에 따라 추정된 회귀식의 절편과 기울기가 변화한다. 즉 만약 $D_i = 0$이면 $\hat{Y}_i = \hat{\beta}_0 + \hat{\beta}_2 X_i$ 가 되고, 만약 $D_i = 1$이면 $\hat{Y}_i = (\hat{\beta}_0 + \hat{\beta}_1) + (\hat{\beta}_2 + \hat{\beta}_3) X_i$가 된다.

따라서 더미변수의 파라미터는 $\hat{\beta}_1$ 값과 기울기 더미변수의 파라미터인 $\hat{\beta}_3$ 값이 취하는 범위에 따라, ① 같은 절편과 같은 기울기를 가진 하나의 회귀선, ② 다른 절편, 같은 기울기를 가진 두 개의 회귀선, ③ 같은 절편, 다른 기울기를 가진 두 개의 회귀선, ④ 다른 절편, 다른 기울기를 가진 두 개의 회귀선의 네 가지 형태의 회귀선으로 정의될 수 있다.

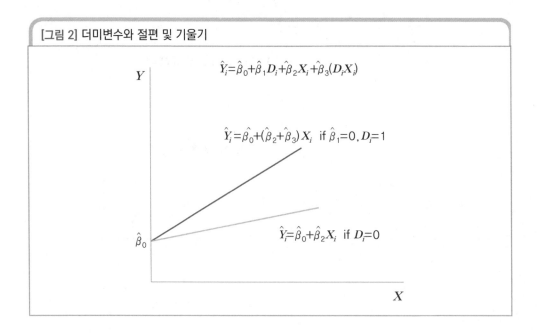

[그림 2] 더미변수와 절편 및 기울기

(3) 2개 이상 정성적 변수의 상호작용

만약 두 개 이상의 정성적 변수, 혹은 더미변수를 서로 상호 작용시키면 정성적 변수가 나타내는 다양한 특성들의 조합간 차이를 탐지할 수 있는 모형을 추정할 수 있다. 즉 정성적 변수의 특징들을 결합하여 종속변수의 변화에 다양한 특성들의 존재가 어떤 영향을 미치는가를 평가할 수 있는 것이다.

정성적 변수의 특성들이 상호작용하는 다음과 같은 회귀모형을 생각해보자.

$$Y_i = \beta_0 + \beta_1 X_i + \beta_2 D_{Ai} + \beta_3 D_{Bi} + \beta_4 D_{Ai} D_{Bi} + u_i$$

여기서 X_i는 통상적인 정량적 변수를 나타낸다. D_{Ai}와 D_{Bi}는 특별한 정성적 특징들을 나타내는 더미변수이고 $D_{Ai} D_{Bi}$ 는 두 더미변수의 상호작용을 나타내는 항이다.

이 모형이 나타내는 사례는 시간당 임금과 성 및 인종의 관계를 모형화한 것에서 찾을 수 있다. 시간당 임금의 결정요인으로서 성과 인종을 나타내는 독립된 더미변수를 사용하였다. 만약 성이 여성이고, 유색인종일 경우 특별히 시간당 임금에서 보다 많은 차별을 받는다는 점을 모형에 반영하려면 성과 인종의 상호작용을 나타내는 항을 추가하면 된다.

즉 이상의 함수를 추정하게 되면 추정된 함수식은 다음과 같이 나타낼 수 있다.

$$\hat{Y}_i = \hat{\beta}_0 + \hat{\beta}_1 X_i + \hat{\beta}_2 D_{Ai} + \hat{\beta}_3 D_{Bi} + \hat{\beta}_4 D_{Ai} D_{Bi}$$

여기에서 종속변수 $\hat{Y}_i$은 정량적 변수 X_i 값과 더미변수의 네 가지 조합에 따라 다음과 같은 형태를 갖게 될 것이다.

① 만약 $D_{Ai} = 0$이고 $D_{Bi} = 0$이면 $\hat{Y}_i = \hat{\beta}_0 + \hat{\beta}_1 X_i$,
② 만약 $D_{Ai} = 1$이고 $D_{Bi} = 0$이면 $\hat{Y}_i = (\hat{\beta}_0 + \hat{\beta}_2) + \hat{\beta}_1 X_i$
③ 만약 $D_{Ai} = 0$이고 $D_{Bi} = 1$이면 $\hat{Y}_i = (\hat{\beta}_0 + \hat{\beta}_3) + \hat{\beta}_1 X_i$
④ 만약 $D_{Ai} = 1$이고 $D_{Bi} = 1$이면 $\hat{Y}_i = (\hat{\beta}_0 + \hat{\beta}_2 + \hat{\beta}_3 + \hat{\beta}_4) + \hat{\beta}_1 X_i$

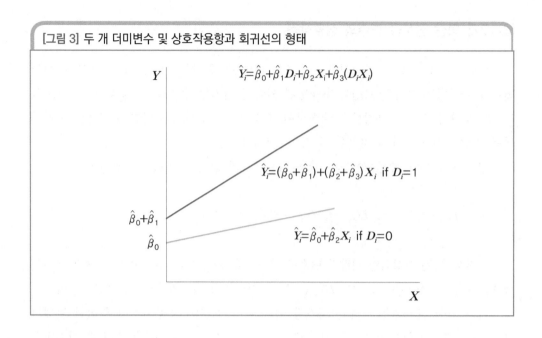

[그림 3] 두 개 더미변수 및 상호작용항과 회귀선의 형태

$$\hat{Y}_i = \hat{\beta}_0 + \hat{\beta}_1 D_i + \hat{\beta}_2 X_i + \hat{\beta}_3 (D_i X_i)$$

$$\hat{Y}_i = (\hat{\beta}_0 + \hat{\beta}_1) + (\hat{\beta}_2 + \hat{\beta}_3) X_i \text{ if } D_i = 1$$

$$\hat{Y}_i = \hat{\beta}_0 + \hat{\beta}_2 X_i \text{ if } D_i = 0$$

03   Stata에서의 더미변수 생성과 활용

(1) 더미변수의 생성방법

범주형 변수(categorical variable)는 Stata에서 요소변수(factor variable)라고 한다. 범주형 변수는 데이터세트에서 각 관측치가 속한 그룹을 나타내는 것이다. 가령 각 개인을 주거지(서울, 수도권, 지방 등), 직업(무직, 블루컬러, 화이트컬러), 인종(황색, 백색, 흑색) 등과 같은 범주로 구분하는 변수를 말한다. 때로는 가구당 가족 수, 가구당 차량 보유 대수와 같이 수를 나타내는 변수도 해당 가구의 범주를 나타낼 수 있다.

이런 범주형 변수 가운데 특히 두 개의 그룹으로 나누어지는 변수(가령, 남자와 여자)는 지시변수(indicator variable), 혹은 더미변수(dummy variable)라고 한다. 계량경제학에서는 주로 더미변수라고 부르는데 매우 다양하게 활용된다. 다음과 같은 네 가지 방법을 이용한다면 매우 편리할 것이다.

1) generate, replace, if문을 사용하는 방법

첫째는 하나의 더미변수를 만드는 방법으로 generate명령어를 사용하는 방법이다. 가령 나이변수인 age가 25세 이하이면 1의 값, 그 이상이면 0의 값을 갖는 young라는 더미변수를 만들어보자.

```
generate young=0
replace   young = 1 if age<25

generate young=(age<25)
```

만약 변수 age가 결측치를 가진다면 다음과 같이 하면 된다.

```
generate young=0
replace  young=1 if age<25
replace  young=. if missing(age)

generate young=(age<25) if !missing(age)
```

2) tabulate문과 generate 옵션을 사용하는 방법

둘째는 tabulate 명령어에 generate( )옵션을 사용하는 방법이다. 가령 group이란 변수가 1, 2 또는 3의 값을 갖는 범주형 변수라면 다음과 같은 명령어를 실행하여 g1, g2, g3의 세 개 더미변수를 생성할 수 있다.

```
tabulate group, generate(g)
```

간혹 시계열자료와 횡단면 자료가 합쳐진 풀링 자료를 사용할 때 풀링(혼용) 회귀분석(pooled regression of crosssection and timeseries data)을 한다면 횡단면과 시간을 나타내는 더미변수를 추가한다. 수십 개의 더미변수를 직접 만들려고 할 때와 비교한다면 Stata의 이런 기능이 얼마나 편리한가를 알 수 있다.

3) 요소변수(factor variables)를 사용하는 방법

셋째는 요소변수(factor variables)를 사용하는 방법이다. 두 번째 방법보다 더욱 편리하다. 두 번째 방법으로 더미변수를 만든 후 회귀분석을 한다면 다음과 같이 한다.

```
tabulate group, generate(g)
regress y age tenure g2 g3
```

하지만 요소변수를 사용하는 방법을 통해 더미변수를 포함하는 회귀분석을 한다면 다음과 같이 더미변수가 될 범주형 변수 앞에 i.을 부가한 변수를 독립변수로 추가하면 된다.

```
regress y age tenure i.group
```

4) 회귀분석 areg명령어 사용하기

넷째는 더미변수를 만드는 과정없이 새로운 회귀분석 명령어를 사용하는 방법이다. Stata에는 areg라는 회귀분석 명령어가 제공되므로 이를 사용하면 된다. 회귀모형에 수십 개의 더미변수를 포함시키는 것도 아주 쉽게 처리할 수 있다.

```
areg price weight length, absorb(rep78)
```

(2) 많은 더미변수의 집단적 유의성 검정

더미변수로 활용하려는 변수가 여러 개의 특성을 가질 때 이런 특성의 개수보다 1개 적은 수의 더미변수가 회귀모형에 포함된다. 그런데 여러 개의 더미변수가 포함된 회귀모형에서 개별적으로 유의성 검정을 하면 어떤 더미변수는 유의성이 있고, 어떤 더미변수는 유의성이 없기도 한다. 따라서 개별적인 유의성 검정보다는 집단적으로 관련 더미변수가 포함된 모형과 포함되지 않은 모형의 유의성(collective significance)을 비교하는 검정이 필요하다.

하나의 정성적 변수가 여러 개의 특성을 가짐으로 인해서 이를 나타내기 위해 여러 개의 더미변수가 사용될 때의 집단적인 유의성 검정은 다음과 같은 F검정을 하게 된다.

$$F = \frac{(RSS_R - RSS_{UR})/q}{RSS_{UR}/(n-p-1)}$$

여기서 RSS_R은 제약이 가해진 모형, 즉 더미변수가 배제된 모형의 잔차자승합을 나타내고, RSS_{UR}은 제약이 가해지지 않은 모형, 즉 더미변수가 포함된 모형의 잔차 자승합을 나타낸다. n은 관측치의 수, p는 제약이 가해지지 않은 모형의 독립변수의 수, q는 제약이 가해지지 않은 모형에 포함된 더미변수의 수를 나타낸다. 더미변수의 집단적 유의성 검정결과는 Stata 아웃풋에서 제공된다.

[사례 Ⅱ-4-1] 더미변수의 활용법 사례(Ⅱ-4-1-DummyVariable.do)

```
***********************
* *** 더미변수 활용법 ***
* ***********************
sysuse auto

* 요약통계
summarize price weight length foreign rep78

* 상관계수
corr price weight length foreign rep78

* 더미변수(절편)
regress price weight length foreign

* 더미변수(기울기)
generate  wf=weight*foreign
regress price weight length wf

* 더미변수(절편, 기울기)
regress price weight length foreign wf

* 요소변수를 이용한 더미(절편)
regress price weight length i.foreign

* 다수의 더미변수
areg price weight length, absorb(rep78)
```

04 구조변화 검정

시계열 자료의 구조변화를 파악하고, 더미변수를 활용하여 이런 구조변화를 회귀분석에 반영하는 방법은 아주 오래된 방법의 하나이다.[2] 한국에서 과거 외환위기를 겪으면서 경제구조가 크게 바뀌고, 많은 경제통계의 시계열에서 큰 변화가 초래되었다. 모형의 추정에 이런 시계열 자료의 구조변화를 반영한다면 모형의 설명력을 높일 수 있다. 만약 imf란 더미변수를 만들어 1997년 이전에 0의 값을, 이후에 1의 값을 부여하고 추정하려는 모형의 독립변수에 이를 포함시킨다면 더미변수를 이용하여 구조변화를 반영하는 것이다.

이때 통계적으로 구조변화가 있었는지를 검정하는 방법이 개발되었는데 이는 1960년대의 차오테스트(Chow test)라는 방법이다. 오래된 방법이므로 구체적인 방법론은 생략하고 여기서는 이런 형태의 구조변화의 여부를 검정하는 방법과 처치법에 대해 설명하고자 한다.

첫째, 분석자가 구조변화가 일어난 정확한 시점을 인지하고 있다면, 이를 기준으로 구조변화가 일어났다고 평가할 수 있는지를 살펴보는 방법이다. Stata명령어 estat sbknown를 이용한다면 이미 정해진 시점을 기준으로 구조변화가 일어났는지를 평가할 수 있다. 만약 구조변화가 일어났다고 판단되면 모형의 추정에 더미변수를 이용하여 모형을 추정한다.

둘째는 통계적으로 구조변화가 일어난 시점을 찾아내는 방법이다. 대부분의 분석자들은 구조변화가 일어난 개괄적인 시점을 인지하고 있지만 통계자료에 이런 구조변화가 반영된 정확한 시점을 확인하기 힘들다. 만약 월별, 분기별 시계열 자료를 사용한다면 구조변화가 일어난 정확한 월, 분기를 확인하기 힘들 것이다. 이때 Stata 명령어 estat sbsingle을 사용하면 구조변화가 일어난 정확한 시점을 찾아낼 수 있다.

셋째는 분석기간 동안 특정변수에 여러 번의 구조변화가 일어났을 가능성을 전제로 구조변화의 시점과 횟수를 찾아낸 다음 각 구간별로 서로 다른 파라미터 추정치를 구하는 방법이 있다. 문턱회귀(threshold regression)방법이다.[3]

---

2   Chow, G. C.(1960), "Tests of equality between sets of coefficients in two linear regressions," *Econometrica* 28: pp.591-605.; Linden, A.(2015), "Conducting interrupted timeseries analysis for single- and multiple-group comparisons," *Stata Journal*, 15, pp.480-500.; Linden A.(2017), "A comprehensive set of postestimation measures to enrich interrupted timeseries analysis," *Stata Journal* 17: pp.73-88.

다음 사례는 미국의 이자율과 인플레이션 자료로부터 이상의 세 가지 구조변화를 탐지하고 이를 반영하는 방법에 대한 것이다.

[사례 II-4-2] 구조변화의 탐지와 문턱회귀분석 사례(II-4-2-StructuralBreak.do)

```
* ***************************************
* *** 구조변화의 탐지 및 문턱효과 회귀 ***
* ***************************************

webuse usmacro

* 구조변화의 검정
tsline fedfunds inflation
regress fedfunds L.fedfunds inflation
estat sbknown, break(tq(1980q1))
estat sbsingle
estat sbcusum

* 문턱효과 분석
threshold inflation, regionvars(L.inflation) threshvar(L.inflation)
threshold fedfunds, regionvars(L.fedfunds inflation ogap) threshvar(L.ogap)
threshold fedfunds, regionvars(L.fedfunds inflation ogap) threshvar(L.ogap) optthresh(3)
```

---

3 Gonzalo, J. and J. Y. Pitarakis(2002), "Estimation and model selection based inference in single and multiple threshold models," *Journal of Econometrics* 110, pp.319–352.; Hansen, B. E.(1997), "Approximate asymptotic p values for structural−change tests," *Journal of Business and Economic Statistics* 15, pp.60–67.; Hansen, B. E.(2000), "Sample splitting and threshold estimation," *Econometrica* 68, pp.575–603.; Hansen, B. E.(2011), "Threshold autoregression in economics," *Statistics And Its Interface* 4, pp.123–127.; Linden, A.(2015), "Conducting interrupted timeseries analysis for single and multiple−group comparisons," *Stata Journal* 15: pp.480–500.; Linden, A.(2017), "A comprehensive set of postestimation measures to enrich interrupted timeseries analysis," *Stata Journal* 17, pp.73–88.; Tong, H.(1983), *Threshold Models in Non−linear Time Series Analysis*, New York: Springer.; Tong, H.(1990), *Non−linear Time Series: A Dynamical System Approach*, New York: Oxford University Press.

Stata 아웃풋의 문서화

지금까지 고전적 최소자승법과 관련된 기초적 내용을 설명하였다. 일단 여기까지 살펴본 독자라면 Stata를 이용하여 얻게 된 다양한 분석결과를 보고서나 논문에서 필요한 형태로 문서화할 필요성을 느낄 것이다.

Stata의 특정 명령어를 수행한 후 결과물 윈도에 나타난 아웃풋을 직접 복사하여 아래한글이나 MS워드, 또는 파워포인트와 같은 문서에 붙여넣기를 하면 된다. 또 로그 파일(log file)형태의 파일로 아웃풋을 저장한 후 텍스트 형태로 된 그 내용을 다시 복사하여 문서화할 수 있다. 실제 이런 작업은 매우 불편한 작업이다. 따라서 많은 분석 자들은 Stata 결과물을 자신이 작성하는 문서의 일부로 만드는 쉬운 방법을 필요로 한다. 이를 위해서는 Stata 고유의 명령어인 estimate table을 이용하면 된다. Stata 아웃 풋을 보다 세련된 모습으로 문서화하기를 원한다면 다양한 사용자 작성 프로그램들을 이용하면 된다.

01   Stata 아웃풋의 문서화

응용계량경제학 분석결과는 다양한 형태의 보고서나 보다 전문적인 논문 또는 저술을 위해 사용된다. 실증분석 결과를 논문작성에 이용할 때에는 보통 사용한 자료의 단순 기술통계량, 상관계수 행렬, 추정된 모형의 추정결과를 리포트하게 된다.

(1) Stata명령어 estimate table 사용법

Stata에서도 추정결과의 리포트를 위한 간단한 명령어가 존재한다. 여러 개의 회귀모형을 추정한 후 estimates store라는 명령어를 이용하여 추정결과를 각각 보관한 다음, 나중에 이를 테이블 형태로 출력하는 방법이다. 하나의 표 형태로 파라미터 추정치, 표준편차, t값, 설명력, 유의성 검정결과 등의 지표를 출력할 수 있다. 결과물 윈도에 출력되면 이를 복사하여 아래한글, MS워드 등에서 붙여넣기를 한 후 적절히 편집하는 방법이다.

(2) 사용자 프로그램 esttab 사용하기

Stata에서 제공해주는 이상의 기능은 많은 Stata사용자들을 만족시킬 정도로 세련된 아웃풋을 제공해 주지 못한다. 사용자 프로그램인 esttab라는 명령어가 개발되어 보다 세련된 아웃풋을 제공한다. 먼저 해당 프로그램을 설치하고 estimates store라는 명령어를 이용하여 회귀모형의 추정결과를 보관한 후 esttab라는 명령어를 사용하면 세련된 아웃풋을 얻을 수 있다.

리설트 윈도에서 출력한 후 이를 복사하여 사용할 수도 있고, 별도의 MS워드 파일(rtf파일)로 저장하여 사용할 수도 있다. 파라미터 추정치, 표준편차, t값, 설명력뿐만 아니라 유의성 수준별(10%, 5%, 1%)로 유의성을 검정한 결과를 별표(*)를 이용하여 표시할 수도 있다.

(3) 사용자 프로그램 sum2docx, corr2docx, rreg2docx사용하기

최근에는 Stata 아웃풋을 보다 세련된 형태의 MS워드 파일로 저장하는 사용자 프로그램이 개발되었다. 추정결과뿐만 아니라 단순기술통계량, 상관계수 행렬, 추정결과를 동시에 MS워드 파일(docx파일)로 저장하는 기능을 가지고 있다. 더 이상 추가적인 작업이 필요없을 정도의 세련된 형태이기 때문에 그대로 사용할 수 있다. 만약 아래아한글 사용자라면 MS워드에시 파일을 열고 이를 복사하여 사용하면 된다.

아래 사례는 이상에서 언급한 추정결과를 표로 만드는 여러 방법에 대한 내용이다. 마지막 방법을 잘 활용하면 분석결과를 리포트할 때 매우 편리할 것이다.

```
* ****************************************
* *** Stata Output을 문서화하는 방법 사례 ***
* ****************************************

*  1) Stata 명령어 estimates store, estimates table 이용하기
sysuse auto, clear
regress price mpg weight
estimates store model1
regress price mpg weight length
estimates store model2
regress price mpg weight length rep78
estimates store model3
regress price mpg weight length rep78 foreign
estimates store model4

estimates table model1 model2 model3 model4
estimates table model1 model2 model3 model4   ///
        , b(%7.2f) se(%5.4f)
estimates table model1 model2 model3 model4   ///
        , b(%7.2f) se(%5.4f) stats(N r2_a)
estimates table model1 model2 model3 model4   ///
        , b(%7.2f) star(0.10 0.05 0.01) stats(N r2_a)
estimates table model1 model2 model3 model4   ///
        , b(%7.2f) se(%5.4f) t(%4.1f) stats(N r2_a)

* 2) 사용자 프로그램  esttab 사용하기
* 사용자  프로그램의  설치
ssc install http://www.stata-journal.com/software/sj7-2/st0085_1.pkg

esttab model1 model2 model3 model4    ///
    , star(* 0.10 ** 0.05 *** 0.01) r2 b(%10.1f) t(%10.1f) fixed

esttab model1 model2 model3 model4    ///
    , star(* 0.10 ** 0.05 *** 0.01) r2 b(%10.1f) se(%10.1f) fixed

* 추정결과의 MS Word 파일 생성
esttab model1 model2 model3 model4 using review           ///
    , replace star(* 0.10 ** 0.05 *** 0.01)               ///
        rtf r2 aic mtitle( "Model 1" "Model 2" "Model 3"  "Model 4" ) ///
        label title("Estimation Results")
```

```
* 3) 사용자 프로그램  sum2docx,  corr2docx, rreg2docx 사용하기
* 단순기술통계, 상관계수행렬, 회귀분석결과를 MS  Word 파일로 저장
* 사용자  프로그램의  설치
ssc install http://fmwww.bc.edu/RePEc/bocode/c/corr2docx.pkg
ssc install http://fmwww.bc.edu/RePEc/bocode/s/sum2docx.pkg
ssc install http://fmwww.bc.edu/RePEc/bocode/r/reg2docx.pkg

* 단순기술통계량을 워드문서로 보관
sum2docx price mpg weight length rep78 foreign using temp1.docx        ///
    , replace stats(N mean(%9.2f) sd min(%9.0g) median(%9.0g) max(%9.0g))

sum2docx price mpg weight length rep78 foreign using temp2.docx  ///
    , replace stats(N mean sd min median max)   title("단순기술통계량")

sum2docx price mpg weight length rep78 foreign using temp3.docx        ///
    , replace stats(N mean(%9.2f) sd min(%9.0g) median(%9.0g) max(%9.0g))   ///
      title("〈표 1〉 단순기술통계량")

putdocx append temp1.docx temp2.docx temp3.docx  ///
        , saving(mytable.docx,replace)

* 상관계수행렬을  워드문서로 보관
corr2docx mpg weight length rep78 foreign using temp1.docx, replace

corr2docx mpg weight length rep78 foreign  ///
    if foreign == 1 using temp1.docx        ///
    , replace note("foreign car")

corr2docx mpg weight length rep78 foreign using temp1.docx, replace star

corr2docx mpg weight length rep78 foreign using temp1.docx  ///
    , append star(** 0.01 * 0.05)

corr2docx mpg weight length rep78 foreign using temp1.docx  ///
    , replace star note(피어슨의 상관계수)

corr2docx mpg weight length rep78 foreign using temp1.docx  ///
    , replace star note(주: 피어슨의 상관계수)               ///
      title("상관계수행렬")

corr2docx mpg weight length rep78 foreign using temp1.docx  ///
```

```
        , replace star

  * 회귀분석결과 MS Word 파일로 보관
  reg2docx model1 model2 model3  model4 using result.docx  ///

      . replace scalars(r2(%9.3f) ar2(%9.2f) t(%7.2f))        ///
        title(Table: OLS regression results)                 ///
        mtitles("model 1" "model 2" "model 3" "model 4")
```

02 그래프의 문서화

앞서 설명한 바와 같이 Stata작업 결과 가운데 단순기술통계량, 간단한 교차제표, 상관계수행렬, 회귀분석결과 등만 보고서, 논문, 저술에 활용되기 위해 사용되는 것이 아니라 산포도, 선 그래프, 히스토그램과 같은 다양한 형태의 도표도 문서작성에 활용된다.

이를 위해서는 제1부 제4장 그래프 그리기에서 설명한 대로, 직접 Stata 그래프 윈도에서 그래프를 복사하여 사용할 수도 있고, 별도의 파일(.emf)로 저장한 후 이 파일을 불러와서 사용할 수도 있다. 보다 세련된 그래프를 그리기 위해서는 Stata 그래프 에디터를 이용하여 수정할 수도 있고, Stata그래프를 파워포인트에서 재편집할 수도 있다. 특히 파워포인트를 이용한 재편집 기능을 잘 활용한다면 보다 세련된 그래프를 그릴 수 있을 뿐만 아니라 이를 직접 파워포인트에서 다양한 애니메이션을 적용하여 멋진 발표 자료를 만들 수도 있다.

PART

3

계량경제학적 평가주제

제3부에서는 분석모형을 계량경제학적으로 평가하는 데 필요한 다중공선성, 이분산, 자기상 관의 문제에 대해 살펴본다. 제2부에서 살펴본 정규성관련 내용과 더불어 계량경제학의 가장 중요한 내용을 구성하는 부분이다. 결국 가우스-마코프 정리의 기본가정 충족 여부를 평가하 는 내용이 된다. 제1장에서는 다중공선성 문제, 제2장에서는 이분산 문제, 제3장에서는 자기 상관의 문제를 탐지하고, 해결하는 방법을 살펴본다. 계량경제학을 공부했다는 독자라면 적 어도 이 부분의 내용까지는 이해해야 한다. 제4장에서는 지금까지 학습한 전체 내용을 종합 적으로 하나의 사례를 이용해서 살펴본다. 마지막 제5장에서는 연립방정식 모형에 대해 설명 한나.

CHAPTER
01

다중공선성

01 다중공선성의 개념과 형태

(1) 다중공선성의 개념

고전적 최소자승법의 기본가정의 하나는 독립변수의 표본 값들 간에는 정확한 선형관계가 존재해서는 안 된다는, 소위 완전다중공선성 문제가 없어야 한다는 것이다. 다중공선성의 문제는 회귀분석 모형에서 둘 이상의 독립변수 간에 선형관계가 존재한다면 파라미터 추정이 불가능하게 되는 문제이다. 실증분석 과정에서 완전 다중공선성의 문제에 직면하게 되는 일은 거의 없지만, 높은 수준의 다중공선성 문제에는 자주 접하게 되므로 회귀분석 결과에서 상당한 문제가 발생할 수 있다.

(2) 다중공선성의 형태

다중공선성의 문제에는 완전다중공선성 문제와 높은 다중공선성 문제의 두 가지 형태가 있다. 첫째, 완전다중공선성의 문제는 회귀모형에서 두 개 이상의 독립변수가 확정적인 선형관계(deterministic linear relationship)를 가질 때 발생한다. 완전 공선성 관계에 있는 두 변수가 독립변수로 사용될 때에는 고전적 최소자승법을 사용하여 파라미터 추정치를 구할 수 없다. 이런 점에서 완전 다중공선성 문제는 고전적 최소자승법의 기본가정을 위반한다.

둘째, 높은 다중공선성의 문제이다. 회귀모형에 포함된 두 개 이상의 독립변수들 간에 매우 높은 선형관계가 존재하는 것이다. 실증분석 과정에서 자주 접하게 되는데 파라미터 추정결과에 문제를 발생시킨다.

02 다중공선성 문제의 영향

(1) 완전 다중공선성

완전다중공선성의 의미를 자세히 살펴보기 위해 다음과 같은 두 개의 독립변수, X_1, X_2를 가진 회귀모형을 생각해보자.

$$Y_i = \beta_0 + \beta_1 X_{1i} + \beta_2 X_{2i} + u_i$$

여기서 독립변수 X_2는 X_1과 다음과 같은 선형관계에 있다고 하자.

$$X_{2i} = \alpha_0 + \alpha_1 X_{1i}$$

X_2와 X_1의 이런 선형관계를 회귀모형에 대입하면 다음과 같은 식이 구해진다.

$$Y_i = \beta_0 + \beta_1 X_{1i} + \beta_2 (\alpha_0 + \alpha_1 X_{1i}) + u_i$$
$$= (\beta_0 + \beta_2 \alpha_0) + (\beta_1 + \beta_2 \alpha_1) X_{1i} + u_i$$

만약 이 식을 이용하여 상수항과 X_1의 기울기 값이 추정되었다 해도 이로부터 원래의 회귀모형의 회귀계수 값을 구할 수 없다. 즉, 완전 다중공선성의 문제로 인해 표본자료를 이용해서는 원래 설정된 모형에 대한 어떤 구조적 추론을 할 수 없다는 것이다. 완전 다중공선성의 문제가 있는 회귀모형에서 회귀계수는 추정될 수 없으며, 표준편차는 무한대(∞)가 된다.

완전 다중공선성의 문제는 보통 연구자들이 자료를 작성하고, 조작하는 과정에서 예기치 않게 발생한다. 가령 모든 가능성을 나타내는 더미변수를 전부 회귀모형의 독립변수로 포함시키는 것이 대표적이다.

완전 다중공선성의 문제가 있는 자료를 이용하여 회귀분석을 할 때 대부분의 통계 소프트웨어는 추정과정에서 이를 미리 탐지하고 완전 다중공선성 관계에 있는 두 변수 중 하나를 제외한 회귀분석 결과를 제공해 줌으로써 분석자의 주의를 환기시킨다. 분석자는 자료작성과 독립변수의 선정에 주의함으로써 완전 다중공선성의 문제를 피할 수 있다.

완전 다중공선성 문제는 회귀분석모형을 행렬의 형태로 나타내면 보다 의미가 분명해진다. 독립변수의 자료로 구성된 행렬 X의 특정 행이 만약 다른 하나, 또는 다른 여러 행들과 완전한 선형함수관계에 있다면 행렬 $X'X$는 특이행렬(singular matrix)이 되어 그 행렬식(determinant)은 영(0)이 된다. 즉 $|X'X| = 0$. 따라서 고전적 최소자승추정량 $\hat{\beta} = (X'X)^{-1}X'Y$의 계산식에서 $(X'X)^{-1}$이 존재하지 않게 된다.

(2) 불완전 다중공선성

또 다른 다중공선성의 문제는 불완전 다중공선성(imperfect multicollinearity) 또는 높은 다중공선성(high multicollinearity)의 문제이다. 불완전 다중공선성 문제를 전술한 수식으로 설명하기 위해서 독립변수 X_2와 X_1의 선형관계에 확률적 요인을 추가해보자. 즉

$$X_{2i} = \alpha_0 + \alpha_1 X_{1i} + v_i$$

여기서 v_i는 완전 다중공선성과 불완전 다중공선성 문제를 구분하는 오차항을 나타낸다. 따라서 독립변수의 변이 가운데 일정부분은 다른 독립변수의 변이가 아닌 오차항에 의해 설명된다.

만약 독립변수들 간의 관계가 더욱 강해지면, 즉 α_1이 커지면 커질수록 모형의 추정에 있어서 문제가 발생할 가능성이 높아진다. 높은 다중공선성의 문제는 보통 다음과 같은 상황에서 발생할 가능성이 높다.

첫째, 시계열자료의 분석에서 시차변수(lagged variable)를 사용할 때 높은 다중공선성의 문제가 발생할 가능성이 있다. 둘째, 독립변수로 사용하는 변수가 공통적인 추세(common time trend)를 포함하고 있을 때 높은 다중공선성의 문제가 발생할 가능성이 있다. 가령 국민소득 수준과 종합주가지수는 같은 요인의 영향을 받아 함께 움직이는

경향이 있으므로 두 변수 간에는 높은 다중공선성의 문제가 발생할 가능성이 있다.

셋째, 비슷한 현상이나 상황을 나타내는 변수들을 함께 사용할 때 높은 다중공선성의 문제가 발생할 수 있다. 외국에서의 사례를 보면 범죄 발생률을 설명하기 위해 실업률, 평균소득, 빈곤율을 사용할 때 높은 다중공선성의 문제가 발생하는 것으로 알려져 있다.[1]

(3) 불완전 다중공선성 문제의 영향

높은 다중공선성의 존재는 고전적 최소자승법의 기본가정을 위배하지 않는다. 따라서 고전적 최소자승추정치가 구해질 수 있고, 추정치는 최량선형불편추정치(BLUE)가 된다. 높은 다중공선성의 문제가 있더라도 고전적 최소자승법에 의한 파라미터 추정치는 최소의 분산을 갖게 된다.

최소분산이라는 것은 상대적인 개념으로서 분산이 실제 작다는 것을 의미하지 않는다. 사실 분산(표준오차)이 보다 커진다는 사실 자체가 높은 다중공선성 문제를 피하려는 주된 이유가 된다.

높은 다중공선성의 문제로 인한 영향은 다음과 같다. 첫째, 표준오차가 커지고 그에 따라 유의성 없는 t통계량이 계산될 수 있다. 따라서 귀무가설을 기각하지 않을 가능성이 높아진다. 이런 이유로 하나 또는 그 이상의 파라미터 추정치가 통계적으로 유의하지 않을 수 있다. 그만큼 검정이 부실해지는 것이다.

둘째, 모형설정의 변화에 따라 파라미터 추정치가 매우 민감하게 변화한다. 자료의 변화에 대해 파라미터 추정치의 표준오차 역시 민감하게 변화한다. 다른 변수와 공선성이 있는 변수가 회귀모형에 추가된다면 다른 변수의 파라미터 추정치의 값이 민감하게 변화한다.

셋째, 모형설정 당시에 생각했던 경제 이론적 기반이 되는 파라미터의 부호와 크기가 너무 다른 무의미한 추정치가 구해질 수 있다.

넷째, 몇 개의 파라미터 추정치가 통계적으로 의미가 없더라도 모형의 설명력은 높을 수 있다. 결국 독립변수들 간에 공선성이 존재한다면 통계적 검정이 불안정해지고, 각 변수의 종속변수에 미치는 영향이 독립적으로 분리되기 힘들게 된다.

---

1   Fleisher, B. M.(1963), "The Effect of Unemployment on Juvenile Delinquency," *Journal of Political Economy*, 71(6), pp.543−555.; Fleisher, B. M.(1966), "The Effect of Income on Delinquency," *American Economic Review*, 56(1), pp.118−137.

03 다중공선성 문제의 탐지법

높은 다중공선성의 문제는 고전적 최소자승법의 기본가정을 위배하는 것이 아닌, 표본과 관련된 문제이기 때문에 실증분석 과정에서는 다중공선성의 심각성 정도를 측정하기 위해 다양한 방법을 사용한다. 가장 많이 사용되는 방법은 피어슨(Pearson)의 상관계수와 분산팽창요소(Variance Inflation Factor: VIF)이다.

(1) 상관계수

다중공선성 문제의 존재여부를 가장 쉽게 평가할 수 있는 방법은 독립변수 간의 선형관계를 보여주는 표본상관계수(pairwise correlation coefficients)를 구해서 높은 상관관계를 가질 때 다중공선성 문제가 있는 것으로 판단하는 것이다.

물론 상관계수를 이용하여 다중공선성의 존재 여부를 확정하기 전에 높은 결정계수(R^2)와 파라미터 추정치의 낮은 유의성(유의성 없는 t값), 파라미터 추정치의 민감한 변화, 의미없는 부호와 크기를 갖는 파라미터 추정치의 존재 여부 등을 보완적으로 검토해야 한다.

또한 두 독립변수가 낮은 표본상관계수 값을 가진다고 해서 다중공선성 문제에서 자유롭다고 할 수 없다는 점도 주의해야 한다. 표본 상관계수는 단지 2개 독립변수간의 선형관계에 대한 정보만을 제공해주기 때문에 특정 독립변수의 값이 다른 여러 독립변수와 선형결합 관계에 있다면 다중공선성의 문제가 있음에도 불구하고 표본상관계수는 낮게 나타날 수 있다.

(2) 분산팽창요인

개별 독립변수에 대해 분산팽창요인(Variance Inflation Factor: VIF)을 계산하여 다중공선성의 존재여부를 평가할 수 있다. 분산팽창요인은 특정 독립변수와 다른 모든 독립변수들 간의 선형결합관계를 파악하는 지표이나.

분산팽창요인은 다음 식으로 정의된다. 즉

$$VIF_k = \frac{1}{1 - R_k^2}$$

여기서 R_k^2는 특정 독립변수 X_k를 모형에 있는 다른 모든 독립변수에 대해 회귀분석하였을 때의 결정계수를 나타낸다.

Stata에서는 회귀분석을 한 후 분산팽창요인을 계산할 수 있는 estat vif란 명령어를 제공한다. 분산팽창요인을 이용하여 다중공선성 문제의 존재여부를 평가하는 방법은 10이상일 때 매우 강한 다중공선성의 문제가 있다고 할 수 있고, 5~10의 값을 가질 때 약한 다중공선성 문제가 있다고 할 수 있다.[2]

(3) 퍼라-글라우버 검증(Farrar Glauber Contrast)

표본상관계수를 이용하여 다중공선성의 존재여부를 판단하는 것이 완벽하지 않다는 점 때문에 퍼라－글라우버는 편상관계수를 이용하여 이를 탐지하고자 하였다. 하지만 편상관계수를 이용한 다중공선성 문제의 존재여부 역시 완벽한 지침이 될 수 없다는 많은 비판도 있다. Stata에서는 fgtest라는 사용자 작성프로그램을 통해 퍼라－글라우버 검증을 할 수 있다.[3]

(4) 타일의 R^2

Stata에서는 theilr2라는 사용자 작성 명령어를 이용하여 타일의 R^2(Theil's R^2)를 계산함으로써 다중공선성 존재여부를 검정할 수도 있다.[4]

---

2   Roberto Pedace(2013), "Multicollinearity," in *Econometrics for Dummies*, John Wiley & Sons, pp.175－190.

3   Shehata, Emad Abd Elmessih(2012), FGTEST: Stata Module to Compute Farrar－Glauber Multicollinearity Chi2, F, t Tests.

4   Shehata, Emad Abd Elmessih(2012), THEILR2: Stata Module to Compute Theil R2 Multicollinearity Effect.

04 다중공선성 문제의 해결방안

다중공선성 문제의 해결은 생각보다 쉽지 않다. 불완전 다중공선성 문제의 해결을 위해 다양한 잠재적 수단을 이용하여 해결책을 찾아볼 수는 있으나, 다른 측면에서는 보다 심각한 문제를 일으킬 수도 있다.

최선의 방법은 없지만 다음과 같은 가이드라인(guideline)을 고려해볼 만하다. 만약 분석의 목적이 예측(forecasting or prediction)에 있다면 예측구간에 있어서도 동일한 공선성의 문제가 존재하기 때문에 특별한 조치를 취하지 않는 것이 최선의 방법이다.

만약 분석목적이 각 독립변수의 개별 파라미터의 믿을만한 추정치를 구하는 것이라면 다중공선성 문제에 보다 신중하게 접근해야 한다. 해결방법에는 보다 많은 자료를 수집하거나, 완전히 새로운 모형을 설정하거나, 또는 문제가 되는 변수를 제거하는 방법이다. 이에 대해 보다 자세히 살펴보자.

첫째, 보다 많은 자료를 수집하는 것은 파라미터 추정치의 효율성을 높일 수도 있지만 다중공선성의 문제를 해결하는 데에도 도움이 된다. 자료를 보다 많이 수집하는 방법은 횡단면 자료일 때 표본의 수를 늘리는 것이다. 시계열 자료에서는 자료가 수집되는 빈도를 늘리는 것으로 연간자료를 분기별 또는 월별자료로 수집하는 것이다. 패널 자료라면 자료의 집계수준을 낮추어 국가별 자료는 지역별, 도시별, 가구별, 개인별로 수집하는 것이다. 하지만 자료의 추가적 수집은 비용이 많이 들고, 분석대상 모집단이 바뀜으로 인해 의도하지 않은 결과를 초래할 수도 있다.

둘째, 새로운 모형을 설정한다는 것은 종속변수에 영향을 미치는 독립변수로 생각했던 것들을 다른 변수로 바꾸는 것이다. 다중공선성 문제의 해결에서 자주 사용되는 방법은 높은 상관관계에 있는 기존변수를 로그변환, 역함수, 차분, 결합하는 것이다. 이는 결국 함수형태를 바꾸는 작업이 될 것이다.

이중 특히 높은 상관관계가 있는 변수를 결합하는 방법은 복합지수(composite index)를 만드는 것이다. 대표적인 것은 개별상품의 소비자 가격지수 대신 이들의 복합지수인 소비자 물가지수(CPI)를 독립변수로 사용한다든지, 주요인분석(principal component analysis)을 통해 상관관계가 높은 변수들의 선형결합으로 정의되는 주요인(principal component)을 계산하여 독립변수로 사용하는 방법이 있다. Stata에서는 주요인 분석을 위해 pca라는 명령어가 사용된다.

셋째, 다중공선성의 문제가 되는 상관관계가 높은 변수의 하나를 모형에서 제거하는 방법이다. 물론 특정변수를 모형에서 제거한다는 것은 또 다른 문제, 즉 모형설정오류의 문제를 초래할 수 있다. 만약 다른 변수와 거의 비슷한 정보를 가진 변수였다면 이를 제거하는 것은 과잉 설정된 모형을 개선하는 것이 된다. 변수를 제거할 때에는 이론적으로 가장 합리성을 가진 변수를 남기는 것이 좋을 것이다.

다중공선성 문제를 해결하는 이상의 방법 외에 모형의 새로운 추정방법을 통해 이를 해결하려는 시도도 있다. 소위 능형회귀(ridge regression)라는 새로운 추정방법을 사용하는 것이다. 오래전에 개발된 방법으로 활용도가 높지는 않다. Stata에서는 능형회귀를 위해 사용자 작성 프로그램인 ridgereg라는 명령어가 사용된다.[5]

05 Stata를 이용한 다중공선성 문제의 진단과 해결

다중공선성 문제의 탐지와 해결에 대한 대부분 계량경제학 교과서에서는 Longley가 수집한 자료를 사용하고 있다.[6] 설정된 모형은 종속변수인 고용자수(y)의 결정요인들로서 GDP디플레이터(x1), GDP(x2), 실업자수(x3), 군인수(x4), 14세 이상의 인구(x5)와 추세(t)를 이용하고 있다.

다음의 사례를 직접 Stata에서 실행하면서, 어떤 변수들이 상관관계가 높은지, 회귀분석결과 결정계수와 각 독립변수 파라미터 추정치의 유의성, 다양한 다중공선성 탐지 통계량을 살펴보자. 특히 x1, x2, x5의 VIF와 파라미터 추정치의 유의성을 통해 전형적인 다중공선성 문제의 특징을 이해하도록 하자.

---

5   Shehata, Emad Abd Elmessih(2012), RIDGEREG: OLS−Ridge Regression Models and Diagnostic Tests.

6   Longley, J. W.(1967) "An Appraisal of Least Squares Programs for the Electronic Computer from the Point of View of the User," *Journal of the American Statistical Association*, 62.319, pp.819−841.; Greene, William H.(2018), *Econometric Analysis* (8th ed.), Pearson, pp.95−97.

[사례 Ⅲ-1-1] 다중공선성 문제의 탐지와 해결방법 사례(Ⅲ-1-1-MultiLongley.do)

```
* ****************************************
* *** 다중공선성 문제의 탐지와 해결방법   ***
* ****************************************
use Ⅲ-1-1-MultiLongley, clear

* 자료의 단순기술통계량
summarize y x1 x2  x3  x4 x5
correlate  y x1 x2  x3  x4 x5 t

* 변수간 상관관계 도표
graph matrix y x1 x2  x3  x4 x5

* 회귀분석
regress y x1 x2  x3  x4 x5 t

* 다중공선성의 존재 검정 : VIF계산
estat vif

* Farrar-Glauber Multicollinearity Tests
ssc install http://fmwww.bc.edu/RePEc/bocode/f/fgtest.pkg
fgtest y x1 x2 x3 x4 x5 t

* Theil R2 Multicollinearity Effect
ssc install http://fmwww.bc.edu/RePEc/bocode/t/theilr2.pkg
theilr2 y x1 x2 x3 x4 x5 t

* 능형회귀(ridge regression)
ridgereg y x1 x2 x3 x4 x5, model(orr) lmcol
```

CHAPTER

02

이분산

01 이분산의 개념과 형태

(1) 이분산의 개념

오차항은 고전적 선형회귀모형에서 매우 중요한 요인이다. 고전적 최소자승법의 기본가정은 대부분 이런 오차항의 특성과 관련된 것들이다. 고전적 최소자승법의 기본 가정 가운데 매우 중요한 가정은 독립변수 값의 전 범위에 걸쳐 오차항의 분산이 일정하다는, 일명 동분산(homoscedasticity)의 가정이다. 동분산의 가정이 위배될 때 이를 이분산(heteroscedasticity)의 문제라고 한다.

02 이분산 문제의 영향

오차항이 이분산을 가진다는 것은 고전적 최소자승법이 최량선형불편추정량이 되기 위해 갖추어야 할 기본가정의 하나를 위반하는 것이다. 특히 이분산 문제가 있을 때 고전적 최소자승추정치는 효율적(최소분산)이 아니며, 파라미터 추정치의 표준오차는 편의를 갖기 때문에 t통계량이 부실해진다. 하지만 고전적 최소자승추정치는 여전히 불편성을 갖는다.

　오차항이 동분산을 갖는다는 가정 하에서 하나의 독립변수만을 갖는 모형을 생각해보자.

$$Y_i = \beta_0 + \beta_1 X_i + u_i$$

기울기를 나타내는 파라미터의 추정치의 분산은 다음과 같다.

$$Var(\hat{\beta}_1) = \frac{\sigma_u^2}{TSS_X}$$

여기서 σ_u^2는 오차항이 동분산임을 나타낸다. TSS_X는 $\sum_{i=1}^{n}(X_i - \overline{X})^2$이다. 만약 동분산의 가정이 없다면 $\hat{\beta}_1$의 분산은 다음과 같다.

$$Var(\hat{\beta}_1) = \frac{\sum_{i=1}^{n}(X_i - \overline{X})^2\, \sigma_{u_i}^2}{TSS_X}$$

여기서 $\sigma_{u_i}^2$는 오차항이 이분산이라는 것을 의미한다.

　만약 이분산의 존재를 적절히 설명할 수 없다면 파라미터 추정치의 분산, 표준편차를 제대로 계산할 수 없다. 따라서 표준오차 계산에서의 편의는 t통계량에 반영되고 통계적 유의성 검정의 결과에 영향을 미치게 된다.

$$t = \frac{\hat{\beta}_1 - \beta_1}{\sqrt{Var(\hat{\beta}_1)}}$$

　이분산 문제는 고전적 최소자승법을 적용할 때 흔히 접하는 문제이다. 특히 횡단면자료나 패널자료에서 자주 발견된다. 이분산의 존재여부를 미리 알 수 있는 방법도 없다. 경제이론 역시 이분산의 존재를 예상하는 데 도움이 안 된다. 하지만 경제통계를 활용하는 경험이 쌓이면 그 존재 가능성에 대한 감각을 익힐 수 있다.

(1) 잔차 그래프 그리기

그래프를 이용하면 이분산의 존재여부를 간단히 확인할 수 있다. 그래프를 그릴 때는 먼저 이분산을 초래한 원인으로 판단되는 독립변수를 X축에, 고전적 최소자승법을 통해 구해진 잔차항, 또는 잔차항의 제곱을 Y축에 그린다. 만약 그래프에서 잔차항이나 잔차항의 제곱 값의 분포가 X값의 크기에 따라 커지거나 작아진다면 이분산 문제가 있다고 판단할 수 있다.

하지만 엄밀한 측면에서 이분산의 존재여부를 그래프로 확인하는 것은 정확하지 않다. 오히려 그래프를 그려보는 것은 이분산의 증거를 확인하려는 것보다는 잔차항의 가변성과 관련된 독립변수를 찾아내는데 목적이 있다. 아래에서 설명하게 될 보다 공식적인 이분산 문제의 검정을 위해서는 잔차의 제곱과 독립변수를 비교하는 절차를 따르게 된다.

Stata에서는 이런 잔차의 분포를 간단히 살펴볼 수 있는 명령어로서 rvfplot, rvpplot가 사용된다. 잔차의 가변성과 관련된 독립변수를 찾아내는 데에는 gladder란 명령어가 사용된다. 그 외에도 이미 살펴본 정규성 여부를 판단하기 위한 명령어들도 이용될 수 있다.

(2) 브로슈-페이건 테스트(Breush-Pagan test)

브로슈-페이건 검정은 이분산의 존재여부를 검정하기 위해 널리 사용되는 검정 방법의 하나이다.[1] 이 방법은 잔차분산이 하나, 또는 그 이상의 독립변수의 함수라는 전제 하에 다음과 같이 나타낼 수 있다.

$$u_i^2 = \alpha_0 + \alpha_1 X_{1i} + \alpha_2 X_{2i} + \cdots + \alpha_k X_{ki} + v_i$$

---

1 Breusch, T. S. and Pagan, A. R.(1979), "A Simple Test for Heteroskedasticity and Random Coefficient Variation," *Econometrica*. 47 (5): pp.1287-1294.; Gujarati, Damodar N. and Porter, Dawn C.(2009), *Basic Econometrics* (5th ed.), New York: McGraw-Hill Irwin. pp.385-386.

여기서 실제 오차항 u_i는 알려진 것이 아니므로 잔차항 e_i가 사용된다. 일반적으로 BP검정에서는 다음 식을 추정한다.

$$e_i^2 = \alpha_0 + \alpha_1 X_{1i} + \alpha_2 X_{2i} + \cdots + \alpha_k X_{ki} + v_i$$

하지만 대안적으로 BP검정은 다음 식을 이용한다.

$$e_i^2 = \delta_0 + \delta_1 \widehat{Y}_i$$

$$\widehat{Y}_i = \hat{\beta}_0 + \hat{\beta}_1 X_{1i} + \hat{\beta}_2 X_{2i} + \cdots + \hat{\beta}_k X_{ki}$$

브로슈−페이건 테스트의 일반적인 분석순서는 다음과 같다.
① 고전적 최소자승법으로 다음의 회귀모형을 추정한다.

$$Y_i = \beta_0 + \beta_1 X_{1i} + \beta_2 X_{2i} + \cdots + \beta_k X_{ki} + u_i$$

② 추정된 모형으로부터 종속변수의 적합된 값(predicted or fitted value), $\widehat{Y}_i$을 다음과 같이 구한다. 그리고 종속변수의 실제값과 적합된 값의 차이인 잔차항을 구한다.

$$\widehat{Y}_i = \hat{\beta}_0 + \hat{\beta}_1 X_{1i} + \hat{\beta}_2 X_{2i} + \cdots + \hat{\beta}_k X_{ki}$$

$$e_i = Y_i - (\hat{\beta}_0 + \hat{\beta}_1 X_{1i} + \hat{\beta}_2 X_{2i} + \cdots + \hat{\beta}_k X_{ki})$$

③ 고전적 최소자승법을 이용하여 구해진 잔차의 제곱을 종속변수로 하고, 종속변수의 적합된 값을 독립변수로 하는 보조회귀함수를 추정한다. 즉

$$e_i^2 = \alpha_0 + \alpha_1 \widehat{Y}_i$$

④ 추정된 보조회귀함수의 결정계수 $R_{e^2}^2$을 이용하여 다음과 같은 F통계량, χ^2통계량을 구한다.

$$F = \frac{R_{e^2}^2 / 1}{(1 - R_{e^2}^2) / (n - 2)}$$

$$\chi^2 = n \, R_{e^2}^2$$

⑤ 구해진 F통계량, χ^2통계량의 p값을 구한 다음 이분산의 존재여부를 가설검정한다.

이상의 F검정에서 분자의 자유도는 1, 분모의 자유도 $n-2$이다. 카이자승 분포의 자유도는 1이다. 이들 검정통계량 가운데 어느 것이라도 유의성이 있으면 이분산이 있다는 증거가 된다. 그렇지 않다면 동분산이라는 귀무가설을 기각하는 데 실패한 것이다.

Stata에서는 BP검정을 위한 간단한 명령어로서 estat hettest란 명령어가 있다. regress명령어를 이용하여 모형을 추정한 후 이 명령어를 실행하면 된다. BP검정법의 약점은 이분산이 독립변수의 선형함수라는 가정을 한다는 점이다. 만약 오차분산과 독립변수가 비선형관계에 있다면 BP검정법은 이분산의 증거를 찾는 데 실패할 수 있다.

(3) White의 검정

이분산 검정에 자주 사용되는 또 다른 검정법은 화이트 검정방법이다.[2] 이 방법은 분산의 변이를 하나 또는 그 이상의 독립변수의 함수로 정의한다. BP검정과 유사하지만 화이트 검정에서는 독립변수가 오차분산에 대해 비선형일 수도 있고, 독립변수의 상호작용효과를 고려할 수도 있다. 전형적으로 화이트 검정은 이분산이 모든 독립변수와 그 제곱, 독립변수 간 교차항의 함수라고 가정한다.

BP검정에서와 마찬가지로 오차항의 값이 알려져 있지 않기 때문에 고전적 최소자승법의 추정결과로 나온 잔차항을 사용하여 다음 식을 추정한다.

$$e_i^2 = \alpha_0 + \alpha_1 X_{1i} + \cdots + \alpha_k X_{ki} + \alpha_{k+1} X_{1i}^2 + \cdots + \alpha_{2k} X_{ki}^2 + \alpha_{2k+1} X_{1i} X_{2i} + \cdots + v_i$$

대안적 방법으로 화이트 검정방법은 다음 식을 사용한다.

---

2 White, H.(1980), "A Heteroskedasticity–Consistent Covariance Matrix Estimator and a Direct Test for Heteroskedasticity," *Econometrica*, 48 (4): pp.817-838.

$$e_i^2 = \alpha_0 + \alpha_1 \widehat{Y_i} + \alpha_2 \widehat{Y_i}^2$$

화이트 검정의 절차는 다음과 같다.

① 고전적 최소자승법으로 다음의 회귀모형을 추정한다.

$$Y_i = \beta_0 + \beta_1 X_{1i} + \beta_2 X_{2i} + \cdots + \beta_k X_{ki} + u_i$$

② 추정된 모형으로부터 종속변수의 적합된 값(predicted or fitted value), $\widehat{Y_i}$을 다음과 같이 구한다. 그리고 종속변수의 실제값과 적합된 값의 차이인 잔차항을 구한다.

$$\widehat{Y_i} = \hat{\beta}_0 + \hat{\beta}_1 X_{1i} + \hat{\beta}_2 X_{2i} + \cdots + \hat{\beta}_k X_{ki}$$

$$e_i = Y_i - (\hat{\beta}_0 + \hat{\beta}_1 X_{1i} + \hat{\beta}_2 X_{2i} + \cdots + \hat{\beta}_k X_{ki})$$

③ 고전적 최소자승법을 이용하여 구해진 잔차의 제곱을 종속변수로 하고, 종속변수의 적합된 값과 그 제곱값을 독립변수로 하는 보조회귀함수를 추정한다.

④ 추정된 보조회귀함수의 결정계수 $R_{e^2}^2$을 이용하여 다음과 같은 F통계량, χ^2통계량을 구한다.

$$F = \frac{R_{e^2}^2 / 2}{(1 - R_{e^2}^2) / (n-3)}$$

$$\chi^2 = n R_{e^2}^2$$

⑤ 구해진 F통계량, χ^2통계량의 p값을 구한 다음 이분산의 존재여부를 가설검정한다.

이상의 F검정에서 분자의 자유도는 2, 분모의 자유도는 $n-3$이다. χ^2분포의 자유도는 2이다. 이들 검정통계량 가운데 어느 것이라도 유의성이 있으면 이분산이 있다는 증거가 된다. 그렇지 않다면 동분산이라는 귀무가설을 기각하는 데 실패한 것이다.

Stata에서는 화이트 검정을 위한 간단한 명령어로서 estat imtest, white란 명령어가 있다.

(4) 기타 검정법

이분산의 존재를 검정하는 방법은 이상의 방법 외에도 골드펠드 - 퀀트 검정 (Goldfeld - Quandt test), 파크의 검정(Park's test), 아치와 가치 테스트(ARCH and GARCH test)를 이용하는 방법이 있다. 방법론에 대한 이해만 있다면 쉽게 적용할 수 있는 방법이기 때문에 자세한 설명을 생략한다.[3]

04 이분산 문제의 해결방안

설정된 모형에 대한 고전적 최소자승법의 적용결과 이분산의 문제가 존재한다면 보다 정확한 표준편차를 계산하기 위해 회귀모형의 추정방법을 수정해야 한다. 이분산 문제를 해결하기 위한 추정방법으로는 가중최소자승법과 강건한 표준오차의 계산방법이 있다.

(1) 일반화 최소자승법

가중최소자승법(Weighted Least Squares: WLS)은 이분산이 존재하는 모형을 이분산의 특성을 이용하여 동분산의 특성을 갖는 모형으로 변환하는 방법이다. 가중최소자승법을 적용하기 위한 모형변형의 목적은 원래 회귀모형의 오차항을 동분산이 되도록 변형하기 위한 것이다.[4]

이를 살펴보기 위해 우선 이분산이 독립변수의 어떤 함수형태로부터 결정된다고 가정하자. 원래모형의 양변을 이분산 요인으로 나누게 되면 오차항은 동분산으로 변화하게 된다. 즉,

---

3   Goldfeld, Stephen M. and Quandt, R. E.(1965), "Some Tests for Homoscedasticity," *Journal of the American Statistical Association*, 60 (310): pp.539-547.; Park, R. E.(1966), "Estimation with Heteroscedastic Error Terms," *Econometrica*, 34 (4): p.888.; Engle, Robert F.(1982), "Autoregressive Conditional Heteroscedasticity with Estimates of the Variance of United Kingdom Inflation," *Econometrica*, 50 (4): pp.987-1007.

4   Strutz, T.(2016), *Data Fitting and Uncertainty*: *A practical introduction to weighted least squares and beyond*, Springer Vieweg.

원래 모형이 다음과 같은 형태를 가지고 있다고 하자.

$$Y_i = \beta_0 + \beta_1 X_{1i} + \beta_2 X_{2i} + \cdots + \beta_k X_{ki} + u_i$$

여기서 오차항의 분산은 이분산을 나타내는데 그 형태는 독립변수의 어떤 함수라고 하자. 즉 $Var(u|X_i) = \sigma_u^2 h(X_i)$. 여기서 X_i는 독립변수의 일부 또는 전부를 나타내며, $h(X_i)$는 각 관측치 고유의 오차분산 비중으로 독립변수의 어떤 함수형태로 나타낸 것이다.

오차항의 분산을 이렇게 정의할 때 이는 오차가 일정하지 않고, 독립변수 값의 변화에 따라 변화하는 $h(X_i)$에 의존하기 때문에 고전적 최소자승법의 기본가정의 하나인 동분산의 가정을 위반하게 된다.

여기서 오차항의 분산이 $\sigma_u^2 h(X_i)$이기 때문에 만약 원래의 모형의 양변을 $\sqrt{h(X_i)}$로 나누어주게 되면 변형된 모형은 동분산의 가정을 충족하는 모형이 된다. 즉

$$\frac{Y_i}{\sqrt{h(X_i)}} = \frac{\beta_0}{\sqrt{h(X_i)}} + \beta_1 \frac{X_{1i}}{\sqrt{h(X_i)}} + \beta_2 \frac{X_{2i}}{\sqrt{h(X_i)}} + \cdots + \beta_k \frac{X_{ki}}{\sqrt{h(X_i)}} + \frac{u_i}{\sqrt{h(X_i)}}$$

혹은

$$Y_i^* = \beta_0^* + \beta_1^* X_{1i} + \beta_2^* X_{2i} + \cdots + \beta_k^* X_{ki} + v_i$$

변형된 모형에서는 다음과 같이 동분산의 가정을 충족하게 된다. 즉

$$Var(v_i) = Var\left(\frac{e_i}{\sqrt{h(X_i)}}\right) = \sigma_u^2$$

이상의 가중최소자승추정량 β_i^*는 특수한 형태의 일반화 최소사승(Generalized Least Squares: GLS)추정량이 된다. 이때 GLS추정량은 이분산 문제를 해결하기 위해 사용되는 것이다. 일반화된 최소자승추정량은 또한 다음 장에서 살펴보게 될 자기상관의 문제를 해결하는 데에도 사용된다.

실제 함수 $h(X_i)$의 정확한 형태를 아는 것은 불가능하다. 실증적 목적을 위해서 이 함수의 형태를 가정하고 이를 추정한 다음 그 적합된 값을 GLS를 적용할 때 가중 치로 사용하게 된다. 이런 절차를 거치는 추정방법을 실행가능한일반화최소자승법 (Feasible Generalized Least Squares: FGLS)이라고 한다.

실증적으로 이분산 문제를 처치하기 위한 함수 $h(X_i)$의 형태로는 지수함수 (exponential function)가 자주 사용된다.

$$Var(u\,|\,X_i) = \sigma_u^2 \ e^{(\alpha_0 + \alpha_1 X_{1i} + \alpha_2 X_{2i} + \cdots + \alpha_k X_{ki})}$$

즉

$$u_i^2 = \sigma_u^2 \ e^{(\alpha_0 + \alpha_1 X_{1i} + \alpha_2 X_{2i} + \cdots + \alpha_k X_{ki})v_i}$$

혹은

$$\ln u_i^2 = \gamma + \delta_1 X_{1i} + \delta_2 X_{2i} + \cdots + \delta_k X_{ki} + v_i$$

이상의 과정을 이용하여 가중최소자승법을 적용하는 일반적인 절차를 살펴보자.
① 고전적 최소자승법으로 다음의 회귀모형을 추정한다.

$$Y_i = \beta_0 + \beta_1 X_{1i} + \beta_2 X_{2i} + \cdots + \beta_k X_{ki} + u_i$$

② 추정된 모형으로부터 잔차를 구하여, 이를 제곱하고, 자연대수($\ln e_i^2$)를 취한다.
③ 잔차제곱의 자연대수를 모형에 포함된 모든 독립변수에 대해, 또는 적합된 종 속변수와 적합된 종속변수의 제곱에 대해 회귀분석하고 잔차제곱의 자연대수인 종속 변수의 적합된 값을 구한다.
④ 여기에 지수변환을 통해 잔차제곱의 적합된 값을 구한다. 이것이 곧 가중최소 자승법에서 언급한 가중치로 사용할 $\hat{h}_i$가 된다.
⑤ 원래 모형의 종속변수와 독립변수를 $\hat{h}_i$를 이용하여 변환한 다음 고전적 최소 자승법을 적용한다.
만약 이분산을 설명하기 위한 함수가 잘못 설정된다면 가중최소자승법은 고전적

최소자승법보다 효율적이라고 할 수 없다. 문제는 이분산을 설명하기 위한 정확한 함수를 확인할 수 없다는 것이다. 하지만 많은 분석자들은 이상에 설명한 지수형태의 함수를 즐겨 사용하고 있다.

가중최소자승법에 의해 추정된 파라미터 추정치가 고전적 최소자승법에 의해 추정된 파라미터 추정치와 아주 극적으로 틀릴 때에는 이분산의 문제로 보기보다는 선정된 모형의 함수형태가 잘못되었다고 판단하는 것이 현명하다.

(2) 화이트의 강건한 표준오차(White's robust standard errors)

강건한 표준오차(robust standard errors)를 계산하는 것은 이분산 문제를 해결하는 가장 인기있는 방법이다. 이 방법은 고전적 최소자승법에 의한 파라미터 추정치를 사용하되 추정될 모형을 변형하지 않고 고전적 최소자승법에 의한 표준오차를 조정한다.[5]

강건한 표준오차를 화이트의 수정된 표준오차(White-corrected standard errors), 혹은 이분산수정 표준오차(heteroscedasticity-corrected standard errors)라고도 한다. 이런 방법의 강점은 이분산을 설명할 함수형태에 관한 어떤 가정없이 이분산 문제를 해결할 수 있다는 것이다.

하나의 독립변수를 가진 모형에서 동분산의 가정을 충족한다면 추정치의 분산은 다음과 같은 수준으로 감소한다. $Var(\widehat{\beta_1}) = \sigma_u^2 \sum c_i^2$. 하지만 이분산이 존재할 때 추정치의 분산은 $Var(\widehat{\beta_1}) = \sum c_i^2 \sigma_{u_i}^2$이다. 실제세계에서 모집단의 분산인 $\sigma_{u_i}^2$은 알려져 있지 않기 때문에 잔차의 자승(e_i^2)을 잔차의 분산추정치($\sigma_{e_i}^2$)를 계산하는 데 사용한다. 이 값을 이용하여 고전적 최소자승추정량의 표준오차를 계산하면 이것이 바로 강건한 표준오차가 된다. 하나의 독립변수만을 가진 모형에서 강건한 표준오차는 다음과 같이 계산된다.

$$se(\widehat{\beta_1})_R = \sqrt{\frac{\sum_{i=1}^{n}(X_i - \overline{X})e_i^2}{(\sum_{i=1}^{n}(X_i - \overline{X})^2)^2}}$$

---

5   White, Halbert(1980). "A Heteroskedasticity-Consistent Covariance Matrix Estimator and a Direct Test for Heteroskedasticity," *Econometrica*. 48 (4): pp.817-838.

만약 복수의 독립변수를 가진 모형이라면 다중회귀모형에서 강건한 표준오차는 다음과 같은 식으로 일반화할 수 있다.

$$se(\widehat{\beta_k})_R = \sqrt{\frac{\sum_{i=1}^{n} w_{ki}^2 e_i^2}{(\sum_{i=1}^{n} w_{ki}^2)^2}}$$

여기서 w_{ki}^2 은 X_k를 다른 독립변수들에 대해 수행한 보조회귀분석 결과의 잔차의 제곱을 나타낸다.

경제학자 소개 **헐버트 화이트(Halbert Lynn White)**

헐버트 화이트(1950~2012)는 이분산의 존재 여부를 검정하는 화이트 테스트(White test), 이분산의 문제를 해결하기 위한 화이트의 강건한 표준오차(robust standard errors), 준최우추정법(quasi-maximum likelihood estimation) 등을 개발한 미국의 계량경제학자이다.

1976년 미국 MIT에서 저명한 경제학자인 제리 하우스만(Jerry A. Hausman), 로버트 솔로우(Robert Solow), 레스터 써로우(Lester Thurow)의 지도하에 경제학 박사학위를 받았다. 로체스터 대학과 캘리포니아대학 샌디에고에서 강의를 하였다. 화이트는 1980년 Econometrica에 발표한 강건한 표준오차(robust standard errors)에 대한 논문, "A Heteroskedasticity-Consistent Covariance Matrix Estimator and a Direct Test for Heteroskedasticity"로 아주 유명한 계량경제학자가 되었다. 이 논문은 1970년 이후 경제학 분야에서 가장 많이 인용되는 논문이다. 1982년에 역시 Econometrica에 발표한 논문, "Maximum Likelihood Estimation of Misspecified Models"에서는 준최우법을 개발하였다. 박사학위 지도학생 가운데에는 계량경제학 교과서, "Introductory Econometrics: A Modern Approach"를 쓴 제프리 울드리지(Jeffrey Wooldridge)가 있다.

보다 구체적으로 화이트의 수정된 표준오차를 구하는 방법을 살펴보자.

① 고전적 최소자승법으로 다음의 회귀모형을 추정한다.

$$Y_i = \beta_0 + \beta_1 X_{1i} + \beta_2 X_{2i} + \cdots + \beta_k X_{ki} + u_i$$

② 추정된 모형으로부터 종속변수의 적합된 값(predicted or fitted value), $\hat{Y}_i$을 다음과 같이 구한다. 그리고 종속변수의 실제값과 적합된 값의 차이인 잔차항을 구한다.

$$\hat{Y}_i = \hat{\beta}_0 + \hat{\beta}_1 X_{1i} + \hat{\beta}_2 X_{2i} + \cdots + \hat{\beta}_k X_{ki}$$

$$e_i = Y_i - (\hat{\beta}_0 + \hat{\beta}_1 X_{1i} + \hat{\beta}_2 X_{2i} + \cdots + \hat{\beta}_k X_{ki})$$

③ 고전적 최소자승법을 이용하여 각 독립변수를 다른 독립변수에 대해 회귀분석하고 각 보조회귀식의 잔차제곱(w_{ki}^2)을 구한다.
④ 위에서 정의한 식을 통해 추정된 회귀분석결과로부터 강건한 표준오차를 계산한다.
⑤ 유의성 검정을 위한 t값과 p값을 계산한다.
대부분의 계량분석을 위한 통계 소프트웨어들은 강건한 표준오차를 쉽게 계산할 수 있는 회귀명령어와 옵션을 제공해주므로 이상의 절차를 일일이 분석자가 할 필요는 없다. Stata에서도 회귀명령어 regress에 robust란 옵션을 사용하면 된다.
강건한 표준오차를 사용하여 t값과 유의성 검정을 위한 p값을 구할 수 있지만 이는 점근적 특성(asymptotic properties)을 갖는다. 따라서 강건한 표준오차를 이용한 가설검정은 대표본일수록 그 타당성이 증가한다.

05 이분산 문제의 Stata 사례

(1) 지역별 제조업 생산함수 추정과 이분산 검정

다음은 한국 제조업의 생산함수 추정과정에서 이분산의 존재문제를 탐지하고 이에 대한 해결책을 찾아보는 과정을 살펴보는 사례이다. 추정하려고 하는 생산함수의 형태는 콥－더글라스 생산함수이고, 이에 필요한 자료는 생산액, 노동투입, 자본투입, 중간투입에 대한 자료이다.[6]

---

6 박승록·최두열(2016), 우리나라 지역별 제조업 생산성에 대한 연구－충남지역을 중심으로, 『생산성논집』, 제30권 제3호, pp.259－284.

콥-더글라스 생산함수는 파라미터에 대해 비선형이기 때문에 로그변환을 통해 선형화하였다. 이를 위해 먼저 모든 변수를 로그변환하였다. 그 다음 단순기술통계량을 계산하여 데이터를 확인하고, 표본상관계수 행렬을 통해 다중공선성의 존재 가능성을 살펴보았다.

그 다음 gladder이란 명령어를 이용하여 각 변수의 분포가 정규분포를 하는지 확인하고 그렇지 않다면 어떤 변환을 해야 정규분포에 근접할 수 있는지를 검토하였다. 그 다음은 이상에서 언급한 이분산의 존재를 살펴보기 위해 몇 개의 도표를 그려보았다.

보다 엄격히 이분산의 존재를 검정하기 위해 브로슈-페이건 검정을 하였다. 오차항이 동분산을 한다는 귀무가설을 기각할 수 없음을 확인할 수 있을 것이다. 마지막으로는 이분산의 존재를 가정하고 이 문제를 해결하기 위해 vce(robust)옵션을 regress란 명령어에 부가하였다.

[사례 III-2-2] 한국 제조업의 생산함수 추정과 이분산 분석 사례(III-2-2-KorManuPD.do)

```
* *******************************************
* *** 한국 제조업의 생산함수 추정과 이분산  ***
* *******************************************
use III-2-2-KorManuPD, clear

* 변수 로그 변환
generate ly=ln(y)
generate ll=ln(l)
generate lk=ln(k)
generate lm=ln(m)
* 단순기술통계량 계산
summarize ly ll lk lm

* 상관계수 행렬
correlate  ly ll lk lm

* 변수의 분포와 변환 필요성
gladder y
gladder l
gladder k
gladder m

* 이분산(Heteroscedasticity)문제의 탐지와 해결
* 고전적 최소자승법과 오차항 분포
regress ly ll lk lm
```

```
rvfplot
```

```
* 오차항과 적합치 계산
predict error, r
predict fity, xb
```

```
* 잔차의 자승합
generate error2=error^2
```

```
* 잔차자승합의 히스토그램
histogram error2, bin(10)
```

```
* 잔차자승합과 회귀추정치의 그래프
scatter error2 fity
```

```
* 브로슈-페이건 검정(Breusch-Pagan test for heteroskedasticity)
regress ly ll lk lm
estat hettest
```

```
* 화이트의 강건한 표준오차(White corrected(robust) standard error)
regress ly ll lk lm, vce(robust)
```

(2) 임금함수 추정과 이분산 검정

다음은 노동경제에서 자주 사용되는 임금함수의 추정과 관련된 사례이다.[7] 우선 임금수준은 조사대상에 따라 정규분포를 하기보다는 왜도를 가진 변수라고 할 수 있다. 그래서 임금함수 추정에서는 보통 임금수준이 로그변환된 변수가 사용되는 것을 관찰할 수 있다.

임금은 교육수준, 경험, 성별, 결혼여부, 근무지역, 노조가입여부에 의해 결정되는 것으로 모형화 하였다. 단순기술통계량을 계산하여 데이터의 이상유무를 평가하고, 표본상관계수를 구하여 다중공선성의 존재가능성을 살펴보았다. 아울러 이들 변수간 상관관계의 존재여부를 그래프를 통해 검토하였고, 특히 종속변수인 임금수준에 대해서는 정규분포 여부와 정규분포를 하도록 하기 위한 변환방법에 대해 살펴보았다. 로그변환된 임금수준이 가장 정규분포에 가까운 분포를 하게 됨을 확인할 수 있을 것이다.

---

7   Gujarati, Damodar(2016), *Econometrics by Example* (2nd ed.), Palgrave, pp.14−19.

잔차와 적합된 값을 이용한 그래프를 그려 이분산의 존재를 확인해보았으며, 브로슈−페이건, 화이트 검정법을 통해 보다 엄격히 이분산의 존재를 검정하였다.

마지막으로는 종속변수인 임금수준을 로그변환 했을 때 이분산 문제가 감소함을 확인하였으며, 아울러 이분산 문제를 처리하기 위해 화이트의 강건한 표준오차를 계산하였다.

[사례 Ⅲ-2-3] 임금함수 추정과 이분산 검정 및 처치 사례(Ⅲ-2-3-HeteroWage.do)

```
* ********************************************
* *** 임금함수 추정과 이분산 검정 및 처치법   ***
* ********************************************
use Ⅲ-2-3-HeteroWage, clear
set scheme mys1mono

* 단순기술통계량
summarize wage educ exper sex marstat region union

* 상관계수
correlate wage educ exper sex marstat region union

* 도표 그리기 및 변수변환의 필요성
graph matrix wage educ exper sex marstat region union
gladder wage
* 회귀분석과 이분산의 존재 확인
generate lwage=ln(wage)
regress lwage educ exper sex marstat region union
predict fitlwage, xb
predict error, r
generate error2=error^2
line error2 id


* 이분산 존재 확인 테스트: Breuch Pagan test & White's test
* Breuch Pagan test
regress lwage educ exper sex marstat region union
estat hettest
* White's test
estat imtest, white

* 이분산 처치법
* 임금변수의 로그변환을 통해 이분산 정도 감소 확인
```

```
regress wage educ exper sex marstat region union
estat hettest
estat imtest, white
```

* 이분산 문제 처치를 위한 White corrected(robust) standard error
```
regress wage educ exper sex marstat region union, vce(robust)
regress lwage educ exper sex marstat region union, vce(robust)
```

CHAPTER

03

자기상관

01 자기상관의 개념과 형태

(1) 자기상관의 개념

자기상관(autocorrelation)이란 계열상관(serial correlation)이라고도 한다. 계량분석에 사용되는 데이터 관측치의 순서가 의미를 갖거나 중요한 역할을 하는 회귀모형에서 자주 발생한다. 시계열자료나 패널자료 또는 특별한 형태의 횡단면 자료에서는 데이터 관측치의 순서가 의미를 가질 수 있다.

자기상관의 문제가 있는 자료를 이용하여 회귀모형을 추정하게 되면 특정한 시점의 오차항은 다른 시점의 오차항과 상관관계를 가질 수 있다. 바로 이런 자기상관의 문제는 고전적 최소자승법의 기본가정을 위반하는 것이다. 여기에서는 자기상관으로 인한 문제, 자기상관의 형태, 존재의 검정방법, 해결책으로서 회귀모형의 추정방법에 대해 살펴본다.

(2) 자기상관의 형태

계량분석에 있어서 고전적 최소자승추정량의 바람직한 특성을 검정하는 대상이 되는 고전적 회귀모형의 기본가정의 대부분은 오차항의 특성과 관련된다. 계량경제학은 바로 이런 오차항과의 싸움이요, 계량경제학의 발전사는 이런 오차항과의 싸움의 역사라고 할 수 있다.

고전적 회귀모형의 기본가정의 하나는 오차항 간의 관계를 다루게 되는데 고전적 최소자승법에서는 회귀모형에서 자기상관의 문제는 없다고 가정한다. 자기상관이 없다는 것은 오차항 값들 간에 식별할 만한 관계가 발견되지 않는다는 것이다. 수학적으로 표기하면 자기상관이 없다는 것은 특정기간 간의 오차항의 공분산, 또는 상관관계가 영(0)이라는 것이다. 즉,

$$Cov(u_t, u_s) = 0, \;\; Corr(u_t, u_s) = 0, \text{모든} \; t \neq s$$

[그림 1] 자기상관 문제가 없는 잔차항 분포

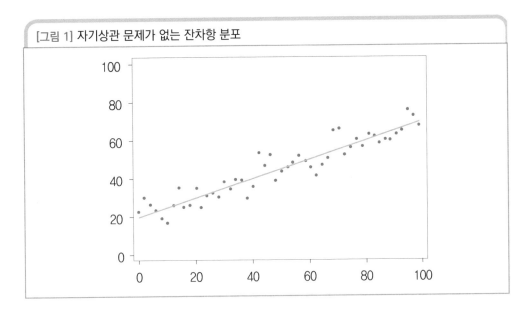

1) 정(+) 또는 부(−)의 자기상관

고전적 회귀모형에서 자기상관이 없어야 한다는 가정을 만족할 때의 회귀분석결과를 보면 잔차항이 적합된 값을 중심으로 무작위의 분포를 보이게 된다. 하지만 자기상관이 존재할 때 자기상관은 정(+) 또는 부(−)의 형태를 보일 수 있다. 즉, $Cov(u_t, u_s) > 0, \; Corr(u_t, u_s) > 0, \text{모든} \; t \neq s$. 물론 정(+) 또는 부(−)의 자기상관의 존재여부를 정확히 판단하는 것은 쉬운 일이 아니다.

만약 자기상관이 존재한다면 정(+)의 자기상관일 때가 많다. 이는 주로 같은 부호의 잔차가 인접할 때 일어난다. 가령 정(+)의 값을 가진 잔차가 연속적으로 나타나

거나, 부(-)의 값을 가진 잔차가 연속적으로 나타나는 때이다.

[그림 2] 정(+)의 자기상관일 때 잔차항 분포

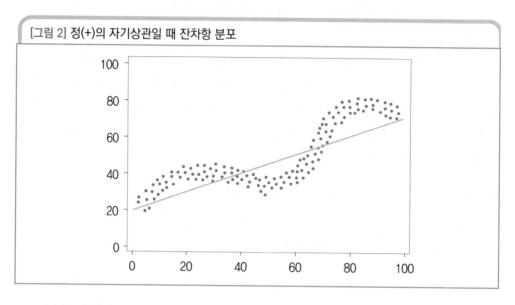

흔히 나타나는 것은 아니지만 부(-)의 자기상관도 나타날 수 있다. 즉, $Cov(u_t, u_s) < 0$, $Corr(u_t, u_s) < 0$ 모든 $t \neq s$. 부(-)의 자기상관은 인접한 잔차가 서로 다른 부호를 가질 때에 나타난다. 가령 정(+)의 값을 가진 잔차 다음에 부(-)의 값을 가진 잔차가 나타나거나, 반대로 부(-)의 값을 가진 잔차 다음에 정(+)의 값을 가진 잔차가 나타나는 때이다. 따라서 부(-)의 자기상관이 존재할 때에는 잔차항의 위치가 적합선을 중심으로 번갈아서 바뀌는 모습을 보이게 된다.

[그림 3] 부(-)의 자기상관일 때 잔차항의 분포

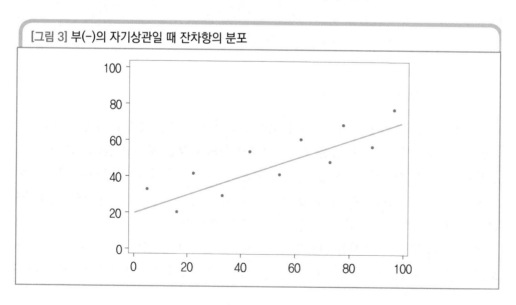

정(+)의 자기상관이건 부(−)의 자기상관이건 자기상관이 존재할 때 고전적 최소자승추정량은 효율적이지 않다. 즉 추정된 분산이 최소분산이 되지 않는다. 또한 추정된 파라미터의 표준오차가 편의를 가짐으로써 결과적으로 가설검정(t검정)의 신뢰성이 하락하게 된다. 하지만 여전히 고전적 최소자승추정량은 불편성을 갖는다.

2) 모형설정오류와 자기상관

자기상관의 존재여부를 잔차항의 분포형태를 통해 평가할 때 자기상관 이외 다른 모든 가정은 충족하고 있어야 한다. 만약 모형이 정확하게 설정되지 않았다면 이것이 자기상관의 문제를 야기하는 원인이 될 수도 있다. 가령 비선형의 생산함수를 선형함수로 설정하게 되면 잔차항의 분포형태는 정(+)의 자기상관을 가진 모습과 유사한 분포를 보일 것이다.

모형설정의 잘못은 자기상관의 문제보다 심각한 결과를 가져온다. 즉 모형이 정확하게 설정되지 않으면 고전적 최소자승추정량이 불편추정량이라는 것을 입증할 수 없기 때문에 자기상관보다 더 심각한 문제를 가져오게 되는 것이다.

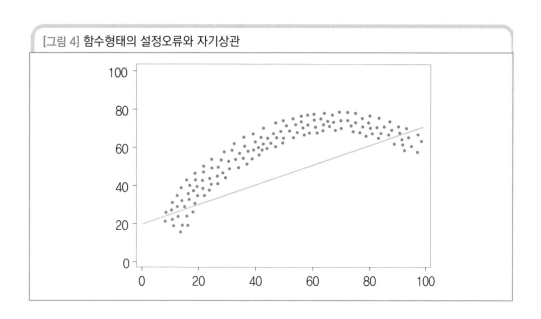

[그림 4] 함수형태의 설정오류와 자기상관

자기상관의 문제는 시계열자료를 사용할 때 자주 접하게 된다. 시계열자료를 이용할 때 회귀모형은 횡단면자료를 이용할 때의 첨자 i 대신 첨자 t를 사용하여 다음과 같이 정의한다.

$$Y_t = \beta_0 + \beta_1 X_{1t} + \beta_2 X_{2t} + \cdots + \beta_k X_{kt} + u_t$$

여기서 u_t는 시점 t에 일어난 오차항(무작위적인 충격, random shock)을 나타낸다. 개인, 기업, 가계, 정부 등의 개별 경제주체들은 어떤 시점에 일어난 충격을 해당시점에서 완전히 받아 들일 수 없다. 따라서 이런 이유 때문에 오차항은 서로 상관관계를 갖게 된다. 즉

$$Corr(u_t, u_s) \neq 0, \text{ 모든 } t \neq s.$$

(1) 자기회귀의 개념

자기상관의 문제를 좀 더 자세히 이해하기 위해서는 자기회귀 프로세스(autoregressive process)의 개념을 이해할 필요가 있다.

고전적 최소자승법의 적용에 있어서 자기상관이 어떤 결과를 가져오는지를 알기 위해서는 자기상관의 구체적 패턴에 대한 가정이 필요하다. 전형적으로 자기상관은 1계 자기회귀(first-order autoregression), 즉 $AR(1)$의 형태를 가진다고 가정한다.

자기회귀 과정이라는 것은 어떤 시점 특정변수 값은 전기의 자기 자신 변수의 시차변수의 함수로서 나타낸다. 여기서 살펴볼 자기상관이라는 것은 자기회귀의 특수한 예로서 오차항이 확률변수로서 다음과 같은 특성을 보인다는 것이다. 오차항이 $AR(1)$이라면 다음과 같이 나타낼 수 있다.

$$u_t = \rho\, u_{t-1} + v_t$$

여기서 ρ는 시점 t와 시점 $t-1$간 오차항간의 관계를 나타낸다. v_t는 고전적 회귀모형의 기본가정을 만족시키는 오차항이다. ρ는 또한 안정성 가정(stationarity assumption)을 만족하도록 −1과 1 사이의 값을 갖는다. 안정성 가정의 의미에 대해서는 시계열 분석에서 자세히 살펴보게 된다. 이때 만약 $\rho = 0$이라면 자기상관이 없다는 것이므로 원래모형이 고전적 회귀모형의 기본가정을 만족한다는 것을 의미한다.

(2) 자기상관 오차항의 평균과 분산

여기에서 오차항이 $AR(1)$일 때 오차항의 조건부적인 평균은 영(0)이며, 분산은 편의를 가진다. 오차항에 다음과 같이 $u_t = \rho\, u_{t-1} + v_t$를 지속적으로 대체한 후 ρ의 차수가 증가하는 순서로 재정렬하면 아래 수식을 얻는다.

$$u_t = \rho(\rho\, u_{t-2} + v_{t-1}) + u_t = \rho^2 u_{t-2} + \rho\, v_{t-1} + v_t$$

$$u_t = \rho^2(\rho\, u_{t-3} + v_{t-2}) + \rho\, v_{t-1} + v_t = \rho^3 u_{t-3} + \rho^2 v_{t-2} + \rho\, v_{t-1} + v_t$$

$$u_t = v_t + \rho\, v_{t-1} + \rho^2 v_{t-2} + \rho^3 v_{t-3} + \cdots$$

여기에 기댓값을 취하면, $E(v_t) = 0$이기 때문에 $E(u_t) = 0$가 된다. 즉 오차항이 $AR(1)$의 자기상관을 가진다해도 조건부적인 평균은 영(0)이 된다는 것이다.

이번에는 $AR(1)$의 자기상관을 갖는 오차항의 분산을 살펴보자. 분산은 시점 t와 시점 $t-1$간 오차항간의 관계에 의존하게 되고, 고전적 최소자승법은 이것에 대해 언급하고 있지 않으므로 결과적으로 표준오차는 편의를 가지게 될 것이다. 위에서 오차항의 양변에 분산을 취하게 되면 다음과 같은 식을 얻을 수 있다.

$$Var(u_t) = \sigma_v^2 + \rho^2\, \sigma_v^2 + \rho^4\, \sigma_v^2 + \rho^6\, \sigma_v^2 + \cdots$$

여기서 분산이 무한대의 값을 갖지 않기 위해서는, 소위 안정성의 가정이라는 조건, $|\rho| < 1$이 필요하다. 안정성의 조건이란 $s \to \infty$에 따라 $\rho^s \to 0$이기 때문에 시점 t와 시점 $t-1$의 분산이 다음과 같이 동일해야 한다는 것이다.

$$Var(u_t) = Var(u_{t-1}) = \sigma_u^2$$

이를 이용하면 u_t의 분산을 나타내는 식은 다음과 같다.

$$Var(u_t) = \rho^2 \, Var(u_{t-1}) + Var(v_t) + 2\rho \, Cov(u_{t-1}, v_t)$$

따라서 v_t가 고전적 최소자승법의 기본가정을 충족한다고 하면 u_t의 분산은 다음과 같다.

$$\sigma_u^2 = \rho^2 \, \sigma_u^2 + \sigma_v^2 + 0$$

혹은 이 식을 재정렬하면 다음과 같아진다.

$$\sigma_u^2 = \frac{\sigma_v^2}{1 - \rho^2}$$

따라서 고전적 최소자승법은 자기상관이 없다는 것, 즉 $\rho = 0$를 전제로 하고 있으므로 이상의 식에 의하면 $\sigma_u^2 = \sigma_v^2$이 된다. 하지만 만약 자기상관의 문제가 있다면 고전적 최소자승추정법에 의해서는 오차항의 분산, 혹은 표준편차를 과소평가하게 된다.

03   자기상관 문제의 탐지법

자기상관의 문제는 시계열 자료(timeseries data)나 패널자료(panel data)를 대상으로 고전적 최소자승법을 적용할 때 자주 나타나는 문제이다. 하지만 자기상관의 존재 여부를 미리 알 수 있는 방법도 없고, 경제이론에서 자기상관의 존재를 예상할 수 있는 방법도 제공해주지 않는다. 따라서 자기상관의 존재 여부는 분석자가 자신이 사용하는 자료로부터 일일이 확인하는 방법 밖에 없다. 통상 자기상관의 존재 여부는 잔차를 그린 그래프를 통해 시각적으로 확인하거나, 보다 엄밀한 검정방법을 이용한다.

(1) 잔차의 그래프

회귀분석 후 구해진 잔차를 시각적으로 관찰하여 자기상관의 존재 가능성을 확인하는 것은 매우 쉬운 방법이지만 통계적인 검정방법으로 보완해야 한다. 잔차의 그래프를 그리기 위해서는 고전적 최소자승법으로 구해진 잔차를 시간의 흐름에 따라 정렬해서 X축에 시간의 흐름을, Y축에 잔차를 그려 이를 시각적으로 분석하는 것이다. Stata에서는 rvfplot, rvpplot와 같은 간단한 명령어를 이용하여 잔차 그래프를 그릴 수 있다.

(2) 더빈-왓슨 검정(Durbin-Watson test)

더빈-왓슨 검정법은 오차항이 $AR(1)$의 자기상관을 가진다고 가정할 때 자기상관의 존재여부를 검정하는 오래된 방법이다.[1] 즉 시점, t의 잔차값이 시점, $t-1$의 잔차값에 의존하고 있을 때 적용하는 방법이다.

더빈-왓슨 검정을 위해서는 다음의 통계량을 계산하는데, 일명 dw통계량이라고 한다.

$$dw = \frac{\sum_{t=1}^{T}(e_t - e_{t-1})^2}{\sum_{t=1}^{T}e_t^2}$$

다른 통계적 검정과 달리 더빈-왓슨 검정방법은 [그림 5]에서 보듯이 자기상관이 없다는 귀무가설을 기각하기 위한 임계치나 p값이 정의되지 않고, 계산된 dw값이 위치하는 영역에 따라 자기상관이 없다는 귀무가설을 "기각" 또는 "기각하는데 실패" 한다고 평가한다.

특이한 것은 자기상관 여부를 판별할 수 없는 미정역(zone of indecision)이 있다는 점이다. 표본의 관측치수나 추정해야 할 파라미터의 수에 따라 변화하는 아래 미정역(lower bound)과 위의 미정역(upper bound)이 정의되는데 이 영역에 속하게 되면 자기상관 여부를 판별할 수 없다.

만약 dw값이 2에 접근한다면 자기상관이 없다는 강한 증거가 된다. 하지만 영(0)

---

[1] Durbin, J. and Watson, G. S.(1950), "Testing for Serial Correlation in Least Squares Regression. Ⅰ," *Biometrika*, 37 (3-4): pp.409-428.; Durbin, J. and Watson, G. S.(1951), "Testing for Serial Correlation in Least Squares Regression, Ⅱ," *Biometrika*, 38 (1-2): pp.159-179.

에 접근한다면 자기상관이 없다는 귀무가설을 기각하여 정(+)의 자기상관이 있다는 것을 지지하게 된다. 만약 dw값이 4에 접근한다면 자기상관이 없다는 귀무가설을 기각하여 부(+)의 자기상관이 있다는 것을 지지하게 된다.

더빈−왓슨의 자기상관 검정방법은 오래되고, 오차 항이 $AR(1)$ 프로세스를 가진다는 매우 제한된 가정하에서 자기상관을 검증하는 방법이라는 한계와 미정역을 가지고 있다는 한계에도 불구하고 그동안 매우 인기있는 자기상관 검정방법으로 활용되어 왔다.

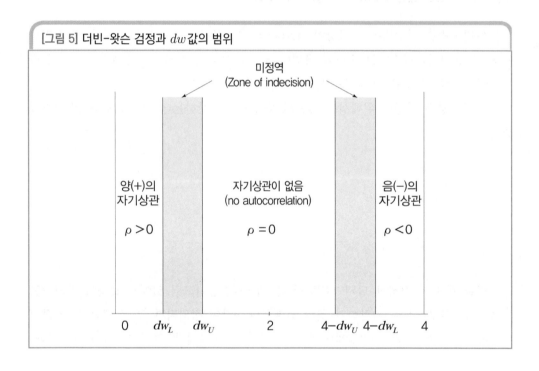

[그림 5] 더빈-왓슨 검정과 dw값의 범위

(3) 브로슈-갓프리 검정법(Breusch-Godfrey test)

부로슈−갓프리 검정방법은 만약 자기상관의 문제가 존재한다면 이는 $AR(q)$프로세스를 따른다는 것을 전제로 한다. 따라서 q차에 해당하는 형태의 자기상관 문제를 검정할 수 있다.[2] 여기서 q는 1보다 크거나 같고, 시계열 자료의 전체 관측치수보다 작은 숫자가 된다. 만약 $q = 1$이라면 이는 더빈(Durbin)의 대안적 통계량(Durbin's

---

2 Asteriou, Dimitrios and Hall, Stephen G.(2011), "The Breusch-Godfrey LM test for serial correlation," in *Applied Econometrics* (2nd ed.), Palgrave Macmillan. pp.159-161.

alternative statistics)이 된다.

일반적인 회귀모형에서 자기상관이 $AR(q)$의 프로세스를 따른다면 이는 다음과 같이 나타낼 수 있다.

$$e_t = \rho_1 e_{t-1} + \cdots + \rho_q e_{t-q} + v_t$$

여기서 $1 \leq q \leq T$이다. 브로슈-갓프리 검정방법에서는 결국 자기상관의 검정을 위해 시점, t의 잔차값과 시점, $t-1$의 잔차값에서 시점, $t-q$까지의 잔차값과의 상관관계를 활용한다.

브로슈-갓프리 검정방법의 일반적인 절차는 다음과 같다.

① 고전적 최소자승법으로 다음의 회귀모형을 추정한다.

$$Y_t = \beta_o + \beta_1 X_{1t} + \cdots + \beta_p X_{pt} + u_t$$

② 추정된 모형으로부터 종속변수의 적합된 값(predicted or fitted value), $\hat{Y}_i$을 구하고, 종속변수의 실제값과 적합된 값의 차이인 잔차항을 구한다.

③ 고전적 최소자승법을 이용하여 다음의 보조 회귀식을 추정하고, 결정계수를 구한다.

$$e_t = \alpha_0 + \alpha_1 X_{1t} + \cdots + \alpha_p X_{pt} + \rho_1 e_{t-1} + \cdots + \rho_q e_{t-q} + v_t$$

④ $\hat{\rho}_1, \hat{\rho}_1, \cdots, \hat{\rho}_q$의 결합유의성 검정을 위한 F통계량을 계산하거나, 자유도 q인 χ^2 통계량, $\chi^2 = (n-q) R_e^2$을 구한다.

⑤ 구해진 F통계량과 χ^2통계량의 p값을 구한 다음 자기상관의 존재 여부를 가설검정한다.

$$H_0 : \rho_1 = \rho_2 = \cdots = \rho_q = 0$$

만약 F통계량과 χ^2통계량이 유의성이 있다면 자기상관의 증거가 있다고 판단한다. 만약 귀무가설을 기각하는데 실패한다면 자기상관의 문제가 없다고 할 수 있다.

만약 분석모형을 실제자료에 적용시켰을 때 자기상관의 문제가 존재할 개연성이 있다고 판단되면, 보다 정확한 파라미터 추정치를 얻기 위해 추정방법을 수정할 필요가 있다. 자기상관의 문제해결을 위한 두 가지의 일반적인 추정방법에는 실행가능 일반화 최소자승법(Feasible Generalized Least Squares Method: FGLS)과 계열상관 강건 표준오차(serial correlation robust standard errors), 일명 뉴이－웨스트 표준오차(Newey－West standard errors)를 구하는 방법이 있다.

(1) FGLS 추정법

FGLS 추정법에는 여러 다른 이름들이 존재하는데 계량모형의 추정방법을 수정하는 데 사용하는 정교한 방법이다. $AR(1)$의 자기상관 문제를 해결하는 데 사용되는 FGLS 추정법에는 코크레인－오컷(Cochrane Orcutt: CO)방법과 프레이스－윈스턴 방법(Prais－Winston: PW)이 있다.[3] 두 방법은 자기상관의 문제가 있는 원래모형을 자기상관의 문제가 없는 모형으로 변환시키는 기법이다. 따라서 이 방법의 목적은 원래모형의 오차항이 상관되지 않도록 만들기 위해 모형을 변환시키는 것이다.

우선 자기상관이 $AR(1)$의 프로세스를 따른다고 하자. 오차항이 상관관계를 갖지 않도록 이를 활용하여 모형의 각 변수를 준 차분(quasi－differencing)한다. 여기서 준 차분이란 시점 t의 변수 값에 시점 $t-1$의 변수 값에 자기상관을 나타내는 파라미터 ρ값을 곱해준 값을 빼주는 것을 말한다. 그냥 차분(differencing)이란 시점 t의 변수 값에 시점 $t-1$의 변수 값을 빼주는 것이다.

기본적으로 코크레인－오컷 방법과 프레이스－윈스턴 방법과 동일하지만 자료를 차분하는 과정에서 맨 처음 관측치 값이 결측치가 되는 문제가 생기게 되는데 이 값을 별도의 방법으로 보완해준다는 점에서 다르다.

---

3 Cochrane, D. and Orcutt, G. H.(1949), "Application of Least Squares Regression to Relationships Containing Auto－Correlated Error Terms," *Journal of the American Statistical Association*, 44 (245): pp.32-61.; Wooldridge, Jeffrey M.(2018), *Introductory Econometrics: A Modern Approach* (7th international ed.), Mason, OH: South－Western, pp.409-411.

가이 핸더슨 오컷(1917~2006)은 잘 알려진 코크레인-오컷 추정법(Cochrane-Orcutt estimation procedure)을 개발한 미국의 계량경제학자이다.

원래 미시간 대학에서 물리학과 수학을 전공했으나 대학원에서 아더 스미시즈(Arthur Smithies)의 지도하에 경제학을 공부했다. 복잡한 수치해석을 위한 전자장비를 사용하는 데 흥미가 있었던 그는 일종의 컴퓨터인 회귀분석기(regression analyser)를 개발하여 기상예보에 활용하였다.

1945년 크리브랜드에서 개최된 AEA미팅에서 성공적으로 회귀분석기를 시연하였으며 이때 자기상관시계열에 대한 설명이 영국 캠브리지 대학의 리차드 스톤(Richard Stone)의 관심을 끌었고 이로 인해 캠브리지 대학으로 초청되었다. 여기서 더욱 회귀분석기를 계량하여 자기상관을 갖는 시계열의 유의성 검증을 위한 몬테칼로 실험을 하기도 했다. 이때 리차드 스톤의 지도학생이었던 호주 맬버른 출신, 도널드 코크레인(Donald Cochrane, 1917~1983)을 만나 코크레인-오컷 추정법을 개발하였다.

1) 코크레인-오컷 반복법(Cochrane Orcutt iterative method)

우선 코크레인-오컷 방법을 살펴보자. 다음 절차에 따라 이루어진다.

① 우선 원래의 모형 $Y_t = \beta_0 + \beta_1 X_{1t} + \beta_2 X_{2t} + \cdots + \beta_k X_{kt} + u_t$을 고전적 최소자승법으로 추정하고 잔차($e_t$)를 구한다.

② 구해진 잔차를 이용하여 아래의 어느 한 방법으로 자기상관을 나타내는 파라미터, ρ의 추정치를 구한다. 첫째는 잔차항의 상관계수를 구하는 방법으로 표본의 수가 많을 때 권장되는 방법이다.

$$\hat{\rho} = \frac{\sum_{t=2}^{T} e_t e_{t-1}}{\sum_{t=1}^{T} e_t^2}$$

둘째는 더빈-왓슨 통계량을 이용하는 방법으로서 타일의 추정량(Theil's estimator)이라고 하는데 관측치 수가 적을 때 권장된다.

$$\hat{\rho} = 1 - \frac{dw}{2}$$

셋째는 자기상관을 나타내는 식을 직접 회귀분석하는 방법으로 관측치수가 많을 때에 사용되는 방법이다. 이 방법이 가장 많이 사용된다.

③ 준 차분된 자료를 이용하여 회귀분석한다. 회귀분석을 위한 준 차분된 변수를 사용하는 모형에 대해 자세히 살펴볼 필요가 있다. 우선 원래 모형이 다음과 같은 형태를 갖는다고 하자.

$$Y_t = \beta_0 + \beta_1 X_{1t} + \beta_2 X_{2t} + \cdots + \beta_k X_{kt} + u_t$$

그런데 오차항이 자기상관의 문제를 가지고 있으므로 다음과 같이 나타낼 수 있다.

$$u_t = \rho\, u_{t-1} + v_t$$

여기서 새로운 오차항, v_t는 고전적 최소자승법의 기본가정을 다음과 같이 충족한다. 이는 코크레인－오컷 방법의 변환된 모형이 고전적 최소자승법의 기본가정을 충족한다는 것이다.

$$E(v_t|u_{t-1}) = 0, \quad Var(v_t|u_{t-1}) = \sigma_v^2, \quad Corr(v_t, v_{t-1}) = 0$$

만약 원래의 모형을 $t-1$에 대해 표기하면 다음과 같다.

$$Y_{t-1} = \beta_0 + \beta_1 X_{1t-1} + \beta_2 X_{2t-1} + \cdots + \beta_k X_{kt-1} + u_{t-1}$$

여기에서 양변에 자기상관을 나타내는 파라미터 ρ를 곱해주고 이를 원래의 모형에서 빼주게 되면, 코크레인－오컷 방법의 준 차분된 모형이 된다. 즉

$$Y_t - \rho\, Y_{t-1} = \beta_0(1-\rho) + \beta_1(X_{1t} - \rho X_{1t-1}) + \beta_2(X_{2t} - \rho X_{2t-1}) + \cdots$$
$$+ \beta_k(X_{kt} - \rho X_{kt-1}) + (u_t - \rho u_{t-1})$$

다시 간략하게 이를 표현하면, 다음과 같은 고전적 최소자승법의 기본가정을 충족하는 코크레인-오컷의 변형된 모형이 된다. 하지만 변형과정에서 맨 처음의 관측치가 사라지게 된다.

$$Y_t^* = \beta_0^* + \beta_1 X_{1t}^* + \beta_2 X_{2t}^* + \cdots + \beta_k X_{kt}^* + v_t$$

2) 프레이즈-윈스턴(Prais-Winston)방법

자기상관의 문제를 해결하기 위한 프레이즈-윈스턴 방법은 코크레인-오컷 방법과 같은 변형구조를 가지고 있다.[4] 다만 변형과정에서 사라지게 되는 첫 번째 관측치를 다음과 같이 채워 넣는다는 점에서 차이가 있다. 즉

$$Y_1^* = \sqrt{1-\rho^2}\, Y_1$$

$$X_1^* = \sqrt{1-\rho^2}\, X_1$$

$$v_1 = \sqrt{1-\rho^2}\, u_1$$

Stata에서는 자기상관의 문제를 해결하는 추정방법으로 코크레인-오컷 방법이나 프레이즈-윈스턴 방법을 쉽게 이용할 수 있다. 앞에서의 설명에서 보듯 코크레인-오컷 방법이 프레이즈-윈스턴 방법의 특수한 형태이기 때문에 prais라는 명령어에 corc라는 옵션을 부여한 prais , corc라는 명령어가 사용된다.

(2) 강건한 표준오차

고전적 최소자승법으로 모형을 추정하고, 자기상관 문제 때문에 발생한 표준오차의 문제를 조정하는 방법인 계열상관 강건 표준오차(serial correlation robust standard errors)를 구하는 방법이 인기가 있다. 첫째, $AR(1)$이나 보다 복잡한 $AR(q)$ 프로세스를 가진 자기상관의 문제를 조정할 수 있고, 둘째, 표준오차의 편의가 생긴 부분을 조정하거나 파라미터 추정치의 불편성 문제는 다루지 않으므로 코크레인-오컷이나 프

---

4   Prais, S. J. and Winsten, C. B.(1954), "Trend Estimators and Serial Correlation," Cowles Commission Discussion Paper No. 383, Chicago.

레이즈-윈스턴 방법에서와 같은 모형변화를 시도하지 않기 때문이다.

자기상관의 문제가 있을 때, 고전적 최소자승법으로 구한 파라미터 추정치의 표준오차를 조정한 것을 계열상관 강건 표준오차, 또는 뉴이-웨스트 표준오차(Newey-West standard errors)라고 한다.[5] 이 방법의 강점은 높은 차수의 자기상관문제($AR(q)$)뿐만 아니라 이분산의 문제까지도 해결할 수 있다는 데 있다. 따라서 이를 이분산-자기상관 수정-표준오차(Heteroscedasticity-Autocorrelation-Corrected(HAC) standard errors)라고도 한다.

Stata에서는 newey라는 명령어가 계열상관 강건 표준오차를 계산하기 위해 사용된다. 고전적 최소자승법과 뉴이-웨스트 방법에 의한 파라미터 추정치는 그 값은 동일하지만 표준오차가 틀리기 때문에 파라미터 추정치의 t통계량, 신뢰구간과 p값이 서로 다르다.

05 자기상관 문제의 Stata 사례

다음은 제2부에서 살펴본 한국의 케인지안 소비함수 추정에 사용되었던 소비와 GDP자료를 이용하여 자기상관의 문제를 탐지하고 이를 해결하기 위한 추정방법을 보여주는 사례이다.

먼저 케인지안 소비함수를 추정하고 잔차와 잔차의 시차변수를 구하여 이를 도표로 그려서 자기상관의 존재 가능성을 시각적으로 살펴보았다. 그 다음 더빈-왓슨 검정법, 더빈의 대안적 통계량, 브로슈-갓프리 검정법을 통해 보다 엄밀한 자기상관 검정을 하였다.

마지막 부분에서는 자기상관의 처치법으로서 프레이즈-윈스턴 회귀, 코크레인-오컷 회귀, 강건표준오차 계산 및 뉴이-웨스트 표준오차 계산과정을 보여주고 있다.

---

5   Newey, Whitney K; West, Kenneth D.(1987), "A Simple, Positive Semi-definite, Heteroskedasticity and Autocorrelation Consistent Covariance Matrix," *Econometrica*, 55 (3): pp.703-708.

[사례 Ⅲ-3-1] 한국의 케인지안 소비함수 추정과 자기상관 문제해결 사례
(Ⅲ-3-1-AutocorrConFun.do)

```
* ***********************************************
* *** 한국의 케인지안 소비함수 추정과 자기상관 ***
* ***********************************************
use Ⅲ-3-1-AutocorrConFun, clear
tsset year

* 소비함수의 추정과 잔차항 검토
regress con gdp
predict error, r
generate lagerror=error[_n-1]
scatter error year, yline(0)
scatter error lagerror, yline(0) xline(0)

* 다양한 자기상관의 탐지법
estat dwatson
estat durbinalt, small
estat durbinalt, small lags(1/2)
estat bgodfrey, small lags(1/2)

* 자기상관의 처치법
*Prais-Winsten AR(1) regression
prais con gdp

*Cochrane-Orcutt AR(1) regression
prais con gdp, corc

* robust standard errors
prais con gdp, corc vce(robust)

* Newey-West standard errors
newey con gdp, lag(3)
```

CHAPTER

04

실무자를 위한 Stata 회귀분석 템플릿

01   기초 응용계량경제학 요약

　제2부와 제3부를 학습한 독자들은 계량경제학의 초급수준을 이해하였다고 할 수 있다. 실제 연구에 적용하는 데 있어서도 지금까지의 지식을 활용한다면 시계열자료나 패널자료의 분석을 제외한 아주 전문적인 수준까지의 분석능력을 갖추었다고 볼 수 있다. 여기에서는 바로 이런 지식을 바탕으로 Stata 사용에 있어서 하나의 템플릿 역할을 할 수 있는 내용을 설명하고자 한다.

　지금까지 살펴본 계량경제학 방법론 전반의 내용을 하나의 Stata do파일에서 처리를 할 수 있게 하여 독자 개인의 어떤 분석 작업에도 아주 쉽게 활용할 수 있게 하였다. 결국 이 파일을 수정하여 자신의 데이터세트를 읽어 들이고 단지 변수명만을 수정하면 제2부와 제3부에서 배운 전반적인 내용을 모두 하나의 아웃풋에서 확인할 수 있게 된다. 이 과정에서 필요한 명령어들은 [표 1]에서 확인할 수 있다. 대충 이런 명령어의 순서대로 Stata를 이용한 계량분석을 한다면 아주 짧은 시간에 자신의 목표를 달성할 수 있을 것이다.

[표 1] 회귀분석 전반의 분석절차를 위한 Stata명령어

계량경제학적 주제	Stata 명령어	설명
회귀분석	regress regress , beta lfitci	• 고전적 최소자승법 • 표준화 최소자승법 • 예측구간
모형설정오류	reset estat ovtest	• 램지테스트 • 램지테스트
더미변수	generate, replace, if tabulate group, gen(g) i.group areg	• 더미변수 • 팩터변수 • 요인변수 • 다수 더미변수 회귀분석
구조변화	estatsbknown, break(tq(1980q1)) estat sbsingle estat sbcusum threshold	• 구조변화(특정시점) • 구조변화 시점 찾기 • 구조변화 시점 찾기 • 문턱회귀
정규성	predict , resid pnorm jb	• 잔차 계산 • 정규확률그림 • 자크−베라 테스트
다중공선성	graph matrix correlate estat vif fgtest theilr2 pca ridgereg	• 그래프 매트릭스 • 상관계수 • 분산팽창계수(VIF) • 퍼라−글라우버 • 타일의 결정계수 • 주요인분석 • 능형회귀
이분산	rvfplot rvpplot gladder estat hettest estat imtest, white regress , vce(robust)	• 잔차분포그래프 • 잔차분포그래프 • 변수의 분포와 변환 • 브로슈−페이건 테스트 • 화이트 테스트 • 화이트의 수정된 표준오차
자기상관	rvfplot, rvpplot estat dwatson estat durbinalt, small	• 잔차분포그래프 • 잔차분포그래프 • 더빈−왓슨 테스트 • 더빈의 대안적 테스트

	estat bgodfrey, small lags(1/2)	• 브로슈−갓프리 테스트
	estat archlm, lags(1 2 3)	• 아치 테스트
	prais , corc	• 코크레인 오컷 추정법
	prais , corc vce(robust)	• Robust standard errors
	newey	• 뉴이−웨스트 표준오차(HAC)
리포트	estimates store	• 회귀분석결과 보관
	estimates table	• 회귀분석결과 테이블 작성1
	esttab	• 회귀분석결과 테이블 작성2
	reg2docx	• 회귀분석결과 테이블 작성3

02 기초 응용계량경제학을 위한 템플릿

앞서 설명한 대로 아래 사례는 계량경제학 전반을 하나의 do파일에서 다루어볼 수 있는 일종의 템플릿이 될 것이다. 지금까지 배운 지식을 바탕으로 아래 절차를 수차에 걸쳐 연습해본다면 본서의 절반에 해당되는 내용을 충분히 이해하는 데 도움이 될 것이다.

Stata를 처음 접하는 독자뿐만 아니라 이미 익숙한 사용자에게도 여기에 제시하는 do파일은 자신의 생산성을 높여주는데 도움이 될 것이다.

[사례 Ⅲ−4−1] 계량분석의 전과정 설명을 위한 템플릿(Ⅲ−4−1−ReviewALL.do)

```
* ******************************************
* *** 계량분석의 전과정 설명을 위한 템플릿 ***
* ******************************************
use Ⅲ−3−2−ReviewALL, clear
tsset year

* 변수 로그변환, 보관
generate lconsum=ln(consumption)
generate lincome=ln(income)
generate lwealth=ln(wealth)
save reviewall, replace
```

```
* *****************
* *** 1) 자료검토  ***
* ******************

use reviewall, clear

* 단순기술통계량(데이터 검토)
summarize consumption income wealth interest

* 상관계수 행렬(다중공선성 개연성 및 자료특성 파악)
correlate consumption income wealth interest

* 그래프를 통한 자료의 오류, 특성, 상관관계, 정규성변환 가능성
graph matrix consumption income wealth interest
twoway (scatter consumption income)  (lfit consumption income)
twoway (scatter consumption wealth)  (lfit  consumption wealth)
twoway (scatter consumption interest)(lfit consumption interest)
line consumption year
gladder consumption
gladder income
gladder wealth
gladder interest


* *********************************
* *** 2)정규성 검정(Normalty Test) ***
* *********************************

use reviewall, clear

* 고전적 최소자승법(OLS) 잔차항 계산
regress lconsum lincome lwealth interest
predict error, r

* 잔차 플롯
scatter error year, yline(0)

* 잔차의 막대그래프
histogram error, bin(10)

* 정규확률산포도(Normal probability plot)
pnorm error

* 자크- 베라 테스트(Jarque Bera test)
jb error
```

```
* *************************************************
* *** 3) 모형설정오류 검정(Specification error test)  ***
* *************************************************
use reviewall, clear

* 고전적 최소자승법
regress lconsum lincome lwealth interest

* Ramsey의 RESET 테스트
estat ovtest
reset lconsum lincome lwealth interest


* *************************************
* *** 4) 다중공선성 문제의 탐지와 해결  ***
* *************************************
use reviewall, clear

* 고전적 최소자승법
regress  lconsum lincome lwealth interest

* 분산팽창계수 계산 (VIF)
estat vif

* Farrar-Glauber Multicollinearity Tests
lmcol lconsum lincome lwealth interest, coll

* 능형회귀(Ridge Regression)
ridgereg  lconsum lincome lwealth interest, model(grr1) mfx(lin)

* 주요인분석(Principal component analysis)과 회귀분석
pca lincome lwealth interest
predict p1-p3
regress  lconsum p1


* *********************************
* *** 5) 이분산 문제의 탐지와 해결 ***
* *********************************
use reviewall, clear

* 고전적 최소자승법
regress lconsum lincome lwealth interest
```

```
* 잔차계산
predict error, r

* 적합된 값(fitted value)
predict fitcon, xb

* 잔차의 제곱
generate error2=error^2

* 잔차자승합의 히스토그램
histogram error2, bin(10)

* 잔차자승과 적합된 값의 그래프
scatter error2 fitcon

* 브로슈-페이건 $ 화이트 테스트
quietly regress lconsum lincome lwealth interest
estat hettest
estat imtest, white

* White corrected(robust) standard error
regress lconsum lincome lwealth interest, vce(robust)

* ************************************
* *** 6) 자기상관 문제의 탐지와 해결 ***
* ************************************

use reviewall, clear

* 다양한 자기상관탐지 테스트
regress lconsum lincome lwealth interest
estat dwatson
estat durbinalt, small
estat durbinalt, small lags(1/2)
estat bgodfrey, small lags(1/2)
estat archlm, lags(1 2 3)

* 자기상관의 처치법
*Prais-Winsten AR(1) regression
prais lconsum lincome lwealth interest

*Cochrane-Orcutt AR(1) regression
prais lconsum lincome lwealth interest, corc
```

```
* Robust standard errors
prais lconsum lincome lwealth interest, corc vce(robust)

* Newey-West standard errors
newey lconsum lincome lwealth interest, lag(2)


* ***************************
* *** 7) 추정결과의 리포트  ***
* ***************************

use reviewall, clear

* 원하는 모형의 추정과  파라미터 보관
quietly regress lconsum lincome lwealth interest
estimates store model1

quietly reg lconsum lincome lwealth interest, vce(robust)
estimates store model2

quietly prais lconsum lincome lwealth interest
estimates store model3

quietly prais lconsum lincome lwealth interest, corc
estimates store model4

quietly newey lconsum lincome lwealth interest, lag(3)
estimates store model5

* 보관한 추정결과의 정리 (Stata 명령어 활용)
* Result Window에서 Table형식으로 복사하여 엑셀로 복사
estimates table model1 model2 model3 model4 model5  ///
        , stats(r2) b(%5.4f) star(0.10 0.05 0.01)

estimates table model1 model2 model3 model4 model5  ///
        , stats(r2) b(%5.4f) se(%5.4f) t(%4.1f)

* 보관한 추정결과의 정리 (사용자 작성 프로그램 esttab 활용)
* Result Window에서 Table형식으로 복사하여 엑셀로 복사
esttab model1 model2 model3 model4 model5   //
      , star(* 0.10 ** 0.05 *** 0.01) r2 b(%5.4f) t(%4.1f) fixed

esttab model1 model2 model3 model4 model5   //
      , star(* 0.10 ** 0.05 *** 0.01) r2 b(%5.4f) se(%5.4f) fixed
```

```
* 추정결과 MS Word 파일 생성(1)
* Current Working Directory에서 Word로 읽어들임
esttab model1 model2 model3 model4 model5 using review1              ///
     , replace star(* 0.10 ** 0.05 *** 0.01)  rtf r2 aic              ///
         mtitle( "Model 1" "Model 2" "Model 3" "Model 4" "Model 5")   ///
         label title("Table: Estimation Results")

* 추정결과 MS Word 파일 생성(2)
reg2docx model1 model2 model3  model4 model5 using review2.docx       ///
     , replace r2(%9.3f) ar2(%9.2f) t(%7.2f)                          ///
         title(Table: Estimation Results)                             ///
         mtitles("model 1" "model 2" "model 3" "model 4" "model 5")
```

CHAPTER

05

연립방정식 모형

지금까지 살펴본 계량경제학 모형들은 하나의 종속변수와 여러 독립변수들의 관계를 나타내는 단일방정식모형의 추정과 평가 및 해석에 관한 것이었다. 종속변수 상호간의 의존성, 설명변수들 간의 피드백(feedback)관계를 고려하지 않은 독립변수들과 종속변수의 일방적 관계만을 다루고 있었다. 하지만 실제 경제학 분야에서는 단일방정식 모형이 의미하는 바와는 달리 많은 경제변수들이 상호의존하고 있는 것이 일반적이다.

단일방정식 모형의 이런 단점을 해결하고자 분석대상의 인과관계를 여러 방정식을 이용하여 설명하고자 하는 것이 바로 연립방정식 모형이다. 여러 개의 종속변수가 동시에 사용됨으로써 경제관계를 다양하게 설명할 수 있고, 그런 만큼 분석대상에 대해 풍부한 설명을 할 수 있게 되었던 것이다. 특히 한나라 전체를 대상으로 한 연립방정식 모형은 과거 수십년간 다양한 거시변수들 간의 상호관계를 분석하는 데 사용되었고, 예측이나 정책평가라는 목적을 위해 광범위하게 사용되었다.

본장에서는 연립방정식 모형의 설정과 식별 및 다양한 추정방법을 개괄적으로 살펴보고, 이를 이용한 시뮬레이션 분석과 예측 및 정책효과 분석과 같은 내용을 살펴보고자 한다.

01 모형의 설정

연립방정식 모형을 다룰 때에는 보다 체계적인 이해를 위해 몇 가지 용어를 이해할 필요가 있다. 우선 변수에 대해서 살펴보자. 변수는 크게 내생변수와 외생변수로 나누어진다. 이미 단일방정식모형에서 언급했던 종속변수와 독립변수와 같은 의미이다. 내생변수는 연립방정식 모형을 구성하는 개별 방정식에서 등호(=)의 왼쪽에 오는 변수로 모형 내에서 그 값이 결정되는 변수이다. 외생변수란 독립변수, 선결변수(predetermined variable)라고 불리는 변수로서 모형의 외부에서 그 값이 사전적으로 결정되어 들어오는 변수를 말한다. 그러나 연립방정식 모형에서는 외생변수를 설명변수(explanatory variable)라고 부르는 것이 적절하다. 왜냐하면 어떤 한 방정식에서는 내생변수이면서 다른 방정식에서는 외생변수로서의 역할을 하는 변수가 있기 때문이다.

또 다른 변수의 개념이 있다. 모형에 포함되어 있는 독립변수로서 특정 추정방법에 이용되는 도구변수(instrumental variable), 전기에 모형 내에서 결정된 내생변수 값인 시차내생변수(lagged endogeneous variable)가 있다.

연립방정식 모형은 이를 구성하는 각 개별방정식의 형태에 따라 구조방정식, 유도형방정식, 축차형방정식으로 나누어진다. 좀 더 자세히 살펴보기로 하자.

경제학자 소개 **트리그베 호벨모(Trygve Haavelmo)**

트리그베 호벨모(1911~1999)는 계량경제학의 확률이론적 기초를 명확히 한 노르웨이 경제학자이다. 오슬로 대학에서 통계학과 경제학을 가르쳤다.

계량경제학에 있어서 연립방정식의 통계적 의미, 계량경제학과 확률이론의 결합에서 커다란 공헌을 하였다. 그의 논문인 "연립방정식체계의 통계적 의미(The Statistical Implications of a System of Simultaneous Equations)"는 계량경제학모형의 통계적 의미뿐만 아니라 경제변수의 인과관계를 명확히 하였다. 경제모형을 통해 가설적인 실험을 가능하게 하여 정책효과를 분석할 수 있게 하였다는 점에서 현재 사용되는 계량모형의 기초를 만들었다.

1989년 계량경제학의 확률 이론적 기초를 명확히 하고 연립방정식모형으로 경제구조를 분석한 공로로 노벨경제학상을 받았다.

(1) 구조모형

구조방정식모형이란 분석대상의 경제관계를 직접 방정식의 형태로 나타낸 것으로 개별방정식간에는 경제관계를 나타내는 동시적 연관성(simultaneous relationship)을 가지고 있다.

다음과 같은 세 개의 내생변수와 두 개의 외생변수로 구성된 연립방정식 모형을 생각해보자. 개별 방정식은 구조방정식(structural equation) 또는 행태방정식(behavioural equation)이라고 한다.

$$Y_{1t} = \alpha_1 + \alpha_2\, Y_{2t} + \alpha_3\, Y_{3t} + \alpha_4 X_{1t} + \alpha_5 X_{2t} + u_{1t}$$

$$Y_{2t} = \beta_1 + \beta_2\, Y_{1t} + \beta_3\, Y_{3t} + \beta_4 X_{1t} + \beta_5 X_{2t} + u_{2t}$$

$$Y_{3t} = \gamma_1 + \gamma_2\, Y_{1t} + \gamma_3\, Y_{2t} + \gamma_4 X_{1t} + \gamma_5 X_{2t} + u_{3t}$$

여기에서는 방정식의 좌변에 있는 세 개의 내생변수, Y_1, Y_2, Y_3가 있고, 두 개의 외생변수 X_1, X_2가 있다. 모형의 파라미터인 α_i, β_i, γ_i는 구조계수(structural coefficients), 또는 구조 파라미터(structural parameters)이다. 각 방정식에는 오차항, u_1, u_2, u_3가 있는데 각각 독립적인 정규분포를 한다고 가정한다. 즉 각 구조방정석의 오차항간에는 상관관계가 없다고 가정한다.

(2) 유도형 또는 축약형 모형

이상의 구조모형에서는 세 개의 미지수, 즉 내생변수와 세 개의 방정식이 있기 때문에 내생변수에 대한 해(solution)를 구할 수 있다. 즉 연립방정식 모형을 구성하는 내생변수를 독립변수들만의 함수로 풀면 다음과 같은 모형이 된다. 이를 유도형 혹은 축약형 모형(reduced form equation)이라고 한다.

$$Y_{1t} = \pi_{11} + \pi_{12} X_{1t} + \pi_{13} X_{2t} + v_{1t}$$

$$Y_{2t} = \pi_{21} + \pi_{22} X_{1t} + \pi_{23} X_{2t} + v_{2t}$$

$$Y_{3t} = \pi_{31} + \pi_{32} X_{1t} + \pi_{33} X_{2t} + v_{3t}$$

여기서 파라미터, π_{ij}는 구조모형의 파라미터인 $\alpha_i, \beta_i, \gamma_i$가 결합된 것이다. 오차항 v_i는 역시 구조모형의 오차항, u_i의 결합체이다.

(3) 축차형 모형

이상의 구조모형에서 방정식의 해를 구한다고 할 때, 방정식이 나열된 순서대로 내생변수 값이 순차적으로 풀릴 수 있는 다음과 같은 형태의 연립방정식 모형을 생각해볼 수 있다. 이런 모형을 축차형 모형(recursive form model)이라고 한다.

$$Y_{1t} = \alpha_1 \qquad\qquad\qquad + \alpha_4 X_{1t} + \alpha_5 X_{2t} + u_{1t}$$

$$Y_{2t} = \beta_1 + \beta_2\, Y_{1t} \qquad\quad + \beta_4 X_{1t} + \beta_5 X_{2t} + u_{2t}$$

$$Y_{3t} = \gamma_1 + \gamma_2\, Y_{1t} + \gamma_3\, Y_{2t} + \gamma_4 X_{1t} + \gamma_5 X_{2t} + u_{3t}$$

여기에서 각 방정석의 오차항간에는 여전히 상관관계가 없다고 가정한다.

(4) 외견상 무관모형

이상의 구조모형의 각 방정식에서 설명변수로 사용된 다른 방정식의 내생변수가 제외된 다음의 모형을 생각해보자. 하나의 그룹으로서 각 방정식의 내생변수는 밀접한 관련이 있으나 함수형태로는 다음과 같이 외견상 아무런 관계가 없어 보이는 연립방정식 모형인 것이다. 여기서 세 개의 방정식이 어떤 방법으로 밀접한 관계가 있느냐 하면 바로 오차항간에 상관관계가 있다는 것이다. 즉 $E(u_i, u_j) \neq 0, \quad i \neq j$.

$$Y_{1t} = \alpha_1 + \alpha_4 X_{1t} + \alpha_5 X_{2t} + u_{1t}$$

$$Y_{2t} = \beta_1 + \beta_4 X_{1t} + \beta_5 X_{2t} + u_{2t}$$

$$Y_{3t} - \gamma_1 + \gamma_4 X_{1t} + \gamma_5 X_{2t} + u_{3t}$$

(5) 연립방정식 편의

고전적 최소자승법의 기본가정 가운데 하나는 오차항이 방정식의 설명변수와 상관관계를 갖지 않아야 한다는 것이다. 만약 그런 상관관계가 존재한다면 고전적 최소자승추정량은 편의를 갖게 된다는 것을 이미 설명한 바 있다.

이상에서 설명한 구조모형에서 만약 어떤 한 방정식의 오차항에 충격이 있게 되면 해당 방정식에 포함된 설명변수(즉 다른 방정식의 내생변수)에 어떤 영향을 미치는지를 알아보자.

만약 첫 번째 방정식의 오차항, u_{1t}에 어떤 충격이 발생하여 값의 크기가 증가하게 되면, Y_{1t}가 증가하게 된다. 그리고 두 번째 방정식에서 Y_{2t}가, 세 번째 방정식에서 Y_{3t} 증가하게 된다. 그러면 첫 번째 방정식에서 Y_{2t}, Y_{3t}가 증가하게 된다. 이는 첫 번째 방정식의 오차항, u_{1t}와 설명변수 Y_{2t}, Y_{3t}가 서로 상관되어 있다는 것을 의미한다. 즉 연립방정식 모형에서는 어떤 방정식의 내생변수가 다른 방정식의 설명변수로 사용되기 때문에 결국 오차항과 해당 설명변수가 서로 상관관계를 갖게 되어 고전적 최소자승법의 기본가정을 위배함으로써 이를 고전적 최소자승법으로 추정할 때 파라미터 추정치는 편의를 갖게 된다는 것이다.

따라서 설명변수와 오차항간의 상관관계가 있게 되는 문제점은 연립방정식 모형의 존재를 고려할 때 생기는 문제이기 때문에 연립방정식 편의(simultaneous equation bias)의 문제라고 한다.

02 모형의 식별

(1) 기초개념

해당 분석대상을 연립방정식 모형으로 구성한다면 전술한 바와 같은 연립방정식 편의의 문제 외에도 고려해야 할 아주 중요한 문제가 있다. 앞에서 보았듯이 축약형 모형은 내생변수가 해당 모형에 포함되어 있는 외생변수만의 함수형태이기 때문에 고전적 최소자승법을 적용하여 효율적인 추정치를 구할 수 있다. 그런데 중요한 것은 축차형 모형의 추정된 파라미터(π_i)로부터 원래 구조방정식 모형의 파라미터(α_i, β_i, γ_i)

에 대한 효율적인 추정치를 구할 수 있느냐의 문제이다.

여기에는 세 가지 가능성이 있다. 첫째는 축차형 모형의 추정계수로부터 구조방정식의 파라미터를 유도할 수 없을 가능성, 둘째는 정확하게 유일한 값으로 유도할 수 있을 가능성, 셋째는 유도할 수는 있으나 유일한 것이 아닐 가능성이 있다는 것이다.[1]

이를 식별문제(identification problem)라고 하는데, ① 과소식별(under identification), ② 적정식별(exact identification), ③ 과대식별(over identification)이라고 한다. 이런 식별문제를 판단하는 방법에는 위수조건(order condition)과 계수조건(rank condition)이 있다.

(2) 식별을 위한 조건

1) 위수조건

연립방정식 모형에서 내생변수의 수가 G개라고 하자. 그리고 식별여부를 판단하고자 하는 방정식에서 모형전체에 포함되어 있는 변수(내생변수, 외생변수, 시차외생변수) 가운데 제외되어 있는 변수의 개수를 M개라고 하자. 그러면 위수조건은 다음과 같다.

① 만약 $M < G-1$이라면 과소식별
② 만약 $M = G-1$이라면 적정식별
③ 만약 $M > G-1$이라면 과대식별

이런 위수조건은 필요조건이기는 하지만 충분조건은 아니다. 따라서 위수조건이 충족되지 않으면 해당 방정식은 식별되지 않는다. 그러나 위수조건이 충족한다고 해도 해당 방정식이 식별되는지는 확신할 수 없다. 그래서 다음의 계수조건을 사용하는 것이 필요하다.

2) 계수조건

계수조건을 쉽게 이해하기 위해 다음의 방법을 활용해보자. 우선 방정식의 순서대로 열을 만들고, 행방향으로는 모형에 포함된 내생변수와 외생변수를 나열하여 표의 형태를 만든 다음 각 셀(cell)에 해당변수가 포함되어 있으면 별표(★)를, 포함되어 있

---

1   Dimitrios Asteriou and Stephen G. Hall(2016), "Simultaneous Equation Models," in *Applied Econometrics* (3rd ed.), Palgrave. pp.243−253.

지 않으면 영(0)표시를 하자.

다음과 같은 수요공급함수와 균형조건을 이용하여 판별표를 만들어보자.

수요함수: $Q_t^d = \beta_1 + \beta_2 P_t + \beta_3 Y_t + u_{1t}$

공급함수: $Q_t^s = \gamma_1 + \gamma_2 P_t + u_{2t}$

시장균형조건: $Q_t^d = Q_t^s$

	Q^d	Q^s	P	Y
수요함수	★	0	★	★
공급함수	0	★	★	0
균형조건	★	★	0	0

먼저 위수조건을 검토하여 보자. 모형전체에는 포함되어 있으나 수요함수에서 제외되어 있는 변수는 Q^s, 하나의 변수밖에 없으니까 $M = 1$이다. 방정식의 수는 세 개이니까 $G - 1 = 2$이다. 따라서 $M < G - 1$이므로 수요함수는 과소식별된다. 필요조건인 위수조건에서 과소식별되었기 때문에 추가적으로 계수조건을 검토할 필요가 없다.

공급함수에서는 모형전체에는 포함되어 있으나 제외된 변수는 Q^d와 Y, 두 개이므로 $M = 2$이다. 따라서 $M = G - 1$이므로 공급함수는 적정식별된다. 위수조건에 의해 적정식별된다고 해도 위수조건은 필요조건일 뿐이기 때문에 필요충분조건인 계수조건을 추가적으로 검토할 필요가 있다.

계수조건을 검토하는 방법은 다음과 같다. ① 위에서 작성한 계수조건 판별표에서 우선 식별여부를 판단하고자 하는 방정식을 나타내는 열을 삭제한다. ② 아울러 식별여부를 판단하고자 하는 방정식에서 별표(★)가 있는 행을 지운다(또는 영(0)이 있는 행만 남긴다). ③ 남은 배열에서 행과 열 모든 원소들이 영(0)이 아니면 해당 방정식은 식별된다. 만약 행과 열의 모든 원소가 영(0)이라면 식별되지 않는다.

이상의 판별표에서 공급함수의 식별여부를 판별하기 위해 공급함수를 나타내는 2번째 열을 지우고, 두 번째 열의 원소 가운데 별표(★)인 행을 지우게 되면 표는 다음과 같이 된다. 여기에서 행의 모든 원소가 영(0)이 아니므로 공급함수는 적정식별된다고 판단한다.

	Q^d	Y
수요함수	★	★
균형조건	★	0

(3) 사례

연립방정식 모형의 식별을 위한 위수조건과 계수조건을 검토하기 위해 다음과 같은 간단한 거시모형과 IS−LM모형을 이용한 사례를 살펴보자.

1) 거시모형

다음과 같은 간단한 폐쇄경제의 거시모형을 통해 연립방정식 모형의 식별에 대해 살펴보도록 하자.

$$C_t = \beta_1 + \beta_2 Y_t$$

$$I_t = \gamma_1 + \gamma_2 Y_t + \gamma_3 R_t$$

$$Y_t = C_t + I_t + G_t$$

우선 식별을 위한 판별표를 만들면 다음과 같다.

	C	I	Y	R	G
소비함수	★	0	★	0	0
투자함수	0	★	★	★	0
소득함수	★	★	★	0	★

여기서 먼저 위수조건을 살펴보면, 소비함수에서는 제외된 변수의 수, $M = 3$이므로 과대식별된다. 투자함수에서는 $M = 2$이므로 적정식별된다.

다음으로 계수조건을 살펴보기 위해 소비함수에 대한 판별표를 만들어보면 다음과 같다. 모두 영(0)의 값을 가진 행이 없으므로 식별된다.

	I	R	G
투자함수	★	★	0
소득함수	★	0	★

투자함수에 대해 판별표를 만들어 보면 다음과 같다. 모두 영(0)의 값을 가진 행이 없으므로 식별된다.

	C	G
소비함수	★	0
소득함수	★	★

2) IS-LM모형

다음의 사례에서는 상품시장과 화폐시장의 균형을 모형화한 IS−LM모형에서 식별여부를 판단해보기로 한다.

$$R_t = \beta_1 + \beta_2 M_t + \beta_3 Y_t + \beta_4 M_{t-1} + u_{1t}$$

$$Y_t = \gamma_1 + \gamma_2 R_t + \gamma_3 I_t + u_{2t}$$

여기에서도 우선 위수조건과 계수조건을 쉽게 판별하기 위한 표를 만들어보면 다음과 같다.

	R	Y	M	M_{t-1}	I
이자율함수	★	★	★	★	0
소득함수	★	★	0	0	★

우선 위수조건을 살펴보면, 이자율함수에서 $M=1$이므로 이는 적정식별된다. 소득함수에서 $M=2$이므로 과대식별된다.

계수조건을 이용하여 이자율함수를 식별하기 위한 판별표는 다음과 같으므로 식별된다.

	I
소득함수	★

소득함수를 식별하기 위한 판별표는 다음과 같으므로 역시 식별된다.

	M	M_{t-1}
이자율함수	★	★

03 연립방정식 모형의 추정법

(1) 연립방정식 모형과 정보(information)

연립방정식 모형을 추정하는 방법에는 크게 단순한 방법(naive approach), 제한정보 접근법(limited information approach), 완전정보 접근법(full information approach)의 세 가지 접근법이 있다. 이런 접근법은 말 그대로 연립방정식모형을 추정하는 과정에서 사용하는 정보의 양에 있어서 차이가 난다.[2]

첫째, 단순한 접근법은 연립방정식 체계에서 각 방정식을 단순히 고전적 최소자승법을 적용하는 방법이다. 설명변수로서 포함된 다른 방정식의 내생변수나 독립변수를 특별히 구별하지 않고 단순히 독립변수로 간주한다는 의미에서 아주 단순한 접근법이다. 특히 연립방정식 체계에는 포함되어 있으나 추정하려는 해당 방정식에는 제외되어 있는 정보를 전혀 사용하지 않는다. 따라서 추정하려는 방정식의 오차항과 다른 방정식에서 내생변수로 사용되지만 해당방정식에서는 설명변수로 사용되는 항과 상관되어 있기 때문에 이 방법에 의한 파라미터 추정치는 편의를 갖고, 또 불일치성을 갖는다.

둘째, 제한정보 접근법은 한 번에 하나의 방정식을 추정하되 설명변수로 사용되는 다른 방정식의 내생변수와 독립변수를 구분한다. 또한 연립방정식 체계에 포함되어 있는 내생변수와 외생변수 가운데 어떤 변수가 추정하려는 방정식에서 제외되어 있으며, 다른

---

2 Intriligator Michael D.(1978), *Econometric Models, Techniques & Applications*, Prentice−Hall Inc. pp.368−424.; Pindyck, Robert S. and Daniel L. Rubinfeld(1981), *Econometric Models and Economic Forecasts* (2nd ed.), MacGraw−Hill, pp.319−353.

방정식에는 포함되어 있는지에 대한 정보도 활용한다. 하지만 추정하려는 방정식에 포함되거나 제외된 변수에 대한 정보만을 이용한다는 점에서 제한된 정보를 활용하는 접근법이다. 이런 접근법에는 2단최소자승법, 제한정보최우법, 도구변수 추정법이 있다.

셋째, 완전정보 접근법은 연립방정식 모형의 전체 체계를 각 방정식이 가진 모든 정보를 이용하여 동시에 추정하는 방법이다. 연립방정식 체계의 각 방정식의 구조모수에 대한 정보(식별조건)를 바탕으로 모든 구조모수와 더불어 오차항의 분산−공분산 구조까지 동시에 추정한다. 이런 접근법에는 3단최소자승법, 완전정보최우법이 있다.

(2) 단일방정식 추정법

1) 고전적 최소자승법

만약 설정된 연립방정식 모형이 축차형 모형이거나 유도형 모형이라면 개별 방정식에 고전적 최소자승법을 적용할 수 있을 것이다. 그렇지 않을 때 고전적 최소자승법을 적용하면 전술한 바와 같이 파라미터 추정치는 편의를 갖게 된다. 이는 결국 연립방적식 모형이 가지고 있는 정보를 무시했기 때문이다.

2) 간접최소자승법

간접최소자승법을 적용하는 방법은 간단하지만 번거로운 작업이다. 우선 설정된 구조모형을 내생변수에 대해 풀어서 유도형 모형으로 바꾼 다음, 각 방정식에 고전적 최소자승법을 적용한다. 그 다음 유도형 모형의 파라미터로부터 구조모형을 구성하는 개별 구조방정식의 파라미터를 간접적으로 구한다. 따라서 간접최소자승법은 적정식별된 모형의 추정에 적합하고 과대식별된 모형의 추정에는 사용할 수 없다.

유도형 모형을 고전적 최소자승법으로 추정하면 파라미터 추정치는 불편성(unbiasedness)을 가지며 이로부터 구해진 구조계수 추정치는 일치성(consistency)을 갖는다. 구조방정식이 적정식별된다면 간접최소자승추정량은 일치성, 점근적 효율성(asymptotic efficiency)을 갖는다.

연립방정식 모형의 추정을 위한 간접최소자승법은 이런 장점을 가지고 있으나 잘 사용되지 않는다. 대부분의 연립방정식 모형은 과대식별되는 경향이 있고, 또 유도형 모형의 추정치로부터 구조계수를 유도하는 과정이 매우 번거롭기 때문이다. 이런 이유로 2단최소자승법이 보다 선호된다.

3) 2단최소자승법

과대식별되는 연립방정식 모형의 추정을 위한 2단최소자승법은 다른 방정식에서 내생변수로서의 역할을 하지만 특정 방정식에서 설명변수로서의 역할을 하는 변수를 다른 변수로 대체하여 추정하는 방법이다.

여기서 다른 변수라고 하는 것은 해당 방정식에서 설명변수로 사용된 내생변수를 모형에 포함된 모든 독립변수의 함수형태로 표현된 함수로 추정한 후 적합된 값(fitted value)을 말한다. 결과적으로 모형이 2단계에 걸쳐서 추정되기 때문에 2단최소자승법이라고 불린다.

2단최소자승법에 의한 파라미터 추정치는 OLS와 마찬가지로 편의를 가지고 있지만 일치성을 갖는다. 특정방정식의 추정을 위해 2단최소자승법을 적용할 때 다른 방정식에서 내생변수로서의 역할을 하는 설명변수의 값을 연립방정식 체계에 포함된 모든 독립변수의 함수로 적합된 값(선형결합)을 사용한다는 점에서 이는 오차항과 상관관계를 갖지 않는다.

경제학자 소개 7 헨리 타일(Henri Theil)

헨리 타일(1924~2000)은 2단 최소자승법을 개발한 네덜란드 계량경제학자이다. 허멘즈 대학(Gemeente university)에서 박사학위를 받고 얀 틴베르헨(Jan Tinbergen)의 경제정책분석연구소에서 연구원 생활을 하였다.

이후 얀 틴베르헨 후임으로 네덜란드 경제대학(Netherlands School of Economics)에서 교수를 지냈다. 1966년 "계량경제학원론(Principles of Econometrics)"을 집필하였다. 1966년 미국 시카고 대학에서 계량경제학을 강의했다.

타일의 선구적인 업적은 계량경제학과 경제통계학, 수요분석, 경제정책, 정보이론 등에서 발견된다. 이 중 계량경제학에 대한 중요한 업적은 연립방정식모형의 파라미터 추정방법으로 2단최소자승법을 개발한 것이다. 나중에 아놀드 젤르너(Arnold Zellner)와 함께 3단최소자승법을 개발했다.

Zvi Griliches와 함께 모형설성오류에서 세외된 변수로 인한 편의의 문세를 분석하였다. 예측력의 평가를 위해 Theil's U통계량을 개발했다. 타일은 또한 불평등 정도를 나타내는 엔트로피 지수(Entropy Index, 혹은 Theil's H)를 개발했다.

(3) 연립방정식 추정법

1) 3단최소자승법

3단최소자승법은 그 이름이 의미하듯이 2단최소자승법을 확대한 연립방정식 추정법으로 연립방정식체계가 가진 모든 정보를 활용하는 추정방법이다. 처음 2단계는 2단최소자승법을 적용하는 단계이다. 3번째 단계는 2단최소자승법을 적용한 결과로 얻어진 개별방정식의 잔차항의 분산-공분산 행렬을 이용하여 연립방정식 체계에 포함된 모든 구조모수를 일반화된 최소자승법(Generalized Least Squares: GLS)으로 추정하는 방법이다.

경제학자 소개 8 찰링 코프만스(Tjalling Koopmans)

찰링 코프만스(1910~1985)는 완전정보최우법(Full Information Maximum Likelihood Method: FIML)이란 연립방정식 추정법과 교통경제학에서 수송모형을 개발한 네덜란드 태생의 미국 경제학자이다.

위트레이트 대학에서 수학, 이론물리학을 공부했으나 얀 틴베르헨(Jan Tinbergen)을 만난 후 그의 지도로 수리경제학을 배웠고, 계량경제학, 통계학에도 많은 관심을 가졌다.

1936년 라이덴 대학에서 헨드릭 크래머스(Hendrik Kramers)와 얀 틴베르헨(Jan Tinbergen)의 지도로 박사학위를 받았는데 논문의 제목은 "경제시계열의 선형회귀분석(linear regression analysis of economic time series)"이었다.

1940년 미국으로 이주하여 워싱턴 D.C.에서 정부부처에 근무하면서 적정수송방법에 대한 교통경제학을 연구하였다. 이후 시키고 대학의 카울스위원회(Cowles Commission)에서 연구하였다. 카울스위원회와 시카고대학 경제학과의 마찰로 카울스재단(Cowles Foundation for Research in Economics)으로 이름을 바꾼 후 예일대학으로 옮긴 뒤 적정성장이론, 액티비티분석(activity analysis)에 대한 연구를 계속했다. 자기상관계수의 분포를 연구한 논문은 존 폰 노이만(John von Neumann)의 인정을 받은 바 있으며 나중에 데니스 살간(John Denis Sargan)의 단위근 검정방법에 영향을 미쳤다. 1975년 자원배분, 생산요소투입과 산출물간의 관계, 경제효율성과 가격의 관계에 대한 연구 등의 공로를 인정받아 Leonid Kantorovich와 함께 노벨경제학상을 수상하였다.

3단최소자승법은 잔차항의 분산−공분산 행렬이 가지고 있는 정보를 이용하기 때문에 2단최소자승법에 의한 추정치보다 효율성을 높일 수 있다. 즉 3SLS에 의한 파라미터 추정치는 2SLS 추정치와 마찬가지로 일치성을 갖지만 점근적으로 보다 효율적이다.

2) 완전정보최우법

연립방정식 모형이 가진 모든 정보를 활용하는 추정법으로 완전정보최우법이 있다. 이 방법은 연립방정식 체계에 대한 우도함수(likelihood function)를 최대화하는 구조모수를 추정하는 방법으로서 연립방정식 체계의 식별에 필요한 사전적인 조건들을 반영한다. 완전정보최우법에 의한 파라미터 추정치는 3SLS와 마찬가지로 일치성을 갖고 점근적으로 효율적이다.

(4) 연립방정식모형 추정과 Stata 사례

1) 간단한 거시모형의 추정사례

Stata를 이용한 연립방정식 모형의 다양한 추정방법을 살펴보기 위해 다음과 같은 모형을 생각해보자. 다음의 간단한 모형은 소비, 투자, 이자율 함수와 소득결정방정식인 항등식의 4개 방정식으로 구성되어 있다.

$$CON_t = a_0 + a_1 GDP_t + a_2 CON_{t-1}$$

$$INV_t = b_0 + b_1 (GDP_t - GDP_{t-1}) + b_3 GDP_{t-1} + b_4 RAT_{t-1}$$

$$RAT_t = c_0 + c_1 GDP_t + c_2 (GDP_t - GDP_{t-1}) + c_3 (M1_t - M1_{t-1}) + c_4 RAT_{t-1}$$

$$GDP_t = CON_t + INV_t + GOV_t$$

추정방법은 단일방정식 추정법으로 고전적최소자승법(OLS), 2단최소자승법(2SLS), 제한정보최우법(LIML), GMM추정법을, 연립방정식 추정법으로 3단최소자승법(3SLS), 완전정보최우법(FIML)을 살펴보았다.

Stata를 이용할 때 2SLS, LIML, GMM추정법은 ivregress명령어를 사용하고, 3SLS 추정법은 reg3명령어를 사용하였다. reg3명령어를 이용한다면 3SLS뿐만 아니라 OLS, 2SLS, SUR추정이 가능하다. 완전정보최우법은 구조방정식 모형의 추정을 위해 사용되는 sem, gsem명령어에 옵션 method(ml)을 사용하면 된다.

```
* ****************************
* *** 한국의 간단한 거시모형 ***
* ****************************
use Ⅲ-5-1-KorMacro, clear

* *** 모형의 OLS추정법 ***
regress con gdp l.con
regress inv d.gdp l.rat
regress rat gdp d.gdp d.m1 l.rat

* *** 모형의 2SLS 추정법 ***
ivregress 2sls con l.con (gdp = l.con d.gdp l.rat d.m1), small
ivregress 2sls inv d.gdp l.rat
ivregress 2sls rat d.gdp d.m1 l.rat  (gdp = l.con d.gdp l.rat d.m1), small

* *** 모형의 LIML 추정법 ***
ivregress liml con l.con (gdp = l.con d.gdp l.rat d.m1)
ivregress liml inv d.gdp l.rat
ivregress liml rat d.gdp d.m1 l.rat  (gdp = l.con d.gdp l.rat d.m1)

* *** 모형의 GMM 추정법 ***
ivregress gmm con l.con (gdp = l.con d.gdp l.rat d.m1)
ivregress gmm inv d.gdp l.rat
ivregress gmm rat d.gdp d.m1 l.rat  (gdp = l.con d.gdp l.rat d.m1)


* *** 연립방정식 추정법(3SLS) ***
* reg3를 이용하여 ols, 2sls, sur추정가능
reg3 (con gdp l.con) (inv d.gdp l.rat) (rat gdp d.gdp d.m1 l.rat) ///
    , endog(con inv rat gdp) exog(gov)

* *** 연립방정식 추정법(FIML) ***
* sem 또는 gsem에 추정방법  method=(ml)을 부여
gsem (con <- gdp l.con) (inv <- d.gdp l.rat) (rat <- gdp d.gdp d.m1 l.rat) ///
    , method(ml)
```

2) 외견무관회귀모형의 추정사례

미시경제이론이나 산업조직론에서는 생산함수나 비용함수에 대해 자주 언급한다. 특히 비용함수 가운데 초월대수함수는 실증분석에 자주 사용된다. 초월대수비용함수에 규모에 대한 수확불변의 가정을 부여하고, 각각의 생산요소가격에 대해 미분하면 다음

과 같은 비용 몫 함수가 유도된다. 각 비용 몫 함수는 자본, 노동, 에너지가격과 중간 투입물 가격의 상대가격의 함수로 표현된다.

3개의 방정식으로 구성되어 있지만 특정 방정식의 내생변수가 다른 방정식의 설명변수로 사용되지 않는다. 다만 오차항간의 상관관계가 있다고 가정한다. 따라서 이 연립방정식 모형은 외견상 무관한 모형이다. 추정을 위해서는 sureg라는 명령어가 사용되었다. 비용함수를 추정하는 방법과 다양한 활용방법에 대해서는 제7부의 사례분석에서 보다 자세히 설명하게 될 것이다.

$$S_K = \beta_K + \delta_{KK} \ln\left(\frac{P_K}{P_M}\right) + \delta_{KL} \ln\left(\frac{P_L}{P_M}\right) + \delta_{KE} \ln\left(\frac{P_E}{P_M}\right)$$

$$S_L = \beta_L + \delta_{KL} \ln\left(\frac{P_K}{P_M}\right) + \delta_{LL} \ln\left(\frac{P_L}{P_M}\right) + \delta_{LE} \ln\left(\frac{P_E}{P_M}\right)$$

$$S_E = \beta_E + \delta_{KE} \ln\left(\frac{P_K}{P_M}\right) + \delta_{LE} \ln\left(\frac{P_L}{P_M}\right) + \delta_{EE} \ln\left(\frac{P_E}{P_M}\right)$$

경제학자 소개 아놀드 젤르너(Arnold Zellner)

아놀드 젤르너(1927~2010)는 베이지안 확률과 계량경제학 분야에 정통한 미국의 경제학자이자 통계학자이다. 베이지안분석과 계량경제학분야에서 커다란 업적을 남겼다.

1962년 젤르너는 계량경제학에서 가장 많이 인용되는 논문의 하나인, "An Efficient Method of Estimating Seemingly Unrelated Regressions and Tests for Aggregation Bias"를 JASA에 발표하였다.

하버드대학에서 물리학을 전공하고 1957년 캘리포니아 버클리 대학에서 조지 쿠즈네츠(George Kuznets, Simon Kuznetz의 동생)의 지도하에 경제학 박사학위를 받았다.

대표적인 저술은 1971년에 쓴 "An Introduction to Bayesian Inference in Econometrics(J. Wiley and Sons)"와 1984년에 쓴 "Basic Issues in Econometrics(University of Chicago Press)"이다. 많은 박사학위 학생들을 지도하였는데 이들 가운데에는 제임스 램지(James B. Ramsey), 샌포드 그로스만(Sanford J. Grossman), 로버트 호드릭(Robert J. Hodrick), 찰스 폴로서(Charles Plosser) 등이 있다.

다음 사례는 미국제조업의 초월대수 비용함수를 연립방정식 추정법으로 추정하는 사례이다.[3] 요소가격과 요소투입물, 그리고 총비용자료로부터 비용 몫 자료를 계산하고 각 요소가격의 상대가격을 계산한 다음 세 개의 비용몫 함수를 sureg명령어를 이용하여 추정하였다. 이상의 비용 몫 함수는 대칭성의 조건을 충족하고 있기 때문에 특정 방정식의 특정 파라미터는 다른 방정식의 파라미터와 동일한 값을 가져야 한다. 이런 대칭성의 조건을 제약조건으로 부여한 다음 sureg명령어를 이용하여 재추정하였다.

[사례 III-5-2] 미국 제조업의 비용함수 연립추정 사례(III-5-2-USManuSUR.do)

```
* **********************************
* *** 미국 제조업의 비용함수 추정 ***
* *** 비용함수의 연립추정법(SUR) ***
* **********************************
use III-5-2-USManuSUR, clear

* 비용몫(cost share)계산
generate sk=pk*k/cost
generate sl=pl*l/cost
generate se=pe*e/cost
generate sm=pm*m/cost

* 중간재와의 상대가격의 log값
generate rpk=ln(pk/pm)
generate rpl=ln(pl/pm)
generate rpe=ln(pe/pm)

* SUR 추정법(제약조건이 없음)
sureg (sk rpk rpl rpe) (sl rpk rpl rpe) (se rpk rpl rpe)

* SUR 추정법(제약조건이 있음)
constraint 1 [sk]rpl=[sl]rpk
constraint 2 [sk]rpe=[se]rpk
constraint 3 [sl]rpe=[se]rpl
sureg (sk rpk rpl rpe) (sl rpk rpl rpe) (se rpk rpl rpe), const(1 2 3)
```

---

3   Berndt, Ernst R. and David O. Wood(1975), "Technology, Prices, and the Derived Demand for Energy," *Review of Economics and Statistics*, vol. 57, issue 3, pp.259−268.

04 시뮬레이션 분석

실제 분석대상 경제현상을 연립방정식 모형으로 구성하여 다양한 계량경제학적 기법을 적용하는 응용사례는 단일방정식 모형을 추정하는 작업만큼 흔치 않다. 하지만 거시경제지표들을 모아서 한 나라경제의 움직임을 연립방정식 체계를 통해 설명하려는 시도는 매우 많았다. 전 세계적으로 각종 연구기관, 정부기관, 금융기관에서 주요 경제변수를 예측하거나, 중요한 정책변화 등 경제환경변화의 파급효과를 분석하기 위해 거시모형을 구축하였던 것이다.[4]

여기에서는 앞서 설명한 연립방정식 모형의 설정과 식별, 추정에 대한 내용을 활용한다는 측면에서 이미 잘 알려진 거시모형을 대상으로 시뮬레이션분석을 하는 전반적 절차에 대해 살펴보고자 한다.[5]

(1) 기초개념

1) 분석목적

연립방정식 모형을 이용하여 한나라 경제전체, 또는 특별한 분석대상을 하나의 시스템으로 간주하고 시스템의 움직임을 모사하려는 노력이 바로 연립방정식 모형을 이용한 시뮬레이션 분석이다. 시뮬레이션 분석은 다음의 세 가지 목적을 가지고 수행된다.

첫째, 모형을 통해 분석대상 시스템의 모사능력, 즉 모형의 적합도를 평가한다. 모형이 현실세계를 얼마나 잘 추적하는가를 살펴봄으로써 모형의 특성, 예측이나 정책효과의 분석에 활용하려는 것이다.

둘째, 모형을 통해 미래를 예측하기 위한 목적을 가지고 있다. 현실세계를 모사하는 능력을 가진 연립방정식 모형을 미래에까지 모사함으로써 내생변수의 미래치를 예측할 수 있다.

셋째, 정책평가 또는 정책결정에 사용할 수 있다. 연립방정식 모형에 포함되어 있는 특정 외생변수나 파라미터에 변화를 주었을 때 현실 모사능력이 있는 모형의 변화를 살펴봄으로써 특정정책의 효과, 여러 정책대안의 효과를 비교할 수 있다.

---

4 Intriligator Michael D.(1978), *Econometric Models, Techniques & Applications*, Prentice−Hall Inc. pp.430−464.

5 Pindyck, Robert S. and Daniel L. Rubinfeld(1981), *Econometric Models and Economic Forecasts* (2nd ed.), MacGraw−Hill, pp.354−455.

2) 예측의 형태

연립방정식 체계를 세우고 모형을 활용하고자 할 때 모형의 추정에 사용된 자료의 시계열 기간, 현재의 시점을 감안하여 예측, 또는 시뮬레이션 결과에 대한 용어의 차이를 살펴보자.[6]

첫째, 현재시점에서 과거 자료의 수집가능 기간에 대한 자료를 이용하여 모형을 추정하고, 추정결과로 구해진 파라미터 값과 실제 자료를 이용하여 모형의 해를 구한다면 이는 사후 시뮬레이션(ex-post simulation), 혹은 역사적 시뮬레이션(historical simulation)이라고 한다. 이는 주로 추정된 모형이 분석대상인 경제시스템을 얼마나 잘 모사하고 있는지를 평가하는 데 사용된다. 만약 설명력이 우수하다고 평가한다면 특정 파라미터나 특정 외생변수에 충격을 가했을 때 내생변수 값의 변화를 살펴봄으로써 정책효과를 분석할 수 있다.

둘째, 만약 추정된 모형을 이용하여 모형의 추정을 위해 사용한 자료의 최종시점 이후의 내생변수 값을 구하는 것을 예측(forecasting)이라고 한다. 여기에는 현재시점까지의 내생변수 값을 예측하는 사후예측(ex-post forecasting)이 있고, 현시점 이후를 예측하는 사전예측(ex-ante forecasting)이 있다. 사후예측을 하는 이유는 자료가 있을 때에는 모형의 예측력을 평가하기 위함이고, 자료가 없을 때에는 현시점에서 자료의 작성이 늦기 때문에 이를 예측하기 위함이다.

셋째, 시뮬레이션의 형태에는 모형추정 시점 이전의 기간에 대한 예측인 소급예측(backcasting)이 있다. 간혹 어떤 사건의 발생여부에 대한 사후적 가설검정이나 모형의 동적인 안정성(dynamic stability) 여부를 확인하기 위해 사용한다.

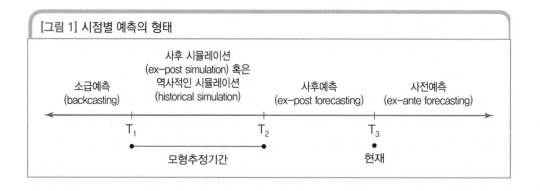

[그림 1] 시점별 예측의 형태

---

6 Pindyck, Robert S. and Daniel L. Rubinfeld(1981), *Econometric Models and Economic Forecasts* (2nd ed.), McGraw-Hill, pp.359.

3) 정적 모형과 동적 모형

연립방정식 모형을 추정하고 모형의 현실 모사능력을 검정할 때에는 모형의 내생변수의 해를 구하는 방법에 따라 정적 시뮬레이션(static simulation)과 동적 시뮬레이션(dynamic simulation)으로 나누기도 한다. 연립방정식 모형에서는 내생변수의 시차변수가 사용되는 것이 일반적인데 연속적인 시간에 대해 내생변수의 해를 구하는 과정에서 시차내생변수의 값으로 전기의 실제값(actual value)를 사용한다면 정적 시뮬레이션, 전기에 풀려진 값(solved value)을 사용한다면 동적 시뮬레이션이라고 한다. 동적 시뮬레이션을 할 때 모형의 동적 특성이 불안정한 형태를 보인다면 현실 모사능력이 없다고 판단한다.

(2) 분석단계

1) 모형설정

모형설정은 분석대상 경제단위의 행태를 설명함에 있어서는 이를 하나의 시스템으로 간주하여 그 행태를 연립방정식 모형으로 재현할 수 있게 하는 것이다. 이때 어떤 변수를 시스템 내에서 결정되는 내생변수로 할 것인가? 어떤 변수를 외부에서 주어지는 것으로 할 것인가를 결정해야 하고, 내생변수 간에도 어떤 상호관계를 설정할 것인가를 결정해야 한다. 물론 이런 상호관계의 근거는 경제이론에 바탕을 두어야만 한다.

일반적으로 연립방정식 모형을 설정할 때 이론에 근거한 인과관계를 고려한다면 구조모형으로 설정하는 것이 일반적이다. 얼마나 분석대상 경제시스템의 행태를 잘 묘사하느냐가 연립방정식 모형의 설정에서 관건이 된다.

2) 모형추정

일단 분석대상 경제시스템에 대한 연립방정식 모형이 설정되면 그 다음 단계는 실제 자료를 바탕으로 모형을 추정하는 것이다. 모형의 추정방법으로는 이미 설명한 대로 다양한 방법을 활용할 수 있다. 당연한 결과이지만 추정방법에 따라서 모형의 시뮬레이션 결과가 틀려질 수도 있다.

하지만 일단 분석대상 경제시스템을 모형화하고 나면 추정방법보다는 모형이 얼마나 현실세계를 잘 설명할 수 있도록 설정되었느냐가 중요하다고 생각된다. 연립방정식 모형의 시뮬레이션 분석결과는 추정방법보다는 모형의 구조에 따라 현실세계의 모사능력이 결정된다고 볼 수 있을 정도로 "과학이라기보다는 예술(an art rather than a science)"
적인 측면이 있다.

3) 모형의 적합도 분석

연립방정식 모형이 설정되고, 추정되면 다음 단계는 해당 모형이 현실세계를 얼마
나 잘 설명하고 있는가를 모형의 해를 구함으로써 "살아있는" 시스템으로서 모형의 현
실모사 능력을 살펴보아야 한다.

이때 모형의 적합도를 분석하기 위한 지표로서 연립방정식 모형에서 내생변수로
서의 역할을 수행하는 변수의 실제 값과 모형에 의해 풀려진 값의 유사성 정도를 파악
한다. 모형에 의해 풀려진 값이 실제 값을 잘 추적하고 있을 때 해당 모형의 설명력이
우수하다고 평가하는 것이다.

이처럼 모형의 적합도를 평가할 수 있는 지표로는 다음 [표 1]에서 보듯이 RMSE
오차, RMS퍼센트 오차, 평균오차, 평균 퍼센트 오차, 타일의 불균등 계수 등이 사용된다.

[표 1] 모형의 적합도 평가를 위한 지표

적합도 평가지표	수학적 형태
1) RMS 오차 (RMS Error)	$\sqrt{\dfrac{1}{N}\sum_{t=1}^{N}(Y_t^s - Y_t^a)^2}$
2) RMS 퍼센트 오차 (RMS Percent Error)	$\sqrt{\dfrac{1}{N}\sum_{t=1}^{N}\left(\dfrac{Y_t^s - Y_t^a}{Y_t^a}\right)^2}$
3) 평균오차 (Mean Error)	$\dfrac{1}{N}\sum_{t=1}^{N}(Y_t^s - Y_t^a)^2$
4) 평균 퍼센트 오차 (Mean Percent Error)	$\dfrac{1}{N}\sum_{t=1}^{N}\left(\dfrac{Y_t^s - Y_t^a}{Y_t^a}\right)^2$
5) 타일의 불균등계수 (Theil's Inequality Coefficient: *Theil's U*)	$\dfrac{\sqrt{\dfrac{1}{N}\sum_{t=1}^{N}(Y_t^s - Y_t^a)^2}}{\sqrt{\dfrac{1}{N}\sum_{t=1}^{N}(Y_t^s)^2}+\sqrt{\dfrac{1}{N}\sum_{t=1}^{N}(Y_t^a)^2}}$

4) 동태적 반응 분석

분석대상을 하나의 시스템으로 간주하고 이를 연립방정식 모형으로 설명하려고 할 때 중요한 것의 하나는 모형의 해가 모형의 추정에 사용된 내생변수 값을 잘 추적하고 있는가를 평가하는 것이다. 이를 위해서는 모형의 해를 구하는 과정에서 동적 모형으로 모형의 해를 구하는 것이 필요한데 이때 모형의 파라미터 값에 따라서는 모형으로부터 구해진 해가 안정적이지 않은 모습을 보일 수도 있다. 따라서 일단 역사적 시뮬레이션을 통해 모형의 해가 실제 값을 잘 추적하는지를 파악할 필요가 있다.

5) 예측

설정된 모형이 추정되고, 역사적 시뮬레이션을 통해 현실경제의 추적능력이 양호하다고 평가되면 분석모형을 이용하여 역사적 시뮬레이션을 통한 정책효과를 분석하거나 내생변수의 미래치를 예측하는 것이 가능하다.

[표 2] 시뮬레이션 분석단계와 Stata명령어

분석단계	Stata 명령어	설명
모형추정	• regress • ivregress 2sls • ivregress liml • ivregress gmm • reg3 • sem 혹은 gsem	• 고전적 최소자승법 • 2SLS • LIML • GMM • 3SLS 혹은 OLS, 2SLS, SUR • FIML
추정 파라미터 보관	• estimates store	• 방정식의 추정결과 보관한 후 forecast estimates에서 사용
시뮬레이션분석 시작	• forecast create	• 시뮬레이션 분석의 시작 • 종료를 위한 forecast clear와 연결
추정방정식과 항등식, 외생변수 정의	• forecast estimates • forecast identity • forecast exogenous	• 방정식 추정결과, 항등식, 외생변수 정보를 이용하여 연립방정식 체계 완성
노형의 해	• forecast solve, static • forecast solve	• 정적 시뮬레이션 • 동적 시뮬레이션

모형의 적합도	• tsline	• 도표를 이용해 실제값과 풀려진 값의 유사성 시각화
	• fcstats	• RMSE, MSE, 타일의 U통계량 계산
예측구간 설정	• set seed 12345 • forecast solve, simulate( )	• 난수발생 • 반복추정을 통해 예측오차 계산
충격반응실험	• forecast solve	• 파라미터나 외생변수값의 변화에 따른 모형의 해를 구함
예측	• forecast solve, begin( ) end( )	• 미래의 외생변수값 부여 후 모형의 해를 구함
모형의 전반적 정보확인	• forecast describe endogenous • forecast describe estimates, detail • forecast describe solve	• 시뮬레이션 분석 종료후 관련정보 확인
시뮬레이션분석 종료	• forecast clear	• forecast create와 연결

(3) 클라인(Klein)의 거시모형 분석 사례

이상의 전 과정을 보여주는 하나의 사례를 보자. 다음의 거시모형은 Klein(1950)에서 제시된 모형으로 대부분의 계량경제학 교과서에서 사례로 이용하는 모형이다.[7] 등호의 좌측에 있는 소비, 투자, 민간부문 임금, 국민소득, 이윤, 자본의 6개 내생변수와 정부소비, 추세, 세금, 정부부문 임금수준이 외생변수로 사용된다.

세 개의 행태방정식 또는 구조방정식이 있고, 세 개의 항등식이 있으며, 자본, 소득, 이윤의 시차변수가 설명변수로서 사용된다. 내생변수의 시차변수가 설명변수로 사용되기 때문에 동적 모형이 된다.

① 소비함수: $C_t = a_0 + a_1 P_t + a_2 P_{t-1} + a_3 (W_t^p + W_t^g) + u_{1t}$

② 투자함수: $I_t = b_0 + b_1 P_t + b_2 P_{t-1} + b_3 K_{t-1} + u_{2t}$

③ 민간부문 임금함수: $W_t^p = c_0 + c_1 Y_t + c_2 Y_{t-1} + c_2 YR_t + u_{3t}$

④ 국민소득: $Y_t = C_t + I_t + G_t$

---

7   Intriligator Michael D.(1978), *Econometric Models, Techniques & Applications*, Prentice－Hall Inc., pp.432－436.

⑤ 민간부문 이윤: $P_t = Y_t - T_t - W_t^p$

⑥ 자본스톡: $K_t = K_{t-1} + I_t$

연립방정식 모형은 3SLS를 이용하여 추정되었으며 하나의 거시모형으로 통합되어 시뮬레이션 분석이 이루어지고, 실제값과 모형의 해로 구해진 값을 비교하여 모형의 적합도를 검토하고 있으며, 정책평가 및 예측목적에 활용되는 전 과정을 설명하고 있다.[8]

| 경제학자 소개 ⑩ | 로렌스 클라인(Lawrence Klein) |

로렌스 클라인(1920~2013)은 폴 사무엘슨(Paul Samuelson)의 첫 학생으로 1944년 MIT에서 경제학 박사학위를 받았다.

펜실베니아 대학에서 계량경제학 분야에서 경제추세를 예측하기 위한 컴퓨터 모형을 만들었다. 이런 그의 모형은 케인즈 경제학을 통계모형에 반영한 최초의 시도로서 미국의 연방은행이나 다른 많은 기관에서 채용하고 있다.

나중에 카울스 재단이 된 카울스 위원회(Cowles Commission)에서 경기변동의 전개를 예측하고, 정부 경제정책의 효과를 연구하기 위한 미국경제모형을 만들었다. 이 모형을 이용하여 제2차 세계대전 이후 일반의 기대와 반대되는 경제현상을 성공적으로 예측하였다.

미시간대학에서는 자신의 지도학생인 아더 골드버거(Arthur Goldberger)와 함께 보다 개선된 클라인-골드버거 모형(Klein-Goldberger model)을 만들었다. 이는 얀 틴베르헨의 모형에 기반을 둔 모형이었으나 경제이론과 통계적 기법을 달리하는 모형이었다.

영국 옥스퍼드 대학에서도 옥스퍼드 모형(Oxford model)이라 불리는 영국경제모형을 만들었다. 이후 미국경제의 단기예측을 위한 모형을 개발하기 위해 Brookings-SSRC Project에 참여하였고, 나중에 와튼 계량경제 예측모형(Wharton Econometric Forecasting Model)을 개발하기도 하였다.

1980년 경기변동과 경제정책분석에 있어서 계량경제학 모형의 개발과 적용에 대한 공로를 인정받아 노벨경제학상을 수상하였다.

---

8 Stata Press, *Stata Timeseries Reference Manual*, release 16. pp.208-213.

[사례 III-5-3] 미국의 거시모형((Klein Model) 사례

```
* **********************************
* *** 미국의 거시모형 (Klein Model) ***
* **********************************

* *** 모형의 추정(3SLS) ***
use III-5-3-KleinModel, clear
reg3 (c p L.p w) (i p L.p L.k) (wp y L.y yr), endog(w p y) exog(t wg g)
estimates store kleineqs

* 시뮬레이션 분석의 시작
forecast create kleinmodel, replace

* 추정모형, 항등식, 내생변수, 외생변수 지정
forecast estimates kleineqs
forecast identity y = c + i + g
forecast identity p = y - t - wp
forecast identity k = L.k + i
forecast identity w = wg + wp
forecast exogenous wg
forecast exogenous g
forecast exogenous t
forecast exogenous yr

* 연립방정식 모형의 내생변수의 정적 해를 구함
forecast solve, prefix(s_) begin(1921) end(1941) static

* - 실적치와 해의 도해
tsline c s_c
tsline i s_i
tsline wp s_wp
tsline y s_y
tsline p s_p
tsline k s_k
tsline w s_w

* - 실적치와 해의 정확도
ssc install http://fmwww.bc.edu/RePEc/bocode/f/fcstats.pkg
fcstats c s_c
fcstats i s_i
fcstats wp s_wp
```

```
fcstats y s_y
fcstats p s_p
fcstats k s_k
fcstats w s_w
```

* 연립방정식 모형의 내생변수의 동적 해를 구함
```
forecast solve, prefix(d_) begin(1921) end(1941)
```
* - 실적치와 해의 도해
```
tsline c  d_c, name(gc, replace)
tsline l  d_i, name(gi, replace)
tsline wp d_wp, name(gwp, replace)
tsline y  d_y, name(gy, replace)
tsline p  d_p, name(gp, replace)
tsline k  d_k, name(gk, replace)
tsline w d_w, name(gw, replace)
graph combine gc gi gwp gy gp gw, col(2)
```

* - 실적치와 해의 정확도
```
fcstats c  d_c
fcstats l  d_i
fcstats wp d_wp
fcstats y  d_y
fcstats p  d_p
fcstats k  d_k
fcstats w  d_w
```

* *** 모형의 반복추정과 예측구간 설정 ***
```
set scheme s1color
set seed 12345
forecast solve, prefix(sm_) begin(1931) end(1941) simulate(betas, statistic(stddev, prefix(sd_)) reps(100))
gen sm_c_up = sm_c + invnormal(0.975)*sd_c
gen sm_c_dn = sm_c + invnormal(0.025)*sd_c
gen sm_i_up = sm_i + invnormal(0.975)*sd_i
gen sm_i_dn = sm_i + invnormal(0.025)*sd_i
gen sm_wp_up = sm_wp + invnormal(0.975)*sd_wp
gen sm_wp_dn = sm_wp + invnormal(0.025)*sd_wp
gen sm_y_up = sm_y + invnormal(0.975)*sd_y
gen sm_y_dn = sm_y + invnormal(0.025)*sd_y
gen sm_p_up = sm_p + invnormal(0.975)*sd_p
gen sm_p_dn = sm_p + invnormal(0.025)*sd_p
gen sm_k_up = sm_k + invnormal(0.975)*sd_k
```

```
gen sm_k_dn = sm_k + invnormal(0.025)*sd_k
gen sm_w_up = sm_w + invnormal(0.975)*sd_w
gen sm_w_dn = sm_w + invnormal(0.025)*sd_w

tsline c   d_c   sm_c   sm_c_dn sm_c_up
tsline i   d_i   sm_i   sm_i_dn sm_i_up
tsline wp  d_wp  sm_wp  sm_wp   sm_wp_up
tsline y   d_y   sm_y   sm_y_dn sm_y_up
tsline p   d_p   sm_p   sm_p_dn sm_p_up
tsline k   d_k   sm_k   sm_k_dn sm_k_up
tsline w   d_w   sm_w   sm_w_dn sm_w_up

* *** 충격반응실험(정책효과분석) ***
* – 외생변수에 대한 충격(정부재정지출 10%증가)
forecast adjust y = y + g*0.1 if year==1931
forecast solve, prefix(g_) begin(1931) end(1941)
tsline c   g_c
tsline i   g_i
tsline wp  g_wp
tsline y   g_y
tsline p   g_p
tsline k   g_k
tsline w   g_w

* – 내생변수에 대한 충격(투자 10%증가)
forecast adjust i = i*1.1 if year == 1931
forecast solve, prefix(i_) begin(1931) end(1941)
tsline c   i_c
tsline i   i_i
tsline wp  i_wp
tsline y   i_y
tsline p   i_p
tsline k   i_k
tsline w   i_w

* *** 모형의 예측 ***
* 외생변수 wg g t의 값을 1946년까지 1941년과 동일
forecast solve, prefix(f_) begin(1931) end(1946)
tsline c   f_c
tsline i   f_i
tsline wp  f_wp
tsline y   f_y
```

```
tsline p   f_p
tsline k   f_k
tsline w   f_w

forecast describe endogenous
forecast describe estimates, detail
forecast describe solve

forecast clear
```

05 연립방정식 모형과 카울스 재단

계량경제학의 발전에 있어서 카울스 위원회(Cowles Commission), 나중에 카울스 재단(Cowles Foundation for Research in Economics)의 역할은 지대하다. 1941년 미국이 제2차 세계대전에 참전하게 되자 미국의 많은 경제학자들도 미국정부가 요구하는 연구에 참여했다.

카울스 위원회는 1939년 사업가이자 경제학자인 Alfred Cowles가 경제학 연구를 위해 설립하였다. 카울스 위원회는 당시 미국정부로부터 계량경제학모형을 구축하라는 과제를 받았다. 이후 약 10년간 카울스 위원회에 의해 현대경제학이 만들어졌다고 해도 과언이 아니다. 여기서 미국경제학은 케인즈의 거시경제학, 계량경제학, 수리경제학, 게임이론이 세분화되어 발전하게 된 것이다.

제이콥 마르샥(Jacob Marschak)의 주도하에 구성원들은 연구에만 전념하게 된다. 이들 구성원에는 트리그베 호벨모(Trygve Haavelmo), 레오니드 허비츠(Leonid Hurwicz), 로렌스 클라인(Lawrence Klein), 찰링 코프먼스(Tjalling Koopmans), 돈 패틴킨(Don Patinkin), 헐버트 사이먼(Herbert A. Simon), 폰 노이먼(von Neuman), 사이먼 쿠즈네츠(Simon Kuznez), 오스카 랑게(Oscar Lange), 해리 마르코비츠(Harry Markowitz), 케네스 애로우(Kenneth Arrow) 등이 있었다.

카울스위원회의 성과는 다음과 같이 네 가지 분야이다. 첫째, 케인즈의 거시경제학이 추구하는 목표를 수행할 수 있는 수학적 모형을 구축했다. 가설(hypothesis)이란 용어를 대신해 모형(model)이란 말이 사용되었다.

둘째, 계량경제학이 크게 발전하게 되었다. 경제학과 통계학이 연계되지 시작한 것이다. 회귀분석을 통해 경제변수들의 인과관계가 규명되기 시작했다. 바로 연립방정식 모형이 크게 활용되기 시작한 것이다. 그에 따라 간접최소자승법(indirect least squares), 도구변수추정법(instrumental variable methods), 완전정보최우법(full information maximum likelihood method) 제한정보최우법(limited information maximum likelihood method)이 개발되었다.

셋째, 수리경제학이 크게 발전하게 되었다. 효율적인 화물수송방법을 찾는 문제로서 배, 승무원, 화물, 항구시설을 이용하여 가장 효율적으로 화물을 수송할 수 있는 노선을 찾는 문제를 해결한 것이다. 이것은 선형계획법(linear programming)이라고 불리는 것이다. 폴 사뮤엘슨(Paul Samuelson), 로버트 솔로(Robert Solow)와 로버트 도르프먼(Robert Dorfman)은 "선형계획법과 경제분석"이란 책을 쓰게 되었다.

넷째, 게임이론이 발전하게 되었다. 1944년에 폰 노이먼이 오스카 몰겐스턴의 권유로 "게임이론과 경제적 행동(The Theory of Games and Economic Behavior)"을 발간하였다. 당시에는 난해한 수학으로 설명된 이 책을 대부분 이해하지 못했다.

카울스 위원회의 이런 노력은 알프레드 마셜(Alfred Marshal)의 이론을 추종하는 고전파 경제학자들의 반감을 사게 되었다. 대표적인 단체는 국가경제연구소(National Bureau of Economic Research: NBER)였다. 카울스 위원회는 밀턴 프리드만(Milton Friedman)을 중심으로 한 시키고대학 경제학과 교수들과의 불화로 예일대학으로 옮겨 카울스 재단으로 이름을 바꾸게 된다. 이때 제라드 드브뢰(Gérard Debreu), 로이 래드너(Roy Radner), 마틴 베크먼(Martin Joseph Beckmann) 등이 참여하여 새로운 전성기를 누리게 된다.

당시 케인즈가 고전학파 경제학의 대표인물인 알프레드 마셜을 상당히 무시하였기 때문에 시카고 학파의 경제학자들은 고전학파로 불리는 것을 좋아하지 않아 자신들의 연구성격을 통화주의자로 규정하게 된다. 카울스 재단에 직간접적으로 관여했던 경제학자들 가운에 무려 6명이 노벨경제학상을 받았다.[9]

---

9   David Warsh(2006), *Knowledge and The Wealth of Nation*, W.W. Norton(김민주, 송희령 역, 『지식경제학 미스터리』, 김영사, pp.242−264.

PART

4

시계열 분석

제4부에서는 시계열자료의 분석을 위한 전반적 내용을 살펴본다. 제1장에서는 시계열분석법의 기초개념을, 제2장에서는 ARIMA 모형을 살펴봄으로써 시계열분석법에 대한 기초지식을 공부한다. 제3장에서는 시계열분석법으로서 많이 활용되는 벡터자기회귀(VAR)모형을, 제4장에서는 벡터오차수정모형(VECM)을, 제5장에서는 ARCH와 GARCH 모형을 살펴본다. 시계열 분석법의 이해를 위해서는 다소 복잡한 수식적 설명이 필요하지만 여기에서는 Stata를 이용한 활용법에 중점을 두고 엄밀한 수학적 설명은 생략한다.

CHAPTER
01

시계열분석의 기초

시계열자료는 시간의 경과에 따라 수집된 하나 혹은 그 이상의 변수들에 대한 자료로 구성되어 있다. 시계열자료의 분석을 위해서는 특별한 계량경제학 기법을 활용해야 한다.

본장에서는 우선 시계열자료를 이용한 회귀분석모형을 설명한다.[1] 정적 모형(static model)에서는 횡단면자료의 분석과 비슷하나, 동적 모형(dynamic model)에서는 시계열자료의 분석방법을 사용한다. 그 다음에는 시계열모형을 이용하여 추세와 계절성을 측정하고자 한다.

01 시차변수(정적 모형과 동적 모형)

(1) 회귀분석에서 시차변수

시계열자료의 분석에서 독립변수는 종속변수에 동시적인 영향(contemporaneous effect)을 미칠 수도 있고, 시차를 가지고 영향(lagged effect)을 미칠 수도 있다. 시계열자료를 이용하여 계량경제학 모형을 설정할 때는 종속변수가 독립변수의 변화에 반응

---

1 Wooldridge, Jeffrey M.(2018), *Introductory Econometrics: A Modern Approach* (7th international ed.), Mason, OH: South−Western, pp.334−363.; Roberto Pedace(2013), "Static and Dynamic Models," in *Econometrics for Dummies*, John Wiley & Sons, pp.267−280.

하는 이런 형태를 고려해야 한다.

종속변수가 독립변수의 변화에 즉각적으로 반응하는 정적 모형(static model)에서는 시점 t에서의 즉각적 관계(instantaneous relationship)를 추정한다. 즉

$$Y_t = \beta_0 + \beta_1 X_t + u_t$$

여기서 하첨자 t는 관측치의 시점을 나타낸다. 이는 시간의 흐름에 따른 데이터의 순서가 중요하다는 것이다.

종속변수가 독립변수의 변화가 일어난 시점에 완전 반응하지 않는 동적 모형(dynamic model)에서는 시점 t에서의 즉각적 관계뿐만 아니라, 시점 $t-1$ 또는 그 이하 시차에서의 관계(lagged relationship)를 추정하는 것이다. 이처럼 일정기간동안 연속적으로 영향을 미치는 관계식을 시차분포모형(distributive lag model)이라고 한다. 즉

$$Y_t = \alpha + \delta_0 X_t + \delta_1 X_{t-1} + \delta_2 X_{t-2} + \cdots + \delta_r X_{t-r} + u_t$$

경제학자 소개 **마크 레온 너얼러브(Marc Leon Nerlove)**

마크 레온 너얼러브(1933~)는 규모의 경제를 측정하기 위해 비용함수를 처음 사용하였고, 시차분포모형으로 부분적응모형을 개발하였다.

시카고 대학에서 수학을 배웠으며, 존스 홉킨스 대학에서 경제학으로 박사학위를 받았다. 미네소타, 스탠포드, 예일, 시카고, 노스웨스턴, 펜실베니아 대학을 거쳐 지금 메릴랜드 대학 교수로 있다.

1957~1959년 군복무중 전력공급에서 규모의 경제효과를 측정하였다. 전력공급에 대한 너얼러브에 모형은 철저한 생산이론에 기반을 둔 것으로 쌍대이론에 따라 비용함수적 접근법을 사용한 첫 시도였다. 가격변화에 대한 농민의 반응에 대한 논문으로 동적 특성을 모형에 반영하는 데 노력했다.

너얼러브의 연구업적은 매우 광범위하다. 시차분포모형, 시계열자료와 횡단면 자료의 혼용, 시계열분석법, 일변량 및 다변량 로짓모형, 거시경제모형, 인구경제학, 광고, 소득분배 등에서 탁월한 연구업적을 보여주고 있다.

여기서 하첨자, t는 시점을 나타내고, r은 종속변수가 독립변수의 변화를 완전히 흡수할 때까지 걸리는 시간을 나타낸다. 파라미터 δ_0는 독립변수의 한 단위 변화의 종속변수에 대한 즉각적인 효과를 측정하는 파라미터로서 충격승수(impact multiplier), 또는 단기효과(short-run effect)라고 한다. 특정시점에서 독립변수 값의 영원한 증가에 대한 종속변수의 장기적 변화의 크기는 $\delta_0 + \delta_1 + \delta_2 + \cdots + \delta_r$로서 장기효과(long-run effect)라고 한다.

(2) 시차변수 모형의 문제

실증분석에서 시차분포모형을 사용한다면 추정과정에서 두 가지 문제, 즉 높은 다중공선성 문제와 자유도 상실의 문제가 생긴다. 보통 시차변수의 파라미터는 독립변수의 변화에 대한 충격이 점차 종속변수에 흡수되면서 지속적으로 감소한다고 볼 수 있다. 만약 다중공선성의 문제가 있다면 이런 파라미터 추정치의 값의 변화가 잘못 측정될 수 있다. 더구나 추가적으로 시차변수가 도입됨에 따라 자유도가 감소하면 파라미터 추정치의 표준오차가 증가하고, t통계량이 커지면서 유의성 검정이 부실해질 수 있다.

시차분포모형을 간단한 방법으로 추정하기 위해서는 독립변수의 시차변수를 종속변수의 시차변수로 대체하는 방법을 사용한다. 이런 동적 모형을 자기회귀모형(autoregressive model)이라고 한다.

$$Y_t = \alpha + \delta X_t + \gamma Y_{t-1} + u_t$$

(3) 시차변수모형에서 자기상관의 검정과 수정

자기상관의 문제는 어떤 한 시점의 오차가 다른 시점의 오차와 상관되어 있다는 것이다. 자기상관의 문제는 시계열자료에서 자주 접하게 되는 문제로서 표준오차가 편의를 갖게 되어 결과적으로 통계적 유의성 검정을 부실하게 한다. 더구나 동적 모형에서는 자기상관의 문제가 일반적이면서 심각하므로 고전적 최소자승추정량은 편의를 갖기 쉽다.

동적 모형에서 자기상관이 있을 때 편의가 어디서 오는지를 살펴보자. 우선 오차항이 일계자기상관, 즉 $u_t = \rho u_{t-1} + v_t$ 상태에 있다고 하자. 자기상관모형에 이를 대입하면 다음의 자기상관모형이 된다.

$$Y_t = \alpha + \delta X_t + \gamma Y_{t-1} + \rho u_{t-1} + v_t$$

따라서 두 식을 통해 u_{t-1}의 변화는 u_t, Y_{t-1}을 변하게 한다는 것을 알 수 있다. Y_{t-1}은 원래모형에서 독립변수의 역할을 하는데 이제 u_t와 상관관계를 갖게 되어 고전적 최소자승법의 기본가정 가운데 독립변수는 오차항과 상관되어서는 안 된다는 가정을 위배한 것이 된다.

따라서 동적모형을 추정할 때에는 자기상관을 검증하고, 자기상관의 문제가 존재한다면 이를 처치할 수 있는 추정방법을 사용하여야 한다. 자기상관의 검증은 이미 살펴본 브로슈–갓프리 검정법(Breusch–Godfrey test)을 이용할 수 있다. 하지만 더빈–왓슨 검정법(Durbin–Watson test)은 정적 모형의 자기상관 검정에는 적절하나 동적모형의 검정에서는 적절하지 않다.

02 고전적 최소자승법과 추세

(1) 추세반영모형

대부분의 경제통계는 시간의 경과에 따라 증가하기도 하고 감소하기도 한다. 이때 해당 통계의 시계열이 추세(time trend)를 보인다고 한다. 시간의 변화에 따른 추세를 파악하기 위해서는 선형모형(linear model)이나 지수모형(exponential model)을 사용한다. 만약 종속변수가 시간의 변화에 따라 일정하게 변화한다면 선형모형을, 변화가 일정하지 않고 점점 증가하거나 감소한다면 지수모형을 사용한다.

선형추세모형의 수학적 형태는 다음과 같다.

$$Y_t = \alpha_0 + \alpha_1 t + u_t$$

여기서 t는 시간의 변화를 나타내는 추세변수(time trend variable)로서 보통 1부터 시작하는 일련번호를 사용한다. 추세변수의 파라미터 α_1는 시간의 변화에 따른 종속변수 값의 변화를 나타낸다.

지수추세모형의 수학적 형태는 종속변수를 로그변환한 다음 식과 같다.

$$\ln Y_t = \alpha_0 + \alpha_1 t + u_t$$

여기서 추세변수의 파라미터 α_1는 시간의 변화에 따른 종속변수 값의 증가율을 나타낸다. 만약 α_1이 정($+$)의 값을 갖는다면 종속변수의 증가율은 시간의 변화에 따라 정($+$)의 값을 갖는다는 의미이고, 만약 부($-$)의 값을 갖는다면 종속변수의 증가율은 시간의 변화에 따라 부($-$)의 값을 갖는다는 의미이다. 이 식은 특정변수의 평균적인 증가율을 구하기 위해 사용될 수 있다.

(2) 허구적 상관관계

만약 추세를 갖는 종속변수와 독립변수가 사용하여 회귀분석을 하면 가성상관관계, 또는 가성회귀의 문제에 직면한다.[2] 이때 회귀분석 결과는 종속변수와 독립변수의 인과관계를 잘못 해석하게 한다.

다음과 같이 종속변수 Y에 k개의 독립변수 X가 영향을 미친다고 하자.

$$Y_t = \beta_0 + \beta_1 X_{1t} + \beta_2 X_{2t} + \cdots + \beta_k X_{kt} + u_t$$

여기서 독립변수가 종속변수에 영향을 미치는 것으로 가정하고 있지만, 만약 변수 Y와 변수 X가 실제관계와 무관하게 상향, 또는 하향 추세를 갖는다면 두 변수는 아주 강한 인과관계를 보일 수 있다.

허구적 회귀의 문제가 있는 회귀식에서 이를 해결하는 하나의 방법은 추세적 요인을 반영하기 위해 추세변수(선형, 제곱형, 지수형)를 도입하는 것이다. 추세변수가 변수들 간의 동반 움직임(co－movement)문제를 반영하게 되면 실제 변수들 간의 인과관계가 정확하게 분석될 수 있다.

---

2   흥미로운 사례는 http://www.tylervigen.com/spurious－correlations 참조.

가령 관찰되지 않은 요인에 의해 종속변수와 독립변수가 시간의 변화에 따라 증가, 또는 감소하는 경향을 보인다면 시간변수를 고려한 다음의 모형을 추정함으로써 이를 해소할 수 있다.

$$Y_t = \beta_0 + \beta_1 X_{1t} + \beta_2 X_{2t} + \cdots + \beta_k X_{kt} + \lambda t + u_t$$

이때 추세변수를 모형에 도입하는 것은 다른 독립변수의 설명력을 하락시킬 가능성도 있지만, 종속변수와 독립변수의 변화방향이 반대일 때에는 오히려 독립변수의 설명력을 증가시킬 수도 있다.

다음은 불안정한 시계열인 종속변수 Y와 독립변수 X를 인위적으로 생성하여 두 변수간에 밀접한 인과관계, 즉 허구적 회귀의 문제가 있다는 것을 살펴보는 사례이다. 불안정한 시계열 관측치를 10,000개 생성하여 경제 이론적 관계가 전혀 없는 시계열의 회귀분석결과 밀접한 인과관계, 즉 허구적 회귀의 문제가 발생하는 것을 보고자 하는 사례이다.

[사례 IV-1-1] 시계열자료의 추세와 가성회귀(IV-1-1-Spurious.do)

```
* *** ********************************
* *** 시계열 자료의 추세와 가성회귀  ***
* *** ********************************
clear

* 10000개 가상적 시계열자료 생성
set seed 1234
set obs 10000
generate t = _n

tsset t

generate ey = rnormal()
generate ex = rnormal()

* 시차변수의 계수값이 1로 불안정시계열 생성
generate y = 0        in 1
replace y =L.y + ey  in 2/L
tsline y
```

```
generate x = 0      in 1
replace x =L.x + ex in 2/L
tsline x

* 회귀분석과 가성회귀
regress y x
regress y x t
regress D.y D.x
```

(3) 추세제거(detrending)

만약 추세를 가진 시계열자료에서 추세요인을 제거하면 이는 추세가 제거된 자료(detrended data)가 된다. 이처럼 추세가 제거된 자료를 사용하여 회귀분석을 하는 이유는 다른 독립변수들의 설명력을 높이기 위함이다. 추세가 제거되지 않은 자료를 이용한 회귀분석에서는 일반적으로 모형의 설명력을 나타내는 R^2가 높게 나타난다. 만약 추세가 제거된 자료를 이용하여 회귀분석을 하면 보다 정확한 설명력을 나타내는 결정계수를 구할 수 있다.

만약 두 결정계수의 차이가 크다면 추세요인이 회귀분석에 많은 영향을 미친다는 의미가 되지만 그렇지 않다면 추세요인이 회귀분석결과에 큰 영향을 미치지 않는 것이다. 시계열자료에 내재된 추세를 제거하는 절차는 Stata에서 아주 쉽게 활용할 수 있다.

03 고전적 최소자승법과 계절조정

분기별, 월별 경제통계 자료에서는 계절적 패턴이 나타난다. 매출을 예로 들면, 품목에 따라 휴가철, 명절, 연말연시에는 매출액이 늘어나기도 하고, 어떤 시기에는 매출액이 크게 줄어들기도 한다. 이때 회귀모형에서 계절적 요인을 반영하는 가장 쉬운 방법은 계절더미변수(seasonal dummy variable)를 사용하는 것이다.

계절적 요인을 반영하는 전형적인 방법은 다음 식을 적용하는 것이다.

$$Y_t = \alpha_0 + \alpha_1 S_1 + \alpha_2 S_2 + \cdots + \alpha_{k-1} S_k + u_t$$

여기서 변수 S는 계절더미변수이다. 분기별 자료일 때는 세 개의 분기 더미변수가, 월별자료일 때는 11개의 월 더미변수가 사용된다. 전체 가능성 있는 개수 가운데 하나가 빠진 이유는 완전다중공선성 문제를 피하기 위함이다.

만약 추정된 더미변수의 추정계수가 정(+)의 값이라면 해당 계절에 종속변수의 값이 증가한다는 것을 말하고, 반대로 부(−)의 값이라면 해당계절에 종속변수의 값이 감소하게 된다는 것을 의미한다.

(1) 계절적 요인의 측정

계절적 요인들이 종속변수나 독립변수와 높은 상관관계를 가진다면 이런 계절적 요인이 회귀분석 결과를 잘못되게 하는 것을 막기 위해 해당변수에서 계절적 요인을 통제하는 것이 필요하다.

만약 분석하고자 하는 회귀모형에서 종속변수가 다른 독립변수의 영향을 받는 것으로 설정하였다면 여기에 계절 더미변수를 추가함으로써 계절적 요인과 개별 독립변수의 종속변수에 대한 영향을 분리하여 측정할 수 있다. 이때 전형적인 추정모형의 형태는 다음과 같다.

$$Y_t = \beta_0 + \beta_1 X_{1t} + \cdots + \beta_k X_{kt} + \alpha_1 S_1 + \cdots + \alpha_{p-1} S_{p-1} + u_t$$

여기서 X는 독립변수, S변수는 계절 더미변수를 나타낸다.

(2) 계절적 요인의 제거

정부기관이 발표하는 분기별 또는 월별 자료는 원래자료와 더불어 계절적 요인이 제거된 자료의 형태로 발표된다. 계절적 요인이 제거된 자료를 계절조정된 자료 (seasonally adjusted data)라고 한다.

이런 계절조정된 시계열자료는 보통 X−11−ARIMA라는 소프트웨어를 이용하여 원자료에서 계절적 요인을 제거하여 계산한다. 이 소프트웨어 역시 지속적으로 갱신되어 X−12−ARIMA, X−13−ARIMA로 개선되고 있다. 공식통계에서 시계열자료는 원자료와 계절조정된 자료가 동시에 제공되기 때문에 분석자가 직접 계절 조정해야 할 필요성은 거의 없다.

Stata에서는 외부에서 제작된 X−12−ARIMA와 결합하여 계절조정할 수 있는 명령어를 제공하는데 사용자 작성프로그램으로서 sax12를 이용할 수 있다.[3] 이에 대해 본서에서는 자세히 설명하지 않는다.

04 평활법(smoothing)과 예측

시계열자료를 분석할 때 분석자들은 종종 시계열자료에 포함되어 있는 노이즈(noise)를 제거하여 데이터의 특성을 보다 정확하게 시각적으로 파악하기를 원한다. 여기에서는 시계열자료를 이용한 엄밀한 분석보다는 간단한 기법을 활용하여 시계열자료의 특성을 이해하고, 심지어 예측에 활용할 수 있는 방법에 대해 살펴본다.[4]

(1) 시계열자료의 네 가지 구성요소

일반적인 시계열자료는 다음과 같은 네 가지 요소들로 구성되어 있다. 즉 ① 추세요인(trend component), ② 계절적 요인(seasonal component), ③ 경기적 요인(cyclical component), ④ 특이요인(idiosyncratic or error component)으로 구성되어 있다.

첫째, 추세요인이란 시간의 경과에 따른 전반적인 경향을 나타낸다. 해당 시계열자료가 정(+)의 추세를 가진다면 시간의 경과에 따라 점차 증가할 것이고, 부(−)의 추세를 갖는다면 점차 하락하게 될 것이다. 많은 경제통계, 가령 GDP, 소비 수준은 인구증가나 기술발전에 따라 증가하는 추세를 가질 것이다. 반면 실업률, 이자율과 같은 경제통계는 특별한 추세를 보이지 않을 것이다. 만약 추세요인이 선형적 특성을 갖는

---

3 http://www.Stata−journal.com/software/sj12−2
4 Netcourse 461, Univariate Time Series Using Stata Lesson 1, Stata Online.

다면 시계열자료의 수준(level)이 일정하게 증가, 또는 감소할 것이고, 만약 추세가 지수적이라면 시계열자료의 수준은 일정한 비율로 증가, 또는 감소할 것이다.

둘째, 시계열자료가 갖는 계절적 요인이란 일 년을 기준으로 기후, 휴일의 존재와 같이 특정기간, 또는 시점의 영향을 받아 변화하는 경향을 말한다. 에어컨, 아이스크림, 방한복의 판매는 여름과 겨울철에 특별히 증가할 것이다. 이런 계절적 요인이 시간의 경과에 따라 추세의 수준과 무관하게 변화한다면 가법적(additive)이라고 하고, 추세의 수준에 비례해서 변화한다면 승법적(multiplicative)이라고 한다.

셋째, 경기적 요인이란 경제의 전반적인 경기변화에 따라 초래되는 요인들이다. 한국경제에서는 대표적으로 1980년, 1997년, 2008년과 같이 경제에 큰 불황이 온 시점 전후에 이런 경기적 요인을 발견할 수 있다.

넷째, 특이요인은 추세, 계절적, 경기적 요인을 제외한 설명되지 않은 요인으로 회귀분석에서 오차항과 같은 요인이다.

아래 사례에서는 한국의 불변투자 시계열자료가 시간의 경과에 따라 상향추세, 계절적 요인, 경기적 요인을 가지고 있음을 잘 보여주고 있다. 계절적 요인은 추세의 수준에 비례해서 커지는 승법적 요인임을 알 수 있다.

(2) 이동평균법(moving average)

횡단면자료의 분석에서 표본평균은 해당 데이터세트의 전반적인 특성을 보여준다. 따라서 개별 관측치가 가지고 있는 노이즈(noise)를 제거하여 자료의 중심 집중도(central tendency)를 파악할 수 있다. 마찬가지로 시계열자료에서도 시점, t주위의 몇 개 관측치로부터 평균을 구하는 것은 그 시점에서의 중심 집중도를 파악하는 것이다. 따라서 이동평균은 해당 시계열자료가 가진 특이요인을 감소, 또는 제거한다.

이동평균하는 방법에서는 ① 단순이동평균, ② 가중이동평균, ③ 지수적 이동평균방법이 있다. 단순이동평균에서도 시점, t기준 후방의 자료를 이용하는 방법과 시점, t를 중심으로 전후의 자료를 이용하는 방법이 있다. 이때 분기별 자료라고 하여 4개 자료를, 월별자료라고 하여 12개 자료를 이용하여 이동 평균한다는 것은 아니다.

이동평균하는 방법을 이용하여 예측도 가능하다. 또한 좀 더 엄밀한 방법으로 홀트-윈터스(Holt-Winters) 방법을 이용하여 간단하게 예측하는 방법도 가능하다.

다음은 한국의 투자 시계열자료를 이용하여 시계열자료의 다양한 이동평균방법과 이를 이용한 간단한 예측방법을 설명하는 사례이다.

[사례 Ⅳ-1-2] 한국의 투자 시리즈와 이동평균 사례(Ⅳ-1-2-Korinv.do)

```
* *********************************
* *** 한국의 투자 시리즈와 이동평균 ***
* *********************************
use Ⅳ-1-2-Korinv, clear

* 날짜변수 정의
drop qtr
gen qtr=tq(1960q1)+_n-1
tsset qtr, quarterly

* 원시계열 그래프와 추세, 경기, 계절, 오차요인
tsline inv

* 단순 후방이동평균(trailing moving average)
tssmooth ma sm4inv = inv, window(3 1)
tsline inv sm4inv if tin(1978q1, ), legend(off)

* 단순 대칭 이동평균(symmetric moving average)
tssmooth ma sm4cinv = inv, window(2 1 2)
tsline inv sm4cinv if tin(1978q1, ), legend(off)
tsline inv sm4inv sm4cinv if tin(1978q1, ), legend(off)

* 가중 이동평균(Weighted moving averages)
tssmooth ma sm5inv=inv, weights(1 2 ⟨3⟩ 2 1)
tsline inv sm5inv if tin(1978q1, ), legend(off)

* 지수적 이동평균(exponential smoothing)
tssmooth exp smeinv = inv
tsline inv smeinv if tin(1978q1, ), legend(off)

* 예측
tssmooth exp forinv = inv, forecast(4)
tsline inv forinv if tin(1978q1, ), legend(off)

* 홀트-윈터스 예측(Holt-Winters forecasting)
tssmooth hwinters hwinv = inv, forecast(4)
tsline inv hwinv if tin(1978q1, ), legend(off)
```

　　우리가 접하는 대부분의 회귀모형에서 종속변수와 독립변수간의 관계는 변치 않는 파라미터를 가진 선형함수라고 가정하고 있다. 하지만 경제변수들 상호관계는 시간의 경과에 따라 변화할 수 있다. 가령 경제전반에 대한 이자율의 효과는 외환위기전후에 있어서 분명히 차이가 있을 것이다. 과거 세계경제가 경험했던 석유파동 기간 인플레이션율의 등락이 매우 심하였다. 이처럼 시계열의 행태를 나타내는 파라미터의 변화를 초래하는 현상을 경제의 구조변화(structural change)라고 한다.

　　따라서 시계열자료를 분석함에 있어서 이런 구조변화의 문제는 분석자들이 자주 접하는 현상이다. Stata에서는 이런 시계열자료의 분석에서 문제시되는 구조변화의 문제를 아주 쉽게 검정할 수 있는 기능을 제공해준다.

　　여기서는 세 가지의 기능을 살펴보고자 한다. 첫째는 분석자가 시각적으로 관찰되는 구조변화의 시점을 지정해주고 이 시점의 전후에 구조변화가 있었는지를 검정하는 방법이다. 둘째는 분석자가 구조변화의 시점을 지정해주지 않더라도 반복적인 추정을 통해 구조변화 여부를 체크한 후 구조변화가 생긴 정확한 시점을 찾아내는 방법이다. 셋째는 역시 반복적인 회귀분석을 통해 구조변화로 인한 파라미터의 변화 가능성을 도표로 평가할 수 있게 해주는 기능이다.

　　실제자료를 이용하여 이를 살펴보도록 하자. 아래 Stata 사례를 실행하면 1975년 1분기부터 2017년 3분기까지 한국의 이자율과 인플레이션의 추세를 확인할 수 있다. 한국경제는 1979년 당시 제2차 오일쇼크와 1997년 외환위기, 2009년 세계금융위기와 같은 커다란 충격을 받았는데 도표에서 이를 확인할 수 있다.

　　우선 외환위기 충격이 자료로 나타난 1998년 제1분기를 기점으로 구조변화의 여부를 검정해보면 "구조변화가 없다"라는 귀무가설을 기각함을 알 수 있다.

　　둘째, 시계열자료를 시각적으로 검토하더라도 실제 구조변화가 일어난 정확한 시점을 특정하는 것이 힘들고, 애매할 수도 있다. 이때에는 여러 시점을 기준으로 구조변화 여부를 검정한 후 최선의 구조변화 시점을 특정할 수 있다. 검정결과를 보면 1998년 3분기에 확실한 구조변화가 일어났음을 알 수 있다.

　　셋째, 누적표준화 잔차가 일정한 신뢰구간을 벗어나는지 여부를 통해 파라미터 추정치의 변화 가능성을 검토하는 방법이다. 이 통계량에 의할 때 구조변화는 없다는 귀무가설을 기각할 수 없다는 것을 알 수 있다.

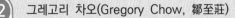

경제학자 소개 **12** 그레고리 차오(Gregory Chow, 鄒至莊)

그레고리 차오(1930~)는 계량경제학 분야에서 각각 다른 데이터 표본에서 파라미터가 동일한지 여부를 검정하는, 즉 구조변화를 검정하는 데 사용되는 차오테스트(Chow test)를 개발한 중국출신 미국경제학자이다.

1967년 AER에 발표한 논문에서 컴퓨터 수요분석에 컴퓨터에 내재된 품질변화를 반영하였는데 이는 최초의 헤도닉가격분석을 시도한 논문으로 평가받는다.

중국 마카오의 부유한 집안에서 태어났으나 일본의 중국침략을 피해 미국에 이주한 후 코넬대학에서 학부를 마치고, 시카고 대학에서 자동차수요의 결정요인에 대한 분석으로 경제학 박사학위를 받았다. MIT, 코넬, 프린스턴 대학에서 강의했다.

차오의 업적은 다양한 분야에서 발휘되었다. 선형, 비선형 연립방정식 모형, 완전정보최우법 추정, 결측치 추정, 대규모 거시경제모형의 추정, 시계열모형의 추정과 예측, 최적제어이론(optimal control theory)에 대한 공헌과 확률적 경제시스템에 대한 적용 등 다양한 분야이다.

차오는 홍콩, 대만, 중국에 대해 많은 연구를 했으며 이 지역에 대한 경제자문 역할을 하기도 했다.

06 문턱회귀(threshold regression)

문턱회귀모형은 특정의 지정된 변수 값을 기준으로 영역(region)을 나누었을 때 이 기준점(threshold) 전후에 선형회귀모형의 파라미터 추정치가 변화하도록 하는 회귀분석법이다.[5] 문턱회귀모형에서 독립변수들은 두 개의 그룹으로 나누어지는데, 한 그

5 Gonzalo, J. and J. Y. Pitarakis(2002), "Estimation and model selection based inference in single and multiple threshold models," *Journal of Econometrics* 110: pp.319-352.; Hansen, B. E.(1997), "Approximate asymptotic p values for structural-change tests," *Journal of Business & Economic Statistics* 15: pp.60-67.; Hansen, B. E.(2000), "Sample splitting and threshold estimation," *Econometrica* 68: pp.575-603.; Hansen, B. E.(2011), "Threshold

룹은 모든 관측치 범위에서 변화하지 않는 파라미터를 갖는 변수이고, 또 다른 그룹은 영역에 따라 파라미터가 변화할 수 있는 변수이다.

(1) 자기변수 의존형 모형

회귀분석에서 파라미터 추정치가 다르게 추정될 수 있는 구조변화의 시점을 변수 값으로부터 찾는 방법으로서 자신의 시차변수를 기준으로 하는 방법이 자기변수 의존형 모형이다. 아래 사례에서는 자신의 시차변수를 기준으로 했을 때, 즉 인플레이션율 15.5%를 기준으로 회귀계수 추정치가 변화한다는 것을 보여준다. 여기서는 독립변수로서 종속변수의 시차변수만을 고려한 사례를 제시하고 있지만 다른 독립변수가 추가될 수도 있다.

(2) 다른 변수 의존형 모형

다른 변수 의존형 방법은 인플레이션 결정 방정식에서 파라미터 추정치의 변화가 일어나는 기준을 소득증가율로 할 때이다. 소득증가율 4.09%를 기준으로 구조변화가 일어남을 보여주면서, 각기 다른 구간별 회귀분석 결과를 제시하고 있다.

(3) 복수의 문턱효과 모형

다음 사례에서는 인플레이션 결정모형에서 일어나는 구조변화의 기준을 소득증가율을 기준으로 하되 복수의 구조변화가 일어나는지 여부를 살펴보고, 구조변화 기준을 찾은 다음, 각 지역그룹에서의 서로 다른 파라미터 추정치를 제시하고 있다. 즉 국민소득 증가율, 4.09%, 6.79%를 기준으로 두 개의 구조변화 시점이 있으며 각 구간별 파라미터 추정치가 서로 다름을 보여주고 있다.

---

autoregression in economics," *Statistics and Its Interface* 4: pp.123-127.

[사례 IV-1-3] 한국의 금리, 인플레이션 추세와 구조변화 분석사례(IV-1-3-Korbreak.do)

```
* **********************************************
* *** 한국의 금리, 인플레이션 추세와 구조변화 ***
* **********************************************
use IV-1-3-Korbreak, clear
drop qtr
generate qtr =tq(1976q1)+_n-1

tsset qtr, format(%tq)
order qtr interest inflation grgdp

* HP filter
tsfilter hp grgdphp = grgdp, smooth(1600) trend(tgrgdp)
tsline grgdp grgdphp tgrgdp
generate gap= grgdp-tgrgdp
twoway (line grgdp tgrgdp qtr) (bar gap qtr)
twoway rarea grgdp tgrgdp qtr

* 그래프(구조변화 관찰)
tsline interest inflation grgdp

* 구조변화 여부의 테스트
regress interest  L.interest inflation
* 구조변화의 시점을 알고 있을 때
estat sbknown, break(tq(1979q3))
estat sbknown, break(tq(1998q1))
estat sbknown, break(tq(2008q4))

* 구조변화의 시점을 모를 때
estat sbsingle

* 파라미터 추정치의 안정성을 통한 구조변화 검정
estat sbcusum

* 문턱효과 분석
* 자신의 시차변수
threshold interest, regionvars(L.interest) threshvar(L.interest)
threshold interest, regionvars(L.interest inflation grgdp) threshvar(L.interest)

* GDP의 시차변수
threshold interest, regionvars(L.interest inflation grgdp) threshvar(L.grgdp)
threshold interest, regionvars(L.interest inflation grgdp) threshvar(L.grgdp) optthresh(2)

* output gap의 시차변수
threshold interest, regionvars(L.interest inflation grgdp) threshvar(L.gap)
threshold interest, regionvars(L.interest inflation grgdp) threshvar(L.gap) optthresh(2)
```

CHAPTER

02

ARIMA모형

시계열분석의 특성과 안정성

(1) 시계열자료의 특성

횡단면자료를 다룰 때 평균과 표준편차는 변수의 중심 집중도, 또는 분산정도를 나타내기 위해 사용되고, 공분산이나 상관계수는 두 변수, 또는 그 이상 변수가 함께 움직이는 정도를 나타낸다.

횡단면자료와 달리 시계열자료의 분석에서는 주의해야 할 것이 있다. 첫째는 대부분의 시계열자료에서 각 관측치는 시간상 인접한 관측치들과 상관되어 있다. 즉 Y_t는 Y_{t-1}, Y_{t-2}, 또는 Y_{t+1} 등과 상관되어 있다. 둘째, 많은 시계열자료들은 추세적인 움직임을 보이기 때문에 만약 추세를 가진 변수들 간의 관계를 회귀분석한다면 두 변수는 비록 사실적인 관계가 없음에도 불구하고 매우 높은 상관관계를 가진 것으로 나타날 수 있다. 셋째, 횡단면자료에서 표본평균은 모집단의 평균에 대한 추정치를 의미하지만 시계열자료에서는 모집단 평균이 존재하지 않을 수 있다.

시계열자료에는 확정적 시계열자료(deterministic timeseries)와 확률적 시계열자료(indeterministic timeseries)가 있다. 확정적 시계열자료는 주어진 시점에 불확실성 없이 해당 변수 값을 알 수 있는 자료이다. 삼각함수 값 등 일반 방정식에 의해 정의되는 시계열자료가 이에 해당한다. 확률적 시계열자료란 확률적 요인이 내재하고 있어서 주어진 시점의 자료를 확실하게 알 수 없는 자료이다.

특별한 형태의 비확률적 시계열자료는 백색잡음(white noise)이라고 알려진 변수로서 시계열 분석에서 주로 다루는 자료가 된다. 만약 변수 u_t가 임의의 모든 t에 대해 기댓값이 영(0)이고 일정한 분산, σ^2을 가진 백색잡음 과정이라면 서로 다른 시점의 u_t와 u_s의 상관관계는 영(0)이 된다. 특히 u_t가 정규분포를 할 때 이를 가우지안 백색잡음과정(Gaussian white noise process)이라고 한다.

경제학자 소개 조지 박스(George E. P. Box)

조지 박스(1919~2013)는 "20세기 위대한 통계학자"의 한 명으로 평가받는 통계학자로서 계량경제학에서 단변량 시계열분석법인 ARIMA모형(일명 Box−Jenkins method)을 개발한 영국 통계학자이다. 그는 시계열분석, 품질관리, 실험계획, 베이지안 추론 등 다양한 분야에서 많은 업적을 남겼다.

계량경제학에서 잘 알려진 Box−Cox transformation, Box−Cox distribution, Box−Pierce test, Ljung−Box test를 개발하기도 했다.

박스는 1953년 런던대학에서 에곤 피어슨(Egon Pearson, 유명한 Karl Pearson의 아들) 지도로 통계학 박사학위를 받았다. 노스캘로리나, 프린스턴, 위스콘신 매디슨에서 강의했다.

그가 젠킨스와 공동으로 개발한 ARIMA모형은 Box−Jenkins 모형이란 말과 동의어가 되었다. 많은 책에서 말한 "모든 모형은 잘못되었다. 일부는 유용하다(all models are wrong, but some are useful)"라는 말은 아주 유명하다. 그의 부인 Joan Fisher는 유명한 Ronald Fisher의 둘째 딸이다.

---

(2) 시계열자료의 안정성

시계열자료를 다루면서 접하게 되는 중요한 개념은 안정성(stationarity)의 개념이다.[1]

---

1 Netcourse 461, Univariate Time Series Using Stata Lesson 2, Stata Online.

시계열자료는 다음과 같은 세 가지 조건을 갖추고 있을 때 약 안정적(weak stationary), 또는 공분산 안정적(covariance stationary)이라고 한다. 즉 시계열자료가 안정적이라고 하는 것은 시계열자료의 평균과 자기공분산(autocovariance)이 시간의 변화에도 불구하고 항상 일정하다는 조건이다.

① $E(Y_t) = \mu$, 모든 t에 대해 일정
② $Var(Y_t) = \sigma^2$, 모든 t에 대해 일정
③ $Cov(Y_t, Y_{t+k}) = \gamma_k$, 모든 t와 $k \neq 0$에 대해 일정

시계열자료의 분석에서 시계열자료는 안정적이어야 한다. 불안정적 시계열자료는 안정적 시계열자료보다 분석하기 어렵다. 안정적인 시계열자료에는 횡단면자료의 분석에서 이용되는 중심극한정리(central limit theorem)나 추정치의 일치성(consistency)의 개념을 일반화하여 적용할 수 있다.

하지만 안정적이지 않은 시계열자료에서는 파라미터 추정치의 분산이 보다 복잡하고, 횡단면자료에서 익숙한 추정치의 분산에 대한 해석을 일반화할 수 없다. 따라서 불안정한 시계열을 다루는 가장 일반적인 방법은 불안정한 시계열자료를 차분하여 안정적으로 만드는 것이다.

안정적인 시계열자료와 불안정한 시계열자료에는 많은 차이가 있다. 안정적 시계열자료에서는 해당 시계열에 충격이 가해질 때 이는 일시적이며, 시간의 경과에 따라 그 효과가 점차 상쇄되어 해당 시계열의 평균값으로 되돌아간다. 반면 불안정한 시계열자료에 있어서의 충격은 영원히 지속되어 결국 해당 시계열의 평균과 분산은 시간의 경과에 따라 변화하게 된다. 그래서 되돌아갈 평균값이 존재하지 않게 되고, 분산은 시간에 의존하게 됨으로써 시간이 증가함에 따라 점차 무한대로 커지게 된다.

나중에 설명할 자기상관함수를 통해 살펴보면, 안정적인 시계열의 자기상관함수(autocorrelation function)는 시간의 경과에 따라 급격히 감소하는 경향을 보이지만 불안정한 시계열자료의 자기상관함수는 시간의 경과에 따라 완만하게 감소한다.

안정적 시계열과 불안정 시계열의 개념을 보다 자세히 이해하기 위해서 여기서는 가상적인 자료를 생성하여 그 특징을 시각적으로 살펴보자. 아래 사례에서는, ① 상수항 없는 안정적 시계열, ② 상수항 있는 안정적 시계열, ③ 상수항, 추세가 있는 안정적 시계열, ④ 상수항 없는 임의보행 시계열, ⑤ 상수항 있는 임의보행 시계열, ⑥ 상수항, 추세가 있는 임의보행 시계열에 대한 가상적 시계열의 움직임을 보여주고 있다.[2]

이 사례에서 안정적 시계열이 되기 위한 조건으로 시차변수의 계수 값이 1보다 작은 0.7이라는 사실, 불안정한 시계열(임의보행)일 때는 시차변수의 계수 값이 1이라는 사실, 시계열에서 상수항과 추세의 의미가 무엇인지를 주의깊게 생각해볼 필요가 있다.

그리고 가상적인 시계열자료를 생성하기 위해 난수발생에 있어서 seed를 부여하지 않을 때, 시차변수의 계수값을 변화시킬 때, 상수항 및 추세를 포함시킬 때의 시계열자료의 동적 특징을 비교함으로써 시계열자료의 안정성이란 개념에 익숙해질 필요가 있다.

[사례 Ⅳ-2-1] 시계열자료의 안정성의 이해를 위한 몬테칼로 분석사례(Ⅳ-2-1-Stability.do)

```
* ********************************
* *** 시계열자료의 안정성의 이해 ***
* ********************************
clear

* 관측치 500개 시계열 생성
set seed 1234
set obs 500
generate t=_n
tsset t

* 상수항 없는 안정적 시계열
generate u1=rnormal()
generate y1=u1                in 1
replace  y1=0.7*L.y1+u1 in 2/L
tsline y1, name(y1, replace)

* 상수항 있는 안정적 시계열
generate u2=rnormal()
generate y2=u2                  in 1
replace  y2=1+0.7*L.y2+u2 in 2/L
tsline y2, name(y2, replace)

* 상수항, 추세 있는 안정적 시계열
generate u3=rnormal()
generate y3=u3                        in 1
replace  y3=1+0.1*t+0.7*L.y3+u3 in 2/L
```

---

2   Hill R. Carter, William E. Griffiths and Guay C. Lim(2013), *Principles of Econometrics* (3th ed.), Wiley, 이병락 역, 시그마프레스, p.443.

```
tsline y3, name(y3, replace)

* 상수항 없는 임의보행 시계열
generate u4=rnormal()
generate y4=u4        in 1
replace  y4=L.y4+u4 in 2/L
tsline y4, name(y4, replace)

* 상수항 있는 임의보행 시계열
generate u5=rnormal()
generate y5=u5            in 1
replace  y5=0.2+L.y5+u5 in 2/L
tsline y5, name(y5, replace)

* 상수항, 추세 있는 임의보행 시계열
generate u6=rnormal()
generate y6=u6                in 1
replace  y6=0.5+0.1*t+L.y6+u6 in 2/L
tsline y6, name(y6, replace)
graph combine y1 y2 y3 y4 y5 y6, cols(2)
```

[그림 1] 시계열자료의 안정성과 불안정성

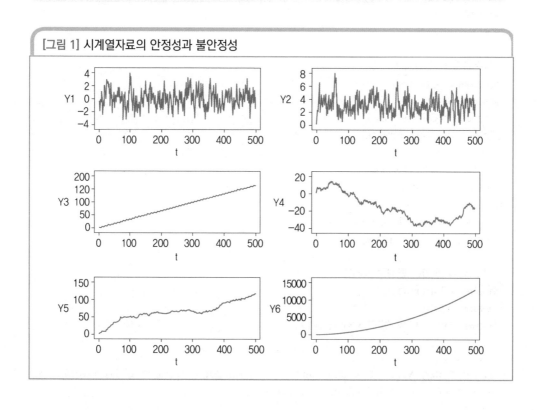

(3) 단위근 검정

1) 단순 디키-풀러 검정(simple Dickey-Fuller test: DF-test)

디키-풀러(Dickey-Fuller)는 시계열자료의 안정성 여부를 검정하기 위한 방법을 개발하였다.[3] 이 검정방법의 핵심은 단위근(unit root)의 존재 여부를 검정하는 것이었다. 전형적인 검정방법은 다음과 같은 $AR(1)$모형을 기본으로 한다.

$$Y_t = \phi Y_{t-1} + u_t$$

여기서 ϕ의 값이 1인지 여부(단위근, unit root)를 검정하려고 하는 것이다. 그래서 귀무가설은 $H_0 : \phi = 1$이고, 대립가설은 $H_A : \phi < 1$이 된다. 그런데 이상의 $AR(1)$모형을 직접 추정하면 가성(허구적)회귀의 가능성이 있기 때문에 다음과 같이 차분을 한 형태의 함수를 사용하게 된다.

$$Y_t - Y_{t-1} = (\phi - 1) Y_{t-1} + u_t$$

$$\Delta Y_t = (\phi - 1) Y_{t-1} + u_t$$

$$\Delta Y_t = \gamma Y_{t-1} + u_t$$

여기서 $\gamma = (\phi - 1)$이다. 따라서 이상의 가설은 귀무가설은 $H_0 : \gamma = 0$, 대립가설 $H_A : \gamma < 0$을 검정하는 것이 된다.

디키-풀러(Dickey-Fuller)는 단위근의 존재 여부를 검정하기 위해 추가적으로 2개의 함수를 제시하였다. 이는 이상의 방정식에서 상수항을 포함하거나, 상수항과 추세를 동시에 포함하고 있는 함수이다. 즉

$$\Delta Y_t = \alpha_1 + \gamma Y_{t-1} + u_t$$

$$\Delta Y_t = \alpha_1 + \alpha_2 t + \gamma Y_{t-1} + u_t$$

---

3 Dickey, D. A. and Fuller, W. A.(1979), "Distribution of the Estimators for Autoregressive Time Series with a Unit Root," *Journal of the American Statistical Association*, 74 (366): pp.427-431.; Enders, W.(2004), *Applied Econometric Time Series* (2nd ed.), Hoboken: John Wiley & Sons.; Elder, J. and Kennedy, P. E.(2001), "Testing for Unit Roots: What Should Students Be Taught?," *Journal of Economic Education*, 32 (2): pp.137-146.

해당 시계열자료의 안정성 여부를 검증하기 위한 단위근 검정은 이상의 세 가지 방정식에서 시차변수의 파라미터에 대해 $\gamma = 0$ 여부를 검정하는 것이기 때문에 회귀분석에서 추정된 파라미터의 유의성 검정을 위한 t검정을 할 수 있을 것이다.

하지만 전통적인 t검정보다는 처음 디키-풀러가 제시했으나 나중에 매키논(MacKinnon)이 제시한 개선된 임계치(critical value)를 이용하여 가설검정을 한다. 그래서 이상의 세 가지 함수 각각에서 추정된 파라미터 값의 t값이 매키논이 제시한 임계치보다 작을 때 단위근이 있다는 귀무가설을 기각한다.

2) 부가된 디키-풀러 검정(Augumented Dickey-Fuller test: ADF-test)

디키-풀러 검정법을 이용하여 시계열자료의 안정성 여부를 검정할 때 문제시되는 것은 추정된 방정식의 오차항이 자기상관의 문제를 가질 수 있다는 것이다. 이런 점을 감안해서 디키-풀러는 차분된 종속변수의 시차변수를 모형에 추가하는 방법을 제안하였다. 그래서 종속변수의 시차변수가 추가되었다는 점에서 부가된 디키-풀러 검정법이라고 한다. 이때 종속변수의 적정시차의 수는 AIC나 SBC통계량을 통해 결정한다.

$$\Delta Y_t = \gamma Y_{t-1} + \sum_{i=1}^{p} \beta_i \Delta Y_{t-i} + u_t$$

$$\Delta Y_t = \alpha_1 + \gamma Y_{t-1} + \sum_{i=1}^{p} \beta_i \Delta Y_{t-i} + u_t$$

$$\Delta Y_t = \alpha_1 + \alpha_2 t + \gamma Y_{t-1} + \sum_{i=1}^{p} \beta_i \Delta Y_{t-i} + u_t$$

부가된 디키-풀러 검정을 위한 임계치는 디키-풀러 검정에서 적용하는 값과 동일하다. Stata를 이용한 디키-풀러 검정에서는 관련 임계치를 제공해주기 때문에 추정된 파라미터의 t값과 임계치를 비교하기만 하면 된다.

3) 필립스-페론 검정(Phillips-Perron test)

앞에서 설명한 디키-풀러(DF) 또는 부가된 디키-풀러(ADF) 검정에서는 검정을 위한 $AR(1)$모형의 오차항, u_t가 통계적으로 독립적이고, 동일한 분산을 갖는다는 가정을 하고 있다. 따라서 이들 검정을 위해서는 오차항에 자기상관의 문제가 없고, 동일한 분산을 갖는다는 확신이 있어야만 한다.

Phillips and Perron(1988)에서는 오차항의 상관문제를 감안하여 부가된 디키−풀러 검정법을 보다 일반화하였는데 이를 필립스−페론 검정이라고 한다.[4] 구체적으로 보면 뉴이−웨스트 표준오차(Newey−West standard)를 이용한 ADF t통계량을 조정한 것이라고 할 수 있다. Stata에서는 필립스−페론 검정을 위해 pperron이란 명령어가 있다.

02 ARIMA 모형의 분석절차

(1) 전반적 분석절차

일변량 시계열자료를 ARIMA모형으로 분석할 때에는 통상 다음의 절차를 거친다. 첫째, 시계열자료의 안정성을 확인한다. 분석대상이 되는 원시 시계열자료를 이용하여 안정성 여부를 평가한다. 시계열 그래프를 이용하여 시각적으로 안정성 여부를 검토하고, 보다 구체적으로 단위근 검정을 통해 안정성 여부를 엄밀하게 평가할 수 있다. 또한 자기상관함수나 편자기상관함수를 이용하여 안정성 여부를 평가할 수 있다. 만약 분석대상 시계열자료가 안정적이라면 다음의 세 번째 단계로 넘어간다.

둘째, 만약 불안정한 시계열 자료라면 먼저 안정적인 시계열자료로 변환을 해야 한다. 보통 원시 시계열자료에 로그를 취한 후 차분을 해서 안정적 시계열자료로 변환한다. 로그를 취한 후 차분을 하면 해당변수는 증가율(수익률)을 나타내는 지표가 된다. 안정적 시계열로 변환된 자료에 대해 자기상관함수(autocorrelation function: ac)나 편자기상관함수(partial autocorrelation function: pac)를 계산하거나 이들을 도표(correlogram)로 그린다.

셋째, 개연성 있는 예비모형을 선정한다. 자기상관함수나 편자기상관함수를 이용하여 개연성 있는 $AR(p)$, $Ma(q)$의 차수를 결정하여 가장 적합한 모형을 찾기 위한 ARIMA모형의 후보군을 결정한다. 즉 안정적 시계열을 만들기 위한 차분의 수와 자기

---

4   Phillips, P. C. B. and Perron, P.(1988), "Testing for a Unit Root in Time Series Regression," *Biometrika*, 75 (2): pp.335-346.

상관 및 이동평균의 차수를 예비적으로 결정한다.

넷째, 선정된 예비모형을 추정하고, 모형비교를 위해 필요한 평가통계량을 계산한다.

다섯째, 추정된 모형을 평가한 후 최종모형을 선정한다. 우선 추정된 모형의 파라미터에 대한 유의성을 검정(특히 가장 높은 차수)한다. 만약 유의성이 부족하다면 해당 자기상관의 차수나 이동평균의 차수를 줄일 필요가 있다. 다음에는 추정된 모형의 잔차를 구하고, 잔차의 자기상관함수나 편자기상관함수를 계산하여 모든 차수에 대해 유의성이 없음을 확인한다. 또한 예비모형을 추정한 후 낮은 AIC나 SBC 또는 높은 R^2를 기준으로 최적의 모형을 선정한다.

여섯째, 최종 선정된 모형을 이용하여 예측목적에 활용한다. 예측기간을 정한 후 점 예측, 구간 예측을 할 수 있다.

(2) ARIMA모형의 차수결정

ARIMA모형을 추정하는 데 있어서 가장 중요하나 어려운 부분은 AR부분과 MA부분의 차수, 안정적인 시계열을 만들기 위한 차분의 수를 결정하는 문제이다. 이를 위해 도움이 될 내용을 살펴보자.

첫째, 안정적 시계열자료를 확보하기 위한 적절한 차분의 수를 결정하기 위해서는 해당 시계열의 도표를 그려서 시각적으로 살펴보는 것이 중요하다. 만약 시계열자료에 추세가 있다면 1회의 차분을 통해 추세가 제거될 수 있다. 통상 경제통계에서 차분의

[표 1] ARIMA(p, q)와 자기상관함수 및 편자기상관함수의 패턴

모형	AC 함수	PAC 함수
순수 백색잡음과정	모든 차수의 ac=0	모든 차수의 pac=0
$MA(1)$	차수 1에서만 유의미한 값	점차 진폭이 줄어드는 사인커브(sine curve) 혹은 지수적(exponentially)으로 감소
$AR(1)$	점차 진폭이 줄어드는 사인커브 혹은 지수적으로 감소	차수 1에서만 유의미한 값
$ARMA(1,1)$	차수1에서 시작해서 지수적으로 또는 사인커브 형태로 감소	차수1에서 시작해서 지수적으로 또는 사인커브 형태로 감소
$ARMA(p,q)$	차수q에서 시작해서 지수적으로 또는 사인커브 형태로 감소	차수p에서 시작해서 지수적으로 또는 사인커브 형태로 감소

수는 0 또는 1이다. 2번 차분할 필요성은 거의 없다.

해당 시계열이 불안정하여 안정적 시계열이 되기 위해 차분이 필요하다는 사실은 자기상관함수를 통해서도 알 수 있다. 자기상관 계수 값이 단위근인 1에 가까울수록 자기상관함수는 서서히 감소한다. 따라서 분석대상 시계열자료의 자기상관함수가 서서히 감소하는 형태를 보이게 되면 차분의 필요성을 검토해야만 한다. 물론 시계열자료의 차분 필요성은 단위근 검증을 통해 보다 엄밀히 분석할 수 있다.

둘째, 자기상관, 또는 이동평균의 차수결정은 다소 주관적이다. 일단 시계열자료의 안정성을 확보하였다면 이렇게 차분된 자료를 이용하여 자기상관, 또는 이동평균의 차수를 결정하여야 한다. 이동평균의 차수결정은 자기상관함수를 통해 쉽게 결정할 수 있다. 이동평균의 차수에 해당되는 만큼의 시차에 대해 자기상관함수 값이 두드러진 값(spike)을 가진다는 사실을 이용한다. 만약 자기상관함수가 크게 감소하는 형태를 보인다면 해당모형에서 이동평균을 나타내는 항이 필요 없다는 것을 의미한다. 자기상관의 차수를 결정할 때에는 편자기상관함수를 사용한다. 편자기상관함수 값이 두드러지게 나타나는 차수만큼 자기상관의 차수로 하면 된다.

셋째, ARIMA모형에서 자기상관과 이동평균의 차수를 결정하는 것은 보다 어렵다. 이때 자기상관함수는 자기상관항만 포함되어 있을 때에는 기대이상으로 완만히, 또는 보다 급격히 감소할 수 있다. 이때는 자기회귀, 이동평균에 대해 충분한 정도의 차수를 가진 개연성 있는 모형을 선정한다.

(3) ARIMA모형의 추정, 평가

ARIMA모형에서 자기상관과 이동평균의 차수와 차분의 차수를 결정하는 단계는 사실상 모형의 추정, 평가와 동시에 반복적으로 이루어진다. 추정단계에서는 자기회귀, 이동평균의 차수에 대해 몇 개의 잠정적 모형을 추정한다.

모형이 추정되면 모형의 적합도, 추정계수의 유의성, AIC나 SBC 통계량, R^2, 추정후 계산된 잔차의 백색잡음과정 여부 등을 비교하여 최선의 모형을 선정한다. 모형의 적합도는 SSR이나 $Adj\ R^2$를 이용하여 평가할 수 있다. 모형이 가능한 한 단순해야 한다는 점에서는 자유도가 보다 커야 할 것이며, 보다 작은 AIC나 SBC 통계량이 선호된다. 추정후 계산된 잔차항은 그래프를 그려서 시각적으로 확인해볼 수도 있지만 보다 엄밀한 검정을 위해서는 잔차항이 자기상관을 갖는지를 검정할 수 있는 Ljung-Box의 Q통계량이 사용되기도 한다.

ARIMA모형에서 적정 자기회귀 및 이동평균의 적정차수를 결정하여 모형을 추정하는 과정은 "과학이라기 보다는 예술(an art rather than a science)"이라는 특성이 있다는 점을 이해하고 접근하는 것이 좋다.

(4) ARIMA모형을 이용한 예측

모형의 추정과 평가를 통해 최선의 모형의 선택되었다면 ARIMA모형 분석의 최종단계는 예측을 하는 것이다. 예측의 형태는 이미 살펴본 대로 추정에 사용된 데이터의 시점내부에서 이루어지는 사후예측과 추정에 사용된 데이터의 바깥 시점에 대한 사전예측이 정의될 수 있다. 사후예측을 위해서는 향후 몇 기에 대해 예측을 할 것인지를 지정하기 위해 tsappend라는 명령어가 사용된다.

다음은 이상에서 설명한 ARIMA모형의 전반적 분석절차를 보여주는 사례이다. 순차적으로 해당 명령어를 실행하면서 그 의미를 이해한다면 ARIMA모형에 대한 지식을 충분히 습득하였다고 할 수 있다.

[사례 IV-2-2] 한국의 GDP, 소비 시계열의 안정성과 ARIMA 분석사례
　　　　　　(IV-2-2-Korgdpunit.do)

```
* ***********************************************
* *** 한국의 GDP, 소비 시계열의 안정성과 ARIMA ***
* ***********************************************
use  IV-2-2-Korgdpunit, clear

* 날짜변수 생성
gen year=tq(1960q1)+_n-1
tsset year, format(%tq)

* 변수 로그변환
gen lgdp=ln(gdp)
gen lcon=ln(con)

* ======= 그림 그리기(흑백) =====
set scheme s1mono
quietly tsline lgdp, name(gdp, replace)
quietly tsline D4.lgdp, name(dgdp, replace)
quietly tsline lcon, name(con, replace)
```

```
quietly tsline D4.lcon, name(dcon, replace)
graph combine gdp dgdp con dcon, cols(2)


* ======= 단위근 검정 =====
* lags()옵션이이 부여되면 ADF검정
* 원계열 단위근 검정
dfuller lgdp, noconstant lags(3) regress
dfuller lgdp, drift lags(3) regress
dfuller lgdp, trend lags(3) regress


* 차분된 계열 단위근 검정
dfuller D.lgdp, noconstant  lags(3) regress
dfuller D.lgdp, drift lags(3) regress
dfuller D.lgdp, trend lags(3) regress


* 필립-페론 단위근 검정(Phillips-Perron unit-root test)
pperron lgdp, lags(4)
pperron D.lgdp, lags(4)


* Dickey-Fuller generalized least squares unit-root test
dfgls lgdp
dfgls D.lgdp


* =======  ARIMA 모형 =====
* 식별(상관도, 자기상관 함수, 편상관 함수)
* 원계열
corrgram lgdp, lag(40)
ac lgdp, lag(40) name(aclgdp, replace)
pac lgdp, lag(40) name(paclgdp, replace)
graph combine aclgdp paclgdp, cols(1)


* 차분계열
corrgram D.lgdp, lag(40)
ac D.lgdp, lag(40)  name(acdlgdp, replace)
pac D.lgdp, lag(40) name(pacdlgdp, replace)
graph combine acdlgdp pacdlgdp, cols(1)


* 개연성있는 무형 여러개를 추정후 비교평가
arima lgdp, arima(1, 1, 3)


* 모형적합도(AIC, BIC) 평가
estat ic
```

```
* 사후예측(expost forecasting)
predict fity, y
tsline lgdp fity

* 예측구간설정
predict mser, mse
generate upper=fity+1.96*sqrt(mser)
generate lower=fity−1.96*sqrt(mser)
tsrline lower upper || tsline fity

* 사전예측(ex ante forecasting, 4분기 추가)
tsappend, add(4)
predict flgdp, y dynamic(q(2016q4))
tsline lgdp fity flgdp
```

03   ARIMA 모형의 이해를 위한 몬테칼로 실험

　　다음은 일정한 차수를 가진 ARIMA 시계열자료를 인위적으로 생성한 후 ac함수와 pac함수를 이용하여 차수를 선택하여 일치 여부를 실험하는 사례이다. 이때 ARIMA시계열은 sim_arma라는 사용자 작성 명령어를 이용하여 생성하였다.

　　ARIMA모형에서 $MA(q)$만 포함되어 있다면 ac함수에서 그 차수만큼 의미가 있으며, $AR(p)$만 포함되어 있다면 pac함수에서 그 차수만큼 의미가 있다는 사실을 확인할 수 있다. 만약 $MS(q)$부분과 $AR(p)$부분이 동시에 포함되어 있다면 ac, pac함수 모두 감소하는데 그 값의 크기에 따라 감소정도가 결정됨을 확인할 수 있다.

　　다음의 사례를 통해 ARIMA모형에서의 차수 결정을 위한 ac함수와 pac함수를 이용하는 방법을 이해해보도록 하자.

[사례 IV-2-3] ARIMA모형의 차수결정을 위한 몬테칼로 실험 사례(IV-2-3-ARIMAMonte.do)

```
* *********************************************
* *** ARIMA모형의 차수결정을 위한 몬테칼로 실험 ***
* *********************************************
```

* ARMA 시계열 생성을 위한 사용자 프로그램 sim_arma 설치
ssc install http://www.stata.com/users/jpitblado/sim_arma.pkg

* 다양한 차수의 ARMA 시계열 생성후 ac, pac함수 확인
* ====== MA(q)와 ac, pac함수의 형태 ======
* MA(1)에서는 ac함수의 1기만 유의미
clear
set seed 1234
sim_arma y, ma(0.7) sigma(1) nobs(1000)
ac y, name(ma1ac, replace)
pac y, name(ma1pac, replace)
graph combine ma1ac ma1pac, cols(1)

*MA(3)에서는 ac함수의 3기까지 유의미
clear
set seed 1234
sim_arma y, ma(0.6, 0.2, 0.1) sigma(1) nobs(1000)
ac y, name(ma3ac, replace)
pac y, name(ma3pac, replace)
graph combine ma3ac ma3pac, cols(1)

* ====== AR(p)와 ac, pac함수의 형태 ======
*AR(1)에서 계수값이 클때 ac함수는 서서히 감소, pac는 1기만 유의미
clear
set seed 1234
sim_arma y, ar(0.95) sigma(1) spin(5000) time(t) nobs(1000)
ac y, name(ar1ac, replace)
pac y, name(ar1pac, replace)
graph combine ar1ac ar1pac, cols(1)

*AR(1)에서 계수값이 작을 때 ac함수는 급히 감소, pac는 1기만 유의미
clear
set seed 1234
sim_arma y, ar(0.6) sigma(1) spin(5000) time(t) nobs(1000)
ac y, name(ar1ac, replace)
pac y, name(ar1pac, replace)
graph combine ar1ac ar1pac, cols(1)

* AR(1)에서 계수값이 마이너스(-)값을 가질 때
* ac함수는 +, -를 반복하며 감소, pac는 1기만 유의미
clear

```
set seed 1234
sim_arma y, ar(−0.75) sigma(1) spin(5000) time(t) nobs(1000)
ac y, name(ar1ac, replace)
pac y, name(ar1pac, replace)
graph combine ar1ac ar1pac, cols(1)

*AR(3)에서는 ac함수는 서서히 감소, pac는 3기까지 유의미
clear
set seed 1234
sim_arma y, ar(0.7 0.4 −0.3) spin(5000) nobs(1000)
ac y, name(ar3ac, replace)
pac y, name(ar3pac, replace)
graph combine ar3ac ar3pac, cols(1)

* ====== ARMA(p, q)와  ac, pac함수의 형태 ======
*ARMA(1,1)에서는 계수값이 작으면 ac, pac 함수는 급히  감소
clear
set seed 1
sim_arma y, ar(0.5) ma(0.5) spin(2000) nobs(1000)
ac y, name(arma11ac, replace)
pac y, name(arma11pac, replace)
graph combine arma11ac arma11pac, cols(1)

*ARMA(1,1)에서 계수값이 크면 ac, pac 함수는  서서히  감소
clear
set seed 1
sim_arma y, ar(0.95) ma(0.95) spin(2000) nobs(1000)
ac y, name(arma11ac, replace)
pac y, name(arma11pac, replace)
graph combine arma11ac arma11pac, cols(1)
```

CHAPTER
03

벡터자기회귀모형(VAR)

01   VAR 모형의 기초개념

심스(Sims C.)는 만약 여러 변수들 사이에 연립성이 있다면, 이 변수들은 모두 같은 방법으로 취급되어야 한다고 했다. 즉 내생변수와 외생변수의 구분이 필요없다는 것이다. 따라서 모든 변수들을 내생변수로 간주하는데 이때 각 방정식은 동일한 독립변수에 의해 설명되는 유도형 함수(reduced form equation)로 나타낼 수 있다. 이것이 바로 벡터자기회귀(Vector Autoregressive: VAR)모형으로 발전하게 된다.[5]

(1) VAR 모형의 개념

어떤 경제변수가 외생적인지, 내생적인지 판단하기 어려울 때 모든 변수들을 대등하게 취급하면 된다. 가령 시계열자료 Y_t가 현재와 과거의 X_t값의 영향을 받는다고 하면서, 동시에 시계열 X_t 역시 현재와 과거의 Y_t값의 영향을 받는다고 하는 것이다.

---

5   Sims, Christopher(1980), "Macroeconomics and Reality," *Econometrica*. 48 (1): pp.1-48.; Asteriou, Dimitrios and Hall, Stephen G.(2011), "Vector Autoregressive(VAR) Models and Causality Tests," *Applied Econometrics* (2nd ed.), London: Palgrave MacMillan, pp.319-333.

두 개의 변수의 이런 관계를 모형화하면 다음과 같다.

$$Y_t = \beta_{10} - \beta_{12} X_t + \gamma_{11} Y_{t-1} + \gamma_{12} X_{t-1} + u_{yt}$$

$$X_t = \beta_{20} - \beta_{21} Y_t + \gamma_{21} Y_{t-1} + \gamma_{22} X_{t-1} + u_{xt}$$

여기서 Y_t와 X_t 모두 안정적 시계열자료이며, u_{yt}, u_{xt}는 상관되지 않고 백색잡음과정을 따르는 오차항이다. 두 방정식 모두 시차 1의 과거 변수를 설명변수로 사용하고 있기 때문에 1계 VAR모형(first-order VAR model)이다. 이 모형에서 Y_t는 현재시점 X_t의 영향을, X_t는 역시 현재시점 Y_t의 영향을 받기 때문에 유도형 모형 (reduced form model)이 아닌 구조모형(structural model), 또는 구조적 VAR모형 (Structural VAR model: SVAR)이라고 할 수 있다.

이상의 식을 행렬로 표시하면 다음과 같다.

$$\begin{bmatrix} 1 & \beta_{12} \\ \beta_{21} & 1 \end{bmatrix} \begin{bmatrix} Y_t \\ X_t \end{bmatrix} = \begin{bmatrix} \beta_{10} \\ \beta_{20} \end{bmatrix} + \begin{bmatrix} \gamma_{11} & \gamma_{12} \\ \gamma_{21} & \gamma_{22} \end{bmatrix} \begin{bmatrix} Y_{t-1} \\ X_{t-1} \end{bmatrix} + \begin{bmatrix} u_{yt} \\ u_{xt} \end{bmatrix},$$

혹은

$$B Z_t = \Gamma_0 + \Gamma_1 Z_{t-1} + u_t$$

만약 양변에 B^{-1}를 곱해주면 이 식은 다음과 같은 유도형 모형, 또는 VAR모형으로 나타낼 수 있다. 즉

$$Z_t = B^{-1}\Gamma_0 + B^{-1}\Gamma_1 Z_{t-1} + B^{-1}u_t$$

$$\quad = A_0 + A_1 Z_{t-1} + e_t$$

이 식을 대수적 표현의 VAR모형으로 다시 표현하면 다음과 같다.

$$Y_t = \alpha_{10} + \alpha_{11} Y_{t-1} + \alpha_{12} X_{t-1} + e_{yt}$$

$$X_t = \alpha_{20} + \alpha_{21} Y_{t-1} + \alpha_{22} X_{t-1} + e_{xt}$$

이 모형은 설명변수로서 현시점의 값을 사용하지 않는 표준적 VAR모형(standard VAR model)이라고 한다. 여기서 오차항, e_{yt}, e_{xt}는 $e_t = B^{-1}u_t$이므로 구조적 VAR(SVAR)모형의 서로 상관관계가 없는 오차항인 u_{yt}, u_{xt}와 현시점에서 종속변수간의 관계를 나타내는 파라미터와 결합된 오차항이다. 즉

$$e_{xt} = (u_{yt} + \beta_{12} u_{xt})/(1 - \beta_{12}\beta_{21})$$

$$e_{yt} = (u_{xt} + \beta_{21} u_{yt})/(1 - \beta_{12}\beta_{21})$$

따라서 표준적 VAR모형을 이용하여 경제변수들의 관계를 모형화 하면 오차항 e_{yt}, e_{xt}는 당연히 서로 상관관계를 갖는 모형이 되고, 후술할 여러 문제의 원인이 된다.

경제학자 소개 **크리스토퍼 심스(Christopher A. Sims)**

크리스토퍼 심스(1937~)는 거시경제학의 실증분석을 위한 벡터자기회귀(VAR)모형을 개발한 사람의 하나이다. 하버드 대학에서 헨드릭 호태커(Hendrik S. Houthakker)의 지도로 박사학위를 받은 후 버클리, 하버드, 예일, 프린스턴, 미네소타대학에서 강의하였다.

심스는 계량경제학, 거시경제이론과 정책분야에서 중요한 업적을 남겼다. 특히 실증계량분석에서 VAR모형을 보급한 공로자의 한 명이다. 경제정책의 입안과 평가에서 설명력을 높이기 위해 Baysian통계학을 강조했다.

심스는 거시경제학에 있어서 원인과 결과에 대한 실증연구 업적으로 토마스 사전트(Thomas J. Sargent)와 함께 노벨경제학상을 받았다. 하지만 합리적 기대가설이나 경기변동이론의 타당성에는 회의적이었다.

밀턴 프리드먼(Milton Friedman)과 같은 통화주의자들의 이론인 통화공급의 증가가 인플레이션에 영향을 미친다는 이론에 대해서는 확신을 가진 것 같다. 다만 이들의 관계는 일방이 아닌 쌍방, 즉 이자율, 인플레이션율 변수가 통화공급에도 영향을 미칠 수 있다고 했다.

(2) VAR모형의 장단점

많은 연구자들이 VAR모형을 사용하는 이유는 다양한 장점이 있기 때문이다.

① VAR모형은 매우 단순하여 경제변수가 외생적인지, 내생적인지에 대해 고민할 필요가 없다. ② VAR모형은 유도형 모형(reduced form model)이기 때문에 개별 방정식에 고전적 최소자승법을 적용할 수 있으므로 추정이 매우 간단하다. ③ VAR모형은 간단하고, 추정이 용이함에도 불구하고 복잡한 구조방정식 모형이 제시하는 것보다 좋은 예측치를 제공해준다.

이런 장점에도 불구하고 VAR모형 역시 몇 가지 단점을 가지고 있다.

첫째, VAR모형은 경제이론에 기반하지 않는다. 원래 추정하려는 파라미터에 어떤 제약도 가해지지 않기 때문에 모든 변수가 모든 변수에 영향을 미친다. 하지만 추정 후 통계적 검정을 통해 유의성 없는 파라미터가 제외된다면 이론적 기반을 가진 모형으로 접근해갈 수도 있다. 통상 이런 절차는 인과성 검정(casuality test)에 의해 이루어진다.

둘째, VAR모형의 추정에는 자유도의 상실(loss of degrees of freedom)이 많다. 따라서 관측치 수가 많지 않을 때에는 추정이 불가능할 수도 있고, 유의성 검정이 부실해질 수 있다.

셋째, VAR모형의 파라미터 추정치는 이론적 기반이 부족하기 때문에 해석하는 것이 어렵다. 이런 문제를 극복하는 방법은 충격반응함수(impulse response function)를 살펴보는 것이다. 충격반응함수는 오차항에 대한 충격이 내생변수에 미치는 영향력을 살펴보는 것이다.

하지만 충격을 정의하는 데 어려움이 있을 수 있다. 일반적인 관점에서 충격이란 구조모형의 특정 방정식에서의 충격으로 정의된다. 하지만 전술한 바와 같이 VAR모형은 바로 구조모형의 유도형 모형이고 오차항 역시 유도된 형태로서 구조모형의 오차항들의 결합체이다. 그래서 어떤 방법으로든 구조모형의 오차를 구분하는 것이 필요하다. 이런 문제를 VAR모형에서는 식별문제(identification problem)라고 한다.

(3) 인과성의 검정

전술한 바와 같이 VAR모형의 장점 중의 하나는 경제변수들 간의 인과관계(casuality)의 방향을 확인할 수 있게 해준다는 것이다. 가령 변수 Y_t와 X_t가 서로 시차를 가지고 영향을 미치는 관계에 있다고 하자. VAR모형을 통해서 이런 관계는 네 가지 가능성으로 나타날 수 있다. 즉 ① X_t가 Y_t에 영향을 미친다. ② Y_t가 X_t에 영향을 미친다. ③ X_t와 Y_t가 서로 영향을 미친다. ④ Y_t는 X_t와 독립적이다.

 이런 관계를 통계적으로 검정할 수 있는 적절한 방법은 그레인저(Granger, 1969)에서 제시한 검정방법으로, "만약 다른 조건이 불변일 때, X_t의 과거 값을 사용하여 그렇지 않을 때보다 Y_t값을 보다 정확하게 예측(predict)할 수 있다면 X_t가 Y_t에 영향을 미친다"고 평가하는 것이다. 이를 보다 정확하게 표현하면 "X_t가 Y_t를 그레인저 코즈 한다(Granger cause)"는 것이다.[6]

 경제학자 소개 **15** 클라브 그레인저(Clive Granger)

 클라브 그레인저(1919~2013)는 공적분(cointegration), 글레인저 코즈(Granger causality), 허구적 회귀(spurious regression)모형의 개념을 발전시켰다.

 그레인저는 계량경제연구 프로젝트를 위해 오스카 몰겐스턴의 초청으로 프린스턴 대학에 왔다. 여기서 미치오 하다나카(Michio Hatanaka)와 함께 존 터키(John Tukey) 교수의 조교를 하면서 경제데이터의 Fourier analysis에 대해 연구했다. 이 연구를 바탕으로 1964년 Hatanaka와 함께 "Spectral Analysis of Economic Time Series"라는 책을 저술하였다. 이후 노팅햄 대학(University of Nottingham) 교수가 되었다. 1969년 Econometrica에 발표한 논문에서 Granger causality의 개념을 개발했다.

 Box and Jenkins의 저술을 접한 후 박사후 학생인 뉴볼드(Newbold)와 함께 일하면서 함께 저술한 책은 시계열 예측에 대한 교과서가 되었다. 몬테칼로 실험을 통해 허구적 회귀의 개념을 정립함으로써 기존의 경제학에 대한 실증분석과 계량경제학 방법론을 재평가하도록 했다.

 1974년에는 캘리포니아 대학(UCSD)에 초청되어 아놀드 젤너(Arnold Zellner)와 계절조정에 대한 연구를 하였다. 캘리포니아 대학에서 자신을 초청한 로버트 엥글(Robert Engle)과 함께 시계열분석에 대한 연구를 계속하여 공적분에 대한 개념을 개발, Econometrica에 발표하였다. 이런 공로로 2003년 로버트 엥글과 함께 노벨경제학상을 수상했다.

---

6 Granger C. W. J.(1969), "Investigating Causal Relations by Econometric Models and Cross-spectral Methods," *Econometrica*, Vol. 37, No. 3, pp.424-438.

그레인저의 인과관계 검정(Granger's causality test)은 다음과 같은 절차에 의해 이루어지는데 Stata에서 아주 간단하게 처리할 수 있다.

① Y_t를 자신의 시차변수에 대하여 다음과 같이 회귀분석하고 잔차자승합(RSS_R)을 구한다.

$$Y_t = \alpha_{10} + \sum_j^p \gamma_j \, Y_{t-j} + e_{yt}$$

② 다음 Y_t를 자신과 X_t의 시차변수에 대해 다음과 같이 회귀분석하고 잔차자승합(RSS_U)을 구한다.

$$Y_t = \alpha_{10} + \sum_i^m \beta_i X_{t-i} + \sum_j^p \gamma_j \, Y_{t-j} + e_{yt}$$

③ 다음과 같은 가설을 세운다.

$$H_0 : \sum_i^m \beta_i = 0$$

$$H_A : \sum_i^m \beta_i \neq 0$$

④ 다음과 같은 F검정(Wald test)을 한다.

$$F = \frac{(RSS_R - RSS_U)/n}{RSS_U/(m-k)} \sim F_{n,\,m-k}$$

여기서 m과 $n-k$는 자유도를 나타내는데, p은 해당방정식의 내생변수의 시차차수, m은 다른 내생변수의 시차차수, k는 제약이 없는 회귀모형의 추정에서 파라미터 수($m+p+1$), 그리고 n은 표본의 크기인 관측치의 수이다.

⑤ 만약 계산된 F값이 해당 자유도 하에서의 임계치보다 크다면 귀무가설을 기각하게 되므로, "X_t가 Y_t를 그레인저 코즈(Granger cause)한다"고 결론을 내린다.

02 VAR 모형의 분석절차

VAR모형의 일반적인 분석절차에 따라, 추정방법, 차수결정, 진단, 충격반응함수, 예측오차의 분해 등을 엄밀하게 설명하려면 많은 수식을 복잡하게 기술해야만 한다. 이런 엄밀한 설명은 많은 독자들에게 오히려 시계열 분석법의 이해에 큰 도움이 안 될 것으로 생각한다. 따라서 여기에서는 VAR모형의 일반적인 분석절차를 따라 이를 직접 Stata를 이용하면서 결과물의 해석을 통해 분석절차를 이해하는 방법을 사용하고자 한다.

여기에서는 1992년 2분기부터 2017년 1분기까지 한국의 GDP, 소비(consumption), 투자(investment)자료를 이용하여 VAR모형의 전반적인 분석절차를 설명한다. 세 개 시계열자료는 다음과 같은 이유로 상호 연관되어 있다. 즉 소득이 증가하게 되면 보다 많은 상품을 소비하려고 할 것이며, 투자가 증가하면 이는 나중에 소득을 증가시키고, 이는 미래의 소비를 또한 증가시키게 될 것이기 때문이다.

[표 1] VAR모형의 일반적 분석절차와 Stata명령어 및 활용법

VAR모형 분석절차	Stata 명령어	설명
데이터 검토	tq(), tm() tsset summarize tsline	• 시간함수 • 시계열 식별 • 단순기술통계 • 시계열 그래프(안정성 평가)
단위근 검정	dfuller dfuller, lag(p) pperon	• 디키–풀러 검정 • 부가된 디키–풀러 검정 • 필립스–페론 검정
예비분석	varbasic	• 추정, 충격반응함수, 예측오차 분해
시차선정	varsoc	• 적정시차의 수
모형의 추정	var, lag(1/p)	• 정해진 차수의 VAR모형 추정
모형의 진단	varlmar varnorm, jbera vargranger stable, graph varwle	• 잔차의 자기상관 검정 • 잔차의 정규성 검정 • 변수의 인과성 검정 • 모형의 안정성 섬성 • 시차의 유의성 검정
변수의 순서(ordering)	xcorr vargranger	• 변수의 오더링 결정 탐지 그래프 • 그레인저 코즈 검정

	irf create	• 충격반응함수, 예측오차 계산
충격반응함수	irf table	• 계산된 충격반응함수 출력
	irf graph oirf	• 직교화된 충격반응함수 그래프
	irf graph coirf	• 직교화된 축적된 충격반응함수 그래프
	tsappend	• 사전적 예측기간의 설정
예측	predict	• 사후예측
	fcast compute	• 예측력 평가
	fcast graph	• 사전예측 그래프

(1) 시계열의 안정성 검정

시계열자료를 분석할 때에는 회귀분석, ARIMA모형, VAR모형, 나중에 설명할 벡터오차수정(VEC)모형에 이르는 과정에서 먼저 시계열의 안정성 여부를 평가한다. 우선은 원계열을 그래프를 그려서 시각적으로 판단하고, 보다 엄밀한 통계적 검정을 위해서는 디키–풀러(DF) 검정, 부가된 디키–풀러(ADF) 검정, 필립스–페론(PP)검정방법을 사용한다.

[그림 1] 단위근 검정을 위한 옵션 선정과 시계열 평균

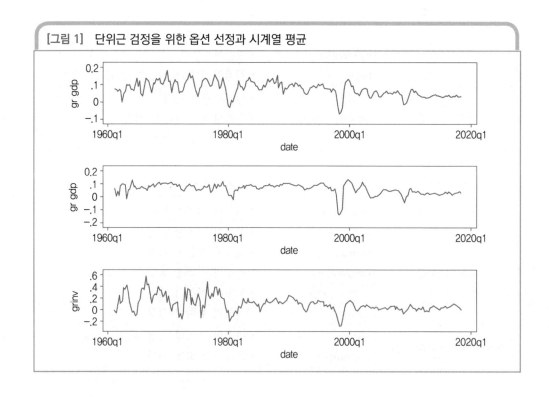

원시계열을 그래프로 그렸을 때 불안정 시계열로 보일 때에는 해당 시계열을 차분 (difference)하거나, 퍼센트 변화(percent change)로 하거나, 또는 로그차분(log difference), 즉 증가율 시계열로 변환하여 해당 시계열을 안정적으로 만든다. 대부분 경제통계에서는 한 번의 차분으로 안정적 시계열이 구해진다.

한국의 분기별 GDP, 소비, 투자자료의 원계열은 모든 시계열이 점차 증가하는 형태의 불안정한 시계열처럼 보인다. 하지만 이를 로그차분한 증가율 시계열은 특정 증가율 수준에서 아래위로 분포하는 안정적 시계열의 모습을 보인다.

이처럼 안정적으로 보이는 증가율 시계열에 대해 디키-풀러 검정을 하는데 세 가지 함수식, 즉 상수항 없는 것, 상수항(drift), 추세(trend)가 있는 세 가지의 함수식을 이용한다. 안정적으로 보이는 시계열이 0을 중심으로 상하로 움직인다면 상수항이 없는 함수, 일정한 값을 중심으로 상하로 움직인다면 drift, 만약 추세를 보인다면 trend가 있는 함수로 평가한다.

여기서 사용된 GDP, 소비, 투자 시계열의 전년 동기대비 증가율 자료, grgdp, grcon, grinv변수는 0이 아닌 임의의 값을 중심으로 상하로 움직이는 시계열이기 때문에 단위근 검정을 위한 Stata명령어 dfuller에 drift옵션을 부여하여 검정한다. 이때 lag(p)옵션을 부여하지 않으면 DF검정, 부여하면 ADF검정이 된다.

검정통계량을 구한 다음 검정통계량이 임계치보다 작다면 해당 시계열은 안정적이라고 평가한다. 이때 검정통계량과 임계치는 모두 부(-)의 값을 갖게 되는데 검정통계량은 임계치보다 더 작은 부(-)의 값을 갖게 된다.

(2) VAR모형의 예비분석

자신이 분석하려는 자료를 이용하여 본격적으로 VAR모형을 분석하기 전에 먼저 예비단계의 분석을 해보는 것이 자신이 분석하려는 모형의 분석과정에서 제기될 문제를 미리 이해하는 데 도움이 될 것이다.

Stata명령어 varbasic은 VAR모형의 추정결과, 충격반응함수, 예측오차의 분해결과를 동시에 보여줌으로써 분석하려는 모형의 개괄적인 모습을 짐작할 수 있게 해준다. 특히 충격반응함수나 예측오차의 분해결과는 결국 분석하려는 VAR모형이 분석목적에 제대로 활용될 수 있는지를 검토할 수 있게 해준다.

(3) VAR모형의 차수결정

VAR모형의 구성에 있어서 먼저 고려하게 되는 것은 모형의 차수를 결정하는 작업이다. VAR모형의 차수를 결정하는 데 사용되는 검정통계량에는 여러 가지가 있다. Stata명령어는 varsoc를 실행하면 시차의 차수별로 Log Likelihood(LL), FPE(final prediction error), AIC(Akaike's information criterion), HQIC(Hannan−Quinn information criterion), SBIC(Schwarz's Bayesian information criterion)라는 통계량이 계산되고 각 통계량별로 적절하다고 판단되는 차수에 별표(*)를 표시해준다. 여러 통계량이 모두 동일한 차수를 적절한 차수로 제시하지 않기 때문에 추가적인 진단과정을 통해 적정차수를 결정한다.

(4) 모형의 추정

VAR모형은 자신과 다른 내생변수의 시차변수를 설명변수로 하는 모형이기 때문에 외견상 무관해 보이는 연립방정식 모형(system of seemingly unrelated regressions)에 불과하다. 따라서 Stata명령어 sureg를 이용하여 추정할 수 있다. 또한 각 방정식은 동일한 설명변수를 가지고 있기 때문에 고전적 최소자승법을 이용하여 각 방정식을 하나하나 추정할 수도 있다.

하지만 VAR모형의 분석과정에서는 모형의 추정 후 후속하는 분석단계가 매우 중요하기 때문에 varbasic나 var이란 별도의 명령어를 사용하게 된다. 이 명령어를 이용하면 일반화된 최소자승법(Feasible Generalized Least Squares: FGLS)을 이용하여 모형을 추정한다. 이후 진단, 인과성 검정, 충격반응함수, 예측오차의 분해와 같은 복잡한 후속작업이 서로 연결되어 분석될 수 있다.

모형에 포함된 변수와 시차의 차수가 정해지고 이를 추정하면, 추정의 목적은 결국 파라미터 추정치 행렬(estimated coefficient matrices)과 오차항의 공분산 행렬(covariance matrix of the error terms)을 추정하는 것이다. Stata명령어 varbasic나 var을 실행하면 각 방정식의 파라미터 추정치와 유의성 검정을 위한 통계량이 출력되고, 오차항의 공분산 추정치는 e(Sigma)라는 이름으로 보관된다.

VAR모형의 추정결과를 보여주는 아웃풋은 그 양이 많다. 만약 k개 변수에 대해 p개 차수를 갖는 VAR모형을 추정한다면 상수항을 빼고 kp^2개의 파라미터 추정치가 구해진다. 파라미터 추정치와 더불어 이들의 표준오차, t통계량, p값도 출력된다. 하지만 개별 방정식별로 파라미터 추정치와 이들의 유의성 검정을 위한 통계량은 의미있는 정보를 제공해주지 않기 때문에 모형의 평가에서 중요시되지 않아서 분석결과를 리포트 하지도 않는다. 대신 후술하게 될 보다 정보량이 풍부한 몇 가지 통계량들이 자주 언급된다. 대표적으로 그레인저 인과 검정결과나 충격반응함수, 예측오차의 분해와 같은 것들이다.

(5) 진단

VAR모형의 분석과정에서 모형이 적절히 설정되었는지 여부를 평가하기 위해서는 전술한 적정차수의 결정을 위한 통계량 검토도 중요하지만, 오차항과 관련된 다양한 진단을 위해 몇 가지 통계량(diagnostics)을 추가적으로 살펴볼 필요가 있다.

1) 잔차의 자기상관 여부 검정

전술한 회귀분석 모형에서 시차종속변수가 설명변수로 사용되는 모형에서 만약 오차항이 자기상관되어 있다면 파라미터 추정치에 문제가 있을 수 있다는 점을 지적한 바 있다. VAR모형에서도 같은 문제가 생기므로 추정 후 잔차항에 자기상관문제가 존재하는지를 확인할 필요가 있다. Stata에는 이런 목적을 위해 varlmar라는 명령어가 있다. 차수별로 자기상관의 문제가 있는지 여부를 카이자승 통계량과 그 유의수준을 검토함으로써 쉽게 판단할 수 있다.

2) 모형의 안정성

시계열분석법의 기초에 대한 설명에서 자기회귀모형(autoregressive process)의 안정성 조건을 살펴본 바 있는데 VAR모형에서도 동일한 조건이 필요하다. 안정적인 시계열을 사용한 VAR모형은 일반적으로 안정성의 조건을 충족한다고 볼 수 있다. 하지만 어떤 이유로 추정된 모형이 안정적인 과정(stationary process)을 보이지 않을 수도 있다. 이때 어떤 한 변수에 대한 충격이 다른 변수로 파급되면서 점차 무한대로 커질 수가 있다. 이런 현상은 경제학적인 관점에서 볼 때 의미가 없는 결과이기 때문에 모형으로서의 가치가 없다.

Stata에는 varstable이란 명령어가 VAR모형의 안정성을 평가하는 데 사용된다. 출력물에서 제시된 모든 고유치(eigenvalue)가 1보다 작을 때 안정성의 조건을 충족하고

있다고 판단한다.[7]

3) 잔차의 정규성

VAR모형의 파라미터는 FGLS방법을 통해 추정되는데 그 추정치는 오차항이 정규분포를 하지 않더라도 점근적으로 정규분포(asymptotic normal distribution)를 한다고 가정한다. 따라서 추정된 파라미터의 유의성 검정은 통상적인 t통계량을 이용한다. Stata에서 varnorm이란 명령어가 오차항의 정규성 여부를 검정하는 데 사용되는 데 검정방법은 이미 살펴본 자크-베라 검정법(Jarque-Bera test)이다.

개별 방정식 별로 오차항의 정규성을 테스트할 수 있을 뿐만 아니라 모든 방정식의 오차항이 동시에 정규성을 갖는다는 결합가설검정을 할 수 있는 출력물을 제시해준다. 만약 카이자승 검정통계량이 높은 숫자로 유의성이 있다고 판단되면 오차항이 정규분포를 하지 않는다고 판단을 내릴 수 있다.

4) 적정시차의 선택

VAR모형의 추정결과를 보면 유의성이 없는 파라미터 추정치를 관찰할 수 있다. Stata명령어 varsoc를 이용하여 선택한 개연성있는 시차의 차수를 근거로 보다 선택범위를 좁혀 최종적인 차수를 선정해야 한다. 이를 위하여 Stata에는 varwle라는 명령어가 있다.

개별 방정식을 대상으로 모든 시차종속변수의 시차별 파라미터 값이 영(0)이라는 가설을 검정한다. 그리고 마지막으로 모든 방정식을 대상으로 시차종속변수의 시차별 파라미터 값이 영(0)이라는 가설을 검정한다. 카이자승 통계량과 그 유의수준을 이용하여 적정시차를 선택하는 데 도움을 받을 수 있다. 개별 방정식에서는 특정 시차의 파라미터 값이 유의성이 없을 수 있지만, 전체 방정식을 대상으로 한 유의성 평가와 다른 결과가 얻어질 수 있기 때문에 분석자의 자의적 판단이 개입될 수 있다.

(6) 인과성

앞서 Stata의 varwle라는 명령어를 이용하여 VAR모형의 특정 방정식에서 현재 시

---

7   Hamilton, J. D.(1994), Section 10.1, *Time Series Analysis*, Princeton: Princeton University Press.

점의 종속변수를 설명하는데 자신뿐만 아니라 다른 변수의 특정 시차변수가 영향을 미치는지 여부를 검토할 수 있다고 하였다. 그런데 보다 흥미로운 것은 특정 방정식에서 현재의 종속변수에 어떤 변수의 전체 시차변수가 영향을 미치는지 여부를 살펴보는 것이다. "시간은 역으로 흐르지 않는다. 만일 사건 A가 사건 B이전에 일어난다면 A가 사건 B를 인과한다고 할 수 있다. 하지만 사건 B가 사건 A를 인과하는 것은 불가능하다"라는 관점에서 그레인저 인과의 개념을 이해할 수 있다.[8]

주의해야 할 것은 사용하는 자료만으로는 변수의 확정적인 인과관계를 정할 수 없다는 것이다. 모형구성에 있어서 기본적인 가정, 사전적 믿음, 변수간 인과관계에 대한 이론에 기초하여 가능성 있는 여러 개 가운데 하나를 선택할 수밖에 없는 한계가 있다.

Stata에서는 인과성을 시각적으로 살펴볼 수 있는 명령어로 xcorr이 있다. 영향을 받을 변수의 현재 값과 영향을 미칠 것으로 선정된 변수의 리드(lead)와 래그(lag)에 대한 교차상관계수의 그래프를 이용하여 인과관계의 방향을 판단할 수 있다.

보다 엄밀한 분석은 앞서 설명한 그레인저의 인과관계 검정(Granger casuality test)으로 vargranger라는 명령어를 사용한다. 여기에서는 두 가지 형태의 가설검정을 할 수 있다. ① 특정 방정식에서 자신외 다른 변수 하나의 시차변수만 제외했을 때의 검정통계량과 ② 자신외 모든 종속변수의 시차변수를 제외했을 때와 그렇지 않을 때의 검정통계량을 이용하는 것이다. 전자는 말 그대로 제외된 변수가 그레인저 코즈하는지 여부를 검정하는 것이라면, 후자는 해당 방정식이 자기상관모형인지 VAR모형인지를 검정하는 것이라고 할 수 있다. Stata명령어 vargranger가 제시하는 아웃풋의 해석에서 이런 개념의 이해가 필요하다.

어쨌든 VAR모형에서 변수들의 실제 인과관계의 방향은 한 방향으로의 인과관계나 양방향 인과관계, 그리고 독립적인 특성들이 나타날 수 있다. 또한 그레인저의 인과관계 검정은 모형에 포함되는 변수, 적용하고 있는 시차의 수에 따라서도 다른 결과가 나타날 수 있기 때문에 이를 감안하여 변수의 인과관계를 특정해야만 한다.

(7) 충격반응함수

충격반응함수를 분석하는 것은 VAR모형을 사용하는 가장 중요한 이유 중의 하나

---

8   Gary Koop(2000), *Analysis of Economic Data*, John Wiley & Sons, New York, p.175.

이다. 충격반응함수는 VAR모형에서 특정 방정식의 오차항에 대한 충격(shock or innovation)이 다른 내생변수들의 미래치에 미치는 영향, 즉 반응(response)을 살펴보는 것이다. 통상 VAR의 특정 방정식의 오차항에 해당 내생변수 값의 1표준편차(one standard deviation)의 충격이 있을 때의 반응정도를 계산한다.

VAR모형의 평가를 위한 하나의 통계량으로서 충격반응함수가 사용될 수 있음을 지적했었는데 이는 VAR모형이란 시스템 내의 어떤 방정식에 대한 충격(shock)이 모형 내 다른 내생변수들에 미치는 영향의 이론적 타당성을 검토하여 모형을 평가할 수 있기 때문이다. 이때 충격반응이란 것은 방정식간에 서로 상관되어 있기 때문에 나타난 다. 따라서 어떤 방정식에 있어서의 충격이라는 개념은 오차항이 방정식간 상관되어 있기 때문에 애매해지는 문제가 있다.

이런 문제에 대한 하나의 접근방법은 방정식간 상관되지 않은 오차항과 관련된 충격의 개념을 상정하는 것이다. 다음과 같이 모형에 포함된 상관관계가 있는 오차항 e_t가 서로 상관관계가 없는 오차항 u_t에 어떤 행렬 B를 곱한 것으로 정의될 수 있다 고 하자. 즉

$$e_t = Bu_t$$
$$E(u_t u_t{}') = I$$

만약 상관관계가 있는 오차항 e_t의 공분산 행렬을 Σ라고 하면 행렬 B와 그 전치 행렬의 곱은 행렬 Σ와 같아진다. 즉,

$$\begin{aligned}
\Sigma &= E(e_t e_t{}') \\
&= E(Bu_t u_t{}'B') \\
&= BE(u_t u_t{}')B' \\
&= BB'
\end{aligned}$$

VAR 모형의 추정을 통해서는 $\hat{\Sigma}$를 추정할 수 있기 때문에 다음 식에서와 같이 $\hat{B}$를 구하는 것이 필요하다. 즉

$$\hat{\Sigma} = \hat{B}\hat{B}'$$

이런 관계를 만족하는 B행렬은 여러 개가 있을 수 있으나, 그 중 하나는 촐레스키 분해(Cholesky decomposition)를 통해 구해지는 유일한 하방삼각행렬(lower-triangular matrix) B이다.

행렬 B가 하방삼각행렬이라는 것은 VAR모형에서 변수의 순서(ordering)를 정하는 것이 필요하다는 것을 의미한다. 변수의 순서를 다르게 하면 각각 다른 행렬 B가 구해지기 때문에 VAR모형을 통해 어떤 변수의 충격이 다른 변수에 어떤 파급효과를 가질 것인가가 논란이 될 수 있다. 따라서 합리적 근거에 의한 변수의 순서에 따른 행렬 B를 이용하여 구한 충격반응함수가 그 대안이 되는 것이다. 이렇게 구한 충격반응함수를 직교화된 충격반응함수(orthogonalized IRFs)라고 한다.

Stata에서 충격반응함수는 irf create명령어에 의해 쉽게 계산된다. 이 명령어에 의해 단순한 충격반응함수뿐만 아니라 직교화된 충격반응함수도 함께 계산된다. 이렇게 계산된 지표들은 irf table명령어에 의해 숫자로 확인할 수 있으며, irf graph에 의해 도표형태로 확인할 수 있다.

충격반응함수의 의미를 해석할 때에도 주의할 점이 있다. 형태와 관계없이 충격반응함수는 시간의 변화에 따라 나타나는 해당 시점의 충격반응이다. 하지만 분석결과의 설명에 있어서는 몇 기동안 일어난 충격반응이 누적된 결과인 축적된 충격반응(cumulative IRFs)이 필요할 때도 있다.

Stata에서 충격반응함수는 단순 충격방응함수를 구하고자 할 때 irf table irf, 직교화된 충격반응함수를 구하고자 할 때 irf table oirf를 사용한다. 축적된 충격반응함수로서 단순한 축적 충격반응함수는 irf table cirf, 직교화된 축적 충격반응함수는 irf table coirf명령어를 사용한다.

어쨌든 충격반응함수를 통해 첫째, 특정변수의 충격에 대한 모형내 다른 내생변수들의 반응을 설명하고 추적할 수 있다. 둘째, 어떤 순간의 충격에 대해 특정 관심대상변수의 시간의 경과에 따른 변화를 추적할 수 있다. 셋째, 실증적으로 경제변수들 간의 인과관계 분석이나 정책효과 분석을 할 수 있다. 바로 이런 점에서 VAR모형이 전통적 구조모형보다 편리하게 사용된다.

(8) 예측오차분산의 분해

예측오차분산의 분해결과는 시간의 변화에 따른 종속변수의 변이가 과거 자기 자신의 분산과 다른 변수의 분산에 의해 설명되는 정도를 보여준다. 이는 외생성이 얼마가 강한가를 보여준다. 시계열상 미래의 한 변수의 불확성이 시스템 내에 있는 다른 변수의 미래 충격에 기인하느냐를 보여준다.

이것은 시간에 따라 변화하기 때문에 어떤 시계열 변수의 충격은 단기에서는 중요하지 않을 수도 있지만 장기적으로는 매우 중요할 수 있다. 가령 오일가격의 상승이란 충격은 미래 전기료의 움직임에 단기적으로는 작은 영향을 미치겠지만 장기적으로는 보다 큰 영향을 미칠 수 있는 것과 같다.

(9) 예측

VAR모형을 이용한 예측에서도 ARIMA모형의 예측에서와 마찬가지로 사후예측과 사전예측을 할 수 있다. 연립방정식 모형에 대한 설명에서 이와 관련된 용어를 설명하였다.

03 VAR모형의 확장

지금까지 VAR모형의 분석절차를 단계별로 살펴보았다. 이런 분석방법론은 분석절차상 큰 차이없이 좀 더 고급모형으로 확장될 수 있다. 여기에서는 지금까지의 이해도를 바탕으로 확장된 방법론으로서 VARX모형과 구조적 VAR모형의 분석절차에 대해 살펴본다. VAR모형에 대한 이해를 바탕으로 쉽게 활용할 수 있을 것이다.

(1) VARX모형

VAR모형에서는 모든 설명변수가 종속변수의 시차변수로만 구성되어 있었다. 만약 여기에 독립변수로서의 역할을 하는 설명변수를 추가한다면 모형의 설명력을 좀 더 향상시킬 수 있을 것이다. 활용하는 방법은 매우 간단하다. 독립변수로 간주한 변수를 exogeneous( )라는 옵션에 기술하면 된다. 그 외 모든 추정, 진단, 평가, 충격반응함수, 예측오차분산의 분해 등의 과정은 VAR모형의 분석절차와 동일하다.

하지만 하나의 분석절차가 더 가능하다. 외생변수로 간주했던 변수의 내생변수에 미치는 효과의 분석이 가능하다는 것이다. 가령 국민소득, 소비, 투자, 정부소비의 4개 변수를 이용하여 VAR모형을 구성하였을 때 만약 정부소비를 외생변수라고 하면 정부 소비지출 증가의 국민소득, 소비, 투자에 대한 파급효과를 구할 수 있다는 의미이다. 또는 몇 개 거시경제변수로 VAR모형을 구성하면서 국제유가를 외생변수로 하였다면 국제유가변화의 국내 주요 경제변수에 대한 파급효과를 분석할 수 있다는 것이다.

VARX모형에서 외생변수의 파급효과 분석은 동적 승수(dynamic multiplier)를 계산 하는 과정이므로 irf table dm, impulse( )명령어를 이용해 그 값을 구할 수 있고, irf graph dm, impulse( )명령어를 이용하여 동적 승수의 그래프를 그릴 수 있다. 따라서 VARX모형에서 내생변수 방정식의 오차항에 충격이 가해진 후 발생하는 파급효과는 충격반응함수라고 하고, 외생변수에 대한 충격이 가해진 후 발생하는 파급효과는 동적 승수라고 한다.

(2) 구조적 VAR모형

1) VAR 모형의 문제

VAR모형은 두 가지 측면에서 만족스럽지 못하다는 비판을 받아왔다. 첫째, VAR모형을 구성하는 각 방정식과 관련된 문제로서, 모형에 포함된 변수의 시차변수만이 설명변수로 이용되면서 변수들 간 같은 시점에서의 관계(contemporaneous relationships)는 고려하지 않고 있다는 비판이다. 경제이론에서는 경제변수들 간의 동시적 관계를 매우 중요시하고 있으므로 이를 반영하지 못하는 문제는 비판의 대상이 될 수 있다.

만약 경제이론이 제시하는 경제변수간 같은 시점에서의 관계를 VAR모형에 도입 하려고 한다면 이 장의 처음에서 언급했던 것처럼 A행렬을 종속변수를 나타내는 행렬 에 곱해주면 바로 구조적 VAR모형이 된다.[9]

둘째 문제는 이미 언급한 대로 VAR모형의 오차항이 서로 상관되어 있다는 점에 서 오는 것이다. 오차항이 상관되어 있다면 이런 상관된 오차항의 공분산 행렬을 상호 직교화된 오차항으로 분해하기 위해 촐레스키 분해를 한다는 것을 설명한 바 있다. 오 차항의 공분산행렬을 직교화 한다는 것의 중요한 이유를 생각해볼 필요가 있다. 다른 방정식에 대한 충격은 없다고 할 때 이 중 어떤 한 방정식에 대한 충격의 효과라는 것 이 구체적으로 무엇을 의미하는지 애매하다.

---

9   Becketti Sean(2013), *Introduction to Timeseries Using Stata*, Stata Press, pp.356−371.

이런 충격의 효과를 분석하기 위해 다른 방정식에 대한 충격을 고정시킬 필요가 있다. 만약 오차항이 서로 상관되어 있다면 어떤 한 방정식에 대한 충격은 다른 방정식에 대한 충격과 연관되게 된다. 따라서 다른 모든 충격을 일정하게 유지하게 한 상태에서 충격반응실험이라는 것을 수행할 수가 없다. 이런 문제를 해결하기 위한 하나의 방법은 오차항을 다음과 같이 상관관계를 갖지 않는 오차항과 어떤 행렬 B의 곱으로 정의하는 것이다.

$$e_t = Bu_t$$
$$E(u_t u_t') = I$$

2) 구조적 VAR모형

이상의 두 가지 문제를 동시에 해결할 수 있도록 VAR모형을 확장할 수 있다. 내생변수 간의 상관관계(행렬 A)를 도입함으로써 동 시점에서 내생변수들의 관계를 정의하고, 오차항간이 상관관계를 없애기 위해 필요한 행렬 B를 도입함으로써 행렬 A와 행렬 B, 그리고 내생변수의 시차변수들의 파라미터 값을 C행렬로 정의하는 것이다.

이를 자세히 살펴보기 위해 시차 p를 가진 일반적인 형태의 VAR모형을 수식으로 나타내면 다음과 같다.

$$Y_t = A_1 Y_{t-1} + \cdots + A_p Y_{t-p} + e_t$$
$$E(e_t e_t') = \Sigma$$

여기서 Y_t는 n개 내생변수, A_i는 파라미터 행렬, e_t는 오차항, Σ는 오차항의 공분산 행렬이다.

전술한 바와 같이 내생변수간의 동시적 관계를 나타내는 행렬 A를 도입하여 동일 시점에서 내생변수들의 관계를 정의하고, 오차항간의 상관관계를 없애기 위해 필요한 행렬 B를 도입하면 다음과 같은 식으로 나타낼 수 있다.

$$A Y_t = C_1 Y_{t-1} + \cdots + C_p Y_{t-p} + Bu_t$$
$$E(u_t u_t') = I$$

여기서 새로운 파라미터 행렬 C_i는 $A \neq I$가 아닌 한 유도형 VAR모형의 파라미터 A_i와 다르다. 구조적 VAR모형이 이렇게 정의되었을 때 분석의 목적은 A, B, C_i행렬의 원소값을 구하는 것이다. 불행하게도 이때 새로운 문제에 직면하게 되는데 이는 모형의 파라미터 값이 식별되지(identified) 않을 수 있다는 것이다.

구조적 VAR모형의 추정에서는 우선 VAR모형으로부터 행렬 A_i와 오차항의 공분산행렬, Σ를 구한 다음 이로부터 A, B, C_i에 대해 추론하게 된다. 여기서 만약 행렬 A의 역행렬이 존재(invertible)한다면 위의 구조적 VAR모형은 다음과 같은 식으로 나타낼 수 있다. 즉

$$Y_t = A^{-1}C_1 Y_{t-1} + \cdots + A^{-1}C_p Y_{t-p} + A^{-1}Bu_t$$

따라서 유도형 VAR모형의 파라미터 행렬 A_i는 구조적 VAR모형의 파라미터 행렬 $A^{-1}C_i$와 같게 된다. 즉

$$A^{-1}C_i = A_i, \, i = 1, 2, \cdots, p$$

3) 구조적 VAR모형에서의 식별문제

아울러 유도형 VAR모형에서의 오차항의 공분산행렬과 구조적 VAR모형의 파라미터 행렬 A, B와는 다음과 같은 관계에 있게 된다.

$$A^{-1}BB'A^{-1'} = \Sigma$$

따라서 만약 행렬 A, B가 추정된다면 C_i가 직접적으로 추정될 수 있다. 그런데 문제는 계산된 Σ행렬과 일관성 있는 여러 개의 A, B행렬이 있을 수 있기 때문에 Σ로부터 유일한 A, B행렬을 구할 수 없다는 것이다.

Σ행렬은 대칭행렬(symmetric matrix)이기 때문에 $n(n+1)/2$개의 원소를 가지고 있다. 하지만 행렬 A, B는 각각 n^2개의 파라미터를 가지고 있다. 따라서 Σ행렬로부터 행렬 A, B의 고유한 추정치를 구하기 위해서는 다음과 같은 개수의 제약조건이 부과되어야만 한다. 즉

$$2n^2 - \frac{n(n+1)}{2} = \frac{3n^2 - n}{2} = n^2 + \frac{n(n-1)}{2}$$

이때 파라미터 추정치가 식별(identification)되기 위한 조건으로 위수조건(order condition)과 계수조건(rank condition)이 있는데 위수조건은 충분한 제약조건이 부여되었는지를 평가하는 식별조건이고, 계수조건은 충분한 선형독립 제약조건(linearly independent restrictions)이 부여되었는지를 보는 식별조건이다. 통상적으로 많이 사용되는 제약조건은 A, B행렬의 원소 가운데 일부에 영(0) 또는 1의 제약조건을 부여하는 것이기 때문에 독자들에게는 후술할 사례를 통해서 설명하려고 한다.

4) 촐레스키 식별(Cholesky identification)

A, B행렬에 가장 많이 사용하는 제약조건부여 방법은 행렬 A를 항등행렬 I로 하고($A = I$)로 하고 행렬 B의 하방삼각행렬의 원소 값을 추정하는 것이다. 행렬 A에 n^2개의 제약조건(대각원소 1, 나머지는 0)을 부여하고 행렬 B에는 $n(n-1)/2$개의 제약조건을 부여함으로써 위수조건을 만족하는 것이다. 그 결과 유도형 VAR모형의 오차항의 공분산 행렬은 다음과 같이 나타낼 수 있게 된다. 즉

$$BB' = \Sigma$$

여기서 행렬 B는 하방삼각행렬이 된다. 따라서 유도형 모형으로부터 VAR모형의 정확한 구조가 유일하게 결정될 수 있다. 이런 식별형태는 행렬 B가 행렬 Σ의 촐레스키 분해를 통해 구해질 수 있기 때문에 촐레스키 식별이라고 한다.

5) 변수순위 식별(variable ordering identification)

또 다른 식별형태는 변수순위를 이용한 식별이다. 여기에서는 행렬 A가 하방삼각행렬이 되기 위한 제약조건을 부여하고, 행렬 B는 항등행렬(I)이 되도록 제약조건을 부여하는 것이다. 이런 방법은 결국 VAR모형에서 변수의 순위를 정함으로써 어떤 방정식에서의 충격은 다음 방정식에 대해서는 동시적(contemporaneously)으로 영향을 미치고, 상위에 있는 방정식에는 시차(lag)를 통해서만 영향을 미치는 구조가 된다.

이때 변수의 순위결정은 분석대상 자료로부터 교차상관계수, 그레인저 인과관계 검정, 충격반응함수나 예측오차의 분해결과와 같은 다양한 방법을 이용하거나, 해당변수의 인과관계에 대한 경제이론, 분석자의 믿음과 같은 것을 활용해야 한다.

6) 혼합식별

혼합식별이란 촐레스키 식별방법과 변수순위를 이용한 식별방법을 혼합한 방식이다. 앞서 설명한 제약조건의 개수를 설명하는 방법보다 사례를 통해 이해하는 것이 편리하다.

3개의 변수를 이용한 VAR모형을 생각해보자. 유도형 VAR모형을 추정하고 오차항의 공분산 행렬 Σ를 구했다고 하자. 이 행렬은 대칭행렬(symmetric matrix)이기 때문에 6개의 원소값을 가지고 있다. 이 6개의 정보를 이용해서는 행렬 A, B에서 6개 원소에 대한 값만을 구할 수 있다. 따라서 이를 촐레스키 식별에 적용하면 행렬 A에서는 대각행렬은 1의 값을 가지며 그 외에는 구할 원소가 없고, 행렬 B에서는 6개의 원소값을 구할 수 있다. 이는 결국 공분산 행렬 Σ의 6개 원소에 대한 정보로부터 행렬 B에서는 6개 원소에 대한 정보를 구했다는 것이다. 만약 변수순위 식별 방법을 적용한다면 Σ의 6개 원소에 대한 정보로부터 행렬 A의 하방삼각행렬의 6개 원소값을 구할 수 있으며, 행렬 B는 항등행렬로 그 원소값을 구할 필요가 없다는 것이다.

그런데 만약 공분산 행렬 Σ로부터 행렬 A의 일부 원소와 행렬 B의 일부 원소값을 구하려고 한다면 Σ의 6개 원소에 대한 정보로부터 A, B 두 행렬 가운데 6개의 원소 값만 구할 수 있다. 만약 이보다 적은 제약조건을 주었다면 위수조건에 위배되고, 이보다 많은 제약조건이 주어졌다면 계수조건에 위배되어 모형을 추정할 수 없다.

만약 4개의 변수로 구성된 VAR모형이라면 오차항의 공분산 행렬 Σ는 하방삼각행렬이기 때문에 10개 원소 값만 가지게 된다. 따라서 행렬 A, B 가운데 10개의 원소 값 만을 구할 수 있다는 것을 생각한다면 구조적 VAR모형에서의 식별문제에 대한 이해에 도움이 될 것이다.

실제 Stata를 이용한 SVAR모형의 분석에서 접하게 되는 프로그램 에러(error)는 주로 이와 관련된 것이기 때문에 비교적 자세히 설명하였다. SVAR모형에서의 식별문제는 몇 가지 제약조건을 변화시킬 때 나타나는 에러 메시지를 확인함으로써 쉽게 이해할 수 있을 것이다.

(3) 패널 VAR모형

이상에서 살펴본 벡터자기회귀모형은 시계열자료를 대상으로 한 시계열분석법이었다. 최근 다양한 분야에서 패널자료가 작성되면서 패널분석법이 발전하고 있다. 패널자료에 적용할 수 있는 자기회귀모형이 발전하였는데 바로 패널벡터자기회귀모형(Panel Vector Autoregressive: PVAR)이다. 만약 외생변수가 사용된다면 PVARX모형이 된다. 전반적으로 VAR모형의 분석절차와 비슷하여, 시차선정, 그레인저의 인과검정, 모형추정, 추정결과의 평가, 모형의 안정성 검토, 충격반응함수나 예측오차의 분해와 같은 절차를 거친다. 관련된 주요 Stata명령어는 다음과 같다. 여기에서 별도의 사례는 생략한다.

[표 2] 패널 VAR모형의 분석을 위한 Stata명령어

패널 VAR모형의 분석절차	Stata 명령어
시차선정	pvarsoc
그레인저 인과검정	pvargranger
모형의 추정	pvar
모형의 안정성	pvarstable
충격반응함수	pvarirf
예측오차분산분해	pvarfevd

주: ssc install http://www.stata-journal.com/software/sj16-3/st0455.pkg

04 VAR모형의 Stata사례

아래는 한국의 GDP, 소비지출, 투자의 3개 변수를 이용한 시계열 분석법으로서 분석절차 전반을 보여주는 사례이다. 각 분석단계별로 Stata명령어를 실행하면서 구한 아웃풋과 이상에서 설명을 대조하면서 실습한다면 VAR, VARX, SVAR모형의 이해에 도움이 될 것이다.

[사례 Ⅳ-3-1] 한국의 VAR모형 분석 사례(Ⅳ-3-1-Korvar.do)

```
* ***********************************************
* *** 한국의 VAR모형: GDP, CON, INV 3개 변수 ***
* ***********************************************
set scheme s1mono
```

```
* **********************
* *** 1) 그래프 그리기 ***
* **********************
use IV-3-1-Korvar, clear

* 기간변수 생성, 시간식별
gen date=tq(1960q1)+_n-1
tsset date, format(%tq)

* 변수의 전년동기대비 증가율 계산
generate grgdp=ln(gdp)-ln(L4.gdp)
generate grcon=ln(con)-ln(L4.con)
generate grinv=ln(inv)-ln(L4.inv)
generate grgov=ln(gov)-ln(L4.gov)

* 단순기술통계량
summ gdp con inv grgdp grcon grinv
corr gdp con inv grgdp grcon grinv

* 원계열
graph matrix gdp con inv
tsline gdp, name(gdp, replace)
tsline con, name(con, replace)
tsline inv,  name(inv, replace)
graph combine gdp con inv, cols(1)
* 증가율 계열
graph matrix grgdp grcon grinv
tsline grgdp, name(grgdp, replace)
tsline grcon, name(grcon, replace)
tsline grinv, name(grinv, replace)
graph combine grgdp grcon grinv, cols(1)


* *******************
* *** 2) 단위근 검정 ***
* *******************
use IV-3-1-Korvar, clear

* 증가율 자료 이용
* lag(p)옵션없으면 DF 검정
dfuller grgdp, noconstant
dfuller grgdp, drift
dfuller grgdp, trend
```

```
dfuller grcon, noconstant
dfuller grcon, drift
dfuller grcon, trend

dfuller grinv, noconstant
dfuller grinv, drift
dfuller grinv, trend

* lag(p)옵션있으면 ADF 검정
dfuller grgdp, noconstant lag(4)
dfuller grgdp, drift lag(4)
dfuller grgdp, trend  lag(4)

dfuller grcon, noconstant  lag(4)
dfuller grcon, drift  lag(4)
dfuller grcon, trend  lag(4)

dfuller grinv, noconstant  lag(4)
dfuller grinv, drift  lag(4)
dfuller grinv, trend  lag(4)


* *****************
* *** 3) 예비추정 ***
* *****************
use IV-3-1-Korvar, clear

varbasic grgdp grcon grinv, lag(1/5)
varbasic grgdp grcon grinv, lag(1/5) irf step(20)
varbasic grgdp grcon grinv, lag(1/5) fevd step(20)


* ****************************
* *** 4) 시차(lag order) 선정 ***
* ****************************

varsoc grgdp grcon grinv, maxlag(10)


* ***********************************
* *** 5) 추정결과의 진단(Diagnostics) ***
* ***********************************
* 잔차의 자기상관 여부 검정
varlmar, mlag(9)

* 잔차의 정규성 여부 검정
varnorm, jbera
```

```
* Granger의 인과성 검정
vargranger

* VAR의 안정성 검정
varstable, graph

* 사후적 시차의 유의성 검정
varwle

* ********************************
* *** 6) 변수의 오더링(ordering) 결정  ***
* ********************************
* 변수의 오더링(ordering) 결정
xcorr grgdp grcon
xcorr grcon grinv
xcorr grgdp grinv
vargranger

* ****************************
* *** 7) 충격반응함수의 계산  ***
* ****************************
* IRF, FEVD 계산
var grgdp grcon grinv, lags(1/3)
irf create try1, set(korvarirf) step(20)
* 생성된 irf, fevd 데이터 확인
describe using korvarirf.irf

* 생성된 irf 출력
irf table oirf
irf table oirf, noci impulse(grgdp)
irf table oirf, noci impulse(grcon)
irf table oirf, noci impulse(grinv)

* 생성된 irf 그래프
irf graph oirf, yline(0)

* 생성된 cirf 출력(누적효과)
irf table coirf
irf table coirf, noci impulse(grgdp)
irf table coirf, noci impulse(grcon)
irf table coirf, noci impulse(grinv)
```

```
* 생성된 cirf 그래프
irf graph coirf, yline(0)

* 생성된 fevd 출력
irf table fevd
irf table fevd, noci  impulse(grgdp)
irf table fevd, noci  impulse(grcon)
irf table fevd, noci  impulse(grinv)

* 생성된 fevd 그래프
irf graph fevd, yline(0)

* *************************************************
* *** 8) 촐레스키 분해(Cholesky decomposition)  ***
* *************************************************
* 변수의 순서: grgdp grcon grinv
quietly var grgdp grcon grinv, lags(1/3)
matrix Sigma = e(Sigma)
matrix list Sigma
matrix C = corr(Sigma)
matrix list C
matrix Schol = cholesky(Sigma)
matrix list Schol

* 변수의 순서: grinv grcon grgdp
quietly var grinv grcon grgdp, lags(1/3)
matrix Sigma = e(Sigma)
matrix list Sigma
matrix C = corr(Sigma)
matrix list C
matrix Schol = cholesky(Sigma)
matrix list Schol


* ***************************
* *** 9) 예측(forecasting)  ***
* ***************************
* 사후예측
var grgdp grcon grinv, lags(1/3)
predict p_grgdp, equation(grgdp)
predict p_grcon, equation(grcon)
predict p_grinv, equation(grinv)
tsline p_grgdp grgdp
```

```
tsline p_grcon grcon
tsline p_grinv   grinv

* 사전예측
tsappend, add(12)
fcast compute f_, step(12)
fcast graph f_grgdp f_grinv f_grcon
list qtr grgdp f_grgdp grcon f_grcon grinv f_grinv

* 동적예측(구간내 예측)
var grgdp grcon grinv if tin( , 2015q3), lags(1/3)
fcast compute d_, step(12)
fcast graph d_grgdp d_grinv d_grcon, ci observed
list qtr grgdp d_grgdp grcon d_grcon grinv d_grinv

* 동적예측(구간외 예측)
var grgdp grcon grinv, lags(1/3)
fcast compute D_, step(12) dynamic(tq(2018q2))
fcast graph D_grgdp D_grcon D_grinv, observed
list time grgdp D_grgdp grcon D_grcon grinv D_grinv

* ******************
* *** 10) VARX모형 ***
* ******************
use Ⅳ-3-1-Korvar, clear

var grgdp grcon grinv, lags(1/3) exog(grgov)

irf create try2, set(korvarxirf, replace) step(20)
describe using korvarxirf.irf

irf table oirf
irf table oirf, noci impulse(grgdp)
irf table oirf, noci impulse(grcon)
irf table oirf, noci impulse(grinv)
irf table dm, noci impulse(grgov)

irf graph oirf, yline(0)
irf graph dm,  impulse(grgov)
```

```
* ****************************************
* *** 11) 공적분 검정(Cointegration Test) ***
* ****************************************
use IV-3-1-Korvar, clear

* Engle-Granger Cointegration Test
* 사용자 프로그램 설치
ssc install http://fmwww.bc.edu/RePEc/bocode/e/egranger.pkg

* EG 테스트
egranger consum gdp, lags(2)
egranger consum gdp, lags(2) regress
egranger consum gdp, lags(2) regress trend

* ECM모형 추정
egranger consum gdp, ecm lags(4) regress

* *********************************
* *** 12) 벡터오차수정모형(VECM) ***
* *********************************
use IV-3-1-Korvar, clear

* 공적분 검정(Co-integration test)
vecrank consum gdp invest, lags(4)
vec consum gdp invest, lags(4)
veclmar
vecnorm
vecstable
irf create tryvec, step(20) set(vecresult, replace)

describe using vecresult.irf
irf graph oirf, yline(0)
irf graph fevd, yline(0)
irf table oirf
irf table fevd

* *********************************
* *** 13) 구조적 VAR모형(SVAR) ***
* *********************************
use IV-3-1-Korvar, clear
matrix A1 = (1,0,0 \ .,1,0 \ .,.,1)
matrix B1 = (.,0,0 \ 0,.,0 \ 0,0,.)
```

```
svar grgdp grcon grinv, lags(1/3) aeq(A1) beq(B1)
matlist e(A)
matlist e(B)
irf create order1, set(var1.irf) replace step(20)
irf graph sirf, xlabel(0(4)20) irf(order1) yline(0,lcolor(black))  byopts(yrescale)

matrix A2 = (1,.,. ₩ 0,1,. ₩ 0,0,1)
matrix B2 = (.,0,0 ₩ 0,.,0 ₩ 0,0,.)
svar grgdp grcon grinv, lags(1/6) aeq(A2) beq(B2)
matlist e(A)
matlist e(B)
irf create order2, set(var2.irf) replace step(20)
irf graph sirf, xlabel(0(4)20) irf(order2) yline(0,lcolor(black))  byopts(yrescale)
```

CHAPTER
04

공적분과 오차수정모형

01 공적분과 회귀분석

추세를 가진 시계열자료의 회귀분석에서는 가성회귀 또는 허구적 회귀(spurious regression)의 문제가 있다.[10] 대부분의 거시경제지표들은 추세를 가지고 있고, 이들 변수들을 이용하여 회귀분석을 할 때 허구적 회귀의 문제가 나타날 개연성이 높다.

이런 문제를 해결하는 가장 간단한 방법은 해당 자료를 차분함으로써 안정적인 시계열로 만든 다음 회귀분석에 활용하는 것이다. 하지만 데이터를 차분해서 사용하는 데에도 문제가 있다. 첫째, 만약 두 변수의 관계가 정확하게 설정된 것이라면 차분된 자료를 이용한 회귀모형에서는 오차항 역시 차분된 형태로 정의되어야 한다. 이로 인해 회귀모형의 추정에 어려움이 발생할 수 있다. 둘째, 수준변수가 아닌 차분된 변수를 회귀분석에 이용하였다면 모형은 장기적인 관계를 보여주지 못한다.

따라서 분석대상 변수들의 단기적 특성과 장기적 특성을 결합하고, 모든 변수의 안정성을 유지하기 위한 방법의 필요성 때문에 수준변수(level variable)를 이용한 회귀분석의 문제를 다시 생각하게 되었다.

---

10 Granger, C. and Newbold, P.(1974), "Spurious Regressions in Econometrics," *Journal of Econometrics*, 2 (2): pp.111-120.

바로 공적분(cointegration)이란 개념을 통해 불안정한 시계열자료를 사용한 회귀모형이 합리성을 가질 수 있게 된 것이다.[11] 만약 분석대상 경제변수들이 공적분되지 않았다면 이들 변수들의 관계는 가성회귀의 문제에 직면하게 되므로 회귀분석 결과나 이를 이용한 추가적인 계령경제학적 작업들의 의미가 없을 수도 있다. 하지만 두 변수 간에 장기적인 관계가 존재한 때 이들 관계를 회귀모형으로 추정하면, 불안정한 시계열의 선형결합이 안정적인 시계열이 된다는 것이다.

공적분의 개념을 간단한 수식으로 살펴보자. 비록 Y_t와 X_t가 모두 불안정한 시계열자료로서 한 번 차분할 때 안정적이 되는 시계열, 즉 $I(1)$이라고 할 때 다음과 같은 회귀모형을 추정한다는 것은 Y_t와 X_t의 선형결합을 구하는 것이다.

$$Y_t = \beta_1 + \beta_2 X_t + u_t$$

이 모형을 추정한 후 이를 잔차항에 대해 정리하면 안정식 시계열 e_t가 구해진다. 즉 $e_t \sim I(0)$이 된다. 이때 변수 Y_t와 X_t는 공적분되어 있다고 한다.

$$e_t = Y_t - \hat{\beta}_1 + \hat{\beta}_2 X_t$$

02 공적분과 오차수정 메커니즘

(1) 공적분의 문제

전술한 바와 같이 불안정한 시계열을 이용하여 회귀분석을 하면, 가성회귀, 혹은 허구적 회귀의 문제에 직면하게 된다. 따라서 파라미터 추정치, $\hat{\beta}_1$, $\hat{\beta}_2$는 만족스러운 추정치가 될 수 없다.

이런 문제를 해결하는 하나의 방법은 자료를 차분을 함으로써 안정적인 시계열을

---

11 Granger, Clive(1981), "Some Properties of Time Series Data and Their Use in Econometric Model Specification," *Journal of Econometrics*, 16 (1): pp.121-130.; Engle, Robert F. and Granger, Clive W. J.(1987), "Co−integration and error correction: Representation, estimation and testing," *Econometrica*, 55 (2): pp.251-276.

만드는 것이다. 자료를 차분하면, $\Delta Y_t, \Delta X_t$ 모두 안정적 시계열, $I(0)$가 된다. 이를 회귀분석하게 되면 다음과 같은 회귀모형이 된다. 이 모형의 파라미터 추정치는 허구적 회귀의 문제를 갖지 않지만 단지 두 변수간의 단기적 관계(short-run relation)만을 보여준다.

$$\Delta Y_t = \alpha_1 + \alpha_2 \Delta X_t + \Delta u_t$$

두 변수의 장기적 관계(long-run relation)는 수준변수간의 관계를 나타내주는 식이다. 하지만 차분된 종속변수로부터 종속변수의 장기적인 행태에 대한 어떤 정보도 얻을 수 없다. 두 변수의 장기적 관계에 관심을 가지고 있는 경제학자들에게는 이는 큰 문제가 될 수 있다. 바로 공적분의 개념과 오차수정 메커니즘은 이런 문제를 해결해 줄 수 있다.

(2) 오차수정모형(Error-Correction Model: ECM)

만약 Y_t와 X_t가 공적분, 즉 $e_t \sim I(0)$이라면 두 변수의 관계는 다음과 같은 오차수정모형으로 표시할 수 있다. 즉

$$\Delta Y_t = \alpha_0 + b_1 \Delta X_t + \pi e_{t-1} + v_t$$

이런 오차수정모형에는 장기적이고 단기적인 정보들이 모두 포함되어 있다. 즉 b_1은 단기효과를 나타내는 충격승수(impact multiplier)를 나타내고, π는 불균형이 조정되는 조정효과(adjustment effect), 혹은 피드백 효과(feedback effect)를 나타낸다. 원래 모형의 β_2는 장기적인 효과를 나타낸다.

이상에서 설명한 공적분과 오차수정모형은 불안정한 시계열의 회귀분석에 대한 전형적인 접근방법이다. 분석자가 사용하려는 시계열자료가 안정적이지 않을 때 허구적 회구의 문제가 일어날 수 있다. 그렇지만 오차수정모형에서는 모든 변수가 안정적인 시계열이다. 또한 오차항 역시 공적분의 가정에 따라 안정적이다. 따라서 오차수정모형은 고전적 최소자승법의 모든 가정을 충족한다.

이런 오차수정모형은 여러 가지 측면에서 많은 장점을 가지고 있다. 첫째, 공적분모형은 전기의 불균형이 수정되는 정도를 측정할 수 있게 해준다. 이는 경제현상을 설

명하는 데 좋은 시사점을 제공해준다. 둘째, 공적분이 존재할 때 오차수정모형은 한 번 차분한 형태의 변수를 사용하기 때문에 변수가 내포하고 있던 추세가 제거된다. 따라서 허구적 회귀의 문제가 일어나지 않는다.

셋째, 오차수정모형은 현실에 적용하기 아주 편리한 수단이 된다. 넷째, 오차수정모형은 불균형을 나타내는 오차항이 안정적인 변수이기 때문에 두 변수가 공적분되어 있을 때 장기적인 관계에서 벗어나 오차가 점차 커지는 것을 방지하는 어떤 조정과정이 있다는 것을 의미한다. 따라서 경제현상의 설명에 아주 유용하게 사용할 수 있다.

03 공적분의 검정

(1) 단일방정식에서 공적분 검정: Engle-Granger 접근법

Granger(1981)는 안정적이지 않은 시계열자료와 장기균형의 개념을 연결시키는 공적분의 개념을 도입하였다.[12] Engle and Granger(1987)는 이런 개념을 더욱 발전시켜 장기균형 관계를 나타내는 공적분의 존재검증을 위한 간단한 방법을 제시하였다.[13]

이런 접근법을 이해하기 위해 시계열자료의 안정성과 관련된 내용을 살펴보자.

첫째, 만약 $Y_t \sim I(0)$이고 $X_t \sim I(1)$이라면, 두 시계열의 선형결합인 $\theta_1 Y_t + \theta_2 X_t$는 불안정한 시계열이 된다. 이유는 불안정한 시계열의 움직임이 안정적인 시계열의 움직임을 압도하기 때문이다.

둘째, 만약 두 시계열이 모두 불안정한 시계열이라면, 즉, $Y_t \sim I(1)$, $X_t \sim I(1)$이라면 두 시계열의 선형결합은 역시 $I(1)$이 된다. 하지만 특별한 경우 $I(0)$, 즉 안정적인 시계열이 될 때가 있는데 이것은 바로 Y_t와 X_t가 공적분되어 있기 때문이다.

따라서 문제는 장기적 균형관계를 나타내는 파라미터를 추정하고 공적분의 존재 여부를 확인하는 작업인데 바로 Engle and Granger가 다음의 5단계로 구성된 방법을 제시하였다.

---

12 Granger, C. W. J.(1981), "Some properties of time series data and their use in econometric model specification," *Journal of Econometrics*, Elsevier, Vol. 16(1), pp.121−130,

13 Engle, Robert F. and C. W. J. Granger(1987), "Co−Integration and Error Correction: Representation, Estimation, and Testing," *Econometrica*, Vol. 55, No. 2, pp.251−276.

1) 적분차수의 결정

공적분이 가능하기 위해서는 분석대상 변수들이 같은 차수로 적분되어 있어야 한다. 그래서 먼저 각 시계열의 안정성 여부를 평가하여 적분차수를 확인해야 한다. 이때 단위근 검정을 위한 ADF검정법 등이 사용될 수 있다. 그런데 해당시계열의 적분과 공적분 간의 관계에 대해서는 다음 방식을 따라야 한다.

① 두 시계열이 모두 안정적이라면 특별한 문제가 없으므로 공적분 검정, 차분 등이 필요없다. 전통적인 회귀분석법을 실행하면 된다. ② 만약 해당 시계열들이 다른 차수로 적분되어 있다면 공적분이 존재하지 않는다고 결론 내린다. ③ 두 변수 모두 같은 차수로 적분되어 있다면 장기적 관계의 추정, 공적분의 존재 확인, 오차수정모형의 추정과정을 거치게 된다.

2) 장기적 관계의 추정과 잔차계산

만약 두 시계열자료가 같은 차수로 적분되어 있다면 이 자료를 이용하여 장기적 균형관계(long-run equilibrium relationship)를 나타내는 회귀식을 추정한다. 경제통계는 일반적으로 $I(1)$으로 간주하고 $Y_t = \beta_1 + \beta_2 X_t + u_t$를 추정한 다음 잔차 e_t를 구한다.

3) 잔차의 적분 차수 검정

Y_t와 X_t가 공적분되어 있는지 확인하는 것은 위에서 구한 잔차의 안정성 여부를 검정하는 것이다. 만약 시계열자료의 안정성 여부를 평가하기 위한 ADF 등의 방법을 이용한 단위근 검정에서 잔차가 안정적이라고 평가되면 두 변수는 공적분 되어있다고 판단한다.

4) 오차수정모형의 추정

만약 두 변수가 공적분되어 있다면 장기 균형상태를 보여주는 회귀식에서 측정된 잔차는 오차수정모형의 시차변수로 도입되어 변수들의 장단기효과의 분석에 활용될 수 있다. 또한 장기적인 불균형 상태에서의 조정과정을 확인하는데 사용될 수 있다.

(2) 복수의 방정식에서 공적분 검정: Johansen 접근법

회귀모형에 두 개 이상의 변수가 사용된다면 적어도 하나이상의 공적분 벡터가 존재할 수 있다. 이것은 모형에 있는 변수들 간에 모든 변수들의 동시적 진화와 관련된 여러 개의 균형관계가 있을 수 있다는 것을 의미한다. 일반적으로 모형에 n개의 변수가 사용된다면 최대 $n-1$개의 공적분 벡터가 존재할 수 있다. 여러 개의 공적분 벡터가 존재함에도 불구하고 하나의 공적분 관계만 있다는 가정을 하고 있는 EG검정법은 문제가 있다. 따라서 대안적인 방법으로 여러 개의 방정식에 적용할 수 있는 요한센 접근법(Johansen approach)이 개발되었다.[14]

요한센의 공적분 검정법을 제대로 이해하기 위해서는 많은 복잡한 수식을 이용한 설명이 필요하다. 내용이 복잡하지만 Stata에서 요한센의 공적분 검정을 위한 vecrank 명령어가 제공되고 있기 때문에 자세한 이론적 설명은 생략한다.

경제학자 소개 쇤 요한센(Søren Johansen)

쇤 요한센(1936~)은 공적분(cointegration)이론의 개발로 잘 알려진 덴마크 통계학자, 계량경제학자이다. 코펜하겐 대학교수로 있으면서 시계열 분석에 대해 연구하였다.

요한센은 코펜하겐 대학에서 수리통계학을 전공하고, 수리통계연구소에 근무한 바 있으며, 1989년 코펜하겐 대학의 교수가 되었다.

요한센은 미국 UCSD를 방문했을 때 로버트 엥글(R. Engle), 그레인저(C. Granger)와 교류했으며 이때 공적분 이론에 대한 체계를 세웠다. 같은 코펜하겐 대학의 Katarina Juselius와 결혼하였는데 부인 역시 시계열분석을 연구하여 2006년 옥스퍼드 대학 출판부에서 출간된 "공적분된 VAR모형: 방법론과 응용(The Cointegrated VAR Model: Methodology and Application)"을 저술했다.

---

14 Johansen, Søren(1991), "Estimation and Hypothesis Testing of Cointegration Vectors in Gaussian Vector Autoregressive Models," *Econometrica*, 59 (6): pp.1551-1580.

(1) 벡터오차수정모형의 정의

단일방정식에서 공적분의 문제가 있을 때 오차수정모형을 추정하게 됨을 살펴보았다. 복수의 방정식으로 구성된 모형에서 변수들 간의 공적분 문제가 존재할 때 벡터오차수정모형을 사용하게 된다.

벡터오차수정모형은 벡터자기회귀(VAR)모형의 특별한 형태임을 이해하면 된다. 그래서 추정과 활용방법도 거의 동일하다고 생각하자. 두 개의 시계열 자료 Y_t와 X_t로 구성된 VAR(1)모형을 생각해보자.

$$Y_t = \alpha_{10} + \alpha_{11} Y_{t-1} + \alpha_{12} X_{t-1} + u_{yt}$$

$$X_t = \alpha_{20} + \alpha_{21} Y_{t-1} + \alpha_{22} X_{t-1} + u_{xt}$$

여기서 만약 Y_t와 X_t가 $I(0)$로 안정적인 시계열이라면 이미 살펴본 VAR모형의 추정법을 적용하면 된다. 하지만 만약 $I(1)$로 불안정적한 시계열이라면 차분된 시계열, ΔY_t와 ΔX_t를 이용한 다음의 모형을 추정하게 된다.

$$\Delta Y_t = \alpha_{10} + \alpha_{11} \Delta Y_{t-1} + \alpha_{12} \Delta X_{t-1} + u_{\Delta yt}$$

$$\Delta X_t = \alpha_{20} + \alpha_{21} \Delta Y_{t-1} + \alpha_{22} \Delta X_{t-1} + u_{\Delta xt}$$

이제 불안정한 시계열 Y_t와 X_t가 서로 공적분되어 있을 때 이런 공적분 관계를 이용하여 불안정한 시계열을 이용한 벡터오차수정모형을 정의해 보자.

우선 시계열 Y_t와 X_t가 서로 공적분되어 있다면 다음과 같은 식으로 나타낼 수 있다. 즉

$$Y_t = \beta_0 + \beta_1 X_t + u_t$$

벡터오차수정모형은 불안정한 시계열, $I(1)$에 대한 벡터자기회귀(VAR)모형의 특수한 형태로서 다음과 같이 나타낼 수 있다. 즉

$$\Delta Y_t = \beta_{10} + \beta_{11} \left(Y_{t-1} - \beta_0 - \beta_1 X_{t-1} \right) + u_{yt}$$

$$\Delta X_t = \beta_{20} + \beta_{21} \left(Y_{t-1} - \beta_0 - \beta_1 X_{t-1} \right) + u_{xt}$$

이 식을 다시 정리하여 수준변수의 형태로 변환하면 다음과 같은 벡터오차수정모형이 된다. 즉

$$Y_t = \beta_{10} + \left(\beta_{11} + 1 \right) Y_{t-1} - \beta_{11}\beta_0 - \beta_{11}\beta_1 X_{t-1} + u_{yt}$$

$$X_t = \beta_{20} + \beta_{21} Y_{t-1} - \beta_{21}\beta_0 - \left(\beta_{21}\beta_1 - 1 \right) X_{t-1} + u_{xt}$$

이런 벡터오차수정모형을 원래의 VAR모형과 비교해보면, 불안정한 시계열, Y_t와 X_t가 각각 자신의 시차변수와 다른 변수의 시차변수의 함수로 표시된 전형적인 VAR모형으로 단지 차이는 두변수의 공적분 관계를 포함하고 있다는 것임을 알 수 있다.

이 식에서 파라미터 β_{11}과 β_{21}은 오차수정계수(error modification coefficient)라고 하는데 이는 ΔY_t와 ΔX_t가 공적분한 오차, $u_{t-1} = Y_{t-1} - \beta_0 - \beta_1 X_{t-1}$에 어느 정도 반응하는가를 보여준다.

오차가 수정된다는 것은 안정성이 확보되려면 $-1 < \beta_{11} \le 0$ 및 $0 \le \beta_{21} < 1$의 조건이 필요하다는 것, 즉 $Y_{t-1} > \beta_0 + \beta_1 X_{t-1}$에서 생긴 말이다. 공적분 관계에서 만약 양($+$)의 오차가 생길 때, 즉 , 혹은 $u_{t-1} > 0$일 때 음($-$)의 값을 갖는 오차수정계수 β_{11}은 ΔY_t를 감소시킬 것이고, 양($+$)의 오차수정계수 β_{21}는 ΔX_t를 증가시켜 오차를 수정하게 되는 것이다.

벡터오차수정모형은 경제변수들의 관계에 대한 설명력이 매우 양호하다. 하나의 예를 들면 불안정한 시계열, 소비와 소득이 서로 공적분되어 있을 때 이를 벡터오차수정모형으로 추정한다면 소득증가에 대한 소비의 변화를 보다 설득력 있게 설명할 수 있다. 소즉이 증가한 후 소비가 증가하는데 시간이 필요하다. 이때 벡터오차수정모형의 계수값은 적응의 속도를 설명할 수 있다. 또한 공적분 관계를 이용하면 소득증가에 대한 소비증가의 변화정도를 설명할 수 있다.

데니스 살건(1924~1996)은 시계열분석에 큰 공헌을 하였다. 1958년 Econometrica에 발표한 논문에서는 일반화된 도구추정법(generalized IV estimator)을, 1964년의 저술에서는 오차수정모형(error correction modelling)을 개발했다.

그 외에도 연립방정식 모형에서 과도식별 제약조건의 검정, ARIMA모형에서 단위근 검정 등의 개발에 공헌한 영국의 계량경제학자이다. GMM를 개발한 피터 한센(Lars Peter Hansen)의 연구에 영향을 미쳐 Sargan-Hansen test가 개발되었다.

영국의 LSE 경제학교수를 지내면서 많은 유명 계량경제학자인 Alok Bhargava, David Forbes Hendry, Esfandiar Maasoumi, Peter C.B. Phillips, Manuel Arellano 등을 배출했다.

(2) Stata를 이용한 벡터오차수정모형의 분석절차

벡터오차수정모형은 VAR모형의 특별한 형태이기 때문에 분석절차는 기본적으로 VAR모형의 분석절차를 따르면 된다. Stata를 사용할 때, 단위근 검정을 위해서는 ADF 검정을 위한 dfuller명령어, 시차선택을 위해서는 varsoc명령어, 요한센의 공적분 검정을 위해서는 vecrank명령어, 모형의 추정을 위해서는 vec명령어, 모형의 진단을 위해 가성회귀의 존재가능성은 lmsrd명령어, 자기상관검정은 varlmar, 오차항의 정규성은 varnorm, jbera명령어, 모형의 안정성은 vecstable명령어를 이용하게 된다.

벡터오차수정모형을 이용하여 충격반응함수, 예측오차분산의 분해, 예측치도 계산할 수 있다. 이를 위해서는 irf create, predict, fcast compute 등의 명령어를 사용한다. 독자들은 제3장 마지막 부분에 제시된 사례를 통해 전반적인 절차를 이해할 수 있을 것이다.

CHAPTER

05

ARCH모형과 GARCH모형

PART 04

시계열 분석

01 기초개념

제4부 제2장 ARIMA모형에서 시계열자료의 안정성 조건으로 모든 t에 대해 평균이 일정해야 하고, 모든 t에 대해 분산이 일정해야 한다는 것을 지적한 바 있다. 회귀분석의 가장 기초적인 고전적 최소자승법에서는 오차항의 분산이 일정하다는, 일명 동분산(homoscedasticity)의 가정을 중요시 하고 있다. 하지만 종종 금융시계열자료에서는 낮은 변동성을 보이다가 비정상적으로 높은 변동성을 보일 때가 있다.[1]

로버트 엥글(Robert Engle)은 금융 시계열자료의 변동성에 대한 연구로 노벨경제학상을 받게 되었다. 이는 "시간의 흐름에 따라 변화하는 분산(variances that change over time)"에 대한 연구로서 "자기회귀조건부이분산(autoregressive conditional heteroscedasticity) 모형, 또는 영어 약자를 이용하여 ARCH모형이라고 하는 것이다.[2] 자기회귀에 조건부적 이분산의 문제를 다룬다는 의미로 해석할 수 있다.

조건부적 변동성의 모형화를 위해 ARCH모형을 사용하는 이유는 첫째, 회귀분석에

---

1 Asteriou, Dimitrios and Hall, Stephen G.(2011), "Modelling the Variance: ARCH−GARCH Models," in *Applied Econometrics* (3rd ed.), London: Palgrave MacMillan. pp.297−332.

2 Engle, Robert F.(1982), "Autoregressive Conditional Heteroscedasticity with Estimates of the Variance of United Kingdom Inflation," *Econometrica*, 50 (4): pp.987-1007.

서 오차항의 이분산 문제는 표준오차에 편의를 초래하여 검정을 부실하게 만들 수 있고, 둘째, 금융경제학 분야에서 자산 수익률의 변동성은 자산보유를 둘러싼 의사결정, 위험배분, 파생상품의 가격결정과 같은 분야에서 중요한 관심사항이므로 ARCH모형은 이런 변동성을 모형화하고 예측할 수 있게 하는 좋은 방법이 될 수 있기 때문이다.

다음 [그림 1]에서와 같이 한국의 코스피 지수를 통해 금융시계열자료의 이런 특성들을 살펴보자. 2013년 8월부터 2018년 8월까지의 일별 주가를 분석대상으로 하였다. 여기서 코스피 지수의 일별 수익률을 도표로 그려보면 어떤 기간에는 높은 변동성을 가짐으로써 높은 위험에 직면하고 있다는 것을 알 수 있다. 이는 어떤 기간의 오차항 크기의 기댓값이 다른 기간에 비해 높다는 것을 의미한다.

또 이처럼 높은 위험성을 나타내는 기간은 보다 낮은 위험성을 나타내는 기간과 비교할 때 집중되어 있다는 것을 알 수 있다. 즉 코스피 지수로 볼 때 수익률이 높은 기간이 집중되어 나타난다는 것을 말한다. 이는 재무분석가들이 변동성 군집화(volatility clustering)라고 부르는 현상이다. 이런 수익률 자료에 대한 막대그래프와 정규분포 확률밀도함수를 동시에 그려보면 평균부근과 양쪽 꼬리부분의 빈도가 높은, 소위 급첨(leptokurtic)분포, 또는 폭이 좁은 날씬한(slender) 분포를 한다.

이때 동분산의 가정은 유지될 수 없다. 오히려 시계열자료에서 특정시점의 분산이

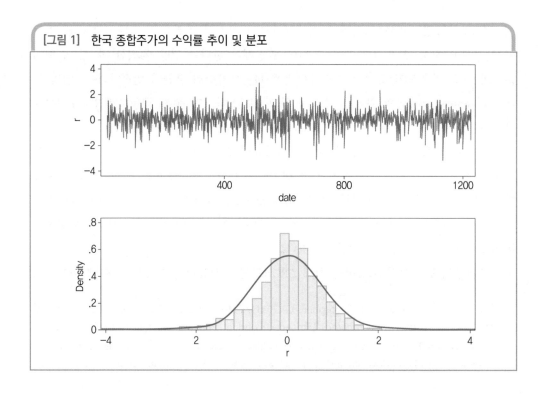

[그림 1] 한국 종합주가의 수익률 추이 및 분포

과거 시점의 분산에 영향을 받는 패턴을 연구해볼 필요가 있게 된다. 즉 일정한 것으로 간주되는 장기적인 분산의 예측치인 비조건부 분산(unconditional variance)이 아니라 해당 시계열 변수의 행태를 설명하는 최선의 모형으로부터 구한 조건부적인 분산(conditional variance)을 연구할 필요가 있다는 것이다.

가령 특정시점 t기에 자산을 매입하여 $t+1$에 이를 매각할 계획을 가진 투자자를 생각해보면, 이 투자자는 투자자산에 대한 수익률 예측치에만 관심이 있는 것이 아니라 자산을 보유한 기간동안 수익률의 분산(위험도)에도 관심을 갖는다. 따라서 투자자는 비조건부 분산보다는 특정기간 동안의 자산의 위험도를 고려하여 시계열자료의 조건부적 분산의 행태에 관심을 갖게 된다.

본장에서는 조건부적 분산의 행태, 혹은 조건부적 이분산(conditional heteroscedasticity)의 행태를 모형화하는 방법에 대해 설명하고자 한다. 먼저 로버트 엥글(Robert F. Engle)에 의해 개발된 ARCH모형에 대해 살펴보고, 시계열분석에서 새로운 경지를 개척하고 있는 일반화된 ARCH(Generalized ARCH), 즉 GARCH모형에 대해 살펴보고자 한다.[3]

02 ARCH모형

로버트 엥글은 특정시점 t기의 오차의 분산은 과거 가령 $t+1$기 오차항의 제곱에 의해 설명된다고 하면서 조건부적 분산이 일정하지 않을 것으로 의심될 때 시계열의 평균방정식(mean equation)과 분산방정식(variance equation)을 동시에 추정할 것을 제안했다.

다음과 같은 간단한 모형을 생각해보자. 즉

$$Y_t = \beta_0 + \beta_1 X_t + u_t$$

여기서 X_t는 독립변수, β_i는 파라미터를 나타낸다. 특히 오차항, u_t는 평균이 영(0)이고 분산이 σ^2으로 일정한 독립적인 분포를 한다고 하자. 즉

---

3 다양한 모형에 대해서는 https://en.wikipedia.org/wiki/Autoregressive_conditional_heteroskedasticity참조.

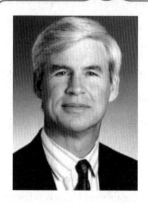

경제학자 소개 ⑱ 로버트 엥글(Robert F. Engle)

로버트 엥글(1942~)은 ARCH(Autoregressive Condition al Heteroskedasticity)모형을 개발하여 이후 유사한 많은 모형이 탄생하는 계기를 만들었다.

1966년 코넬대학에서 물리학 석사, 1969년 코넬대학에서 경제학 박사학위를 받았다. 이후 MIT, CUSD에서 강의했으며 현재 뉴욕대학 Stern경영대학 교수로 있다.

엥겔의 가장 큰 업적은 주가와 이자율의 예측할 수 없는 움직임을 분석하기 위한 방법론을 개발한 데 있다. 이런 가변적 움직임을 정확히 예측하는 것은 위험을 측정하고 이를 효과적으로 관리하는 데 필수적이다.

과거에는 주가나 이자율의 움직임이 일정한 변동성을 가지고 있다고 가정하고 이를 예측하기 위해 단순한 방법을 사용했다. 하지만 엥겔은 주가와 각종 재무변수가 높은 변동성과 낮은 변동성을 갖는 기간 사이를 움직이는 경향을 포착하고 새로운 통계적 가변성 모형인 ARCH모형을 개발했다. 이 모형은 현대적 재정가격결정이론(arbitrage pricing theory)에 있어서 필수도구가 되었다. 그가 지도한 Tim Bollerslev는 이보다 진전된 GARCH모형을 개발하였다. 2003년 이런 공로로 그레인저(Clive Granger)와 함께 노벨경제학상을 수상했다.

$$u_t \sim iid\, N(0, \sigma^2)$$

로버트 엥글의 아이디어는 바로 오차항의 분산(σ^2)이 다음과 같이 과거 오차항의 제곱 값에 의존하여 시간의 경과에 따라 변화한다는, 즉 이분산의 특성을 갖게 된다는 것에서 시작한다.

$$\sigma_t^2 = \gamma_0 + \gamma_1 u_{t-1}^2$$

이것이 바로 가장 기본적인 $ARCH(1)$ 프로세스(process)를 나타낸다.

(1) $ARCH(1)$모형

$ARCH(1)$모형은 다음과 같이 시계열자료의 평균과 분산을 동시에 모형화하고 있다. 즉

$$Y_t = \beta_0 + \beta_1 X_t + u_t$$

$$u_t | \Omega_t \sim iid\,N(0, h_t)$$

$$h_t = \gamma_0 + \gamma_1 u_{t-1}^2$$

여기서 Ω_t는 t시점에서 이용가능한 정보집합(information set)을 나타내고, 첫째 식은 평균방정식, 세 번째 식은 분산방정식을 나타낸다. 분산을 나타내는 표기는 나중에서 설명할 수식의 단순화를 위해 σ_t^2에서 h_t로 바꾸었다.

$ARCH(1)$모형은 시점 $t-1$기에 커다란 충격(shock)이 발생하였을 때 t기의 오차항, u_t 역시 충격을 받을 것이란 사실, 즉 u_{t-1}^2의 값이 커지거나 작아지면 다음 기의 u_t의 분산 역시 커지거나 작아질 것이라는 것을 의미한다. 추정된 파라미터 γ_1은 정$(+)$의 값의 분산에 대해 정$(+)$의 값을 보여줄 것이다.

(2) $ARCH(q)$모형

$ARCH$모형에서 조건부적 분산은 바로 전기의 오차항뿐만 아니라 보다 많은 과거 시점의 오차의 영향을 받을 수 있다. 시차의 수가 늘어남에 따라 $ARCH(2)$, $ARCH(3)\cdots$가 되고 만약 q기전의 오차항의 제곱까지 현재의 분산에 영향을 미친다면 이는 다음과 같은 $ARCH(q)$모형이 된다.

$$Y_t = \beta_0 + \beta_1 X_t + u_t$$

$$u_t | \Omega_t \sim iid\,N(0, h_t)$$

$$h_t = \gamma_0 + \sum_{j=1}^{q} \gamma_j u_{t-j}^2$$

(3) ARCH효과의 검정

ARCH모형을 추정하기 전 고전적 최소자승법 대신 ARCH추정법을 사용해야 할지 여부를 판단하기 위해 ARCH 효과의 존재여부를 검정하는 것이 필요하다. 보통 엥글의 LM검정(Engle's Lagrange multiplier test)방법을 사용한다. Stata에서 간단히 검정할 수 있기 때문에 자세한 설명은 생략한다.

(4) ARCH모형의 추정

ARCH모형은 최우법으로 추정된다. 평균방정식과 분산방정식을 추정한다. 평균방정식에는 단순히 상수항만 포함될 수도 있고, 설명변수가 추가될 수도 있다. Stata에서 쉽게 추정될 수 있기 때문에 자세한 설명은 생략한다. 추정결과를 해석함에 있어서 분산 방정식의 상수항과 전기 오차 제곱항의 파라미터 추정치는 양(+)의 값을 가져야 한다.

(5) ARCH모형에서 변동성의 예측

ARCH모형이 일단 추정되면 이를 이용하여 다음 기간의 종속변수값 및 조건부 변동성을 예측할 수 있다. 코스피 지수에 대한 ARCH모형을 추정했다면 평균수익률뿐만 아니라 위험정도를 나타내는 분산의 변동성을 예측할 수 있다는 것이다. 조건부 분산의 시계열을 확인하면 어떤 기간에 수익률이 크게 변화했는가를 알 수 있다.

---

03 GARCH모형

엥글에 의하면 ARCH모형의 단점 중 하나는 이 모형이 자기회귀모형이라기 보다는 이동평균모형과 비슷해 보인다는 것이다. 따라서 새로운 아이디어로서 조건부적 분산항의 시차변수를 자기회귀항으로 포함시키는 것이다. 이런 아이디어는 1986년 볼러슬레브(Bollerslev)에 의해 제시된 모형으로 일반화된 자기회귀조건부 이분산(Generalized Autoregreessive Conditional Heteroscedasticity: GARCH)모형이라고 한다.[4]

---

4   Bollerslev, Tim(1986), "Generalized Autoregressive Conditional Heteroskedasticity," *Journal*

(1) *GARCH*(*p*, *q*)모형

GARCH(*p*, *q*)은 다음과 같은 형태를 가지고 있다.

$$Y_t = \beta_0 + \beta_1 X_t + u_t$$

$$u_t | \Omega_t \sim iid\, N(0, h_t)$$

$$h_t = \gamma_0 + \sum_{i=1}^{p} \delta_i\, h_{t-i} + \sum_{j=1}^{q} \gamma_j u_{t-j}^2$$

이제 종속변수인 분산은 자기회귀부분을 설명변수로 갖는 방정식이 되었다. 만약 $p = 0$이라면 이는 $ARCH(q)$모형이 되고, $GARCH(1, 1)$이라면 다음과 같이 1차 자기회귀부분과 전기의 오차항의 제곱의 함수로 표시된다. 가장 많이 사용되는 모형은 바로 $GARCH(1, 1)$모형이 된다.

$$h_t = \gamma_0 + \delta_1\, h_{t-1} + \gamma_1 u_{t-1}^2$$

여기서 종속변수의 시차변수가 활용되었는데 ARIMA모형에서 AR부분이 무한대 차수를 가진 MA부분으로 변경될 수 있는 것과 마찬가지로 이를 연속치환을 하면 결국 무한대의 차수를 가진 ARCH모형이 된다.

따라서 높은 차수의 ARCH모형을 추정하는 대신 $GARCH(1, 1)$모형을 추정하면 추정과정과 매우 간단하고, 추정해야 할 파라미터의 수가 줄어들며, 많은 자유도를 확보할 수 있다.

여기서 중요한 것은 $\delta_1 + \gamma_1 < 1$의 조건을 만족해야 한다. 만약 $\delta_1 + \gamma_1 \geq 1$이라면 다른 형태의 GARCH모형인 적분된 GARCH, 즉 IGARCH모형이 된다.

(2) GARCH모형의 추정과 변동성의 예측

GARCH모형의 추정과 변동성의 예측은 ARCH모형과 동일하다. Stata의 사례에서 간단히 살펴볼 수 있을 것이다.

of Econometrics. 31 (3): pp.307–327.

(3) GARCH모형의 확장

전술한 GARCH모형은 다양한 형태로 변형이 되어 사용되고 있다. 이 중 중요한 것 세 가지만 살펴본다. Berra and Higgins(1993)나 Bollerslec et al.(1994)은 이 분야에서의 다양한 모형들에 대한 서베이 자료를 제시하고 있다.[5]

1) GARCH-M 모형

GARCH-M 모형은 조건부적 평균이 자신의 조건부적 분산에 의해 설명되게 한 모형이다. 가령 위험 회피적 투자자위험 자산의 보유에 대한 보상으로서 프리미엄을 필요로 한다면 이런 프리미엄은 분명히 위험과 정(+)의 관계에 있다. 즉 위험이 클수록 프리미엄이 커져야 한다.

만약 위험이 변동성, 또는 조건부적 분산에 의해 설명될 수 있다면 이런 조건부적 분산은 조건부적 평균 방정식에 독립변수로 포함될 수 있다. 따라서 $GARCH-M(p, q)$모형은 다음과 같은 형태를 갖는다.

$$Y_t = \beta_0 + \beta_1 X_t + \theta h_t + u_t$$

$$u_t | \Omega_t \sim iid N(0, h_t)$$

$$h_t = \gamma_0 + \sum_{i=1}^{p} \delta_i h_{t-i} + \sum_{j=1}^{q} \gamma_j u_{t-j}^2$$

간혹 GARCH-M 모형은 위험을 분산으로부터 확인하는 것이 아니라 표준편차로부터 확인한다고도 할 수 있다. 이때 GARCH-M 모형은 다음과 같이 평균 방정식이 h_t의 제곱근의 함수로 표시된다.

$$Y_t = \beta_0 + \beta_1 X_t + \theta \sqrt{h_t} + u_t$$

$$u_t | \Omega_t \sim iid N(0, h_t)$$

$$h_t = \gamma_0 + \sum_{i=1}^{p} \delta_i h_{t-i} + \sum_{j=1}^{q} \gamma_j u_{t-j}^2$$

5   Berra, A. K. and M. L. Higgins(1993), "ARCH models: properties, estimation, and testing," *Journal of Economic Surveys*, 7, pp.305-362.; Bollerslev, T., Engle R. F. and D. B. Nelson(1994), "ARCH models," in: R. F. Engle and D. L. McFadden (eds.), *Handbook of Econometrics*, Volume Ⅳ, pp.2959-3038.

2) TGARCH모형

앞서 설명한 ARCH모형이나 GARCH모형에서는 변동성에 대한 영향이 충격의 형태, 즉 정(+)의 충격과 부(−)의 충격에 대해 동일한 효과를 미치는 것으로 간주하였다. 하지만 금융시장에서 나쁜 뉴스(bad news)와 같은 부(−)의 충격은 좋은 뉴스(good news)와 같은 정(+)의 충격에 비해 보다 큰 영향을 미치는 것으로 알려져 있다.

Zakoian(1990)과 Glosten et al.(1993)에 의해 소개된 TGARCH모형은 바로 변동성에 대한 이런 충격의 효과를 비대칭적으로 반영하기 위해 개발한 모형으로 문턱 GARCH(Threshold GARCH: TGARCH)모형이라고 한다.[6] 조건부적 분산을 나타내는 방정식은 $TGARCH(1, 1)$일 때 다음과 같이 나타낼 수 있다.

$$h_t = \gamma_0 + \gamma_1 u_{t-1}^2 + \theta u_{t-1}^2 D_{t-1} + \delta h_{t-1}$$

$$D_t = \begin{cases} 1 & u_t < 0 \\ 0 & u_t \geq 0 \end{cases}$$

여기서 D_i는 $u_t < 0$일 때는 1의 값을 $u_t \geq 0$일 때는 0의 값을 나타내는 더미변수이다. 따라서 변동성에 대한 영향은 좋은 소식일 때 γ_1의 영향을 미치지만 나쁜 소식일 때 $\gamma_1 + \theta$의 보다 큰 영향을 미친다. TGARCH모형은 보다 많은 시차변수를 도입함으로써 보다 높은 차수의 모형으로 확대가 가능하다.

3) EGARCH모형

Nelson(1991)에 의해 개발된 지수적 GARCH(Exponential GARCH)모형은 분산방정식을 다음과 같은 형태로 한 것이다.[7]

$$\ln(h_t) = \gamma_0 + \sum_{j=1}^{q} \gamma_j \left| \frac{u_{t-j}}{\sqrt{h_{t-j}}} \right| + \sum_{j=1}^{q} \lambda_j \frac{u_{t-j}}{\sqrt{h_{t-j}}} + \sum_{i=1}^{p} \delta_i \ln(h_{t-i})$$

---

6   Zakoian, J. M.(1990), "Threshold Heteroskedastic Model," *Journal of Economic Dynamics and Control*, 18, pp.931−955.; Glosten, L. R., Jagannathan, R. and D. E. Runkle(1993), "On the relation between the expected value and the volatility of the nominal excess return on stocks," *Journal of Finance*, 5, pp.1779−1801.

7   Nelson, D. B.(1991), "Conditional heteroskedasticity in asset returns: A new approach," *Econometrica* 59 (2), pp.347-370.

좌변은 분산시리즈를 로그취한 값이다. 따라서 문턱효과는 2차식이 아닌 지수식 형태를 갖게 된다. 따라서 조건부적 분산은 부(−)의 값을 가질 수 없게 된다. EGARCH모형은 TGARCH모형에서와 마찬가지로 충격의 비대칭성 여부를 검정할 수 있게 해준다. 비대칭성(asymmetry)을 검정하기 위해서는 λ_i파라미터의 유의성 여부가 중요하다. 만약 모든 $\lambda_i = 0$라면 대칭적이고 $\lambda_i < 0$이라면 비대칭적이어서 좋은 소식은 나쁜 소식에 비해 변동성이 작아진다.

---

04 ARCH, GARCH모형의 분석과 Stata

아래는 한국의 코스피(KOSPI)지수를 이용하여[8] ARCH, GARCH모형 등의 일반적인 분석절차를 보여주는 사례이다. 시계열자료의 군집성, 변동성, ARCH효과의 존재여부 검정, ARCH, GARCH모형의 추정과 변동성을 보여주는 그래프를 그려볼 수 있다. 다양한 모형의 추정사례를 보여주기 때문에 ARCH, GARCH모형의 전반적 분석절차에 대한 이해에 도움이 될 것이다.

[사례 IV-5-1] 한국 코스피 지수의 ARCH, GARCH모형 분석 사례(IV-5-1-KospiARCH.do)

```
* ***********************************
* *** ARCH 모형의 일반적 분석절차 ***
* ***********************************
set scheme s1mono

use  IV-5-1-KospiARCH, clear
gen time = _n
tsset time


* **************************************
* *** 1) 시계열자료의 군집성, 변동성 파악 ***
* **************************************
* 수익률 시계열 및 히스토그램
gen r=(ln(kospi)−ln(L.kospi))*100
```

---

8 https://finance.yahoo.com/

```
tsline kospi, xlabel(400 800 1200)
tsline r, xlabel(400 800 1200) name(g1, replace)
histogram r, normal name(g2, replace)
graph combine g1 g2, cols(1)


* *********************************
* *** 2) ARCH효과의 존재여부 검정 ***
* *********************************
* Engle's Lagrange multiplier test
regress r
estat archlm, lags(1)
estat archlm, lags(1/9)
* *********************************************
* *** 3) ARCH 모형의 추정, 변동성 예측 그래프 ***
* *********************************************

arch r, arch(1)
predict htarch1, variance
tsline htarch, xlabel(400 800 1200) name(g3, replace)


* ***********************************************
* *** 4) GARCH 모형의 추정, 변동성 예측 그래프  ***
* ***********************************************

* GARCH(1,1)모형
arch r, arch(1) garch(1)
predict htgarch, variance
tsline htgarch, xlabel(400 800 1200) name(g4, replace)


* *************************************************
* *** 5) GARCH-M모형의 추정, 변동성 예측 그래프  ***
* *************************************************

* GARCH in mean
arch r, archm arch(1) garch(1) tarch(1)
predict htmgarch, variance
tsline htmgarch, xlabel(400 800 1200) name(g5, replace)


* *************************************************
* *** 6) TGARCH 모형의 추정, 변동성 예측 그래프  ***
* *************************************************

* Threshold GARCH(1,1)
arch r, arch(1) garch(1) tarch(1)
predict httgarch, variance
tsline httgarch, xlabel(400 800 1200) name(g6, replace)
```

```
* ************************************************
* *** 7) EGARCH 모형의 추정, 변동성 예측 그래프  ***
* ************************************************
* Exponential GARCH(1,1,1)
arch r, arch(1) garch(1) earch(1)
predict htegarch, variance
tsline htegarch, xlabel(400 800 1200) name(g7, replace)
```

PART

5

패널자료의 회귀분석

제5부에서는 횡단면자료와 시계열자료를 결합한 패널자료의 분석법에 대해 살펴본다. 두 가지 형태의 자료를 결합함으로써 추정치의 효율성을 높이고 보다 많은 의미를 찾을 수 있다. 제1장에서는 시계열자료와 횡단면 자료의 혼용에 대해 살펴본다. 제2장에서는 기초적인 패널분석법으로서 통합모형, 고정효과모형, 확률효과모형 등에 대해 살펴본다. 제3장에서는 고급패널 분석법으로서 장기 패널분석법, 도구변수추정법, 동적 모형, 비선형 모형 등에 대해 살펴본다.

CHAPTER

01

시계열자료와 횡단면자료의 혼용

횡단면자료와 시계열자료를 혼용(통합)한 자료(pooled crosssectional data)는 시간의 변화에 따라 수집된 서로 독립된 횡단면자료를 결합한 것이다. 시간단위(연, 분기, 월, 또는 일 등)별로 여러 경제주체들에 대한 서베이(survey)를 통해 각 시점에 조사된 자료를 말한다.

횡단면자료와 시계열자료가 혼용된 자료는 보다 많은 관측치를 구할 수 있다는 점에서 파라미터 추정치의 정확성을 개선하고, 시간의 경과에 따른 동적 측면을 파악할 수 있다는 장점이 있다.

여기에서는 횡단면자료와 시계열자료가 혼용된 데이터세트를 활용하여 고전적 최소자승법을 적용하는 방법에 대해 살펴보고, 또 이런 분석법이 경제변수들 간의 변화하는 인과관계를 파악하는 데 도움이 될 수 있음을 살펴보려고 한다.[1]

01   모형에 동적요소의 반영

모형에 정적 특성이 반영된 횡단면자료의 분석과 달리 횡단면자료와 시계열자료가 혼용된 자료의 분석에서는 시간의 변화에 따른 동적 측면을 모형에 반영할 수 있

---

[1]   Roberto Pedace(2013), "Diving into Pooled Cross−Section Analysis," in *Econometrics for Dummies*, John Wiley & Sons, pp.281−290.

다. 횡단면자료와 시계열자료가 혼용된 전형적 데이터세트에서는 개별 경제주체의 수가 시계열의 수보다 많기 때문에 모형분석은 이분산 문제를 가진 횡단면자료의 분석과 유사하다. 횡단면자료가 연속된 시간에 걸쳐 수집된 자료가 아닐 때에는 자기상관문제나 시계열자료가 갖는 다른 문제들을 무시할 수 있기 때문이다.

　횡단면자료와 시계열자료가 혼용된 데이터세트와 패널 데이터세트의 차이는 여러 기간에 걸쳐 자료가 수집되지만, 횡단면을 구성하는 경제주체가 매 기간 동일한 주체들로 구성되느냐, 아니면 임의로 선정되느냐의 차이이다.

02　시간의 경과에 따른 상수항과 기울기

　횡단면자료와 시계열자료가 혼용된 자료에서 표본이 추출된 모집단의 분포는 시간의 경과함에 따라 변화한다. 따라서 시간변화의 효과를 무시한다면 고전적 최소자승 추정량은 편의를 갖게 된다.

　모집단의 분포가 변화할 가능성이 있는 데이터세트로부터 구해진 회귀분석결과는 시간의 변화에 따라 각기 다른 상수항과 기울기의 추정치를 가진다. 다음 [그림 1]에서는 시간의 변화에 따라 회귀선의 상수항이 변화하는 것을 보여준다. 만약 시간의 변화를 고려하지 않으면 표본회귀선은 중간에 그려진 것이 되어 절편의 추정치가 편의를 갖는다. 만약 시간의 경과를 반영한다면 회귀선은 위나 아래의 회귀선이 될 것이다.

　또한 [그림 2]에서는 종속변수에 대한 독립변수의 시간 변화에 따른 영향력, 즉 기울기가 편의를 가질 수 있음을 보여준다. 회귀분석에서 만약 시간의 변화를 무시한다면 회귀 분석결과는 $2A$로 추정될 것이므로 이분산의 문제에 직면할 뿐만 아니라 기울기 추정치가 편의를 갖는다. 시간의 변화를 고려한다면 $2B$와 $2C$에서처럼 기울기에 대한 정확한 추정치를 얻을 수 있다.

03　시간 더미변수의 도입

　시간의 변화에 대한 모집단 분포의 변화는 시간 더미변수(time dummy variable)를 사용하여 모형의 추정에 반영할 수 있다. 모형의 추정에 시간 더미변수를 포함시킬 때에는 완전 다중공선성의 문제를 피하기 위해 특정연도(처음, 또는 마지막)에 대한 더미변수는 제외하는데 제외된 연도는 추정결과의 해석에 있어서 기준연도(reference period)가 된다.

(1) 상수항의 변화 반영 모형

횡단면자료와 시계열자료가 혼용된 자료의 분석에서 상수항이 변화하는 모형은 다음과 같이 나타낼 수 있다. 즉

$$Y_i = \beta_0 + \beta_1 X_{1i} + \beta_2 X_{2i} + \cdots + \delta_1 D_{1i} + \delta_2 D_{2i} + \cdots + u_i$$

여기서 변수 D는 시간 더미변수를 나타낸다. 만약 파라미터 δ의 통계적 유의성을 검토한다면 종속변수와 독립변수의 관계에 있어서 특정연도에서 상수항의 이동여부를 평가할 수 있다.

[그림 1] 다른 상수항을 가진 혼용된 횡단면자료와 시계열자료

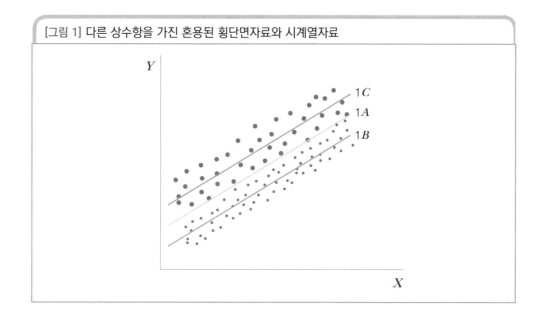

(2) 기울기 변화 반영 모형

만약 시간 더미변수를 다른 독립변수들과 상호작용하는 것으로 모형을 설정한다면 시간의 변화에 따른 기울기 변화를 모형에 반영할 수 있다. 편의상 두 개 연도에 대한 횡단면자료를 가정하면 모형은 다음과 같다. 즉

$$Y_i = \beta_0 + \beta_1 X_{1i} + \beta_2 X_{2i} + \cdots + \delta_1 (X_1 D)_i + \delta_2 (X_2 D)_i + \cdots + u_i$$

여기서 $X_k D$는 독립변수와 시간 더미변수의 곱으로 정의되는 상호작용을 반영하기 위한 변수이다. 만약 파라미터 δ의 통계적 유의성이 있다면 해당연도 독립변수와 종속변수의 관계를 나타내는 기울기가 변화한다는 증거가 된다.

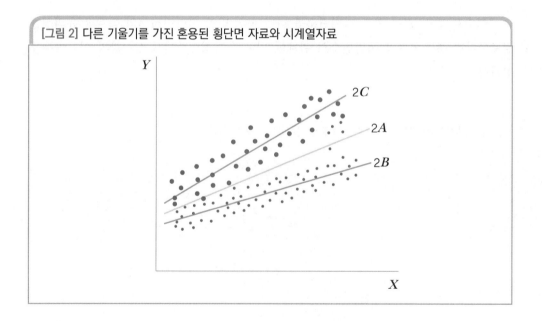

[그림 2] 다른 기울기를 가진 혼용된 횡단면 자료와 시계열자료

(3) 상수항과 기울기 변화를 반영한 모형

전술한 절편과 기울기 변화를 동시에 반영하는 모형을 설정할 수도 있다. 편의상 두 개 연도에 대한 횡단면자료를 가정하면 다음과 같다.

$$Y_i = \beta_0 + \beta_1 X_{1i} + \beta_2 X_{2i} + \cdots + \delta_0 D_i + \delta_1 (X_1 D)_i + \delta_2 (X_2 D)_i + \cdots + u_i$$

여기서 만약 파라미터 δ_0와 δ_i의 통계적 유의성이 있다면 절편과 해당 독립변수의 기울기가 동시에 변화한다는 것이다.

(4) 시간변화의 절편 및 기울기 변화에 대한 전체검정

횡단면자료와 시계열자료가 혼용된 데이터세트를 이용한 이상의 추정방법에서 시간변화가 모집단의 분포에 의미있는 변화를 초래하는지 여부를 동시에 검정할 수 있다. 즉 모든 δ파라미터$(\delta_0, \delta_1, \delta_2, \cdots)$의 결합 유의성(joint significance) 여부를 F검정을 통해 살펴보는 것이다. 이런 F검정은 시계열자료의 안정성 여부, 즉 구조변화의 여부를 검정할 때 살펴보았다.

경제학자 소개 19 | 예 문락(Yair Mundlak)

예 문락(1927~2015)은 계량경제학 분야에서 초기 패널자료(panel data) 분석에 큰 공헌을 한 이스라엘 출신의 미국경제학자이다.

1978년 Econometrica에 발표한 논문, "On the Pooling of Time Series and Cross Section Data"는 대부분의 계량경제학 관련 서적과 논문에서 인용되고 있다. 그는 생산함수와 수요공급 체계의 추정에서의 식별문제를 해결하는 데 큰 공헌을 하였다. 그는 또 농업경제학 분야에서 기술의 선택과 채용과정에서의 기술변화를 측정하기 위한 수리모형에서 새로운 접근법을 개발했다.

박사학위를 마친 후 이스라엘의 히브리 대학(Hebrew University) 교수를 지냈다. 1978년 미국 시카고 대학 경제학과에서 퇴임할 때까지 강의했다. 2000년 그의 대표적 저술인 "Agriculture and Economic Growth"가 하버드 대학 출판부에서 출간되었다.

04 횡단면자료와 시계열자료의 혼용자료와 Stata 활용

(1) 더미변수의 생성과 활용

　　Stata를 이용하여 횡단면자료와 시계열자료가 혼용된 데이터세트를 다루는 계량모형의 분석에서는 범주형 자료(categorical data)로부터 더미변수를 쉽게 만들어 활용하는 방법을 이해하는 것이 중요하다. 전술한 제1부 제3장의 데이터 처리와 Stata에서 더미변수를 간단하게 만드는 방법에 대해 설명한 바 있다. 즉 generate명령어를 이용하는 간단한 방법, tabulate, gen( )명령어를 사용하는 방법이 그것이다.

　　또한 Stata에는 areg라는 회귀명령어가 있는데 여기에 absorb(dummy)라는 옵션을 사용하게 되면 아무리 많은 범주를 가진 정성적 변수라도 이를 더미변수로 간주하고 모형을 추정한 후 더미변수 사용의 타당성에 대한 검정통계량을 제공해준다.

(2) 요인변수(factor variable)의 활용

　　Stata에서 범주형 자료를 더미변수로 활용하여 회귀분석에 활용하는 보다 편리한 방법은 지시변수를 이용하는 방법이다. 가장 많이 사용되는 더미변수 활용법은 0과 1의 값만을 갖는 범주형 자료의 변수명 앞에 i.를 붙인 변수명을 독립변수로 사용하는 것이다. i.를 붙인 변수명을 지시변수(indicator variable)이라고 하는데 자료값이 0과 1의 두 가지 값만을 갖는 변수가 아니라 여러 가능성을 가진 변수일 때에도 그 가능성의 수만큼 더미변수를 독립변수의 목록에 포함시키고, 하나를 제외한 나머지 변수에 대한 추정치를 구해준다.

　　더욱 편리한 기능은 더미변수를 이용하여 상수항과 기울기변화를 동시에 반영하는 모형에서와 같이, 교차항을 모형의 독립변수 리스트에 포함시키는 방법에 대한 것이다. 만약 범주형 자료인 x1변수와 연속적인 변수인 x2변수가 있다고 하자. 이 두 변수를 모형의 독립변수로 사용하는 방법에는 다음과 같은 여러 방법이 있다.

```
regress y x1 x2
regress y i.x1 x2
regress y i.x1 x2 i.x1#c.x2
regress y i.x1##c.x2
```

　　여기서 첫 번째 방법은 종속변수 y를 설명하는 독립변수로 더미변수 x1과 연속적인 변수 x2를 나열하는 방법이다. 이때 x1은 0과 1의 값을 갖는 더미변수이다. 두 번째 방법은 더미변수 x1이 두 개 이상의 범주를 가질 때 지시변수의 형태로 독립변수를 나열해주는 방법이다. 세 번째 방법은 독립변수의 리스트에 변수 x1과 x2의 교차항(두 변수를 곱한 변수)을 포함시키는 방법이다. 범주형 자료의 앞에는 i.를, 연속적인 자료의 앞에는 c.를 붙이고 곱하는 기호는 #를 사용하였다. 마지막 방법은 개별변수와 교차항을 동시에 기술해주는 방법으로 ##를 사용하는 방법이다. 이는 세 번째 방법과 동일한 기술방법으로 매우 간단하고 편리한 방법이다.

　　여기서 Stata를 이용하여 횡단면자료와 시계열 자료의 혼용된 자료를 분석하는 방법에 대해서는 더미변수 활용법만 설명하였다. 보다 구체적인 회귀분석법은 다음 장에서 설명하는 다양한 사례분석의 앞부분에서 항상 혼용(통합)된 자료의 회귀분석법이란 이름으로 언급하게 될 것이다.

CHAPTER

02

패널자료의 회귀분석

패널자료는 기업, 가계, 국가 등 다양한 경제주체들에 대한 횡단면자료들을 여러 기간에 걸쳐 수집하여 통합한 자료를 말한다. 대표적인 패널자료는 미국 미시간대학 사회연구소에서 수집한 PSID(Panel Study of Income Dynamics)나 미국 노동통계국에서 조사한 NLS(National Longitudinal Surveys)자료가 있다. 한국에서는 한국노동연구원의 한국노동패널조사(KLIPS), 한국조세재정연구원의 재정패널조사, 통계청의 가계금융·복지조사, 한국직업능력개발원의 인적자본기업패널, 한국교육개발원의 한국교육종단연구 등 많은 패널자료가 작성되고 있다.

전 세계적으로 다양한 패널자료들이 구축되면서 지난 20~30년간 다양한 패널자료 분석기법들이 개발되고 발전하였다. 아마도 최근 계량경제학 분야에서 가장 큰 발전이 일어난 부분이 바로 패널자료의 분석과 관련된 것이라고 할 수 있다. 패널자료가 활발히 사용되게 된 것은 이런 자료를 활용할 때 다음과 같은 이점이 있기 때문이다.

첫째, 개별 경제주체들의 이질성을 통제할 수 있다. 패널자료는 개인, 기업, 국가, 주정부 등 다양한 경제주체들의 다양성을 반영하는 자료이기 때문에 이런 이질성과 그 변화를 반영하지 못한 횡단면 분석이나 시계열 분석만으로는 분석결과 편의의 문제가 있게 된다.

둘째, 패널자료는 보다 많은 정보와 가변성을 제공하므로 변수들 간의 공선성 문제를 피할 수 있고, 보다 많은 자유도를 확보할 수 있게 하며, 따라서 보다 효율적인 추정치를 구할 수 있게 한다.

01 패널자료의 특성

(1) 횡단면 주체의 개별적 특성반영

전술한 바와 같이 계량분석에서 패널자료를 사용하는 강점의 하나는 횡단면자료나 시계열자료 단독으로는 불가능했던 경제현상의 분석을 가능하게 해준다는 것이다. 횡단면자료가 가진 개체간 변이와 동시에 시계열자료가 가진 시간변화에 따른 변이를 포착할 수 있기 때문이다.

아울러 패널자료는 조사대상 개별 경제주체의 반복적인 정보를 통해서, 관찰할 수 없는 변수의 영향을 통제하는 분석방법을 이용할 수 있게 해준다. 많은 경제현상의 분석에서 관찰할 수 없는 변수는 분석결과를 해석하는 데 매우 중요하다. 즉 제외된 변수(omitted variable)의 문제를 다룰 수 있다는 점에서 패널자료가 매우 유용하게 사용될 수 있다는 것이다.

가령 노동통계와 관련된 서베이 패널자료에서 나이, 교육수준 등의 자료는 전형적으로 관찰 가능한 자료들이지만, 개인의 직업윤리, 타고난 능력 등은 자료 수집시 쉽게 얻을 수 없는 정보로서 관찰할 수 없는 변수이다.

이런 패널자료의 분석에 고전적 최소자승법을 적용하면 개체간 이분산 문제, 횡단면자료에서 개별 경제주체들이 갖는 독특한 특성, 누락된 변수의 문제들이 무시되기 때문에 편의를 가진 추정치를 얻게 된다. 이때 생길 수 있는 편의의 방향은 예상하기 어렵다.

다음 [그림 3]은 패널자료에서 개별 경제주체들의 특성을 무시하고 고전적 최소자승법을 적용했을 때 파라미터 추정치가 편의를 가지는 세 가지의 사례를 보여준다. 각 그림에서 A, B, C는 각 경제주체별로 종속변수 Y에 대한 독립변수 X의 영향력을 나타내는 기울기를 나타낸다. 고전적 최소자승법에 의한 추정치가 그림 A에서는 과대평가, 그림 B에서는 과소평가, 그림 C에서는 기울기가 완전히 바뀌는 극단적인 결과가 초래됨을 보여준다.[2]

만약 개별 경제주체들의 특성들을 적절히 파악하려고 한다면 패널자료에 반영되어 있는 개체별 특성, 즉 오차항으로 나타낼 수 있는 관찰할 수 없는 변수의 차이를 이

---

2   Roberto Pedace(2013), "Panel Econometrics," in *Econometrics for Dummies*, John Wiley & Sons, pp.291−304.

해해야 한다. 이를 무시하고 패널자료를 단순히 시계열자료와 횡단면자료의 혼용으로 간주하면 개별 경제주체들의 고유효과를 통제할 수 없기 때문에 종속변수와 독립변수의 관계에 대한 추정량은 편의를 갖게 된다.

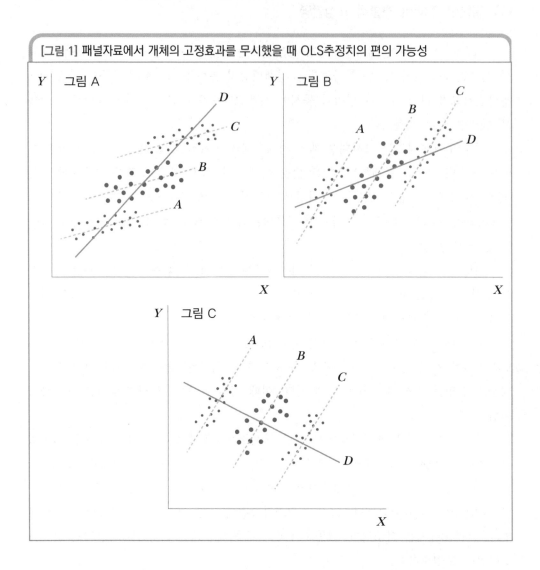

[그림 1] 패널자료에서 개체의 고정효과를 무시했을 때 OLS추정치의 편의 가능성

(2) 패널모형의 형태와 수학적 표기

우선 패널자료의 분석에서 자주 접하게 되는 패널모형과 관련된 용어를 살펴보자. 물론 많은 서적에서는 고정효과(fixed effects)와 확률효과(random effects)로 구분하는

것이 일반적이지만 다양한 추정방법의 이해를 위해서는 패널모형을 체계적으로 살펴보는 것이 중요하다. 모형의 수학적 형태와 오차항과 설명변수의 관계 등을 제대로 이해해야만 다양한 추정방법을 이해하는 데 도움이 된다.

1) 개체효과 모형(individual effects model)

패널자료에 포함된 횡단면자료를 구성하는 개체의 고유한 효과(individual specific effects)를 모형에 반영하면, 다음과 같이 개체 i에 대한 시점 t의 종속변수, Y_{it}는 독립변수 X_{it}의 함수로 나타낼 수 있다.

$$Y_{it} = \alpha_i + X_{it}^{'}\beta + e_{it}$$

여기서 α_i는 개체별 고유효과를 나타내는 무작위적 오차항을, e_{it}은 순수한 오차항을 나타낸다. 여기서 개체별 고유효과를 나타내는 α_i의 다른 독립변수와의 상관관계나 확률성 여부에 따라 모형은 고정효과모형과 확률효과모형으로 나누어진다.

2) 고정효과 모형(fixed effects model)

고정효과모형에서 고정효과라는 말은 다소 잘못 이해될 소지가 있다. 고정효과모형의 정확한 의미는 위의 개체효과 모형과 동일한 함수식으로 표현할 수 있지만, 핵심 내용은 개체별 고유효과를 나타내는 α_i가 독립변수와 상관관계를 가진다는, 즉 내생성의 특성을 가진다는 것이다.

가령 임금함수를 추정할 때 어떤 독립변수는, 관측할 수 없는 개인의 능력과 같은 변수처럼, 회귀모형에 사용되지 못한 변수의 영향을 받을 수 있다. 이때 해당 설명변수는 개인의 능력을 포착하게 된 α_i와 상관관계를 갖게 된다. 따라서 후술하겠지만 고정효과모형의 추정에서는 개체별 특성을 나타내는 오차항 α_i를 어떻게 제거할 것인가에 관심을 기울인다. 당연한 결과로서 고정효과모형에서는 개인불변 설명변수들에 대한 파라미터를 추정할 수 없다. 하지만 다른 오차항 e_{it}는 순수한 오차항으로서 독립변수와 어떤 상관관계를 갖지 않는 것으로 가정한다.

3) 확률효과 모형(random effects model)

확률효과모형은 개체별 특성을 나타내는 오차항, α_i가 독립변수와 아무런 상관관계를 갖지 않는 무작위적 확률변수라고 간주하는 모형이다. 이때는 일반화 최소자승법(FGLS)을 적용하게 되고, 고정효과모형에서 추정할 수 없었던 개인불변 변수의 파라미터 추정치도 구할 수 있다.

4) 모집단 평균 모형(population-averaged model)

모집단 모형은 이상의 개체효과 모형에서처럼 오차항을 $\alpha_i + e_{it}$로 나누지 않고 단순히 다음과 같이 u_{it}로 나타낸다.

$$Y_{it} = \alpha + X_{it}^{'} \beta + u_{it}$$

여기서 설명변수는 완전히 외생적이라고 가정한다. 다른 수식에서와 달리 여기 설명변수에는 상수항이 포함되어 있지 않다. 모집단 평균모형에서의 오차항, u_{it}에서는 개체내의 서로 다른 시점간 상관관계(자기상관), 서로 다른 개체들간 상관관계의 존재가능성을 인정하고 있다. 따라서 이를 통제하기 위한 추정방법이 사용된다.

5) 2원효과 모형(two-way effects model)

앞서 살펴본 개체효과 모형을 조금 확장하면 개체별, 시점별로 서로 다른 절편을 가진 모형이 된다. 이를 2원 효과 모형이라고 한다. 만약 단기 패널자료라면 시간 더미 변수를 이용하여 간단하게 추정할 수 있다.

$$Y_{it} = \alpha_i + \gamma_t + X_{it}^{'} \beta + e_{it}$$

6) 혼합 선형모형(mixed linear model)

혼합 선형모형은 개체별, 시점별로 모형의 기울기 파라미터를 다르게 정의한 모형이다. 만약 개체수가 적다면 개체별로 독립적으로 회귀분석을 할 수 있는 모형이다.

$$Y_{it} = \alpha_i + X_{it}^{'} \beta_i + e_{it}$$

02 고정효과모형과 확률효과모형의 추정과 선택

(1) 고정효과모형

전술한 바와 같이 고정효과 모형은 개체별 고유효과를 나타내는 α_i가 독립변수와 상관관계를 가진다는 점에서 이 오차항을 제거하는 방법이 모형추정의 관건이 된다. 따라서 변수의 차분변환(first difference transformation), 더미변수(dummy variable), 개체 내 추정량(within estimator)을 구하는 추정법이 사용된다.

첫째, 변수의 차분변환 방법은 패널자료에서 개체별 시계열자료를 각각 차분하여 고전적 최소자승법을 적용하는 방법이다. 개체별 효과모형에서 차분된 변수를 이용하여 모형을 표현하면 개체의 차이를 가져오는 오차항 α_i가 사라지게 된다. 따라서 변수의 차분변환은 개별 경제주체들의 차이를 가져온 관찰 불가능한 변수의 효과를 제거할 수 있는 것이다.

둘째는 더미변수를 활용하는 것이다. 개별 경제주체의 고유한 특성을 설명하는 하나의 방법으로 개체를 나타내는 더미변수를 이용하여 회귀분석을 하는 것이다. 이때 문제는 패널자료가 많은 개체들로 구성되어 있어서 자유도 상실의 문제가 심각할 수 있다는 것이다. 따라서 패널자료의 시계열이 충분하지 않아 관측치가 부족할 때에는 모형의 추정이 불가능할 수도 있다.

셋째는 개체내 추정량을 구하는 추정방법으로 고정효과 모형의 추정법이라 하지만 앞서 언급한 대로 오해를 살 수 있는 표현이다. 개체 내 추정량, 또는 고정효과 모형의 추정은 개체별로 시간의 변화에 따른 모든 변수의 평균을 계산한 다음 이를 각 관측치에서 빼준 자료를 이용하여 회귀분석하는 방법이다. 이런 절차를 거치면 역시 개체 고유의 특성을 나타내는 오차항이 사라지게 된다.

$$(Y_{it} - \overline{Y}_i) = (X_{it} - \overline{X}_i)' \beta + (e_{it} - \overline{e}_i)$$

여기서 β은 고정효과 주성량(fixed effect estimator 혹은 within estimator)이라고 한다. 오차항 α_i는 시간의 변화따라 일정하기 때문에 사라졌다.

패널자료의 고정효과 모형의 추정은 매우 자주 사용되는 추정법이기 때문에 대부분의 통계 소프트웨어에서 그 기능을 제공한다. Stata에서도 xtreg라는 명령어가 고정효과 모형뿐만 아니라 나중에 설명할 확률효과 모형의 추정에 사용된다. 통계 소프트웨어에서 개별 경제주체들에 대한 평균값을 구하고, 편차를 구한 다음 회귀분석을 하는 전 과정을 자동으로 실행한다.

(2) 확률효과 모형

확률효과 모형은 고정효과 모형과 달리 개체별 특성을 나타내는 오차항, α_i가 독립변수와 어떤 상관관계를 갖지 않는 확률변수라고 간주하는 모형이다. 확률효과 모형은 고정효과 모형보다 효율적인 파라미터 추정치를 제공한다. 확률효과 모형은 횡단면 자료를 구성하는 개별 경제주체들에 대한 개별적인 고정효과를 추정하지 않으므로 추정해야 할 파라미터의 수가 줄면서 자유도가 증가하여 보다 작은 표준오차를 얻을 수 있다.

확률효과 모형에서 오차항은 두 개의 항으로 구성된 복합 오차항(composite error term)이다. 개체의 특성과 관련된 오차항, α_i와 개체 특성과 무관한 완전 무작위적인 오차항, e_{it}이다. 이때 중요한 가정은 개체의 특성을 나타내는 오차항과 독립변수들이 서로 상관되어 있지 않다는 것이다. 이 가정은 개별경제 주체의 특성을 나타내는 효과가 모든 경제주체에 대해 동일하다는 의미가 아니라 독립변수 값과 관련 없는 확률적 속성을 갖는다는 것이다. 따라서 개별 경제주체의 특성은 절편항에 의해 파악된다.

이때 개체의 특성을 나타내는 개별효과가 복합 오차항에 포함되면 복합 오차항은 정(+)의 자기상관 문제에 직면하게 된다. 이는 개별 경제주체가 어떤 한 시점에 정(+)의 오차값을 가지고 있었다면, 다음 기에도 정(+)의 오차값을 가질 개연성이 높기 때문이다. 또 그 반대일 수도 있다. 따라서 확률오차 모형의 추정을 위해서는 자기상관의 문제를 해결하기 위해 일반화된 최소자승법(FGLS)을 사용한다.

(3) 하우스만 검정(Hausman test)

확률효과 모형은 고정효과 모형보다 효율적인 추정치를 제공하지만, 개별 경제주체의 고정효과가 독립변수들과 상관되어 있을 때는 편의를 가진 추정치를 제공한다. 따라서 개체의 특성을 나타내는 오차항이 독립변수들과 상관되어 있다만 고정효과 모형의 추정치가 더 바람직하다. 하우스만 검정은 확률효과 모형의 가정을 검토함으로써 확

률효과 모형과 고정효과 모형 중 어느 모형을 선택할지를 결정하기 위한 검정법이다.[3]

하우스만 검정에서는 추정된 파라미터의 차이를 검토하여 고정효과 모형과 확률효과 모형의 추정치가 의미 있을 정도로 차이가 있는지를 살펴본다. 이때 귀무가설은 만약 확률효과 모형의 가정이 충족된다면 고정효과 모형과 같은 파라미터 추정치를 제공해줄 것이라는 것이다. 대립가설은 만약 확률효과모형의 가정이 충족되지 않는다면 추정된 파라미터는 고정효과모형의 파라미터 추정치와 의미 있는 차이를 나타내므로 추정량은 편의를 갖게 된다는 것이다. 따라서 만약 귀무가설을 기각하는 데 실패한다면 확률효과 모형의 추정치가 선택되지만, 귀무가설이 기각된다면 고정효과 모형의 추정치가 선택된다.

하우스만 검정은 이분산 문제나 자기상관의 문제가 존재한다면 잘못된 결론을 내리기 쉽다. 따라서 다른 방법을 사용한다. 이에 대해서는 사례분석에서 살펴본다.

경제학자 소개 **제리 하우스만(Jerry Allen Hausman)**

제리 하우스만(1946~)은 하우스만 검정(Hausman specification test)으로 잘 알려진 계량경제학자이다.

계량경제학 이론분야인 연립방정식모형의 추정, 도구변수추정법의 해석, 변수오차를 가진 모형의 추정, 비선형 구조모형의 추정, 패널추정 등 다양한 분야에서도 많은 업적을 남겼다. 하우스만은 또한 정보통신분야, 반독점법, 인수합병, 조세 재정, 규제분야에서도 많은 응용연구를 했다.

1973년 옥스퍼드대학에서 "Theoretical and empirical aspects of vintage capital models"이란 논문으로 박사학위를 받았다. 주로 MIT대학에서 계량경제이론, 미시경제, 산업조직 등을 강의했다. 그는 핼버트 화이트(Halbert White), 로저 고든(Roger H. Gordon), 휘트니 뉴이(Whitney K. Newey)와 같은 유명 계량경제학자들을 배출했다.

---

3 Hausman, J. A.(1978), "Specification Tests in Econometrics," *Econometrica*, 46 (6): pp.1251–1271.; Greene, William H.(2012), *Econometric Analysis* (7th ed.), Pearson, pp.379–380, 420.; Baltagi, Badi H.(1999), *Econometrics* (2nd ed.), Berlin: Springer, pp.290–294.

(1) 패널자료의 처리와 Stata 명령어 개관

Stata에는 패널자료의 처리와 분석을 위한 다양한 명령어가 있다. 패널자료의 분석법을 자세히 설명하기 위해서는 별도의 저술이 필요할 정도이다.[4] 지면관계상 본서에서는 패널 추정법의 기초적인 내용으로 사용빈도가 높은 분석법만을 살펴본다. 다음 [표 1]에서는 패널자료의 분석을 위한 데이터 요약, 그래프, 모형추정 등의 전 과정을 포괄하는 Stata명령어를 보여준다. 우선 데이터를 정리하고 요약하는 명령어부터 살펴보자.

첫째, 패널자료를 능숙하게 다루려면 데이터세트를 와이드 폼(wide form)과 롱 폼(long form)으로 재배열하는 reshape 명령어를 잘 다루어야 한다. 그 사용법을 잘 활용하면 자신의 자료처리 능력이 크게 향상될 것이다. 편리하게 사용되는 명령어이지만 에러(error)가 자주 일어나므로 주의깊게 사용해야 한다.

둘째, 현재 다루는 자료가 패널자료 임을 선언하는 xtset 명령어가 있다. 패널자료에서 어떤 변수가 개체를, 어떤 변수가 시간변수임을 선언하는 식별자이다. 이 명령어를 통해 패널자료가 균형패널인지 불균형패널인지도 알 수 있고, 시점의 수와 그 간격에 대해서도 알 수 있다.

셋째, 비균형 패널자료를 균형패널로 만드는 것으로 xtbalance 명령어가 있다. 사용자 작성 프로그램으로서 매우 편리한 명령어이다. 패널자료를 다루는 대부분의 Stata 추정 명령어들은 균형 패널자료뿐만 아니라 비균형 패널자료까지 처리할 수 있다. 하지만 최종 패널 데이터세트를 만드는 과정에서 여러 자료원으로부터 많은 자료를 수집, 가공할 때 자료의 시간변수를 일치시키기 위해 이 명령어를 사용하면 매우 편리하다.

넷째, 사용하고자 하는 패널자료의 단순 기술통계량을 계산하기 위해서는 xtsum 이란 명령어가 사용된다. 패널자료에서는 주체별, 시간별 요약통계가 구해지므로 이를 통해 개체내 변이, 개체간 변이의 정도를 파악할 수 있다.

---

4   Baum Christopher F.(2006), "Panel−data Model," in *An Introduction to Modern Econometrics Using Stata*, Stata Press, pp.219−272.; Cameron A. Colin and Pravin K. Trivedi(2010), *Microeconometrics Using Stata*: Revised Edition, Stata Press, 강창희, 박상곤 역, 지필, pp.303−413, 813−852.; 한치록(2018), 『패널데이터강의』, 박영사.

다섯째, 간단한 교차제표 등 요약통계를 살펴보기 위한 명령어들이 있다. xttab, xttrans라는 명령어가 사용된다.

[표 1] 패널자료와 Stata명령어 요약

패널모형	Stata 패널분석 명령어	설명
데이터 정리 요약	reshape xtset xtbalance xtdescribe xtsum xtdata xtline xttab xttrans	• 패널자료작성(Wide form↔Long form) • 개체, 시간 식별자 • 불균형패널→균형패널 변환 • 패널자료의 특성 • 패널자료의 단순기술통계량 • 패널자료의 요약 • 패널자료의 개체별 그래프 • 패널자료의 교차제표 • 패널자료의 전이행렬
풀링 OLS	regress ivregress areg	• 단순회귀분석(OLS) • 도구변수 추정법(2단최소자승법) • 더미변수 자동생성 추정법
풀링 FGLS(장기패널분석법)	xtgee xtgls xtpcse xtscc	• 개체내 이분산, 자기상관, 개체간 이분산처리
고정효과(단기패널분석법)	xtreg, fe xtregar, fe	• 기초적 패널모형 추정 • 기초적 패널모형 추정($AR(1)$처리)
확률효과(단기패널분석법)	xtreg, re xtregar, re hausman rhausman	• 기초적 패널모형 추정 • 기초적 패널모형 추정($AR(1)$처리) • 하우스만 검정 • 이분산, 자기상관 존재 하우스만 검정
정태적 IV	xtivreg xthtaylor	• 2단 최소자승법 • 하우스만－테일러 추정법
동태적 IV	xtabond xtdpdsys xtdpd	• 아렐라노－본드 추정법 • 아렐라노－본드 추정법 확장(여러차수) • 위의 두 추정법의 확장
확률변경모형	xtfrontier	• 패널확률변경 모형

정성적 선택 모형	xtlogit	• 패널 로짓
	xtprobit	• 패널 프로빗 모형
검열, 집계자료	xttobit	• 패널 토빗
	xtintreg	• 패널 구간자료(interval data)
	xtpoisson	• 패널 포아송
	xtnbreg	• 패널 음이항모형
시계열 분석	pvar	• 패널 VAR모형

(2) 패널모형 추정법 개관

패널자료의 분석과 관련된 내용은 전장에서 살펴본 고정효과 모형, 확률효과 모형 및 이들 모형의 선택을 위한 하우스만 검정이 가장 기초적인 내용이므로 초보자들은 이 정도만으로도 패널분석법의 기초지식을 갖추었다고 볼 수 있다.

하지만 패널자료 분석방법이 크게 발전하고, 특히 다른 통계 소프트웨어보다 Stata 에서 다양한 패널자료의 분석방법을 제공하기 때문에 이에 대한 일부 방법론을 이해할 필요가 있다. 여기서는 패널자료 분석방법에 대한 이런 개괄적 내용을 서술한다.

우선 패널자료의 특성에 따라 어떤 추정방법이 사용될 수 있는지를 살펴보자. 지면관계상 기본 내용만을 살펴본다.

1) 균형패널자료와 불균형패널자료

패널자료는 균형패널자료(balanced panel data)와 불균형패널(unbalanced panel data)로 구분된다. 모든 경제주체들에 대해 모든 시점에서 자료가 관찰된다면 균형패널, 그렇지 않다면 불균형패널 자료가 된다. 과거와 달리 최근에는 이런 자료의 형태에 따른 추정방법의 차이는 거의 없어졌다.

2) 단기패널자료와 장기패널자료

패널자료는 단기 패널자료(short panel data)와 장기 패널자료(long panel data)로 나눌 수 있다. 단기 패널자료는 "폭이 넓고 길이가 짧은" 패널자료를, 장기 패널자료는 "폭이 좁고 길이가 긴" 자료를 의미한다. 여기서 폭이란 경제주체의 수를, 길이란 시계열의 수를 나타낸다. 하지만 이런 구분도 상대적인 개념으로 이해할 필요가 있다. 단기 패널이냐 장기패널이냐에 따라 패널자료의 분석법이 다소 달라질 수 있다. Stata에서는 각각 다른 명령어를 제공한다.

일반적으로 기초적 패널분석법에서는 주로 단기패널자료를 다룬다. Stata명령어로 는 xtreg를 사용한다. 만약 오차항이 1계자기상관이라면 xtregar을 사용한다. 각각 고 정효과와 확률효과모형을 나타내는 옵션 fe, re와 더불어 사용된다. 그리고 하우스만 검정을 위해서는 hausman이란 명령어를 사용한다. 이분산, 자기상관의 문제가 있을 때에는 rhausman명령어를 사용한다. 패널자료의 분석에서 가장 기본적인 내용으로 많 은 계량경제학 교과서에서 여기까지 언급한다.

반면 분석대상 자료가 장기 패널자료일 때에는 시계열자료의 특성을 반영해야 하 므로 모형설정에서 계열상관 문제의 처리가 중요하다. 따라서 개체간, 개체내 계열상 관의 문제뿐만 아니라, 개체간 이분산의 문제까지 처리하는 방법이 사용된다. 이를 위 한 Stata명령어에는 xtgee, xtgls, xtpcse, xtscc가 있다. 간단한 옵션을 부여함으로써 장 기 패널자료에서 개체내, 개체간에 존재할 수 있는 이분산, 자기상관의 문제를 처리할 수 있다.

3) 패널모형에서 개체의 특성

패널모형의 분석에서는 패널자료가 가지고 있는 개체의 특성을 나타내는 오차항 의 처리, 즉 고정효과모형에서 고정효과의 통제가 매우 중요하다. 대부분 미시자료에 서 자주 발견되는 현상으로 자료의 개체간 변이가 개체내 변이보다 크다. 패널자료의 이런 특성은 패널자료의 단순기술통계량을 살펴보기 위한 xtsum명령어를 이용하여 짐 작할 수 있다.

이런 패널자료는 주로 단기 패널자료이기 때문에 xtreg, xtregar란 명령어에 고정 효과를 나타내는 옵션 fe가 사용된다. 고정효과모형의 분석에서는 고정효과를 나타내 는 오차항이 다른 설명변수와 상관되어 있다고 보기 때문에 고정효과를 나타내는 오차 항을 제거하는 방법이 사용된다. 개체내 평균을 사용하거나, 차분하여 오차항을 제거 하는 방법을 사용한다. 그 외에도 더미변수를 활용하여 개체의 특성을 반영할 수 있다.

고정효과모형의 타당성이 의심스러우면 확률효과모형을 사용한다. 이때는 re옵션 을 부여한다. 개체의 특성을 나타내는 오차항이 다른 설명변수와 상관되어 있지 않기 때문에 FGLS추정법을 이용한다. 이상의 추정방법에서 만약 군집－강건한 표준오차 (cluster robust standard error)를 계산하려면 vce(cluster id)라는 옵션을 사용한다.

4) 독립변수의 내생성 처리

독립변수의 내생성의 문제를 해결하는 추정법 역시 패널자료의 분석에 사용될 수 있다. 오차항과 상관관계는 없으나 설명변수에 영향을 미치는, 일명 도구변수(instrumental variables)를 사용하는 방법으로 Stata에서 xtivreg란 명령어가 사용된다. 옵션 fe를 사용하여 고정효과모형을, 옵션 re를 사용하여 확률효과모형을 2단최소자승법(2SLS) 등으로 추정한다.

고정효과모형의 추정에서 개체내 시간불변 변수의 계수는 식별되지 않으므로 추정할 수 없었는데, 하우스만-테일러(Hausman-Taylor) 추정법을 이용하면 이를 추정할 수 있다. 이를 위해 Stata명령어 xthtaylor가 있다. 이 명령어를 사용할 때는 사용되는 독립(설명)변수를 ① 고정효과와 상관관계를 가질 가능성이 있는 변수와, ② 상관관계를 갖지 않는 변수, ③ 시간변동 설명변수와 ④ 시간불변 설명변수로 구분하고 이를 다시 내생 설명변수와 외생 설명변수로 구분해야 한다.

5) 시차종속변수의 도입

패널자료의 분석에서도 시차 종속변수가 사용되는데 이때 사용하는 추정방법은 아렐라노-본드 추정법(Arellano-Bond Estimator)이다. 해당 Stata명령어는 xtabond이다. 설명변수를 여러 형태로 구분하는 방법이 다소 복잡하다.

6) 비선형 모형의 패널추정

패널자료에도 정성적 종속변수모형이 적용될 수 있다. 관련 Stata명령어에는 정성적 종속변수모형에 대응되는 xtprobit, xtlogit, xtpoisson이 있다.

(3) 기초 패널추정법과 모형의 선택

1) 패널 추정법의 간단한 Stata사례

여기에서는 기초 패널추정법을 살펴볼 수 있는 간단한 사례를 이용하여 패널자료 분석에 필요한 자료검토, 고정효과모형과 확률효과 모형의 추정 및 하우스만 검정법을 살펴본다.

사례로 사용될 데이터에는 자선기부액의 결정요인으로서 소득, 가격(1-한계소득세율), 나이(64세이상 1, 이하 0), 결혼 여부(결혼 1, 독신 0), 부양 가족수를 고려했다. 전체

47명에 대한 10년간 균형패널자료이다.[5]

먼저 패널자료의 단순기술통계량을 살펴보았다. 개체내 불변자료(시간불변자료)라면, 가령 id변수는 개체내 표준편차가 영(0)이며 최댓값, 최솟값이 같음을 알 수 있다. 개체간 불변자료, 가령 time변수의 개체간 표준편차는 영(0)이며 최댓값과 최솟값이 같음을 알 수 있다. 개체간, 개체내 가변자료라면 각각 영(0)이 아닌 분산을 가지므로 최댓값, 최솟값 역시 서로 다르다.

이때 개체간, 개체내 표준편차의 크기를 통해 어느 부분의 변이가 큰지를 파악함으로써 추정방법(고정효과 모형과 확률효과 모형)의 선정에 활용할 수 있다. 가령 기부액을 나타내는 charity변수는 개체간 표준편차가 개체내 표준편차보다 크다. 따라서 개체의 특성이 분명하므로 고정효과모형이 적절할 수 있음을 보여준다.

패널분석에서도 간단한 그래프를 그려 자료의 변이와 추세에 대한 정보를 파악하고, 잘못된 자료가 있는지를 확인해야 한다. 패널자료에서는 xtline이 여러 개체의 시계열을 하나의 도표에 그려준다.

비록 패널분석법을 사용한다해도 기본적으로 패널자료를 혼용(통합)된 자료로 간주하여 단순회귀 분석결과를 살펴보는 것도 필요하다. 이때에는 개체별 이분산, 상관관계의 가능성을 감안하여 군집-강건 표준오차를 계산하여 유의성을 검토하는 것이 일반적인 절차이다. 단순회귀 분석결과와 비교할 때 파라미터 추정치는 같더라도 표준편차가 다소 커지는 것이 일반적이다.

다음의 패널분석 절차는 고정효과 모형과 확률효과모형을 추정하여 추정된 파라미터의 동일성 여부를 검토하는 하우스만 검정을 하는 것이다. 하우스만 검정은 자기상관, 이분산의 문제가 없을 때 타당하기 때문에 다른 검정법을 사용하기도 한다.

[사례 Ⅴ-2-1] 자선기부의 결정요인 패널분석 사례(Ⅴ-2-1-Charity.do)

```
* ********************************
* ***  자선기부의 결정요인 분석 사례 ***
* ********************************

use Ⅴ-2-1-Charity, clear
xtset id time

* 패널자료의 단순기술통계량
xtsum id time charity income price age ms deps
```

---

5   Gujarati, Damodar(2016), *Econometrics by Example*, Palgrave, pp.336-339.

```
* 종속변수 charity의 개체별 시계열 그림
xtline charity, overlay legend(off)

* 통합회귀분석(Pooled OLS), 군집강건 표준오차
regress charity income price age ms deps
regress charity income price age ms deps, vce(cluster id)

* 고정효과모형과 확률효과모형의 추정 및 하우스만 검정
xtreg charity income price age ms deps, fe
estimates store fix

xtreg charity income price age ms deps, re
estimates store ran

hausman fix ran, sigmamore
```

2) 가상적 데이터를 이용한 패널 추정법 전반의 이해

다음은 독자들이 보다 엄밀하게 생각하며 살펴봐야 할 사례로서 가상적 자료를 이용한 패널분석법이다. 고정효과모형이 타당한 자료와 확률효과모형이 타당한 자료를 인위적으로 만들어 패널추정법의 전반적인 절차를 이해하고자 하는 것이다.

계량경제학의 여러 분야에서 많이 활용되는 모의실험으로서 가상적인 변수들의 인과관계를 반영한 패널자료를 만들고, 이 패널자료로부터 패널자료의 단순기술통계량, 자료검토를 위한 그래프, 여러 추정방법의 일치성을 비교할 뿐 아니라 하우만 검정에 대한 의미까지 살펴보는 전반적 과정에 대한 사례이다.[6]

전체과정을 살펴볼 수 있는 사례이므로 독자들은 자신들이 분석할 대상 데이터세트에 적용한다면 전체 절차를 한 번에 해결할 수 있을 것이다.

첫째, 다음의 사례에서 가상적인 자료는 우선 1,000개의 개체에 대한 개체불변자료를 만드는 것부터 시작한다. 개체불변 자료에는 독립변수 x1, x2, 완전 확률적인 alpha1이란 오차항과 독립변수, x1, x2와 상관되어 있는 오차항 alpha2를 생성한다.

그 다음 개체가변 자료로서 확률오차모형의 특성을 갖는 종속변수 yre와 고정오차모형의 특성을 갖는 종속변수 yfe를 5개(T=5) 만든다. 이때 가상적인 파라미터는

---

6   NetCourse 471, Introduction to Panel Data, Lecture 1, Stata Online.

상수항에 대해 1, x1에 대해 2, x2에 대해 3, x3에 대해 4, x4에 대해 5의 값을 상정하였다. 가상적인 데이터로부터 여러 추정방법을 사용하였을 때 파라미터 추정치가 이 모수와 얼마나 일치성을 갖느냐를 평가하기 위한 것이다.

둘째, 이렇게 만들어진 가상적인 자료로부터 단순기술통계량을 계산하고, 다양한 그래프를 그려서 자신이 분석하고자 하는 데이터의 특성을 파악한다.

셋째, 다음은 분석대상 패널자료를 이용한 다양한 모형의 추정방법에 대해 설명하고 있다. 일반적으로 자주 언급되는 추정방법은 다음의 순서로 나열되어 있다. 통합데이터(pooled data)의 고전적 최소자승(OLS) 추정량, 통합데이터의 FGLS 추정량(모집단평균 추정량, population averaged estimator), 고정효과 모형(fixed effect model), 혹은 개체내 추정량(within estimator), 최소자승더미변수모형(least−squares dummy variable model: LSDV), 일계차분모형(first differenced estimator), 개체간 추정량(between estimator), 확률효과모형(random effect model)의 순서로 나열되어 있다. 직접 Stata에서 관련 명령어들을 실행하면서 비교해보면 많은 통찰력을 얻을 수 있다.

넷째, 고정효과모형과 확률효과모형에 어울리도록 만든 가상적 자료에서 이들 추정법을 활용하여 추정하고, 추정결과를 이용하여 하우스만 검정(hausman test)을 하고 있다. 하우스만 검정이 이분산, 자기상관의 문제가 있을 때 적용할 수 없으므로 사용자 작성 프로그램인 강건 하우스만 테스트(robust hausman test), 문락 검정(mundlak test)을 통해 모형선택을 위한 다른 검정법을 살펴보고 있다.

[사례 Ⅴ-2-2] 패널추정법에 대한 몬테칼로 실험사례(Ⅴ-2-2-Montecarlo.do)

```
* ****************************************
* *** 가상적 패널데이터세트(단기) 만들기 ***
* ****************************************
clear
set seed 123
set obs 1000

* 개인별 자료(n=1000)만들기
generate id = _n
generate year = 2015
generate x1 = runiform( ) > .5
generate x2 = rbeta(2, 3)
generate nu = rnormal( )
generate alpha1 = rnormal( )
```

```
generate alpha2 = x1+ x2 + nu

* 패널자료(T=5)
expand 5
bysort id: replace year = year + _n

generate x3 = rbeta(2, 3) + nu
generate x4 = runiform( ) + nu
generate u  = rnormal( )

* 확률효과모형, 고정효과모형의 종속변수 생성
generate yre = (1) + (2)*x1 + (3)*x2 + (4)*x3 + (5)*x4 + alpha1 + u
generate yfe = (1) + (2)*x1 + (3)*x2 + (4)*x3 + (5)*x4 + alpha2 + u

* 패널자료의 개인, 시간 식별
xtset id year, yearly
save  V-2-2-Montecarlo, replace

* === 1) 패널자료의 특성 파악 ===
use   V-2-2-Montecarlo, clear

* ********************************
* *** 패널자료의 단순기술통계량 ***
* ********************************
summarize yre yfe x1 x2 x3 x4
xtsum yre yfe x1 x2 x3 x4
corr yre yfe x1 x2 x3 x4 alpha1 alpha2
xttab x1
xttrans x1

* ************************************
* *** 패널자료의 특성파악을 위한 그래프 ***
* ************************************
xtline yre if id<=20, overlay legend(off)
xtline x3  if id<=20, overlay legend(off)

twoway (scatter yre x3) (lfit yre x3)
twoway (scatter yre x4) (lfit yre x4)

preserve
xtdata, be
twoway (scatter yre x4) (lfit yre x4)
```

```
restore

preserve
xtdata, fe
twoway (scatter yre x4) (lfit yre x4)
restore

* === 2) 통합데이터를 이용한 추정방법 ===
use V-2-2-Montecarlo, clear

* *******************************************
* **** 통합데이터(pooled data)의 OLS 추정량  ***
* *******************************************
* 오차항이 iid이고, 독립변수와 상관관계 없을 때 OLS는 일치추정량
regress yre x1 x2 x3 x4
regress yfe x1 x2 x3 x4

* 오차항이 개체내 상이한 시점간 자기상관, 개인간 iid일 때 강건표준오차
regress yre x1 x2 x3 x4, vce(robust)
regress yfe x1 x2 x3 x4, vce(robust)

* 오차항이 개체내 상이한 시점간 자기상관, 개인간 iid일 때 군집-강건표준오차
regress yre x1 x2 x3 x4, vce(cluster id)
regress yfe x1 x2 x3 x4, vce(cluster id)

* ***********************************************
* *** 통합데이터(pooled data)의 FGLS  추정량     ***
* *** -모집단 평균 추정량(population Averaged)- ***
* ***********************************************

xtreg yre x1 x2 x3 x4, pa
xtreg yre x1 x2 x3 x4, vce(robust) pa
xtreg yre x1 x2 x3 x4, vce(robust) corr(ar 2) pa

xtreg yfe x1 x2 x3 x4, pa
xtreg yfe x1 x2 x3 x4, vce(robust) pa
xtreg yfe x1 x2 x3 x4, vce(robust) corr(ar 2) pa



* === 3) 패널 데이터를 이용한 추정방법 ===
* ***********************************
* *** 고정효과 모형 (Fixed Effect Model) ***
```

```
* ***   -개체내 추정량(Within Estimator)- ***
* ***************************************

xtreg yre x1 x2 x3 x4, fe
xtreg yre x1 x2 x3 x4, fe vce(cluster id)

xtreg yfe x1 x2 x3 x4, fe
xtreg yfe x1 x2 x3 x4, fe vce(cluster id)


* ***************************************************
* *** 최소자승더미변수모형 ****************************
* *** (Least-Squares Dummy Variable Model:LSDV) ***
* ***************************************************
areg yre x1 x2 x3 x4, absorb(id) vce(cluster id)
areg yre x1 x2 x3 x4, absorb(id) vce(cluster id)


* *******************************************
* *** 일계차분모형(First Differenced estimator) ***
* *******************************************
regress D.(yre x3 x4), noconstant vce(cluster id)
regress D.(yfe x3 x4), noconstant vce(cluster id)


* *****************************************
* ***  개체간 추정량(Between Estimator) - ***
* *****************************************

xtreg yre x1 x2 x3 x4, be
xtreg yre x1 x2 x3 x4, be vce(bootstrap)

xtreg yfe x1 x2 x3 x4, be
xtreg yfe x1 x2 x3 x4, be vce(bootstrap)


* *****************************************
* *** 확률모형효과(Random Effect Model)  ***
* *****************************************

xtreg yre x1 x2 x3 x4, re
xtreg yre x1 x2 x3 x4, re vce(cluster id)
xtreg yre x1 x2 x3 x4, re vce(cluster id) theta

xtreg yfe x1 x2 x3 x4, re
xtreg yfe x1 x2 x3 x4, re vce(cluster id)
xtreg yfe x1 x2 x3 x4, re vce(cluster id) theta


* === 4) 고정효과모형과 확률효과모형의 선택 ===
use V-2-2-Montecarlo, clear
```

```
* **************************************
* *** 하우스만 테스트(Hausman Test) ***
* **************************************
xtreg yre x1 x2 x3 x4, fe
estimates store refe

xtreg yre x1 x2 x3 x4, re
estimates store rere

xtreg yfe x1 x2 x3 x4, fe
estimates store fefe

xtreg yfe x1 x2 x3 x4, re
estimates store fere

estimates table refe rere fefe fere, se

hausman fefe fere, sigmamore
hausman refe rere, sigmamore


* ****************************************************
* *** 강건 하우스만 테스트(Robust Hausman Test) ***
* ****************************************************
ssc install http://fmwww.bc.edu/RePEc/bocode/r/rhausman.pkg
rhausman fefe fere, reps(200) cluster
rhausman refe rere, reps(200) cluster


* ******************************
* *** 문락 검정(Mundlak test)  ***
* ******************************
bysort id: egen meanx3=mean(x3)
bysort id: egen meanx4=mean(x4)

quietly xtreg yfe x1 x2 x3 x4 meanx3 meanx4, vce(robust)
test meanx3 meanx4

quietly xtreg yre x1 x2 x3 x4 meanx3 meanx4, vce(robust)
test meanx3 meanx4
```

CHAPTER
03

고급 패널추정법

01 장기 패널자료와 오차항의 상관관계

제2장에서 언급한 내용은 주로 단기 패널자료의 분석과 관련된 내용이었다. 여기서는 개체의 수가 상대적으로 작고, 관측시점이 많은 장기 패널자료의 분석방법에 대해 설명한다. 패널자료가 적은 수의 개체에 대한 장기적인 데이터로 구성되어 있으므로 적은 수의 개체는 더미변수를 활용하면 쉽게 통제할 수 있어서 분석상 큰 문제는 없다. 하지만 장기적인 자료를 분석한다는 점에서 시계열자료의 분석에서 제기되었던 오차항과 관련된 자기상관, 개체별 자료를 사용한다는 점에서 이분산의 문제를 처리하는 것이 중요하다. 여러 개체들의 시계열자료를 다루게 되므로 개체내, 개체간의 자기상관, 이분산의 문제를 다루어야 한다는 점에서 복잡해진다.

따라서 본 장에서는 Stata를 이용하여 장기 패널자료를 분석하는 방법에 대해 간단히 살펴본다. 관련된 수식은 기초적 개념과 관련된 내용만을 살펴보고 Stata의 활용방법에 중점을 둔다.[7]

우선 오차항을 다음과 같이 정의해보자.

---

[7] Cameron A. Colin and Pravin K. Trivedi(2010), *Microeconometrics Using Stata*: Revised Edition, Stata Press, 강창희, 박상곤 역, 지필, pp.303−413.

$$u_{it} = \rho_i u_{i\,t-1} + e_{it}$$

이렇게 정의할 때 우리가 생각할 수 있는 오차항의 분포와 상관관계에 대한 가능성은 다음과 같다. ① 오차항 u_{it}가 서로 다른 개체 i와 상관관계를 가진다. ② 오차항 u_{it}가 개체간 이분산을 가진다. ③ 오차항 u_{it}가 개체내에서 t에 대해 자기상관 $(AR(1))$을 갖는다. ④ 오차항 e_{it}는 계열상관을 갖지 않지만 서로 다른 개체 i와는 상관관계를 갖는다. 즉 $Corr(e_{it}, e_{is}) = \sigma_{ts}$.

따라서 장기 패널자료의 분석에서는 오차항과 관련된 이런 사실들을 반영하는 추정방법을 사용해야 한다. 여기서는 장기 패널자료와 관련된 고급 패널추정법을 살펴보되, 사례를 통해서 개괄적인 내용의 이해에 중점을 둔다. 앞의 사례와 마찬가지로 하나의 Stata사례를 통해 일반적인 절차에 따라 자료의 특성파악, 기본적인 분석법에서부터 보다 고급기법까지 살펴본다.

다음 자료는 Stata 매뉴얼에서 제공되는 자료로서 5개 기업의 20년에 걸친 균형패널자료로서 기업의 내구재 투자는 기업주식의 시장가치와 자본스톡의 영향을 받는다는 모형을 추정하기 위한 것이다.

(1) 장기 패널자료의 특성파악

장기 패널자료의 특성을 파악하기 위해 summarize, xtsum, xttab, xttrans와 같은 명령어를 사용하였다. 단순기술통계량을 통해 개체내 불변, 개체간 불변 자료의 특성을 파악할 수 있다. 개체내, 개체간 표준오차를 통해 어느 쪽이 변이가 큰 자료인가를 파악할 수 있다. 개체내 가변자료라면 xttab, xttrans를 이용하면 두 시점간 변화를 볼 수 있다.

대부분 개체간 불변자료에서 대각선 이외의 빈도는 0이 되겠지만, 가령 노동통계에서 노조가입 여부를 나타내는 변수 시간의 변화에 따라 가입여부가 바뀔 수 있기 때문에 대각선에 작은 수의 빈도가 나타날 수 있다. 이런 요약통계를 통해서 분석하려는 자료의 특성을 파악하는 것이다.

장기 패널자료의 특성을 파악하는 방법으로 그래프를 그려보는 방법이 있다. xtline, scatter, xtdata 등을 통해 자료의 분산, 추세 등을 살펴보고, 때로는 자료의 오류여부를 파악할 수 있다.

(2) 개별 회귀분석

먼저 분석대상 장기 패널자료가 5개 기업에 대한 20년간 자료이기 때문에 개체별로 독립적인 회귀분석을 할 수 있다. 이때에는 statsby와 regress라는 명령어를 사용한다.

(3) 장기패널자료의 고전적 최소자승법, 패널 일반화최소자승법

만약 해당 패널자료에서 오차항의 자기상관($AR(1)$) 가능성이 있다면 xtregar명령어를 사용한다. 고정효과, 또는 확률효과 모형을 추정하기 위해 각각 fe, re라는 옵션을 사용할 수 있다.

(4) 더미변수 회귀분석

또한 개체수가 작기 때문에 개체를 나타내는 변수, company의 5개 더미변수를 만들고, 이 중 하나를 제외한 4개의 더미변수를 회귀식에 포함시킬 수 있다. Stata에서 범주형 자료를 독립변수에 포함시키는 매우 편리한 기능은 i.를 해당 변수 앞에 붙여 사용하는 지시변수 사용법이다. 즉 i.company라는 변수명을 포함시키면 5개 더미변수 가운데 4개 더미변수의 파라미터가 추정된다. 더미변수 하나를 제외하는 이유는 완전 다중공선성 문제를 피하기 위함이다.

(5) 자기상관, 이분산 문제의 해결(xtgls, xtpcse, xtscc의 활용법)

장기 패널자료의 보다 전문적인 분석방법은 xtgls, xtpcse, xtscc를 통해서 가능하다. 명령어 순서대로 간단한 사용법을 살펴보자.

1) xtpcse 사용법

앞서 설명한 바와 같이 패널모형의 복합오차항을 구성하는 u_{it}와 e_{it}의 개체내 또는 개체간 상관관계, 이분산의 존재 가능성을 감안하여 다음과 같은 옵션을 사용하게 된다.

개체전체, 또는 개체내 자기상관은 옵션 correlation( )을 이용하여 제어한다. ①

correlation(independent)을 사용한다면 통합 OLS추정법이 된다. ② 개체내 1계 자기상관관계, 개체별 고유의 자기상관관계를 감안한다면 correlation(psar1)옵션을 사용한다. ③ 개체내 1계 자기상관관계, 개체별로 동일한 자기상관계수를 감안한다면 correlation(ar1)옵션을 사용한다.

다음으로 개체간 독립적, 또는 이분산의 존재를 반영하기 위한 옵션은 independent, hetonly를 사용한다. ④ independent옵션은 개체간 이분산 문제가 없어서 독립적이란 의미이고, ⑤ hetonly옵션은 개체간 이분산이 존재한다는 것이다. ⑥ 만약 correlation( )옵션과 결합하여 사용한다면 개체간, 개체내 자기상관이나 이분산의 존재와 같은 다양한 상황에 적용할 수 있다.

여기서 제시한 사례로부터 각각의 추정명령어를 하나씩 실행하면서 아웃풋에 나타나는 상황을 이해하는 것이 해당 명령어의 사용법을 익히는 데 중요하다.[8]

2) xtgls 사용법

xtgls명령어의 사용은 방금 살펴본 xtpcse와 유사하다. 여기서 개체간에 존재하는 이분산, 자기상관 문제는 panels()옵션을 이용하며, 개체내 자기상관의 문제는 옵션 corr()로 통제한다.

① 오차항이 독립적일 때는 panels(iid), ② 다른 개체간 이분산이 존재할 때는 panels(heteroskedastic) 옵션을 사용한다. ③ 다른 개체간 이분산, 상관관계가 존재할 때는 panels(correlated)을 사용한다. ④ 다른 개체간 이분산, 모든 개체내 자기상관이 있다면 panels(hetero) corr(ar1)의 두 가지 옵션을 사용한다. ⑤ 다른 개체간에 이분산, 상관관계, 모든 개체내 자기상관이 있다면 panels(correlated) corr(ar1)을, ⑥ 다른 개체간 이분산, 상관관계, 개체별로 개체내 자기상관이 있다면 panels(correlated) corr(psar1)을 사용한다. 다소 혼동스러울 수 있지만 제시된 사례의 각 명령어를 실행하면서 그 아웃풋을 잘 관찰한다면 해당 명령어 사용법의 이해와 결과의 해석에 큰 어려움이 없을 것이다.[9]

3) xtscc 사용법

xtscc명령어는 xtpcse명령어가 1계 자기상관의 문제만을 처리할 수 있다는 난점을

---

8 Stata Manuals, xtpcse — Linear regression with panelcorrected standard errors, pp.361–374.
9 Stata Manuals, xtgls — Fit panel–data models by using GLS, pp.195–208.

개선하여 $AR(p)$의 일반화된 자기상관 문제를 해결할 수 있게 한 사용자 작성 프로그램이다.[10]

(6) 장기패널자료의 단위근, 공적분 검정(xtunitroot, xtcointtest)과 해법(xtpmg)

장기 패널자료는 폭이 좁고 긴 자료이므로 시계열 분석법에서 중요한 안정성 여부를 평가하는 단위근 검정과 가성회귀의 가능성 여부를 판단하기 위한 공적분 검정이 필요하다.

Stata에서는 패널자료의 단위근 검정을 위해 xtunitroot라는 명령어가, 공적분 검정을 위해 xtcointtest이란 명령어가 있다. 이런 문제에 직면해서 활용할 수 있는 추정방법으로서 xtpmg라는 사용자 작성프로그램이 있다.

패널자료의 단위근 검정을 위한 방법에는 여러 가지가 있으나 여기서는 Im−Pesaran−Shin test(IPS)방법만을 살펴본다.[11] 관심있는 독자라면 help기능을 이용하여 다른 검정법에 대한 자세한 설명을 확인할 수 있다. 패널자료의 공적분 검정 방법 역시 여러 가지가 있지만 자세한 설명을 하지 않는다.[12] 관심있는 독자라면 역시 help기능을 이용하면 된다.

패널자료에 공적분 문제가 있을 때 활용할 수 있는 사용자 작성프로그램으로는 xtpmg라는 명령어가 있다. 이 추정방법은 일반적으로 개체의 수와 시간의 수가 많으며, 불안정한 시계열을 가진 패널자료에 적용되는데 다음 단원에서 살펴보게 될 일반적인 동적 고정효과모형(dynamic fixed effects model)뿐만 아니라 Pooled Mean−Group, Mean−Group추정치를 구할 때 사용한다. 너무 전문적 내용이므로 자세한 설명은 생략한다. 공적분 문제의 해결에 관한 기본적인 내용은 시계열 분석법 부분에서 설명한 내용을 참고하면 된다.

---

10 http://www.stata−journal.com/software/sj7−3/xtscc.pkg

11 Im, K. S., M. H. Pesaran, and Y. Shin(2003), "Testing for unit roots in heterogeneous panels," *Journal of Econometrics* 115: pp.53−74.

12 Kao, C.(1999), "Spurious regression and residual−based tests for cointegration in panel data," *Journal of Econometrics* 90: pp.1−44.; Pedroni, P.(1999), "Critical values for cointegration tests in heterogeneous panels with multiple regressors," *Oxford Bulletin of Economics and Statistics* 61: pp.653−670.; Westerlund, J.(2005), "New simple tests for panel cointegration," *Econometric Reviews* 24: pp.297−316.

[사례 Ⅴ-3-1] 장기패널자료 추정법 사례(Ⅴ-3-1-LongPanel.do)

```
* **************************
* *** 장기패널자료 분석법  ***
* **************************

* *** 패널자료의 단순기술통계량 ***
use Ⅴ-3-1-LongPanel, clear
summarize company time invest market stock
xtsum company time invest market stock
xttab company
xttrans company

* *** 패널자료의 특성파악을 위한 그래프 ***
xtline invest, overlay legend(off)
xtline market, overlay legend(off)
xtline stock, overlay legend(off)

twoway (scatter invest market) (lfit invest market)
twoway (scatter invest stock) (lfit invest stock)

preserve
xtdata, be
twoway (scatter  invest market) (lfit  invest market)
restore

preserve
xtdata, fe
twoway (scatter  invest stock) (lfit  invest stock)
restore

* === 1) regress, xtregar 사용법 ===
* 개체별 회귀분석(OLS)
preserve
statsby, by(company) clear: regress invest market stock
format _b* %12.4f
list
restore

* 오차항 자기상관(AR1)가정시 추정법
xtregar invest market stock, fe
xtregar invest market stock, re
```

```
* === 2) xtpcse 사용법 ===
* 개체전체, 개체내 자기상관은 옵션 correlation()
* 개체간 이분산은 옵션 hetonly나  independent
use V-3-1-LongPanel, clear

* 통합 OLS(Pooled OLS)
xtpcse invest market stock, correlation(independent)

* 개체간 상관관계, 개체별 자기상관
xtpcse invest market stock, correlation(psar1)

* 개체간 상관관계, 전체개체평균  자기상관
xtpcse invest market stock, correlation(ar1)

* 개체간 전체 개체 상관관계, 개체간 이분산 혹은 독립
xtpcse invest market stock, correlation(psar1) hetonly
xtpcse invest market stock, correlation(psar1) independent

xtpcse invest market stock, correlation(ar1) hetonly
xtpcse invest market stock, correlation(ar1) independent

* === 3) xtgls 사용법 ===
* 개체간 이분산 자기상관은 옵션 panels()를
* 개체내 자기상관은 corr()로 통제함

* uit가 iid일경우 Pooled OLS
xtgls invest market stock, panels(iid)

* 다른 개체간에 이분산
xtgls invest market stock, panels(heteroskedastic)

* 다른 개체간에 이분산, 상관관계
xtgls invest market stock, panels(correlated)

* 다른 개체간 이분산, 모든 개체내 자기상관
xtgls invest market stock, panels(hetero) corr(ar1)

* 다른 개체간에 이분산, 상관관계, 모든 개체내 자기상관
xtgls invest market stock, panels(correlated) corr(ar1)

* 다른 개체간에 이분산, 상관관계, 개체별로 개체내 자기상관
xtgls invest market stock, panels(correlated) corr(psar1)
```

```
* === 4) xtscc 사용법 ===
* xtpcse의 AR(1) 처리기능을 AR(p)까지 일반화
ssc install http://www.stata-journal.com/software/sj7-3/st0128.pkg

xtscc invest market stock, lag(4)

* === 5) 패널자료의 단위근, 공적분: xtunitroot, xtpmg ===
use V-3-1-LongPanel, clear

* 패널자료의 단위근 검증
xtunitroot ips invest, lags(aic 5)
xtunitroot ips market, lags(aic 5)
xtunitroot ips stock, lags(aic 5)

* 패널자료의 공적분 검증
xtcointtest kao invest market stock
xtcointtest pedroni invest market stock
xtcointtest westerlund invest market stock

* 패널자료의 공적분 문제 해결을 위한 추정법
ssc install http://fmwww.bc.edu/RePEc/bocode/x/xtpmg.pkg
xtpmg d.invest d.market d.stock, lr(l.invest market stock) ec(ec1) full pmg
xtpmg d.invest d.market d.stock, lr(l.invest market stock) ec(ec2)  pmg
```

02 독립변수와 오차항의 상관문제와 패널추정법: 패널 도구추정법

위에서 살펴본 고정효과모형을 다시 살펴보자.

$$Y_{it} = X_{it}^{'} \beta + \alpha_i + e_{it}$$

여기에서 오차항은 $\alpha_i + \epsilon_{it}$ 처럼 두 개로 구성된 복합 오차항인데 고정효과모형에서 독립변수 X_{it} 는 α_i 는 상관관계를 가질 수 있으나 e_{it} 와는 상관관계를 갖지 않아야 한다는 가정이 전제되어 있다.

하지만 X_{it}가 e_{it}와 상관관계를 가질 수도 있다. 이때 만약 X_{it}와는 상관관계가 있지만 e_{it}와 상관관계를 갖지 않는 도구변수(instrumental variable), Z_{it}가 존재한다고 하자. 그러면 독립변수와 오차항이 상관되어 있는 상황에서 고정효과모형을 적절히 변형하여 α_i를 통제한 후 도구변수를 이용한 추정방법을 적용할 수 있다.

(1) 2단 최소자승법(2SLS)

독립변수와 오차항이 상관관계를 갖는 내생성의 문제를 해결하는 방법으로 2단 최소자승법이 있다. 패널자료에 이런 2단 최소자승법을 적용할 수 있는 Stata명령어는 xtivreg이다. 중요한 옵션은 추정치의 형태를 나타내는 fe, fd, re, be이다. 각각 고정효과, 차분, 확률효과, 개체간 효과 추정법을 나타낸다. 또 괄호에 내생성이 있는 독립변수와 이를 설명할 도구변수가 표기되어야 한다. 군집－강건 표준오차를 계산하기 위해서는 vce(bootstrap)옵션을 사용한다.

(2) 하우스만-테일러 추정법

지금까지 살펴본 고정효과모형과 1계 차분모형의 추정량은 개체의 특성을 나타내는 오차항을 제거하는 추정방법을 사용하였기 때문에 독립변수에 대한 일치추정량을 구할 수는 있어도 시간불변 설명변수의 계수값은 식별되지 않아 구할 수 없었다.

간단한 사례를 통해 그 의미를 살펴보면, 임금결정요인의 분석에서 그 결정요인의 하나인 교육수준은 패널자료에서 보통 개인의 특성을 나타내는 오차항과 상관관계를 가진 시간불변 변수가 되기 때문에 고정효과모형의 추정방법을 통해서는 파라미터를 구할 수 없다. 하지만 현실적으로 많은 연구자의 관심은 교육수준과 임금수준의 관계에 대한 파라미터 값을 추정하는 것이다. 바로 하우스만－테일러 추정치는 교육수준과 임금수준의 관계에 대한 파라미터 추정치를 제공해준다는 점에서 훌륭한 추정법이다.

하우스만－테일러 추정법을 이용하기 위해서는 분석에 사용되는 모든 독립변수들을 개체의 특성을 나타내는 오차항, α_i와 상관관계를 가질 가능성이 있는 변수와 상관관계를 갖지 않을 가능성이 있는 변수로 구분해야 한다. 또 시간불변 변수와 시간변동 변수로 구분해야 한다. 이때 모든 독립변수들은 시간변동 오차항, e_{it}와 상관관계가 없다고 가정한다.

하우스만-테일러 추정법을 위해서는 Stata명령어 xthtaylor를 사용한다. 분석에 사용될 모든 설명변수를 종속변수 다음에 나열하고, 오차항, α_i와 상관관계가 있을 가능성이 있는 변수는 endog( )옵션에 나열한다. 시간불변 변수들은 constant( )에 나열한다. 내생성이 있으면서 시간불변인 변수는 두 옵션에 모두 사용될 수 있다. 하우스만-테일러 추정법에서는 군집-강건 표준오차는 계산할 수 없다.

만약 보다 넓은 범위의 도구변수를 사용하여 추정치의 효율성을 높일 수 있는 추정방법을 생각하고 아메미야-맥커디 추정치(Amemiya-MaCurdy estimator)를 구하려 한다면 옵션 amacurdy를 사용한다.[13]

03 시차 종속변수가 설명변수인 모형의 추정

패널자료의 분석에서 어떤 한 개체에 대한 종속변수가 이전 시점의 값으로부터 영향을 받는 가능성을 생각해볼 수 있다. 만약 하나 또는 그 이상의 시차종속변수가 독립변수에 포함되어 있다면 아렐라노-본드 추정량(Arellano-Bond Estimator)을 구하는 추정방법을 사용하는데 독립변수의 시차변수를 도구변수로 사용하는 도구변수 추정법으로서 1계 차분하는 방법의 고정효과모형을 추정한다.[14]

이 추정법은 이미 살펴본 xtivreg명령어를 이용하여 추정할 수 있지만 이에 보다 특화된 xtabond, xtdpdsys, xtdpd라는 명령어를 사용하는 것이 훨씬 편리하다. 이 중에서 xtabond의 사용법에 대해 살펴본다. 가장 간단한 사용법은 종속변수와 설명변수를 나열해주고 종속변수의 시차변수의 차수를 lag( )옵션에 기술하는 것이다.

좀 더 복잡한 사용방법을 사용한다면, ① 독립변수를 아주 강한 외생적 변수, 즉 e_{it}와 아무런 상관관계가 없는 변수, ② 사전에 결정된 설명변수(predetermined

13 Amemiya, T. and T. E. MaCurdy(1986), "Instrumental-variable estimation of an error-components model," *Econometrica*, 54: pp.869-880.

14 Arellano, Manuel and Bond, Stephen(1991), "Some tests of specification for panel data: Monte Carlo evidence and an application to employment equations," *Review of Economic Studies*, 58 (2): p.277-297.; Baltagi, Badi H.(2008), "Dynamic Panel Data Models," *Econometric Analysis of Panel Data*, John Wiley & Sons, pp.147-180.; Cameron A. Colin and Pravin K. Trivedi(2010), *Microeconometrics Using Stata*: Revised Edition, Stata Press, 강창희, 박상곤 역, 지필, pp.371-395.

regressors), 또는 약하게 외생적인 변수들로서 과거의 오차항과 상관관계를 갖는 변수, ③ 같은 시점에서(contemporaneously) 상관관계가 있는 변수로서 과거, 현재 시점에서의 오차항과 상관관계가 있는 변수를 구분하여 기술할 수 있다. 첫 번째 형태의 독립변수는 종속변수 다음에 나열하고, 두 번째 형태의 독립변수는 pre( )옵션의 괄호 안에, 세 번째 형태의 변수는 endogeneous( )옵션의 괄호 안에 나열한다.

xtabond명령어의 추정량이 일치추정량이 되기 위해서는 오차항 e_{it}가 자기상관이 없어야 한다는 가정이 필요하다. 이를 검정하기 위해서는 xtbond명령어를 이용하여 모형을 추정한 후 estat abond명령어를 실행하면 된다.

[사례 V-3-2] 패널자료분석을 위한 IV 추정법, 동적모형 추정(V-3-2-IV Estimation.do)

```
* ***********************************************
* *** 패널분석을 위한 IV 추정법, 동적모형 추정법 ***
* ***********************************************


* 패널자료의 단순기술통계량
use V-3-2-IV Estimation, clear
xtset id t
xtsum lwage wks south smsa ms exp occ ind union fem blk ed


* === 도구변수(IV) 추정법 ===
* 2단최소자승법(2SLS)를 위한 xtivreg
xtivreg lwage south smsa exp occ ind union  (wks = ms), fe first
xtivreg lwage south smsa exp occ ind union  (wks = ms), fe
xtivreg lwage south smsa exp occ ind union  (wks = ms), fe vce(bootstrap)


* 하우스만-테일러(Hausman-Taylor) 추정법
* Hausman-Taylor estimates
xthtaylor lwage wks south smsa ms exp occ ind union fem blk ed, ///
        endog(exp occ ind union ed) constant(fem blk ed)


* Amemiya-MaCurdy estimates
xthtaylor lwage wks south smsa ms exp occ ind union fem blk ed, ///
        endog(exp occ ind union ed) constant(fem blk ed) amacurdy


* === 시차종속변수가 독립변수로 사용된 모형 ===
* 아렐라노-본드 추정법(Arellano-Bond Estimator)
xtabond lwage wks south smsa ms exp occ ind union, lag(2) twostep artests(3)
```

* 자기상관 검정
estat abond

* 과대식별 제약 검정
estat sargan

04 비선형 패널추정법

비선형 패널모형의 일반적 분석법은 선형 패널분석법과 비슷하다. 여기에서도 통합모형(pooled model), 고정효과모형(fixed effects model), 모집단 평균모형(population averaged model), 확률효과모형(random effects model)이 정의된다. 비선형 패널모형의 추정과 관련된 Stata명령어를 요약하면 다음 [표 1]과 같다.

[표 1] Stata에서 제공하는 비선형 패널분석을 위한 명령어

모형의 형태	로짓, 프로빗 모형	토빗모형	가산자료 모형
통합모형 (Pooled Model)	logit probit	tobit	poisson nbreg
고정효과모형 (Fixed Effect: fe)	xtlogit, fe		xtpoisson, fe xtnbreg, fe
확률효과모형 (Random Effect: re)	xtlogit, re xtprobit, re	xttobit	xtpoisson, re xtnbreg, re
모집단평균 모형 (Population averaged: pa)	xtlogit, pa xtprobit, pa		xtpoisson, pa xtnbreg, pa

여기에서는 패널자료의 비선형 패널모형의 추정법에 대한 사례를 살펴본다. 앞서 살펴본 임금방정식을 추정하기 위한 데이터세트 가운데 노조가입 여부를 설명히는 독립변수의 파라미터를 식별하고자 하는 사례이다. 종속변수인 노조가입 여부는 범주형 자료로서 정성적 변수가 종속변수인 모형이고, 분석대상 자료가 패널자료이기 때문에 패널자료의 비선형모형 추정사례가 된다. 패널자료의 단순기술통계량, 로짓모형으로서 고

정효과모형, 확률효과모형, 모집단평균모형의 추정방법을 보여주고 있다. 또 고정효과모형과 확률효과모형의 선정을 위한 검정방법으로서 하우스만 검정법을 보여주고 있다. 프로빗 모형의 분석방법은 로짓모형과 비슷하기 때문에 여기에서 설명을 하지 않는다.

또 이 사례에서는 패널자료의 비선형 분석법으로서 토빗모형의 추정 예를 보여주고 있다. 토빗모형 역시 고정효과모형과 확률효과모형으로 추정할 수 있다. 로짓모형, 프로빗 모형, 토빗모형에서 중요한 것은 독립변수의 종속변수에 대한 영향력을 살펴보기 위해 한계효과를 계산하는 것이다. 이 사례에서는 한계효과를 계산 방법에 대해서도 설명하고 있다.

[사례 Ⅴ-3-3] 패널자료분석을 비선형 추정법(Ⅴ-3-3-Nonlinear.do)

```
* ************************************
* *** 패널분석을 위한 비선형 추정법 ***
* ************************************
use V-3-2-IVEstimation, clear
xtset id t

* 패널자료의 단순기술통계량
xtsum lwage wks south smsa ms exp occ ind union fem blk ed

* ==== 로짓모형 ====
* 통합로짓모형(Pooled logit model)
logit union south smsa exp occ ind
estimates store po

* 고정효과모형(fe)
xtlogit union south smsa exp occ ind, fe
estimates store fe

* 확률효과모형(re)
xtlogit union south smsa exp occ ind, re
estimates store re

* 모집단 평균모형(pa)
xtlogit union south smsa exp occ ind, pa
estimates store pa

* 하우스만 검정
hausman fe re

* 한계효과의 계산
xtlogit union south smsa exp occ ind, fe
margins, dydx(occ) over(t)
```

marginsplot

* ==== 토빗모형 ====
* 통합토빗모형(Pooled logit model)
tobit union south smsa exp occ ind
estimates store po

* 확률효과모형(re)
xttobit union south smsa exp occ ind, re
estimates store re

* 한계효과의 계산
xttobit union south smsa exp occ ind, re
margins, dydx(occ) over(t)
marginsplot

PART

6

정성적, 제한적
종속변수 모형

제6부에서는 종속변수가 정성적 특성, 또는 제한적 특성을 갖는 모형에 대해 살펴본다. 제1
장에서는 정성적 종속변수 모형으로 2원선택 모형인 로짓 모형, 프로빗 모형과 다항선택 모
형인 다항로짓 모형, 조건부 로짓 모형, 혼합로짓 모형, 서열로짓 모형에 대해 살펴본다. 제2
장에서는 제한적 종속변수 모형으로서 토빗 모형, 절단정규 모형, 헥크만의 선택편의교정 모
형을 살펴본다. 제3장에서는 집계자료 회귀모형으로서 포아송회귀 모형, 음이항회귀 모형에
대해 살펴본다.

CHAPTER

01

정성적 종속변수 모형

　기업에서 직원의 채용여부, 직원의 흡연여부, 기업의 부도여부, 금융권에서 자금의 대출여부, 출퇴근시 자가용 또는 지하철의 선택 여부 등을 결정하는 요인이 무엇일까? 이것은 해당 사건들이 일어날지, 일어나지 않을지의 정성적 결과와 관련된다. 이처럼 결과가 두 개의 가능성으로 나타날 때, 이런 변수를 종속변수로 사용하게 되면 이는 불연속적인 변수로서 정규분포를 하지 않게 된다.

　하지만 현실적으로 정성적 변수, 혹은 더미변수가 독립변수가 아닌 종속변수로 사용되는 모형을 설정하고 이를 회귀 분석할 필요성이 있다. 이때 고전적 최소자승법을 적용할 수 있지만 관심대상이 되는 종속변수를 보다 잘 설명하기 위해서는 이에 맞는 적절한 모형과 특별한 계량경제학적 기법이 필요하다.[1]

01　선형확률모형(Linear Probability Model: PM)

(1) 선형확률모형의 고전적 최소자승법 추정

　만약 분석모형에서 종속변수가 여러 가능성을 갖는 값이 아니라 단지 두 개의 가

1　Gujarati, Damodar(2013), *Econometrics by Example*, Palgrave, (2nd ed.), pp.169−248.; Hill R. Carter, William E. Griffiths and Guay C. Lim(2013), *Principles of Econometrics* (3th ed.), Wiley, 이병락 역, 시그마프레스, pp.547−576.; Roberto Pedace(2013), "Limited Dependent Variable Models," in *Econometrics for Dummies*, John Wiley & Sons, pp.253−264.

능성을 갖는 값을 가진다면 이런 정성적 특성은 더미변수를 이용하여 수량화시킬 수 있다. 이처럼 더미변수가 종속변수로 사용되는 모형을 고전적 최소자승법으로 추정할 때 이를 선형확률모형(Linear Probability Model: LPM)이라고 한다. 정성적 종속변수, Y 와 다른 독립변수, X의 관계를 선형모형으로 추정한다는 것은 $Y = 1$이라는 조건부 확률(conditional probability)를 구하는 것과 같다.

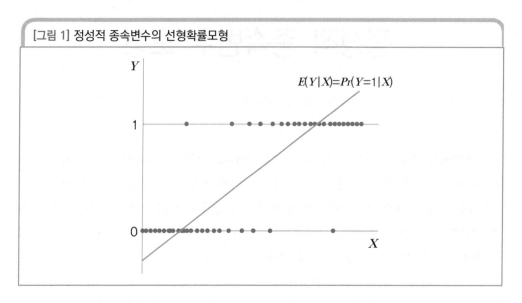

[그림 1] 정성적 종속변수의 선형확률모형

우선 기본적인 선형확률모형을 함수형태로 나타내면 다음과 같다.

$$Y_i = \beta_0 + \beta_1 X_i + u_i$$

여기서 Y_i는 종속변수로 어떤 사건이 일어날 때 1의 값을, 일어나지 않을 때 0의 값을 갖는 더미변수이다. X_i는 독립변수, u_i는 오차항을 나타낸다. 여기에서 오차항이 없다면 함수의 좌변은 조건부 평균이 된다. 하지만 선형모형에서 조건부 평균은 두 개의 가능성 있는 값을 가지므로 이는 이항확률분포(binomial probability distribution)를 한다.

종속변수가 가질 수 있는 값과 그 사건이 일어날 확률을 안다면 종속변수의 기댓값은 다음 식으로 나타낼 수 있다. 즉

$$E(Y) = 0 \times (1 - P_i) + 1 \times P_i = P_i = P_r(Y = 1)$$

따라서 이 식에서 종속변수의 비조건부 평균은 결과가 나타날 확률을 나타낸다. 만약 종속변수가 $E(Y|X) = \beta_0 + \beta_1 X_i$처럼 X의 함수라면 $E(Y|X)$는 독립변수 값이 주어진 상태에서 결과가 관찰될 조건부 확률(conditional probability)을 나타낸다. 즉

$E(Y|X) = P_r(Y=1|X)$이다.

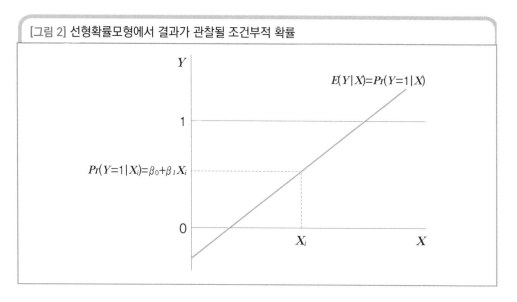

[그림 2] 선형확률모형에서 결과가 관찰될 조건부적 확률

고전적 최소자승법을 사용하여 추정한 모형에서와 같이 선형확률모형에서도 추정된 회귀계수는 종속변수의 독립변수에 대한 효과(영향력)를 나타낸다. 즉 독립변수의 단위변화에 대해 예측된 확률의 변화정도를 측정하게 한다. 여기서 예측된 확률이라는 것은 두 개의 가능한 정성적 값을 갖는 종속변수에서 1의 값을 갖는 것으로 정의한 결과를 관찰할 기회의 정도를 나타낸다.

(2) 고전적 최소자승법 적용의 문제

선형확률모형을 이용한 실증분석에서는 몇 가지 문제가 있다. 대표적인 것은 ① 오차항의 비정규성 문제, ② 오차항의 이분산 문제, ③ 잠재적으로 비현실적인 확률 예측결과가 나타날 가능성의 문제이다.

1) 오차항의 비정규분포

오차항이 정규분포를 한다는 가정은 모형을 추정한 후 가설검정을 할 때 아주 중요하다. 선형확률모형에서 오차항은 정규분포가 아닌 이항분포(binomial distribution)를 하기 때문에 개별 파라미터 추정치의 가설검정을 위한 t검정이나 모든 파라미터 추정치의 가설검정, 즉 전체검정을 위한 F검정을 할 수 없다.

아래 그림에서 선형확률모형의 오차항은 주어진 X값에서 두 가지의 값을 가질 가능성이 있다. 즉, $Y = 1$일 때의 값과 $Y = 0$일 때의 값이다. 그래서 오차항은 정규분포를 하는 것이 불가능하다.

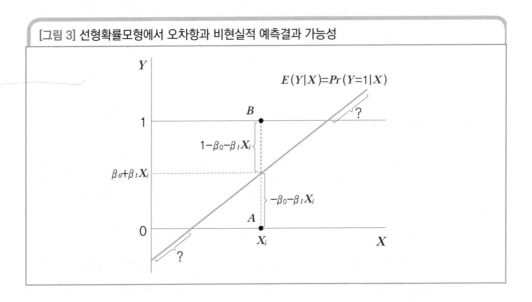

[그림 3] 선형확률모형에서 오차항과 비현실적 예측결과 가능성

2) 이분산 문제

고전적 회귀모형에서 오차항은 동분산을 갖는다고 가정한다. 동분산의 가정은 고전적 최소자승추정량이 효율적이기 위해 필요하다. 고전적 최소자승추정량이 효율적이기 위한 조건은 가우스-마코프 정리에서 살펴보았다. 이분산이 존재하게 되면 더 이상 가우스-마코프 정리가 성립하지 않게 되고, 고전적 최소자승추정량이 바람직한 특성을 갖지 못한다.

선형확률모형에서는 오차항의 분산이 일정하지 않기 때문에 이분산의 문제를 갖는다. 여기에서 분산은 독립변수 값에 따라 변화한다. 즉

$$Var(u) = E(u_i^2) = (1 - \beta_0 - \beta_1 X_i)^2 P_i + (-\beta_0 - \beta_1 X_i)^2 (1 - P_i)$$

$$= (1 - P_i)^2 P_i + (- P_i)^2 (1 - P_i)$$

$$= P_i (1 - P_i)$$

$$= (\beta_0 + \beta_1 X_i)(1 - \beta_0 - \beta_1 X_i)$$

3) 확률 예측치의 비현실성

확률법칙의 가장 기본은 어떤 사건이 일어날 확률은 0과 1 사이의 값을 갖는다는 것이다. 선형확률모형에서는 이런 확률의 기본법칙을 충족하지 못할 수 있다. 선형확률모형에서 대부분의 예측된 확률은 0과 1 사이의 값을 갖지만 어떤 회귀선에 의해 예측된 확률값이 위의 [그림 3]의 물음표(?)에서 보듯 0보다 작거나, 1보다 큰 값을 갖는다면 해석이 불가능하다.

02 프로빗모형과 로짓모형

선형확률 모형이 갖는 이런 문제를 해결하기 위해, 회귀식에 의해 예측된 확률값이 0과 1 사이의 값을 갖도록 파라미터에 대해 비선형인 함수식을 적용한 모형이 바로 프로빗 모형(probit model)과 로짓 모형(logit model)이다.

프로빗, 로짓함수에서 조건부적인 확률은 독립변수에 대해 비선형으로 정의된다. 두 함수는 점근적으로 0과 1에 접근하는 특성을 갖고 있기 때문에 함수식에 의해 예측된 값이 나타내는 확률은 항상 의미있는 값을 갖는다. [그림 4]는 선형확률 모형, 로짓모형의 조건부적 확률분포를 나타내는 그림이다.

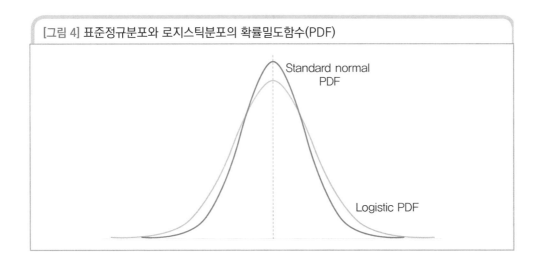

[그림 4] 표준정규분포와 로지스틱분포의 확률밀도함수(PDF)

(1) 프로빗(probit model) 모형

프로빗모형은 다음과 같이 정의되는 누적표준정규분포 함수(cumulative standard normal density function)에 기초하고 있다.

$$F(z) = \int_{-\infty}^{z} \sqrt{2\pi} \; e^{-\frac{z^2}{2}} dz$$

여기서 z는 표준화된 정규변수를, e는 자연대수의 기저(base of natural log)를 나타낸다.

프로빗모형에서 누적 표준정규분포함수는 선형함수로 대체되어 다음 식으로 나타낼 수 있다. 여기서 파라미터는 고전적 최소자승법이 아닌 최우법(maximum likelihood method)으로 추정된다.

$$E(Y|X_i) = \Pr(Y=1|X_i) = F(\beta_0 + \beta_1 X_i) = \int_{-\infty}^{\beta_0 + \beta_1 X_i} \sqrt{2\pi} \; e^{-\frac{(\beta_0 + \beta_1 X_i)^2}{2}} d(\beta_0 + \beta_1 X_i)$$

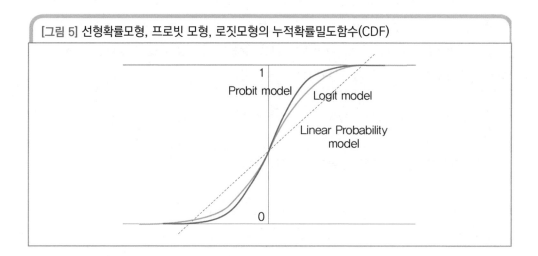

[그림 5] 선형확률모형, 프로빗 모형, 로짓모형의 누적확률밀도함수(CDF)

(2) 로짓모형(Logit model)

로짓모형은 다음과 같은 누적 로지스틱 밀도함수(cumulative logistic density function)에 기초하고 있다.

$$F(G) = \frac{e^G}{1 + e^G}$$

여기서 G는 로지스틱 확률변수를, e는 자연대수의 기저를 나타낸다. 로지스틱 분포는 표준정규분포와 비슷하지만 평균에서 1 표준편차 범위의 확률이 표준정규분포에 비해서 적다([그림 4] 참조). 따라서 누적밀도함수는 낮은 확률변수 값에서는 누적 표준정규밀도함수에 비해 낮은 값을 갖는다.

로짓모형에서 로지스틱 누적밀도함수는 선형함수로 대체되어 추정될 수 있다. 프로빗모형과 마찬가지로 고전적 최소자승법이 아닌 최우법으로 추정한다.

$$P_i = E(Y|X_i) = \Pr(Y=1|X_i) = F(\beta_0 + \beta_1 X_i) = \frac{e^{\beta_0 + \beta_1 X_i}}{1 + e^{\beta_0 + \beta_1 X_i}}$$

파라미터에 대해 비선형인 이 함수를 선형으로 대체하는 방법에 대해 알아보자. 주어진 독립변수 G_i에서 특정사건이 일어날 확률 P_i를 이상과 같이 정의하였다면, 특정사건이 일어나지 않을 확률, 즉 $1 - P_i$는 다음과 같이 정의할 수 있다. 즉

$$1 - P_i = \frac{1}{1 + e^g}$$

여기서 만약 특정사건이 일어나지 않을 확률에 대한 특정사건이 일어날 확률, 일명 승산비(odds ratio), $P_i/(1 - P_i)$를 정의하면 다음과 같다.

$$\frac{P_i}{1 - P_i} = \frac{1 + e^{G_i}}{1 + e^{-G_i}} = e^{G_i}$$

양변에 자연대수를 취해 승산비의 자연대수를 구하면 다음과 같은 선형함수식, 즉 로짓모형으로 변형된다.

$$L_i = \ln\left(\frac{P_i}{1 - P_i}\right) = G_i = \beta_0 + \beta_1 X_i$$

이런 로짓모형을 추정하기 위해서는 오차항을 부가하여 다음과 같은 계량경제모형으로 만든다. 파라미터 추정을 위해서는 최우법을 사용한다.

$$L_i = \ln\left(\frac{P_i}{1 - P_i}\right) = \beta_0 + \beta_1 X_i + u_i$$

(3) 프로빗모형과 로짓모형의 추정결과 해석

　　프로빗함수는 비선형함수이고 추정된 파라미터는 부분기울기계수(partial slope coefficients)가 아니다. 즉 프로빗모형을 추정해서 얻어진 파라미터 추정치는 독립변수의 단위변화에 대한 Z값의 변화를 나타낸다. 프로빗모형은 표준정규분포함수로부터 구해졌기 때문에 독립변수의 종속변수의 확률변화에 대한 효과를 분석하기 위해서는 한계효과(marginal effect)를 구하기 위한 별도의 계산과정이 필요하다.

　　로짓함수를 추정하여 파라미터 추정치를 구하게 되면 이 역시 부분기울기계수가 아니다. 즉 독립변수의 단위변화에 대한 G값의 변화를 나타내는 것이지 확률변화를 나타내는 것이 아니다. 로짓모형은 비선형함수인 로지스틱분포에서 구했기 때문에 독립변수의 종속변수 확률변화에 대한 효과를 계산하기 위해서는 역시 한계효과를 구하는 과정이 필요하다.

　　프로빗모형이나 로짓모형을 추정하고, 이로부터 한계효과를 구하는 과정은 대부분의 통계 소프트웨어에서 제공한다. Stata 역시 프로빗, 로짓함수를 추정하고 추정된 결과를 이용하여 한계효과를 계산한다.

　　프로빗모형이나 로짓모형을 이용하여 한계효과를 계산할 때 주의할 것은 한계효과는 단지 추정치일뿐 정확한 것이 아니라는 사실이다. 왜냐하면 전제가 되는 함수형태가 비선형이기 때문에 한계효과는 추정된 함수식을 따라서 지속적으로 변하기 때문이다.

　　따라서 Stata에서 한계효과를 구할 때에도 독립변수의 평균값, 또는 각 독립변수의 특정 값에서의 한계효과를 구한다. 프로빗모형이나 로짓모형을 추정한 후 margins라는 명령어에 dydx라는 옵션을 사용하면 된다. 독립변수의 평균값에서 구할 때는 atmeans라는 옵션을, 보다 구체적인 값에서의 한계효과를 구한다면 at옵션을 사용한다.

(4) 프로빗, 로짓모형과 Stata

　　다음은 흡연여부의 선택에 영향을 미치는 변수를 찾아보는 사례이다.[2] 흡연여부를 나타내는 종속변수는 0과 1의 값을 갖는 범주형 자료이다. 흡연여부를 결정하는 변수로는 나이, 교육수준, 소득, 담배가격을 고려하였다. 먼저 고전적 최소자승법을 적용하

2　Gujarati, Damodar(2016), *Econometrics by Example*, Palgrave (2nd ed.), pp.175−180.

여 선형확률모형을 추정하고 오차항의 분포를 확인해 보았다. 그 다음 프로빗 모형과 로짓모형을 추정하고 각각 평균에서의 한계효과를 계산하였다.

[사례 Ⅵ-1-1] 로짓모형, 프로빗 모형의 추정법(Ⅵ-1-1-Smoker.do)

```
* ************************************
* *** 로짓모형 프로빗 모형의 추정법  ***
* ************************************
use Ⅵ-1-1-Smoker, clear

* 단순기술통계량
summarize smoker age educ income pcigs79
correlate smoker age educ income pcigs79
graph matrix smoker age educ income pcigs79


* ==== 1) 선형확률모형(Linear Probability Model) ====
regress smoker age educ income pcigs79
* 오차항의 분포 확인
rvfplot
avplots


* ==== 2) 프로빗 모형(Probit Model)  ====
probit smoker age educ income pcigs79
* 한계효과
margins , dydx(*) atmeans


* ==== 3) 로짓 모형(logit model)  ====
logit smoker age educ income pcigs79

* 한계효과
margins , dydx(*) atmeans
```

---

03 다항회귀모형(multinomial regression)

앞에서 살펴본 프로빗모형과 로짓모형은 종속변수가 취할 수 있는 값이 두 개인 이원선택모형(binary choice models)이었다. 하지만 현실적으로 경제주체들은 여러 가능성 가운데 하나를 선택하는 다항선택(multinomial choice)의 상황에 처한다.

가령 고등학교를 졸업한 후 대학에 진학하지 않거나, 2년제 대학에 진학하거나, 4년제 대학에 진학하는 것을 선택하는 상황이나, 대학에 진학한 후 경제학, 경영학, 무역학을 선택하는 문제, 특정 용도의 여러 상품 가운데 하나를 선택하는 문제, 출퇴근시 버스, 지하철, 자가용, 택시를 선택하는 문제와 같이 두 개 이상의 선택지 가운데 하나를 선택하는 문제를 다룬다면 다항회귀모형이 된다.

다항회귀모형으로는 다항 로짓모형, 조건부 로짓모형, 다항 프로빗모형, 서열 로짓모형 등이 있다. Stata에서 이들 모형들은 각각 mlogit, clogit, mprobit, ologit과 같은 명령어들에 의해 추정된다. 모형의 추정뿐만 아니라 확률의 예측, 한계효과의 측정과 같은 추정결과의 해석을 위한 predict, margins과 같은 명령어들이 잘 구비되어 있다.

아래에서는 관련모형의 간단한 의미설명, 적용대상이 되는 자료의 특성, 확률의 예측과 한계효과의 계산에 대해서만 간단히 살펴본다.

(1) 다항로짓모형

어떤 경제주체, i가 몇 가지의 선택 가능한 대안 j가운데 하나를 선택한다고 하자. 단순히 세 가지의 선택대안($j = 1, 2, 3$)이 있다고 하고, 이런 선택을 결정하는 특정 경제주체 고유의 요인을 X_i라고 하자. 여기서 선택대안 j에 부여된 숫자는 의미없이 임의적으로 결정되는 범주의 하나이다.

다항 로짓모형에서 특정경제주체 i가 선택대안, $j = 1, 2, 3$를 선택할 확률은 다음과 같이 정의된다.

$$P_{i1} = \frac{1}{1 + \exp(\beta_{12} + \beta_{22} X_i) + \exp(\beta_{13} + \beta_{23} X_i)}, \; j = 1$$

$$P_{i2} = \frac{\exp(\beta_{12} + \beta_{22} X_i)}{1 + \exp(\beta_{12} + \beta_{22} X_i) + \exp(\beta_{13} + \beta_{23} X_i)}, \; j = 2$$

$$P_{i3} = \frac{\exp(\beta_{13} + \beta_{23} X_i)}{1 + \exp(\beta_{12} + \beta_{22} X_i) + \exp(\beta_{13} + \beta_{23} X_i)}, \; j = 3$$

여기서 첫 번째 선택대안과 관련된 파라미터는 0이라고 하면 분자는 1이 된다. 이런 선택대안을 기저(base)라고 한다. 파라미터 β_{12}와 β_{22}는 두 번째 선택대안, β_{13}와 β_{23}는 세 번째 선택대안과 관련된 것이다. 이 식에서 주의해야 할 것은 특정개인이 어떤 선택대안을 결정하는 설명변수로는 개인고유(individual specific)의 설명변수가 있을 뿐이지 선택대안과 관련된 설명변수는 없다는 사실이다. 만약 후자를 생각한다면 이는 다음에 설명할 조건부 로짓모형이 된다.

이런 다항 로짓모형의 파라미터는 최우법을 통해 추정된다. 대부분의 통계 소프트웨어에서는 이런 기능들을 제공해주기 때문에 자세한 설명은 생략한다. 모형의 추정이 끝나면 이로부터 각 선택대안을 선택하게 될 예측확률을 구하거나, 설명변수의 변화가 선택대안 중 하나를 선택할 확률에 미치는 영향, 즉 한계효과를 측정하기도 한다. 선택대안이 두 개 이상이기 때문에 특정 선택대안에 대한 다른 선택대안을 선택할 확률이 몇 배 증가하는가를 나타내는, 즉 승산비율(odds ratio)에 미치는 영향을 측정하기도 한다.

Stata에서는 다항 로짓모형의 추정을 위해 mlogit 명령어를 사용한다. 만약 옵션 rr을 사용한다면 승산비율의 변화를 나타내는 파라미터를 구할 수 있다. margins라는 명령어를 이용하면 설명변수의 평균, 특정 값에서의 한계확률을 구할 수 있다.

다음 사례는 대학진학 여부를 선택하는 모형이다.[3] 종속변수의 세 가지의 진학형태를 설명하는 변수로는 가톨릭 고등학교 여부, 학업성적, 가구소득, 가족수, 부모학력, 성별, 인종변수가 고려되었다. 다항로짓모형을 추정하고, 확률예측, 한계효과의 측정방법에 이르는 과정에 대해 설명하고 있다.

[사례 VI-1-2] 다항 로짓모형의 추정법(VI-1-2-Univ.do)

```
* *****************************
* *** 다항 로짓모형의 추정법  ***
* *****************************
use VI-1-2-Univ, clear
* 단순기술통계량
desc _all
summ _all

* 그래프
graph matrix psechoice hscath grades faminc famsiz parcoll female black

* 다항로짓모형(Multinomial logit model)
* 모형추정
```

---

3 Gujarati, Damodar(2016), *Econometrics by Example*, Palgrave (2nd ed.), pp.192－198.; Hill R. Carter, William E. Griffiths and Guay C. Lim(2013), *Principles of Econometrics* (3th ed.), Wiley, 이병락 역, 시그마프레스, pp.562－564.

```
mlogit psechoice hscath grades faminc famsiz parcoll female black
mlogit psechoice hscath grades faminc famsiz parcoll female black, rr
mlogit psechoice hscath grades faminc famsiz parcoll female black, baseoutcome(1)
```

```
* 확률예측
predict p1 if e(sample), outcome(1)
predict p2 if e(sample), outcome(2)
predict p3 if e(sample), outcome(3)
summarize p1 p2 p3
```

```
* 한계효과의 측정
margins, atmeans
margins, dydx(*) predict(outcome(1)) predict(outcome(2)) predict(outcome(3))
```

(2) 조건부 로짓모형

전술한 다항로짓모형에서 특정대안의 선택확률과 관련된 설명변수들은 개인의 속성을 반영하는 값을 갖는다. 하지만 조건부 로짓모형은 특정대안의 선택확률을 결정하는 설명변수가 선택범주별로 상이한 값을 가질 때 적용된다.

간단한 예를 통해 설명해보자. 관광객의 여행방법에서의 선택대안에는 항공기, 기차, 버스, 자가용의 네 가지가 있다고 하자. 이런 선택대안을 선택할 확률을 결정하는 변수로 공항대기시간, 교통수단별 소요비용과 소요시간, 여행경비, 가구소득수준, 동행자수를 고려하자. 이런 설명변수 가운데 앞의 4개 변수는 선택대안마다 상이한 값을 가지므로 선택고유(alternative specific)한 변수이다.

마지막 두 개 가구소득수준과 동행자수는 개인고유(individual specific)의 변수로서 모든 교통수단에 대해 동일한 값을 가지므로 회귀모형에 포함될 수 없다. 만약 두 가지 형태의 변수, 즉 선택고유, 개인고유의 변수를 동시에 활용하려면 다음에 설명할 혼합 로짓모형을 사용해야 된다.

Stata에는 조건부 로짓모형의 추정을 위해 clogit명령어가 있다. 확률의 예측이나 한계효과의 계산 역시 다른 추정방법에서 사용되는 predict, margins이라는 명령어를 이용한다.

다음은 교통수단의 선택과 관련하여 조건부로짓모형의 추정, 확률예측, 한계효과의 계산과정을 보여주는 사례이다.[4] 여기서 다항로짓모형에서의 종속변수로 mode가 사용되었으나, 조건부 로짓모형에서는 choice가 사용되었는데 choice는 0과 1의 값을 갖지만 이는 mode변수가 나타내는 다양한 선택지 가운데 하나라는 것을 이해할 필요가 있다.

[사례 VI-1-3] 조건부 로짓모형 추정법(VI-1-3-Transp.do)

```
* ******************************
* *** 조건부 로짓모형 추정법   ***
* ******************************
use VI-1-3-Transp, clear

* 단순기술통계량
desc _all
summ _all
table mode
tabulate mode choice

* 그래프
graph matrix choice termtime invehiclecost traveltime travelcost income partysize

* 다항로짓모형(Multinomial logit model)
* 설명변수는 선택자 특징적 자료이어야 함
mlogit mode travelcost income partysize if choice==1

* 조건부 로짓모형(Conditional logit model)
* 설명변수는 선택대안 특징적 자료이어야 함
clogit choice termtime invehiclecost traveltime travelcost, group(id)
clogit choice termtime invehiclecost traveltime travelcost air train bus, group(id)

* 혼합 로짓모형(mixed logit model)
* 설명변수는  선택자 & 선택대안 특징적 자료가 혼합
generate incair=income*air
generate inctra=income*train
generate incbus=income*bus
generate parair=partysize*air
generate partra=partysize*train
generate parbus=partysize*bus

clogit choice termtime invehiclecost traveltime travelcost ///
       incair inctra incbus parair partra parbus, group(id)
```

4   Gujarati, Damodar(2016), *Econometrics by Example*, Palgrave (2nd ed.), pp.198-201.; Hill
     R. Carter, William E. Griffiths and Guay C. Lim(2013) *Principles of Econometrics* (3th ed.),
     Wiley, 이병락 역, 시그마프레스, pp.555-557.

(3) 혼합 로짓모형

조건부 로짓모형에서 개인고유의 변수가 포함된다면 모든 선택대안에 대해 동일한 값의 자료가 사용되기 때문에 모형의 추정이 불가능하다는 것을 지적한 바 있다. 이런 문제를 해결하기 위해 선택대안과 개인고유의 변수의 상호작용변수를 추가한 모형을 구성한다면 혼합 로짓모형이 된다. 앞에서 살펴본 사례의 마지막 부분에서 혼합 로짓모형의 추정과정을 확인할 수 있다.

(4) 서열로짓, 서열프로빗모형

지금까지 살펴본 정성적 선택모형에서 종속변수로 사용되는 자료는 범주를 나타내는 숫자에 불과했다. 하지만 서수적, 서열적인 의미를 갖는 자료를 모형화하는 것도 가능한데 이것이 서열로짓모형이다. 설문조사 때 만족, 중립, 불만족으로 응답하거나 학점을 A, B, C, D, F로 평가하거나, 기업의 신용등급을 AAA, AA, A, BBB로 구분한다면 자료는 서수적 특성을 갖는다. 이런 자료를 모형화한 모형이 서열로짓, 서열프로빗모형이다. Stata에서는 이를 위해 ologit, oprobit명령어를 사용한다. 역시 추정결과로부터 확률예측, 한계확률을 구할 수 있다.

다음의 사례는 "워킹맘도 일반엄마와 마찬가지로 아이들과 친밀하고 안정적 관계를 유지할 수 있는가?"라는 질문에 대한 응답(1=강한반대, 2=반대, 3=찬성, 4=강한찬성) 여부를 설명하기 위해 조사연도, 성별, 인종, 나이, 교육수준, 직업명성과 같은 설명변수들을 이용한 서열로짓모형이다.[5] 서열로짓모형의 추정, 추정결과로부터 예측치의 계산, 한계효과의 계산과 같은 전반적 절차를 보여주고 있다. 서열로짓모형에서는 종속변수 값의 범주별 기울기의 동일성 여부를 평가하는 것이 중요한데 이는 사용자작성 프로그램인 omodel명령어를 사용한다.

[사례 VI-1-4] 서열 로짓모형 추정법(VI-1-4-Warm.do)

```
* ****************************
* *** 서열 로짓모형 추정법 ***
* ****************************
use VI-1-4-Warm, clear
```

---

5   Gujarati, Damodar(2016), *Econometrics by Example*, Palgrave (2nd ed.), pp.209–213.

* 단순기술통계량
desc _all
summ _all

* 서열로짓모형의 추정
ologit warm yr89 male white age ed prst
ologit warm yr89 male white age ed prst, or

*예측치 계산
predict SD D A SA
summarize SD D A SA

* 한계효과 계산
margins, dydx(*)

* 카테고리별 기울기 동일여부 검정
ssc install http://fmwww.bc.edu/RePEc/bocode/o/omodel.pkg
omodel logit warm yr89 male white age ed prst

CHAPTER
02

제한 종속변수 모형

제한 종속변수 모형에서 종속변수는 양적 자료이기는 하지만 제한된 값을 갖는다. 만약 종속변수의 값이 결측치이거나 제약된 값을 갖는다면 고전적 최소자승법의 기본 가정 가운데 일부를 충족할 수 없다.

종속변수가 제한된 값을 가지는 사례를 살펴보자. 만약 노동시장에서 임금방정식을 추정한다고 하자. 이때 임금수준은 단지 정(+)의 값만을 가질 수 있다. 임금수준이 너무 낮다면 근로자는 노동력을 제공하지 않을 수도 있고, 법정최저임금제도하에서 임금은 일정 수준 이하의 값을 가질 수 없다. 만약 농구장이나 야구장의 운동경기 입장권 판매수요를 종속변수로 하는 모형을 추정한다면 최대 입장권 판매 수가 운동시설의 수용인원을 넘어설 수 없다.

이처럼 종속변수가 갖는 값이 제약을 받는 모형이라면 고전적 최소자승법을 적용할 수 없다. 제한종속변수 모형은 이처럼 종속변수가 제약을 받는 값을 가질 때 적용하는 계량경제학적 기법이다.

01 제한 종속변수 모형의 본질

제한 종속변수는 종속변수의 값이 관찰되기 전에 어떤 최솟값이나 최댓값에 의해 제약을 받는 변수이다. 종속변수 값이 어떤 값에 의해 제약을 받음으로써 해당 값이 관찰되지 않거나, 제약된 값으로 나타날 때 이를 고전적 최소자승법으로 추정하면 파라미터 추정치는 편의를 갖는다.

종속변수 값이 유한한 수의 가능한 결과를 나타내는 변수로서 이산적(discrete)이거나, 종속변수의 측정치가 어떤 과정이 진행되는 동안 나타난 변수(가령 실업상태의 시간)라면 역시 고전적 최소자승추정량은 문제를 갖는다. 이때에는 여러 가지 추정방법, 가령 다항 프로빗(multinomial probit), 다항 로짓(multinomial logit), 정렬된 프로빗(ordered probit), 정렬된 로짓(ordered logit), 포아송 회귀(Poisson regression), 음이항(negative binomial), 지속모형(duration model) 등이 사용된다.

본장에서는 제한종속변수 모형 가운데 자주 사용되는 검열된 표본(censored sample), 절단된 표본(truncated sample)과 관련된 내용만을 살펴본다.[6]

(1) 검열된 종속변수

검열된 종속변수(censored dependent variable)에서는 종속변수 실제값의 일부가 어떤 최솟값, 최댓값의 제약을 받으므로 많은 정보가 소실된다. 검열된 종속변수의 전형적인 사례는 다음과 같은 것들이다.

첫째는 주중근로시간과 같은 변수이다. 근로자가 더 일하고 싶어 하더라도 근로시간은 초과근무수당을 지급하지 않는 수준, 또는 법정근로시간에 의해 억제되기 때문이다. 둘째, 서베이 조사에서 소득수준과 같은 변수는 응답자 보호를 위해 일정수준으로 제약될 수 있다. 셋째, 음악회나 운동경기장의 입장권 판매와 같은 변수는 좌석 수에 의해 제약을 받는다. 넷째, 시험성적과 같은 변수는 같은 최저점이나 최고점을 받았다 해도 정확하게 같은 능력을 가졌다고 판단할 수 없는 변수이다.

다음 [그림 1]을 통해 검열된 종속변수를 사용할 때의 문제를 살펴보자. 특정 최댓값(점선) 이상의 별표(*)가 나타내는 값은 실제 관찰되지 않은 값을 나타낸다. 빈원(O)이 나타내는 값은 특정 최댓값이상의 값에 대한 검열된 데이터 값이다. 만약 검열된 자료가 없다면 빈원(O)이 나타내는 값은 최댓값이상의 별표점(*)이 나타내는 값을 가진다.

---

6   Gujarati, Damodar(2016), *Econometrics by Example*, Palgrave (2nd ed.), pp.219−233.; Roberto Pedace(2013), "Limited Dependent Variable Models," in *Econometrics for Dummies*, John Wiley & Sons, pp.253−264.; Hill R. Carter, William E. Griffiths and Guay C. Lim(2013), *Principles of Econometrics* (3rd ed.), Wiley, 이병락 역, 시그마프레스, pp.547−588.

만약 종속변수가 실제 값이 특정 최댓값에 의해 검열된 값을 가질 때 회귀분석을 한다면 고전적 최소자승법의 기본가정을 위반한다. 오차항의 조건부적 평균이 영(0)이 아니고, 오차항은 독립변수와 상관된다.

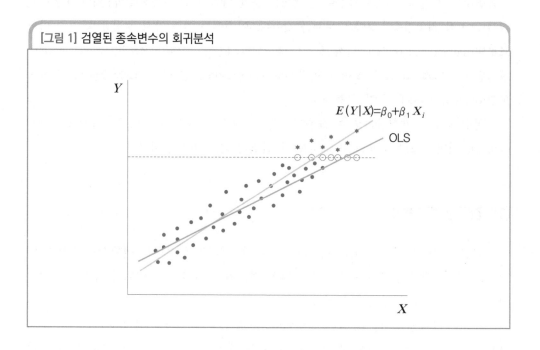

[그림 1] 검열된 종속변수의 회귀분석

(2) 절단된 종속변수

검열된 변수는 특정 기준값을 초과하거나 그 이하일 때 기준값을 갖도록 검열되는 데 반해, 절단된 종속변수는 특정 기준값을 초과하거나 그 이하일 때는 잘라버린다는 의미에서 절단된 종속변수(truncated dependent variable)라고 한다. 종속변수 값이 특정기준을 충족하지 못할 때 절단됨으로써 독립변수 값은 있더라도 종속변수 값은 결측치가 된다.

어떤 자료가 특정 기준값을 기준으로 절단되어 수집되는 이유에는 두 가지가 있다. 첫째는 연구자가 임의표본추출(nonrandom sample selection)을 하지 않았을 때이다. 가령 연구자가 공공정책프로그램의 효과를 분석하려고 분석대상이 될 표본을 일정한 빈곤수준 이하의 개인들에 대한 자료들로만 구성할 때이다.

둘째는 표본이 연구자의 임의표본추출에 의해 선택되는 것이 아니라 자발적으로 선택(self selection)될 때이다. 가령 임금소득에 대한 자료의 표본을 만들 때 이 표본에는 임금수준이 낮아서 일을 하지 않은 근로자들의 임금은 포함되지 않는다. 자발적으로 일을 한 사람의 임금자료만 포함되는 것이다.

아래 그림에서 점은 실제 관찰된 값을, 별표(*)는 관찰되지 않은 값을 나타낸다. 따라서 이런 표본에서는 오차항의 조건부적 평균은 영(0)이 될 수 없고, 종속변수 값과 상관되기 때문에 고전적 최소자승법의 기본가정을 충족할 수 없다.

[그림 2] 절단된 종속변수의 회귀분석

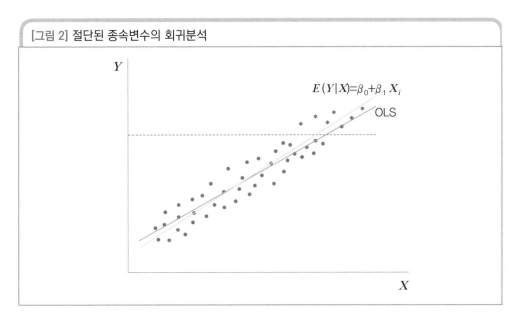

검열된 변수와 절단된 변수의 차이는 절단된 변수의 관측치는 절단되었기 때문에 관찰할 수 없는 반면, 검열된 변수는 관찰을 할 수 있지만 어떤 기준 값으로 억제된 것이다. 따라서 여기에 고전적 최소자승법을 적용한다면 추정된 파라미터는 편의를 가지게 된다. 하지만 두 가지 문제를 해결하는 방법은 서로 다르다. 따라서 종속변수가 검열된 것인지 절단된 것인지를 먼저 파악하고 이 문제를 해결하기 위한 추정방법을 사용해야 한다.

02 제한 종속변수 모형

자료가 작성되는 과정에서의 특성에 따라 제한 종속변수를 다루는 다양한 기법이 있는데 가장 많이 사용되는 모형은 토빈의 토빗모형(Tobin's Tobit model), 절단정규모형(truncated normal model), 헥크만의 선택편의교정모형(Heckman's selection bias correction model)이다.

(1) 토빈의 토빗모형

토빗모형은 종속변수가 검열된 자료일 때 적합한 추정방법이다. 만약 관측된 자료가 모두 검열되지 않은 값을 가지고 있는 것으로 가정하고 고전적 최소자승법을 적용하면 편의를 가진 추정치를 얻게 된다. 이를 피하기 위해서는 종속변수의 검열된 값을 설명할 수 있는 추정방법을 사용하여야 하는데 최우법이 이 문제를 해결해줄 수 있다.

다음과 같은 최댓값 검열이 이루어지고 있는 모형을 생각해보자. 최댓값 b을 기준으로 검열이 이루어진다면 종속변수 값이 b보다 작을 때에는 자신의 값을 그대로 갖지만 이보다 클 때에는 검열되어 b값을 갖게 된다. 즉

$$Y_i^* = \beta_0 + \beta_1 X_i + u_i$$

$$u_i \sim N(0, \sigma_u^2)$$

$$Y_i = Y_i^* \ \text{if} \ Y_i^* < b$$

$$\quad = \ b \ \ \text{if} \ Y_i^* \geq b$$

경제학자 소개 ㉑ 제임스 토빈(James Tobin)

제임스 토빈(1916~2002)은 계량경제학 분야에서 토빗모형의 개발, 케인즈 경제학에 입각한 거시경제모형, q이론에 입각한 투자결정모형 등에 큰 업적을 남겼다.

토빈은 1947년 하버드 대학에서 박사학위를 받았고, 이후 캠브리지 대학에서 연구하였다. 이후 1950년 예일대학에서 강의했다.

토빈은 케인즈 경제학의 미시경제학적 기초를 정립하였고, 경제의 안정화, 불황타개를 위한 정부개입을 옹호하였다. 그의 학문적 성과는 투자, 재정 금융정책, 금융시장 등 다양한 분야이다. 계량경제학 분야에서는 검열된 종속변수모형, 즉 토빗모형(Tobit model)을 개발하였다. 토빈의 q이론은 투자결정에 대한 계량경제학 모형설정에 커다란 영향을 미쳤다.

1961년 금융시장과 지출의사결정, 고용, 생산 및 가격의 관계에 대한 창의적이고 광범위한 연구노력을 인정받아서 노벨경제학상을 받았다.

Stata에서 토빗모형은 아주 쉽게 추정할 수 있다. tobit이란 명령어에 검열된 최소 또는 최댓값을 지정하면 된다. 여기서는 우도비 χ^2 통계량을 제공해주는데 이는 고전적 최소자승법의 F통계량과 유사하다. 이는 상수항만을 가진 모형과 비교하여 보다 높은 우도를 갖지 않는다는 귀무가설을 테스트하기 위한 것이다. 토빗모형의 추정계수는 고전적 최소자승법에 의한 추정계수와 동일한 방법으로 해석하면 된다.

(2) 절단정규모형

절단정규모형은 고전적 최소자승법의 정규성의 가정을 그대로 적용한다. 다만 정규분포의 제한된 특정 부분에서 추출된 표본을 상정하고 추정한다. 즉 종속변수나 독립변수의 값이 특정 최솟값 또는 최댓값 이하 또는 이상의 값을 결측치가 되게 한 표본으로부터 파라미터를 추정한다는 것이다. 따라서 표본이 전체 모집단을 대표하는 것처럼 표본집단에 고전적 최소자승법을 적용하게 되면 편의가 있는 추정치를 얻게 된다. 따라서 다음과 같은 절단정규회귀모형을 최우법을 통해 추정한다.

$$Y_i^* = \beta_0 + \beta_1 X_i + u_i$$

$$u_i \sim N(0, \sigma_u^2)$$

$$Y_i = Y_i^* \ \text{if} \ Y_i^* < b$$

$$\quad = \ 0 \ \text{if} \ Y_i^* \geq b$$

절단정규모형은 Stata에서 아주 쉽게 추정할 수 있다. truncreg이란 명령어에 절단된 최솟값 또는 최댓값을 지정(ll 또는 ul 옵션)하면 된다. 절단정규모형의 추정계수는 고전적 최소자승법에 의한 추정계수와 동일한 방법으로 해석한다. 여기서도 역시 우도비 χ^2 통계량을 제공해주는데 이는 고전적 최소자승법의 F통계량과 유사하다. 이는 상수항만을 가진 모형과 비교하여 보다 높은 우도를 갖지 않는다는 귀무가설을 테스트하기 위한 것이다.

(3) 헥크만의 선택편의 교정 모형

만약 표본에서 종속변수가 절단되기는 하지만 독립변수 값은 그대로 관찰될 때 적용할 수 있는 모형이 헥크만의 표본선택모형이다.

헥크만의 표본선택모형은 수식으로 다음과 같이 나타낼 수 있다. 즉

$$Y_i^* = \beta_0 + \beta_1 X_i + u_i$$

$$u_i \sim N(0, \sigma_u^2)$$

$$S_i = \gamma_0 + \gamma_1 W_{1i} + \gamma_2 W_{2i} + \cdots + v_i$$

$$S_i = 1 \quad Y_i^* \text{가 관찰될 때}$$
$$= 0 \quad Y_i^* \text{가 관찰되지 않을 때}$$

$$v_i \sim N(0, 1)$$

$$Corr(u, v) = \rho$$

이 모형을 추정하는 방법에는 두 가지가 있다. 첫째는 u_i와 v_i의 결합확률분포를 사용하여 최우법을 적용하는 방법이다. 수학적 복잡성 때문에 구체적인 과정은 생략한다. Stata에서 heckman이란 명령어를 이용한다.

둘째는 2단계로 구성된 헥크만의 모형을 사용하는 방법이다. 이에 대해서는 다음과 같이 간단히 살펴보자.

① 먼저 선택방정식(selection equation), $S_i = \gamma_0 + \gamma_1 W_{1i} + \gamma_2 W_{2i} + \cdots + v_i$를 프로빗모형(probit model)로 추정한다. ② 역 밀의 비율(inverse Mill's ratio)을 다음과 같이 구한다.

$$\hat{\lambda_i} = \frac{f(\hat{\gamma_0} + \hat{\gamma_1} W_{1i} + \hat{\gamma_2} W_{2i} + \cdots)}{F(\hat{\gamma_0} + \hat{\gamma_1} W_{1i} + \hat{\gamma_2} W_{2i} + \cdots)}$$

여기서 f는 표준정규분포 확률밀도함수(PDF), F는 표준정규분포 누적밀도함수(CDF)이다.

③ 그 다음 선택된 표본에 대해 다음 회귀식을 추정한다.

$$Y_i = \beta_0 + \beta_1 X_i + \beta_1 \hat{\lambda}_i + u_i$$

위에서 절단여부를 판단하는 모형인 선택방정식(selection equation)에는 종속변수 값의 변이를 설명하는 데 사용되는 모든 독립변수와 절단여부를 결정하는 데 영향을 미치는 추가적 변수가 포함되어야 한다. 따라서 X변수는 W변수의 일부(부분집합)가 된다.

경제학자 소개 22 제임스 헥크만(James Heckman)

제임스 헥크만(1944~)은 노동공급에서 자기선택(self selection in labor supply), 선택편의(selection bias)에 대한 연구를 통해 표본선택문제(sample selection problem 또는 "Heckit")를 풀기 위한 새로운 방법론의 연구를 촉발했다.

노동공급에 있어서 "제2세대모형" 핵심을 구축했다. 헥크만은 그 외에도 동적 정성적 선택모형, 생존분석모형 등에도 연구했다.

헥크만은 프린스턴대학에서 경제학 박사학위를 마치고, 시카고대학, 서던캘리포니아, 시카고 법대에서 강의했다. 2000년 계량경제학과 미시경제학에 대한 선구적인 업적으로 다니엘 맥파든(Daniel McFadden)과 함께 노벨경제학상을 받았다.

Stata에서는 heckman이란 명령어에 select란 옵션을 이용하여 선택방정식을 정의하고, twostep란 옵션을 부여함으로써 이 추정법을 적용할 수 있다.

이상의 방법을 두 가지 방법에 의해 헥크만의 선택편의교정 모형이 추정되면 파라미터 추정치의 해석방법은 고전적 최소자승법에서와 동일하다. 여기서도 역시 우도비 χ^2 통계량을 제공해주는데 이는 고전적 최소자승법의 F통계량과 유사하다. 상수항만을 가진 모형과 비교하여 보다 높은 우도를 갖지 않는다는 귀무가설을 테스트하기 위한 것이다.

(4) 제한종속변수 모형과 Stata

　　Stata를 이용한 제한종속변수 모형의 분석사례를 살펴보자. 이 사례는 총 753명의 기혼여성의 노동관련 자료로서 428명은 취업상태에서 근로시간을 제공하는 여성인력이고, 나머지 325명은 일을 하지 않으므로 근로시간을 제공하지 않는 인력이다. 여기서 연구대상은 근로시간을 결정하는 사회경제적 변수로서 나이, 학력, 경력, 가계소득, 6세이상 자녀의 수, 남편의 수입과 같은 변수이다.[7]

　　근로시간은 제한된 종속변수이기 때문에 이를 처리하기 위해, 절단되지 않은 자료만을 이용한 고전적 최소자승법, 토빗모형, 절단된 회귀모형, 헥크만의 선택편의 교정모형을 살펴보고자 하였다.

[사례 VI-2-1] 제한종속변수모형 추정법 (VI-2-1-Mroz.do)

```
* *******************************
* *** 제한종속변수모형 추정법  ***
* *******************************
use VI-2-1-Mroz, clear

* 단순기술통계량 및 그래프
summarize inlf hours kidslt6 kidsge6 age educ wage repwage hushrs    ///
            husage huseduc huswage faminc mtr motheduc fatheduc      ///
            unem city exper nwifeinc lwage expersq
keep inlf hours age educ exper expersq faminc kidslt6 huswage lwage
table inlf
correlate hours age educ exper expersq faminc kidslt6 huswage
graph matrix hours age educ exper expersq faminc kidslt6 huswage

* **** 고전적 최소자승법(OLS) ******
* 전체 표본 대상(1-753)
regress  hours age educ exper expersq faminc kidslt6 huswage
twoway (scatter hours faminc) (lfit hours faminc), name(g1)

* 근로참여자 표본(1-428)
regress hours age educ exper expersq faminc kidslt6 huswage in 1/428
```

7　　Gujarati, Damodar(2016), *Econometrics by Example*, Palgrave (2nd ed.), pp.223－229.; Hill R. Carter, William E. Griffiths and Guay C. Lim(2013), *Principles of Econometrics* (3rd ed.), Wiley, 이병락 역, 시그마프레스, p.548. pp.758－772.

twoway (scatter hours faminc in 1/428) (lfit hours faminc in 1/428), name(g2)

* 표본에 따른 회귀선의 기울기 비교 그림
graph combine g1 g2

* *** 토빗 모형 ***
* 모형추정(0 이하 절단, 표준 & 강건표준오차)
tobit hours age educ exper expersq faminc kidslt6 huswage, ll(0)
tobit hours age educ exper expersq faminc kidslt6 huswage, ll(0) vce(robust)

* *** 절단된 회귀모형 ***
truncreg hours age educ exper expersq faminc kidslt6 huswage, ll(0)

* *** 헥크만의 표본선택 모형 ***
heckman lwage age educ exper, select(age educ exper)
heckman lwage age educ exper, select(age educ exper) vce(robust)
heckman lwage age educ exper, select(age educ exper) twostep

CHAPTER
03

집계자료 회귀모형

---

01   포아송 회귀모형

   정성적 회귀모형에서 만약 종속변수가 일정시간동안 어떤 사건이 발생하는 빈도를 나타내는 변수라면 이는 포아송 회귀모형(Poisson regression model), 또는 집계된 자료 모형(model for count data)을 이용하여 분석할 수 있다. 가령 한 사람이 일 년간 병원을 방문한 횟수, 일 년간 특정 고속도로 구간에서 발생한 교통사고 건수, 성인이 한 달간 마신 소주병 수, 회사원이 하루 동안 마신 커피 잔 수와 같이 특정 사건이 발생한 횟수를 나타내는 확률변수의 설명요인을 찾고자 하는 것이 바로 포아송 회귀모형이다.

   특정시간동안 특정사건이 일어날 확률을 나타내는 확률분포는 포아송 분포인데 만약 Y를 포아송 확률변수라고 하면 확률함수는 다음과 같이 나타낼 수 있다.

$$f(y) = P(Y = y) = \frac{e^{-\lambda}\lambda^y}{y!}, \;\; y = 0, 1, 2, \cdots$$

   포아송 확률분포는 하나의 파라미터 λ를 갖는데 이는 평균과 분산이다. 포아송 분포에서는 평균과 분산이 같다. 즉 $E(Y) = Var(Y) = \lambda$이다. 포아송 회귀모형은 결

국 $E(Y) \geq 0$에 대한 설명요인을 찾고자 하는 것이다. 즉

$$E(Y) = \lambda = e^{\beta_1 + \beta_2 X}$$

02 음이항 회귀모형

포아송 분포에서 평균과 분산이 같다는 것은 집계자료의 모형화를 위한 실증분석에서 큰 결점으로 작용하기 때문에 음이항회귀모형(negative binomial regression model)을 사용한다. 일반적으로 집계자료(count data)는 포아송 확률분포와 비슷하지만 분산이 보다 큰(overdispersion) 확률분포를 하는 것으로 알려져 있다.

음이항 확률분포는 다음과 같이 나타낸다. 즉

$$\sigma^2 = \mu + \frac{\mu^2}{r}, \; \mu > 0, \; r > 0$$

여기서 σ^2은 분산, μ는 평균, r은 모형의 파라미터이다. 포아송 확률분포에서 평균과 분산이 같다면 음이항 분포에서는 분산이 평균보다 항상 크다. 평균이 일정할 때 성공한 횟수를 나타내는 r이 증가하면 성공할 확률 p는 1에 접근함으로써 포아송 분포에 근접한다.

03 포아송 모형, 음이항 회귀모형과 Stata

여기서는 집계자료인 특허등록건수라는 종속변수의 결정요인으로서 연구개발투자, 산업더미, 지역더미변수가 어떤 영향을 미치는지 포아송 회귀모형과 음이항 회귀모형을 추정해본다.[8]

원자료는 와이드폼 형태의 자료이기 때문에 이를 reshape명령어를 이용하여 롱폼,

즉 패널자료로 재배열한 다음 산업더미, 지역더미 변수를 생성하였다. 먼저 이 가운데 1990년 자료만을 이용하여 히스토그램을 그려보면 특허출원건수의 분포가 왜도가 매우 심한 포아송 분포의 형태라는 것을 관찰할 수 있다. 다음 고전적 최소자승법, 포아송 회귀모형, 음이항 회귀모형을 추정하였다. 그 다음에는 원자료 전체를 이용하여 패널포아송, 패널음이항 회귀모형을 추정해보았다.

[사례 VI-3-1] 포아송, 음이항분포 모형 추정법 (VI-3-1-Patent.do)

```
* ***********************************
* *** 포아송, 음이항분포 모형 추정법 ***
* ***********************************

* === 자료정리(패널자료의 작성) ===
use VI-3-1-Patent, clear
reshape long patent lrnd lspill, i(firm industry area) j(year)
xtset firm year

* 산업더미변수
generate   inddum=0
replace    inddum=1 if industry==1 //우주항공
replace    inddum=2 if industry==2 //화학
replace    inddum=3 if industry==3 //컴퓨터
replace    inddum=4 if industry==4 //기계
replace    inddum=5 if industry==5 //자동차

* 지역더미변수
generate   areadum=0
replace    areadum=1 if area==2  //일본
replace    areadum=2 if area==3  //미국

* === 1990년 자료만 이용한 분석 ===
keep if year==90
summ patentlrnd lspill inddum areadum

* 특허출원건수의 분포
histogram patent, bin(40) freq
```

---

8   Gujarati, Damodar(2016), *Econometrics by Example*, Palgrave, (2nd ed.), pp.236−245.; Cameron A. Colin and Pravin K. Trivedi(2010), *Microeconometrics Using Stata:* Revised Edition, Stata Press, 강창희, 박상곤 역, 지필, pp.758−772.

* 고전적 최소자승법
regress patent lrnd i.inddum i.areadum

* 포아송 회귀모형
poisson patent lrnd i.inddum i.areadum

* 음이항회귀모형
nbreg patent lrnd i.inddum i.areadum

* === 가산자료의 패널 분석 ===
* 단순기술통계량
xtsum firm industry area patent lrnd lspill

* 통합최소자승법(Pooled OLS)
regress patent lrnd lspill i.inddum i.areadum
regress patent lrnd lspill i.inddum i.areadum, vce(robust)
regress patent lrnd lspill i.inddum i.areadum, vce(cluster firm)

* 패널포아송 회귀모형
xtpoisson patent lrnd lspill i.inddum i.areadum

* 패널음이항회귀모형
xtnbreg patent lrnd lspill i.inddum i.areadum

PART

7

실증분석 응용사례

제7부에서는 경제학관련 실증연구에서 오랫동안 분석대상이 되었던 응용사례들을 살펴본다. 제1장에서는 다양한 형태의 지수계산 사례로서 물가지수, 생산성 지수, 현시비교우위지수, 환경파괴지수, 불균등 및 양극화지수, 시장집중도 지수의 계산사례를 제시한다. 제2장에서는 수요이론에 대한 응용예로서 수요방정식 체계의 추정과 각종 탄력성 계산방법을 살펴본다. 제3장에서는 생산이론의 실증분석 사례로서 생산함수와 비용함수 추정 및 생산성 계산에 대한 사례를, 제4장에서는 국제간 무역거래에 대한 사례로서 글로벌밸류체인과 부가가치 무역의 계산방법을 살펴본다. 제5장에서는 동태확률일반균형(DSGE)모형의 응용사례를, 제6장에서는 구조방정식 모형에 대해 살펴본다.

CHAPTER

01

다양한 지수분석 사례

경제학의 여러 각론분야에서는 매우 다양한 형태의 지수가 사용된다. 단순한 물가지수에서부터 각 분야에서 의미있는 지수들이 각종 사회 경제현상을 설명하기 위해 활용되고 있는 것이다.

많은 사람들에게 익숙한 지수로는 우선 물가지수, 물량지수, 생산성 지수가 있다. 국제무역에서는 비교우위정도를 나타내는 현시비교우위지수가 있다. 지역별로 어떤 산업이 다른 지역에 비해 특별히 발전하고 있는지를 나타내는 산업입지계수가 있다. 환경경제학에서는 환경파괴지수를 이용하여 후진국, 개도국, 선진국에서 환경문제 해결을 위한 정책적 시사점을 찾고 있다.

또 소득분배문제를 연구하는 사람들은 불균등지수, 양극화 지수를 통해 공평한 사회건설을 위한 정책대안을 찾고 있다. 산업조직론에서는 시장집중도, 허쉬만-허핀달 지수를 이용하여 독과점 정도를 측정하고 경제적 효율성 증진에 대한 시사점을 찾고 있다.

사회과학 분야에서는 다양한 지수들이 개발되어 여러 목적에 활용되고 있지만 본장에서는 Stata을 이용하여 이상에서 언급한 몇 가지 지수를 계산하는 방법에 대해 설명한다.

01 각종 물가, 물량지수의 계산

먼저 다양한 형태의 물가지수와 물량지수를 계산하는 방법에 대해 살펴보자. 많이 알려져 있는 라스파이레스 지수(Laspeyres index)나 파셰 지수(Paasche Index) 그리고 경제학 분야에서 많이 사용되는 통크비스트 지수(Törnqvist Index) 등 다양한 지수와, 이런 지수작성에서 가중치를 달리 함에 따른 또 다른 많은 지수들이 계산될 수 있다.[1]

지수계산을 위한 실습을 위해 자료가 두 개의 산출물 y_1, y_2와 이들의 가격 p_1, p_2, 세 개의 생산요소 x_1, x_2, x_3와 이들의 요소가격 w_1, w_2, w_3로 구성되어 있다고 하자.[2] 복수의 산출물 자료와 이들의 가격자료, 복수의 요소투입자료와 요소가격자료를 이용하여 산출물과 투입물 각각에 대해 다양한 형태의 물량지수와 가격지수를 구하고자 하는 것이다. 또 계산된 다양한 지수 가운데 통크비스트 지수만을 선택하여 후속하는 총요소생산성 지수 계산에 어떻게 활용할 것인가를 살펴보자.

[사례 Ⅶ-1-1] 다양한 지수의 계산 사례(Ⅶ-1-1-IndexCoelli.do)

```
* ***************************
* *** 다양한 지수 분석사례 ***
* ***************************

* 두 개 산출물, 세 개 투입물로 부터 다양한 지수 계산
* Battese & Coelli(2005) 사례
clear
inputyear y1 y2 x1 x2 x3  p1  p2  w1 w2 w3
2008    471   293   145   67   39   27   18   39   100   100
2009    472   290   166   75   39   28   17   41   110   97
2010    477   278   162   78   43   34   17   42   114   103
2011    533   277   178   89   42   32   20   46   121   119
2012    567   289   177   93   51   34   23   46   142   122
end

* index명령어 설치
ssc install http://fmwww.bc.edu/RePEc/bocode/i/index.pkg
* 산출물의 물량지수와 가격지수
index p1 p2 = y1 y2, chain simple base(1) year(2008) list
generate qindex=_TT_Qc
generate pq=_TT_Pc
```

---

1 박승록(2018), 『생산성의 경제학』, 박영사, pp.185－202.
2 Timothy J. Coelli, A. S. Prasada Rao, Christopher J. O. Donnell and George E. Battese(2005), *An Introduction to Efficiency and Productivity Analysis* (2nd ed.), Springer, p.124.

414 **PART 07** 실증분석 응용사례

* 투입물의 물량지수와 가격지수
```
index w1 w2 w3 = x1 x2 x3, chain simple base(1) year(2008) list
generate iindex=_TT_Qc
generate pi=_TT_Pc
list qindex pq iindex pi
```

* 총요소생산성 증가율 계산
```
generate gr_q=ln(qindex)−ln(qindex[_n−1])
generate gr_i=ln(iindex)−ln(iindex[_n−1])
generate tfp=gr_q−gr_i
```

* 총요소생산성 지수 계산
```
generate tfpindex=1
replace tfpindex=tfpindex[_n−1]*exp(tfp) if year>=2009
list tfp tfpindex
```

02 총요소생산성 지수

다음에서는 경제성장론 분야에서 매우 중요한 총요소생산성 증가율(TFP)과 그 지수를 계산하는 방법을 좀 더 자세히 살펴보고자 한다. 한국의 국내총생산(GDP), 노동과 자본투입 자료를 이용하여 "노동 및 자본투입에 의하지 않은 생산증가", 즉 총요소생산성 증가율을 구하고자 하는 것이다. 근로자 수, 근로시간, 인적 자본을 서로 곱해서 계산된 노동투입 증가율과 자본스톡 증가율 및 두 시점의 평균치로 계산된 비용몫(cost share) 자료를 이용하여 총요소생산성 증가율을 구해보자.[3]

이런 방식은 다음 식이 나타내는 바와 같은 통크비스트 지수 계산방식에 의해 총요소생산성 증가율을 계산하는 방법이다. 여기서 A는 총요소생산성, Q는 GDP, K, L은 각각 자본스톡과 노동투입, S_K, S_L은 각각 자본과 노동의 비용몫을 나타낸다.

$$\ln\left[\frac{A_t}{A_{t-1}}\right] = \ln\left[\frac{Q_t}{Q_{t-1}}\right] - \left[\frac{S_t^K + S_{t-1}^K}{2}\right]\ln\left[\frac{K_t}{K_{t-1}}\right] - \left[\frac{S_t^L + S_{t-1}^L}{2}\right]\ln\left[\frac{L_t}{L_{t-1}}\right]$$

---

3 Penn World Table Version 9.0 (http://www.rug.nl/ggdc/).

전술한 사례가 복수의 산출물과 투입물로부터 통크비스트 생산성 지수를 구하는 것이라면, 여기에서의 사례는 국가수준에서 단일 산출물(GDP)과 복수의 투입물(노동과 자본) 자료로부터 통크비스트 생산성 지수를 구하는 것이다.

여기에서는 또 노동과 자본투입, 총요소생산성 증가가 경제성장에 기여한 정도를 기여도와 기여율로 계산하여 출력하는 방법에 대해 살펴보고 있다. 총요소생산성 증가율의 계산에서 사용되는 전형적인 방법이다.

[사례 Ⅶ-1-2] 통크비스트 지수를 이용한 한국의 총요소생산성 계산(Ⅶ-1-2-KorTFP.do)

```
* *******************************************************
* *** 한국의 총요소생산성 추계 (Tonqvist TFP Index 방법) ***
* *******************************************************
use Ⅶ-1-2-KorTFP, clear

* 성장률 계산
generate gr_y=ln(y)-ln(y[_n-1])
generate gr_l=ln(l)-ln(l[_n-1])
generate gr_k=ln(k)-ln(k[_n-1])

* 노동과 자본의 기여도
generate con_l=(sl+sl[_n-1])/2 * gr_l
generate con_k=(sk+sk[_n-1])/2 * gr_k

* 총요소생산성 증가율 계산
generate tfp=gr_y-con_l-con_k

* 총요소생산성 지수계산(1969=1)
generate tfpindex=1 if year==1969
replace tfpindex=tfpindex[_n-1]*(1+tfp) if year>=1970

format con* tfp* %10.4f
list year y l k sl sk con_l con_k tfp tfpindex, sep(0)

* 연도별 기여도
list year gr_y con_l con_k tfp

* 연도별 기여율
generate deg_y=gr_y/gr_y*100
generate deg_l=con_l/gr_y*100
generate deg_k=con_k/gr_y*100
```

```
generate deg_tfp=tfp/gr_y*100

format deg* %10.2f
list year deg_y deg_l deg_k deg_tfp

* 총요소생산성 지수와 증가율의 그래프
twoway (line tfpindex year) (bar tfp year)
```

03 현시비교우위(RCA) 지수

(1) 현시비교우위 지수의 이해

현시비교우위(Revealed Comparative Advantage: RCA)지수란 무역측면에 나타난 특정국가, 특정품목의 상대적 경쟁우위 및 열위를 평가하는 지표로서, 특정상품의 세계전체 수출시장에서 차지하는 비중(분모)에 대한 특정국의 전체 수출에서 해당 상품수출이 차지하는 비중(분자)의 비율로 정의된다. 즉

$$RCA(i,j) = \frac{X_{ij}/\sum_i X_{ij}}{\sum_j X_{ij}/\sum_i \sum_j X_{ij}}$$

여기서 i는 상품, j는 국가를 나타낸다. 현시비교우위 지수는 리카르도의 비교우위론(Ricardian comparative advantage)의 관점에서 특정상품의 비교우위를 판단하는 데 사용되는 지수로서 이 지수가 1보다 크면 비교우위가 있다고 판단한다.

아래 [표 1]은 A−D의 4개 국가의 1−6개 품목의 수출액을 나타낸다. 우측합계는 품목별 전세계 수출액, 하단 합계는 국가별 총수출액이 된다. 이 표를 이용하여 RCA지수를 구하는 데 필요한 분자, 분모를 정의하면 두 번째 표가 된다. 이로부터 그 비율을 구하면 RCA지수가 된다. 엑셀(Excel)을 이용하여 간단히 계산할 수 있는 절차이다.

여기에서 Stata를 이용하여 RCA지수를 계산하는 방법을 설명하려는 이유는 이상에서 설명한 단순한 형태의 RCA지수 계산방법 외에도 다양한 형태의 RCA지수를 계산할 수 있기 때문이다. 또 여러 기준별로 구할 수 있는 편리함이 있기 때문이다.

[표 1] 비교우위론의 개념의 이해를 위한 사례

1) 수출액

품목/국별수출액	A	B	C	D	합계
1	33	27	38	39	137
2	40	38	39	46	163
3	40	31	27	22	120
4	49	12	10	22	93
5	36	11	21	38	106
6	19	40	48	25	132
합계	217	159	183	192	751

2) 국가의 상품별 수출액 비중 및 전세계수출에 대한 전세계 상품별 수출액 비중

품목/국별수출액품목	각 품목 수출/ 해당국가 전체수출				해당품목 수출 /전세계수출
	A	B	C	D	
1	0.152	0.170	0.208	0.203	0.182
2	0.184	0.239	0.213	0.240	0.217
3	0.184	0.195	0.148	0.115	0.160
4	0.226	0.075	0.055	0.115	0.124
5	0.166	0.069	0.115	0.198	0.141
6	0.088	0.252	0.262	0.130	0.176
합계	1.000	1.000	1.000	1.000	1.000

3) 국가의 상품별 수출액 비중 / 전세계수출에 대한 전세계 상품별 수출액 비중(RCA 지수)

품묵 / 국가	A	B	C	D	합계
1	0.8	0.9	1.1	1.1	1
2	0.8	1.1	1.0	1.1	1
3	1.2	1.2	0.9	0.7	1
4	1.8	0.6	0.4	0.9	1
5	1.2	0.5	0.8	1.4	1
6	0.5	1.4	1.5	0.7	1
합계	1	1	1	1	1

Stata를 이용하여 RCA지수를 구할 때 주의할 점은 입력된 자료가 롱 폼(long form)의 형태여야 한다는 점이다. 이상의 표에서는 와이드 폼(wide form) 형태의 자료를 이용하여 RCA지수를 설명하였지만 Stata를 이용해서 RCA지수를 구할 때는 자료의

형태가 롱 폼 형태로 변환되어 있어야 한다. 이는 세계무역통계를 구할 수 있는 여러 데이터베이스(가령 UN의 Comtrade 데이터베이스)에서 자료를 출력할 때 롱 폼 형태로 제공되기 때문이다. 따라서 와이드 폼 형태의 무역통계자료를 가지고 있다면 먼저 이를 롱 폼 형태로 바꾸는 과정이 필요하다.

또한 주의할 것은 무역통계 데이터베이스에서 자료를 추출할 경우 총액자료가 동시에 포함되는 경우가 있는데 이 총액자료는 반드시 입력에 제외되어야 한다. 아래 사례에서는 입력자료가 와이드 폼일 때는 롱 폼으로 바꾸어 RCA지수를 구하고, 이를 엑셀(Excel)로 출력할 때에는 와이드 폼 형태로 바꾸어 저장함으로써 편리하게 리포트를 작성할 수 있게 하였다.

[사례 VII-1-3] RCA 지수계산(VII-1-3-IndexRCA.do)

```
* ***************************
* *** RCA 지수 계산 연습  ***
* ***************************
ssc install http://fmwww.bc.edu/RePEc/bocode/r/rca.pkg

* 입력자료가 long form일 경우
clear
input str2 country item export
A        1        33
A        2        40
A        3        40
A        4        49
A        5        36
A        6        19
B        1        27
B        2        38
B        3        31
B        4        12
B        5        11
B        6        40
C        1        38
C        2        39
C        3        27
C        4        10
C        5        21
C        6        48
```

```
D        1        39
D        2        46
D        3        22
D        4        22
D        5        38
D        6        25
end

rca export, j(country) m(item) index(BRCA)
reshape wide export export_brca, i(item) j(country) str
export excel item export_brca* using rcadata1, replace firstrow(variable)


* 입력자료가 wide form일 경우
clear
input item        exportA        exportB        exportC        exportD
1                 33             27             38             39
2                 40             38             39             46
3                 40             31             27             22
4                 49             12             10             22
5                 36             11             21             38
6                 19             40             48             25
end

reshape long export, i(item) j(country) str
rca export, j(country) m(item) index(BRCA)
reshape wide export export_brca, i(item) j(country) str
export excel item export_brca* using rcadata2, replace firstrow(variable)
```

(2) 세계무역통계를 이용한 RCA지수 및 산업내 무역지수

다음 사례는 실제 세계 무역통계를 이용하여 RCA지수와 산업내 무역지수를 구하는 절차를 살펴보는 것이다. 잠깐 언급했듯이 현시비교우위지수는 다양한 형태로 정의될 수 있다. 원래 형태인 Balassa(1965)의 현시비교우위지수(Revealed Comparative Advantage: RCA), Laursen(1998)의 대칭적 현시비교우위지수(Symmetric Revealed Comparative Advantage: SRCA), Proudman(2000)의 가중 현시비교우위지수(Weighted Revealed Comparative Advantage: WRCA), Hoen(2006)의 부가현시비교우위(Additive Revealed Comparative Advantage: ARCA)지수가 있다. 이들 지수에 대한 자세한 설명은 생략한다.[4]

세계무역통계에서 BEC기준 품목별 수출입 통계를 롱 폼 형태로 다운로드받은 자료를 이용하여 수출, 수입기준 RCA지수를 계산하고[5] 이를 와이드 폼으로 바꾸어 엑셀에 저장하는 과정을 보여준다.

이 사례의 두 번째 부분은 산업내 무역지수(Intra-industry trade index)를 계산하는 절차를 보여주고 있다. 주요 수출품들은 전 세계적으로 독과점 기업에 의해 공급되므로 독점적 경쟁시장(monopolistic competition market)이론이 적용된다. 이때 상품차별화(product differentiation)가 있으므로 특정국가가 특정상품에 비교우위가 있어도 해당상품을 수출만 하는 것이 아니다. 가령 한국이 자동차 산업에 경쟁력이 있다고 해도, 상품차별화 때문에 독일, 일본, 미국 등으로부터 자동차를 수입하기도 한다. 또한 같은 상품으로 구분되어 있다고 하더라도 최종재 수출을 위해 관련 부품을 수입한다면 같은 품목 내에서 수출과 수입이 동시에 일어나게 된다.

이런 산업내 무역지수는 수출액이나 수입액 가운데 작은 것을 분자로, 수출과 수입의 평균을 분모로 해서 구해지는데 1에 가까울수록 산업내 무역이 활발하다고 평가한다.[6]

4   Balassa, B.(1965), "Trade liberalization and revealed comparative advantage," *The Manchester School* 33: pp.99-123.; Dalum, B., Laursen, K., Villumsen, G.(1998), "Structural change in OECD export specialization patterns: De-specialization and stickiness," *International Review of Applied Economics*, 12 (3), pp.423-443.; Laursen, K.(1998), *Revealed Comparative Advantage and the Alternatives as Measures of International Specialization*, Department of Industrial Economics and Strategy, Copenhagen Business School.; Proudman, J. and Redding, S.(2000), "Evolving patterns of international trade," *Review of International Economics*, 8, pp.373-396.; Hoen, Alex R. and Jan Oosterhaven(2006), "On the measurement of comparative advantage," *The Annals of Regional Science*, 40 (3), pp.677-691.

5   RCA지수는 수출액을 기준으로 계산하는 것이 일반적이다. 하지만 산업내 무역의 존재로 인해 수출액 자체가 비교우위지수를 나타내는 데 미흡하여 수입측면의 RCA지수와 보완적으로 활용할 수 있다.

6   Krugman Paul R., Maurice Obsrfeld and Marc J. Melitz(2015), *International Economics: Theory and Policy* (10th ed.), Pearson, 강정모, 이상규, 이연호 역, 시그마프레스, p.182.

[사례 Ⅶ-1-4] 세계무역통계를 이용한 RCA 지수 계산(Ⅶ-1-4-TradeRCA.do)

```
* *****************************************
* *** 세계무역통계를 이용한 RCA 지수 계산 ***
* *****************************************
ssc install http://fmwww.bc.edu/RePEc/bocode/r/rca.pkg

use Ⅶ-1-4-TradeRCA, clear

* *** 1) 수출, 수입만을 wide form으로 만듬
drop tradeflow partcode partner
reshape wide value, i(year commcode commdesc reportcode reporter) j(tradeflowd) str

* *** 2) 수출액, 수입액 기준 RCA지수계산
* 수출액 기준 RCA (RCAX)
rca valueExport, j(reporter) m(commcode) index(BRCA) by(year)

* 수입액 기준 RCA (RCAM)
rca valueImport, j(reporter) m(commcode) index(BRCA) by(year)

* *** 3) Long form 자료를 Wide form으로 변경
drop reporter
reshape wide valueExport valueImport valueExport_brca valueImport_brca ///
    , i(year commcode commdesc) j(reportcode)

* *** 4) 수출, 수입, RCAX, RCAM을 별도의 Sheet로 엑셀파일에 저장
* 변수명 간단하게 변경
rename valueExport_brca* RCAX*
rename valueImport_brca* RCAM*
rename valueExport* export*
rename valueImport* import*

* 엑셀파일로 저장
export excel year commcode commdesc export* using traderca ///
    , firstrow(variable) sheet(export) sheetmodify

export excel year commcode commdesc import* using traderca ///
    , firstrow(variable) sheet(import) sheetmodify

export excel year commcode commdesc RCAX* using traderca ///
    , firstrow(variable) sheet(RCAX) sheetmodify
```

```
export excel year commcode commdesc RCAM* using traderca ///
    , firstrow(variable) sheet(RCAM) sheetmodify


* *************************************************
* *** 세계무역통계를 이용한 산업내 무역지수 계산  ***
* *************************************************

use Ⅶ-1-4-TradeRCA, clear

* *** 1) 수출, 수입만을 wide form으로 만듬
drop tradeflow partcode partner
reshape wide value, i(year commcode commdesc reportcode reporter) j(tradeflowd) str

* *** 2) 산업내 무역지수계산
* 수출, 수입중 하나가 0이면 I=0로서 일방무역
* 수출, 수입이 같다면 I=1로서 산업내 무역 활발
egen min=rowmin(valueExport valueImport)
egen mean=rowmean(valueExport valueImport)
generate intraindex=min/mean

* *** 3) Long form 자료를 Wide form으로 변경
drop reporter min mean
reshape wide valueExport valueImport intraindex ///
        , i(year commcode commdesc) j(reportcode)

* *** 4) 수출, 수입, 산업내 무역지수를 별도의 Sheet로 엑셀파일에 저장
* 변수명 간단하게 변경
rename intraindex* I*
rename valueExport* export*
rename valueImport* import*

* 엑셀파일로 저장
export excel year commcode commdesc export* using intra ///
, firstrow(variable) sheet(export) sheetmodify

export excel year commcode commdesc import* using intra ///
    , firstrow(variable) sheet(import) sheetmodify

export excel year commcode commdesc I* using intra ///
    , firstrow(variable) sheet(intraindex) sheetmodify
```

04 산업입지계수

　　앞서 살펴본 현시비교우위지수는 지역경제를 연구하는 독자들에게 지역입지계수 (Location Quotient: LQ)라는 지표로도 알려져 있는데 다양한 분야에서 널리 사용되고 있다[7]. 즉,

$$LQ(i,j) = \frac{\text{산업}\,i\text{에서 지역}\,j\text{의 생산량}/\text{지역 총생산량}}{\text{산업}\,i\text{에서 국가전체 생산량}/\text{국가 총생산량}}$$

　　이 지표를 이용할 경우 여러 산업 스펙트럼에서 해당지역의 어떤 산업들이 다른 지역에 비해 특화되고 있는가를 비교할 수 있다. 특정지역, 특정산업의 특화도가 높다면 이는 해당산업에서 특정지역이 많은 상품을 생산하고 있다고 평가한다.

　　지역특화지수는 해당지역의 산업규모에서의 차이를 보여주기는 하지만 생산성 수준이나 생산성 증가율 또는 효율성 수준을 나타내주는 것은 아니다. 하지만 지역특화지수는 생산성 또는 효율성의 결정요인으로서는 매우 중요한 역할을 할 수 있다.

05 환경파괴지수

　　경제성장에 따른 환경오염의 문제는 많은 경제학자, 생태학자들의 관심을 끌고 있다. 경제성장과 환경오염 간의 상관관계에 관심을 기울인 학자들 주장으로 그로스만-크루거 가설(Grossman and Krueger hypothesis)이 있다.[8] 경제성장과 환경오염의 관계는 경제성장 단계에 따라 달라지는데 경제성장 초기에는 경제성장이 진전되면서 환경파괴가 가속화되지만 경제성장이 상당히 진전되면 오히려 환경파괴의 정도가 감소하는 경향이 있다는 것이다.

7　Isserman Andrew M.(1977), "The Location Quotient Approach to Estimating: Regional Economic Impacts," *Journal of the American Planning Association*, 43: 1, pp.33−41.

8　Grossman, Gene M. and Alan B. Krueger(1995), "Economic Growth and the Environment," *The Quarterly Journal of Economics*, Vol. 110, Issue 2, pp.353−377.

국민소득통계를 처음 작성한 쿠즈네츠(Simon Kuznets)가 경제성장과 소득불평등의 관계를 조사한 결과 역U자 형태를 보인다는 사실을 발견한 후 이를 쿠즈네츠 곡선 (Kuznets curve)이라 하였는데 이와 비슷한 모양을 보이는 경제성장과 환경파괴의 역U 자 관계를 환경쿠즈네츠 곡선(Environmental Kuznets Curve)이라고 한다. 이후 이에 대한 많은 실증연구가 이루어진 바 있다.

이런 가운데 미국의 정치가이자 환경운동가인 커머너(B. Commoner)는 환경오염배출량을 환경파괴지수로 하여 다음과 같은 항등식을 만들었다.[9] 즉

$$EDINDEX = POP \times \frac{GDP}{POP} \times \frac{POLL}{GDP}$$

여기서 EDINDEX는 환경파괴지수, POP는 인구, GDP는 국민소득, POLL은 환경오염배출량(가령, CO_2배출량)을 나타낸다. 인구, POP와 GDP가 약분이 되면 환경오염배출량 POLL이 곧 환경파괴지수, EDINDEX가 된다. 이 식을 증가율 지표로 바꾸면 다음과 같다.

$$\frac{\triangle EDINDEX}{EDINDEX} = \frac{\triangle POP}{POP} + \frac{\triangle PGDP}{PGDP} + \frac{\triangle POLLCOEF}{POLLCOEF}$$

즉 환경파괴지수 증가율은 인구증가율, 일인당 소득증가율, 배출계수 증가율의 합으로 구성된다. 따라서 이 식은 인구가 증가할수록, 일인당 국민소득이 증가할수록, 소득단위당 환경오염배출량(배출계수)이 증가할수록 환경파괴가 가속화 된다는 것을 의미한다. 따라서 이식은 환경정책에 대한 시사점을 제시하고 있는데 후진국은 인구증가의 통제, 개도국은 환경 파괴적 생산기술의 통제, 선진국은 소비의 통제와 같은 것에 중점을 두어야 한다는 것이다.

아래 사례를 통해 환경파괴지수를 구하고 커머너 가설의 타당성을 평가해보자. 사용된 자료는 세계은행(World Bank)의 World Development Indicators자료로 이산화탄소배출량, 일인당 GDP, 인구자료이다. 이 자료에는 개별국가를 소득수준별로 구분하는 변수가 있기 때문에 이상에서 설명한 내용의 평기가 가능할 것이다.[10]

---

9   이정전(2011), 『환경경제학 이해』, 박영사, pp.59－63.

10   World Bank, World Development Indicators(https://data.worldbank.org/indicator).

[사례 VII-1-5] 환경파괴지수 계산(commoner 가설)(VII-1-5-IndexEnviron.do)

```
* **********************************************
* ***** 환경파괴지수 계산(commoner 가설) ******
* **********************************************
use VII-1-5-IndexEnviron, clear

* 1970~2012년간 환경파괴지수 및 구성요인의 증가율 계산
forvalues i = 1970(1)2012 {
      generate pergdp_`i'=gdp_`i'/pop_`i'
      generate intensity_`i'=co2_`i'/gdp_`i'
                            }
drop  if pergdp_1970==. | pergdp_2012==.
drop  if intensity_1970==. | intensity_2012==.
keep countryname countrycode region Incomegroup        ///
      pop_1970 pop_2012 pergdp_1970 pergdp_2012    ///
      intensity_1970 intensity_2012

* 증가율 계산(1970~2012년간)
* 인구증가율
generate gr_pop=ln(pop_2012/pop_1970)/42*100

* 일인당 gdp증가율
generate gr_pergdp=ln(pergdp_2012/pergdp_1970)/42*100

* 집약도 증가율
generate gr_intensity=ln(intensity_2012/intensity_1970)/42*100

* 환경파괴지수 증가율
generate environ=gr_pop+gr_pergdp+gr_intensity

* 환경파괴지수 증가율=인구증가율+일인당 소득증가율+집약도 증가율
* 저소득국가 인구증가율, 개도국 일인당 소득증가율, 선진국 집약도 감소율
twoway (scatter environ pergdp_2012) (lfit environ pergdp_2012)
twoway (scatter gr_pop pergdp_2012) (lfit gr_pop pergdp_2012)
twoway (scatter gr_pergdp pergdp_2012) (qfit gr_pergdp pergdp_2012)
twoway (scatter gr_intensity pergdp_2012) (lfit gr_intensity pergdp_2012)

* 엑셀파일로 저장
export excel countryname countrycode region Incomegrou environ gr_* ///
      using environment, firstrow(variable) sheet(environ)
```

06 불균등 및 양극화 지수

여기서는 인간의 삶의 질을 포착하기 위한 방법으로 빈곤, 불균등, 양극화의 측정과 관련된 사례를 소개한다. 빈곤지수, 불균등지수, 양극화지수라는 이름의 다양한 지표들이 있다. 관련 내용이 너무 많기 때문에 자세한 설명은 생략한다.

다만 소득 불균등, 소득 양극화와 같은 분야에 관심있는 독자들을 위해 Stata에서 활용할 수 있는 특별한 프로그램을 소개한다. 이는 DASP(Distributive Analysis Stata Package)라고 알려진 것으로서 빈곤, 불평등, 사회복지, 평등문제를 다루는 연구분야에서 활용될 수 있는 각종 지수와 그림을 아주 쉽게 계산하고 그릴 수 있게 해준다. 물론 부분적으로 지니계수, 로렌츠 곡선 등과 같은 것은 Stata사용자 프로그램을 통해 해결할 수도 있으나 본격적인 연구를 위해서라면 DASP를 사용할 것을 권한다.[11]

아래 사례는 한국의 기업매출액을 기준으로 한 불균등관련 지수와 그림으로서 지니계수(Gini coefficient)와 엔트로피 지수((entropy index)를 계산하고, 로렌츠 곡선(Lorentz curve)을 그리는 방법을 소개하고 있다.

아울러 양극화 지수(polarization index)로서 Duclos, Esteban and Ray(2004)의 양극화 지수(DER polarization index), Foster and Wolfson(1992)의 양극화 지수 계산법을 살펴본다. 여기서 설명하는 내용은 DASP의 극히 일부에 불과하다.

[사례 Ⅶ-1-6] 불평등, 양극화 분석사례(Ⅶ-1-6-IndexIneq.do)

```
* *************************************************
* *** 불평등(Inequality), 양극화(Polarization) 사례  ***
* *************************************************
* DASP설치 필요(http://dasp.ecn.ulaval.ca/index.html)

use Ⅶ-1-6-IndexIneq, clear

* 매출액의 불균등 지수
* 불균등(inequality)
igini s2010-s2014
```

---

11 http://dasp.ecn.ulaval.ca/

* 엔트로피 지수(entropy index)
ientropy s2010-s2014, theta(1)

* 로렌츠 곡선(Lorentz curve)
clorenz s2010-s2014, legend(off)

* 매출액의 양극화 지수 (polarization index)
* Duclos, Esteban and Ray (2004) (DER) polarization index
ipolder s2010-s2014, alpha(0.5) fast(0)
* Foster and Wolfson (1992) polarization index
ipolfw s2010-s2014

 * 로렌츠 곡선 & Gini 계수
ssc install http://www.stata-journal.com/software/sj16-4/st0457.pkg

07 시장 집중도 및 HHI 지수

경제학의 각론분야인 산업조직론에서는 하나의 시장을 정의하고 해당시장이 몇 개의 기업에 의해 지배되고 있는 정도, 즉 시장지배력을 측정하여 경쟁상태를 유도하기 위한 정책적 지침으로 삼고 있다.[12]

시장 집중도로는 해당시장에서 매출비중이 높은 상위 세 개 기업의 매출비중, 소위 CR_3와 같은 지표가 사용되기도 하지만 모든 구성원의 매출액 비중의 제곱을 합한, 소위 허쉬만 – 허핀달 지수(Hirschman – Herfindahl Index: HHI)를 사용한다.

아래 사례는 바로 HHI지수를 구하는 사례이다. 엑셀(Excel)을 이용하여 간단하게 계산할 수 있는 지표이기는 하지만 이를 구하는 과정에서 변수나 기준을 다양하게 적용할 수 있기 때문에 편리한 기능을 제공한다.

---

12 Pepall Lynne, Dan Richards and George Norman(2009), "Market Structure and Market Power," in *Industrial Organization: Contemporary Theory and Empirical Applications* (4th ed.), pp.44 – 58.

[사례 Ⅶ-1-7] 시장집중도, HHI지수 계산(Ⅶ-1-7-IndexHHI.do)

```
* *****************************************************
* *** 시장집중도 (Herfindahl-Hirschman index (HHI)) ***
* *****************************************************
use Ⅶ-1-7-IndexHHI, clear

* 변수의 그룹 파악
table age
table race
table married
table grade
table industry
table occupation
table union

* 1개 변수 1개 기준
hhi5 wage, by(industry)  prefix(hhi1)

* 1개 변수 두 개 기준
hhi5 wage hours, by(industry race) prefix(hhi2)

* 2 변수 1개 기준
hhi5 wage hours, by(industry) prefix(hhi3)

* 2 변수 두 개 기준
hhi5 wage hours, by(industry race) prefix(hhi4)

* 상위 n개 지정, 최소 관측치수 지정
hhi5 wage, by(industry) prefix(hhi5) top(5) minobs(10)

* 엑셀파일로 저장
export excel industry race hhi* using hhiindex ///
    , firstrow(variable) sheet(hhi)
```

CHAPTER
02

소비자 이론

01 수요체계 분석[13]

응용계량경제학의 많은 적용분야 가운데 소비자이론의 실증분석은 매우 오랜 역사를 가지면서 이론적, 실증적으로 큰 발전이 있었다. 실증분석을 위한 모형의 추정과 모형이 갖추어야 할 조건(대칭성, 동차성, 정규성 등)의 검정, 추정결과를 이용한 각종 탄력성관련 지표의 계산과정은 다음 장에서 설명할 생산이론과 많은 유사점이 있다.

수요이론의 실증분석에서는 단일방정식 모형을 이용한 단순한 형태의 수요함수 추정이 많이 이루어져왔으나 보다 전문적인 수요이론의 실증분석은 소비자의 고려대상이 되는 여러 대체상품에 대한 수요체계를 분석하는 것이었다. 대표적으로 그동안 많이 활용된 수요체계모형들은 다음 표에서 보여주는 것처럼 선형지출체계(linear expenditure system), 로텔담 모형(Rotterdam model), 준이상수요체계(an almost ideal demand system) 등이 있다.[14]

---

13 https://mpra.ub.unI−muenchen.de/8413/1/MPRA_paper_8413.pdf

14 William A. Barnett and Apostolos Serletis(2008), *Consumer preferences and demand systems*, MPRA Paper No. 8413(https://mpra.ub.uni−muenchen.de/8413/).; Diewert, W. E.(1973), "Functional forms for profit and transformation functions," *Journal of Economic Theory* 6, pp.284−316.; Theil, H.(1965), "The information approach to demand analysis,"

본장에서는 이 중 준이상수요체계를 대상으로 한 실증분석 사례를 살펴보고자 한다. Deaton and Muellbauer(1980)에 의해 개발된 준이상수요체계는 이상에서 언급한 여러 모형에 비해 실증분석에서 활용도가 높은 모형이다.[15]

[표 1] 수요체계모형의 종류

모형	수학적 형태	관련논문
선형지출체계 (Linear Expenditure System: LES)	$p_i q_i = p_i \gamma_i + \beta_i (X - \sum p_i \gamma_i)$	Klein and Rubin(1947)
초월대수함수 (Basic Translog : BTL)	$s_i = (\alpha_i + \sum_j \beta_{ij} \ln \frac{p_j}{X}) / (\alpha_m + \ln \frac{p_i}{X})$	Diewert(1973)
Generalized Leontief	$s_i = \dfrac{\alpha_i v_i^{0.5} + \sum_{j=1}^{n} \beta_{ij} v_i^{0.5} v_j^{0.5}}{\sum_{j=1}^{n} \alpha_j v_j^{0.5} + \sum_{k=1}^{n} \sum_{m=1}^{n} \beta_{km} v_k^{0.5} v_m^{0.5}}$	Diewert(1973)
준이상수요체계 (Almost Ideal Demand System: AIDS)	$s_i = \alpha_i + \sum_{j=1}^{n} \beta_{ij} \ln p_j + \gamma_i \ln \frac{y}{P}$ $\ln P = \alpha_0 + \sum_{j=1}^{n} \alpha_i \ln p_j + \frac{1}{2} \sum_{i=1}^{n} \sum_{j=1}^{n} \beta_{ij} \ln p_i \ln p_j$	Deaton and Muellbauer(1980)
로텔담 모형 (Rotterdam model)	$s_i d \ln x_i = b_i d \ln \overline{y} + \sum_{j=1}^{n} c_{ij} d \ln p_j$	Theil(1965)
Quadratic AIDS (QUAIDS)	$s_i = \alpha_i + \sum_{j=1}^{n} \gamma_{ij} \ln p_j + \beta_i \ln \left(\frac{y}{a(p)} \right)$ $+ \frac{\lambda_i}{b(p)} \left\{ \ln \frac{y}{a(p)} \right\}^2$	Banks et al. (1997)

Econometrica 33, pp.67−87.; Banks, J., R. Blundell and A. Lewbel(1997), "Quadratic Engel curves and consumer demand," *Review of Economics and Statistics* 79, pp.527−539.; Klein, L. R. and H. Rubin(1947~1948), "A Constant Utility Index of the Cost of Living," *Review of Economics Studies*, 15, pp.84−87.

15 Deaton, A. S. and J. N. Muellbauer(1980), "An almost ideal demand system," *American Economic Review* 70, pp.312−326.; Goodwin Barry K., A. Ford Ramsey and Jan Chvosta(2018), *Applied Econometrics with SAS: Modelling Demand, Supply and Risk*, SAS, pp.5−74.

Normalized Quadratic	$s_i = v_i \dfrac{b_i + (\alpha'v)^{-1}(\sum\limits_{j=1}^{n}\beta_{ij}v_j) - \frac{1}{2}\alpha_i(\alpha'v)^{-2}v'Bv + \theta_i}{b'v + \frac{1}{2}(\alpha'v)^{-1}v'Bv + \sum\limits_{j=1}^{n}\theta_j}$	Diewert and Wales(1988)

준이상수요체계 모형은 다음과 같이 나타낼 수 있다.

$$s_i = \alpha_i + \sum_{j=1}^{n}\beta_{ij}\ln p_j + \gamma_i \ln\frac{y}{P}$$

여기서 s_i는 전체소비지출 가운데 i품목에 대한 지출비중, p_i는 i품목의 가격, y는 분석대상 소비품목에 대한 전체 지출액, $\alpha_i, \beta_{ij}, \gamma_i$는 추정되어야 할 파라미터, P는 전체 소비지출 품목의 집계가격지수로서 다음과 같은 초월대수함수 형태를 가진다.

$$\ln P = \alpha_0 + \sum_{j=1}^{n}\alpha_i \ln p_j + \frac{1}{2}\sum_{i=1}^{n}\sum_{j=1}^{n}\beta_{ij}\ln p_i \ln p_j$$

이때 추정하려고 하는 파라미터는 다음과 같은 조건(선형동차, 대칭성 조건)을 가져야 한다.

$$\sum_{i=1}^{n}\alpha_i = 1, \quad \sum_{i=1}^{n}\gamma_{ij} = \sum_{j=1}^{n}\gamma_{ij} = \sum_{i=1}^{n}\beta_i = 0$$

$$\gamma_{ij} = \gamma_{ji}$$

이런 AIDS모형을 추정할 때 품목별 지출함수식에 집계가격 지수식을 대입하게 되면 독립변수들 간의 심한 다중공선성 문제가 발생하여 추정이 불가능할 수도 있다. 따라서 다음과 같이 스톤가격지수(Stone's price index)를 사용한다.

$$s_i = \alpha_i + \sum_{j=1}^{n}\beta_{ij}\ln p_j + \gamma_i \ln\frac{y}{P^*}$$

$$\ln P^* = \sum_{k=1}^{n} s_k \ln p_k$$

여기서 s_k는 k품목에 대한 지출비중을 나타낸다. 원래 AIDS모형에서 집계가격이 선형근사(linear approximations)방식을 통해 계산되었다는 의미에서 이를 LA–AIDS모형이라고 한다.

한편 AIDS모형은 Banks et al.(1997)에 의해 다음과 같은 형태의 2차식 AIDS모형(Quadratic AIDS: QUAIDS model)으로 발전하게 된다. 이 두 형태의 AIDS모형이 실증분석에 많이 활용되고 있다.

$$s_i = \alpha_i + \sum_{j=1}^{n} \gamma_{ij} \ln p_j + \beta_i \ln\left(\frac{y}{a(p)}\right) + \frac{\lambda_i}{b(p)}\left\{\ln \frac{y}{a(p)}\right\}^2$$

여기서 $a(p)$, $b(p)$는 다음과 같이 정의된다.

$$\ln a(p) = \alpha_0 + \sum_{k=1}^{n} \alpha_k \ln p_k + \frac{1}{2} \sum_{k=1}^{n} \sum_{j=1}^{n} \gamma_{kj}^* \ln p_k \ln p_j$$

$$\ln b(p) = \ln a(p) + \beta_0 \prod_{k=1}^{n} p_k^{\beta_k}$$

02 수요체계 분석사례

다음 사례는 이상에서 살펴본 LA–AIDS모형과 QUAIDS모형을 한국의 목적별 소비지출에 적용한 것이다.[16] 각 모형별로 수요체계분석에서 중요한 수요체계의 추정, 지출탄력성, 보상 또는 비보상 수요탄력성(compensated and uncompensated demand elasticities) 추정과정을 보여주고 있다.

수요방정식 체계의 분석을 위한 이 사례에서는 사용자작성 프로그램을 이용하였

---

16 한국은행경제통계시스템(http://ecos.bok.or.kr/).

기 때문에 매우 간단한 절차를 통해 모형을 추정하고 필요한 탄력성을 계산하였다. 만약 Stata에서 제공되는 기능만을 이용하고자 한다면 구체적 함수형태와 탄력성 계산식을 일일이 기술해주는 지루한 방법을 사용해야만 한다. 여기에서 이런 방법을 구체적으로 설명하지 않은 이유는 다음 장에서 설명할 생산이론의 사례에서 그 사용법을 학습할 수 있기 때문이다.

[사례 Ⅶ-2-1] 한국의 목적별 소비지출 자료를 이용한 AIDS모형의 추정사(Ⅶ-2-2-KorAIDS.do)

```
* ************************************************************
* *** 한국의 목적별 소비지출 자료를 이용한 AIDS모형의 추정사례 ***
* ************************************************************


* *** LA-AIDS모형 ***
use Ⅶ-2-1-KorAIDS, clear

forvalues i=1(1)5 {
    generate lp`i'=ln(p`i')
                }

quaids w1-w5, anot(10) lnprices(lp1-lp5) expenditure(expen) noquadratic
predict what*
estat expenditure mu*
estat compensated ce*
estat uncompensated ue*

estat expenditure, atmeans stderrs
matrix list r(expelas)
matrix list r(sd)
estat uncompensated, atmeans stderrs
matrix list r(uncompelas)
matrix list r(sd)
estat compensated, atmeans stderrs
matrix list r(compelas)
matrix list r(sd)

* *** QUAIDS모형 ***
use Ⅶ-2-1-KorAIDS, clear

forvalues i=1(1)5 {
    generate lp`i'=ln(p`i')
```

```
                    }

quaids w1-w5, anot(10) lnprices(lp1-lp5) expenditure(expen)
predict what*
estat expenditure mu*
estat compensated ce*
estat uncompensated ue*

estat expenditure, atmeans stderrs
matrix list r(expelas)
matrix list r(sd)
estat uncompensated, atmeans stderrs
matrix list r(uncompelas)
matrix list r(sd)
estat compensated, atmeans stderrs
matrix list r(compelas)
matrix list r(sd)
```

CHAPTER
03

생산자 이론

01 함수형태의 선택

생산함수나 비용함수를 이용한 실증분석에 있어서 중요한 것은 구체적 함수의 형태를 선택하는 문제이다. 다음 [표 1]은 생산이론의 실증분석에서 자주 사용되는 다양한 함수형태를 보여주고 있다.[17] 생산함수와 비용함수 모두 이런 함수형태를 사용하게 된다. 분석자에 따라 다양한 함수형태가 사용되고는 있지만 이 중에서 특히 콥－더글러스와 초월대수함수가 많이 사용된다.

[표 1] 총요소생산성 실증분석을 위한 함수형태

함수 이름	함수의 수학적 형태
선형함수 (linear)	$y = \alpha_0 + \sum_{k=1}^{K} \beta_k x_k$
콥－더글러스 (Cobb－Douglas)	$y = \alpha_0 \prod_{k=1}^{K} x_k^{\alpha_k}$

---

17 박승록(2018), 『생산성의 경제학』, 박영사, p.324.; Goodwin Barry K., A. Ford Ramsey and Jan Chvosta(2018), *Applied Econometrics with SAS: Modelling Demand, Supply and Risk*, SAS, pp.75－107.

초월대수함수 (Translog)	$\ln y = \alpha_0 + \sum_{k=1}^{K} \alpha_k \ln x_k + \frac{1}{2}\sum_{i=1}^{K}\sum_{j=1}^{K}\gamma_{ij}\ln x_i \ln x_j$
일반화된 레온티예프 (Generalized Leontief)	$y = \sum_{i=1}^{K}\sum_{j=1}^{K}\alpha_{ij}(x_i x_j)^{1/2}$
2차식 형태 (Quadratic)	$\ln y = \alpha_0 + \sum_{k=1}^{K} \alpha_k\, x_k + \frac{1}{2}\sum_{i=1}^{K}\sum_{j=1}^{K}\gamma_{ij}\, x_i\, x_j$
정규화된 2차식 형태 (Normalized Quadratic)	$\ln y = \alpha_0 + \sum_{k=1}^{K-1} \alpha_k\left(\frac{x_k}{x_K}\right) + \frac{1}{2}\sum_{i=1}^{K-1}\sum_{j=1}^{K-1}\gamma_{ij}\left(\frac{x_i}{x_K}\right)\left(\frac{x_j}{x_K}\right)$
일정한 대체 탄력성 (Constant Elasticity of Substitution: CES)	$y = \alpha_0\left(\sum_{k=1}^{K}\alpha_k\, x_k^{\gamma}\right)^{1/\gamma}$

(1) 초월대수 생산함수

먼저 초월대수 생산함수를 살펴보자. 자주 활용되는 노동, 자본, 중간투입의 세 가지 생산요소를 가진 초월대수 생산함수는 다음의 형태를 가진다. 여기에는 어떤 제약조건도 부여되지 않았다.

$$
\begin{aligned}
\ln Y = \alpha_0 &+ \alpha_L \ln L + \alpha_K \ln K + \alpha_M \ln M \\
&+ 0.5\,\gamma_{LL}\ln L^2 + \gamma_{LK}\ln L \ln K + \gamma_{LM}\ln L \ln M \\
&+ 0.5\,\gamma_{KK}\ln K^2 + \gamma_{KM}\ln K \ln M \\
&+ 0.5\,\gamma_{MM}\ln M^2
\end{aligned}
$$

하지만 실증분석에서는 동차성(homogeneity), 대칭성(symmetry) 등의 제약조건을 부여하여 함수형태를 보다 단순하게 한다. 제약조건은 다음과 같다.

$$\alpha_L + \alpha_K + \alpha_M = 1$$

$$\gamma_{LL} + \gamma_{LK} + \gamma_{LM} = 0$$
$$\gamma_{LK} + \gamma_{KK} + \gamma_{KM} = 0$$
$$\gamma_{LM} + \gamma_{KM} + \gamma_{MM} = 0$$

이런 제약조건을 부여하면 원래 생산함수는 다음과 같이 단순화된다.

$$\ln\frac{Y}{M} = \alpha_0 + \alpha_L \ln\frac{L}{M} + \alpha_K \ln\frac{K}{M}$$
$$+ 0.5\,\gamma_{LL} \ln(\frac{L}{M})^2 + \gamma_{LK} \ln\frac{L}{M} \ln\frac{K}{M} + 0.5\,\gamma_{KK} \ln(\frac{K}{M})^2$$

(2) 초월대수 비용함수

초월대수 생산함수에서와 마찬가지로 노동, 자본, 중간투입의 세 가지 생산요소를 고려한 초월대수 비용함수를 살펴보자. 비용함수는 생산요소가격과 산출량의 함수이다. 제약조건이 부과되지 않은 함수형태는 다음과 같다.

$$\ln C = \alpha_0 + \alpha_L \ln P_L + \alpha_K \ln P_K + \alpha_M \ln P_M$$
$$+ 0.5\,\gamma_{LL} \ln P_L^2 + \gamma_{LK} \ln P_L \ln P_K + \gamma_{LM} \ln P_L \ln P_M$$
$$+ 0.5\,\gamma_{KK} \ln P_K^2 + \gamma_{KM} \ln P_K \ln P_M$$
$$+ 0.5\,\gamma_{MM} \ln P_M^2$$
$$+ \delta_Y \ln Y + 0.5\,\delta_{YY} \ln Y^2$$
$$+ \delta_{LY} \ln P_L \ln Y + \delta_{KY} \ln P_K \ln Y + \delta_{MY} \ln P_M \ln Y$$

여기에 아래와 같은 제약조건을 부여하면 초월대수 비용함수는 보다 단순한 형태로 변환된다. 실증분석과정에서 이런 제약조건의 타당성 여부를 검정할 수도 있다.

$$\alpha_L + \alpha_K + \alpha_M = 1$$

$$\gamma_{LL} + \gamma_{LK} + \gamma_{LM} = 0$$
$$\gamma_{LK} + \gamma_{KK} + \gamma_{KM} = 0$$
$$\gamma_{LM} + \gamma_{KM} + \gamma_{MM} = 0$$

$$\delta_{LY} + \delta_{KY} + \delta_{MY} = 0$$

$$\ln(\frac{C}{P_M}) = \alpha_0 + \alpha_L \ln(\frac{P_L}{P_M}) + \alpha_K \ln(\frac{P_K}{P_M})$$
$$+ 0.5\,\gamma_{LL}(\frac{P_L}{P_M})^2 + \gamma_{LK}(\frac{P_L}{P_M})(\frac{P_K}{P_M}) + 0.5\,\gamma_{KK}(\frac{P_K}{P_M})^2$$
$$+ \delta_{LY}(\frac{P_L}{P_M})\ln Y + \delta_{KY}(\frac{P_K}{P_M})\ln Y + \delta_Y \ln Y + 0.5\,\gamma_{YY}\ln Y^2$$

(3) 함수의 추정방법

초월대수함수를 추정할 때는 이상에서 설명한 제약조건이 부여되지 않는 원래함수나 제약조건이 부여된 함수를 직접 단일방정식 추정법으로 추정하기도 하지만 연립방정식 추정법으로 추정하는 것이 일반적이다. 특히 초월대수 비용함수를 추정할 때에는 비용함수에서 유도된 비용몫 함수(cost share equations)를 이용하여 외견무관회귀(Seemingly Unrelated Regression: SUR) 추정방법이란 연립방정식 추정법을 사용한다.[18]

초월대수 비용함수는 종속변수와 독립변수 모두 로그형태의 변수이므로 다음과 같이 미분하면 비용몫 함수가 유도된다. 이는 쉐퍼드 정리(Shephard's lemma)라고 알려진 것이다.

$$\frac{\partial \ln C}{\partial \ln P_L} = S_L = \alpha_L + \gamma_{LL} \ln P_L + \gamma_{LK} \ln P_K + \gamma_{LM} \ln P_M + \delta_{LY} \ln Y$$

$$\frac{\partial \ln C}{\partial \ln P_K} = S_K = \alpha_K + \gamma_{LK} \ln P_L + \gamma_{KK} \ln P_K + \gamma_{KM} \ln P_M + \delta_{KY} \ln Y$$

$$\frac{\partial \ln C}{\partial \ln P_M} = S_M = \alpha_M + \gamma_{LM} \ln P_L + \gamma_{KM} \ln P_K + \gamma_{MM} \ln P_M + \delta_{MY} \ln Y$$

Berndt and Wood(1974) 이후 비용함수 자체를 추정하는 것보다는 비용몫 함수만을 이용하여 비용함수를 추정하는 방법이 자주 사용되었다.[19] 원래의 비용함수는 생산요소 가격과 이들 가격의 곱으로 정의된 변수가 많이 사용되기 때문에 자유도의 손실과 다중공선성(multicollinearity)의 문제가 발생하게 된다. 하지만 비용함수를 제외한 비용몫 방정식만을 이용하여 연립방정식 추정법을 사용하게 되면 비용몫이란 추가정보를 활용할 수 있을 뿐만 아니라 연립추정 과정에서 더 많은 자유도를 확보할 수 있고,

---

18 Zellner, A.(1962), "An efficient method of estimating seemingly unrelated regressions and tests for aggregation bias," *Journal of the American Statistical Association* 57: pp.348−368.; Zellner, A.(1963), "Estimators for seemingly unrelated regression equations: Some exact finite sample results," *Journal of the American Statistical Association* 58: pp.977−992.; Zellner, A. and D. S. Huang(1962), "Further properties of efficient estimators for seemingly unrelated regression equations," *International Economic Review* 3: pp.300−313.; Davidson, R. and J. G. MacKinnon(1993), *Estimation and Inference in Econometrics*, New York: Oxford University Press.

19 Berndt, E. R. and Wood, D. O.(1974), "Technology, Prices, and the Derived Demand for Energy," *Review of Economics and Statistics*, Vol. 57, No. 3, August, pp.259−268.

다중공선성의 문제를 피할 수 있다.

초월대수 비용함수는 분석목적에 따라 원래 비용함수와 비용몫 함수를 연립추정하기도 한다.[20] 모든 생산요소의 비용 몫의 합은 1이기 때문에 이 중 하나를 제외하고 추정한다.

비용몫 함수만을 이용하여 비용함수가 가지고 있는 모든 파라미터를 추정할 수 있는 이유는 비용함수 추정과정에서 규모에 대한 수확불변(constant returns to scale)의 제약조건을 부여하였기 때문이다. 이와 관련된 파라미터 값은 $\delta_{iY_i} = 0$, $\delta_{YY} = 0$, $\delta_Y = 1$인데 비용몫 함수만을 이용하여 추정하더라도 비용함수가 가진 상수항, α_0 이외의 모든 파라미터를 추정할 수 있기 때문이다.

하지만 규모의 경제효과를 측정하려고 한다면 비용몫 함수만을 이용하여 모형을 추정할 때 비용함수가 가지고 있는 δ_{iY}, δ_{YY}, δ_Y 파라미터를 추정할 수 없다. 이때는 비용함수와 비용몫 함수를 함께 연립추정하는 방법을 사용한다. 이 과정에서 더욱 많은 자유도(degrees of freedom)가 확보되고, 비용몫에 대한 추가적인 자료의 활용이 가능하게 되므로 비용함수 하나를 최소자승법으로 추정하는 것보다 파라미터 추정치의 효율성이 증가한다.

[사례 Ⅶ-3-1] 초월대수 비용함수 단일방정식 추정법(Ⅶ-3-1-COST.do)

```
* ****************************************
* *** 초월대수 비용함수 단일방정식 추정법 ***
* ****************************************
use Ⅶ-3-1-COST, clear
xtset  fmercode year

desc
summarize

gen t = yeardum
gen c=areap*area + laborp*labor + npkp*npk
sort fmercode year
```

---

20 Christensen Laurits R. and William H. Greene(1976), "Economies of Scale in US Electric Power Generation," *The Journal of Political Economy*, Vol. 84, No. 4, Part 1. pp.655－676.

```
* 각 변수를 자신의 평균에 대해 표준화
local rice "c prod area labor npk other price areap laborp npkp otherp age edyrs hhsize nadult banrat"
foreach x of local rice {
by fmercode: egen m`x' =mean(`x')
by fmercode: gen  i`x'= `x'/ m`x'
                            }
drop m*

* 비용함수 추정관련 자료작성
generate tc=areap*area + laborp*labor + npkp*npk
generate s1=(areap*area)/tc
generate s2=(laborp*labor)/tc
generate s3=(npkp*npk)/tc

generate lq=ln(iprod)
generate ltc=ln(ic)
generate lw1=ln(iareap)
generate lw2=ln(ilaborp)
generate lw3=ln(inpkp)

generate lw11=0.5*lw1*lw1
generate lw12=lw1*lw2
generate lw13=lw1*lw3

generate lw22=0.5*lw2*lw2
generate lw23=lw2*lw3
generate lw33=0.5*lw3*lw3

generate lqw1=lw1*lq
generate lqw2=lw2*lq
generate lqw3=lw3*lq
generate lqq=lq*lq

generate lw1t=lw1*t
generate lw2t=lw2*t
generate lw3t=lw3*t
generate lqt=lq*t
generate t2=t^2

drop i*
sort fmercode year

drop yeardum prod area labor npk other price areap laborp npkp otherp
order fmercode year fmercode year lq tc s* lw* lqt lqw* lqq t t2
```

```
* 제약조건 부여하지 않은 형태의 추정
regress ltc lw1 lw2 lw3 lw11 lw12 lw13 lw22 lw23 lw33 lq lqq lqw1 lqw2 lqw3

* 제약조건 부여하고 필요한 변수 생성
generate ltclm=ltc-lw3
generate lw1lw3=lw1-lw3
generate lw2lw3=lw2-lw3
generate lw1lw32=0.5*(lw1-lw3)^2
generate lw2lw32=0.5*(lw2-lw3)^2
generate lw1lw2lw3=(lw1-lw3)*(lw2-lw3)
generate lw1lw3q=lw1lw3*lq
generate lw2lw3q=lw2lw3*lq

* 제약조건 부여한 형태의 추정
regress ltclm lw1lw3 lw2lw3 lw1lw32 lw2lw32 lw1lw2lw3 lw1lw3q lw2lw3q lq lqq

* ****************************************
* *** 초월대수 비용함수의 연립방정식 추정법 ***
* ****************************************
constraint  1 [ltc]lw1+[ltc]lw2+[ltc]lw3=1
constraint  2 [ltc]lw11+[ltc]lw12+[ltc]lw13=0
constraint  3 [ltc]lw12+[ltc]lw22+[ltc]lw23=0
constraint  4 [ltc]lw13+[ltc]lw23+[ltc]lw33=0
constraint  5 [ltc]lqw1+[ltc]lqw2+[ltc]lqw3=0
constraint  6 [ltc]lw1  =[s1]_cons
constraint  7 [ltc]lw11=[s1]lw1
constraint  8 [ltc]lw12=[s1]lw2
constraint  9 [ltc]lw13=[s1]lw3
constraint 10 [ltc]lqw1=[s1]lq
constraint 11 [s1]lw2=[s2]lw1

* 원래의 비용함수와 비용몫(요소수요)함수를 이용하여 연립추정
sureg (ltc lw1 lw2 lw3 lw11 lw12 lw13 lw22 lw23 lw33 lq lqq lqw1 lqw2 lqw3) ///
    (s1 lw1 lw2 lw3 lq)                                                      ///
    (s2 lw1 lw2 lw3 lq)                                                      ///
  , constraints(1 2 3 5 6 7 8 9 10 11)

* 비용몫(요소수요)함수만을 이용한 연립추정
sureg (s1 lw1 lw2 lw3 lq)   ///
    (s2 lw1 lw2 lw3 lq)     ///
  , constraints(16)
```

02 생산이론의 실증분석 사례

생산함수나 비용함수의 추정사례는 이미 살펴본 바 있다. 여기에서는 생산함수나 비용함수를 실증분석에 이용하는 많은 실증분석에서 함수추정 외에도 함수추정 이후 다양한 지표의 계산에 대한 사례를 살펴본다.

(1) 확률변경생산함수 추정과 생산성 측정

총요소생산성 증가율을 측정하고 이를 그 구성요인으로 나누는 작업은 총요소생산성 측정과 관련된 실증연구에서 많이 사용된다. 간단한 예로서 생산함수를 이용하여 총요소생산성 증가율을 구하고, 이를 기술변화, 규모의 경제, 기술적 효율성 변화, 때로는 배분적 효율성 변화로 나누는 방법에 대해 살펴보자.[21]

우선 복수의 생산요소를 사용하여 하나의 산출물을 생산하는 생산함수를 생각해보자. 즉

$$y_{it} = f(x_{it}, t) \exp(-u_{it}), \ i = 1,...,N \, ; t = 1,..., T$$

여기서 y_{it}는 i번째 기업의 t시점의 산출량을 나타낸다. $f(\cdot)$는 생산기술, x_{it}는 J개의 투입물 벡터, t는 추세변수(time trend)를 나타내고, $u_{it} \geq 0$은 산출물 측면의 기술적 비효율성(output−oriented inefficiency)을 나타낸다.

다수의 투입물이 있을 경우 총요소생산성 변화(TFP change)는 투입물 증가에 기인하지 않은 산출량 증가로서 다음과 같은 식으로 표시할 수 있다. 즉,

$$\dot{TFP} = \frac{\dot{y}}{y} - \sum_j s_j \frac{\dot{x_j}}{x_j}$$

여기시 $s_j - w_j x_j / C$는 총비용, $C = \sum_j w_j x_j$에서 해당 요소의 요소소득이 비중인 비용몫을 나타낸다. w_j는 생산요소 j의 요소가격을 나타낸다.

---

21 Kumbhakar, Wang and Horncastle(2013), *A Practioner's Guide to Stochastic Frontier Analysis using Stata*, Cambridge University Press, pp.286−294.

만약 생산함수를 전 미분한 다음 재정리하고 총요소생산성 증가율에 대해 정리하면, 다음과 같이 총요소생산성 증가를 여러 구성요인으로 분해할 수 있다. 즉

$$\dot{TFP} = TECH - \frac{\partial u}{\partial t} + \sum_j [\frac{f_j\, x_j}{f} - s_j]\, \frac{\dot{x_j}}{x_j}$$

$$= (RTS - 1)\sum_j \lambda_j \frac{\dot{x_j}}{x_j} + TECH + TEC + \sum_j (\lambda_j - s_j) \frac{\dot{x_j}}{x_j}$$

여기서 $TECH = \partial \ln f(\,\bullet\,)/\partial t$ 는 기술변화를, $TEC = \partial u/\partial t$ 는 기술적 효율성 변화를, $RTS = \sum_j \partial \ln y/\partial \ln x_j = \partial \ln f(\,\bullet\,)/\partial \ln x_j = \sum_j \partial f_j(\,\bullet\,)\, x_j/f(\,\bullet\,) = \sum_j \epsilon_j$ 는 규모의 경제 효과를 나타낸다. ϵ_j 는 투입물의 산출 탄력성을 나타낸다. 마지막으로 f_j 는 투입물 x_j 의 한계생산물을 나타내는데, 이때 $\lambda_j = f_j\, x_j / \sum_k f_k\, x_k = \epsilon_j / RTS$ 이다.

따라서 이로부터 총요소생산성 증가율은 규모의 경제 효과, 기술변화율, 기술적 효율성 변화와 배분적 효율성 변화의 네 부분으로 나누어지게 된다.

변경생산함수를 이용하여 총요소생산성 증가율을 여러 구성요인으로 분해하는 순서는, 우선 변경 생산함수를 추정하고 기술적 효율성 변화를 계산한 다음, 위에서 정의한 수식을 구성요인별 순서대로 계산하고, 이를 전부 합해서 총요소생산성 증가율을 구한다. 이 과정에서 구해진 연도별 지표들에 대해서는 그 평균치를 계산한다. 필요에 따라 구간별 평균치를 계산하여 분석결과의 의미를 찾을 수도 있다.

[사례 Ⅶ-3-2] 초월대수 생산함수로부터 총요소생산성과 그 구성요인의 계산(Ⅶ-3-2-TFPComp.do)

```
*******************************************************
* *** 1)초월대수 생산함수를 이용한 총요소생산성 계산 절차 ***
*******************************************************
use Ⅶ-3-2-TFPComp, clear
xtset id year
* 각 변수의 평균으로 표준화
sort id
foreach x in  y l k f m  {
by id: egen m_`x' = mean(`x')
by id: generate  nm_`x' = `x'/ m_`x'
                        }
```

```
* 표준화된 변수의 로그 변환
generate ln_Y = ln(nm_y)
generate ln_L = ln(nm_l)
generate ln_K = ln(nm_k)
generate ln_F = ln(nm_f)
generate ln_M = ln(nm_m)
generate t = year

* 총비용과 비용 몫 계산
generate TC = pl*l + pk*k + pf*f + pm*m
generate sl = (pl*l)/TC
generate sk = (pk*k)/TC
generate sf = (pf*f)/TC
generate sm = (pm*m)/TC

drop nm_* m_*

* 초월대수 생산함수 추정에 필요한 변수 계산
generate ln_L2 = 0.5 * ln_L^2
generate ln_K2 = 0.5 * ln_K^2
generate ln_F2 = 0.5 * ln_F^2
generate ln_M2 = 0.5 * ln_M^2
generate t2 = 0.5 * t^2

generate ln_LK = ln_L * ln_K
generate ln_LF = ln_L * ln_F
generate ln_LM = ln_L * ln_M
generate ln_KF = ln_K * ln_F
generate ln_KM = ln_K * ln_M
generate ln_FM = ln_F * ln_M

generate ln_Lt = ln_L * t
generate ln_Kt = ln_K * t
generate ln_Mt = ln_M * t
generate ln_Ft = ln_F * t
* 변경생산함수 추정
global dependent ln_L ln_K ln_F ln_M ln_L2 ln_K2 ln_F2 ln_M2 ln_LK ln_LF ln_LM ln_KF
ln_KM ln_FM t t2 ln_Lt ln_Kt ln_Mt ln_Ft

* OLS를 이용한 초기치 계산
regress  ln_Y $dependent
matrix b1 = e(b)
```

```
* 변경생산함수 추정
sfmodel ln_Y, prod dist(h) frontier($dependent) usigmas(t) vsigmas()
sf_init, frontier(b1) usigmas(0 0) vsigmas(0)
ml max, difficult gtol(1e-5) nrtol(1e-5)

* 기술적 효율성 추정
sf_predict, bc(eff) jlms(jlms2_h) marginal

* 기술적 효율성 변화의 추정
generate TEFF= t_M

* 산출탄력성 계산
sort id
by id: generate eta_L =_b[ln_L]+_b[ln_L2]* ln_L +_b[ln_LK]* ln_K+_b[ln_LF]*
ln_F+_b[ln_LM]* ln_M+_b[ln_Lt]* t
by id: generate eta_K =_b[ln_K]+_b[ln_K2]* ln_K +_b[ln_LK]* ln_L+_b[ln_KF]*
ln_F+_b[ln_KM]* ln_M+_b[ln_Kt]* t
by id: generate eta_F =_b[ln_F]+_b[ln_F2]* ln_F +_b[ln_LF]* ln_L+_b[ln_KF]*
ln_K+_b[ln_FM]* ln_M+_b[ln_Ft]* t
by id: generate eta_M =_b[ln_M]+_b[ln_M2]* ln_M +_b[ln_LM]* ln_L+_b[ln_KM]*
ln_K+_b[ln_FM]* ln_F+_b[ln_Mt]* t

* 기술변화의 계산
by id: generate TECH =_b[t]+_b[t2]* t +_b[ln_Lt]* ln_L+_b[ln_Kt]* ln_K+_b[ln_Ft]*
ln_F+_b[ln_Mt]* ln_M

* 각 요소의 산출탄력성을 합해서 규모의 경제 계산
generate RTS=eta_L+eta_K+eta_F+eta_M

* 규모의 경제에서 각 산출탄력성의 비중 계산
generate lamda_L=eta_L/RTS
generate lamda_K=eta_K/RTS
generate lamda_F=eta_F/RTS
generate lamda_M=eta_M/RTS
* 생산요소투입 증가율 계산
by id: generate gr_L=ln_L-ln_L[_n-1]
by id: generate gr_K=ln_K-ln_K[_n-1]
by id: generate gr_F=ln_F-ln_F[_n-1]
by id: generate gr_M=ln_M-ln_M[_n-1]

* 규모의 경제 변화지표 계산
generate SCALE=(RTS-1)*(lamda_L*gr_L+lamda_K*gr_K+lamda_F*gr_F+lamda_M*gr_M)
```

* 배분적 비효율성 계산
generate
ALL=(lamda_L−sl)*gr_L+(lamda_K−sk)*gr_K+(lamda_F−sf)*gr_F+(lamda_M−sm)*gr_M

* 총요소생산성 계산
generate TFP=SCALE+TECH+ALL+TEFF

* 총요소생산성 구성요인의 기술 통계량
summarize TFP SCALE TECH ALL TEFF
by id: summarize TFP SCALE TECH ALL TEFF

(2) 확률변경 비용함수와 총요소생산성 구성요인

1) 총요소생산성 증가율의 분해

확률변경비용함수를 이용하여 총요소생산성 증가율을 구하고, 이를 규모의 경제, 기술변화, 기술적 효율성 변화로 구분하는 방법은 생산함수를 이용하는 방법과 비슷한 절차를 거친다.[22]

우선 변경비용함수를 정의하면 다음과 같이 나타낼 수 있다. 즉,

$$C = C(w, y, t) \exp(\eta)$$

여기서, $\eta \geq 0$이며 투입물 측면에서 비효율성 수준(input oriented inefficiency)을 나타낸다.

이를 시간 t에 대해 전 미분하면 다음과 같은 식이 된다. 즉,

$$\frac{\dot{C}}{C} = \sum_j \frac{\partial \ln C}{\partial \ln w_j} \frac{\dot{w_j}}{w_j} + \frac{\partial \ln C}{\partial \ln y} \frac{\dot{y}}{y} + \frac{\partial \ln C}{\partial t} + \frac{\partial \eta}{\partial t}$$

$$= \sum_j s_j \frac{\dot{w_j}}{w_j} + \frac{1}{RTS} \frac{\dot{y}}{y} - TECH - TEC$$

---

22 Kumbhakar, Wang and Horncastle(2013), *A Practioner's Guide to Stochastic Frontier Analysis using Stata*, Cambridge University Press, pp.294−300.

여기서, 산출물의 비용 탄력성은 규모의 경제의 역수, $1/RTS = \partial \ln C / \partial \ln Y$이다. 기술변화는 $TECH = -\partial \ln C / \partial t$, 기술적 효율성 변화는 $TEC = -\partial \eta / \partial t$이다. 쉐퍼드 정리(Shephard lemma)에 의해 총비용에서 해당 요소소득이 차지하는 비중은 x_j의 비용몫, $w_j x_j / C = s_j$이다.

총비용을 나타내는 $C = \sum_j w_j x_j$를 전 미분하면 다음 식이 된다.

$$\frac{\dot{C}}{C} = \sum_j s_j \left(\frac{\dot{w}}{w} - \frac{\dot{x}}{x} \right)$$

이상의 두 식을 이용하여 다음과 같이 총요소생산성 증가율의 구성요인을 분해할 수 있다. 즉

$$\dot{TFP} = \frac{\dot{y}}{y} \left(1 - \frac{1}{RTS} \right) + TECH + TEC$$

따라서 총요소생산성 증가율을 규모의 경제, 기술변화와 기술적 효율성의 변화로 분해할 수 있다.

2) 이윤증가율의 분해

여기서는 확률변경비용함수를 이용하여 위에서 설명한 총요소생산성 증가율을 분해하는 것 외에 추가로 이윤을 여러 요인으로 분해하는 방법을 살펴보자.

이윤함수는 다음과 같이 정의된다. 즉,

$$\pi = py - \sum_j w_j x_j$$

이윤함수를 전 미분하고 양변을 총비용 C로 나누어주면 다음과 같은 식을 얻는다. 즉,

$$\frac{1}{C}\frac{d\pi}{dt} = \frac{py}{C}\sum_j \left(\frac{\dot{p}}{p} - \frac{\dot{y}}{y} \right) - \left(\sum_j s_j \frac{\dot{w_j}}{w_j} + \sum_j s_j \frac{\dot{x}}{x} \right)$$

이 식을 총요소생산성 증가를 나타내는 식을 이용하여 재정리하면 다음과 같은 식을 얻는다.

$$\frac{1}{C}\frac{d\pi}{dt} = \frac{R}{C}\frac{\dot{p}}{p} - (\frac{R}{C}-1)\frac{\dot{y}}{y} - \sum_j s_j \frac{\dot{w_j}}{w_j} + \dot{TFP}$$

위의 세 식을 정리하면 이윤율 변화는 다음과 같이 산출물 가격변화 효과, 산출물 증대 효과, 투입물 가격변화 효과, 규모의 경제, 기술변화, 기술적 효율성 변화라는 여섯 개의 구성요인으로 분해할 수 있다.

$$\frac{1}{C}\frac{d\pi}{dt} = \frac{R}{C}\frac{\dot{p}}{p} - (\frac{R}{C}-1)\frac{\dot{y}}{y} - \sum_j s_j \frac{\dot{w_j}}{w_j} + (1-\frac{1}{RTS})\frac{\dot{y}}{y} + TECH + TEC$$

변경비용함수를 이용하여 총요소생산성 증가율을 여러 구성요인으로 분해하는 순서는 앞에서 생산함수를 이용한 경우와 비슷하다. 우선 변경 비용함수를 추정하고 기술적 효율성 변화를 계산한 다음, 위에서 정의한 수식의 순서대로 각 구성요인을 계산하고, 이를 전부 합해서 총요소생산성 증가율을 계산한다.

또 이 실습에서는 이윤율의 변화를 구성하고 있는 요인들을 총요소생산성 증가율 요인과 산출물 및 투입물 가격변화, 산출물 증대 효과로 구분하는 방법에 대해 살펴본다.

```
************************************************************
* *** 2) 초월대수 비용함수를 이용한 총요소생산성 계산 절차  ***
************************************************************
use VII-3-2-TFPComp, clear
xtset id year

* 총비용 계산
gen TC=pl*l + pk*k + pf*f + pm*m

* 각변수를 자신의 평균에 대해 표준화
sort id
foreach x in TC y pl pk pf pm  {
by id: egen m_`x' =mean(`x')
by id: gen  nm_`x'= `x'/ m_`x'
                              }

* 로그 변환
gen lcost=ln(nm_TC)
gen ly=ln(nm_y)
gen lpl=ln(nm_pl)
gen lpf=ln(nm_pf)
```

```
gen lpk=ln(nm_pk)
gen lpm=ln(nm_pm)
gen t=year

* 각 요소의 비용몫 계산
gen sl=(pl*l)/TC
gen sk=(pk*k)/TC
gen sf=(pf*f)/TC
gen sm=(pm*m)/TC

* 비용함수에 동차성 및 동조성 부여한후 추정
gen ltc=lcost−lpk
gen lwl=lpl−lpk
gen lwf=lpf−lpk
gen lwm=lpm−lpk

gen lwl2=0.5*lwl^2
gen lwf2=0.5*lwf^2
gen lwm2=0.5*lwm^2
gen ly2=0.5*ly^2
gen t2=0.5*t^2

gen lwlf=lwl*lwf
gen lwlm=lwl*lwm
gen lwfm=lwf*lwm

gen lwly=lwl*ly
gen lwfy=lwf*ly
gen lwmy=lwm*ly

gen lyt=ly*t
gen lwlt=lwl*t
gen lwft=lwf*t
gen lwmt=lwm*t

drop nm_* m_*

global depend lwl lwf lwm lwl2 lwf2 lwm2 lwlf lwlm lwfm ly ly2 lwly lwfy lwmy t t2 lwlt lwft lwmt
lyt

*
regress ltc $depend
matrix coef = e(b)

* 변경비용함수의 추정
```

```
sfmodel ltc, cost dist(h) frontier($depend) usigmas(t) vsigmas()
sf_init, frontier(coef) usigmas(0 0) vsigmas(0)
ml max, difficult
```

* 총요소생산성 변화와 그 구성요인

* 기술적 효율성 및 변화
```
sf_predict, bc(eff) marginal
gen TEFF= -t_M
```

* 생산증가율 계산
```
sort id
by id: gen gr_y=ly-ly[_n-1]
```

* 생산의 비용탄력성 역수(규모의 경제,1/RTS)
```
gen IRTS = _b[ly] + _b[ly2]*ly + _b[lwly]*lwl + _b[lwfy]*lwf + _b[lwmy]*lwm +_b[lyt]*t
```

* 규모의 경제변화
```
gen SCALE = (1-IRTS)*gr_y
```

* 기술변화
```
gen TECH = - _b[t] - _b[t2]*t - _b[lyt]*ly - _b[lwlt]*lwl - _b[lwft]*lwf - _b[lwmt]*lwm
```

* 총요소생산성 변화(TFP)
```
gen TFP = SCALE + TECH + TEFF
```

* 총요소생산성 구성요인의 기술 통계량
```
summarize TFP SCALE TECH TEFF
```

* 이윤의 변화와 그 구성요인

* 생산요소가격 증가율 계산
```
sort id
by id: gen gr_pl=lpl-lpl[_n-1]
by id: gen gr_pk=lpk-lpk[_n-1]
by id: gen gr_pf=lpf-lpf[_n-1]
by id: gen gr_pm=lpm-lpm[_n-1]
```
* 가격 증가율
```
by id: gen gr_p=ln(p)-ln(p[_n-1])
```

* 전체 생산요소가격 증가율
```
by id: gen gr_w = sl*gr_pl + sk*gr_pk + sk*gr_pf + sm*gr_pm
```

```
* 총수입
generate revenue = p * y

* 총이윤
generate profit = revenue − TC

* 이윤증가율의 구성요인
*   1) 산출물 가격변화 효과
generate PRICE = revenue / TC * gr_p
*   2) 산출물 증가 효과
generate OUTPUT = (revenue / TC − 1) * gr_y
*   3) 투입물 가격 변화 효과
generate INPRICE = gr_w
*   4) 산출물 가격변화
generate PROFIT = PRICE + OUTPUT − INPRICE + TFP

summarize PROFIT PRICE OUTPUT INPRICE TFP SCALE TECH TEFF

* 각지표의 평균 그래프 그리기
sort year id
collapse (mean) TFP SCALE TECH TEFF  PROFIT PRICE OUTPUT INPRICE, by(year)
line  TFP SCALE TECH TEFF year
line  PROFIT PRICE OUTPUT INPRICE TFP year
```

(3) 확률변경함수와 Stata명령어

　　Stata에는 확률변경함수의 추정을 위한 매우 다양한 명령어들이 준비되어 있다. 우선 공식적인 명령어로서는 frontier와 xtfrontier명령어를 이용하여 각각 횡단면 자료와 패널자료를 이용한 확률변경함수의 추정이 가능하다. 이런 명령어가 수행된 이후 후속되는 작업을 위한 명령어 역시 잘 구비되어 있다.

　　확률변경함수 추정을 위한 사용자 작성프로그램으로는 Federico Belotti 등이 개발한 sfcross, sfpanel명령어가 있다. 필자의 경험으로 가장 편리한 사용자 작성프로그램은 Kumbhakar 등이 개발한 sfmodel, sfpan명령어이다. 이들 다양한 사용자작성 프로그램은 확률변경함수에서 기술적 효율성을 나타내는 오차항의 다양한 분포를 가정할 수 있고, 또 기술적 효율성 측정이나 기술적 효율성 결정요인 분석 등 다양한 목적에 활용될 수 있다.

특히 Kumbhakar 등이 개발한 명령어는 확률변경생산 또는 비용함수 추정 후 다양한 지표의 계산에 편리하게 사용될 수 있고, Stata에서 공식적으로 제공하는 명령어보다 추정과정에서 비수렴화 현상이 자주 일어나지 않는 편리함이 있다.

아래 표는 확률변경함수 추정과 관련된 명령어와 취급할 수 있는 오차항의 분포에 대한 가정, 기술적 효율성 계산방법과 해당 명령어의 특징을 보여주고 있다.

[표 2] 변경함수 추정을 위한 Stata명령어와 주요 기능

Stata 명령어	모형	기술적 효율성 계산	특징
frontier xtfrontier	• 반정규분포 • 지수분포 • 절단 정규분포	• Battese & Coelli(1988) 방법	• 공식적인 Stata 명령어 • 생산함수와 비용함수에 적용가능 • 제약조건 부여 가능 • 기술적 효율성 결정요인 분석 가능 • 이분산 처리 가능 • 우도비, 왈드 테스트 가능
sfcross sfpanel	• 반정규분포 • 지수분포 • 절단 정규분포 • 감마분포	• Battese & Coelli(1988) 작성프로그램 • Jondrow, Lovell, Materov & Schmidt(1982) 방법 • Horrace & Schmidt(1996)신뢰구간 • 결정요인의 한계효과 계산 가능	• 사용자(Federico Belotti 등) 개발한 사용자 모듈 • 생산함수와 비용함수에 적용가능 • 제약조건 부여 가능 • 기술적 효율상 결정요인분석 가능 • 이분산 처리 가능 • 우도비, 왈드 테스트 가능
sfmodel sfpan	위와 동일	위와 동일	• Kumbhakar 등이 개발한 시용자 모듈 • 위와 동일

CHAPTER

04

글로벌 밸류체인

01 글로벌밸류체인의 개념과 방법론

(1) 개념

글로벌 밸류체인(Global Value Chain: GVC)이란 국가 간 기업이나 근로자가 상품의 개념화(conceptualization) 단계부터 최종 사용, 또는 그 이상의 단계(가령 회수)까지 이동하는 데 필요한 전반적인 활동을 의미한다. 최근 상품생산을 위한 다양한 공정이 국가 간에 나누어져 이루어지는 현상, 즉 "국가간 생산의 분절화(international fragmentation of production)"현상을 설명하는 용어라고 할 수 있다.

글로벌 밸류체인은 국가 간에 특정 상품의 생산보다는 상품생산에서 특정 "작업(tasks)"이나 경영 활동에 전문화되고 있는 현상을 나타내면서 글로벌 구매자와 글로벌 공급자가 존재하는 국가 간 네트워크의 역할을 강조한다.

2000년대부터 국제경제 이론에서 무역과 산업조직을 부가가치 체인의 개념으로 분석하면서 글로벌 밸류체인이란 용어가 사용되기 시작했다. 특히 Gereffi et al.(2005)에 의해 글로벌 밸류체인의 분석을 위한 이론적 기초가 완성되었다.[23]

---

23 Gereffi, Humphrey and Sturgeon, *Global Value Chains Initiative*(https://globalvaluechins.org/).

글로벌 밸류체인이란 개념은 2000년대 초반 이후 경제학계에 본격적으로 소개되기 시작하였고 세계 경제의 다양한 특성을 설명하는 데 큰 도움을 주고 있다. 세계의 다양한 기관에서 국가 간 무역 흐름을 고려한 국제 산업연관표가 작성되면서 글로벌밸류체인의 다양한 연구에 활용되고 있다.

(2) 글로벌밸류체인과 세계산업연관표

많은 연구자가 세계적인 생산의 분절화 현상을 반영할 수 있는 무역통계를 어떻게 측정할 것인가를 고민하고 있다. 지금 작성되고 있는 무역통계의 보완통계로서 새로운 무역통계의 개발이 필요하다고 인식하기 때문이다. 광범위하게 인정되고 있는 공식통계에 기반을 둔 새로운 방법론을 구축하기 위해 세계 여러 기관에서는 국제산업연관표 작성을 위한 프로젝트를 수행하고 있다.

본서에서의 사례분석에 활용되고 있는 세계투입산출데이터베이스(The World Input−Output Database: WIOD)는 비교적 다양한 국가, 세분된 산업 수준에서 여러 국가의 산업연관표와 무역통계를 결합한 것이다. 특정 국가에서의 어떤 상품생산을 위한 중간재로서의 다른 상품을 사용하는 내역이 상품의 원산지에 따라 작성되고, 각 국가에서의 중간재와 최종재에 대한 상품의 흐름이 국내에서 생산된 부분과 수입된 부분으로 나누어져 파악된다.

글로벌 밸류체인의 정확한 분석을 위해서는 생산, 요소투입, 산업별 중간재 투입의 국내, 또는 해외조달에 대한 자료가 필요하다. 이런 자료를 통합적으로 제시하고 있는 것이 바로 세계산업연관표이다.[24]

세계산업연관표를 이용한 글로벌 밸류체인을 분석을 통해 통관기준 무역총량이 아닌 개별국가가 창출한 순수한 가치인 부가가치 무역을 계산할 수 있다. 또 이를 통해 부가가치 무역, 무역 경쟁력 현황, 산업 내 무역, 순수한 무역수지 등도 재평가할 수 있다. 최근 작성된 세계산업연관표 자료는 44개 국가의 56개 산업에 대해 2000~2014년간 시계열 자료를 제공해준다.

---

24 Timmer, M., A. A. Erumban, J. Francois, A. Genty, R. Gouma, B. Los, F. Neuwahl, O. Pindyuk, J. Poeschl, J. M. Rueda−Cantuche, R. Stehrer, G. Streicher, U. Temurshoev, A. Villanueva, and G. J. D. Vries(2012), *The World Input−Output Database (WIOD): Contents, sources and methods*, WIOD (www.wiod.org).

02 초기 글로벌밸류체인 분석

(1) 부가가치의 무역과 무역의 부가가치

글로벌 밸류체인의 분석을 위해 산업연관 분석법을 이용한다면 두 가지 개념을 분명히 이해해야 한다. 첫째, "부가가치의 무역(trade in value added)"이란 개념이다. 이는 특정 국가의 소비(final consumption)에 포함된 다른 나라의 부가가치의 양을 의미한다. 이때 다른 나라는 특정 국가에 부가가치를 수출한 것이 된다.

둘째, "무역의 부가가치(value added in trade)"란 개념이다. 어떤 나라의 총수출에 포함된 다른 나라 부가가치의 양을 의미한다.[25] 전자인 부가가치의 무역개념으로는 분석대상 국가 간 교역 현황과 경쟁력을 파악할 수 있고, 후자인 무역의 부가가치 개념으로는 글로벌 밸류체인의 분석이 가능하다.

(2) 글로벌 밸류체인 참여지수

글로벌 밸류체인이 관심을 끌면서 여기에 참여하는 정도를 측정하는 지표가 개발되었다. 수직적으로 분절화된 생산과정에서, ① 특정국의 수출로 인해 창출된 부가가치 가운데 타국이 해당국에 수출한 부가가치 비중과, ② 특정국의 수출로 인해 창출된 부가가치 가운데 해당국이 타국에 수출한 부가가치의 비중을 살펴보는 것이다.[26]

전자는 한 나라의 수출에서 부가가치 체인상 후방에서 투입된 수입 중간재의 중요성을 측정한다는 의미에서 후방 참여지수(backward participation index)라고 하고, 후자는 부가가치 체인 상 전방에서 수출로 인해 제3국에서 중간 투입물로 사용되는 정도를 측정한다는 의미에서 전방 참여지수(forward participation index)라고 한다.[27] 따라서 해당국의 전방 또는 후방 부가가치 체인 참여지수를 통해 글로벌 밸류체인에 대한 참

---

25 Robert Stehrer(2012), *Trade in Value Added and the Valued Added in Trade*, *the Vienna Institute for International Economic Studies(wiiw)*, Working Paper 81, pp.1−19.; Timmer, M. P., Dietzenbacher, E., Los, B., Stehrer, R. and de Vries, G. J.(2015), "An Illustrated User Guide to the World Input−Output Database: the Case of Global Automotive Production," *Review of International Economics*, 23, pp.575-605.

26 Hummels, D., J. Ishii and K. M. Yi(2001), "The nature and growth of vertical specialization in world trade," *Journal of International Economics*, Vol. 54, No. 1, pp.75−96.

27 Koen De Backer and Sébastien Miroudot(2013), *Mapping global value chains*, Trade Policy Papers 156, OECD.

여정도를 평가할 수 있다.[28]

전방 참여지수가 높다는 것은 자기 나라에서 생산된 재화가 다른 나라로 이동하여 부가가치를 많이 유발한다는 것이고, 후방참여지수가 높다는 것은 타국이 자기 나라의 부가가치 창출에 많은 기여를 한다는 의미이다.

03 총수출의 부가가치 분해(KMM방법)

초기 글로벌 밸류체인 분석방법론을 보다 발전시킨 Koopman, Wang and Wei(2014)의 방법은 종래의 글로벌 밸류체인관련 지표의 결함을 수정하고 통합하여 매우 획기적인 총수출의 부가가치 분해법을 제시하였다.[29]

KWW방법은 아래 [그림 1]과 같이 총수출을 9개의 요인으로 분해하여, 수출에 포함된 국내 부가가치와 해외 부가가치 및 이중 계산된 부분을 분리해내고 있다. 복잡한 수식의 설명은 생략한다.

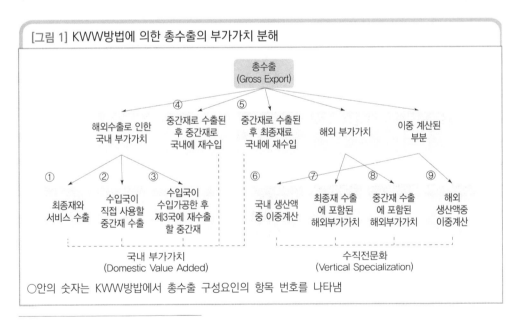

[그림 1] KWW방법에 의한 총수출의 부가가치 분해

○안의 숫자는 KWW방법에서 총수출 구성요인의 항목 번호를 나타냄

---

28 Koopman, R., W., Powers, Z. Wang and S. J. Wei(2010), *Give credit to where credit is due: tracing value added in global production chains*, NBER Working Papers Series 16426.

29 Koopman, R., Z. Wang and S. Wei(2014), "Tracing Value−Added and Double Counting in Gross Exports," *American Economic Review*, 104(2), pp.459−494.

전술한 KWW방법에 의해 총수출을 9개 항목으로 구분하는 방법은 매우 획기적인 방법이지만 국가전체 수준에서 총수출을 분해하고 있기 때문에 국가간, 산업간 무역흐름을 측정할 수 없어서 국제 생산네트워크 내에서 국가와 산업부문 간의 모든 직·간접적 연결고리를 파악할 수 없다.

Borin and Mancini(2017)은 KWW방법의 이런 문제점을 해결하고자 양자간 무역(bilateral trade)에서의 총수출의 부가가치 분해방법(BM방법)을 개발하였다. 이들은 KWW방법에 의한 총수출의 부가가치 분해방법은 총수출 가운데 국내 부가가치는 정확하게 측정하지만, 해외 부가가치 측정치와 총수출에서 이중 계산된 부분의 계산에는 약간의 오류가 있음을 지적하면서 총수출을 싱크방식(sink−based method)과 소스방식(source−based method)으로 구분하여 총수출을 보다 세분화된 17개, 또는 19개 원천별 부가가치로 분해하고 있다.[30]

다음 [그림 2]에서 보듯이 A국이 1달러의 부가가치를 B국에 수출하고, B국은 이를 가공하여 1달러의 부가가치를 추가한 다음 이를 다시 A국에 수출하였다고 하자. 그리고 다시 A국은 여기에 다시 1달러의 부가가치를 부가하여 3달러의 가격에 C국에 최종 소비재로 수출하였다고 하자. 이때 A국에서는 2달러, B국에서는 1달러의 부가가치가 부가되어 최종 3달러에 C국으로 수출된 것이다. 이때 소스방식은 A와 C국의 무역거래를 이중계산한 것으로 간주하고, 싱크방식은 A와 B국의 무역거래를 이중계산한 것으로 간주하는 방식이다.

[그림 2] 무역거래에서 소스방식과 싱크방식

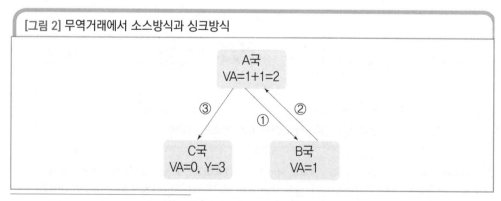

---

30 Borin, A. and M. Mancini(2017), *Follow the value−added: tracking bilateral relations in Global Value Chains*, MPRA Working Paper, No. 82692.

BM방식에서 총수출은 소스방식에 의할 때, 다음 그림에서 보는 것과 같이 총수출을 17개의 원천별 부가가치로 구분된다. Borin and Mancini(2017)에서 제시되고 있는 수식은 너무 복잡하고 이해하기 힘들기 때문에 본장에서는 이를 도표화한 형태를 [그림 3]에서 제시하고자 한다.

여기서 화살표(→)는 무역의 흐름을 나타낸다. 화살표 위의 숫자는 거래액을 나타낸다. 국가를 나타내는 사각형에서 VA는 해당국에서 부가된 부가가치 창출액을 나타낸다. Y는 최종 소비국에서 소비된 양을 나타낸다. 국가를 나타내는 사각형 우하단의 숫자는 최종재가 완성된 국가의 최종재 생산량을 나타낸다.

[그림 3] BM방법론에 의한 총수출의 부가가치 분해결과의 구성항목과 거래형태

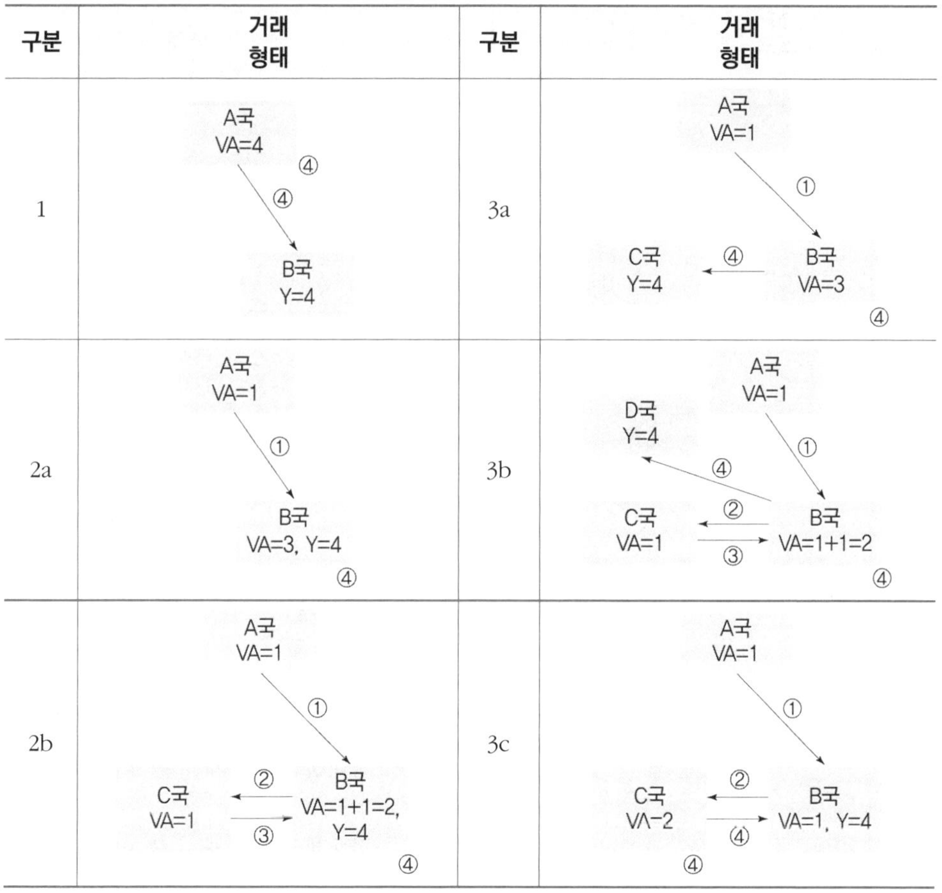

구분	거래형태	구분	거래형태
1	A국 VA=4 ④ ④ → B국 Y=4	3a	A국 VA=1 ① → B국 VA=3; C국 Y=4 ← ④ B국; ④
2a	A국 VA=1 ① → B국 VA=3, Y=4; ④	3b	A국 VA=1; D국 Y=4 ← ④; ① → B국 VA=1+1=2; C국 VA=1 ← ② ③ → B국; ④
2b	A국 VA=1 ① → B국 VA=1+1=2, Y=4; C국 VA=1 ← ② ③ → B국; ④	3c	A국 VA=1 ① → B국 VA=1, Y=4; C국 VA=2 ← ② ④ → B국; ④

구분	거래 형태	구분	거래 형태
2c	A국 VA=1 ① → B국 VA=1 ② → C국 VA=2, Y=4 ④	3d	A국 VA=1 ① → B국 VA=1 ② → C국 VA=2 ④ D국 Y=4 ④
4a	A국 VA=1, Y=4 ① ④ C국 ① B국 VA=1 VA=2 ④	7	A국 VA=4 ④ ④ B국 Y=4
4b	A국 VA=1, Y=4 ① ④ C국 ② B국 VA=1 ③ VA=1+1=2 ④	8	A국 VA=1 ① B국 VA=3, Y=4 ④
4c	A국 VA=1, Y=4 ④ ① C국 ② B국 VA=2 VA=1 ④	9a + 9b	A국 VA=1 ① B국 C국 ① B국 VA=3, Y=4 ④
5	A국 VA=1+2=3, Y=4 ④ ② ① B국 VA=1	6, 9c + 9d	국내생산 중간재 수출 이중계산 국내생산 중간재 수출 이중계산

05   Stata를 이용한 GVC분석

    Stata에서 글로벌밸류체인의 분석을 매우 쉽게 할 수 있도록 한 사용자작성 프르그램은 Borin and Mancini(2017)의 획기적인 연구와 이를 Stata에서 처리할 수 있게 한 Federico Belotti 등의 공로라고 할 수 있다. 필자는 이들 명령어가 개발되기 전 Stata의 행렬언어인 MATA를 이용하여 국가간 부가가치 무역이나 글로벌밸류체인을 분석해 본 적이 있다. 상당한 시간과 여러 행렬관련 명령어를 사용해야 하는 등 복잡하고 긴 프로그램을 작성해야만 했었다. 길고 복잡하다보니 계산결과의 정확성에 대해서도 의문이 들곤 하였다.

    Stata에서 GVC를 처리할 수 있는 사용자 작성 명령어는 icio인데 여기에 어떤 옵션을 부가하느냐에 따라 매우 다양한 분석이 가능하다. 다음의 사례에서는 세계산업연관표를 이용한 GVC분석에 있어서 전형적인 내용만 간단하게 설명하고 있다.

    초기 GVC분석법으로서 국가별 부가가치 무역의 계산방법, KWW방법에 의한 총수출의 분해, BM방법에 의한 총수출의 분해방법을 보여주고 있다. 독자들이 GVC분석을 하려 한다면 관련논문과 행렬연산, Stata명령어에서 다소 애매하게 설명되고 있는 다양한 옵션에 대해 충분히 이해하여야 한다.

[사례 Ⅶ-4-1] 글로벌밸류체인에 대한 세 가지 접근법(Ⅶ-4-1-KorGVC.do)

```
* *****************************************
* *** 글로벌밸류체인에 대한 세 가지 접근법 ***
* *****************************************
* 먼저 icio 설치후 c:₩ado₩plus₩i내에 icio*와 데이터 다운로드 확인

* **************************
* *** 1) 초기 GVC분석법 ***
* **************************
* 한국의 전세계 부가가치 수출 및 수입
forvalue i=2000(1)2014  {
 icio_load, iciot(wiod) year('i')
 icio, origin(kor) destination(all) vby(foreign)
 icio, origin(all) destination(kor) vby(foreign)
                               }
```

```
* 한국과 미국간 부가가치 수출, 수입
forvalue i=2000(1)2014  {
    icio_load, iciot(wiod) year('i')
    icio, origin(kor) destination(usa) vby(foreign)
    icio, origin(usa) destination(kor) vby(foreign)
                                }

* 한국과 중국간 부가가치 수출, 수입
forvalue i=2000(1)2014  {
    icio_load, iciot(wiod) year('i')
    icio, origin(kor) destination(chn) vby(foreign)
    icio, origin(chn) destination(kor) vby(foreign)
                                }

* 한국과 일본간 부가가치 수출, 수입
forvalue i=2000(1)2014  {
    icio_load, iciot(wiod) year('i')
    icio, origin(kor) destination(jpn) vby(foreign)
    icio, origin(jpn) destination(kor) vby(foreign
                                }


* *********************************************
* *** 2) KWW방법에 의한 총수출의 부가가치 분해  ***
* *********************************************
* 한국 총수출의 부가가치 분해( 9개 부분)
forvalue i=2000(1)2014  {
    icio_load, iciot(wiod) year('i')
    icio, exporter(kor) kww
                                }

* 한국 총수출의 부가가치 분해( 1-5 부분합)
forvalue i=2000(1)2014  {
icio_load, iciot(wiod) year('i')
icio, exporter(kor) kww output(dva)
                                }

* 한국 총수출의 부가가치 분해( 1-6 부분합)
forvalue i=2000(1)2014  {
icio_load, iciot(wiod) year('i')
icio, exporter(kor) kww output(dc)
                                }
```

```
* ********************************************
* *** 3) BM방법에 의한 총수출의 부가가치 분해 ***
* ********************************************
* 3-1) 한국 총수출의 부가가치 분해(Sink방식 19개 부분)
forvalue i=2000(1)2014   {
icio_load, iciot(wiod) year('i')
icio, exporter(kor) importer(usa)
                              }

* 한국 총수출의 부가가치 분해(Source방식 19개 부분)
forvalue i=2000(1)2014   {
icio_load, iciot(wiod) year('i')
icio, exporter(kor) importer(usa) bilateral(source_fvae)
                              }

* 3-2) BM방법에 의한 다자간 무역 분해  *****
* 한미간 GVC관련 무역(적어도 두 개국경 경유)
forvalue i=2000(1)2014   {
icio, exporter(kor) importer(usa) output(gvc) bilateral(source)
                              }

* 3자간 무역에서 부가가치 원천
forvalue i=2000(1)2014   {

* 일본의 한국수출후 전세계 각국에서 소비된 것 중 일본의 비중
icio, export(jpn) import(kor) destination(all) output(dc)

* 한국의 중국수출후 전세계 각국에서 소비된 것 중 한국의 비중
icio, export(kor) import(chn) destination(all) output(dc)

* 한국의 중국수출후 전세계 각국에서 소비된 것 중 일본의 비중
icio, origin(jpn) export(kor) import(chn) destination(all) output(fc)
                              }
```

CHAPTER
05

동태확률일반균형 모형

01 DSGE모형의 개념

　동태확률일반균형(Dynamic Stochastic General Equilibrium: DSGE)모형은 주로 거시 경제학 분야에서 다변량 시계열자료를 모형화하기 위해 사용한다. 이 모형은 경제이론에 근거하여 경제주체, 또는 경제부문이 어떻게 행동하고, 상호작용하는지를 보여주는 여러 개의 방정식으로 표현되며, 방정식의 파라미터들은 경제주체의 의사결정과 관련된 특징을 나타낸다. 많은 경제이론에서 경제주체는 현재의 경제변수들의 값이 아닌 미래에 해당변수 값들의 기대치에 근거해서 의사결정을 하게 된다. 바로 동태확률일반균형모형은 다른 연립방정식 모형과 달리 경제주체의 이런 기대를 명시적으로 반영한 모형이다.

　동태확률일반균형모형은 경제시스템에서 일어나는 충격이나 정부가 실시하려고 하는 정책의 여러 대안에 대한 효과를 분석하기 위해 사용된다. 정책결정자들이나 경제 분석가들은 경제정책이나 환경의 기대하지 않은 변화를 경제모형에 반영하여 경제변수들이 어떻게 변화하는지를 알고 싶어 한다. 또 각각 다른 경제정책 시나리오에 대해 모형에서 변수의 행태변화에 어떤 차이가 있는지를 알고자 한다. 가령 고율의 세금부과와 저율의 세금부과의 효과를 비교하고 하는 것과 같다.

동태확률일반균형 모형에는 세 가지 형태의 변수가 있다. 통제변수(control variables), 상태변수(state variables)와 충격(shocks)이다. 외생변수와 내생변수의 개념은 시점에 따라 상대적으로 이해되어야 한다. 특히 상태변수는 주어진 시점에서는 고정된 값이므로 외생적이다. 현재 시점에서의 통제변수의 값을 결정할 때에는 외생적이다. 방정식체계 내에서 1기 미래의 상태변수의 값이 결정되는데 이때는 내생변수의 역할을 한다. 상태변수는 시간의 변화에 따라 변화하며 통제변수에 의존하기도 한다. 상태변수들은 서로 상관될 수 있다. 통제변수는 관찰될 수도 있고 관찰되지 않을 수도 있

경제학자 소개 **로버트 루카스 주니어(Robert Lucas Jr.)**

루카스(1937~)는 합리적 기대이론(rational expectations theory), 화폐의 장기중립성(long-run neutrality of money), 루카스비평(Lucas critique), 신성장이론(new growth theory) 등으로 잘 알려진 "20세기 후반 가장 영향력" 있는 거시경제학자로 평가받고 있다.

루카스는 시카고대학에서 그레그 루이스(H. Gregg Lewis)와 데일 졸겐슨(Dale Jorgenson)의 지도로 "미국 제조업에서 노동과 자본의 대체"란 논문으로 박사학위를 받았다.

루카스는 이전 케인즈 경제학에 의해 지배되던 거시경제이론에 미시경제적 기초가 필요함을 지적하였다. 경제정책실행과 관련해서 "루카스 비평"이란 개념을 개발했는데 이는 경제 시스템에서 유지되고 있는 것 같아 보이는 인과관계, 가령 인플레이션과 실업의 분명해 보이는 관계는 경제정책의 변화에 따라 변화한다는 사실을 지적했다. 이는 새로운 고전파 거시경제학을 발전시켰으며, 거시경제이론에 미시경제적 기초를 갖추도록 하는 계기가 되었다.

특히 계량경제학적 관점에서 "루카스 비평"이 큰 의미가 있는 것은 과거 데이터에서 관찰되는 경제변수들의 인과관계에 기초해서 경제정책 변화의 효과를 예측하려고 하는 것은 잘못되었다는 사실이다. 즉 경제정책의 변화에 따라 경제변수의 인과관계를 나타내는 파라미터가 변화할 수 있다는 의미이다. "루카스 비평"은 1970년대 거시경제학이론분야에서 일어났던 패러다임 이동(paradigm shift)의 대표적인 것으로 경제사상사에서 매우 중요한 의미를 갖는다.

1995년 루카스는 합리적 기대가설의 개발과 적용을 통해 거시경제학 분석방법의 발전과 경제정책의 이해에 공헌한 점을 인정받아 노벨경제학상을 받았다.

다. 하지만 상태변수는 항상 관찰되지 않는다.

　동태확률일반균형모형은 여러 가지 형태로 표현될 수 있다. 기본적으로 경제이론에 기반을 둔 모형은 변수나 파라미터에 대해 비선형인 방정식으로 구성된다. 모형에 사용되는 방정식이 변수에 대해 선형이라면 선형동태확률모형이라고 한다. 보통 비선형으로 표현된 방정식은 분석하기 전에 선형화(linearization)과정을 거치게 된다. 선형화 이후 모형의 변수는 "정상상태에서의 변이(deviations from a steady state)"형태로 표현된다.[31]

　동태확률일반균형모형은 추정하기 전에 풀려져야만 한다. 동적 비선형모형은 동적 선형모형에 비해 풀기 힘든데 특히 미래의 기댓값이 모형에 포함되어 있을 경우 더욱 그렇다. 연립방정식 모형의 분석에서와 마찬가지로 모형을 푼다고 하는 것은 모형의 내생변수를 외생변수의 함수형태로 나타내는 것을 말한다. 즉 구조모형을 유도형모형으로 바꾸는 것을 말한다.

　동태확률일반균형모형에서 모형을 푼다는 것은 통제변수를 상태변수의 함수로 나타내는 것과 같다. 여기서 모형의 해는 통제변수와 상태변수의 관계를 기술하는 방정식 체계와 시간의 변화에 따른 상태변수의 변화과정을 보여주는 방정식 체계로 구성된다. 동태확률일반균형모형에서 모형을 푸는 것은 추정과 추정 이후 분석(특히 충격반응함수의 계산)을 위해 중요한 절차이다.

　DSGE모형은 일반적인 형태로 다음과 같이 나타낼 수 있다.

$$A_0 y_t = A_1 E_t(y_{t+1}) + A_2 y_t + A_3 x_t$$

$$B_0 x_{t+1} = B_1 E_t(y_{t+1}) + B_2 y_t + B_3 x_t + C \epsilon_{t+1}$$

　여기서 y_t는 통제변수의 벡터, x_t는 상태변수 벡터, ϵ_t는 충격벡터를 나타낸다. A_i, B_i는 모형의 파라미터 행렬을 나타낸다. A_0, B_0는 대각행렬이어야 한다. A_i, B_i의 각 원소는 모두 경제이론에 의해 값이 정의될 수 있거나, 특별한 제약이 가해진 형태

31　Canova, F.(2007), *Methods for Applied Macroeconomic Research*, Princeton, NJ: Princeton University Press.; DeJong, D. N., and C. Dave(2011), *Structural Macroeconometrics* (2nd ed.), Princeton, NJ: Princeton University Press.; Klein, P.(2000), "Using the generalized Schur form to solve a multivariate linear rational expectations model," *Journal of Economic Dynamics and Control* 24: pp.1405~1423.; Ljungqvist, L. and T. J. Sargent(2018), *Recursive Macroeconomic Theory* (4th ed.), Cambridge, MA: MIT Press.; Woodford, M.(2003), *Interest and Prices: Foundations of a Theory of Monetary Policy*, Princeton, NJ: Princeton University Press.

의 파라미터 값으로 구성된 행렬이다. C 행렬은 충격과 상태변수의 관계를 나타내는 행렬이다.

이상의 DSGE모형을 풀면 다음과 같은 함수형태로 나타낼 수 있다.

$$y_t = G x_t$$

$$x_{t+1} = H x_t + M \epsilon_{t+1}$$

첫 번째 식은 통제변수가 상태변수의 함수로 풀려진 것을 나타내고, 두 번째 식은 상태변수의 진화과정을 보여주는 함수이다. 여기서 행렬 G는 정책행렬, H는 상태전이행렬, M은 대각행렬로서 원소는 충격의 정도를 나타낸다. 통제변수 벡터, y_t는 관찰될 수 있는 통제변수와 관찰되지 않은 통제변수로 구성된다. 단지 관찰되는 통제변수만이 추정과정에 사용된다. 또 관찰될 수 있는 통제변수의 수는 충격을 나타내는 상태변수의 수와 같다.

동적확률일반균형모형(DSGE)에서는 경제주체의 효용극대화, 이윤극대화 등을 나타내는 기대치 연산자를 가진 차분방정식, 가령 일차조건(first order condition: foc), 제약조건(constraints), 집계조건(aggregation conditions)을 모아서 이를 정상상태(stead state) 부근에서 로그선형화(log linearization)를 하게 되는데 이런 선형화 작업은 쉬워 보이지만 때때로 특별한 재간과 능숙함을 필요로 한다.[32] 따라서 이를 잘못 이해한다면 관련 내용들은 해독하기 어려운 암호(cryptic)처럼 보일 수도 있다.[33]

본장에서의 Stata를 이용한 동태확률일반균형모형의 분석절차에 대한 설명은 전체를 개괄하는 단순한 설명에 불과하니 특히 이 분야에 대한 깊은 이해를 위해서는 경제이론에 대한 수리적 해석과 선형화에 대한 추가적인 노력이 필요할 것이다.

02 선형 DSGE 모형을 이용한 분석절차 개요

여기에서는 DSGE모형을 설정하고, 설정된 모형의 파라미터를 추정하며, 추정된

---

32 Zietz, Joachim(2006), *Log−Linearizing Around the Steady State: A Guide with Examples*, Middle Tennessee State University.

33 Romer, David(2006), *Advanced Macroeconomics* (3rd ed.), McGraw−Hill/Irwin.

파라미터를 해석하고, 충격반응함수를 계산하고, 이를 해석하며, 정책 시나리오별 충격 반응실험을 통해 각 정책시나리오의 효과를 비교하며, 예측을 어떻게 수행하는지를 살펴보고자 한다.

(1) 모형설정

DSGE 모형은 경제를 구성하는 경제주체를 묘사하는 모형으로부터 시작된다. 지금 여기서 설명하려는 모형은 Clarida, Galí, and Gertler(1999)와 Woodford(2003)에서 개발된 모형과 유사하다.[34] 이런 모형은 중앙은행이나 통화정책을 분석하는 정책분석가들이 사용하는 모형을 소규모화 한 것이다.[35]

이 모형은 세 개의 경제부문, 즉 가계, 기업, 중앙은행으로 구성되어 있다고 가정한다. 가계는 산출물을 소비하고 가계부문의 의사결정은 현재의 산출물수요와 미래의 기대산출물 수요, 실질이자율을 서로 연관시키는 수요방정식으로 나타낼 수 있다. 기업은 가격을 설정하고 설정된 가격에 수요를 만족시키는 산출물을 생산한다. 기업의 의사결정은 현재의 인플레이션과 미래의 기대인플레이션 그리고 현재의 수요를 연계시키는 방정식으로 나타낼 수 있다. 인플레이션의 산출물 수요와의 관계를 나타내는 파라미터는 모형에서 중요한 역할을 한다. 중앙은행은 인플레이션에 대응하여 경상 이자율을 결정한다. 중앙은행은 인플레이션이 증가할 때 이를 통제하기 위해 이자율을 하락시킨다. 이런 관계를 수식으로 나타내면 다음과 같은 세 개의 방정식으로 나타낼 수 있다.

$$x_t = E_t(X_{t+1}) - [r_t - E_t(\pi_{t+1}) - z_t]$$

$$\pi_t = \beta E_t(\pi_{t+1}) + \kappa x_t$$

$$r_t = \frac{1}{\beta}\pi_t + u_t$$

---

34 Clarida, R., J. Galí, and M. Gertler(1999), "The science of monetary policy: A new Keynesian perspective," *Journal of Economic Literature* 37: pp.1661-1707.; Woodford, M.(2003), *Interest and Prices: Foundations of a Theory of Monetary Policy*, Princeton, NJ: Princeton University Press.

35 https://blog.stata.com/2018/04/23/dynamic-stochastic-general-equilibrium-models-for- policy-analysis/; https://blog.stata.com/2017/07/11/estimating-the-parameters-of-dsge-models/

여기서 x_t는 산출물과 장기적 산출물 수준의 차이인 산출물 갭(output gap)을 나타낸다. $E_t(x_{t+1})$는 시점 t에서의 정보에 기초한 시점 $t+1$기의 산출물 갭에 대한 기댓값을 나타낸다. r_t은 경상이자율을, π_t는 인플레이션율을 나타낸다.

첫 번째 방정식은 산출물 갭이 미래 산출물 갭 $E_t(x_{t+1})$와 정(+)의 관계에 있으며 이자율 갭, $[r_t - E_t(\pi_{t+1}) - z_t]$과 부(−)의 관계에 있음을 나타낸다. 두 번째 방정식은 기업의 가격결정 방정식으로서 인플레이션율은 미래 인플레이션율의 기댓값과 산출물 갭과 관련되어 있음을 나타낸다. 파라미터 κ는 인플레이션율이 산출물 갭에 의존하는 정도를 나타낸다. 세 번째 방정식은 중앙은행의 역할을 나타내는 방정식으로서 이자율은 인플레이션율과 다른 여러 요인들의 결합체인 u_t의 함수로 정의된다.

여기서 내생변수는 x_t, π_t, r_t이고 외생변수는 z_t와 u_t이다. 이론적 관점에서 z_t는 정상상태의 이자율이다. 만약 이자율이 정상상태의 이자율과 같다면 미래에도 그대로 유지될 것으로 기대할 수 있고 그렇다면 갭은 영(0)이라고 할 수 있다. 외생변수 u_t는 인플레이션으로부터 초래되는 요인과 다른 요인으로부터 초래되는 이자율에 있어서의 모든 움직임을 포착한다. 따라서 때로는 통화정책 요인으로 간주된다.

2개의 외생변수는 $AR(1)$의 자기회귀 과정을 갖는 변수라고 한다. 즉,

$$z_{t+1} = \rho_z z_t + \epsilon_{t+1}$$

$$u_{t+1} = \rho_u u_t + \xi_{t+1}$$

DSGE모형에서는 통제변수(control variables)와 상태변수(state variables)라는 용어가 사용되는데 전자를 내생변수, 후자를 외생변수라고 할 수 있다. 특정시점의 통제변수의 값은 방정식 체계 내에서 결정되는데 관찰되는 변수(observed)일 수도 있고 관찰되지 않는 변수(unobserved)일 수도 있다. 상태변수는 초기시점에는 고정된 값으로 관찰되지 않으나 방정식 체계 내에서 1기 미래의 값이 결정된다. 이때 상태변수는 내생변수로서의 역할을 한다.

정책효과의 평가를 위해 모형을 사용하는 방법을 보자. 만약 중앙은행이 이자율을 갑자기 올리는 정책을 취했을 때 모형내 변수들의 값은 어떤 영향을 받을지 살펴볼 수 있다. 이는 곧 모형에서 ξ_t에 충격이 가해졌을 때 시간의 변화에 따른 이런 충격의 파급과정을 추적하는 것이다.

(2) Stata를 이용한 DSGE모형의 설정과 추정

정책효과의 분석을 위해서는 모형의 파라미터 값을 추정해야만 한다. Stata에서 모형을 추정하는 방법을 살펴보자. 다음 사례는 미국의 이자율과 인플레이션율 자료를 이용하여 모형을 설정하고 추정하는 방법에 대한 것이다. 모형에서 충격을 받을 수 있는 내생변수를 생각해보자. 이 모형에서 충격을 나타내는 상태변수가 두 개이기 때문에 두 개의 관찰 가능한 통제변수를 가지고 있다.

[표 1] 선형DSGE모형의 분석절차와 Stata 명령어

DSGE분석과정	Stata 명령어
추정	dsge
정책행렬(ploicy matrix)	estat policy
모형의 안정성 확인	estat stable
정상상태	estat steady
상태전이행렬(state transition matrix)	estat transition
예측	forecast
충격반응함수 및 예측오차분해	irf

선형화된 동태확률일반균형모형(linearized DSGE model)에서 변수는 안정적 (stationary)이어야 하고, 정상상태에서의 편차(deviation from steady state)로 측정된다. 실제 적용에 있어서 사용되는 자료가 추정하기 전 평균으로부터 편차 값으로 변환되어야 하지만 이는 Stata의 dsge명령어가 자동적으로 실행하기 때문에 직접 이를 계산할 필요는 없다.

[사례 Ⅶ-5-1] 선형 동적확률일반균형 모형(Ⅶ-5-1-USDsge.do)

```
* *****************************************************
* ***   동태확률일반균형(DSGE)모형의 일반적 분석절차   ***
* *****************************************************
webuse usmacro2

* DSGE모형의 설정과 추정
dsge (x = E(F.x) − (r − E(F.p) − z), unobserved)    ///
     (p = {beta}*E(F.p) + {kappa}*x)                ///
     (r = 1/{beta}*p + u)                           ///
     (F.z = {rhoz}*z, state)                        ///
     (F.u = {rhou}*u, state)
```

여기서 각 방정식은 괄호로 구분되며, 추정하고자 하는 파라미터는 중괄호 안에 위치하고 있다. 미래 변수 값의 기대치는 $E(\ )$표기되며, 특정 변수의 미래치, 즉 리드(lead)는 F.다음에 해당 변수 명을 기술한다. 각 방정식의 표기에서 좌측에는 하나의 변수명만이 기술되어야 한다. 이때 특정변수는 분석에 사용될 데이터세트에 존재할(관측될) 수도 있고 존재하지 않을(관측되지 않을) 수도 있다. 관측되지 않는 변수일 경우 unobserved란 옵션이 부여된다.

상태변수 값은 현재시점에 고정되어 있을 수 있기 때문에 상태변수 방정식은 상태변수의 1기전 값이 어떻게 현재 상태변수 값(때로는 현재의 통제변수 값)에 의존하고 있는가를 나타낸다. 모형의 추정결과는 다음과 같다.

DSGE model

Sample: 1955q1 − 2015q4   Number of obs   =   244
Log likelihood = −753.57131

		OIM				
	Coef.	Std. Err.	z	P>|z|	[95% Conf.	Interval]
/structural						
beta	.514668	.078349	6.57	0.000	.3611067	.6682292
kappa	.1659046	.047407	3.50	0.000	.0729885	.2588207
rhoz	.9545256	.0186424	51.20	0.000	.9179872	.991064
rhou	.7005492	.0452603	15.48	0.000	.6118406	.7892578

sd(e.z)|	.6211208	.1015081		.4221685	.820073
sd(e.u)|	2.3182	.3047433		1.720914	2.915486

이 추정결과에서 중요한 파라미터는 카파(kappa, κ)인데 정(+)의 값을 가진다. 만약 미래 인플레이션율이 그대로라면 아웃풋 갭의 1%증가는 0.17%포인트의 인플레이션 증가를 가져온다는 것이다. 파라미터 베타β 추정치는 0.5로 추정되었는데 이는 중앙은행이 인플레이션 증가에 반응해서 2배의 이자율을 올릴 것이란 의미이다. 상태변수인 z_t, u_t 각각 0.95, 0.70의 1계 자기회귀 계수를 가지고 있다.

아울러 모형의 추정이 이루어지면 해당모형의 정책효과 분석모형이나 예측에의 활용가능성을 살펴보기 위해 모형의 안정성을 평가한다.

. estat stable

Stability results

	Eigenvalues
stable	.9545
stable	.7005
unstable	6.924e+15
unstable	1.943
unstable	1.322

The process is saddle-path stable.

(3) 추정모형의 정책효과 및 충격의 전이효과

DSGE모형에서 파라미터 추정치로 부터 어떻게 상태변수가 통제변수에 영향을 미치는가를 구할 수 있다. 이는 Stata에서 정책행렬(policy matrix)이라고 한다. 정책행렬은 각각의 통제변수에 대해 구해지는데 이는 상태변수에 대한 1표준오차의 충격이 해당 통제변수에 미치는 효과의 정도를 보여준다.

. estat policy

Policy matrix

		Delta-method				[95% Conf. Interval]	
		Coef.	Std. Err.	z	P>|z|		
x							
	z	2.718655	.9420939	2.89	0.004	.8721852	4.565125
	u	−1.608219	.4050552	−3.97	0.000	−2.402112	−.8143253
p							
	z	.8865872	.2406222	3.68	0.000	.4149763	1.358198
	u	−.4172522	.0393609	−10.60	0.000	−.4943983	−.3401062
r							
	z	1.722641	.2276528	7.57	0.000	1.27645	2.168832
	u	.189278	.0591662	3.20	0.001	.0733144	.3052415

첫 번째 인플레이션에 대한 정책방정식에서 p는 상태변수 u와 z의 함수로 나타나 있는데 상태변수 u의 1표준편차 충격은 인플레이션을 0.417하락시키고, 상태변수 z의 1표준편차 충격은 인플레이션을 0.8827증가시킨다는 것을 보여준다.

상태변수의 동적인 움직임을 나타내는 파라미터 행렬은 상태전이행렬(state transition matrix)이라고 한다. 상태변수의 전이형태를 보여주는 방정식은 상태변수의 미래값(future value)이 현재의 상태변수 값에 의해 결정된다는 것으로 상태변수의 전이 파라미터는 상태변수의 1단위 충격에 대해 상태변수의 1기 이후 값이 어떤 영향을 받는가를 나타낸다.

. estat transition

Transition matrix of state variables

		Delta-method				[95% Conf. Interval]	
		Coef.Std.	Err.	z	P>|z|		

F.z							
	z		.9545256	.0186424	51.20	0.000	.9179872	.991064
	u		5.55e-17	8.18e-12	0.00	1.000	−1.60e-11	1.60e-11
F.u							
	z		0	(omitted)				
	u		.7005486	.0452604	15.48	0.000	.6118399	.7892573

여기서, 상태변수의 전이형태는 자기회귀과정(autoregressive process)을 따른다고 가정한다. 물론 보다 복잡한 경우 상태변수는 다른 통제변수의 영향을 받는 것으로 모형화할 수도 있다.

(4) 충격반응함수의 계산

이상의 모형이 추정되었다면 모형을 활용하기 위해 다음과 같은 것을 생각할 수 있다. 만약 이자율에 있어서 기대하지 않은 변화가 있었다면 이는 인플레이션, 아웃풋 갭에 어떤 영향을 미칠까? 위의 모형에서 이자율에 있어서 기대하지 않은 변화는 u_t방정식에서의 충격이 발생했다는 것을 의미한다. 정책용어로는 긴축통화정책이라 할 수 있다.

이상의 마지막 식에서 ξ_t에 충격이 가해졌을 때 이 충격은 모형의 상태변수인 u에 파급되고 이는 모형내의 통제변수에 영향을 미치게 된다. 충격반응함수라는 것은 바로 모형을 구성하는 방정식이 나타내는 변수들 간의 모든 인과관계를 고려하여 모형 내 변수에 대한 충격의 파급과정을 계산한 것이다.

DSGE모형이 추정되면 이를 이용하여 충격반응함수를 계산하는 절차가 따른다. 이를 위해 irf set, irf create, irf graph명령어를 사용하여 충격반응함수가 보관될 파일을 설정하고, 충격반응함수를 계산하며, 계산된 값을 그래프로 그린다.

```
* 추정결과를 이용한 충격반응함수 계산과 그래프 그리기
irf set USdsge_irf
irf create model
irf graph irf, impulse(u) response(x p r u) byopts(yrescale) yline(0)
```

충격반응함수의 그래프는 상태변수에 대한 1표준편차의 충격에 대한 통제변수의 반응을 그래프로 그린 것이다. 수평축은 충격이 가해진 이후 시간의 흐름을 나타내고 수직축은 해당변수의 정상상태에서의 변이, 즉 충격반응정도를 나타낸다. 이런 충격반응함수를 통해 정부정책(가령 긴축통화정책)이 단기적으로 경제의 성장률을 하락시킨다는 것을 확인할 수 있다. 일반적으로 모형이 안정적이라면 어떤 충격이 가해졌을 때 통제변수에 대한 영향의 정도는 시간의 흐름에 따라 정상상태의 수준으로 돌아가게 될 것이다.

[그림 1] 긴축 통화정책의 충격반응 함수

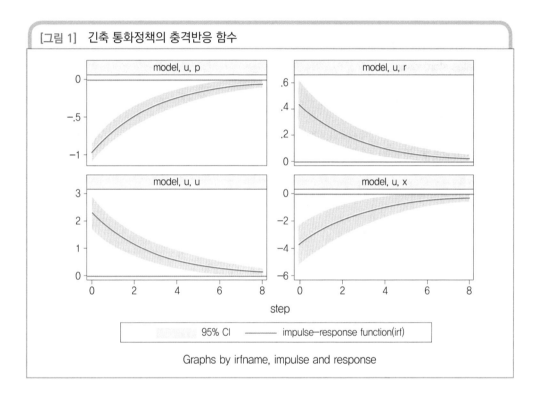

(4) 예측

DSGE모형의 설정과 추정의 목적은 경제이론의 타당성 검정, 정책효과의 분석 외에도 미래를 예측하는 것일 수도 있다. 추정된 파라미터 값과 통제변수의 미래값에 대한 기댓값, 상태변수의 미래값을 근거로 미래를 예측하는 것이다.

이때 예측하는 시점에 따라 모형의 추정에 사용된 기간 내의 일부기간에 대한 예측과 모형의 추정에 사용된 기간 바깥의 기간에 대한 예측을 할 수 있다. 전자는 모형이 현실을 얼마나 잘 묘사하는지를 살펴봄으로써 예측력을 판단하기 위해 사용하는 표본 내 예측(within sample forecast)이고, 후자는 표본바깥 예측(out of sample forecast)이다.

이를 위해 추정된 DSGE모형의 파라미터를 보관하고, 표본바깥 예측을 하고자 할 때에는 예측하고자 하는 기간을 지정하고, 예측을 위해 만든 모형이 파라미터 추정치와 통제변수와 미래값에 대한 기대치, 상태변수의 미래값을 사용하여 동적 모형을 연속적으로 풀게 되면 예측치를 구할 수 있다. 이런 예측치는 도표를 이용하여 시각화할 수도 있다.

```
* 추정구간 밖 예측(out of sample forecasting)
estimates store dsge_est
tsappend, add(12)
forecast create dsgemodel, replace
forecast estimates dsge_est
forecast solve, prefix(d1_) begin(tq(2016q1))
tsline d1_p if tin(2010q1, 2021q1), tline(2016q1)
```

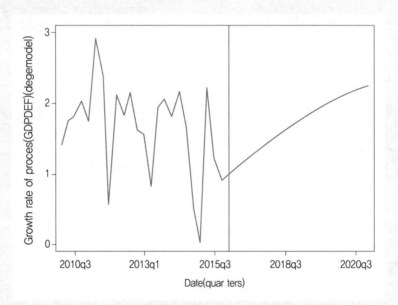

```
* 추정구간 밖 예측(within sample forecasting)
forecast solve, prefix(d2_) begin(tq(2013q1))
tsline p d2_p if tin(2010q1, 2021q1), tline(2013q1)
```

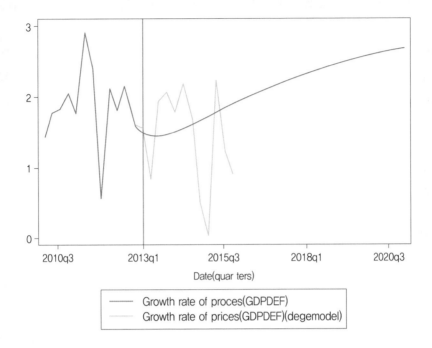

03 비선형 DSGE 모형을 이용한 분석절차 개요

지금까지 설명한 동적확률일반균형 모형의 분석에서 매우 어려운 점은 경제주체들의 현재 및 미래의 의사결정과 관련된 균형조건과 비선형으로 표현된 이런 균형조건을 선형화하는 작업이라고 할 수 있다. 그렇다면 당연히 비선형 DSGE모형을 선형화할 필요없이 비선형으로 모형을 구성하고 이를 추정하며, 충격반응함수를 구하고 예측을 하는 분석절차를 생각해 볼 수 있다.

다행히 Stata에서는 version 16부터 이런 편리한 기능을 제공해준다. 다음 사례는 미국경제를 대상으로 한 비선형DSGE모형으로 Stata매뉴얼에 제시된 사례이다.

(1) 비선형 DSGE모형

Stata에서 제공되는 사례를 통해 비선형 DSGE모형의 사례를 살펴보자. 비선형

DSGE모형의 형태는 다음과 같다. 소비자, 생산자, 정부부문의 의사결정을 나타내는 식들은 이처럼 비선형으로 표시된다.

비선형모형은 일반적으로 추정과정에서 많은 어려움이 있다. 그럼에도 불구하고 Stata에서 비선형 DSGE모형을 추정하고 정상상태의 해를 구한다거나, 정책효과분석, 예측에 직접 활용할 수 있다는 것은 다른 소프트웨어에서 기대할 수 없었던 매우 강력한 기능이다.

$$\frac{1}{C_t} = \beta E_t \left\{ \left(\frac{1}{C_t} \right) (1 + R_{t+1} - \delta) \right\}$$

$$\chi H_t = \frac{W_t}{C_t}$$

$$Y_t = C_t + X_t + G_t$$

$$Y_t = Z_t K_t^\alpha H_t^{1-\alpha}$$

$$W_t = (1-\alpha) \frac{Y_t}{H_t}$$

$$R_t = \alpha \frac{Y_t}{K_t}$$

$$K_{t+1} = (1-\delta)K_t + X_t$$

$$\ln(Z_{t+1}) = \rho \ln(Z_t) + e_{t+1}$$

비선형 DSGE모형의 추정과 추정이후 다양한 지표의 계산과 관련된 Stata명령어는 다음 [표 2]와 같다. 선형 DSGE모형에 대응되는 분석절차에 따라 다양한 명령어가 준비되어 있는 것이다.

[표 2] 비선형DSGE모형의 분석절차와 Stata 명령어	
DSGE분석과정	**Stata 명령어**
추정	dsgenl
모형내 변수들의 공분산	estat covariance
정책행렬(ploicy matrix)	estat policy
모형의 안정성 확인	estat stable
정상상태	estat steady
상태전이행렬(state transition matrix)	estat transition
예측	forecast
충격반응함수 및 예측오차분해	irf

(2) 선형 DSGE모형

이상의 비선형 DSGE모형의 개별 방정식을 선형화하면 다음과 같은 형태가 된다. 이에 대한 개괄적인 설명은 전술한 바와 비슷하다.

$$c_t = E_t(c_{t+1}) - (1 - \beta + \beta\delta)E_t(r_{t+1})$$

$$\eta h_t = w_t - c_t$$

$$\phi_1 x_t = y_t - \phi_2 c_t - g_t$$

$$y_t = (1 - \alpha)(z_t + h_t) + \alpha k_t$$

$$w_t = y_t - h_t$$

$$r_t = y_t - k_t$$

$$k_{t+1} = \delta x_t + (1 - \delta)k_t$$

$$z_{t+1} = \rho_z z_t + \epsilon_{t+1}$$

$$g_{t+1} = \rho_g g_t + \xi_{t+1}$$

(3) 선형 및 비선형 DSGE모형의 추정

　　미국경제를 대상으로 앞서 설명한 선형 및 비선형 DSGE모형의 추정사례는 다음과 같다. 전반부에 선형DSGE모형, 후반부에 비선형 DSGE모형을 추정하고 모형의 안정성을 평가한 다음 정책효과를 분석하고 있다.

　　DSGE모형에 대해 관심이 있는 독자라면 미시경제학, 거시경제학 분야의 소비자, 생산자, 정책당국의 의사결정과 관련된 최적화 문제에 대한 이해가 필요하고, 비선형 모형의 선형근사식으로의 변환과정에 익숙해야 한다. 아울러 Stata에서의 선형, 비선형 모형의 추정과 평가, 정책효과분석 절차에 대해 보다 많은 이해가 필요할 것이다.

[사례 Ⅶ-5-2] 비선형 동적확률일반균형 모형의 추정(Ⅶ-5-2-USNLDsge.do)

```
* *************************************
* *** 선형 동적확률일반균형 모형의 추정 ***
* *************************************
use Ⅶ-5-2-USNLDsge, clear

dsge (c = F.c − (1−{beta}+{beta}*{delta})*F.r, unobserved)    ///
    ({eta}*h = w − c, unobserved)                             ///
    ({phi1}*x = y − {phi2}*c − g, unobserved)                 ///
    (y = (1−{alpha})*(z+h) + {alpha}*k)                       ///
    (w = y − h, unobserved)                                   ///
    (r = y − k, unobserved)                                   ///
    (F.k = {delta}*x+ (1−{delta})*k, state noshock)           ///
    (F.z = {rhoz}*z, state)                                   ///
    (F.g = {rhog}*g, state)                                   ///
    , from(beta=0.96 eta=1 alpha=0.3 delta=0.025 phi1=0.2     ///
    phi2=0.6 rhoz=0.8 rhog=0.3)                               ///
    solve noidencheck
estat transition
irf set rbcirf
irf create persistent, replace
irf graph irf, irf(persistent) impulse(z)                    ///
    response(y c x h w z) noci byopts(yrescale)


* *************************************
* *** 비선형 동적확률일반균형 모형의 추정 ***
* *************************************
use Ⅶ-5-2-USNLDsge, clear
```

```
constraint 1 _b[alpha] = 0.33
constraint 2 _b[beta] = 0.99
constraint 3 _b[delta] = 0.025
constraint 4 _b[chi] = 2

dsgenl (1/c = {beta}*(1/F.c)*(1+r−{delta}))          ///
       ({chi}*h = w/c)                               ///
       (y = c + i)                                   ///
       (y = z*k^{alpha}*h^(1−{alpha}))               ///
       (r = {alpha}*y/k)                             ///
       (w = (1−{alpha})*y/h)                         ///
       (F.k = i + (1−{delta})*k)                     ///
       (ln(F.z) = {rho}*ln(z))                       ///
     , observed(y) unobserved(c i r w h)             ///
       exostate(z) endostate(k) constraint(1/4)

estat steady
estat covariance
estat policy
estat stable
estat transition
```

CHAPTER
06

구조방정식 모형

구조방정식 모형의 개관

(1) 구조방정식 모형의 대두

구조방정식모형(Structural Equation Model: SEM)은 다중회귀모형에서 발전하여, 비슷한 목적의 분석에 사용된다. 하지만 여러 개의 관찰변수로부터 계산되는 잠재변수(latent variable)를 명시적으로 정의할 수 있고, 이들 잠재변수들 간의 관계를 모형화 할 수 있다는 점에서 매우 강력한 분석도구가 될 수 있다.[36]

구조방정식 모형의 활용할 때의 장점은 다음과 같다. ① 다중공선성 문제의 존재에도 불구하고 적절한 해석을 가능하게 해준다. ② 측정오차(measurement error)를 줄이기 위해 확인적 요인분석(Confirmatory Factor Analysis: CFA)을 사용할 수 있다. ③ 개별 파라미터 추정치에 대한 가설검정보다는 모형의 전반적 적합도를 검정할 수 있다. ④ 여러 개의 종속변수를 가진 모형의 적합도를 검정할 수 있다. ⑤ 잠재변수들 간

---

36 우종필(2015), 『구조방정식모델 개념과 이해』, 한나래.; 이기종(2012), 『구조방정식모형: 인과성, 통계분석 및 추론』, 국민대학교 출판부.; Acock Alan C.(2013), *Discovering Structural Equation Modeling Using Stata*, Stata Press.; Garson, G. David(2015), *Structural Equation Modeling*, Statistical Associates Blue Book Series.

의 복잡한 인과관계를 중재변수(mediating variable)를 이용한 경로(path)형태로 모형을 구성할 수 있다. ⑥ 그 외에도 오차항(error term)의 자기상관 문제를 처리하고, ⑦ 분석대상 자료가 정규분포를 하지 않을 때 이를 처치할 수 있는 등 그 응용범위가 매우 넓다.

구조방정식 모형은 경로분석(path analysis)과 요인분석(factor analysis)이란 통계기법을 결합한 것이다. 만약 분석에 사용된 변수들이 모두 측정 가능한 변수이고 이들 간의 다양한 인과관계가 분석된다면 경로분석이 된다. 만약 몇 개의 측정 가능한 변수로부터 잠재변수가 구해지고, 몇 개의 잠재변수간의 관계가 직접적인 인과관계를 가진 것으로 정의되지 않는다면 요인분석이 된다. 하지만 구조방정식 모형은 이들 두 모형의 결합된 형태로 각 잠재변수와 연결된 여러 관찰변수와 잠재변수들 간의 관계를 나타내는 경로가 결합된 형태이다.

구조방정식모형은 초기 공분산구조분석(analysis of covariance structure)이라는 용어를 사용하였으나, 20여년 전부터 구조방정식 모형이란 용어를 사용함으로써 계량경제학의 연립방정식 모형에서 사용되는 용어와 많은 혼동을 일으키고 있다. 다만 필자는 구조방정식모형이란 분석방법론이 경제학 분석에서도 활용된다면 연구자의 분석대상에 대한 전체적인 모습을 개관하는데 큰 도움을 얻을 수 있을 것이란 점에서 하나의 장을 활용하여 전체적 분석흐름을 설명하고자 한다.

(2) 구조방정식 모형의 주요 개념과 용어

1) 구조방정식 모형의 모형화 과정

구조방정식모형을 이용하는 분석자들은 보통 이론적 기반을 가지고 모형을 설정한다. 이때 모형에 사용되는 변수는 잠재적인 구성요인(latent construct)으로 개념화되는데 이는 몇 개의 관찰변수로부터 측정된다. 이때 구성요인이 되는 잠재변수는 적어도 두 개 이상의 관찰변수로부터 정의된다.

관찰변수들은 일종의 요인분석을 통해 해당 잠재변수를 측정하는 데 사용된다. 분석자들은 먼저 이런 측정모형이 타당한지 확인한 후에 다음 단계로 나가는데 이때 개연성 있는 여러 모형들이 비교 검토된다. 모형에 의해 예측되는 공분산 구조가 자료에서 관측된 공분산 구조와 일치하는 정도를 통해 개연성 있는 모형이 평가된다.

2) 관측변수(indicator or observed variable)

관측변수는 관측되는 변수이다. 가령 설문조사를 할 때 지적능력을 나타내는 문항으로서 아이큐(IQ), 교육년수, 대학졸업여부에 대한 자료를 구했다면 이런 자료가 지적능력이란 잠재변수를 측정하기 위한 관측변수가 된다. 경제통계 자료에서도 연구개발투자, 연구원수, 특허등록건수와 같은 자료를 이용하여 기업의 연구역량을 측정하려고 한다면 잠재변수인 연구역량을 측정하기 위해 이런 관측변수를 사용하게 된다는 것이다.

하나의 잠재변수를 정의하고 이를 측정하기 위해서는 여러 개의 관측변수가 사용되는데 1개 또는 두 개의 적은 개수의 관측변수가 사용되면 과소식별, 수렴화 실패, 오차항 추정치가 믿을 수 없는 경우도 있다. 보통 관측변수의 잠재변수에 대한 요인점수 부하량이 0.7 이상이 선호된다. 구조방정식 모형의 분석과정에서 확인적 요인분석(Confirmatory Factor Analysis: CFA)단계에서는 잠재변수와 이를 설명하는 관측변수의 타당성, 일명 신뢰도 검사(reliability test)가 이루어진다.

3) 잠재변수(latent variable)

잠재변수는 관찰되지 않는 변수(unobserved variable), 구성요인(construct), 또는 관측변수에 의해 측정되는 요인(factor)이라고 불린다. 잠재변수는 구조방정식모형 내에서 독립변수, 중재변수, 종속변수로서의 역할을 하게 된다. 독립변수는 외생변수라고 하는데 다른 변수로부터 사전적으로 영향을 받지 않는 변수이다. 하지만 다른 외생변수와 상관관계를 가질 수는 있다. 반면 중재변수와 종속변수는 내생변수라고 한다. 내생변수에는 항상 오차항(error)이 붙어있게 된다.

구조방정식 모형은 통상적으로 도표를 통해 설명하게 되는데 이때 잠재변수는 타원형 그림, 관측변수는 사각형 그림, 인과관계는 화살표(→), 상관관계는 양쪽 화살표(↔)를 사용한다. 그리고 오차항의 경우 원(○)을 사용한다.

4) 회귀모형, 경로모형, 구조방정식모형

회귀모형(regression model)은 단지 관측된 변수들만의 인과관계를 모형화한 것으로 종속변수만 오차항을 갖는다. 독립변수는 오차없이 측정되는 것으로 가정한다. 독립변수의 종속변수에 대한 편회귀계수는 다른 독립변수가 통제된 상태에서의 두 변수의 관계를 나타낸다.

경로모형(path model)은 단지 관찰되는 변수들 간의 관계를 모형화 한 것이다. 잠재변수는 사용되지 않는다. 단순 회귀모형과 달리, 연립방정식 모형과 비슷하게 독립변수들은 다른 변수에 영향을 주기도 하지만 받기도 한다. 경로모형에서 내생변수로서의 역할을 하는 변수는 오차항을 갖는다. 여기서 독립변수는 오차없이 측정된다. 편회귀계수는 종속변수와 독립변수의 직접적인 관계만을 나타낸다.

구조방정식모형은 하나 이상의 잠재변수를 사용한다. 전형적인 형태에서 구조모형의 모든 변수들은 잠재변수들이다. 구조방정식모형에서는 모형의 변수들을 연결하는 복잡한 경로가 반영될 수 있으며 복수의 종속변수가 사용된다. 구조방정식모형에서는 모형 내 변수들과 관련된 오차항의 상관관계를 반영할 수 있다.

5) 구조방정식모형의 모형설정(model specification)

구조방정식모형의 설정과정에서는 사용될 잠재변수들과 관측변수들이 결정되고, 잠재변수들 간의 관계, 잠재변수와 관측변수의 관계 등이 결정된다.

① 일방적인 화살표는 회귀관계를 나타내는데 어떤 제약조건도 부여되지도 않으며 추정되어야 하는 관계이다. 양방향 화살표는 두 변수들 간의 공분산관계를 나타내는데 어떤 제약조건도 부여되지 않으며 추정되어야 하는 관계이다. ② 두 변수를 연결하는 경로나 공분산 관계가 없다는 것은 직접적인 관계없이 독립적이라는 것이다. ③ 연구자는 변수들 간의 경로나 공분산관계에 대해 측정값의 제약조건을 부여할 수 있다. 대표적인 것은 잠재변수와 특정 관측변수와의 경로에 대해 1의 값을 부여하는 것이다.

6) 모형의 단순함(model parsimony)

모형설정단계에서 모든 변수들 간의 관계가 설정되어 있다면, 즉 어떤 변수들 간의 관계도 0으로 제약되지 않았다면 이는 데이터에서 관찰되는 공분산 관계를 정확하게 반영하고 있으므로 포화된 모형(saturated model)이라고 한다. 일반적으로 분석자들이 설정한 모형은 이런 복잡한 모형보다는 훨씬 단순한(parsimonious) 모형이다.

모형의 단순함이 부족(lack of parsimony)하면 변수의 수가 적을 때에는 문제가 생길 수 있다. 변수들 간의 직접적 관계는 이론에 기초하여 그 관계가 의심스러울 때에는 인정되지 않아야 한다. 동싱 분석자들은 가장 단순하면서 적합력이 좋은 모형을 찾으려고 한다.

7) 모형의 개선(model development)

구조방정식모형의 분석과정은 보통 2단계로 진행된다. 우선 측정모형(measurement model)의 타당성을 검토한 다음, 구조모형(structural model)이 검토된다.

측정모형은 잠재변수와 관측변수로 구성된다. 이때 잠재변수들 간의 관계는 고려되지 않는다. 측정모형의 분석단계를 확인적 요인분석(Confirmatory Factor Analysis: CFA)이라고 하는데 이는 그 목적이 분석자가 모형 내에서 잠재변수를 측정하기 위한 방법의 타당성을 확인하는 것이기 때문이다. 여기서 모형의 적합력이 좋다는 것은 관찰변수들이 해당 잠재변수를 잘 반영하고 있고, 또 잠재변수들이 서로 다른 변수로 간주될 수 있다는 것을 의미한다.

만약 확인적 요인분석을 통해 측정모형이 타당하다면 잠재변수들 간의 구조모형을 검토하게 된다. 구조모형은 측정모형과 잠재변수를 연결하는 경로와 공분산 구조를 결합한 것이다. 여기에서도 개연성 있는 몇 개 모형의 적합력을 검토함으로써 보다 좋은 모형을 찾게 된다.

최종모형의 선정에 이르는 과정에서는 모형에 새로운 인과관계나 공분산 관계를 추가하거나, 반대로 이런 관계를 제거하는 작업을 하게 된다. 새로운 관계를 추가하는 것을 모형구축(model building)이라고 한다면 기존 관계를 제거하는 과정을 모형트리밍(model trimming)이라고 한다. 통상적으로는 다음에 설명한 모형수정지수(Modification Indexes: MI)를 이용하여 새로운 관계를 추가한 다음 인과관계의 유의성검정(significance test)을 통해 모형트리밍을 하게 된다. 이런 과정에서 반드시 이론적 배경이 충분히 감안되어야 한다.

8) 수정지수(Modification Indexes: MI)

수정지수는 모형에 화살표를 추가함에 따라 모형의 설명력이 개선되는지 여부를 평가하기 위한 지수이다. 수정지수를 이용하여 모형을 개선하는 방법은 통상 두 부문에 걸쳐 이루어진다.

첫째, 잠재변수들 간의 경로를 추가하는 경우이다. 이때 두 변수 간에 경로가 추가된다면 χ^2 값이 변화(감소)하게 된다. 보다 큰 수정계수는 새로운 경로를 추가하는 것이 모형의 설명력을 증가시킨다는 아주 강한 증거가 된다.

둘째, 오차항을 가진 변수들간 공분산 관계를 추가하는 경우이다. 만약 오차항간 상관관계가 존재한다는 사실을 추가하면 수정계수는 χ^2 값이 감소하는 정도를 보여준다. 비록 수정지수가 오차항간의 상관관계를 추가하는 것이 모형의 설명력을 증가시킬 수 있다는 것을 보여준다 하더라도 이의 반영여부는 반드시 이론적 근거에 의해 결정되어야 한다.

수정지수는 모형의 설명력을 높이기 위한 수단으로 사용되지만 반드시 합당한 이론적 근거가 있어야 한다. 모든 모형의 설정은 이론에 기반을 두어야지 데이터에 기반을 두면 안 된다는 측면에서 수정지수의 사용에 부정적인 견해를 가지고 있는 학자들도 많다.

수정지수는 구조방정식모형을 다루는 통계소프트웨어에 따라 다른 지표를 사용한다. SPSS의 경우 카이자승통계량을 사용하지만 SAS나 Stata의 경우 라그랑지 승수(Lagrange Multiplier: LM)를 사용한다. 하지만 그 결과에는 차이가 없다.

9) 경로추정 계수와 유의성

구조방정식 모형은 통상적으로 측정모형과 경로모형을 그래프로 나타내고 경로의 계수 값과 이에 대한 t값 또는 유의수준을 나타내는 p값이 제시된다. 이때 그 유의성에 대한 검증은 일반적인 방법론에 따르면 된다.

10) 모형의 적합도(model fit)

구조방정식 모형의 분석과정에서는 확인적 요인분석(CFA)과 구조모형을 평가하는 데 사용되는 수많은 적합도 계수(goodness of fit coefficients)가 있다. 구조방정식 모형에서처럼 다양하고 화려한 적합도 지표를 제시하고 있는 모형은 흔치 않다.

이 분야의 많은 전문가들이 다양한 모형의 적합도 지표를 제시할 것을 요구하고 있으나 이에 대해서는 각설하고 Stata매뉴얼에서 권고하고 있는 모형의 적합도에 대한 평가기준을 간단하게 살펴본다. 해당 통계량의 정확한 수식적 표현은 생략한다.

첫째, 카이자승(χ^2)통계량과 그 유의수준이다. 숫자가 낮아서 그에 따라 유의수준을 나타내는 p값이 높을수록 모형의 적합력이 좋다고 평가한다. 추정모형이 관측변수와 같은 공분산 구조를 잘 설명할수록 모형의 설명력이 좋은데 χ^2통계량이 높다는 것은 그렇지 않다는 것을 의미하기 때문이다.

둘째, 비교적합도지수(Comparative Fit Index: CFI)이나. 추정모형의 χ^2통계량에 지유도를 빼준 것과 베이스라인 모형의 χ^2통계량에 해당 자유도를 빼준 것의 상대적 비율을 1에서 빼준 것이다. 0.90 또는 0.95 이상이면 모형의 적합력이 양호한 것으로 평가하지만 0.95 이상이 선호된다.

셋째, *RMSEA*(Root Mean Square Error of Approximation) 통계량이다. 0.05보다 작을 때 모형의 적합력이 양호하다고 평가한다.

넷째, *SRMR*(Standardized Root Mean Squared Residual) 통계량이다. 0.08보다 작을 경우 모형의 적합력이 양호한 것으로 평가한다.

다섯째, 결정계수(Coefficient of Determination: R^2)이다. 모형의 전반적인 적합력을 나타내는 통계량으로 높을수록 모형의 적합력이 양호한 것으로 평가하지만 구체적으로 얼마나 높은 값이어야 하는지에 대해서는 특별한 기준이 없다.

여섯째, 복수의 모형의 적합력을 비교하는 데 사용되는 통계량으로서는 Akaike's Information Criterion(*AIC*)통계량과 Bayesian Information Criterion(*BIC*)통계량이 있다. 작은 값을 가질수록 좋은 모형으로 평가한다.

일곱째, 집중타당성(convergent validity)이다. 이는 잠재변수를 측정하기 위한 관측변수들이 얼마나 개념적으로 잠재변수를 잘 설명할 수 있는가 하는 일치성 정도를 나타낸다. 당연할 결과로서 요인 부하량이 높고 유의성이 높을수록 집중타당성이 높다. 이외에도 개념신뢰도(Construct Reliability: *CR*) 0.7 이상, 평균분산추출(Average Variance Extracted: *AVE*) 0.5 이상이면 양호하다고 평가한다.

여덟째, 판별타당성(Discriminant Validity)이다. 이는 잠재변수들이 서로 독립된 개념으로 간주할 수 있는지를 나타내는 개념이다. 당연한 결과로서 잠재변수들은 서로 상관관계가 높지 않아야 한다. 잠재변수들 간의 상관계수의 제곱이 평균분산추출(*AVE*)보

[표 1] 구조방정식 모형의 평가통계량과 기준

평가통계량	평가기준
χ^2(p-값)	• 값이 작고, p-값이 클수록 양호
CFI	• 0.95 이상
RMSEA	• 0.05 이하
SRMR	• 0.08 이하
R^2	• 클수록 양호
AIC, BIC	• 복수의 모형비교, 작을수록 양호
집중타당성	• 요인부하량이 클수록 양호 • 개념신뢰도 0.7 이상 • 평균분산추출 0.5 이상
판별타당성	• 상관계수 제곱 > *AVE*
법칙타당성	• 경로(path)가 이론과 부합

다 클 때에 판별타당성이 있다고 판단한다. Stata를 이용하여 이상의 집중타당성과 판별타당성을 검정하는 것은 다른 통계소프트웨어에 비해 매우 간편하기 때문에 후술하는 사례에서 쉽게 살펴보게 된다.

아홉째, 법칙타당성이다. 이는 구조방정식 모형에서 모든 화살표의 관계가 이론과 부합해야 한다는 것이다. 다른 부분에서 살펴본 계량경제학 모형에서 경제이론적 평가에 해당한다.

11) 구조방정식 모형의 2단계 접근법

구조방정식 모형의 분석과정에서 한 번에 측정모형과 구조모형이 동시에 추정되는 것이 일반적인 방법이다. 하지만 좀 더 복잡한 모형, 가령 많은 잠재변수, 이와 관련된 많은 관측변수가 있을 때에는 모형의 적합도가 상당히 낮게 나올 수 있다. 또 추정과정에서 수렴화가 이루어지지 않는 문제가 발생할 수 있다. 이런 문제가 생기는 모형은 일반적으로 적합도가 나쁘게 나오는데 그 원인은 측정모형과 구조모형의 각각에서 초래될 수도 있고, 양측 모두에게서 초래될 수도 있다.

이런 문제가 생긴다면 측정모형의 분석단계에서 타당성 검정을 통해 요인 부하량이 좋지 않은 관측변수를 제외한 후 구조모형을 분석하는 것이 효과적일 수 있다. 실제 많은 실증분석 연구에서 이런 방법이 활용되고 있다. 결과적으로는 한 번에 측정모형과 구조모형이 동시에 추정될지라도 분석의 중간과정에서 측정모형과 구조모형이 별도로 검토되는 것은 어쩌면 당연하다고 할 수 있다.

만약 2단계 접근법을 사용한다면 첫 번째 단계에서는 측정모형을 통해 적절한 변수를 선정하고 두 번째 단계에서는 이렇게 선정된 관측변수들을 이용하여 구조방정식 모형을 한꺼번에 추정할 수도 있고, 잠재변수의 값을 계산한 다음 이를 이용하여 두 번째 단계에서 구조모형을 추정할 수도 있다. 이런 방법은 아주 복잡한 모형에서 사용해볼만한 방법이 될 것이다. 하지만 한꺼번에 구조방정식 모형을 추정해야 한다는 주장도 있는 만큼 여전이 논란이 있는 부분이다.

여기에서 더 나아가 Mulaik and Millsap(2000)은 4단계 접근법을 제안하기도 하였다. ① 공통요인분석(common factor analysis)을 통해 잠재변수의 수를 결정한다. ② 측성모형을 분석하기 위해 확인적 요인분석을 한다. 모형을 보다 개선하기 위해 하나의 관측변수는 반드시 하나의 잠재변수와 관련되게 한다. ③ 구조모형을 분석한다. ④ 보다 단순한 모형을 찾기 위해 둥지모형(nested model)을 검토한다. 아울러 다른 연구가설의 검증에 적용할 수 있는지를 검토한다.

(1) 휘튼모형(Wheaton model) 사례

Stata이용한 구조방정식 모형의 분석절차 전반을 살펴보기 위해 여기에서는 SEM 의 추정을 지원하는 많은 통계소프트웨어에서 사례로 사용하고 있는 휘튼모형 (Wheaton model)을 살펴보기로 한다.[37]

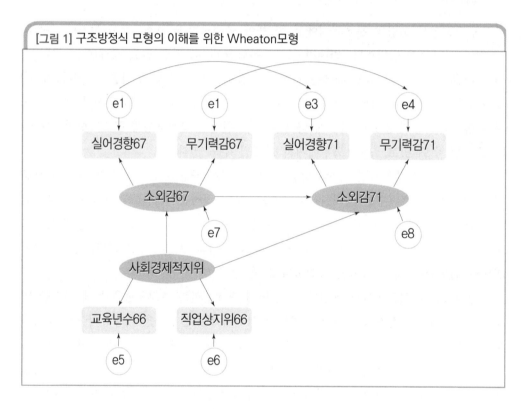

[그림 1] 구조방정식 모형의 이해를 위한 Wheaton모형

이 모형에서 잠재변수로는 소외감과 사회경제적 지위가 있다. 소외감은 실어경향 과 무기력감이란 관찰변수로 측정되는데, 67년과 71년 기준으로 측정되어 소외감67, 소외감71로 정의되었다. 사회경제적 지위는 66년 기준 교육연수와 직업상 지위로부터 측정되었다.

---

37 Wheaton, B., B. Muthen, D. F. Alwin and G. F. Summers(1977), "Assessing reliability and stability in panel models," In *Sociological Methodology* (ed). D. R. Heise, San Francisco: Jossey－Bass, pp.84-136.

종속변수로서의 역할을 하는 관찰변수와 잠재변수 가운데 다른 잠재변수로부터 영향을 받는 잠재변수들에게는 오차항이 포함되어 있다. 해당변수 외에도 모형에서 제외된 다른 변수가 있을 수 있기 때문이다. 한쪽 화살표는 경로를 나타내므로 인과관계가 있음을 의미하고 양쪽 화살표는 서로 상관되어 있음을 나타낸다.

모형에서 66년 교육연수와 직업상 지위로부터 측정된 사회경제적 지위는 67년도의 소외감에 영향을 미칠 뿐만 아니라, 71년도의 소외감에도 영향을 미친다. 또 67년도의 소외감은 71년도의 소외감에 영향을 미친다. 특히 사회경제적 지위가 67년도 소외감에 영향을 미친 후 71년도 소외감에 영향을 미치는 관계는 간접효과라고 하고, 곧바로 71년도의 소외감에 영향을 미치는 것을 직접효과라고 한다. 간접적으로 효과를 미치는 중간에 있는 변수, 즉 소외감67은 중재변수라고 한다.

도표에는 오차항간의 상관관계가 있음을 보여주고 있다. 67년도의 실어경향과 무기력감은 각각 71년도의 실어경향과 무기력감과 서로 상관되어 있다는 것을 나타낸다.

따라서 이상의 휘튼모형은 구조방정식과 관련된 표기법, 용어, 측정모형과 구조모형 등 제반사항을 간단하게 보여줄 수 있다는 점에서 구조방정식 모형의 설명사례로 많이 활용되고 있다.

이 모형의 추정을 위해서는 Stata 시스템에서 제공되는 데이터를 사용해야만 하는데 모든 관측치들에 대한 자료를 이용하는 것이 아니라 분산-공분산 행렬과 각 변수의 평균 및 표준편차와 관측치 수만으로 구성된 자료를 제공하고 있기 때문에 구조방정식 모형의 추정과 평가 이전 단계의 작업을 해볼 수 없는 한계점이 있다. 어쨌든 모형의 추정결과는 아래와 같은 도표로 나타낼 수 있다. 측정모형, 경로모형, 오차항의 분산, 상관관계와 같은 추정치를 나타내주고 있다. 그리고 리포팅 방법으로 이런 그림의 하단이나 상단 여백에 몇 가지 적합도와 신뢰도를 보여줄 수 있는 통계량을 제시하는 것이 일반적이다.

Stata를 비롯한 구조모형을 추정하는 다양한 소프트웨어들은 일반적으로 앞서 살펴본 그래프를 그린 다음 이를 이용하며 모형을 추정하고 이런 그림에 해당 추정결과를 보여주고 있다. 복잡한 모형을 여러 가지 가능성을 감안하여 보다 신속히 살펴보는데 있어서는 이런 그래프의 개념을 이해한 다음 아래와 같이 직접 Stata언어를 이용하여 분석하는 것이 보다 편리하다. 최종모형을 찾아낸 다음 그래프를 그려서 재추정하고 관련 적합도를 입력한 다음 리포팅하는 것이 좋다. 간혹 그래프상에서 글자가 다른 화살표와 겹친다면 이는 해당 그래프 파일을 emf파일로 저장한 다음 파워포인트에서 수정하는 것도 필요할 것이다.

```
use https://www.stata-press.com/data/r16/sem_sm2
ssd describe
webgetsem sem_sm2

* ***************************************
* *** 기본모형의 추정과 수정지수 검토   ***
* ***************************************

sem (anomia67 pwless67 <- Alien67)          ///
    (anomia71 pwless71 <- Alien71)          ///
    (educ66 occstat66 <- SES )              ///
    (Alien67 <- SES)                        ///
    (Alien71 <- Alien67 SES)
estat mindices

* ****************************
* *** 오차항의 공분산 반영  ****
* ****************************

sem (anomia67 pwless67 <- Alien67)          ///
    (anomia71 pwless71 <- Alien71)          ///
    (educ66 occstat66 <- SES )              ///
    (Alien67 <- SES)                        ///
    (Alien71 <- Alien67 SES)                ///
    , cov(e.anomia67*e.anomia71)            ///
    cov(e.pwless67*e.pwless71)
relicoef
condisc
estat mindices
estat eqgof
estat gof
estat teffects

* 만약 직접공분산행렬을 입력할 경우 ssd명령어를 사용함
clear
ssd init educ66 occstat66 anomia67 pwless67 anomia71 pwless71
ssd set obs   932
ssd set means 10.90 37.49 13.61 14.67 14.13 14.90
ssd set sd    3.10 21.22 3.44 3.06 3.54 3.16
ssd set cor                                 ///
 1.00 ₩                                     ///
 0.54 1.00 ₩                                ///
-0.36 -0.30 1.00 ₩                          ///
-0.41 -0.29 0.66 1.00 ₩                     ///
-0.35 -0.29 0.56 0.47 1.00 ₩                ///
```

−0.37 −0.28 0.44 0.52 0.67 1.00
ssd describe

구조방정식 모형의 추정결과 적합도를 보여주는 통계량은 무척 많다. 여기에서 통계량의 정의에 대한 자세한 설명은 지면관계상 하지 않는다. Stata매뉴얼에는 이에 대한 자세한 설명과 함께 리포팅 방법에 대해서도 설명하고 있기 때문이다.

모형이 추정되면 신뢰도, 판별분석을 하게 되는데 사용자 작성프로그램 relicoef이나 condisc명령어를 사용하였다. 다른 통계소프트웨어에서는 추정결과로부터 직접 계산해야 하는 번거로움이 있지만 Stata에서는 이 두 명령어로 쉽게 평가할 수 있다.

모형의 추가적인 개선 가능성, 즉 새로운 경로나 상관관계의 추가를 위한 통계량을 얻기 위해서는 estat mindices를 사용한다. 관련 통계량이 큰 부분을 이론에 바탕을 두고 반영할 필요가 있다.

다음은 모형의 개별방정식별, 전반적인 적합도를 측정하기 위해서는 estat eqgof나 estat gof가 사용된다. 추정결과를 보여주는 그림에서 적합도를 리포팅할 때에는 estat gof의 출력결과와 relicoef명령어의 출력결과로 충분하다.

[그림 2] 휘튼모형의 추정결과

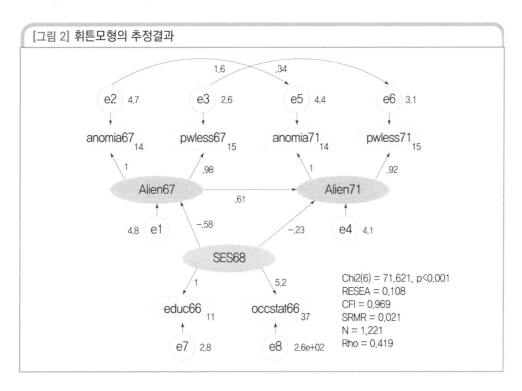

(2) 일반사회조사 자료를 이용한 진보성향의 요인분석 사례

구조방정식 모형은 일련의 외생변수와 내생 잠재변수, 기타 단순한 변수가 서로 직접적인 효과를 주는 관계, 외생변수 간 공분산 구조, 내생변수에 붙어 따라 다니는 오차항으로 구성된다. 완전한 구조모형(full structural model)과 측정모형(measurement model)의 주된 차이는, ① 경로(일방향 화살표)가 잠재변수를 연결하고, ② 단지 외생변수들 간에 서로 공분산을 가지며(양방향 화살표), ③ 내생 잠재변수는 오차항을 가진 형태가 된다. 내생변수에 오차항이 붙어 다니는 이유는 모형에 포함되어 있지 않은 측정 불가능한 변수의 효과를 반영하기 위함이다. 구조모형은 보통 확인적 요인분석 모형과 같은 방법으로 적합도, 유의성 검증, 수정지수를 통해 평가된다.

이런 절차에 대해서는 이미 전술하였지만 이런 분석절차에 따라 문제없는 결과를 독자들에게 쉽게 보여줄 수 있는 적절한 모형을 찾기는 힘들었다. 다만 다음 사례를 통해 전반적인 절차를 개괄하면서 분석절차와 더불어 문제시 될 수 있는 내용에 대해 설명하려고 한다.

[표 2] 미국일반사회조사자료를 이용한 진보성향 결정요인의 SEM분석 변수

잠재변수	관측변수	비고
부모의 교육 (Peduc)	• 부친의 교육연수(paeduc) • 모친의 교육연수(maeduc) • 부친의 최고 학위(padeg) • 모친의 최고학위(madeg)	• 학위구분: 고등학교이하 0, 고등학교 1, 전문학교 2, 대학교 3, 대학원 4
응답자와 그 배우자의 교육수준 (Reduc)	• 응답자의 교육연수(educ) • 배우자의 교육연수(speduc) • 응답자의 최고학위(degree)	
종교적 독실함 (Religiousity)	• 응답자의 종교인으로서 자평(repersn) • 응답자의 종교행사참여횟수(attend) • 응답자의 신의 존재에 대한 믿음(god) • 응답자의 기도횟수(pray)	
진보성향 (Liberalism)	• 정치적 성향(polviews) • 노조 신뢰(conlabor) • 정부 신뢰(confed)	• 진보성향: 극단적 진보=1, 진보 =2, 약간진보=3, 중도=4, 약간보수= 5, 보수=6, 극단적 보수=7 • 노조, 정부신뢰: 완전신뢰=1, 약간신뢰=2, 신뢰없음=3

물론 선행연구자의 오래전 분석사례를 최근의 보다 발전된 방법으로 평가할 때 이런 문제는 당연히 생길 수 있는 문제로 이해하기를 바라고, 또 이런 문제는 실증분석과정에서 실제 독자 여러분들이 당면하게 될 문제라는 것을 동시에 이해하는 계기가 되길 바란다.

[그림 3]은 2012년 미국의 일반사회조사(General Social Survey)자료의 1,974개 표본을 이용하여 구조방정식 모형을 분석한 사례로서, 교육(education), 종교적 독실함(religiosity)이 진보성향(liberalism)에 미치는 영향을 분석한 것이다. 여기서는 4개의 잠재변수가 각각 3~4개의 관측변수로부터 측정된다. 편의상 Stata 명령어의 사용에서는 잠재변수의 변수명은 첫 번째 글자를 대문자로 표기하고, 관측변수는 전부 소문자로 표기한다.

이런 변수를 이용하여 규명하고자 하는 내용은 다음 [그림 3]에서 보여주는 것과 같이 여러 가지 관측변수로부터 측정된 잠재변수인 부모의 교육수준과 응답자의 교육수준, 종교적 독실함이 진보성향에 어떤 영향을 미치는지를 살펴보고자 하는 것이다. 물론 이 그림은 분석자가 최종적으로 선정한 모형이기 때문에 분석과정에서 많은 관측변수들이 제외되었을 수도 있고, 어떤 경로는 제외되었을 수 있다.

가능한 한 구조방정식 모형의 추정절차에 따라 이를 Stata를 이용하여 분석하는 과정을 설명하려고 한다. 물론 이 과정에서 이 선행연구의 잘못된 점까지도 살펴보는 것이 이 단원에서의 목표가 된다. 분석결과의 아웃풋의 양이 많으므로 꼭 필요한 부분만 제시한다. 독자들은 해당 명령어를 직접 실행하면서 관련내용들을 스스로 평가해보기를 바란다.

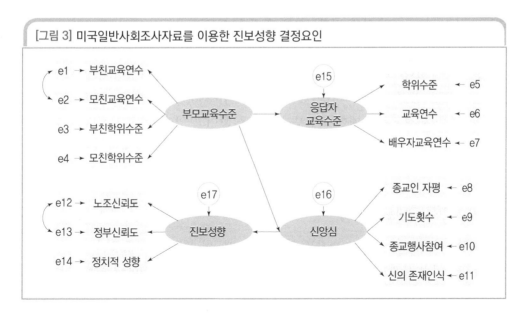

[그림 3] 미국일반사회조사자료를 이용한 진보성향 결정요인

1) 자료의 검토

이 사례에서는 전체 14개의 관측변수로부터 4개의 잠재변수가 정의된다. 자료를 검토하여 분석을 위한 예비 타당성을 살펴보자.

첫째, 먼저 살펴보고자 하는 것은 해당 변수가 다변량 정규분포(multivariate normal distribution)를 하는지 여부를 평가하는 것이다. 이를 위해 Stata에는 mvtest normality 라는 명령어를 사용한다. 다변량 정규분포의 귀무가설이 기각됨을 알 수 있다.

둘째, 크론바흐 알파(Cronbach's alpha)값을 이용하여 각 잠재변수를 정의하는 관찰변수의 신뢰성을 검정한다. 일반적으로 0.7 이상을 선호한다. 제일 하단의 알파값이 0.7 이상이면 같은 개념으로 묶을 수 있다고 평가한다. 개별 관찰변수에 대한 알파값은 해당 변수가 제외되었을 때 기대되는 알파값을 나타낸다. 여기에서는 대표적으로 부모의 교육수준에 대한 크론바하 알파값을 검토해보았으나 종교적 신앙심과 진보성향을 나타내는 잠재변수를 정의하는 관찰변수들은 알파값이 계산되지 않거나 그 값이 매우 낮은 것을 확인할 수 있다. 이는 모형의 적합력을 하락시키는 요인이 되기도 하거니와 경로계수의 유의성을 떨어뜨려 검정하려는 인과관계를 설명할 수 없게 하는 결과를 초래할 수도 있다. 심지어는 모형자체를 잘못된 것으로 평가하게 할 수도 있다.

셋째, 주요인분석을 통해 검토하려는 관찰변수들이 4개의 요인별로 개괄적으로 구분되는지를 평가할 수 있다. 우선은 아이겐 밸류(Eigenvalue)가 1 이상인 4개의 요인들이 의미가 있다는 것을 확인할 수 있다. 그 다음 4개의 각 요인에 걸리는 부하량을 통해 어떤 관찰변수가 어느 요인에 속하게 되는지, 두 요인에 동시에 많은 부하가 걸리는지, 아니면 어느 요인에 걸리는지를 확인할 수 있다.

우선 요인1(Factor1)에는 부모의 교육, 응답자교육들이 동시에 많은 부하가 걸리고 있음을 알 수 있다. 요인2(Factor2)에는 요인1과 비슷한 관찰변수에 보다 적은 부하가 걸리고 있음을 알 수 있다. 요인3(Factor3)과 요인4(Factor4)는 사실상 별도의 요인으로 구분할 수 없을 정도로 애매한 요인부하 모습을 보이고 있다. 특히 크론바흐 알파 통계량을 이용하여 검토한 바와 같이 종교적 신앙심과 진보성향은 명확히 구분되지 않는다는 사실을 여기서도 확인할 수 있다.

2) 확인적 요인분석(CFA)

이상에서 검토한 신뢰성 평가를 통해서 볼 때, 이 모형은 그리 좋지 않은 모형이다. 하지만 이런 문제에도 불구하고 이 모형의 선행연구자가 제시한 최종분석단계까지 설명을 계속하기로 한다. 먼저 이상에서 설명한 대로 4개 잠재변수를 정의하고 이와 관련된 14개 관측변수를 이용하여 확인적 요인분석을 해보자.

각 잠재변수에서 관측변수에로 향하는 요인부하량과 그 t값을 확인할 수 있다. 요인부하량은 최소 0.5 이상이어야 하나 일반적으로 0.7 이상을 바람직하다고 한다. 그 다음 해당관측변수의 분산과 잠재변수들 간의 공분산 추정치가 제시되어 있다. 여기에서 추정된 파라미터의 수는 몇 개일까? 이는 추정치 하단의 우도비(LR) 검정에서 자유도의 파악과 관련하여 중요하다.

① 4개 잠재변수에서 14개 관측변수를 연결하는 파라미터 14개가 추정된다. 이 중 4개는 1로 고정되기 때문에 실제 10개가 추정되어야 한다. ② 그 다음은 관측변수 각각의 분산추정치 14개가 추정되어야 한다. ③ 4개 잠재변수에 대한 추정치, ④ 4개 잠재변수를 서로 연결하는 6개 공분산이 추정되어야 한다. 따라서 총 $10+14+4+6=34$개 파라미터가 추정된다. 이 파라미터를 추정하기 위한 정보는 14개 관측변수 공분산행렬(14×14)의 주대각원소와 그 상단 원소의 개수 $(14\times15)/2=105$개이다. 따라서 자유도는 $105-34=71$이 된다.

이렇게 확인적 요인분석이 끝나면 추정결과로부터 모형의 집중타당성(개념신뢰도)과 판별타당성을 검토하게 된다. Stata에는 사용자 작성프로그램인 relicoef와 condisc 라는 명령어가 있다는 것을 이미 설명한 바 있다.

먼저 신뢰도 계수를 보면 잠재변수, 부모의 교육수준과 응답자의 교육수준은 신뢰성 계수가 0.86, 0.81로서 0.7보다 크기 때문에 신뢰성이 있다. 하지만 잠재변수, 진보성향과 종교적 신앙심은 신뢰성이 없다. 이는 이미 살펴본 크론바흐 알파 통계량이나 주요인분석결과에서 살펴본 사실과 동일하다.

다음은 판별타당성을 살펴보자. 잠재변수가 서로 너무 상관관계가 높아서 별개의 개념으로 간주할 수 있는지를 평가하는 것이다. 잠재변수들 간의 상관계수 값과 더불어 평균분산추출(AVE)값이 제시되어 있다. 종교적 신앙심을 나타내는 잠재변수는 판별타당성에 문제가 있다는 것을 보여주고 있다.

다음은 확인적 요인분석 결과의 적합도를 살펴보자. Stata명령어 estat gof, stats(all)에 의해 추정된 다양한 모형의 적합도 통계량을 보여주고 있다. 이 중 카이자승(χ^2)통계량, *RMSEA*, *CFI*, *SRMR* 통계량이 많이 사용된다.

3) 구조방정식 모형의 추정과 평가

확인적 요인분석의 다음 단계는 잠재변수들간의 인과관계를 설정한 후 이를 추정하고 확인적 요인분석에서 살펴보았던 모형의 적합도를 평가하기 위한 통계량을 검토할 뿐만 아니라 잠재변수들 간의 인과관계가 이론이 제시하는 바와 같은 의미를 제공해주는지를 평가하는 것이다. 물론 이때 수정계수를 통해 추가적으로 오차항간의 상관관계나 잠재변수들 간의 새로운 경로를 설정할 수 있는지를 동시에 검토한다.

만약 이런 작업을 통해 최종모형이 확정되면 이를 이용하여 구조모형의 계수를 통해 잠재변수들 간의 인과관계를 설명하거나 직접, 간접 및 총효과를 계산하는 등 분석목적에 필요한 결론을 도출하게 된다.

4) 구조방정식 모형의 2단계 추정법

전술한 바와 같이 구조방정식 모형의 설정과 추정과정에서는 먼저 확인적 요인분석이 이루어지고 평가를 통해 적절한 관측변수가 선정된 후 계산된 잠재변수를 이용하여 구조모형을 분석한다. 물론 선정된 관측변수를 이용하여 전체모형을 동시에 추정할 수도 있다.

아래 사례에서는 확인적 요인분석 이후 잠재변수 값을 계산한 다음, 잠재변수 만으로 구조모형을 3단 최소자승법으로 추정하는 방법을 보여주고 있다.

[사례 Ⅶ-6-2] 미국일반사회조사자료를 이용한 진보성향 결정요인 분석(Ⅶ-6-2--SEMGSS.do)

```
* ********************************
* *** 구조방정식 모형의 분석절차 ***
* ********************************

use Ⅶ-6-2-SEMGSS, clear

* 글로벌 매크로 만들기
global peduc "paeduc padeg maeduc madeg"
global reduc "educ speduc degree"
global relige "relpersn attend god pray"
global libera "polviews conlabor confed"
global totlist "$peduc $reduc $relige $libera"
macro list


* 필요자료만 선택, 재정렬
keep id $totlist
order $totlist
```

```
* **********************************
* *** 단순기술통계량 및 상관계수행렬 ***
* **********************************

* 단순기술통계량
desc $totlist
summ  $totlist

* 상관계수행렬
corr $totlist

* ********************************************************
* *** 다변량 정규성 검정(Doornik−Hansen omnibus test)  ***
* ********************************************************

mvtest normality $totlist, stat(all)

* ********************************************************
* *** 신뢰도 검정을 위한 크론바흐 알파(Cronbach's alpha)  ***
* ********************************************************

alpha $peduc, item label asis
alpha $reduc, item label asis
alpha $relige, item label asis
alpha $libera, item label asis

* ********************************************************
* *** Principal component factor analysis와 관찰변수의 그룹화  ***
* ********************************************************

factor  $totlist, pcf

* ********************************************************
* *** 확인적 요인분석(Confirmatory Factor Analysis: CFA) ***
* ********************************************************

sem (Peduc −〉$peduc)              ///
    (Reduc −〉$reduc)              ///
    (Liberalism   −〉$relige)       ///
    (Religiousity −〉 $libera)


* 모형의 신뢰성 및 판별분석
relicoef
condisc
```

```
* 모형의 적합도
estat gof, stats(all)

* ********************************************
* *** 구조방정식 모형(SEM) 추정과 수정지수 ***
* ********************************************
sem (Peduc -> $peduc)              ///
    (Reduc -> $reduc)              ///
    (Liberalism  -> $relige)       ///
    (Religiousity -> $libera)      ///
    (Peduc -> Reduc)               ///
    (Peduc -> Religiousity)        ///
    (Religiousity -> Liberalism)   ///
    , latent(Peduc Reduc Liberalism Religiousity)
estat mindices

* ************************************************
* *** 수정지수를 이용한 구조방정식 모형(SEM) 개선 ***
* ************************************************
sem (Peduc -> $peduc)                         ///
    (Reduc -> $reduc)                         ///
    (Liberalism -> $relige)                   ///
    (Religiousity ->  $libera)                ///
    (Peduc -> Reduc)                          ///
    (Peduc -> Religiousity)                   ///
    (Religiousity -> Liberalism)              ///
    , latent(Peduc Reduc Liberalism Religiousity)   ///
    cov(e.maeduc*e.padeg e.conlabor*e.confed)

* 모형의 신뢰성 및 판별성 분석
relicoef
condisc

* 수정지수 계산
estat mindices



* 모형의 적합도
estat eqgof
estat gof, stats(all)
```

* 직접효과, 간접효과 및 총효과의 계산
estat teffects

* *****************************
* *** SEM모형의 2단계 추정법 ***
* *****************************
* 1단계: 확인적 요인분석과 잠재변수값 계산
sem (Peduc -〉 $peduc)   ///
    (Reduc -〉 $reduc)   ///
    (Liberalism   -〉 $relige)   ///
    (Religiousity -〉 $libera)

* 잠재변수값 계산
predict q1 q2 q3 q4, latent(Peduc Reduc Liberalism Religiousity)

* 2단계: 구조모형의 추정(3SLS사용)
reg3 (q2 q1) (q3 q1) (q4 q3)

03 일반화된 구조방정식모형의 분석절차

　　구조방정식 모형에서 관측변수는 연속적(continuous)인 변수이면서 추정모형은 선형회귀모형(linear regression model)을 사용했다. 하지만 일반화된 구조방정식모형(Generalized Structural Model: GSEM)에서는 관측변수가 연속적일 수도 있지만 이진(binary), 서수(ordinal), 집계수(count) 등의 형태를 가질 수 있다.

　　따라서 종속변수의 이런 특성을 반영하기 위해서는 본서의 다른 부분에서 살펴본 바 있는 로짓, 프로빗, 포아송, 음이항 회귀모형 등 다양한 회귀분석법이 동원된다. 일반적인 구조방정식 모형과 비슷한 분석절차를 이용하게 되지만 본장에서는 설명하지 않는다. 관심있는 독자들은 도움기능을 이용하여 gsem명령어 사용법을 쉽게 익힐 수 있을 것이다.

04   PLS-SEM 모형의 분석절차

(1) PLS-SEM의 개념

구조방정식모형이 많은 사람들의 관심을 끌게 된 이유 중 하나는 완전한 이론과 개념을 검증할 필요성에서 출발하여 잠재변수의 측정과 이들 잠재변수들 간의 관계를 검정할 수 있기 때문이다. 이는 관찰변수의 공분산에 기반한 접근방법(covariance based approach)이란 점에서 CB_SEM모형이라고 한다. 하지만 여기서 살펴볼 PLS−SEM은 분산에 기반한 편최소자승법(variance based partial least squares technique)이다. CB−SEM이 얼마나 표본자료의 공분산 행렬을 잘 설명하는가에 초점을 맞추어 이론을 검정하는 것이라면, PLS_SEM은 연립방정식모형과 같은 복수의 회귀모형을 이용한 분석법이라고 할 수 있다.

지금까지는 CB−SEM모형이 보다 인기있는 방법론이었지만 최근 PLS−SEM이 여러 사회과학분야의 연구 방법론으로 많은 관심을 끌고 있다. 이는 정규분포를 하지 않는 자료를 처리하거나, 표본수가 작을 때, 형성 관측변수(formative indicator)로 구성된 잠재변수와 반영 관측변수(reflective indicator)로서 구성된 잠재변수를 다룰 수 있다는 점, 그리고 아주 복잡한 모형의 분석에 편리함을 주기 때문이다.

첫째, 비정규분포를 하는 데이터의 문제를 해결할 수 있다. 사회과학분야의 데이터는 다변량 정규분포를 하지 않을 때가 많다. 이때 CB−SEM을 이용하여 경로모형을 평가한다면 표준오차를 과소평가하게 되고 적합도는 과대평가된다. 하지만 PLS−SEM 모형은 이로 인해 심각한 문제에 직면하지 않는다. 물론 심각한 왜도를 갖는 데이터를 문제없이 처리할 수 있다는 것은 아니다.

둘째, 표본수가 작을 때에도 PLS−SEM을 적용할 수 있다. CB−SEM은 표본수가 작을 때 파라미터 추정치, 모형 적합도에 많은 영향을 받을 수 있지만 PLS−SEM은 복잡하더라도 상대적으로 작은 크기의 표본을 활용할 수 있다. 표본수가 적어도 높은 수준의 통계적 검정력을 가질 수 있으며 추정과정에서 훨씬 쉽게 수렴화가 이루어진다.

셋째, 형성 관측변수(formative indicator)와 반영 관측변수(reflective indicator)를 동시에 활용할 수 있다. 반영 관측변수와 형성 관측변수의 차이는 전자에서는 관측변수가 잠재변수의 영향을 받는 관계(화살표가 잠재변수에서 관측변수로 향함)인데, 후자에서는 반대로 관측변수가 잠재변수에 영향을 미치는 관계(화살표가 관측변수에서 잠재변수로 향함)를 나타낸다. CB−SEM이나 PLS−SEM 모두 형성관측변수를 사용한 모형을 추정할 수 있지만 형성 관측변수를 이용한 CB−SEM은 종종 식별문제에 직면하게 된다는 점에서 PLS−SEM이 보다 편리한 것으로 평가된다.

(2) 분석단계

PLS−SEM을 활용할 때에는 보통 다음과 같은 분석단계를 거친다. ① 모형의 설정(내부모형과 외부모형), ② 자료의 수집과 검토, ③ 실증모형의 추정, ④ 추정결과의 평가 등이다. 여기서는 이 중 중요한 모형설정과 추정결과의 평가에 대해 살펴본다.[38]

1) 모형설정

모형설정단계에서는 다음 [그림 4]에서처럼 내부모형(inner model)과 외부모형(outer model)을 구축하는 것이다. 내부모형은 잠재변수들 간의 관계를 보여주는 구조모형을 의미하며, 외부모형은 관측변수와 잠재변수의 관계를 보여주는 측정모형과 동의어이다.

PLS−SEM에서는 먼저 분석대상의 이론적 기반에 근거하여 잠재변수를 연결하는 경로모형을 만든다. 이때 경로관점에서 잠재변수의 위치와 이들의 관계를 분명히 구분하는 것이 중요하다. 잠재변수는 외생적 잠재변수와 내생적 잠재변수로 나누어진다. 외생 잠재변수는 독립변수로서의 역할을 하지만 내생적 잠재변수는 종속변수로서의 역할을 한다. 이런 관계에서 어떤 잠재변수는 동시에 내생변수와 외생변수의 역할을 하기도 한다.

이처럼 내부모형이 만들어지면 다음 단계는 외부모형을 구축하는 것이다. 이때 어떤 관측변수, 몇 개의 관측변수를 사용할 것인지? 이를 형성 관측변수로 사용할 것인지 반영 관측변수로 사용할 것인지를 결정해야 한다. 내부모형에서 가설화된 관계는 외부모형과 타당하도록 설계되어야 한다. 각 잠재변수를 정의하기 위한 관측변수의 수는 연구자의 판단에 따라 결정되지만 형성 관측변수를 사용할 때에 보다 많은 개수가 사용된다.

---

38 Hair, J. F., Hult, G. T. M., Ringle, C. M. and Sarstedt, M.(2014), *A Primer on Partial Least Squares Structural Equation Modeling*, Sage, Thousand Oaks, CA.

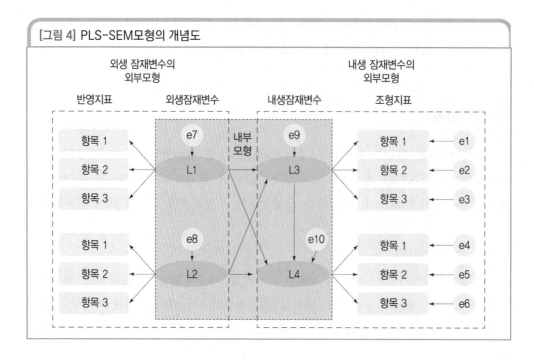

[그림 4] PLS-SEM모형의 개념도

외생 잠재변수의
외부모형

내생 잠재변수의
외부모형

반영지표 　外生잠재변수　내생잠재변수　조형지표

항목 1　e7　항목 1　e1
항목 2　L1　내부모형　L3　항목 2　e2
항목 3　항목 3　e3

항목 1　e8　e10　항목 1　e4
항목 2　L2　L4　항목 2　e5
항목 3　항목 3　e6

2) 외부모형(outer model)의 평가

일단 내부, 외부모형이 설정되고 추정되면 추정결과를 바탕으로 외부모형에 의해 정의된 잠재변수의 신뢰성과 타당성을 평가한다. 외부모형의 평가를 통해 내부모형에서의 변수들 간의 관계에 대한 평가의 기초가 되는 잠재변수의 신뢰성이 평가되는 것이다. 외부모형의 평가에서는 형성 잠재변수와 반영 잠재변수는 구분되어 평가되어야 한다.

형성 관측변수는 기본적으로 반영 관측변수와 기본적인 개념이 틀리다. 따라서 전술한 반영 관측변수와 달리 평가해야 한다.

첫째, 많은 분석자들이 형성 관측변수의 평가에 대해서 무시하는 경향이 있지만 내용 타당도(content validity)를 평가할 필요가 있다. 해당 관측변수가 측정하려고 하는 내용을 얼마나 잘 대표하고 있느냐를 나타낸다. 이는 관련내용에 대한 전문가의 판단이 필요한 부분이다. 따라서 중요한 관측변수가 제외된다면 해당 구성개념(construct)인 잠재변수의 정의자체가 바뀔 수도 있다.

둘째, 형성 관측변수를 이용한 외부모형의 평가에서도 집중타당성을 검토할 필요가 있다. 같은 현상에 대해 해당 개념이 다른 개념과 구분되는지를 살펴볼 필요가 있기 때문이다.

셋째, 형성 관측변수를 사용할 때 또 다른 평가내용은 지표들 간의 다중공선성

(multicollinearity) 여부를 평가하는 것이다. 다중회귀모형에서와 같이 다중공선성 문제는 추정결과에 심각한 편의를 가져올 수 있다.

넷째, 마지막으로는 개별 형성 관측변수의 유의성을 검토하는 것이다. PLS−SEM은 관측된 자료가 정규분포를 한다는 가정을 하지 않기 때문에 부트스트래핑(bootstrapping)을 통해 유의수준을 계산한다. 만약 유의성이 없다면 해당 관측변수는 제외된다.

3) 내부모형(inner model)의 평가

내부모형의 경우 설정된 경로의 유의성 여부, 해당 모형의 근거가 되었던 이론적 기반에 기초하여 모형을 평가한다.

(3) Stata를 이용한 PLS−SEM 분석 과정

전술한 바와 같이 PLS_SEM은 반영 관측변수와 형성 관측변수로 잠재변수를 정의하고 이들 잠재변수들 간의 구조모형을 추정하는 것이 전형적인 형태이다. 많은 실증연구들을 볼 때 CB−SEM과 같이 모든 잠재변수를 대표하는 관측변수를 반영 관측변수로 하여 두 모형의 추정결과를 비교하는 사례들이 많이 발견되는데 이것이 PLS−SEM의 첫째 형태이다.

두 번째 형태는 전술한 바와 같이 외생 잠재변수들은 형성 관측변수로 정의되고, 내생 잠재변수들은 반영 잠재변수로 정의되며, 이렇게 정의된 외생 잠재변수와 내생 잠재변수가 서로 구조모형을 이루는 것이다.

세 번째 형태는 모든 잠재변수가 형성 관측변수로 정의되고 이들 잠재변수가 구조모형을 이루는 형태이다.

다음 사례는 건강이나 몸매유지를 위한 운동을 함에 있어서 아래 표에서 제시하고 있는 형성 관측변수들이 얼마나 중요한가에 대한 설문조사(6점 척도)자료를 이용하여 잠재변수로 매력(Attractive), 외모(Appearance), 근육(Muscle), 체중(Weight)을 설정하고 이를 PLS−SEM을 적용한 사례이다.

잠재변수별로 2~3개의 형성 관측변수들 고려하였다. 그리고 잠재변수들 간에는 외모(Appearance)가 매력(Attractive)에 의해, 근육(Muscle)은 외모(Appearance)에 의해, 체중(Weight)은 외모(Appearance)에 의해 설명되는 것으로 설정하였다.

[표 3] 잠재변수와 형성 관측변수

잠재변수	관측변수	비고
매력 (Attractive)	face sexy	• 매력적 얼굴 • 성적 매력
외모 (Appearance)	body appear attract	• 좋은 체형 • 외모의 개선 • 도다 매력적인 인상
근육 (Muscle)	muscle strength endur	• 근육의 발달 • 보다 강해짐 • 인내력 증진
체중 (Weight)	lweight calories cweight	• 체중감량 • 칼로리 줄임 • 체중조절

우선 잠재별수에 영향을 미칠 형성 관측변수를 전장에서 설명한 반영 관측변수와 비교하여 그 의미를 생각해보자. 그리고 이들 중 특별한 관측변수를 제외한다면 잠재변수에 지금의 개념을 부여할 수 있는지를 생각해보자. 그 차이가 곧 CB−SEM과 PLS−SEM을 적용하는 데 있어서 잠재변수와 관측변수의 차이라고 생각하면 될 것이다. 하지만 많은 연구들은 같은 데이터에 CB−SEM과 PLS−SEM을 동시에 적용하여 다양한 지표와 설명력을 비교하기도 한다.

먼저 이상의 4개 잠재변수들을 반영 관측변수들로 정의한다면, 즉 전형적인 구조방정식 모형인 CB−SEM모형과 동일한 형태의 모형을 PLS−SEM으로 추정한 결과를 살펴보면 다음과 같다. 사용자 작성프로그램 plssem이란 명령어를 설치하면 해당 명령어와 함께 추정후 다양한 지표계산을 위한 명령어를 동시에 사용할 수 있다.

[사례 Ⅶ-6-3] CB- SEM과 PLS-SEM의 비교(Ⅶ-6-3-PLSSEM.do)

```
* ************************************
* *** CB- SEM과 PLS-SEM의 비교 ***
* ************************************

use Ⅶ-6-3-PLSSEM, clear
```

```
*  PLS-SEM 사용자작성 프로그램 설치
ssc install http://fmwww.bc.edu/RePEc/bocode/p/plssem.pkg


* ********************************
* *** CB-SEM모형의 추정, 평가 ***
* ********************************
sem (Attractive -> face sexy) (Appearance -> body appear attract)                ///
     (Muscle -> muscle strength endur) (Weight -> lweight calories cweight)      ///
     (Appearance <- Attractive) (Muscle <- Appearance) (Weight <- Appearance)    ///
     , latent(Attractive Appearance Muscle Weight)
sem, standardize
relicoef
condisc
estat gof, stats(all)


* ******************************************************
* *** PLS-SEM모형의 추정, 평가(반영 관측변수로 모형화) ***
* ******************************************************
plssem (Attractive > face sexy) (Appearance > body appear attract)               ///
     (Muscle > muscle strength endur) (Weight > lweight calories cweight)        ///
     , structural(Appearance Attractive, Muscle Appearance, Weight Appearance)


* 내부모형, 외부모형, 요인부하량의 도표
plssemplot, innermodel
plssemplot, outerweights
plssemplot, loadings


* 직접효과, 간접효과, 총효과의 측정
estat total, plot
estat indirect, effects(Muscle Appearance Attractive, Weight Appearance Attractive)


* 다중공선성 존재여부 검정
estat vif


* 잠재변수, 잔차의 계산
predict, xb residuals
summ *_hat *_res


* 이분산 존재 검정
estat unobshet, test reps(200) plot
```

```
* ************************************************************
* *** PLS-SEM모형의 추정, 평가(형성 관측변수로 모형화) ***
* ************************************************************
plssem (Attractive < face sexy) (Appearance < body appear attract)              ///
       (Muscle < muscle strength endur) (Weight < lweight calories cweight)     ///
       , structural(Appearance Attractive, Muscle Appearance, Weight Appearance)

* 내부모형, 외부모형, 요인부하량의 도표
plssemplot, innermodel
plssemplot, outerweights
plssemplot, loadings

* 직접효과, 간접효과, 총효과의 측정
estat total, plot
estat indirect          ///
       , effects(Muscle Appearance Attractive, Weight Appearance Attractive)

* 다중공선성 존재여부 검정
estat vif
```

APPENDIX

부록

부록 1에서는 기초통계학으로 단순기술통계량과 이를 시각화하기 위한 다양한 그래프 작성방법에 대해 설명한다. 부록 2에서는 기초 통계학으로서 추론통계학에 대해 설명한다. 부록 3에서는 계량경제학의 기초가 되는 행렬 연산법에 대해 설명한다. 본문의 이해를 위해 부록을 먼저 학습한다면 큰 도움이 될 것이다.

부록

부록

01

기술통계학

01 기술통계학 이론

계량경제학에서는 확률적으로 일어나는 사건(event)을 설명하므로 당연히 확률이론에 의존한다. 확률적 사건을 숫자로 설명하기 위해서는 확률변수(random variable)를 정의해야 하므로 확률변수는 불확실한 값을 가지는 대상을 측정하는 것이다.

확률변수는 이산적(discrete)인 형태나 연속적(continuous)인 형태를 가질 수 있다. 이산적인 확률변수는 정수로 측정되므로 결과는 숫자로 셀 수 있다. 연속적인 확률변수는 실수값을 가지므로 결과는 무한하며 숫자로 셀 수 없다. 확률변수가 이산적이냐, 연속적이냐에 따라 이산확률분포, 연속확률분포가 정의된다.

(1) 밀도함수

1) 확률밀도함수(Probability Density Function: PDF)

확률밀도함수는 확률변수가 가질 수 있는 모든 가능한 값 가운데 하나의 확률변수가 차지하는 확률을 말한다. 특정한 확률변수의 값 혹은 사건과 관련된 확률은 0과

1 사이의 값을 가져야 하고, 모든 가능한 확률변수의 확률의 합은 1이어야 한다.

만약 X의 확률변수의 가능한 값, $f(X)$를 확률밀도함수라면 다음 조건을 만족해야 한다. 즉

$$0 \leq f(X) \leq 1, \quad \sum_i f(X_i) = 1$$

① 이산확률변수의 확률밀도함수

이산확률변수에 대한 자료에서는 가능한 확률변수 값에 대해 그 빈도가 구해질 수 있다. 이 빈도를 비율로 표시하면 특정 확률변수에 대한 확률이 된다. 이산확률변수 자료로부터 표, 그림, 줄기−잎 그림, 히스토그램 등을 그릴 수 있다. 이때 그 빈도를 비율로 나타내면 바로 이산확률변수의 확률밀도함수가 된다.

② 연속확률변수의 확률밀도함수

연속확률변수의 확률밀도함수는 함수형태, 또는 스무스한(smooth) 곡선형태의 그래프로 나타낼 수 있다. 이 함수는 확률변수의 가능한 값의 범위 내에서 어떤 모습을 보이는지를 나타낸다. 독자들에게 익숙한 정규분포, t분포의 확률밀도함수와 비슷한 형태이다. 확률변수의 평균과 표준편차의 크기와 관계없이 연속확률밀도함수의 아래 부분과 X축과의 면적은 1이 된다.

정규분포 확률밀도함수의 예를 들면, 평균에서 1 표준오차가 차지하는 면적은 68%, 2 표준오차가 차지하는 면적은 95%, 3표준오차가 차지하는 확률은 99.7%이다. 연속확률밀도함수에서는 확률변수가 무한한 개수의 값을 갖기 때문에 이산확률변수의 확률밀도함수와 달리 특정 확률변수 값에서는 확률이 정의되지 않고, 특정 구간의 면적으로 확률이 정의된다.

2) 누적밀도함수(Cumulative Density Function: CDF)

확률변수 X의 누적밀도함수는 특정 확률변수까지의 확률의 누적합(cumulative sum)을 나타낸다. 확률의 누적합, 즉 누적밀도함수는 점차 1로 접근한다. 확률변수의 누적밀도함수는 이산확률변수의 경우 확률변수의 변화에 따라 점프를 하는 모습을 보이지만 연속확률변수의 경우 스무스하게 구간별로 증가율이 변화하면서 증가한다.

간단한 수식으로 이산확률변수와 연속확률변수의 누적밀도함수를 나타내면 다음과 같다. 확률밀도함수를 $f(X)$에서처럼 소문자로 표시하지만, 누적밀도함수는 $F(X)$처럼 대문자로 표시한다.

$$F(X_i) = f(X \leq X_i) : \text{이산확률변수}$$

$$F(X) = \int_{-\infty}^{i} f(X) : \text{연속확률변수}$$

여기에서 설명한 개념들은 Stata를 활용하면서 각종 확률함수를 이해하는 데 도움이 될 것이다.

3) 2변수 확률밀도함수

계량경제학에서는 변수들 간의 관계에 대해 관심이 많기 때문에 두 확률변수가 갖은 정보들을 결합한 확률분포를 자주 다룬다. 2변수, 또는 결합확률밀도(joint probability density) 함수는 하나 이상의 확률변수와 관련된 사건의 상대적 빈도의 비율을 나타낸다.

확률변수 X, Y가 가질 가능성이 있는 값들에 대한 빈도의 비율을 표의 형태(결합확률표)로 만들게 되면, 이 표의 각 셀은 결합확률(joint probability: $f(X, Y)$)을 나타내고, 각 열이나 행의 합은 한계 또는 주변확률(marginal probability: $f(X)$, $f(Y)$)을 나타낸다. X 또는 Y 확률변수가 특정 값을 가진 조건하에서 X, Y가 특정 결합확률을 가질 값은 조건부 확률(conditional probability: $f(Y|X) = f(X, Y)/f(X)$, $f(X|Y) = f(X, Y)/f(Y)$)이라고 한다.

4) 통계적 독립

계량경제학에서는 변수들 간의 관계에 대해 관심이 많기 때문에 두 확률변수가 갖는 인과관계의 존재여부를 파악하는 것이 중요하다. 어떤 한 사건이 다른 사건과 통계적인 인과관계를 가지지 않을 때 이 사건을 통계적 독립(statistically independent)이라고 한다. 전술한 조건부 확률의 개념을 이용하면 $f(Y|X) = f(Y)$, 즉 조건부 확률과 비조건부 확률이 같을 때 서로 독립적이라고 한다.

(2) 확률변수의 요약과 기술통계(descriptive statistics)

1) 자료의 요약

응용 계량경제학에서는 데이터를 정확하게 수집하고 일정한 절차를 거쳐 정제한 다음 후속 분석과정에 들어간다. 이때 회귀분석 등 본격적인 분석에 앞서서 해당 데이터의 특성들을 파악하기 위해 간단한 표나 도표를 그려보게 된다.

이는 자료가 제대로 수집되고 가공되어 본격적인 통계분석에 들어갈 수 있을 만큼 정확한지 여부를 평가하기 위한 것이기도 하지만 이런 표나 도표가 논문이나 보고서, 신문기사, 책 집필 등에 활용될 수 있기 때문이다. 독자 여러분들이 일상생활에서 책이나 신문, 방송에서 접하게 되는 표와 도표가 바로 이런 것들이다.

① 정성적 자료의 요약

우선 정성적 자료, 즉 이산적 확률변수의 특성은 표나 도표를 이용하여 살펴볼 수 있다. 자료의 특성상 정성적 자료는 다음과 같은 지표를 통해 그 특성을 파악한다.

첫째, 도수 또는 빈도분포(frequency distribution)를 통해 자료의 특성을 파악할 수 있다. 도수분포는 겹치지 않도록 데이터의 계급(class)을 몇 개로 나누어 각 계급별 빈도를 표로 요약한 것이다.

둘째, 상대도수분포(relative frequency distribution)는 전체 관측치 가운데 각 계급의 빈도가 차지하는 비중을 나타낸다. 당연히 상대도수의 합은 1이 된다. 이산확률변수의 확률밀도함수와 같은 의미이다.

셋째, 도수분포, 상대도수분포 등은 막대그래프(bar graph)나 파이차트(pie chart)를 통해 시각적으로 살펴볼 수 있다.

② 정량적 자료의 요약

정량적 자료, 즉 연속확률변수에서도 정성적 자료에서와 같이 도수분포를 이용하여 데이터의 특성을 파악할 수 있다. 이때는 정해진 계급이 없으므로 계급의 수(number of classes), 계급의 폭(width of classes), 계급의 한계(limit of class)를 분석자가 정의하고 정성적 자료에서와 같은 방법을 사용하면 된다.

정량적 자료의 특성은 도표를 이용하면 더욱 편리하다. 단순히 수평축에는 자료의 범위를, 수직축에는 자료 값을 점으로 나타내면 점 그림(dot plot)이 된다. 만약 계급을 정해서 계산된 도수분포를 그래프로 작성하면 히스토그램(histogram)이 된다. 해당 계급은 수평(X축)에 각 계급의 도수는 수직축(Y축)에 표시한다. 이때 히스토그램은 계급별 도수분포뿐만 아니라 좌우대칭 또는 좌우로 경사진 정도, 즉 왜도(skewness)를 보여주기도 한다.

도수분포를 약간 변형하면 누적도수분포(cumulative frequency distribution)를 구할 수 있다. 만약 수평축(X축)에 자료의 값을 나타내고, 수직축(Y축)에 누적도수를 그래프로 나타내면 이는 누적분포그래프, 또는 오자이브(ogive)라고 한다. 확률밀도함수에서 누적밀도함수가 정의되는 것과 비슷하다.

자료의 특성은 줄기－잎 그림(stem and leaf plot)을 통해서 살펴볼 수 있다. 자료의 순위와 함께 자료의 분포양태를 동시에 보여준다. 상하로 수직선을 그리고 수직선의 왼쪽에 각 자료의 앞자리 숫자를, 수직선의 오른쪽에 각 자료의 마지막 숫자를 순서대로 표시한다. 이렇게 표시했을 때 수직선의 왼쪽을 줄기(stem), 오른쪽을 잎(leaf)라고 한다. 이런 줄기－잎 그림은 히스토그램과 비슷하다. 하지만 히스토그램과 달리 실제자료를 보여주기 때문에 더 많은 정보를 간단하게 나타낸다.

우리가 현실에서 자주 접하게 되는 요약자료는 두 변수의 관계를 동시에 파악하는 방법에 관한 것이다. 이런 목적에 사용되는 기술통계는 교차제표(cross tabulation)나 산포도(scatter plot)이다. 교차제표는 관심대상이 되는 두 변수의 계급별 빈도수나 상대적 빈도, 또는 그 모두를 보여주는 표이다. 산포도는 두 변수간의 관계를 점 그래프로 표시한 것이다. 만약 두 변수간의 근사적 관계(선형 또는 비선형)에 대한 추세를 보고자 하면 추세선(trend line)을 함께 그릴 수도 있다.

2) 기술통계(summary statistics or descriptive statistics)

자료의 특성은 간단한 표와 그림을 통해 파악할 수 있지만 수치적 기술통계를 이용하면 더욱 자세히 살펴볼 수 있다. 자료의 수치적 기술통계는 위치(location), 산포도(dispersion), 형태(shape)와 관련성(association) 측면에서 정의된다.

① 위치척도(location)

먼저 자료의 위치를 나타내는 수치적 통계에는 평균(mean), 중앙값(median), 최빈수(mode), 백분위수(percentile), 사분위수(quartiles)가 있다.

첫째, 평균은 변수의 중심위치를 나타내는 지표로서, 관찰값의 전체합을 관찰값의 수로 나눈 것이다. 표본으로부터 계산한 표본평균(sample mean)과 모집단으로부터 계산한 모평균(population mean)이 있다. 모평균은 $\mu_X = \sum_i X_i / N$, 표본평균은 $\overline{X} = \sum_i X_i / n$식으로 구해진다. 여기서 N은 모집단의 관측치수, n은 모집단에서 추출된 표본의 관측치수를 나타낸다.

둘째, 변수의 중심위치를 나타내는 또 다른 지표인 중앙값은 자료를 크기에 따라 순서대로 배열하였을 때 중앙에 오는 값이다. 만약 자료의 수가 홀수이면 중앙에 오는 값이 중앙값이 되지만, 짝수일 때에는 중앙에 오는 두 자료의 평균값이 중앙값이 된다.

셋째, 변수의 중심위치를 나타내는 또 다른 지표는 최빈값 또는 최빈수이다. 최빈값은 가장 빈번하게 나타나는 값을 의미한다. 두개 이상의 최빈값을 가질 수도 있다.

넷째, 백분위수는 자료가 작은 수부터 큰 수가 어떻게 분포되어 있는가를 나타낸다. 특정 관측값이 작은 값에서부터 몇 퍼센트 범위에 속해 있는가를 나타낸다. 따라서 사분위수는 자료를 작은 수부터 큰 수로 배열한 후 이를 1/4씩 4부분으로 나눈 것이다. 제1사분위수는 제25백분위수, 제2사분우위수는 제50백분위수 등이 된다.

② **변동성 척도**(dispersion)

자료는 위치척도 뿐만아니라 변동성을 통해서도 그 특성을 파악할 수 있다. 첫째, 변동성을 측정하는 가장 단순한 척도는 범위(range)이다. 최댓값(maximum)과 최솟값(minimum)의 차이이다. 간혹 관측치 가운데 지나치게 크거나 작은 아주 특이한 자료가 있다면 자료의 범위는 변동성을 왜곡할 수 있다. 이런 점을 감안하여 사분위수 범위(inter-quartile range)를 정의한다. 이는 제3분위수와 제1분위수의 차이를 나타낸다.

둘째, 자료의 변동성을 나타내는 척도 가운데 가장 빈번하게 사용되는 지표는 분산(variance)과 표준편차(standard deviation)이다. 분산은 각 관찰값과 평균의 차이, 즉 편차의 자승합(sum of squares)을 관측치 수로 나누어 구한다.

이때 모집단을 대상으로 평균을 구한다면 모평균이 사용되고, 표본집단으로부터 평균을 구한다면 표본평균이 사용된다. 표본집단으로 부터 분산을 구할 때에는 관측치 수에서 1을 뺀 숫자로 나누어준다. 이는 표본집단으로 부터 분산을 구할 때 발생하는 편차를 $n/(n-1)$로 수정해주었기 때문이다. 통상 모집단 분산은 σ^2으로 표본분산은 s^2으로 표기한다. 즉, 모집단의 분산은 $\sigma_X^2 = \sum (X_i - \mu_X)^2 / N$, 표본분산은 $s_X^2 = \sum (X_i - \overline{X})^2 / (n-1)$로 구해진다.

셋째, 표준편차는 분산에 제곱근(root)을 취한 값이다. 모집단 분산의 제곱근을 취한 것을 모표준편차, 표본분산의 제곱근을 취한 것을 표본표준편차라고 한다.

넷째, 때로는 표준편차의 크기를 평균과 비교($s/\overline{X}$)하여 변동계수(coefficient of variation: CV)를 정의할 수도 있다. 이는 측정단위나 규모가 서로 다른 여러 변수들의 표준편차의 크기를 비교할 때 사용한다.

③ 분포의 형태, 상대적 위치, 특이값

자료의 분포형태나 상대적 위치 역시 자료의 기초적 특성을 나타낸다. 첫째, 히스토 그램을 그려서 자료의 분포가 어느 방향으로 경도되어 있는지 나타내는 것을 왜도 (skewness)라고 한다. 왜도는 다음의 식으로 나타낼 수 있는데 왼쪽으로 기울었을 때에는 마이너스(−)의 값을 가지나, 오른쪽으로 기울었을 때에는 플러스(+)의 값을 갖는다.

$$Skew = \frac{n}{(n-1)(n-2)} \sum \frac{(X_i - \overline{X})^3}{s}$$

둘째, 수집된 자료에서 특정 자료의 상대적 위치를 파악하는데 편리하게 사용되는 척도가 있다. 평균과 표준편차를 이용하여 다음과 같이 Z 값(Z score)을 계산할 수 있 는데 이를 표준화(standardization)된 값이라고 한다. 각 관찰값의 상대적 위치를 비교할 때 사용된다.

$$Z_i = \frac{X_i - \overline{X}}{s}$$

셋째, 다양한 통계분석 과정에서 분석자들은 자주 특이치들을 접하게 된다. 만약 노련하고 경험 많은 분석자들은 이런 특이치의 존재를 쉽게 파악하여 정확한 분석을 할 수 있을 것이지만 초보자들은 이런 특이치의 존재를 모르는 경우가 많다.

3) 두 변수간의 관련성 측정 지표

우선 두 변수들이 서로 어떤 관계에 있는 지를 쉽게 파악하는 방법은 한 변수는 X축에 다른 변수는 Y축에 대응되게 그래프로 그리는 것이다. 이처럼 두 변수들을 하나의 그래프에 그린 것을 산포도(scatter plot)라고 한다. 두 변수들 간의 관계를 도표로 그린 산포도에서 볼 수 있는 관계의 정도를 수치적으로 측정하는 지표는 공분산 (covariance) 또는 상관계수(correlation coefficient)이다.

이 두 지표 모두 모집단과 표본집단에 대해 정의될 수 있다. 각각 모집단 공분산 (σ_{XY}), 모집단 상관계수(ρ_{XY}), 표본집단 공분산(s_{XY}), 표본집단 상관계수(r_{XY})라고 한다.

$$\sigma_{XY} = \sum (X_i - \mu_X)(Y_i - \mu_Y)/N$$

$$s_{XY} = \sum (X_i - \overline{X})(Y_i - \overline{Y})/(n-1)$$

공분산은 두 변수들 간의 선형 연관성을 나타낸다. 만약 양(+)의 값을 가지면 양(+)의 관계에 있다는 것을 의미하고, 그 값이 크다면 양(+)의 관계가 더욱 밀접하다는 것을 의미한다. 이를 산포도로 그리면 점들이 보다 밀접하게 분포한다. 만약 음(−)의 값을 가진다면 그 반대의 모습을 나타낸다. 하지만 공분산 계수는 두 변수 X와 Y 변수의 측정단위의 영향을 받는다.

두 변수 X와 Y변수의 관계가 측정단위에 영향을 받지 않는 지표를 만들기 위해서는 다음과 같이 공분산 계수를 각 변수의 표준편차의 곱으로 나누어주면 된다. 바로 상관계수이다.

통계학자 소개 **칼 피어슨(Karl Pearson)**

 칼 피어슨(1857~1936)은 상관계수(Pearson correlation coefficient)), 카이자승 검정(Chi−squared test), 표준편차(standard deviation), p값(p value), 통계적 가설검정이론(statistical hypothesis testing theory), 주요인분석(principal component analysis), 히스토그램(histogram)을 개발한 영국의 수학자, 생물통계학자, 수리통계학자이다.

그의 자연과학의 기초에 대한 저술인 "과학의 문법(The Grammar of Science)"은 당시에 큰 영향을 주었다. 특히 앨버트 아인슈타인(Albert Einstein)이 극찬하였다.

생물에게서 볼 수 있는 변이를 수학적으로 설명하기 위해 생물의 유전과 진화문제를 통계학적으로 규명하였다. 이 과정에서 이상의 많은 통계적 기법이 개발되었다. 데이터의 분포나 상관에 대해 여러 통계기법을 개발함으로 기술통계학의 발전에 크게 공헌했다. 칼 피어슨의 아들인 에곤 피어슨(Egon Pearson, 1895~1980) 역시 통계학자로서 가설검정, 신뢰구간이론을 개발했다.

$$\rho_{XY} = \frac{\sigma_{XY}}{\sigma_X \sigma_Y}$$

$$r_{XY} = \frac{s_{XY}}{s_X s_Y}$$

이렇게 구한 상관계수는 측정단위와 관계없이 그 값이 −1과 1 사이의 값을 가진다. 공분산과 마찬가지로 양(+)의 값을 가질 때에는 양(+)의 상관관계, 음(−)의 값을 가질 때에는 음(−)의 상관관계에 있다는 것을 의미하고, 큰 절댓값을 가질수록 상관관계가 커진다고 할 수 있다.

이 상관계수는 보다 전문적인 용어로 피어슨(Pearson)의 상관계수라고 부른다. 하지만 또 다른 형태의 상관계수를 정의할 수 있는데 이는 스페어만의 순위상관계수(Spearman's rank correlation coefficients)나 켄달의 순위상관계수(Kendall's rank correlation coefficients)이다.

공분산이나 상관계수를 해석할 때에는 주의할 점이 있다. 이 두 지표는 선형관계만을 나타내기 때문에 비선형관계의 정도를 평가하는 지표로 사용될 수 없다. 그리고 두 변수들 간의 관계를 보여주는 지표이기는 하지만 어떤 변수의 변화가 다른 변수의 변화에 영향을 미친다고 하는 인과관계(cause and effect)를 나타내지 않는다. 두 변수들 간의 인과관계나 비선형 관계는 회귀분석(regression analysis)을 통해 평가된다.

경제학을 비롯한 다양한 사회과학에서 통계분석을 할 때에는 변수들 간의 인과관계는 이론적으로, 선험적으로 정의된다. 무턱대고 통계 소프트웨어를 이용하여 계산된 변수들 간의 관계를 잘못 해석해서는 안 된다. 가령 사회의 범죄율이 높아지면서 범죄 방지를 위해 보다 많은 경찰을 채용하였다고 하자. 만약 인과관계를 바꾸어 경찰이 많아서 범죄율이 높아졌다고 하면, 경찰수를 줄여야 범죄율이 줄어든다는 무서운 결론에 이르게 된다. 과장된 사례이기는 하지만 실제 실증분석에서는 이와 유사한 시도가 주의없이 이루어진다. 경제변수들의 인과관계를 놓고 이런 논란이 자주 일어난다.

<h2>02   기술통계와 Stata</h2>

Stata 매뉴얼에서 사례로 자주 활용되는 auto.dta를 이용하여 전술한 기술통계들

을 구하는 사례를 살펴보자. 지금까지 설명한 기술 통계량을 나타내는 다양한 통계량과 도표를 하나의 do파일로 만든 것이다. do 파일에디터로 아래 파일를 연 다음 한줄씩 블록을 정하고 상단 추측의 Excute selection (do) 아이콘을 클릭하면서 리절트 윈도, 또는 그래프 윈도에 나타나는 결과물을 확인해 보자. 특히 해당 명령어에 추가한 옵션의 형태에 따른 결과물의 차이를 주의깊게 살핀다면 기초통계학의 기술통계에 대한 전반적 내용을 쉽게 이해할 수 있을 것이다.

[사례 Ⅷ-1-1] 기술통계학 전반의 실습(Ⅷ-1-1-DescStat.do)

```
* ***********************
* *** 기술통계학 기초 ***
* ***********************
sysuse auto
describe
list

* table command 활용사례
* mean 대신 다음 옵션을 사용하면 다양한 척도 계산 가능
* 옵션의 종류: freq sd sum count min max p50 iqr
table rep78
table rep78, contents(n mpg)
table rep78, c(n mpg mean mpg sd mpg median mpg)
table rep78, c(n mpg mean mpg sd mpg median mpg) format(%9.2f)
table rep78 foreign
table rep78 foreign, c(mean mpg)
table rep78 foreign, c(mean mpg) format(%9.2f) center
table foreign rep78, c(mean mpg) format(%9.2f) center
table foreign rep78, c(mean mpg) format(%9.2f) center row col

* tabulate command 활용사례
tabulate rep78
tabulate foreign
tabulate rep78 foreign
tabulate rep78 foreign, row
tabulate foreign rep78, row
tabulate foreign rep78, row col
tabulate foreign rep78, row col cell

* 줄기-잎그림 그리기
stem mpg
```

```
stem price
stem price, lines(1) digits(3)
```

* 수치 기술통계의 계산
```
summarize price
summarize price mpg rep78 headroom trunk weight

summarize price, detail
return list, all
```

* 공분산, 상관계수의 계산
```
correlate price mpg rep78 headroom trunk, covariance
correlate price mpg rep78 headroom trunk
```

* 스페이만의 순위상관계수의 계산
```
spearman mpg rep78
spearman mpg rep78, matrix
spearman mpg price rep78, pw star(.05)
```

* 켄달의 순위상관계수의 계산
```
ktau mpg price rep78, stats(taua taub score se p) bonferroni
```

* bar 그래프 그리기
* mean median p1 p2 ... p99 sum count min max
```
graph bar (count) rep78 foreign
graph bar (count) rep78 foreign, percentage
graph bar (mean) trunk
graph bar (mean) mpg trunk turn displacement
graph bar (mean) mpg trunk turn displacement, over(foreign)

graph hbar (count) rep78 foreign
graph hbar (count) rep78 foreign, percentage
graph hbar (mean) trunk
graph hbar (mean) mpg trunk turn displacement
graph hbar (mean) mpg trunk turn displacement, over(foreign)
```

* 파이차트 그리기
* rep78의 숫자별로 mpg의 합이나 구성비를 파이차트로 그림
```
graph pie mpg, over(rep78)
graph pie mpg, over(rep78) plabel(_all sum)
graph pie mpg, over(rep78) plabel(_all percent)
```
* 같은 측정단위를 가진 변수들의 합이나 구성비를 파이차트로 그림
```
graph pie length headroom
graph pie length headroom, plabel(_all sum)
graph pie length headroom, plabel(_all percent)
```

* 히스토그램 그리기
histogram mpg   //면적의 합이 1
histogram mpg, fraction   //높이의 합이 1
histogram mpg, percent   //높이의 합이 100
histogram mpg, frequency   //높이의 합이 관측치 수

histogram mpg, frequency bin(5)   //막대의 수가 5개
histogram mpg, frequency discrete   //전체 카테고리 이용

histogram mpg, frequency horizontal   //수평 그래프
histogram mpg, frequency by(foreign)   //카테고리별로 별도 그래프

twoway (histogram mpg) (kdensity mpg)   //두 그래프를 겹쳐서 그림

* 산포도 그리기
scatter mpg weight
scatter mpg weight, by(foreign)

twoway (scatter mpg weight) (lfit mpg weight)
twoway (scatter mpg weight) (qfit mpg weight)
twoway (scatter mpg weight) (lfit mpg weight) (qfit mpg weight)
twoway (scatter mpg weight) (lfit mpg weight) (qfit mpg weight), by(foreign)

* 오자이브 그리기
cumul mpg, gen(cmpg)
sort cmpg
line cmpg mpg

* 상자그림 그리기
graph box mpg
graph hbox mpg
graph box mpg trunk turn
graph hbox mpg trunk turn

* z-값 계산
egen zmpg=std(mpg)
summarize zmpg

부록

02

추론통계학

확률분포

통계학 교과서에는 다양한 형태의 확률분포에 대해 설명하고 있다. 크게 이산형 확률분포와 연속형 확률분포로 나눈다. 독자들이 많이 접하게 되는 이산확률분포의 형태로는 이항분포(binary distribution), 포아송분포(Poisson distribution), 기하분포(geometric distribution), 초기하분포 등이 있다. 연속형 분포에는 균일분포(uniform distribution), 정규분포(normal distribution), t분포(t distribution), 카이자승 분포(χ^2 distribution), F분포(F distribution), 지수분포(exponential distribution), 감마분포(gamma distribution) 등이 있다.

다양한 확률분포 가운데 계량경제학에서 자주 사용하게 되는 확률분포는 정규분포, t분포, 카이자승 분포, F분포이다. 이 네 가지 형태의 확률분포를 이용하여 필요한 대부분의 가설검정을 할 수 있다.

통계학과 계량경제학을 공부한 독자들도 이런 분포들의 개념과 활용방법을 정확하게 모를 수 있다. 하지만 개괄적인 개념 정도만 알아도 충분하다. 대부분 통계 소프트웨어에서 제공해주는 아웃풋을 단순히 기계적으로 해석하는 방법만 알고 있으면 충분하다. 통계소프트웨어의 아웃풋의 p값을 보고 검정하려는 내용에 대해 기각실패(fail to reject), 기각(reject) 여부만 결정하고, 그 의미를 이해하면 되기 때문이다.

여기서 추론통계의 개괄적인 내용을 이해하기 위해 Stata를 이용하여 확률분포의 모습들을 그래프 형태로 그려보고자 한다.

(1) 정규분포(normal distribution)

통계학이나 계량경제학에서 가설검정을 할 때 정규분포의 특성을 이해할 필요가 있다. 또 정규분포를 하게 되는 확률변수를 잘 다룰 줄 알아야 한다. 정규분포를 하는 확률변수는 연속적이고 대칭적이며 종모양의 다음과 같은 확률밀도함수(probability density function)를 갖는다.

$$f(X) = \frac{1}{\sigma_X \sqrt{2\pi}} e^{\frac{-(X-\mu_X)^2}{2\sigma_X}}$$

여기서 μ_X는 정규분포를 하는 확률변수 X의 모평균, σ_X는 모표준편차, σ_X^2는 모분산을 나타낸다. 확률변수 X가 정규분포를 한다는 것을 간단히 $X \sim N(\mu_X, \sigma_X^2)$으로 나타내기도 한다.

정규분포의 특징을 쉽게 나타내는 방법은 정규분포를 하는 확률변수의 특정구간

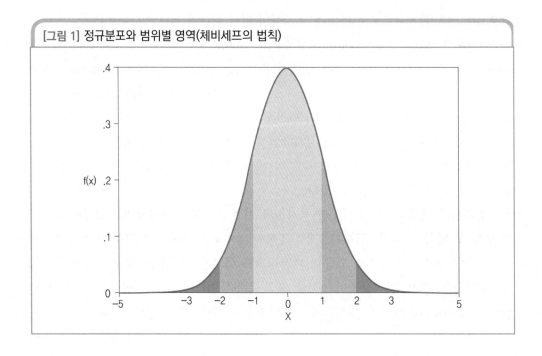

[그림 1] 정규분포와 범위별 영역(체비세프의 법칙)

이 차지하는 확률, 또는 밀도(probability or density)를 보여주는 것이다. 흔히 통계학 교과서에서는 체비세프의 정리(Chebyshev's theorem)라고 하는 것으로서 평균으로부터 표준오차의 ±1, 2, 3배수가 차지하는 근사적인 확률을 보여주는 것이다. 즉 만약 어떤 확률변수가 정규분포를 한다면 평균에서 1 표준편차의 범위에는 68%, 평균에서 2 표준편차의 범위에는 95%, 평균에서 3 표준편차의 범위에는 99.7%가 포함된다.

통계학자 소개 요한 카를 프리드리히 가우스(Carl Friedrich Gauss)

요한 카를 프리드리히 가우스(1777~1855)는 정규분포의 연구에 커다란 공헌을 하였다. 중심극한정리(central limit theorem)가 대표적이다.

가우스는 1809년에 쓴 "천체운행론"에서 측정오차가 정규분포(혹은 오차분포)를 한다고 하였다. 통계학에서 가장 중요한 부분인 정규분포를 가우스 분포(Gauss distribution)라고 한다.

1733년 아브라임 드무아브르(Abraham de Moivre : 1667~1754)가 아이디어를 제시했으나, 정규분포라는 말은 1889년 프랜시스 갤톤(Francis Galton)이 사용했고, 칼 피어슨(Karl Pearson)이 가우스 분포라는 말을 사용했다.

가우스는 수학과 과학 분야에 큰 업적을 남긴 수학자이자 물리학자로서 "인류역사상 가장 영향력있는 수학자(Princeps mathematicorum: the greatest mathematician since antiquity)"로 평가된다.

---

(2) 표준정규분포

정규분포를 하는 확률변수의 특별한 형태는 표준정규분포이다. 이는 평균이 0이고 그 분산이 1인 정규분포를 말한다. 어떤 정규분포확률변수도 표준정규분포의 형태로 변환시킬 수 있으므로 그 활용도가 높다. 통상 표준정규분포를 하는 확률변수는 Z로 표시하는데 간단하게 표준정규분포를 한다는 것을 $Z \cdot N(0, 1)$로 나타낸다.

정규분포를 하게 되는 어떤 확률변수라도 다음과 같이 자신의 모평균과의 편차를 모분산으로 나누는 변환을 하면 표준정규분포를 하게 된다.

$$Z = \frac{X - \mu_X}{\sigma_X}$$

우리들이 실생활에서 접하게 되는 많은 확률변수들은 정규분포를 하지 않는다. 그럼에도 불구하고 왜 정규분포가 확률분포로서 가장 많이 사용되고 있을까? 이는 표본분포(sampling distribution)와 관련이 있다. 표본분포는 모집단으로부터 크기 n의 표본을 반복적으로 무작위 추출할 때의 확률분포를 나타낸다. 모집단으로부터 표본을 추출하여 모집단의 평균이나 분산과 같은 모수(파라미터)를 추정할 수 있기 때문이다.

가령 독자 여러분들이 모집단으로부터 무작위로 표본을 추출하여 평균, 중위수, 분산 등을 통계량을 계산한다고 하자. 이때 대부분의 독자들은 표본으로부터 구해진 이런 통계량(점 추정치)을 모집단의 참값(모수)이라고 생각하게 될 것이다. 하지만 이제 같은 모집단으로부터 새로운 표본을 무작위로 추출하여 이로부터 이상의 값을 다시 계산한다고 하자. 새로운 표본을 추출하여 이상의 값을 계산할 때마다 이런 점 추정치는 계속 변화하게 된다. 따라서 이런 값들의 확률분포를 표본 확률분포라고 한다. 이 중 특히 평균의 표본분포는 중심극한정리의 핵심적인 내용이 되고, 통계학이나 계량경제학에서 통상적으로 사용되는 확률분포가 될 것이다.

통계학에서 가장 중요한 개념의 하나는 중심극한정리(central limit theorem)가 표본평균의 분포를 이용한다는 것이다. 만약 평균 μ_X, 분산 σ_X^2인 모집단으로부터 n개의 표본이 추출된다면, n, 즉 표본의 수가 커지면 표본평균 $\overline{X}$의 분포는 평균이 $\mu_{\overline{X}} = \mu_X$이고, 분산이 $\sigma_{\overline{X}}^2 = \dfrac{\sigma_X^2}{n}$인 근사적인 정규분포를 하게 된다는 것이다. 따라서 이를 간단히 나타내면 다음과 같이 나타낼 수 있다.

$$\overline{X} \sim N(\mu_X, \frac{\sigma_X^2}{n})$$

여기서 표본평균이 정규분포를 하기 위한 표본의 수, n이 얼마나 커야 하는가는 모집단의 분포형태에 달려 있다. 만약 모집단의 확률변수 X가 정규분포를 한다면 표본의 크기와 상관없이 $\overline{X}$의 분포는 정규분포를 하게 된다. 만약 X가 정규분포는 아니더라도 대칭적인 분포를 한다면 적은 수의 표본에서도 $\overline{X}$의 분포는 정규분포를 하게 된다. 만약 X가 비대칭적인 분포를 한다면 표본의 수, n이 커질수록 $\overline{X}$의 분포는 보다 정규분포에 접근할 것이다.

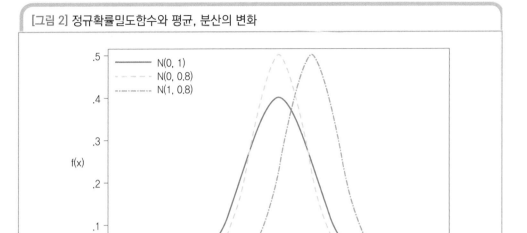

[그림 2] 정규확률밀도함수와 평균, 분산의 변화

따라서 중심극한정리는 표본의 수가 많을 때에는 표본평균이 정규분포를 하기 위해서 모집단이 어떤 형태의 확률분포를 해도 무방하다는 의미가 된다. 따라서 중심극한정리에 의하면 모집단이 어떤 분포형태를 갖더라도 표본평균은 정규분포를 하게 되고, 이 정규분포는 표준화를 통해 표준정규분포로의 변환이 가능하게 된다.

(3) 카이자승 분포(χ^2 distribution),

계량경제학에서는 정규분포 외에도 카이자승, t, F분포를 많이 사용한다. 카이자승 분포는 이론적 가정에 기반한 분산과 표본으로부터 추정된 분산을 비교하는 데 유용한 확률분포이다. 이는 모집단 분산의 신뢰구간을 정의하거나 가설검정을 위해 사용된다.

우선 카이자승 분포의 중요한 특징은 표준정규분포를 하는 확률변수의 제곱의 분포형태라는 것이다. 그래서 정(+)의 값을 가지며, 오른쪽으로 왜곡(right skewed)되어 있다. 기울어진 정도를 나디내는 왜도는 자유도, 또는 관측치의 수에 따라 결정되는데 관측치 수가 많아짐에 따라 점차 왜도가 줄어들면서 대칭적인 분포형태로 변화한다.

[그림 3] 카이자승 분포와 확률밀도함수

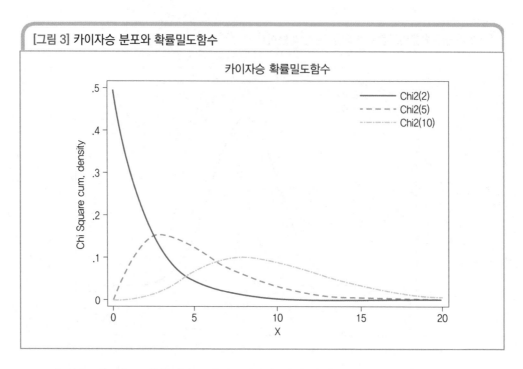

정규분포를 하는 확률변수로부터 표본을 추출하여 표본표준편차를 다음과 같이 구했다고 하자.

$$s_X^2 = \frac{\sum_{i=1}^{n}(X_i - \overline{X})^2}{n-1}$$

여기서 $\overline{X}$는 표본평균, n은 표본의 수이다. 만약 이 식의 양변에 $n-1$을 곱해주고, 다시 모집단 분산 σ_X^2으로 양변을 나누어주면 표본분산은 모집단 분산으로 표준화된 확률분포인 카이자승 분포를 한다.

$$\frac{(n-1)s_X^2}{\sigma_X^2} = \frac{\sum_{i=1}^{n}(X_i - \overline{X})^2}{\sigma_X^2} \sim \chi_{n-1}^2$$

카이자승 분포는 다음과 같은 특징을 가진다. 첫째, 오른쪽으로 왜곡되어 있고 이런 왜도는 자유도가 증가함에 따라 좌우대칭으로 변화하며, 둘째, 카이자승 분포의 평균은 자유도 k이고 그 분산은 $2k$이다. 셋째, 자유도 $k1$과 $k2$인 두 개의 카이자승 확률변수의 합은 자유도 $k1+k2$인 카이자승 분포를 한다.

(3) t분포(t distribution)

통계학에서는 표본평균을 다루게 될 때 t분포를 광범위하게 사용한다. 계량경제학에서는 주로 회귀분석을 통해 추정된 파라미터 추정치의 유의성 검증을 위해 사용한다. 먼저 t분포의 유도과정과 기본특성을 살펴보자. t분포는 표본의 수가 증가함에 따라 점차 표준정규분포에 접근해간다.

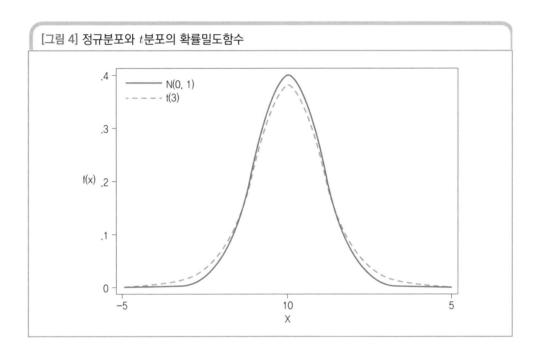

[그림 4] 정규분포와 t분포의 확률밀도함수

만약 표본평균이 다음과 같이 정규분포를 한다고 하자.

$$\overline{X} \sim N(\mu_X, \frac{\sigma_X^2}{n})$$

이를 표준정규분포로 변환하기 위해서는 다음과 같이 표준화할 수 있다.

$$Z = \frac{\overline{X} - \mu_X}{\frac{\sigma_X}{\sqrt{n}}}$$

앞서 살펴본 바와 같이 표본분산을 모집단의 분산으로 표준화하면, 이는 카이자승분포가 된다는 것을 알고 있다. 즉

$$\frac{s_X^2}{\sigma_X^2} \sim \chi_{n-1}^2$$

이상에서 살펴본 표본평균의 표준화된 정규분포를 카이자승 분포의 제곱근으로 나누어주면 다음과 같은 t분포가 구해진다.

$$\frac{\overline{X}-\mu_X}{\dfrac{\sigma_X}{\sqrt{n}}} \Big/ \sqrt{\frac{s_X^2}{\sigma_X^2}} = \frac{\overline{X}-\mu_X}{\dfrac{\sigma_X}{\sqrt{n}}}\frac{\sigma_X}{s_X} = \frac{\overline{X}-\mu_X}{\dfrac{s_X}{\sqrt{n}}} \sim t_{n-1}$$

통계학자 소개 ③ 윌리엄 고세트(William Sealy Gosset)

윌리엄 고세트(1876~1937)는 스투던트의 t분포(Student's t distribution)와 t검정법을 개발하였다. 옥스퍼드 대학에서 화학과 수학을 공부한 후 맥주회사인 기네스(Guinness)에 입사했다. 맥주회사에서 원료의 재배나 양조 관리에서 통계학이 필요했다.

칼 피어슨(Karl Pearson) 연구소에서 일하면서 평균의 확률오차(The probable error of a mean)라는 논문을 Biometrika에 발표하게 되는데 여기서 t분포와 t검정법을 처음으로 제시했다. 맥주제조 과정에서 소표본으로부터 전체에 대한 효모의 수를 계산하기 위함이었다. 당시 칼 피어슨이 주도하는 통계학회에서는 대표본을 선호하고 있었다.

고세트가 근무하는 기네스 맥주회사에서는 사내의 실험 데이터가 외부로 유출되는 것을 금지하고 있었기 때문에 고세트는 스투던트(Student)라는 필명을 사용했다. 고세트의 대부분의 통계적 성과는 스투던트라는 이름으로 이루어졌다. 칼 피어슨(Karl Pearson), 로널드 피셔(Ronald Fisher)의 친구로서 이런 통계학적 성과를 거두었지만 이를 친구들의 성과라고 말했던 겸손한 사람이었다.

t분포의 주요 특성은 다음과 같다. 첫째, 정규분포와 마찬가지로 좌우대칭형인데 정규분포보다 완만한 곡선이다. 하지만 자유도가 증가함에 따라 t분포는 정규분포에 접근해간다. 둘째, t분포의 평균은 0이고 분산은 $k/(k-2)$이다.

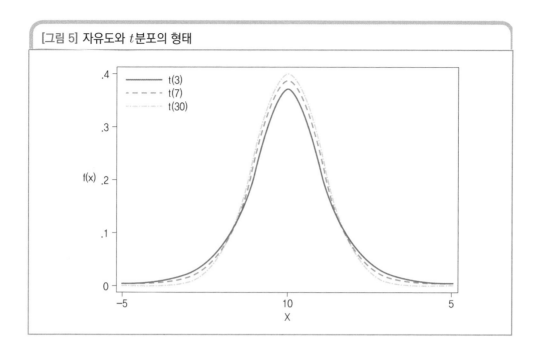

[그림 5] 자유도와 t분포의 형태

(5) F분포(F distribution)

기초 통계학에서는 두 개의 서로 다른 정규분포 확률변수의 분산을 비교하기 위해 F분포를 이용한다는 것을 알고 있다. 계량경제학에서도 비슷한 목적을 위해 F분포를 이용한다.

F분포는 자신의 자유도로 나누어진 두 개의 카이자승 분포로부터 유도된다. F분포 역시 오른쪽으로 왜곡(right skewed)되어 있는데 분자, 분모의 자유도가 증가함에 따라 정규분포에 접근해간다.

만약 X변수와 Y변수가 각각 정규분포를 하는 확률변수라면, 두 변수의 각각 자신의 평균에 대한 편차의 자승합은 다음과 같이 카이자승 분포를 하게 된다. 즉

$$\sum_{i=1}^{n}(X_i - \overline{X})^2 \sim \chi_{n-1}^2, \qquad \sum_{i=1}^{m}(Y_i - \overline{Y})^2 \sim \chi_{m-1}^2$$

각각을 자신의 자유도로 나누어준 다음 상대적인 비율을 구하게 되면 이는 다음과 같은 F분포를 하게 된다.

$$\frac{\dfrac{\displaystyle\sum_{i=1}^{n}(X_i - \overline{X})^2}{(n-1)}}{\dfrac{\displaystyle\sum_{i=1}^{m}(Y_i - \overline{Y})^2}{(m-1)}} = \frac{s_X^2}{s_Y^2} \sim F_{(n-1)(m-1)}$$

F분포의 특성은 다음과 같다. 카이자승 분포와 같이 오른쪽으로 왜곡되어 있다. 그러나 분자, 분모의 자유도 $k1$과 $k2$가 커짐에 따라 정규분포를 닮아간다. 둘째, F분포를 하는 확률변수의 평균치는 $k2/(k2-2)$이며, 분산은 아주 복잡한 식으로 표시된다. 셋째, 자유도 k인 t분포를 이루는 확률변수의 자승은 분자가 1, 분모가 k의 자유도를 갖는 F분포가 된다.

[그림 6] F분포와 확률밀도함수

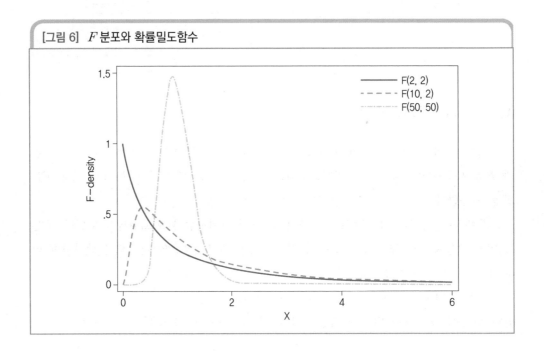

---

02   가설검정 방법

모집단의 특성을 나타내는 모수, 가령 평균, 분산, 회귀계수 등에 대한 가정이나 사전적인 믿음의 타당성 여부를 검정할 때, 기본가정을 귀무가설(null hypothesis: H_0)이라 하고, 이를 대립가설(alternative hypothesis: H_A)에 대해 검정한다. 가설검정은 단측검정(one-tailed test)(우측 또는 좌측)이나 양측검정(two-tailed test)의 형태로 이루어진다. 가설검정의 결과 귀무가설을 "기각(reject)"하거나, "기각하는 데 실패(fail to reject)"했다고 한다. 통계학자나 계량경제학자들이 가설검정을 할 때 가설을 "수락(accept)"했다는 말은 잘 하지 않는다. 그 이유는 후술한다. 보통 가설검정은 다음과 같은 순서로 이루어진다.

첫째, 모집단으로부터 표본을 추출한 후 모집단의 모수에 대한 추정치를 구한다. 이때 구한 모수 추정치를 점추정치(point estimate)라고 한다.

둘째, 자신이 추정한 추정치의 가설검정과 관련하여 적절한 확률분포를 선택한다. 보통 앞서 살펴본 표준정규분포, t분포, χ^2분포, F분포 중의 하나가 사용된다.

셋째, 구간추정치(interval estimate)나 검정통계량(test statistics)을 계산한다. 만약 가설검정을 위해 신뢰구간 추정치를 이용한다면 표본으로 부터 모집단 모수의 구간추정치를 계산하면 된다. 만약 유의수준을 이용하여 가설검정을 하려면 적절한 검정통계량을 계산한다.

넷째, 가설검정의 결과를 이용하여 판단을 내린다.

어떤 방법을 사용하여 가설검정을 하건 같은 결과를 제공해주지만 통계 소프트웨어의 발전에 따라 유의수준을 이용한 가설검정이 대세를 이룬다. 사실 통계이론을 잘 몰라도 Stata 아웃풋을 이용하여 기계적으로 해석하면 전문가 흉내를 낼 수 있다. 가설검정에서는 미리 결정된 유의수준에 근거(유의수준은 α, 신뢰수준은 $1-\alpha$)해서 귀무가설을 "기각(reject)"하거나 "기각하는 데 실패(fail to reject)"하였다고 판단을 내리면 된다. 이때 사용되는 유의수준은 통상 1%, 5%, 10%수준이다.

(1) 신뢰구간 접근법(confidence interval approach)

신뢰구간 접근법을 이용하여 가설검정을 한다면, 확률구간(random interval)을 나타내는 하한 값과 상한 값을 계산하여 해당구간에 모집단의 모수가 위치할 개연성을 보여줌으로써 귀무가설을 기각하거나, 귀무가설을 기각하지 않을 것임을 결정한다. 가설검정을 위한 신뢰구간 접근법의 기본적인 개념은 다음과 같다.

만약 모수에 대한 가설적인 값이 기각역에 있게 되면 "귀무가설을 기각(reject the null hypothesis)"하고, 만약 신뢰구간 내에 있다면 "귀무가설을 기각하는 데 실패(fail to reject the null hypothesis)"했다고 한다.

여기서 신뢰구간(1 − α)의 개념을 이해할 필요가 있다. "신뢰구간은 모집단의 모수의 참값을 포함할 확률이 1 − α라는 것이지, 모집단의 모수값이 이 신뢰구간에 포함될 확률이 1 − α라는 것이 아니라는 것"이다. 신뢰구간은 확률적인 통계량에 의존하기 때문에 역시 확률적이지만 모집단의 파라미터(모수)는 비록 알려지지 않았다 해도 고정된, 즉 비확률적인 값이기 때문이다.

예를 들어 모평균, μ에 대한 95%의 신뢰구간을 구했다고 하자. 모평균이 얼마인지 모르기 때문에 이 신뢰구간이 모평균, μ를 포함하는지는 알 수 없다. 이때 95% 의 의미는 독립적인 표본을 100번 추출하여 그때마다 95%신뢰구간을 구하면 100개의 신뢰구간 중에서 평균적으로 95개의 신뢰구간에 모평균이 포함될 것이지만, 나머지 5%의 신뢰구간에는 모평균이 포함되지 않을 수도 있다는 것이다.

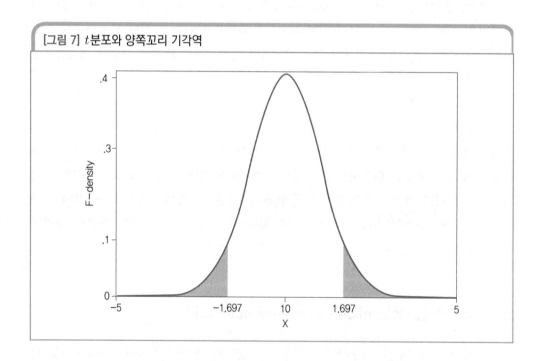

[그림 7] t분포와 양쪽꼬리 기각역

(2) 임계치 접근법(critical value approach)

임계치 접근법은 해당 확률분포로부터 구해진 임계치(critical value)를 이용한 가설검정방법이다. 만약 계산된 검정 통계량이 기각 역에 있게 되면 귀무가설을 기각하게 되고, 이를 "통계적으로 유의(statistically significant)하다"고 한다. 만약 검정통계량이 기각 역에 위치하지 않게 되면 귀무가설을 기각하는 데 실패했다고 하고, 이를 "통계적으로 무의미(statistically insignificant)하다"고 한다.

과거 통계 소프트웨어가 발전하지 않았을 때 분석자가 계산한 검정 통계량을 해당 확률분포표에서 제시하는 일정한 유의수준에서의 임계치 값과 비교하여 가설검정을 하였지만 요즘은 통계소프트웨어가 발전하여 다음에 설명할 검정통계량의 p값을 이용한 검정을 하게 된다.

(3) p값 접근법(p value approach)

임계치를 이용한 가설검정에서 분석자는 보통 미리 정해진 유의수준(α), 혹은 신뢰수준($1 - \alpha$)에서의 임계치과 검정통계량을 비교하여 가설검정을 하였지만 보다 편리한 방법은 검정통계량의 p값을 보여줌으로써 검정결과를 독자의 판단에 맡기는 방법이다.

분석상황에 따라 미리 정해진 유의수준이 부적절하다고 판단할 수 있을 때 검정통계량의 p값을 제시함으로써 검정결과의 임의성을 방지할 수 있는 것이다. p값이란 분석자의 검정통계량으로 귀무가설을 기각할 수 있는 최저의 유의수준을 나타낸다. Stata를 포함한 대부분의 통계 소프트웨어들은 어떤 형태의 가설검정을 할 때라도 검정통계량과 함께 p값을 계산해준다.

가장 일반적으로 사용되는 정해진 유의성 수준은 1%, 5%, 10%이지만 이는 꼭 준수해야 할 유의수준이 아니다. 어떤 유의수준(α)을 선택하더라도 제 I 종 오류(type I error)와 제 II 종 오류(type II error)를 생각하지 않을 수 없다. 제 I 종 오류는 귀무가설이 참(true)임에도 불구하고 이를 기각할 때의 오류이다. 제 II 종 오류는 귀무가설이 거짓(false)일 때 이를 기각하는 데 실패할 때 일어나는 오류이다.

만약 유의수준, α값을 증가시키면 귀무가설을 기각할 가능성이 증가한다. 가설이 진실인지 거짓인지 모르는 상태에서 제 I 종 오류를 범할 가능성이 증가하는 것이다. 만약 유의수준, α의 값을 감소시키면 귀무가설을 거절하는 데 실패할 가능성이 증가한다. 가설이 진실인지 거짓인지 모르는 상태에서 제 II 종 오류를 범할 가능성이 증가하는 것이다.

가설검정에서 p값을 이용하는 하나의 이유는 해당 분석결과를 접하게 되는 독자들에게 제 I 종 오류와 제 II 종 오류를 범할 기준을 스스로 선택하라는 것이다. 따라서 분석자는 임의의 유의수준을 선택하였다는 비판에서 자유로워질 수 있게 된다.

[표 1] 제 I 종 오류와 제 II 종 오류		
	H_0 : 진실	H_0 : 거짓
H_0를 기각 못함 (Don't reject)	옳은 판단	잘못된 판단 제 II 종 오류(type II error)
H_0를 기각 (Reject)	잘못된 판단 제 I 종 오류(type I error)	옳은 판단

(4) "귀무가설을 기각하는 데 실패"와 "수락(accept)"

통계학자나 계량경제학자들이 가설검정을 하면서 "귀무가설을 기각하는 데 실패했다(fail to reject the null hypothesis)"는 말은 사용하지만, "귀무가설을 수락(accept)"했다는 말은 잘 하지 않는다. 물론 많은 통계학, 계량경제학 책에서 이를 엄밀히 구분하여 사용하지 않기도 한다. 하지만 논문을 쓰면서 수락하였다는 용어를 사용한다면 까다로운 많은 레프리들이 잘못임을 지적한다. 따라서 필자는 가능하면 원래의 원칙을 지켜주는 것이 좋다고 생각한다. 귀무가설을 "기각하는 데 실패"했다는 말에는 용어의 의미 외에도 통계학적으로 이를 고집하는 분명한 이유가 있다.

재판정의 사례를 들어보자. 만약 제출된 증거로 보아 "합리적 의심의 여지가 없이(beyond a reasonable doubt)" 피고가 유죄라는 것을 입증하지 못했다고 했을 때, 이는 피고가 여전이 결백하다는 것을 입증하는 것이 아니다. 증거에 비추어볼 때 그 결백의 가능성을 부인할 수 없다는 것이다. 다시 말하면 법원은 무죄(not guilty)를 선고할 수 있지만 이는 피고인이 결백(innocent)하다는 것을 의미하지 않는다. "합리적 의심의 여지가 없이"라는 기준에서 볼 때 결백을 증명할 수 없다는 의미이다.

따라서 가설검정을 하면서 귀무가설을 기각하는 데 실패했다는 것은 귀무가설이 참이라는 것을 의미하지 않는다. 가설검정은 어떤 가설이 참인지를 결정하거나, 어떤 가설이 참일 개연성이 있느냐를 결정하는 것이 아니라 귀무가설을 거절할 정도의 습득 가능한 증거(available evidence)들이 있는지 여부를 평가하는 것이다.[39]

---

39 Minitab Blog Editor(2013), Bewildering Things Statisticians Say: "Failure to Reject the Null Hypothesis"(http://blog.minitab.com/blog/understanding−statistics/things−statisticians−say −failure−to−reject−the−null−hypothesis).

03 가설검정 사례

(1) 정규모집단 평균의 신뢰구간

변수 X가 정규분포, 즉 $X \sim N(\mu, \sigma^2)$이라고 하자. 모집단으로부터 표본의 크기가 n인 확률변수, $X_1, X_2 \cdots X_n$을 추출하였다고 할 때 모평균의 추정치는 $\overline{X} = \sum X_i / n$가 된다. 변수 X가 정규분포를 한다고 가정하면 $\overline{X} \sim N(\mu, \frac{s^2}{n})$가 된다. 따라서 표준화된 확률변수는 다음과 같이 자유도가 $n-1$인 t분포를 한다. 즉,

$$t = \frac{(\overline{X} - \mu)}{\frac{s}{\sqrt{n}}} \sim t_{n-1}$$

만약 통계적 검증을 위한 임계치(critical value), t_c를 $100(1 - \frac{\alpha}{2})$퍼센타일 (percentile)이라고 하면 임계치는 다음과 같다. 즉,

$$P\left(t_{-c} \leq \frac{(\overline{X} - \mu)}{\frac{s}{\sqrt{n}}} \leq t_c\right) = 1 - \alpha$$

혹은

$$P\left(\overline{X} - t_c \frac{s}{\sqrt{n}} \leq \mu \leq \overline{X} + t_c \frac{s}{\sqrt{n}}\right) = 1 - \alpha$$

따라서 모평균 μ의 $100(1 - \alpha)\%$ 구간추정치는 다음과 같다.

$$\overline{X} \pm t_c \frac{s}{\sqrt{n}}$$

Stata에서는 ci 또는 mean명령어를 이용하여 추출된 표본으로부터 표본평균과 그 신뢰구간을 쉽게 측정할 수 있다. ci명령어는 모집단이 정규분포뿐만 아니라 다른 분포를 할 때에도 평균, 비율, 빈도에 대한 구간 추정치를 구할 수 있다. mean은 단순히 모집단이 정규분포를 한다는 가정 하에서 평균에 대한 신뢰구간을 계산한다.

간단한 사례를 통해 표본으로부터 모집단 평균의 신뢰구간을 구하는 방법과 다음에 설명한 모집단 평균의 검정, 평균의 차이검정 방법을 살펴보자. Stata 매뉴얼에서 자주 사례로 사용하는 auto.dta자료를 이용한다.

[사례 VIII-2-1] 모집단평균의 신뢰구간 측정(VIII-2-1-TestMean.do)

```
* ****************************
* *** 모집단 평균의 신뢰구간 ***
* ****************************
sysuse auto

ci mean price
```

Variable	Obs	Mean	Std. Err.	[95% Conf. Interval]	
price	74	6165.257	342.8719	5481.914	6848.6

```
. mean price mpg rep78 headroom
```

Mean estimation   Number of obs =   69

	Mean	Std. Err.	[95% Conf. Interval]	
price	6146.043	350.6166	5446.399	6845.688
mpg	21.28986	.7062326	19.88059	22.69912
rep78	3.405797	.1191738	3.167989	3.643605
headroom	3	.1027126	2.79504	3.20496

---

(2) 모집단 평균의 검정

모집단 평균의 검정이란 모집단으로부터 표본을 추출한 다음 표본평균을 구하고 특정값의 모집단의 평균과 같은지 여부를 검정하는 것이다. 모집단 평균의 검정에서 중요한 것은, ① 모집단의 표준편차(분산)가 알려져 있을 때와, ② 모집단의 표준편차가 알려지 있지 않아서 표본으로부터 표본표준 편차를 구해 이를 모집단의 표준편차 대용으로 사용해야 하는 두 가지 상황이 있다는 것이다. 당연한 결과로서 모집단의 표준편차가 알려져 있다면 표준정규분포를, 그렇지 않다면 t분포를 이용하여 가설검정을 하게 된다.

1) 모집단의 표준편차가 알려진 경우

모집단의 표준편차가 알려져 있다면 모집단 평균의 가설검성은 다음과 같은 가설을 검정하게 된다.

$$H_0 : \mu = \mu_0$$

$$H_A : \mu \neq \mu_0$$

다음과 같이 표본평균과 모평균의 차이를 모집단 표준편차로 표준화한 Z가 정규분포를 한다는 사실을 이용하여 가설검정을 한다.

$$Z = \frac{\overline{X} - \mu_0}{\sigma_{\overline{X}}} = \frac{\overline{X} - \mu_0}{\sigma / \sqrt{n}}$$

2) 모집단의 표준편차가 알려지지 않은 경우

모집단의 표준편차를 알 수 없다면 이상의 가설에 대해 다음과 같은 표본평균과 모평균의 차이를 표본표준편차로 표준화한 t변수가 t분포를 한다는 사실을 이용하여 가설검정을 한다.

$$t = \frac{\overline{X} - \mu_0}{s_{\overline{X}}} = \frac{\overline{X} - \mu_0}{s / \sqrt{n}}$$

Stata를 이용한 실증분석에서 사용하게 되는 자료는 보통 표본자료로서 모집단의 분산이 알려져 있지 않으므로 t검정을 하게 된다. ttest명령어를 사용하면 모집단의 평균 검정을 위한 양측검정, 좌측 혹은 우측 단측 검정의 세 가지 상황에 적용할 수 있다. 이런 세 가지 대립가설의 형태와 더불어 p값을 제시해주므로 분석자가 가설검정을 하고자 하는 상황에 맞는 검정의 형태를 선택하면 된다.

아래 사례에서는 앞서 사용한 auto.dta에서 mpg란 변수의 모집단 평균이 20인지 여부를 가설검정한 것이다. 만약 모집단의 평균이 20인지 여부를 가설검정하는 양측검정이었다면 p값이 0.0576이므로 5%유의수준하에서 귀무가설을 기각하지 못한다. 반면 모집단의 평균이 20보다 크다는 사실을 검정하려고 했다면 p값이 0.0288이므로 5%유의수준 하에서 귀무가설을 기각하게 된다.

* 평균의 검정
ttest mpg=20

One-sample t test

Variable	Obs	Mean	Std. Err.	Std. Dev.	[95% Conf. Interval]
mpg	74	21.2973	.6725511	5.785503	19.9569 22.63769

mean = mean(mpg)   t =   1.9289
Ho: mean = 20   degrees of freedom =   73

Ha: mean < 20   Ha: mean != 20   Ha: mean > 20
Pr(T < t) = 0.9712   Pr(|T| > |t|) = 0.0576   Pr(T > t) = 0.0288

(3) 평균의 차이 검정

2개의 모집단으로부터 각각 표본추출을 하여 두 개 모집단의 평균이 같은지 여부를 검정하려는 것이다. 이때 두 개 모집단의 표준편차가 알려져 있다면 표준정규분포, 그렇지 않으면 t분포를 이용하여 가설검정을 한다.

1) 두 모집단의 표준편차가 알려진 경우

두 모집단의 표준편차가 알려져 있다면 평균에 있어서 차이가 있는지 여부의 검정은 다음과 같은 가설에 대해 평균의 차이와 두 표본에서 구한 평균 차이의 표준편차로 정의된 Z변수가 정규분포를 한다는 사실을 이용하여 가설검정한다. 즉,

$$H_0 : \mu_X - \mu_Y = 0$$

$$H_A : \mu_X - \mu_Y \neq 0$$

$$Z = \frac{(\overline{X} - \overline{Y}) - (\mu_X - \mu_Y)}{\sigma_{\overline{X} - \overline{Y}}} = \frac{(\overline{X} - \overline{Y}) - 0}{\sigma_{\overline{X} - \overline{Y}}}$$

$$\sigma_{\overline{X} - \overline{Y}} = \sqrt{\frac{\sigma_X^2}{n_X} + \frac{\sigma_Y^2}{n_Y}}$$

2) 두 모집단의 표준편차가 알려지지 않은 경우

만약 모집단 평균의 차이가 있는지 여부를 검정할 때 두 모집단의 표준편차가 알려져 있지 않다면 다음의 t통계량이 t분포를 한다는 사실을 이용하여 가설검정한다. 이때 두 표본 평균의 차이의 표준편차는 아래 식에서 보는 바와 같다. t검정을 하기 위한 자유도 역시 복잡한 식에 의해 계산된다. Stata 아웃풋에서 확인할 수 있다.

$$t = \frac{(\overline{X} - \overline{Y}) - (\mu_X - \mu_Y)}{s_{\overline{X} - \overline{Y}}} = \frac{(\overline{X} - \overline{Y}) - 0}{s_{\overline{X} - \overline{Y}}}$$

$$s_{\overline{X} - \overline{Y}} = \sqrt{\frac{s_X^2}{n_X} + \frac{s_Y^2}{n_Y}}$$

다음은 auto.dta를 이용하여 국산차와 외제차의 연비(mpg)에 있어서 차이가 있는지 여부를 가설검정하는 사례이다.

```
* 평균의 차이검정
ttest mpg, by(foreign)
```

Two-sample t test with equal variances

Group	Obs	Mean	Std. Err.	Std. Dev.	[95% Conf. Interval]	
Domestic	52	19.82692	.657777	4.743297	18.50638	21.14747
Foreign	22	24.77273	1.40951	6.611187	21.84149	27.70396
combined	74	21.2973	.6725511	5.785503	19.9569	22.63769
diff			−4.945804	1.362162	−7.661225	−2.230384

```
     diff = mean(Domestic) − mean(Foreign)           t =  −3.6308
Ho: diff = 0                         degrees of freedom =      72

      Ha: diff < 0                Ha: diff != 0                Ha: diff > 0
  Pr(T < t) = 0.0003        Pr(|T| > |t|) = 0.0005       Pr(T > t) = 0.9997
```

[표 2] 다양한 가설검정에서 확률분포의 형태

검정목적		표본형태	귀무가설	관련확률분포
일변량	평균	알려진 모집단의 분산	$H_0 : \mu_X = c$	Z
	평균	알려지지 않은 모집단의 분산	$H_0 : \mu_X = c$	t
	분산	표본	$H_0 : \sigma_X^2 = c$	χ^2
다변량	두표본의 평균비교	알려진 모집단의 분산	$H_0 : \mu_X - \mu_Y = 0$	Z
	두표본의 평균비교	알려지지 않은 모집단의 분산	$H_0 : \mu_X - \mu_Y = 0$	t
	두 표본 분산비교		$H_0 : \sigma_X^2 = \sigma_Y^2$	F

(4) 여러 집단의 평균차이 검정: 분산분석(analysis of variance)

분산분석은 두 개 이상의 모집단의 평균이 같다는 귀무가설과 적어도 하나의 모집단의 평균은 틀리다는 것을 대립가설로 하는 가설검정을 위해 사용된다. 각 모집단은 독립적으로 정규분포를 한다고 가정한다.

이를 위해서는 표본평균간 분산으로부터 표본분산을 계산하고, 표본내 분산으로부터 모분산을 구한 다음 그 비율이 F분포를 한다는 사실을 이용한다. 분산분석에서는 하나의 종속변수의 평균에 대하여 집단 간의 차이를 검정하는 분산분석을 복수의 종속변수에 대한 집단 간의 차이를 검정하는 것으로 확대할 수도 있다.

분산분석에 대한 기초개념은 회귀분석이나 패널자료 분석에서도 활용되기 때문에 정확하고, 확실하게 이해할 필요가 있다. 분산분석이란 관측치 값의 평균에서의 변동을 분해하는 것이다. 다음 식에서 보듯이 각 관측치 전체 평균에서의 변동, 즉 총변동은 수식의 우측에서 보듯이 표본평균의 전체 평균에서의 변동, 즉 모형의 변동과 각 관측치의 표본평균에서의 변동, 즉 오차변동으로 구성된다.

$$Y_{ij} - \overline{Y} = (\overline{Y_i} - \overline{Y}) + (Y_{ij} - \overline{Y_i})$$

여기에 양변에 대해 제곱을 하면, 좌측 항은 총변동의 자승합(Sum of Squares of

Total: SST)이 되고, 우측 첫째 항은 모형의 자승합(Sum of Squares of Model: SSM), 둘째 항은 오차의 자승합(Sum of Squares of Error: SSE)이 된다. 제곱과정에서 교차항은 첨자 i, j에 대해 합산할 때 0이 되므로 생략되었다.

$$\sum_{i=1}^{k} \sum_{j=1}^{n_i} (Y_{ij} - \overline{Y})^2 = \sum_{i=1}^{k} \sum_{j=1}^{n_i} (\overline{Y_i} - \overline{Y})^2 + \sum_{i=1}^{k} \sum_{j=1}^{n_i} (Y_{ij} - \overline{Y_i})^2$$

$$SST \quad = \quad SSM \quad + \quad SSE$$

이런 개념의 의미를 아래 표에서 살펴보자. 어떤 기업이 영업전략을 달리하였을 때 영업전략에 따라 매출액의 차이가 있는지를 가설검정하고자 하는 것이다.[40] 먼저 매출액 자료로부터 전체 표본평균과 각 영업 전략별 표본평균을 구한다. 그 다음 각 관측치의 전체 표본평균과의 차이를 ① 영업 전략별 표본평균과 전체 평균의 차이, ② 각 관측치와 영업 전략별 표본평균의 차이로 나눈다. 그 다음 제곱한 후 그 합인 SST, SSM, SSE를 구한다.

통계학자 소개 로널드 피셔(Ronald Fisher)

로널드 피셔(1890~1962)는 과학실험의 계획에 통계절차를 적용한 최초의 통계학자이자 유전학자로서 최우법 개발, 모평균과 표본평균의 차이, 현대적 실험계획, ANOVA, F분포를 개발했다.

통계학에서 앨버트 아인슈타인(Albert Einstein), 아이작 뉴턴(Isaac Newton)에 버금하는 현대통계학의 창시자라고 할 수 있다. "거의 혼자의 힘으로 현대 통계학의 기초를 만들어낸 천재"라고 평가된다. 생물학에 대한 공헌으로 "찰스 다윈의 위대한 후계자"로도 평가된다.

중요한 저서로는 "The Genetical Theory of Natural Selection", "Statistical Methods for Research Workers", "The Design of Experiments"가 있다. ARIMA모형을 개발한 조지 박스의 장인이기도 하다.

---

40 김성주(2016), 『통계학 탐구』, 박영사, pp.265－266.

[표 3] 세 개 영업 전략별 매출액 차이 검정을 위한 편차의 자승합

전략	매출액 Y_{ij}	$\overline{Y_i}$	편차 $(Y_{ij} - \overline{Y})$	집단간 (between) 편차 $(\overline{Y_i} - \overline{Y})$	집단내 (within) 편차 $(Y_{ij} - \overline{Y_i})$	$(Y_{ij} - \overline{Y})^2$	$(\overline{Y_i} - \overline{Y})^2$	$(Y_{ij} - \overline{Y_i})^2$
1	40		12.3		3.8	150.1		14.1
1	36		8.3		−0.3	68.1		0.1
1	30		2.3		−6.3	5.1		39.1
1	32	36.3	4.3	8.5	−4.3	18.1	578.0	18.1
1	34		6.3		−2.3	39.1		5.1
1	38		10.3		1.8	105.1		3.1
1	46		18.3		9.8	333.1		95.1
1	34		6.3		−2.3	39.1		5.1
2	24		−3.8		−1.0	14.1		1.0
2	20		−7.8		−5.0	60.1		25.0
2	14		−13.8		−11.0	189.1		121.0
2	16		−11.8		−9.0	138.1		81.0
2	36	25.0	8.3	−2.8	11.0	68.1	60.5	121.0
2	32		4.3		7.0	18.1		49.0
2	30		2.3		5.0	5.1		25.0
2	28		0.3		3.0	0.1		9.0
3	34		6.3		12.0	39.1		144.0
3	28		0.3		6.0	0.1		36.0
3	26		−1.8		4.0	3.1		16.0
3	20		−7.8		−2.0	60.1		4.0
3	22	22.0	−5.8	−5.8	0.0	33.1	264.5	0.0
3	18		−9.8		−4.0	95.1		16.0
3	16		−11.8		−6.0	138.1		36.0
3	12		−15.8		−10.0	248.1		100.0
전체 평균	27.8 $\overline{Y}$							
	합계					1866.5 SST	903.0 SSM	963.5 SSE

이렇게 구한 SST, SSM, SSE를 각각의 자유도로 나누어 평균변동을 구하고, 이로부터 F값을 구하는 과정인 분산분석표를 만든다. 그 다음 세 개 영업전략별 매출액의 차이가 있는지 여부를 가설검정한다. 여기서 귀무가설은 세 개의 영업 전략별 매출액 평균이 같다는 것이고, 대립가설은 적어도 하나의 영업전략의 평균은 다른 영업전략의 평균과 틀리다는 것이라는 점을 주의할 필요가 있다. 여기서 분산분석에 대해 비교적 자세히 설명하는 이유는 응용계량경제학의 다양한 부분의 이해에 꼭 필요하기 때문이다.

[표 4] 세 개 영업 전략별 매출액 차이 검정을 위한 분산분석표

	변동	자유도	평균변동	F비율	pvalue	critucal value
모형 (Between)	903.0	2	451.5	9.84	0.001	5.78
오차 (Within)	963.5	21	45.9			
총합 (Total)	1866.5	23				

다음과 같이 Stata를 이용한다면 이상에서 표로 살펴본 분산분석 결과를 쉽게 얻을 수 있다. anova라는 명령어를 사용하는데 그 결과는 다음과 같다.

이처럼 영업전략의 차이라는 하나의 변수에 대해 표본평균이 동일한지 여부를 검정하는 것을 일원분산분석(one-way ANOVA)라고 한다. 만약 추가적인 다른 변수를 고려된다면 다원분산분석이 되고 이는 Stata에서 anova라는 명령어 다음 세 번째, 네 번째에 나열하면 된다.

[사례 Ⅷ-2-2] 분산분석법(Ⅷ-2-2-ANOVA.do)

```
* ********************
* *** 분산분석 사례 ***
* ********************
clear
input strat sale
1    40
1    36
1    30
1    32
1    34
1    38
1    46
```

```
1    34
2    24
2    20
2    14
2    16
2    36
2    32
2    30
2    28
3    34
3    28
3    26
3    20
3    22
3    18
3    16
3    12
end

anova sale strat

. anova sale strat
```

Number of obs =		24	R-squared	= 0.4838		
Root MSE	=	6.77355	Adj R-squared =	0.4346		

Source	|	Partial SS	df	MS	F	Prob>F
Model	|	903	2	451.5	9.84	0.0010
strat	|	903	2	451.5	9.84	0.0010
Residual	|	963.5	21	45.880952		
Total	|	1866.5	23	81.152174		

04 Stata와 확률분포 함수

Stata에는 확률분포와 관련된 매우 다양한 형태의 함수를 제공한다. 특히 정규분 포, t분포, F분포, 카이자승 분포와 관련해서는 임계치, 기각역을 계산하는 데 편리한 확률함수가 있어서 Stata에서 제공하는 편리한 명령어에 의해 출력되는 결과물에서 찾 을 수 없는 검정관련 통계량이라도 독자 스스로 검정통계량과 기각역을 나타내는 p값 을 계산할 수 있게 해준다.

초보자들은 당장 사용할 필요성이 없지만 고급 사용자들이 자신만의 검정통계량 을 구하고 이를 가설 검정할 때 활용하게 되면 매우 편리한 기능들이다. 본서의 고급 기능을 다루는 부분에서 언급하게 된다.

Stata확률함수는 일견 복잡해보이지만 규칙성이 있으므로 이런 규칙성에 입각해서 함수의 의미를 이해하면 된다. 가령 확률변수에 따른 확률밀도함수 그래프가 있다고 하자. 해당 확률분포에 따라 특정 확률변수와 자유도가 주어졌다면 ① 특정 확률변수 값까지의 누적밀도, ② 특정 확률변수값에서의 확률밀도, ③ 특정 확률변수값에서 꼬 리부분의 면적(확률), ④ 특정 누적확률값에서 확률변수값, ⑤ 특정 꼬리부분의 면적 (확률)값에서의 확률변수값을 구할 수 있다.

[표 5] 주요 확률분포에서 Stata 확률함수

확률분포	Stata 확률함수	설명
이항분포	binomial(n,k,p)	• 성공확률이 p일 때 n번 시도해서 k개 또는 그 이하가 나올 확률
카이자승 분포	chi2(df,x)	• 누적밀도함수
	chi2den(df,x)	• 확률밀도함수
	chi2tail(df,x)	• 우측 꼬리면적
	invchi2(df,p)	• 누적밀도함수로부터 확률변수값
	invchi2tail(df,p)	• 꼬리면적으로부터 확률변수값
F분포	F(df1,df2,f)	• 누적밀도함수
	Fden(df1,df2,f)	• 확률밀도함수
	Ftail(df1,df2,f)	• 우측꼬리면적
	invF(df1,df2,p)	• 누적밀도함수로부터 확률변수

	invFtail(df1,df2,p)	• 꼬리면적으로부터 확률변수
정규분포	normal(z)	• 표준정규분포의 누적밀도함수
	normalden(z) normalden(x,s) normalden(x,m,s)	• 표준정규분포의 밀도함수 • 평균 0, 표준편차 s일 때 밀도함수 • 평균 m, 표준편차 s일 때 밀도함수
	invnormal(p)	• 누적밀도함수로부터 확률변수 z값
t분포	t(df,t)	• t분포의 누적확률밀도함수
	tden(df,t)	• t분포의 확률밀도함수
	ttail(df,t)	• t값이 주어졌을 때 꼬리면적
	invt(df,p)	• 꼬리면적 주어졌을 때 t값

Stata 확률함수를 이용한 사례를 보자. 이미 살펴본 평균의 신뢰구간을 구하는 명령어 ci라는 Stata명령어가 없다고 할 때 평균의 신뢰구간을 summarize라는 명령어를 이용하여 해결하는 방법을 생각해보자.

우선 summarize라는 명령어를 수행한 다음 보관되어 있는 평균, 관측치수, 표준편차를 이용하여 표준오차를 구하고, invttail이라는 명령어를 이용하여 주어진 자유도와 유의수준 하에서의 t값을 구하고, 이로부터 신뢰구간의 상하한 값을 구하는 과정이다. 본문에서 이와 비슷한 사례들이 자주 언급될 것이다.

[사례 Ⅷ-2-3] 확률함수 이용하기(Ⅷ-2-3-ProbFun.do)

```
* ************************
* *** 확률함수 이용 사례 ***
* ************************
sysuse auto
quietly summarize price, detail
return list

scalar xbar=r(mean)
scalar nobs=r(N)
scalar df=nobs−1
scalar t=invttail(df, 0.025)
scalar sighat=r(sd)
scalar se=sighat/sqrt(nobs)

scalar lower=xbar−t*se
```

```
scalar upper=xbar+t*se

display "lower bound of 95% CI = " lower
display "upper bound of 95% CI  = " upper

* ci명령어
ci mean price
```

05 Stata와 확률분포

(1) 확률분포의 이해를 위한 Stata 사례

전술한 내용 가운데 확률분포와 관련된 도표들을 독자들이 직접 그려보는 사례이다. 다양한 확률분포 그리기와 더불어 가설검정에 대한 의미를 이해하는 데 도움이 될 것이다.

[사례 Ⅷ-2-4] 확률분포 그래프 그리기(Ⅷ-2-4-ProbFun.do)

```
* *****************************
* *** 확률분포 그래프 그리기  ***
* *****************************

set scheme s1mono
graph set window fontface "굴림체"

* ************************
* *** 정규분포 이해하기 ***
* ************************

twoway function y = normalden(x), range(-5 5) lpattern(solid) lwidth(thick)        ///
    title("표준정규분포 확률밀도함수")

twoway function y = normal(x), range(-5 5)  lpattern(solid) lwidth(thick)        ///
    title("누적 표준정규분포 함수")

twoway function y=normalden(x,0.8), range(-5 5) lpattern(solid) lwidth(thick)        ///
    title("표준정규분포 확률밀도함수(표준편차=0.8)")
```

```
twoway function y=normalden(x,1,0.8), range(-5 5)|pattern(solid) lwidth(thick)   ///
    title("표준정규분포 확률밀도함수(평균=1, 표준편차=0.8)")

* 다양한 평균과 분산을 가진 정규분포 확률밀도 함수
* 명령어가 길어질 경우 #delimit ; — #delimit cr을 사용
#delimit ;
twoway function y = normalden(x), range(-5 5) lpattern(solid) lwidth(thick)
    || function y = normalden(x, 0.8), range(-5 5) lpattern(dash) lwidth(thick)
    || function y = normalden(x,1,0.8), range(-5 5) lpattern(dash_dot) lwidth(thick)
    ||, title("다양한 정규분포 확률밀도함수")  ytitle("f(x)")
    legend(label(1 "N(0, 1)") label(2 "N(0, 0.8)") label(3 "N(1, 0.8)")
    position(11) cols(1) ring(0) region(lp(blank))) ;
#delimit cr

* 정규분포와 범위별 확률 근사치(체비쉐프의 법칙)
#delimit ;
twoway function y = normalden(x), range(-5 -3) color(gs5) recast(area)
    || function y = normalden(x), range(-3 -2) color(gs7) recast(area)
    || function y = normalden(x), range(-2 -1) color(gs10) recast(area)
    || function y = normalden(x), range(-1 1) color(gs13) recast(area)
    || function y = normalden(x), range(1 2) color(gs10) recast(area)
    || function y = normalden(x), range(2 3) color(gs7) recast(area)
    || function y = normalden(x), range(3 5) color(gs5) recast(area)
    || function y=normalden(x),range(-5 5)color(black)lpattern(solid) lwidth(thick)
    ||, title("정규분포 범위별 확률근사치(체비쉐프 법칙)" )
    ytitle("f(X)")
    xtitle("X")
    legend(off)
    plotregion(margin(zero))
    text(0 -3 "-3", place(s))
    text(0 -2 "-2", place(s))
    text(0 -1 "-1", place(s))
    text(0 1 "1", place(s))
    text(0 2 "2", place(s))
    text(0 3 "3", place(s))  ;
#delimit cr

* *********************
* *** t-분포 이해하기  ***
* *********************
* 정규분포와 t분포 비교
#delimit ;
twoway function y = normalden(x), range(-5 5)  lpattern(solid) lwidth(thick)
```

```
|| function y = tden(5, x), range(−5 5)  lpattern(dash) lwidth(thick)
||, title("정규분포와 t(5)분포의 확률밀도함수")
ytitle("f(X)")
legend(label(1 "N(0, 1)") label(2 "t(3)"))
position(11) cols(1) ring(0) region(lp(blank)))  ;
#delimit cr
```

* 자유도와 t분포의 형태
```
#delimit ;
twoway function y = tden(3, x), range(−5 5) lpattern(solid) lwidth(thick)
        || function y = tden(7, x), range(−5 5) lpattern(dash) lwidth(thick)
        || function y = tden(30, x), range(−5 5)  lpattern(dash_dot) lwidth(thick)
        ||, title("자유도와 t분포의 형태")
        ytitle("f(X)")
        legend(label(1 "t(3)") label(2 "t(7)") label(3 "t(30)"))
        position(11) cols(1) ring(0) region(lp(blank)))  ;
#delimit cr
```

* t분포와 기각역
```
display invttail(30, .05)
#delimit ;
twoway function y = tden(30, x), range(1.697 5)  color(black) recast(area)
 || function y=tden(30,x),range(−5 5) color(black) lpattern(solid) lwidth(thick)
 ||, title("t 분포와 기각역")  ytitle("f(t)")  xtitle("t")  legend(off)
    plotregion(margin(zero))
    text(0 1.69 "1.697", place(s))  ;
#delimit cr
```

* t분포와 양쪽 기각역
```
#delimit ;
twoway function y = tden(30, x), range(1.697 5) color(gs10) recast(area)
 || function y = tden(30, x), range(−5 −1.697)  color(gs10) recast(area)
 || function y=tden(30,x), range(−5 5) color(black) lpattern(solid) lwidth(thick)
 ||, title("t 분포와 양쪽 기각역")
    ytitle("f(t)") xtitle("t") legend(off)
    plotregion(margin(zero))
    text(0 1.697 "1.697", place(s))
    text(0 −1.697 "−1.697", place(s))  ;
#delimit cr
```

```
* *********************
* *** F−분포 이해하기 ***
* *********************
```

* F−분포와 확률밀도함수
#delimit ;
twoway function y = Fden(2,2,x), range(0 6) lpattern(solid) lwidth(thick)
  || function y = Fden(10,2, x), range(0 6) lpattern(dash) lwidth(thick)
  || function y = Fden(50,50, x), range(0 6) lpattern(dash_dot) lwidth(thick)
  ||, ytitle("F−density") xtitle("x") title("F−분포와 확률밀도함수")
    legend(label(1 "F(2, 2)") label(2 "F(10, 2)") label(3 "F(50, 50)")
    position(1) cols(1) ring(0) region(lp(blank))) ;
#delimit cr

* ****************************
* *** 카이자승 분포 이해하기 ***
* ****************************
* Chi square 확률밀도함수
#delimit ;
twoway function y = chi2den(2,x), range(0 20) lpattern(solid) lwidth(thick)
|| function y = chi2den(5,x), range(0 20) lpattern(dash) lwidth(thick)
|| function y = chi2den(10,x), range(0 20) lpattern(dash_dot) lwidth(thick)
||, title("카이자승 확률밀도함수") ytitle("Chi Square cum. density") xtitle("x")
    legend(label(1 "Chi2(2)") label(2 "Chi2(5)") label(3 "Chi2(10)")
    position(1) cols(1) ring(0) region(lp(blank))) ;
#delimit cr
* Chi Square 누적분포함수
#delimit ;
twoway function y = chi2(2,x), range(0 20) lpattern(solid) lwidth(thick)
|| function y = chi2(5,x), range(0 20) lpattern(dash) lwidth(thick)
|| function y = chi2(10,x), range(0 20) lpattern(dash_dot) lwidth(thick)
||, title("Chi Square 누적분포함수") ytitle("Chi Square cum. density") xtitle("x")
    legend(label(1 "Chi2(2)") label(2 "Chi2(5)") label(3 "Chi2(10)")
    position(1) cols(1) ring(0) region(lp(blank))) ;
#delimit cr

* Chi square 확률밀도함수식를 이용한 그래프 그리기
clear
set obs 101
gen x = _n/5
scalar df2 = 2
scalar df5 = 5
scalar df10 = 10
generate chi2pdf2 =(1/(2^(df2/2)))*(1/exp(lngamma(df2/2)))*x^(df2/2−1)*exp(−x/2)
generate chi2pdf5 =(1/(2^(df5/2)))*(1/exp(lngamma(df5/2)))*x^(df5/2−1)*exp(−x/2)
generate chi2pdf10 =(1/(2^(df10/2)))*(1/exp(lngamma(df10/2)))*x^(df10/2−1)*exp(−x/2)

```
#delimit ;
twoway line chi2pdf2 chi2pdf5 chi2pdf10 x
    , ytitle("Chi Square density") xtitle("x")
    title("Chi Square 확률밀도함수")
    legend(label(1 "Chi2(2)") label(2 "Chi2(5)") label(3 "Chi2(10)")
    position(1) cols(1) ring(0) region(lp(blank))) ;
#delimit cr

#delimit ;
twoway line chi2pdf2 x, lpattern(solid) lwidth(thick)
    || line chi2pdf5 x, lpattern(dash) lwidth(thick)
    || line chi2pdf10 x, lpattern(dash_dot) lwidth(thick)
    ||, ytitle("Chi Square Density") xtitle("x")
    legend(label(1 "Chi2(2)") label(2 "Chi2(5)") label(3 "Chi2(10)")
    position(1) cols(1) ring(0) region(lp(blank)))
    title("Chi Square 확률밀도함수")
    subtitle("Probability Density와 Cumulative Density 구별")
    note("자료: STATA를 이용한 응용계량경제학") ;
#delimit cr
```

(2) 중심극한정리 사례를 위한 몬테칼로 실험

Stata를 이용하여 중심극한정리의 의미를 이해하기 위해 모의실험을 통해 만들어진 즉, 시뮬레이트된 자료(simulated data)를 이용한 사례를 보기로 하자. 모집단이 정규분포와 동떨어진 특이한 분포를 하더라도 표본의 수가 증가함에 따라 표본평균의 분포는 정규분포를 하게 된다는 사실을 확인할 수 있다. 고급 사용자들을 위한 사례인데 그 의미를 이해한다면 다른 고급 계량경제학 기법을 활용하는 데 큰 도움이 될 것이다.

[사례 Ⅷ-2-5] 중심극한정리의 이해를 위한 몬테칼로 실험(Ⅷ-2-5-CentralLimitTheorem.do)

```
* **************************
* *** 중심극한정리의 이해 ***
* **************************
set scheme s1mono
graph set window fontface "굴림체"

set obs 10000
```

```
set seed 12345

* 균일확률분포에 대한 중심극한정리 적용
generate u1=runiform()
histogram u1, normal bin(30) saving(u1, replace) title(균일분포)

forvalues repeat=2/20  {
     generate u`repeat'=runiform()
                         }

foreach n in  5 10 20  {
     egen umean`n'=rowmean(u1-u`n')
     generate uz`n'=(umean`n'-1/2)/(sqrt((1/12)/`n'))
     histogram uz`n', bin(30) normal saving(uz`n', replace)
                         }

graph combine u1.gph uz5.gph uz10.gph uz20.gph, col(1) ysize(12) xsize(4)  ///
     saving(uniform, replace)

* 삼각분포에 대한 중심극한정리 적용
generate t1=sqrt(runiform())
histogram t1, normal bin(30) saving(t1, replace) title(삼각분포)

forvalues repeat=2/20  {
     generate t`repeat'=sqrt(runiform())
                         }

foreach n in  5 10 20  {
     egen tmean`n'=rowmean(t1-t`n')
     generate tz`n'=(tmean`n'-2/3)/(sqrt((1/18)/`n'))
     histogram tz`n', bin(30) normal saving(tz`n', replace)
                         }

graph combine t1.gph tz5.gph tz10.gph tz20.gph, col(1) ysize(12) xsize(4)      ///
saving(triangle, replace)

* 베타분포에 대한 중심극한정리 적용
generate b1=rbeta(0.7,0.7)
histogram b1, normal bin(30) saving(b1, replace) title(베타분포(0.5, 0.5))

forvalues repeat=2/20  {
     generate b`repeat'=rbeta(0.7,0.7)
                         }
foreach n in  5 10 20  {
     egen bmean`n'=rowmean(b1-b`n')
```

```
generate bz`n'=(bmean`n'−0.5)/(sqrt(0.103/`n'))
histogram bz`n', bin(30) normal saving(bz`n', replace)
          }
```

```
graph combine b1.gph bz5.gph bz10.gph bz20.gph, col(1) ysize(12) xsize(4)   ///
    saving(beta, replace)
```

```
graph combine uniform.gph triangle.gph beta.gph, col(3) ysize(12) xsize(10)
```

[그림 8] 중심극한정리의 몬테칼로 실험

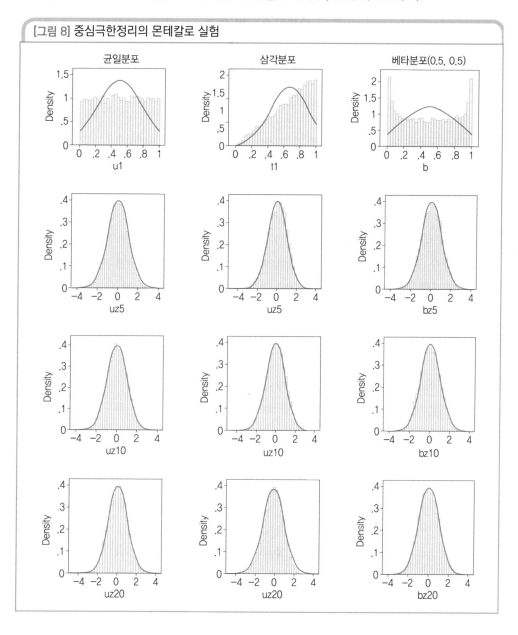

부록

03

행렬연산

계량경제학을 공부하려면 행렬의 이해가 필수적이다. 하지만 많은 사람들은 행렬로 표기된 수식에 익숙하지 못하고, 행렬로 기술된 계량경제학 교과서마저 기피하게 된다. 과거 대부분의 계량경제학 교과서들은 행렬표기를 많이 사용하였다. 요즘 계량경제학 교과서들은 행렬표기를 가능한 자제하고 있다.

물론 고급계량경제학 교과서들에서는 어쩔 수 없이 행렬을 사용할 수밖에 없지만 계량경제학을 공부하려는 모든 학생들이 이런 복잡한 행렬의 표기에 익숙해질 필요는 없다. 응용계량경제학의 실무적인 응용능력에 익숙해지면 행렬처리 없이 자신이 원하는 대부분의 작업을 할 수 있기 때문이다.

따라서 본 부록에서는 앞서 설명한 본문내용에 꼭 필요한 수준에서의 행렬처리방법과, 혹시나 필요하게 될 단순한 행렬처리 방법, 그리고 보다 고급 행렬처리 언어인 MATA의 사용법을 회귀분석모형의 사례를 통해 살펴보고자 한다. 행렬처리와 관련된 아주 단순한 기능의 설명에 불과하지만 Stata를 사용하면서 자주 접하게 될 행렬처리와 관련된 내용이기 때문에 필요하다면 이를 바탕으로 자신의 행렬처리방법에 대한 지식을 확장할 수 있을 것이다.

Stata를 이용하면서 행렬처리 기능을 이용하는 형태는 다음과 같이 ① 어떤 계산이나 추정을 위해 Stata명령어의 실행결과를 이용할 때, ② Stata고유의 행렬처리 명령어를 사용할 때, ③ 보다 전문적인 행렬처리언어인 MATA를 이용할 때이다. 대부분의 Stata사용자들은 첫 번째 형태의 행렬처리 기능에 만족해도 충분하다.

01 Stata 명령어 수행결과의 활용을 위한 행렬처리

(1) 시스템 행렬(system matrices)의 확인과 접근

Stata 명령어 가운데 대부분의 주요 명령어들은 아웃풋에 출력하는 내용외에도 많은 계산결과를 행렬형태로 보관하고 있다. 이렇게 보관된 것을 이용하여 후속작업에 활용하는 방법이 Stata이용에서 가장 많이 사용되는 행렬관련 기능이다.

가령, 대부분의 Stata추정명령어들은 추정계수 벡터나 추정된 분산공분산 행렬을 e(b), e(V)라는 형태로 보관하고 있다. 따라서 이에 접근하기 위해 matrix list e(b)나 matrix myV = e(V)라는 명령어를 이용한다면 추정계수 벡터를 출력하거나 추정된 분산공분산 행렬을 다른 이름으로 다시 정의할 수 있다. 그 외에도 단순기술통계량을 계산하는 summarize라는 명령어를 수행하고 나면 평균, 표준편차 등이 보관되어 있는데 이 역시 행렬기능을 이용하여 접근할 수 있다.

Stata에서는 계산, 추정을 위한 명령어가 수행된 이후 r()이나 e()라는 이름의 행렬(스케일러, 벡터 포함)이 보관된다. 어떤 행렬들이 보관되어 있는지는 해당명령어가 수행된 이후 return list나 ereturn list라는 명령어를 수행하면 확인할 수 있다. 또 대부분의 계산 및 추정을 위한 명령어를 설명하는 매뉴얼에는 뒷부분에 이에 대한 설명이 있다.

다음의 간단한 사례를 이용하여 Stata이용에서 가장 많이 사용되는 행렬명령어를 살펴보자. 만약 단순기술통계량을 계산하기 위해 summarize라는 명령어를 수행했다고 하자. 이 명령어의 출력물은 다음과 같지만 이 내용 외에도 다양한 통계량이 보관된다. 이를 확인하려면 return list라는 명령어를 사용한다.

계산목적의 Stata 명령어를 수행하면 r( )형태의 다양한 값들을 확인할 수 있다. 여러 변수에 대한 단순기술통계량이기 때문에 같은 r( )에 변수별로 값이 치환되다가 가장 마지막 변수에 대한 값들이 최종 보관된다.

```
. summarize price mpg rep78
```

Variable	Obs	Mean	Std. Dev.	Min	Max
price	74	6165.257	2949.496	3291	15906
mpg	74	21.2973	5.785503	12	41

```
     rep78   |   69          3.405797    .9899323          1          5
```

. return list

scalars:
```
             r(N)       =  69
             r(sum_w)   =  69
             r(mean)    =  3.405797101449275
             r(Var)     =  .9799658994032396
             r(sd)      =  .9899322701090412
             r(min)     =  1
             r(max)     =  5
             r(sum)     =  235
```

만약 회귀분석과 같은 Stata추정명령어를 사용하였다고 하자. 다음과 같은 출력물
이 출력되지만 마찬가지로 다양한 변수들이 보관되어 있다. 이를 확인하려면 ereturn
list라는 명령어를 사용하게 되는데 이때에는 주로 e( )관련 통계량이 출력된다. 이렇게
보관된 값들은 스케일러(scalar)나 행렬(matrix)형태로 보관되어 있다. 스케일러에 대한
값은 시각적으로 확인되지만, 행렬에 대한 값을 시각적으로 확인하기 위해서는 matrix
list라는 명령어를 이용하여 출력해야만 한다. 아래 사례에서 이를 직접 확인해보자.

. regress price mpg rep78

Source	SS	df	MS	Number of obs	=	69
				F(2, 66)	=	11.06
Model	144754063	2	72377031.7	Prob > F	=	0.0001
Residual	432042896	66	6546104.48	R-squared	=	0.2510
				Adj R-squared	=	0.2283
Total	576796959	68	8482308.22	Root MSE	=	2558.5

price	Coef.	Std. Err.	t	P>|t|	[95% Conf. Interval]
mpg	-271.6425	57.77115	-4.70	0.000	-386.9864 -156.2987
rep78	666.9568	342.3559	1.95	0.056	-16.5789 1350.492
_cons	9657.754	1346.54	7.17	0.000	6969.3 12346.21

. ereturn list

scalars:
```
    e(N)      = 69
    e(df_m)   = 2
    e(df_r)   = 66
    e(F)      = 11.05650420530028
    e(r2)     = .250961904598189
    e(rmse)   = 2558.53561189829
    e(mss)    = 144754063.3643494
    e(rss)    = 432042895.5052159
    e(r2_a)   = .2282637804951038
    e(ll)     = -637.8293069393488
    e(ll_0)   = -647.7986144493904
    e(rank)   = 3
```

macros:
```
    e(cmdline)   : "regress price mpg rep78"
    e(title)     : "Linear regression"
    e(marginsok) : "XB default"
    e(vce)       : "ols"
    e(depvar)    : "price"
    e(cmd)       : "regress"
    e(properties): "b V"
    e(predict)   : "regres_p"
    e(model)     : "ols"
    e(estat_cmd) : "regress_estat"
```

matrices:
```
    e(b) :  1 x 3
    e(V) :  3 x 3
```

. matrix list e(b)

e(b)[1,3]
```
                mpg             rep78           _cons
    y1          -271.64254      666.95676       9657.7544
```

. matrix VCOV = e(V)

. matrix list VCOV

```
symmetric VCOV[3,3]
                    mpg                 rep78              _cons
        mpg      3337.5061
       rep78     -7957.6075           117207.58
       _cons     -43953.025          -229768.93         1813171
```

(2) 시스템 행렬을 이용한 분석사례

계산이나 추정을 위해 Stata명령어를 실행했을 때 보관된 스케일러 값이나 행렬은 다음 단계의 분석에 활용될 수 있다. 다음 사례는 제약이 가해지지 않은 회귀분석모형과 독립변수의 하나가 제외된, 즉 제약이 가해진 회귀분석모형을 추정하고, 각 회귀모형으로부터 행렬형태로 보관된 잔차자승합(RSS)과 자유도를 구하며, 이로부터 두 모형이 통계적으로 차이가 있는지를 검토하기 위한 F통계량과 그 p값을 살펴보기 위한 것이다. 아울러 두 모형의 추정결과로부터 보관되어 있는 잔차자승합, 자유도 등의 값을 이용하여 AIC, BIC통계량을 계산하고 있다.

[사례 Ⅷ-3-1] Stata에서 행렬의 이용방법(Ⅷ-3-1-Matrix.do)

```
* ***************************************
* *** 제약모형과 비제약모형의 차이 검정  ***
* ***************************************
sysuse auto, clear

* 제약조건이 없는 모형
regress price mpg rep78 headroom foreign
scalar rssu  = e(rss)
scalar dfu   = e(df_r)

* 제약조건이 있는 모형(foreign 제외)
regress price mpg rep78 headroom
scalar rssr  = e(rss)
scalar dfr   = e(df_r)
scalar J     = dfr - dfu

* F-통계량과  p-값
scalar F     = ((rssr -rssu)/J) / (rssu/dfu)
```

```
scalar pval    = Ftail(J, dfu, F)

scalar list rssu dfu rssr dfr J F pval

* **********************************************
* *** 회귀분석결과로 부터 AIC, BIC 통계량 계산 ***
* **********************************************
regress price mpg rep78 headroom foreign
scalar aicu = ln(e(rss) / e(N)) + 2*e(rank) /e(N)
scalar bicu = ln(e(rss) / e(N)) + e(rank)*ln(e(N)) / e(N)

regress price mpg rep78 headroom
scalar aicr = ln(e(rss) / e(N)) + 2*e(rank) /e(N)
scalar bicr = ln(e(rss) / e(N)) + e(rank)*ln(e(N)) / e(N)
scalar list aicu bicu aicr aicu

. scalar list rssu dfu rssr dfr J F pval
        rssu  =  4.213e+08
        dfu   =  64
        rssr  =  4.283e+08
        dfr   =  65
        J     =  1
        F     =  1.0627035
        pval  =  .30647949

. scalar list aicu bicu aicr aicu
        aicu  =  15.769686
        bicu  =  15.931577
        aicr  =  15.757168
        aicu  =  15.769686
```


02   Stata기초 행렬처리 언어를 이용한 회귀분석 사례

    행렬처리의 두 번째 형태는 Stata고유의 행렬언어를 이용하여 회귀분석을 해보는 사례이다. Stata에서 행렬처리를 할 때에는 많은 메모리를 차지하므로 800개 변수 이상을 처리할 수 없다. 하지만 이렇게 큰 데이터세트를 다룰 일은 흔치 않기 때문에 웬만

한 행렬처리는 가능하다.

활용방법은 Stata에서 읽어 들인 데이터의 변수명으로부터 mkmat라는 명령어를 이용하여 행렬을 만들고 대부분의 계량경제학 교과서에서 제시하고 있는 행렬표기 파라미터 추정식에 따라 행렬연산을 하면 된다. 아래 제시된 간단한 사례는 쉽게 이해될 수 있는 내용들이다.

```
* *************************************************
* *** Stata 행렬명령어를 이용한 최소자승법 사례   ***
* *************************************************
sysuse auto, clear

* 행렬 y, X 만들기
generate con=1
mkmat price, matrix(y)
mkmat con mpg headroom foreign, matrix(X)
mkmat con, matrix(C)

* 계수추정 (b=inv(X'X)X'y)
matrix b=invsym(X'*X)*X'*y
matrix list b

* 자유도
scalar N= rowsof(y)
scalar K= colsof(X)
scalar DF = N-K
scalar list N K DF

* TSS, ESS, RSS 및 R-square 계산
matrix TSS = y'*y-(C'*y)*(C'*y) / N
matrix ESS = b'*X'*y-(C'*y)*(C'*y) / N
matrix RSS = y'*y-b'*X'*y
matrix  R2 = ESS * inv(TSS)
matrix list R2

* 파라미터의 분산계산
matrix VCOV = (RSS/DF)*invsym(X'*X)
matrix VAR = vecdiag(VCOV)
matrix VAR = VAR'
matrix list VAR

* 행렬을 변수로 변환
svmat R2, names(Rsquare)
svmat b, names(coef)
```

```
svmat VAR, names(var)

*파라미터의 표준오차, t-값, p-value계산
generate se=sqrt(var)
generate t=coef/se
generate pval=2*ttail(DF,abs(t))
list coef se t pval Rsquare if _n<=4

* 행렬을 이용한 OLS와 regress 결과비교
regress  price mpg  headroom foreign
```

03 Stata와 MATA의 결합을 통한 행렬처리

Stata에서 행렬처리를 위한 마지막 형태는 매우 용량이 큰 데이터의 처리가 가능할 뿐만 아니라 R, PYTHON, MATLAB, GAUSS를 이용한 행렬처리와 비슷한 방법으로 전문적인 행렬연산이 가능한 MATA라는 언어를 사용하는 것이다. MATA언어는 매우 강력한 툴로서 여기에서 제시하는 사례와 같은 행렬연산뿐만 아니라 새로운 Stata언어를 만들기 위해 직접 프로그래밍(programming)하는 데 사용될 수 있다. Stata를 사용하면서 자주 사용하게 되는 많은 사용자작성 프로그램들은 MATA언어를 이용하여 만들어진 것이다.

여기에서는 MATA를 이용한 행렬처리기능에 국한해서 앞서 살펴본 고전적 최소자승법을 이용하여 회귀계수를 구하는 방법을 살펴본다. ① 전반부에서 자료를 읽어들인 다음, 필요한 자료만 남기고, ② 중간부분에서 mata명령어 다음에 행렬생성, 파라미터 추정, 잔차자승합, 결정계수, 추정계수의 표준오차를 계산하는 과정을 보여주고 있다. ③ 마지막 부분에서는 mata에서 생성된 결과물을 행렬형태로 Stata로 내보낸 다음 이를 Stata변수로 만들고, 다시 추가적으로 가공한 다음 출력하는 과정을 보여주고 있다.

```
* ************************************
* *** MATA를 이용한 최소자승법 사례  ***
* ************************************

sysuse auto, clear
```

```
generate con=1
keep price con mpg  headroom foreign
summarize price con mpg  headroom foreign

* regress를 이용한 회귀분석
regress  price mpg  headroom foreig

* MATA 행렬언어를 이용한 회귀분석
mata

* 행렬정의
st_view(y=., ., "price")
st_view(X=., ., ("con", "mpg", " headroom", "foreign"))

*파리미터 추정
beta = luinv(X'X)*X'y

* TSS, RSS, ESS 및 R-square 계산
tss = y'y-rows(y)*mean(y)^2
ess = beta'X'y-rows(y)*mean(y)^2
rss = y'y-beta'X'y
r2 = ess/tss

* 추정계수의 표준오차 계산
varcov = (rss/(rows(y)-cols(X)))*luinv(X'X)
variance = diagonal(diag(varcov))
se = sqrt(variance)

* 추정결과를 하나의 행렬로 만듬
result = (beta, se, beta:/se, 2*ttail(rows(y)-cols(X), abs(beta:/se)))

* Stata로 행렬을 이전
st_matrix("result",result)
end

clear

* MATA에서 보낸 행렬을 변수로 바꾸어 출력
svmat result
rename (result1-result4) (coef se t_value p_value)
list coef se t_value p_value
```

참고문헌

곽상경(2003), 『계량경제학』, 다산출판사.

김성주(2016), 『통계학 탐구』, 박영사.

박승록(1989), 『계량경제학방법론』, 비봉사.

박승록(2018), 『생산성의 경제학』, 박영사.

우종필(2015), 『구조방정식모델 개념과 이해』, 한나래.

이기종(2012), 『구조방정식모형: 인과성, 통계분석 및 추론』, 국민대학교 출판부.

이종원(2007), 『계량경제학』, 박영사.

한국생산성본부 생산성통계 DB(http://www.kpc.or.kr/Productivity/index.asp).

한국은행경제통계시스템(http://ecos.bok.or.kr/).

한치록(2018), 『패널데이터강의』, 박영사.

Acock Alan C.(2013), *Discovering Structural Equation Modeling Using Stata*, Stata Press.

Adkins, Lee C. and Hill, R. Carter(2011), *Using Stata for Principles of Econometrics* (4th ed.), Wiley.

Alex R. Hoen, Jan Oosterhaven(2006), "On the measurement of comparative advantage," *The Annals of Regional Science*, 40(3), pp.677−691

Amemiya, T., and T. E. MaCurdy(1986), "Instrumental−variable estimation of an error−components model," *Econometrica*, 54: pp.869‒880.

Arellano, Manuel; Bond, Stephen(1991), "Some tests of specification for panel data: Monte Carlo evidence and an application to employment equations," *Review of Economic Studies*, 58(2): pp.277−297.

Asteriou, Dimitrios; Hall, Stephen G.(2011), "Modelling the Variance: ARCH−GARCH Models," *Applied Econometrics* (3rd ed.), London: Palgrave MacMillan.

Davidson, R. and J. G. MacKinnon(1993), *Estimation and Inference in Econometrics*, New York: Oxford University Press.

Balassa, B.(1965), *Trade libcralization and revealed comparative advantage*, The Manchester School 33: pp.99−123.

Baltagi, Badi H.(1999), *Econometrics* (2nd ed.), Berlin: Springer.

Baltagi, Badi H.(2005), *Econometric Analysis of Panel Data*, John Wiley & Sons.

Baltagi, Badi H.(2008), "Dynamic Panel Data Models," *Econometric Analysis of Panel Data*. John Wiley & Sons, pp.147-180.

Banks, J. R. Blundell, and A. Lewbel(1997), "Quadratic Engel curves and consumer demand," *Review of Economics and Statistics* 79, pp.527−539.

Baum Christopher F.(2006), "Panel−data Model,' in *An Introduction to Modern Econometrics Using Stata*, Stata Press.

Becketti Sean(2013), I*ntroduction to Timeseries Using* Stata, Stata Press.

Berndt, E. R. and Wood, D. O.(1974), "Technology, Prices, and the Derived Demand for Energy," *Review of Economics and Statistics*, Vol. 57, No. 3, August, pp.259−268.

Berndt, Ernst R. and David O. Wood(1975), "Technology, Prices, and the Derived Demand for Energy," *Review of Economics and Statistics*, Vol. 57, issue 3, pp.259−268.

Berra, A. K. and M. L. Higgins(1993), "ARCH models: properties, estimation, and testing," *Journal of Economic Surveys*, 7, pp.305−362.

Bollerslev, T., Engle R. F. and D. B. Nelson(1994), "ARCH models" in: R. F. Engle and D. L. McFadden eds., *Handbook of Econometrics*, Volume IV, pp.2959−3038.

Bollerslev, Tim(1986), "Generalized Autoregressive Conditional Heteroskedasticity," *Journal of Econometrics*, 31(3): pp.307-327.

Breusch, T. S. and Pagan, A. R.(1979), "A Simple Test for Heteroskedasticity and Random Coefficient Variation," *Econometrica*, 47(5): pp.1287-1294.

Cameron A. Colin and Pravin K. Trivedi(2010), Microeconometrics Using Stata: Revised Edition, Stata Press, 강창희, 박상곤 역, 지필.

Cameron A. Colin and Pravin K. Trivedi(2010), *Microeconometrics Using Stata*: Revised Edition, Stata Press.

Cameron, A. Colin and Trivedi, Pravin K.(2005), "Dynamic Models," in *Microeconometrics: Methods and Applications.* New York: Cambridge University Press.

Canova, F.(2007), *Methods for Applied Macroeconomic Research*, Princeton, NJ: Princeton University Press.

Cesar Perez Lopez(2014), *Advanced Econometrics with Stata, Concepts and Exercises*, Manuscript.

Chow, G. C.(1960), "Tests of equality between sets of coefficients in two linear regressions," *Econometrica* 28: pp.591-605.

Christensen Laurits R. and William H. Greene(1976), "Economies of Scale in U.S. Electric Power Generation," *Journal of Political Economy*, Vol. 84, No. 4, Part 1. pp.655－676.

Clarida, R., J. Galí, and M. Gertler(1999), "The science of monetary policy: A new Keynesian perspective," *Journal of Economic Literature* 37: pp.1661-1707.

Cochrane, D. and Orcutt, G. H.(1949), "Application of Least Squares Regression to Relationships Containing Auto－Correlated Error Terms," *Journal of the American Statistical Association*, 44(245): pp.32-61.

Dalum, B., Laursen, K., and Villumsen, G.(1998), "Structural change in OECD export specialization patterns: De－specialization and stickiness," *International Review of Applied Economics*, 12(3), pp.423－443.

Deaton, A. S. and J. N. Muellbauer(1980), "An almost ideal demand system," *American Economic Review* 70, pp.312－326.

DeJong, D. N., and C. Dave(2011), *Structural Macroeconometrics*, (2nd ed.), Princeton, NJ: Princeton University Press.

Dickey, D. A. and Fuller, W. A.(1979), "Distribution of the Estimators for Autoregressive Time Series with a Unit Root," *Journal of the American Statistical Association*, 74(366): pp.427-431.

Diewert, W. E.(1973), "Functional forms for profit and transformation functions," *Journal of Economic Theory* 6, pp.284－316.

Dimitrios Asteriou and Stephen G. Hall(2016), *Applied Econometrics* (3th ed.), Palgrave.

Durbin, J., Watson, G. S.(1950), "Testing for Serial Correlation in Least Squares Regression I," *Biometrika*, 37(3-4): pp.409-428.

Durbin, J., Watson, G. S.(1951), "Testing for Serial Correlation in Least Squares Regression, II," *Biometrika*, 38(1-2): pp.159-179.

Durbin, James(1970), "Testing for Serial Correlation in Least－Squares Regression When Some of the Regressors are Lagged Dependent Variables," *Econometrica*, Vol. 38, No. 3, May pp.410－421.

Elder, J. and Kennedy, P. E.(2001), "Testing for Unit Roots: What Should Students Be Taught?," *Journal of Economic Education*, 32(2): pp.137-146.

Enders, W.(2004), *Applied Econometric Time Series* (2nd ed), Hoboken: John Wiley & Sons.

Engle, Robert F. and Granger, Clive W. J.(1987), "Co－integration and error correction:

Representation, estimation and testing," *Econometrica*, 55(2): pp.251-276.

Engle, Robert F.(1982), "Autoregressive Conditional Heteroscedasticity with Estimates of the Variance of United Kingdom Inflation," *Econometrica*, 50(4): pp.987-1007.

Garson, G. David(2015), *Structural Equation Modeling, Statistical Associates*, Blue Book Series.

Gary Koop(2000), *Analysis of Economic Data*, John Wiley & Sons, New York.

Gereffi, Humphrey, and Sturgeon, *Global Value Chains Initiative*(https://globalvaluechains.org/).

Glosten, L. R., Jagannathan, R. and D. E. Runkle(1993), "On the relation between the expected value and the volatility of the nominal excess return on stocks," *Journal of Finance*, 5, pp.1779−1801.

Goldfeld, Stephen M., Quandt, R. E.(1965), "Some Tests for Homoscedasticity," *Journal of the American Statistical Association*, 60(310): pp.539-547.

Gonzalo, J. and J. Y. Pitarakis(2002), "Estimation and model selection based inference in single and multiple threshold models," *Journal of Econometrics* 110: pp.319-352.

Goodwin Barry K., A. Ford Ramsey and Jan Chvosta(2018), *Applied Econometrics with SAS: Modelling Demand, Supply and Risk*, SAS.

Granger, C. and Newbold, P.(1974), "Spurious Regressions in Econometrics," *Journal of Econometrics*, 2(2): pp.111-120.

Granger, Clive(1981), "Some Properties of Time Series Data and Their Use in Econometric Model Specification," *Journal of Econometrics*, 16(1): pp.121-130.

Greene, William H.(2012), *Econometric Analysis* (7th ed.), Pearson.

Greene, William H.(2018), *Econometric Analysis* (8th ed.), Pearson.

Grossman, Gene M. and Alan B. Krueger(1995), "Economic Growth and the Environment," *Quarterly Journal of Economics*, Vol. 110, Issue 2, pp.353−377.

Gujarati Damodar, Dawn Porte and Sangeetha Gunasekarr(2017), *Basic Econometrics*, McGraw−Hill, 박완규, 홍성표 역, 지필.

Gujarati Damodar, Dawn Porte and Sangeetha Gunasekarr(2017), *Basic Econometrics*, McGraw−Hill.

Gujarati, Damodar(2010), *Essentials of Econometrics*, McGraw−Hill/Irwin, 류지수, 유병철, 정기호 역, 교보문고.

Gujarati, Damodar(2010), *Essentials of Econometrics* (4th ed.), McGraw−Hill/Irwin.

Gujarati, Damodar(2013), *Econometrics by Example*, Palgrave, 강달원, 김윤영 등 역, 시그마프레스.

Gujarati, Damodar(2016), *Econometrics by Example* (2nd ed.), Palgrave.

Hair, J. F., Hult, G. T. M., Ringle, C. M. and Sarstedt, M.(2014), *A Primer on Partial Least Squares Structural Equation Modeling*, Sage, Thousand Oaks, CA.

Hamilton, J. D.(1994), Section 10.1, *Time Series Analysis*. Princeton: Princeton University Press.

Hansen, B. E.(1997), "Approximate asymptotic p values for structural−change tests," *Journal of Business and Economic Statistics* 15: pp.60–67.

Hansen, B. E.(2000), "Sample splitting and threshold estimation," *Econometrica* 68: pp.575–603.

Hansen, B. E.(2011), "Threshold autoregression in economics," *Statistics And Its Interface* 4: pp.123–127.

Harvey, Andrew(1990), *The Econometric Analysis of Time Series* (2nd ed.), MIT Press, Cambridge, Massachusetts.

Hausman, J. A.(1978), "Specification Tests in Econometrics," *Econometrica*, 46(6): pp.1251–1271.

Hill R. Carter, William E. Griffiths and Guay C. Lim(2013), *Principles of Econometrics* (3th ed.), Wiley, 이병락 역, 시그마프레스.

Hummels, D., J. Ishii and K. M. Yi(2001), "The nature and growth of vertical specialization in world trade," *Journal of International Economics*, Vol. 54, No. 1, pp.75−96.

Intriligator Michael D.(1978), *Econometric Models, Techniques & Applications*, Prentice−Hall Inc.

Jarque, Carlos M. and Bera, Anil K.(1980), "Efficient tests for normality, homoscedasticity and serial independence of regression residuals," *Economics Letters*, 6(3): pp.255–259.

Joshua D. Angrist and Jorn−Steffen Pischke(2014), *Mostly Harmless Econometrics*, 강창희, 박상곤 역, 경문사.

Judge, G., R. C. Hill, W. E. Griffiths, H. Lutkepohl, and T. C. Lee(1988), *Introduction To The Theory And Practice Of Econometrics* (2nd ed.), John Wiley & Sons.

Klein, L. R., and H. Rubin(1947~1948), "A Constant Utility Index of the Cost of Living," *Review of Economics Studies*, 15, pp.84−87.

Klein, P.(2000), "Using the generalized Schur form to solve a multivariate linear rational expectations model," *Journal of Economic Dynamics and Control* 24: pp.1405–1423.

Koen De Backer and Sébastien Miroudot(2013), *Mapping global value chains*, Trade Policy

Papers 156, OECD.

Koopman, R., W. Powers, Z. Wang and S. J. Wei(2010), *Give credit to where credit is due: tracing value added in global production chains*, NBER Working Papers Series 16426.

Krugman Paul R., Maurice Obsrfeld, Marc J. Melitz(2015), *International Economics: Theory and Policy* (10th ed.), Pearson, 강정모, 이상규, 이연호 역, 시그마프레스.

Kumbhakar, Wang and Horncastle(2013), *A Practioner's Guide to Stochastic Frontier Analysis using Stata*, Cambridge University Press.

Laursen, K.(1998), *Revealed Comparative Advantage and the Alternatives as Measures of International Specialization*, Department of Industrial Economics and Strategy, Copenhagen Business School.

Linden, A.(2015), "Conducting interrupted time−series analysis for single− and multiple−group comparisons," *Stata Journal* 15: pp.480–500.

Linden, A.(2017), "A comprehensive set of postestimation measures to enrich interrupted time−series analysis," *Stata Journal* 17: pp.73–88.

Ljungqvist, L. and T. J. Sargent(2018), *Recursive Macroeconomic Theory*, (4th ed.), Cambridge, MA: MIT Press.

Long, J. Scott(2009), *The Workflow of Data Analysis Using Stata*, Stata Press.

Longley, J. W.(1967), "An Appraisal of Least Squares Programs for the Electronic Comptuer from the Point of View of the User," *Journal of the American Statistical Association*. 62.319, pp.819−841.

Isserman Andrew M.(1977), "The Location Quotient Approach to Estimating: Regional Economic Impacts," *Journal of the American Planning Association*, 43: 1, pp.33−41.

Minitab Blog Editor(2013), Bewildering Things Statisticians Say: "Failure to Reject the Null Hypothesis"(http://blog.minitab.com/blog/understanding−statistics/things−statisticians−say−failure−to−reject−the−null−hypothesis).

Netcourse 461, Univariate Time Series Using Stata Lesson 1, Stata Online.

Netcourse 461, Univariate Time Series Using Stata Lesson 2, Stata Online.

NetCourse 471, Introduction to Panel Data, Lecture 1, Stata Online.

Newey, Whitney K and West, Kenneth D.(1987), "A Simple, Positive SemI−definite, Heteroskedasticity and Autocorrelation Consistent Covariance Matrix," *Econometrica*, 55 (3): pp.703–708.

Park, R. E.(1966), "Estimation with Heteroscedastic Error Terms," *Econometrica*, 34(4): 888.

Penn World Table Version 9.0(http://www.rug.nl/ggdc/).

Pepall Lynne, Dan Richards and George Norman(2009), "Market Structure and Market Power," in *Industrial Organization: Contemporary Theory and Empirical Applications* (4th ed.), pp.44－58.

Peter Kennedy(2011), *A Guide to Econometrics* (6th ed.), Wiley－Blackwell.

Phillips, P. C. B., Perron, P.(1988), "Testing for a Unit Root in Time Series Regression," *Biometrika*, 75(2): pp.335-346.

Pindyck, Robert S. and Daniel L. Rubinfeld(1981), *Econometric Models and Economic Forecasts* (2nd ed.), MacGraw－Hill.

Prais, S. J. and Winsten, C. B.(1954), "Trend Estimators and Serial Correlation," Cowles Commission Discussion Paper No. 383, Chicago.

Proudman, J. & Redding, S.(2000), "Evolving patterns of international trade," *Review of International Economics*, 8, pp.373－396.

Robert Stehrer(2012), *Trade in Value Added and the Valued Added in Trade*, the Vienna Institute for International Economic Studies(wiiw), Working Paper 81, pp.1－19.

Roberto Pedace(2013), "Functional Form, Specification, and Structural Stability," in *Econometrics for Dummies*, John Wiley & Sons.

Romer, David(2006), *Advanced Macroeconomics* (3rd ed.), McGraw－Hill/Irwin,

Shapiro, S. S. and R. S. Francia(1972), "An approximate analysis of variance test for normality," *Journal of the American Statistical Association* 67, pp.215-216.

Shapiro, S. S., Wilk, M. B.(1965), "An analysis of variance test for normality(complete samples)," *Biometrika*, 52(3-4): pp.591-611.

Shehata, Emad Abd Elmessih(2012), RIDGEREG: OLS－Ridge Regression Models and Diagnostic Tests.

Shehata, Emad Abd Elmessih(2012), FGTEST: Stata Module to Compute Farrar－Glauber Multicollinearity Chi2, F, t Tests.

Shehata, Emad Abd Elmessih(2012), THEILR2: Stata Module to Compute Theil R2 Multicollinearity Effect.

Sims, Christopher(1980), "Macroeconomics and Reality," *Econometrica*, 48 (1): pp.1-48.

Stata Press, Stata Timeseries Reference Manual, release 16.

Strutz, T.(2016), Data Fitting and Uncertainty *A practical introduction to weighted least squares and beyond*, Springer Vieweg.

Sweeney D. J., T. A. Williams and D. R. Anderson(2006), *Fundamentals of Business Statistics* (1th ed.), Cengage, 정무권, 권영훈 등 역, 한티미디어.

Theil, H.(1965), "The information approach to demand analysis," *Econometrica* 33, pp.67−87.

Timmer, M. P., Dietzenbacher, E., Los, B., Stehrer, R. and de Vries, G. J.(2015), "An Illustrated User Guide to the World Input−Output Database: the Case of Global Automotive Production," *Review of International Economics*, 23, pp.575-605.

Timothy J. Coelli, A. S. Prasada Rao, Christopher J. O. Donnell and George E, Battese(2005), *An Introduction to Efficiency and Productivity Analysis* (2nd ed.), Springer.

Tong, H.(1983), *Threshold Models in Non−linear Time Series Analysis*, New York: Springer.

Tong, H.(1990), *Non−linear Time Series: A Dynamical System Approach*, New York: Oxford University Press.

Vivek B. Ajmani(2009), *Applied Econometrics using the SAS System*, Wiley.

Wheaton, B., B. Muthen, D. F. Alwin, and G. F. Summers(1977), "Assessing reliability and stability in panel models," in *Sociological Methodology*, ed. D. R. Heise, pp.84-136.

White, H.(1980), "A Heteroskedasticity−Consistent Covariance Matrix Estimator and a Direct Test for Heteroskedasticity," *Econometrica*, 48 (4): pp.817-838.

William A. Barnett and Apostolos Serletis(2008), Consumer preferences and demand systems, MPRA Paper No. 8413(https://mpra.ub.uni−muenchen.de/8413/).

Woodford, M.(2003), *Interest and Prices: Foundations of a Theory of Monetary Policy.* Princeton, NJ: Princeton University Press.

Wooldridge, Jeffrey M.(2013), *Introductory Econometrics: A Modern Approach* (5th international ed.), Mason, OH: South−Western.

Wooldridge, Jeffrey(2016), I*ntroductory Econometrics: A Modern Approach* (5th ed.), Cengage, 박상수, 한치록 역, 박영사.

World Bank, World Development Indicators(https://data.worldbank.org/indicator).

Zakoian, J. M.(1990), "Threshold Heteroskedastic Model," *Journal of Economic Dynamics and Control*, 18, pp.931−955.

Zellner, A.(1962), "An efficient method of estimating seemingly unrelated regressions and tests for aggregation bias," *Journal of the American Statistical Association* 57: pp.348−368.

Zellner, A.(1963), "Estimators for seemingly unrelated regression equations: Some exact finite sample results," *Journal of the American Statistical Association* 58: pp.977-992.

Zietz, Joachim(2006), *Log-Linearizing Around the Steady State: A Guide with Examples*, Middle Tennessee State University.

http://dasp.ecn.ulaval.ca/

http://www.oswego.edu/~economic/econsoftware.htm

http://www.Stata-journal.com/software/sj12-2

https://blog.stata.com/2017/07/11/estimating-the-parameters-of-dsge-models/

https://blog.stata.com/2018/04/23/dynamic-stochastic-general-equilibrium-models-for-policy-analysis/

https://en.wikipedia.org/wiki/Autoregressive_conditional_heteroskedasticity

https://finance.yahoo.com/

https://mpra.ub.unI-muenchen.de/8413/1/MPRA_paper_8413.pdf

저자소개

박승록

저자는 고려대학교 경제학과, 동 대학원을 거쳐 미국 노던 일리노이 대학(Northern Illinois University)에서 "한국 제조업의 마컵, 규모의 경제, 가동률과 총요소생산성"이란 주제로 경제학 박사학위를 받았다.

산업연구원(KIET), 삼성경제연구소(SERI), 한국경제연구원(KERI)에서 주로 생산성 분야의 연구를 하였다. 현재 한성대학교 경제학과에서 강의하고 있다.

주요 국내논문으로는 "우리나라 지역별 제조업 생산성, 정보통신기술의 활용과 일자리창출 및 성장", "세계 기업 생산성의 추격-피추격에 관한 연구"(이상 생산성논집), "기업가 정신의 결정요인, 성과와 발현의 인과관계"(중소기업연구), "중국의 성별 1인당 국민소득의 수렴화"(동북아경제연구), "세계 소프트웨어 기업의 성장원천"(산업조직연구), "한국 일반은행의 고유특성이 은행의 합병 피합병에 미친 영향", "공기업, 재벌, 비재벌의 구조조정 성과(이상 국제경제연구) 등이 있다.

주요 해외논문으로는 "Club Convergence and Factors of Digital Divide across Countries"(Technical Forecasting & Social Change), "Has Korean Chaebol Model Succeeded?"(Journal of Economic Studies), "Information Technology, Organizational Transformation and Productivity Growth"(Asian Economic Journal), "A Review of Total Factor Productivity Studies in Korea"(International Journal of Technology Management), "Rapid Economic Growth with Increasing Returns to Scale and Little or No Productivity Growth"(Review of Economics and Statistics) 등이 있다.

주요저서로는 『생산성의 경제학』(박영사), 『계량경제학 방법론』(비봉출판사), 『중국 일류기업을 찾아서』(굿인포메이션), 『中國的經濟增長和外商投資』(中國高等敎育出版社) 등이 있다.

이런 연구업적으로 "매경이코노미스트상", "매경비트학술상", "중소기업학회 우수논문상", "앨버트넬슨평생공로상(Albert Nelson Marquis Lifetime Achievement Award)"을 받았다.

Stata를 이용한 응용계량경제학

초판1쇄발행	2020년 1월 10일
초판2쇄발행	2020년 4월 20일
초판3쇄발행	2021년 5월 30일
초판4쇄발행	2023년 1월 30일

지은이	박승록
펴낸이	안종만·안상준
편 집	전채린
기획/마케팅	오치웅
표지디자인	이미연
제 작	고철민·조영환
펴낸곳	(주) 박영사
	서울특별시 금천구 가산디지털2로 53, 210호(가산동, 한라시그마밸리)
	등록 1959. 3. 11. 제300-1959-1호(倫)
전 화	02)733-6771
f a x	02)736-4818
e-mail	pys@pybook.co.kr
homepage	www.pybook.co.kr
ISBN	979-11-303-0874-6 93320

정 가	42,000원